SAINT LOUIS,
L'AIGLE AUX YEUX DE COLOMBE

LOUIS BÉRIOT

SAINT LOUIS,
L'AIGLE AUX YEUX DE COLOMBE

roman

ÉDITIONS FRANCE LOISIRS

Édition du Club France Loisirs,
avec l'autorisation des Éditions Robert Laffont.

Éditions France Loisirs,
123, boulevard de Grenelle, Paris
www.franceloisirs.com

ISBN : 978-2-298-09548-7

À mon épouse, à mes enfants
et à mes petits-enfants,
Emma, Tristan, Giulia et Serena
à qui je dédie ce récit
de la Grande Histoire de la France.

1

Un jeune intrépide

Du haut de la tour de son palais du Louvre dominant Paris et la Seine, le roi Philippe Auguste aimait contempler, chaque matin, cette capitale à laquelle il avait donné un nouveau visage. Il suivait des yeux les cinq kilomètres de muraille de six mètres de haut. Il l'avait fait bâtir pour mieux protéger sa ville des convoitises de ses voisins. Bien que la victoire de Bouvines, le 27 juillet 1214, au cours de laquelle il avait défait les Anglais et les Germains, pût désormais conjurer toute tentative ennemie, il savait combien la paix était fragile et la va-t-en-guerre impénitente.

Sept ans déjà ! Il allait, en effet, fêter dans trois jours le septième anniversaire de cette retentissante victoire ; il retrouverait cette liesse populaire qu'il avait connue à son retour tout le long du parcours qui ramenait l'ost[1] dans la capitale.

Il était accompagné, ce matin-là, de frère Guérin, son fidèle conseiller, surnommé le « vice-roi ». Ce moine-soldat, chevalier de l'ordre hospitalier de Saint-Jean de Jérusalem, évêque de Senlis, était son garde des Sceaux depuis vingt ans. Depuis la bataille de Bouvines, où frère Guérin avait joué un rôle prééminent, les deux hommes ne se quittaient plus.

Philippe Auguste prenait de plus en plus de plaisir à deviser avec son ami sur l'avenir de la France qui, bientôt, ne serait plus le sien. Sans être très âgé, il allait déjà avoir cinquante et un ans en août prochain, il se sentait fatigué.

Il observait au bas de la tour, à travers la brume du matin sur les marais de la Seine, le quadrilatère où s'entraînaient les

1. L'ost désignait l'armée en campagne et le service militaire que les vassaux devaient à leur suzerain au Moyen Âge.

chevaliers, les archers et ses meilleurs soldats. Il distingua un enfant qui chevauchait à cru, hardiment, tenant sa monture par la crinière.

— Qui est donc ce jeune seigneur intrépide ? demanda-t-il.

— Votre petit-fils, Sire, Louis de Poissy, répondit frère Guérin.

— Vous direz au grand écuyer que j'interdis que le futur roi de France joue les casse-cou !

— N'ayez crainte, Sire, le jeune Louis est un enfant valeureux mais prudent.

— Prudent, prudent ! marmonna le roi... Quel âge a-t-il donc ?

— Il vient d'avoir sept ans.

— Alors, il a l'âge de raison. Voilà qui m'importe. Je sens mes jambes moins vaillantes, frère Guérin, et je devrai bientôt renoncer aux chevauchées et aux femmes... Aussi vais-je consacrer ce que Dieu voudra bien me laisser de temps encore pour instruire ce garçon.

— Ne serait-ce pas le rôle de son père ? interrogea le moine.

— Sans doute, répliqua le roi, mais il est toujours par monts et par vaux en train de guerroyer. Quant à sa mère...

— Il ne pourrait rêver meilleure mère, Sire...

— J'en conviens, elle n'en fera certainement pas un mécréant mais plutôt un dévot. Elle est si...

Philippe ne voulut pas préciser davantage sa pensée. Il avait eu maintes fois maille à partir avec sa bru, Blanche de Castille, qui savait lui tenir tête, parvenant souvent à obtenir de lui ce qu'elle voulait. Il lui reprochait son excessive religiosité.

— Enfin, reprit-il, pour ne pas laisser son interlocuteur désappointé, elle, au moins, n'est pas avare d'héritiers ; elle nous laisse déjà quatre mâles vivants et de ce que je sais de l'ardeur de Louis le Lion et de l'affection qu'ils se portent, elle est encore capable de nous combler au-delà de nos espérances. Je comprends mon fils, elle est encore très belle malgré ses trente-trois ans. J'aurais sans doute dû, moi aussi, épouser une Castillane, elles ont du caractère et du tempérament. De plus, il faut le reconnaître, Blanche aime la France et lui est fidèle !

Frère Guérin esquissa un sourire qui ne pouvait cacher sa satisfaction en entendant le roi de France parler ainsi de sa bru. C'était un bon présage pour le royaume. Il approuva aussi secrètement sa décision de s'occuper de l'éducation de son petit-fils.

Le roi jeta un regard circulaire sur l'horizon. Il pensait, sans doute avec fierté, à cette France dont il avait multiplié la surface par quatre en moins de trente ans et qui serait léguée à Louis VIII à qui il n'accordait qu'une confiance mesurée. Non qu'il sous-estimât sa capacité à garder ses frontières, voire à les élargir, tant étaient grands ses désirs de conquête, mais parce qu'il le savait batailleur, emporté, intrépide, souvent au péril de sa vie.

Or le royaume avait besoin de stabilité et la dynastie de s'affirmer définitivement. Philippe régnait depuis quarante et un ans, cette longévité lui avait permis de transformer la France et lui apporter la paix. Il pressentait que son fils n'aurait peut-être pas cette chance.

— Allez me faire chercher le jeune seigneur, frère Guérin, je m'en vais derechef faire son éducation. Il est temps que je consolide définitivement notre dynastie !

Frère Guérin protesta. Il n'était pas encore six pieds sous terre. Le roi le fit taire. Lui seul était à même de juger ce que le destin lui réservait. Et personne ne pourrait, fût-ce son meilleur conseiller, entraver la marche et l'usure du temps. Depuis sa croisade, trente ans plus tôt, il n'avait cessé de chevaucher, de guerroyer, de mettre souverains, barons et seigneurs sous la bannière à fleur de lys, un emblème que son père Louis VII, dit le Jeune, avait définitivement adopté comme le symbole de la royauté capétienne.

2

« Un âne couronné »

Accompagné de ses deux écuyers, plus intrigué qu'inquiet, le jeune Louis de Poissy parcourut d'un pas altier les couloirs du Palais pour rejoindre les appartements royaux.

Il allait être confronté pour la première fois à son grand-père. Avant l'âge de sept ans, comme les enfants des princes, il avait grandi à l'écart des Grands et ne fréquentait que les femmes, mères et servantes, leurs confesseurs et leurs précepteurs. Être introduit auprès de cet aïeul si prestigieux – une légende vivante –, dont il commençait à apprendre les hauts faits, représentait un premier sacre et ne pouvait que l'impressionner. Pourtant, ce garçon, à l'apparence fragile et timide, cachait bien son jeu. Seuls sa mère et son précepteur savaient ce que l'enfant, jovial et passionné d'équitation, recelait de volonté, de détermination, de curiosité et de sagesse, comme s'il était déjà habité par les hautes fonctions que son étoile lui promettait. Ainsi lui parut-il dans l'ordre des choses d'être appelé par le roi puisque désormais il avait atteint l'âge de raison.

Louis arriva à la porte de la chambre du souverain quand celui-ci en sortait. Philippe regarda son petit-fils comme s'il le voyait pour la première fois, mais il voulait en réalité le jauger. Louis esquissa un sourire gracieux et révérencieux attendant que son grand-père parlât le premier.

— Voilà donc le futur héritier de la Couronne, déclara sentencieusement Philippe Auguste.

Louis ne se démonta pas et répliqua sur un ton aussi respectueux que ferme :

— Sire, je suis fier et honoré d'avoir été appelé auprès de vous, mais je ne suis pas encore l'héritier, l'héritier est mon père, Louis le Lion.

— Bien sûr, bien sûr, reprit le roi, aussi surpris que ravi par cette réaction, mais tu le seras un jour... Si Dieu le veut !

— Dieu le voudra ! enchaîna Louis avec aplomb, comme s'il en avait la certitude.

Le monarque posa sa main sur la tête de l'enfant, un geste à la fois solennel et tendre, marquant ainsi, sans doute, le passage de relais. Puis il le prit par les épaules et l'entraîna vers les coursives des murs d'enceinte du Palais.

— Viens avec moi, je vais te faire découvrir les arcanes de notre royaume et te faire écouter les battements de son cœur. Son cœur est ici, à Paris. Tu devras t'y promener, comme je le fais tous les jours, pour y rencontrer tes sujets, les écouter, les rassurer. Tu seras leur protecteur, et pour bien les protéger il faut bien les connaître.

— Oui, Sire, répondit Louis, si fier d'être maintenant admis dans la cour des Grands.

Frère Guérin vint les rejoindre au pied de la tour du Palais.

— On m'a rapporté que tu préférais les chevaux à l'étude, est-ce vrai ?

— J'aime beaucoup les chevaux, Sire, c'est la vérité et j'ai hâte de monter un destrier.

À son âge, Louis ne pouvait chevaucher que des palefrois dont son préféré était une monture espagnole que lui avait offerte sa mère ; ce petit cheval, calme et obéissant, était né en Castille d'une race issue de barbes et d'arabes. Bien que bon cavalier, il était encore trop frêle pour monter un coursier ou un destrier. Il ajouta, avec malice, pour ne pas déplaire au roi :

— J'aime aussi apprendre et frère Jacques est un bon précepteur.

— Est-il sévère au moins ?

— Assez sévère, avoua Louis... Je ne goûte guère ses coups de baguette, dit-il en montrant ses doigts endoloris.

— C'est bien ! C'est bien ! reprit le roi, il vaut mieux recevoir des coups de baguette que d'avoir à en donner, car cela veut dire qu'on ne sait pas bien conduire ses gens.

— Oui, Sire !

— Et vois-tu, Louis, le roi doit tout savoir, car un roi qui sait peu n'est qu'un âne couronné.

Ils gravirent tous les trois les marches de la tour qui s'élevait à trente mètres au-dessus du Palais, le point le plus haut de la capitale. Parvenus à son sommet ils pouvaient apercevoir, au fond de l'île de la Cité qu'occupaient le Palais et ses jardins, l'île aux Vaches et, plus à gauche, l'île aux Juifs. Philippe Auguste avait fait bâtir cette tour et l'avait entourée d'un mur d'enceinte de quarante toises[1] sur quarante[2], ponctué de tourelles, qui, avec la muraille de la ville, assurait au Palais une double protection.

La construction de cette enceinte avait été engagée au moment de son départ pour la troisième croisade, trente années plus tôt ; les travaux avaient duré vingt ans.

— Cette muraille, expliqua-t-il, a été financée en partie par les bourgeois de la ville qui réclamaient plus de sécurité et par le Trésor royal. Elle comporte soixante-dix-sept tourelles et entoure une surface de quatre cent dix quartes[3]. C'est, ajouta fièrement le roi, la plus grande ville fortifiée du royaume.

Il éclata de rire.

— Les Romains, dont nous nous sommes inspirés, n'auraient sûrement pas fait mieux.

Philippe Auguste expliqua que les tours rondes, espacées tous les deux cents pieds, étaient une innovation sur le plan militaire : en supprimant les angles morts elles permettaient aux archers de bien voir et viser les assaillants.

Le roi tourna ensuite son regard vers le nord et l'abbaye de Saint-Denis, à moins de trois lieues à vol d'oiseau. Puis, prenant frère Guérin à témoin, il indiqua du bras tous les chantiers de construction de maisons qui surgissaient à l'intérieur des espaces protégés.

— Depuis dix années maintenant que ces fortifications sont terminées, la population de Paris a doublé. Nous comptons désormais plus de cinquante mille habitants dans l'enceinte et presque autant à quatre lieues à la ronde. À l'évidence, nos sujets se sentent à l'abri.

— Nous avons aussi noté une forte immigration de gens venant de l'étranger, des commerçants, des artisans, des étudiants, de

1. Une toise représente une longueur approximative de un mètre quatre-vingts.
2. Deux cent quatre-vingt-huit mètres.
3. Environ deux cent cinquante hectares.

plus en plus attirés par notre Université, mais aussi des Cahorsins et des Lombards, précisa frère Guérin.

— Des prêteurs, c'est bon signe, reprit le roi, cela prouve que les activités se développent.

Philippe Auguste se tourna alors vers son petit-fils qui écoutait avec beaucoup d'attention sans parvenir pour autant à comprendre tout de la conversation entre les deux hommes.

— Tu vois, mon enfant, j'ai voulu que l'on commençât ces fortifications à l'ouest pour nous prévenir des attaques des Angevins anglo-normands dont l'avant-garde se trouvait à Gisors, à une journée d'ici.

Louis réfléchit et demanda ex abrupto :

— Mais on m'a appris, Sire, que vous étiez l'ami de Richard Cœur de Lion et que vous aviez combattu ensemble en Terre sainte.

— Ami, ami, ce ne fut pas toujours le cas, je te raconterai cela un jour, mais sache que les Anglais n'ont pas d'amis, ils n'ont que des intérêts. Enfin, je vois qu'on t'a déjà enseigné beaucoup de choses sur ton grand-père... C'est bien ! Il est important de connaître l'Histoire, surtout celle de ses ancêtres. Quand nous irons à Saint-Denis sur la tombe de Hugues Capet...

— Le fondateur de notre dynastie, interrompit Louis.

— Tout à fait... Tu verras, l'abbaye est un magnifique édifice, lumineux, que nous devons à l'abbé Suger, un homme qui a bouleversé les règles de construction des églises.

Philippe Auguste décrivit ensuite sa ville, partant à gauche de la Seine et suivant la ligne des fortifications. Il énuméra les différentes portes, du Louvre, de Saint-Honoré, de Montmartre, de Saint-Denis. Puis les portes Saint-Martin, du Temple, Saint-Antoine, enfin celle de Barbeau et de la Tourelle, qui encadraient les deux bras de la Seine. Dans leur alignement surgissait la cathédrale Sainte-Marie[1], elle aussi en plein chantier. Le roi commenta :

— Ici nous construisons la plus grande et la plus haute cathédrale d'Europe, sa voûte aura plus de cent vingt pieds et ses tours plus de deux cents. Nous devons cette audacieuse entreprise à l'évêque Maurice de Sully, qui malheureusement nous a quittés trop tôt, c'est pourquoi le chantier n'en finit pas. Mais depuis quelque temps nous avons trouvé des maîtres constructeurs à la

1. Notre-Dame.

hauteur des ambitions de ce grand prélat. Nous irons ensemble rendre visite aux centaines de compagnons qui chaque jour édifient ce magnifique hommage à la Sainte Vierge.

Le souverain indiqua ensuite, vers le nord, les halles de Champeaux, bâties sur un terrain pris aux lépreux qui y tenaient leurs foires sur la route de Saint-Denis ; il avait exigé qu'elles soient totalement refaites et agrandies pour y mettre les marchands en sécurité.

— Ces rues, raconta-t-il, étaient en terre et jonchées d'immondices qui se retrouvaient dans la Seine. C'était une puanteur irrespirable jusque dans le Palais. Alors j'ai ordonné, dès le début de mon règne, qu'elles soient pavées et que des caniveaux soient réalisés. Un jour, mais ce sera ta tâche, il faudra prévoir un canal afin de collecter les eaux sales pour éviter qu'elles ne partent dans le fleuve...

— Ou la tâche de mon père, rectifia Louis.

— Ou celle de ton père, évidemment ! reprit le roi.

Il se tourna à nouveau vers son conseiller et lui glissa :

— Il a l'audace de son père et le toupet de sa mère.

Il poursuivit son tour d'horizon en dirigeant son regard vers le sud, la rive gauche, la partie résidentielle de la ville, les portes Saint-Victor, Saint-Marcel, Saint-Jacques, et près de la Seine, Saint-Germain et de Nesle.

— De ce côté-ci, résident les évêques et quelques seigneurs. En haut vers la montagne Sainte-Geneviève, tu peux voir l'Université avec ses turbulents étudiants. Ces gaillards sont très indisciplinés, n'obéissent pas toujours et se révoltent souvent.

— Ils ne vous obéissent pas, Sire ? s'étonna l'enfant.

— Ils pensent tout savoir et ne veulent jamais admettre que plus ils apprennent, plus ils deviennent ignorants... Tu le comprendras, toi-même, très vite.

— Alors pourquoi les laisser faire ?

— Le royaume en a besoin : les théologiens, les médecins, les juristes, les mathématiciens lui sont nécessaires...

Puis le monarque indiqua du doigt les principales demeures : les hôtels des évêques de Reims, Troyes, Laon, Auxerre, Chartres, entourés d'immenses jardins, et les hôtels seigneuriaux de Nesle, Orléans, Albret, Étampes, Flandre, Bourbon, la Marche, autant de vassaux qui avaient l'obligation d'habiter Paris, car ils devaient hommage à leur suzerain. Ils ne lui étaient pas toujours inféodés, loin s'en fallait, et les renversements d'alliances, notamment avec le roi d'Angleterre, étaient monnaie courante ; elles étaient devenues plus rares depuis que Philippe Auguste avait soustrait à son voisin d'outre-Manche, au début du siècle, les trois quarts des territoires qu'il possédait en France.

— Et vous, Monsieur le Garde des Sceaux, où est votre hôtel ? demanda Louis.

— Frère Guérin loge près du Palais, non loin de moi, précisa Philippe Auguste, mais son hôtel est à Senlis et cela lui suffit bien, car cette ville est presque aussi grande et animée que Paris et, si je n'y avais pris garde, mon conseiller serait plus important que moi, n'est-ce pas, mon ami ? dit-il, en éclatant de rire.

— Senlis est une ville très vivante, en effet, Sire, et je suis fier d'en être l'évêque...

— Écoute, Louis, ce bruit qui monte de la rue. Il ne vient pas de cette rive où se nichent les grands clercs et les riches seigneurs, mais de l'autre rive, celle du nord, où le labeur fait rage. Cette musique, composée de cris, de coups de marteau, de grincements de scie, de carrioles qui se dandinent sur les pavés, de chevaux qui hennissent, de chiens qui aboient, cette musique est celle de notre peuple. J'aime ce tintamarre car il me dit que les Parisiens sont actifs, entreprenants, riches de projets. Ils sont l'avenir, les villes sont l'avenir et les gages d'enrichissement du royaume et de ses sujets. Les villes, Louis, il faut les favoriser, les développer, les enrichir, elles feront le bonheur du peuple, lui assureront la paix, et les mettront à l'abri des rébellions incessantes de nos barons et des menaces de nos ennemis. Vois-tu, quand je suis arrivé sur le trône...

— En 1180, il y a quarante et un ans, Sire, précisa l'enfant.

— Parfaitement !... Je me suis fait une promesse et je l'ai tenue : j'ai déclaré que « les barons décroîtraient en hommes et en âge pendant que moi, avec l'aide de Dieu, je croîtrais en hommes, en âge et en sagesse. Aujourd'hui les barons sont encore là, mais moins nombreux et surtout moins puissants. Il faudra continuer à les mettre au pas et pour cela s'appuyer sur les forces vives du royaume, les artisans, les commerçants, les bourgeois...

— Et l'Église, Sire ? demanda Louis.

— L'Église ?

Le roi se retourna vers son conseiller, l'interrogeant du regard. Puis il répondit :

— L'Église est une autre affaire, nous t'en entretiendrons plus tard, n'est-ce pas, frère Guérin ?

— Une autre affaire, sûrement, Sire, reprit le conseiller, sachant bien ce que le souverain entendait par là.

Philippe Auguste embrassa l'horizon de ses bras.

— Du haut de cette tour, dit-il à son petit-fils, tu peux imaginer ce que je laisse à ton père et à toi-même...

Il résuma ce qu'il avait trouvé dans l'escarcelle de la Couronne en 1180 : un domaine royal qui n'était qu'un appendice sur le territoire de la France qui allait de Senlis et Mantes au nord, à Orléans au sud. Il expliqua qu'en moins d'un quart de siècle, il avait multiplié ce domaine par quatre et plus encore le Trésor royal. À l'heure où il s'exprimait, en effet, le domaine royal comprenait, en plus, la Picardie, la Normandie, et s'étendait au sud-ouest sur l'Anjou et la Touraine jusqu'à Poitiers, au sud-est jusqu'à Bourges, avec la grande enclave de l'Auvergne. Le reste de la France se répartissait entre fiefs et seigneuries ecclésiastiques et les territoires du roi d'Angleterre avaient été réduits en une peau de chagrin qui ne s'étendait plus que de la Gironde aux Pyrénées.

— Sais-tu ce qu'est un fief, Louis ?

— Oui, Sire !

— Alors raconte-moi...

— C'est un domaine que vous avez confié à un vassal pour qu'il l'administre, mais il vous doit l'hommage et doit aussi vous prêter des chevaliers si vous devez mener bataille, déclara l'enfant, sûr de lui.

— C'est à peu près cela... Il faudra que je félicite frère Jacques, c'est un excellent précepteur.

— Oui, Sire, il vous admire et est très attaché à votre personne, déclara l'enfant qui ne semblait plus être très impressionné par son grand-père.

— Vois-tu, du haut de cette tour, tu ne peux plus discerner les limites du royaume. Désormais, hormis la Guyenne qui reste sous le contrôle des Plantagenêts, la Bretagne, la Flandre, la Champagne, la Bourgogne, le Périgord, le comté de Toulouse relèvent du royaume et les seigneurs qui les gèrent sont mes vassaux. Mais avec ces gaillards, rien n'est jamais acquis. Il faut les tenir avec une longe courte car ils sont toujours prompts à se battre contre le roi au gré de leurs intérêts.

— Oui, Sire, approuva Louis qui semblait savourer cette leçon de gouvernement tant elle l'associait déjà à l'avenir du royaume.

Philippe Auguste prit son petit-fils sur ses genoux et lui glissa à l'oreille :

— Demain, après ton étude du matin, tu m'accompagneras dans les rues de Paris. Nous irons à la rencontre du peuple ; tu le verras travailler et nous l'encouragerons. Il faut qu'il te connaisse maintenant.

— À cheval ? demanda Louis se réjouissant de cette promenade qui risquait cependant de supprimer son heure d'entraînement sur son palefroi.

— Non, à pied, répondit le roi. Il ne faut jamais prendre les gens de haut.

Louis cacha sa déception. L'idée d'accompagner son illustre grand-père pour découvrir la vie de la capitale le passionnait néanmoins.

Le roi décida d'en terminer là et enjoignit le garçon d'aller rejoindre son précepteur et sa mère, en lui faisant promettre de ne rien leur dire de ce qu'il avait appris aujourd'hui.

— Un futur roi doit apprendre, réfléchir et se taire, lui lança-t-il. Puis il doit consulter ses conseillers et enfin décider seul. Car lui seul est responsable devant Dieu et son peuple de la manière dont il conduit le royaume.

L'enfant baisa la main de son grand-père et quitta les deux hommes sans se hâter, droit, digne, puis, hors de leur vue, il descendit les escaliers quatre à quatre. Une nouvelle lumière avait éclairé sa vie.

3

Les rois fainéants

— Où étiez-vous donc, je vous cherchais partout ? lui déclara frère Jacques, en voyant le jeune prince pénétrer dans la bibliothèque

Le précepteur était un moine cistercien de Clairvaux, admirateur de saint Bernard, l'inspirateur de l'ordre. Il avait à cœur d'instruire son élève sur le monde, l'histoire, la religion. Mais il devait être prudent et souvent garder pour lui ses convictions, car il savait qu'on pourrait lui reprocher d'introduire dans l'esprit d'un enfant destiné aux plus hautes fonctions des idées qui ne seraient pas partagées par ses parents. Il détenait lui aussi la certitude que Louis serait roi plus tôt que prévu. Il avait entrepris de lui décrire d'abord sa filiation avec Clovis, premier roi chrétien baptisé à Reims, sept siècles plus tôt. Il lui apprit que le prénom « Clovis » était devenu « Clouis », puis « Louis ». Il devint le premier roi des Francs. On devait aussi à Clovis d'avoir fait de Paris la capitale du royaume, en hommage à sainte Geneviève qui avait arrêté Attila à ses portes.

— Louis ! À quoi songez-vous ? Vous ne m'écoutez donc pas ? tonna frère Jacques en faisant mine de saisir sa baguette.

— Je vous écoute, Maître, je me demandais pourquoi mon ancêtre s'était fait baptiser si tard ?

— C'est une longue histoire, répondit le précepteur. Tout porte à croire que ce roi païen, comme l'étaient tous les Francs à l'époque, s'est fait baptiser à la demande de son épouse, Clotilde, une princesse chrétienne, fille du roi des Burgondes, Chilpéric Ier, une dynastie très puissante en Gaule à cette époque.

— Clovis ne croyait pas en Dieu ?

— Les Francs avaient plusieurs dieux...

— C'est bizarre, remarqua Louis, je descends donc d'un païen ?

— Non, en réalité vous descendez du roi David, comme le Christ, mais entre-temps, beaucoup de brebis se sont égarées.

— Je descends de David, comme le Christ ? répéta Louis, incrédule.

Frère Jacques ignorait-il qu'il s'agissait d'une légende, savamment créée et entretenue par certains théologiens. Mais qu'importait la légende, elle confortait une filiation qui ne pouvait que servir les intérêts de l'Église pour cette France qui était devenue sa fille aînée par la conversion de Clovis. Aussi frère Jacques n'avait-il aucun état d'âme pour la faire connaître.

— Je vous en dirai davantage une autre fois ; aujourd'hui nous allons nous consacrer à vos ancêtres les plus proches.

Il déroula un parchemin sur lequel figurait un arbre généalogique des rois et des reines depuis le premier roi des Francs.

— Cela m'a l'air très compliqué ! commenta Louis.

Frère Jacques fit mine de ne pas entendre. À l'évidence, Louis n'avait pas tellement envie de l'écouter. Il lui fallait inventer une histoire pour attirer son attention. Il choisit celle de Dagobert, l'un des derniers rois mérovingiens, fondateur de l'église abbatiale de Saint-Denis où il avait demandé à être enterré.

Dagobert n'avait régné que dix ans comme roi des Francs, lui enseigna-t-il, après avoir été roi d'Austrasie. Il avait été un monarque juste et réformateur. Il avait favorisé l'accès des paysans à la liberté, réorganisé avec son conseiller, l'orfèvre Éloi, qui plus tard serait canonisé, l'administration et la justice, développé les arts et l'éducation et fait de nombreux dons au clergé.

— Un roi dont vous devriez vous inspirer, mon prince.

— Je m'inspirerai surtout de mon grand-père qui a tant fait pour notre royaume, objecta Louis.

Le précepteur ne voulut pas entrer dans cette discussion. Il poursuivit :

— Parmi les rois mérovingiens, Dagobert fut sans doute le meilleur ; il faut dire que les autres eurent peu de pouvoirs, aussi disait-on d'eux méchamment qu'ils étaient des rois fainéants.

— Fainéants, des rois ! s'exclama le jeune prince.

— Il ne faut pas se fier à tout ce qu'on raconte, répliqua frère Jacques. L'Histoire est souvent travestie par de vilaines et fausses rumeurs.

Poursuivant son exposé, le moine raconta qu'au siècle de Dagobert, la dynastie des Mérovingiens s'éteignit et fut remplacée par celle des Carolingiens.

— Celle de Charlemagne, s'exclama Louis. Je sais qu'il fut empereur d'Occident et je suis fier d'avoir un tel ancêtre. Moi aussi, je serai empereur d'Occident.

— Bravo ! enchaîna frère Jacques, mais n'allons pas trop vite.

Il précisa qu'avant Charlemagne, Charles Martel, qui n'était pas roi mais maire du Palais au temps des Mérovingiens, dirigeait, en réalité, le pays.

— Celui qui a repoussé par deux fois les musulmans et tué leur chef Abd al-Rahman, interrompit l'enfant,

— Oui, à la fameuse bataille de Poitiers. Ce jour-là, le 25 octobre 732, Dieu nous avait mis sous sa protection.... Mais qui vous a raconté cela ?

— Ma Mère, dit Louis, parce que sa famille, en Espagne, se bat encore contre les Arabes, six cents ans plus tard.

— Et ils leur infligent maintenant de sévères défaites, ajouta frère Jacques, qui poursuivit son énumération en précisant que le fils de Charles Martel, Pépin, dit Pépin le Bref, avait fondé la nouvelle dynastie des Carolingiens et, pour bien l'assurer, s'était fait sacrer à Saint-Denis par le pape. Leurs tombes se trouvaient d'ailleurs dans l'abbatiale auprès de Dagobert.

Le moine s'abstint de préciser qu'ils étaient des usurpateurs et avaient eu besoin de l'Église pour conforter leur légitimité. Il enchaîna en évoquant Charlemagne, petit-fils de Charles Martel, né vers 745, devenu roi des Francs à vingt-trois ans et roi des Lombards, six ans plus tard, avant de soumettre les Saxons et les musulmans en Espagne et de se faire couronner empereur par le pape Léon, en l'an 800.

Frère Jacques en vint enfin aux Capétiens sans trop s'appesantir sur la fin des Carolingiens et les conditions de la naissance de cette nouvelle dynastie, créée par Hugues Capet. Il raconta que la branche issue de Charlemagne avait compté huit rois dont cinq s'étaient appelés Louis, depuis Louis le Pieux ou le Débonnaire jusqu'au cinquième, Louis le Fainéant.

— Encore un ! s'exclama l'enfant.

— Encore une injustice de l'Histoire, mon prince. Lui non plus ne méritait pas ce sobriquet. En réalité il n'a régné que quatorze mois et n'a pas eu le temps de démontrer ses capacités de roi.

— Quatorze mois !

— Oui, il s'est tué à cheval au cours d'une chasse sur les terres de Hugues Capet, lui qui, précisément, devint son successeur, le fondateur de votre dynastie.

Le moine omit volontairement de préciser que Hugues Capet était issu de la branche concurrente des Carolingiens, les Robertiens. À quoi bon perturber le cerveau d'un enfant, fût-il héritier de la Couronne, avec d'obscures querelles dynastiques. Il aurait tout son temps pour apprendre et comprendre.

À peine sa leçon terminée, Louis se précipita vers la fenêtre pour se distraire à la vue des jardins du Palais enserrés dans les bras de la Seine. Frère Jacques jugea qu'il en avait assez raconté pour aujourd'hui et laissa son élève à ses rêveries.

4

L'enfant des quatre Couronnes

Chaque soir, Louis allait rendre visite à sa mère, Blanche de Castille. Leur rencontre était souvent brève et formelle.

À cette heure, les rayons du soleil couchant pénétraient par les fenêtres grandes ouvertes de la chambre royale, irisant d'une lumière incandescente les vergers et les jardins du Palais qui s'étalaient jusqu'à la pointe occidentale de l'île de la Cité.

Louis trouva Blanche de Castille en pleine conversation avec Mincia, sa première dame de compagnie, castillane comme elle. L'enfant ne l'appréciait guère car, outre son caractère ombrageux et peu affable, elle était un obstacle à la tendresse et à l'intimité qu'il recherchait auprès de sa mère. Contrairement à ce qu'il pressentait, celle-ci renvoya dame Mincia dès qu'il apparut.

— Venez auprès de moi, Louis, ce soir je vais vous parler de votre famille, de ses racines et ses rameaux nombreux et de ses liens à la fois puissants et fragiles.

Louis lui décocha un sourire radieux qui exprimait sa joie de profiter enfin d'un moment d'affection partagé avec sa mère. Elle l'impressionnait par son allure altière, son regard profond et déterminé, son élégance, sa rectitude, et sa voix qui savait être douce, chaude, autant que ferme et cinglante.

Il la trouva resplendissante, habillée d'une longue robe vert émeraude sur laquelle ses longs cheveux noirs tressés se répandaient avec grâce. La lumière rougeoyante accentuait les traits de son visage, la rendant presque irréelle ; il nota qu'elle paraissait sereine et en paix. Son époux devait rentrer le lendemain après une longue campagne dans les fiefs du royaume, sans doute était-ce la raison d'un tel rayonnement.

— Asseyez-vous en face de moi, commanda-t-elle sur un ton mêlé de tendresse et d'autorité. Il importe, lui dit-elle, que vous sachiez qui sont vos ancêtres et qui sont vos cousins.

— Je les connais, déclara Louis, fièrement, mon ancêtre le plus lointain est le roi David, et je suis apparenté à Notre-Seigneur Jésus.

Blanche marqua une légère surprise ; elle connaissait la légende de ce lointain apparentement, mais elle ne savait pas que Louis en fût déjà informé. Le garçon devança sa question :

— C'est frère Jacques qui me l'a appris...

— Très bien, fit la reine, mais il importe aussi que vous connaissiez ceux qui vivent et règnent aujourd'hui, du côté de votre père comme de celui de votre mère.

— Je sais aussi que je descends de Charlemagne par ma grand-mère et que je suis cousin du roi d'Angleterre...

— Tout cela est vrai, reprit Blanche, mais n'allons pas trop vite. Venez avec moi.

Elle prit son fils par le bras et l'entraîna vers une table sur laquelle plusieurs parchemins se trouvaient étalés.

— Voici l'arbre de votre famille avec toutes ses branches. Sur cet arbre, vous pouvez voir les Capétiens, et leurs ascendants carolingiens et mérovingiens...

— Je connais déjà, lâcha l'enfant sur un ton crâneur.

Blanche sourit ; elle commençait à s'habituer aux répliques assurées de son aîné. Elle n'en poursuivit pas moins son enseignement. Elle lui indiqua comment, par sa propre ascendance, il était allié à la plupart des couronnes européennes. Elle était la fille d'Aliénor, épouse d'Alphonse de Castille, elle-même fille d'Aliénor d'Aquitaine, épouse d'Henri, roi d'Angleterre.

— Vous auriez pu, lui précisa-t-elle, être le petit-fils d'Aliénor d'Aquitaine car cette grande reine fut d'abord l'épouse de Louis le Jeune, le père de votre grand-père, Philippe Auguste. Vous me suivez ?

— Oui, ma Mère. Mais pourquoi Aliénor d'Aquitaine a-t-elle quitté mon aïeul pour se marier avec le roi d'Angleterre ?

— Parce qu'ils ne parvenaient pas à avoir de fils ensemble. Et vous devez savoir que, pour le chef d'une maison royale, il importe d'avoir des héritiers mâles, or ils n'eurent qu'une fille, votre tante Marie de Champagne... Les Capétiens, depuis le fondateur de la dynastie, Hugues Capet, préfèrent les héritiers, ce qui n'est pas le cas chez nous, les Castillans.

— Ainsi je suis tout de même l'arrière-petit-fils d'Aliénor d'Aquitaine ? interrogea Louis qui trouvait la situation bien singulière.

— Exactement !

— Je descends des rois de France et des rois d'Angleterre...

— Et des rois de Castille par mon père, vous êtes enfant des trois Couronnes...

— Quatre avec celle de David, insista Louis.

Blanche ne releva pas cette remarque. Elle n'était pas sûre de vouloir accréditer tout de suite cette ascendance biblique.

— Voyez-vous, Louis, toutes ces couronnes, tous ces cousinages, toutes ces alliances et liens familiaux devraient être des gages de paix et de concorde. Il n'en est rien car les seigneurs sont souvent avides de pouvoir et feignent d'ignorer qu'ils sont du même sang. Pourtant la paix entre les peuples est nécessaire pour assurer leur bonheur et leur prospérité et si un jour vous devenez roi, vous devrez y consacrer toutes vos forces.

— Toutes mes forces ! répéta Louis, sur le ton d'un serment.

— Guerroyer est un péché, reprit sa mère. Vous ne devrez jamais oublier l'enseignement de Notre-Seigneur Jésus : « Tu aimeras ton prochain comme toi-même » et « Si quelqu'un te frappe sur la joue droite, tends aussi ta joue gauche... ».

— Alors mon père qui guerroie toujours est en état de péché ? demanda le jeune prince qui ne comprenait pas bien ce que sa mère essayait de lui inculquer.

Blanche dut admettre qu'elle avait sans doute été un peu abrupte.

— Non, votre père n'est pas dans le péché car il combat pour préserver notre royaume contre ceux qui veulent le détruire. Il a l'autorisation de notre Sainte Mère l'Église pour maintenir son autorité sur ses vassaux et ses sujets.

— Ah ! fit Louis, rassuré.

Il lui était pourtant difficile de discerner le vrai du faux dans ces subtilités politiques et religieuses, mais dès lors que l'Église donnait sa bénédiction, il n'y voyait plus de contradiction.

Blanche avait omis de préciser que son mari, Louis le Lion, avait été excommunié par le pape pour avoir voulu monter sur le trône d'Angleterre à la demande des barons anglais. Tel avait été aussi le cas de son beau-père, Philippe Auguste, et de son père Alphonse de Castille qui, pour des raisons différentes, avaient également subi les foudres du Saint-Siège. Elle poursuivit ses explications pour bien faire comprendre à son fils qu'il y avait guerre et guerre :

— Le roi de Castille, raconta-t-elle, que j'ai perdu l'année de votre naissance...

— L'année de la victoire de Bouvines ! ne manqua pas de souligner le prince.

— La même année, en effet !... Mon père a dû faire la guerre durant de longues années contre les Sarrasins qui avaient envahi notre pays. Les Sarrasins, comme vous le savez, sont des Infidèles, ils ne croient pas en Notre-Seigneur Jésus. Leur Dieu est Allah ; ils prétendent qu'il est le même que le nôtre et ils affirment que Jésus n'est pas Dieu, mais un prophète.

— Ils ont grand tort ! souligna Louis, gravement.

— Absolument ! Leur prophète à eux s'appelle Mahomet et il a voulu imposer sa religion par les armes, par la violence, ce qui est le contraire de ce que prêche le Christ. Mon père les a donc combattus et les a défaits en 1212 à Las Navas de Tolosa. Pour cette guerre, il s'était allié aux rois d'Aragon et de Navarre avec qui, quelques années auparavant, il avait aussi combattu les Sarrasins pendant une croisade menée à l'appel du pape, guerre légitime à laquelle s'étaient jointes beaucoup d'autres troupes venues de France, d'Angleterre, du Saint Empire romain germanique...

— Une croisade ? interrogea Louis.

— Une guerre sainte, en effet, pour reprendre les Lieux saints dans lesquels Notre-Seigneur Jésus a vécu, Jérusalem, Bethléem, Nazareth..., précisa Blanche. Voilà pourquoi il y a des guerres nécessaires et acceptées par Dieu. Comprenez-vous, Louis ?

— Pas tout, ma Mère, mais je demanderai à frère Jacques de m'expliquer.

Blanche adressa à son fils un sourire tendre et émerveillé. Elle remercia secrètement le Seigneur de lui avoir donné un enfant aussi vif, passa sa main dans ses cheveux blonds et l'embrassa sur le front.

— Allez maintenant rejoindre votre confesseur pour faire vos prières.

Louis se leva, se courba lentement devant sa mère et la quitta d'un « Bonsoir, Mère », prononcé sur un ton emphatique, pourtant non dénué de respect ni de tendresse.

5

Frère François d'Assise

Accompagné de frère Guérin et de son grand chambrier, Barthélemy de Roye, Philippe Auguste, tenant Louis par la main, sortit du Palais pour rejoindre les rues de la ville par le Grand-Pont qui franchissait la Seine, à l'endroit où elle était le plus large.

L'agitation populaire était déjà grande par cette fin de matinée chaude et ensoleillée du 27 juillet 1221, journée anniversaire de la victoire de Bouvines.

Précédés de sergents et de gens d'armes, les quatre grands personnages du royaume, habillés pour la parade, furent salués par des « Gloire à notre Roi ! », « Longue vie à Philippe l'Auguste ! ». Ce dernier répondait par un salut ostensible de la tête témoignant sa reconnaissance à l'hommage qui lui était ainsi rendu. Louis sentait son cœur s'enflammer et ne pouvait cacher sa fierté d'être associé à cet événement.

De chaque côté du pont, les échoppes des marchands avaient été fleuries. C'était à cet endroit que s'était installée la fine fleur du commerce de luxe, les orfèvres, les gantiers et pelletiers, les drapiers, mais aussi les banquiers et les prêteurs.

Philippe Auguste avait tenu à ce que ses deux principaux conseillers, artisans et acteurs de Bouvines, fussent à ses côtés, comme chaque année. Tout en pénétrant dans la ville pour rejoindre la rue Saint-Denis, il s'enquit auprès de Barthélemy de Roye de l'avancée des travaux de l'abbaye qu'il faisait construire dans la forêt de Chambourcy.

— Les travaux avancent, Sire, j'espère qu'elle sera achevée avant...

— Avant la fin de mon règne, Chambrier, c'est ce que vous vouliez dire ?

— Non, Sire, sûrement pas ! protesta le conseiller.

Philippe Auguste aimait taquiner ses proches collaborateurs qu'il traitait plutôt comme des amis.

— À qui est-elle dédiée, déjà ? s'enquit le roi.

— À Notre-Dame et à saint Laurent...

— Saint Laurent ?

— Un diacre que le préfet de Rome fit griller sur des braises, intervint Louis.

— Ah bon ? Pourquoi donc a-t-il fait cela ? demanda son grand-père.

— Le préfet Dacien, raconta l'enfant, avait demandé à saint Laurent qu'il pensait très riche de lui apporter les trésors de l'Église. Le diacre lui promit qu'il allait les chercher et il revint avec des orphelins ; il lui déclara que c'étaient là tous les trésors que l'Église possédait. Furieux, le préfet ordonna de le faire brûler sur des braises afin que sa souffrance durât plus longtemps...

Le souverain se tourna vers frère Guérin qui confirma la véracité du récit de Louis. Il ajouta une précision :

— C'était en 258, il y a bientôt mille ans, et nous fêterons cet exemple de courage au mois d'août prochain.

— Le courage est la plus grande des vertus, mon garçon, enchaîna le roi. Cet homme, dit-il en désignant le grand chambrier Barthélemy, n'en manque pas. Il est le héros de la bataille de Bouvines. C'est lui qui, avec d'autres chevaliers, est venu m'aider à me relever et à remonter sur mon cheval après que j'eus été flanqué à terre par les cavaliers d'Otton. Sans lui, je ne serais plus de ce monde et notre royaume ne serait pas le plus prestigieux d'Europe.

Frère Guérin laissa paraître un visage contrarié que le monarque ne manqua pas de remarquer. Aussi ajouta-t-il aussitôt :

— Quant à frère Guérin, il fut le vrai stratège de cette victoire en me conseillant, avec sa bénédiction, de livrer bataille un dimanche, ce qui est en principe interdit par l'Église.

— L'Église pouvait bien octroyer cette autorisation à sa fille aînée, commenta frère Guérin, puisque son avenir était en jeu ! Il faut rappeler que l'empereur Otton n'avait pas eu les mêmes scrupules que vous, Sire. Il avait décidé de livrer bataille ce dimanche bien qu'il sût que le sang ne devait pas être répandu en ce jour.

Louis demanda alors que le récit de Bouvines lui fût raconté par le menu. Philippe Auguste renvoya la demande à ses deux conseillers, en ajoutant modestement :

— Ils n'oublieront sûrement aucun détail car, de mon côté, ma mémoire commence à me faire défaut.

La visite se poursuivit au-delà du Grand-Pont. Au niveau de la rue de la Ferronnerie, le tintamarre des batteurs de fer se fit entendre. Non pas pour montrer au roi leur savoir-faire, car c'était aujourd'hui jour de congé, mais pour saluer son passage par un concert de marteaux, d'enclumes, d'épées frappées les unes contres les autres. Le groupe longea le cimetière des Innocents, vaste rectangle encadré par les rues Saint-Denis, de la Ferronnerie, les Halles et la rue Feurre, le fief des empailleurs.

Le roi raconta à son petit-fils qu'il avait fait construire des murs autour de ce cimetière parce qu'il était devenu le terrain de prédilection des cochons, des chiens errants et des maraudeurs qui dérangeaient les morts et les empêchaient de « dormir en paix ».

Poursuivant leur marche sous les vivats des Parisiens massés sur leur passage, ils atteignirent la rue de la Cossonnerie, territoire des marchands de volailles et de gibiers.

— Ah les Cossons ! s'exclama le roi, ce sont mes marchands préférés. Car je n'aime rien mieux que les volailles, plus que l'agneau ou le cochon. Et toi, Louis, que préfères-tu ?

— J'aime tout, Sire, répondit l'enfant, qui ne souhaitait sans doute pas affirmer sa préférence, d'autant qu'il n'avait pas un grand appétit et qu'il n'accordait que peu d'importance à ce qu'il avalait.

— En tout cas, interrompit frère Guérin, évitez le plus possible la viande, surtout celle du bœuf, car elle échauffe les sangs et détourne de la tempérance.

— Frère Guérin ! protesta le roi, notre prince n'a pas encore huit ans, vous n'allez pas lui mettre de telles idées dans la tête ! Surtout que de la viande de bœuf, nous n'en mangeons guère à notre table... En revanche un bon agneau de lait de temps à autre !

Le monarque témoignait ainsi de la répulsion qu'éprouvaient la Cour et les plus fortunés pour le bœuf, dont la viande était toujours dure et désagréable à mastiquer car ces animaux de boucherie, utiles à la production de lait et de fromage, étaient toujours des vieilles carnes abattues en fin de vie. Seuls les pauvres en faisaient leur plat du dimanche.

Ce jour-là, la rue de la Cossonnerie regorgeait de volailles, mais pas de gibiers car la chasse n'était pas autorisée en cette saison pour laisser en paix les nouveau-nés de l'année, perdreaux, cailles, marcassins, faons, chevreuils. En revanche les étals étaient riches de poules, coqs, chapons, canards, pigeons, oies, cygnes ou paons...

Le groupe fut interpellé par les oyers qui s'étaient, comme d'autres, organisés en confréries et dont la grande vente d'oies avait lieu en juin, à la foire du Lendit sur la route de Saint-Denis.

— Voulez-vous goûter de mon oie, Sire, c'est la meilleure du royaume ?

— Tout à fait, fais-m'en porter une douzaine au Palais ! Nous allons te payer céans.

Et il fit signe au chambrier de régler le marchand.

Ils poursuivirent leur périple tout en distribuant des aumônes alentour et parvinrent rue des Prêcheurs. Les ordres mendiants y résidaient depuis quelques années, en particulier les frères prêcheurs. Ils croisèrent d'ailleurs des dominicains, reconnaissables à leur tunique blanche surmontée de deux larges bandes d'étoffe couvertes d'un manteau noir à capuche.

Apercevant l'étonnement de Louis qui les regardait passer, les mains cachées dans leurs manches, la tête baissée, frère Guérin l'interrogea :

— Vous n'avez jamais vu de jacobins[1] ?

— Non, Monseigneur ! avoua Louis.

— C'est un nouvel ordre mendiant autorisé par notre Saint-Père Honorius depuis le concile de Latran en 1215. Il a été créé par un chanoine espagnol, Domenico de Guzmán y Aza.

— J'ai le souvenir que le pape n'était pas favorable à la création de nouveaux ordres, fit remarquer Philippe Auguste.

— C'est exact, Sire, mais il a fini par se rallier aux arguments de frère Dominique pour faire revenir les hérétiques dans le giron de notre Église. Il avait expliqué au Saint-Père que les brebis égarées, en particulier les albigeois, qui se font aussi

1. Ils deviendront, après la canonisation de saint Dominique en 1234, les dominicains.

appeler les cathares, étaient indignés par les comportements de satrapes de certains religieux...

— C'est vous qui l'avez dit ! releva le roi, non sans malice... Mais pardon, je vous ai interrompu...

— Frère Dominique entend ramener les hérétiques à la raison en prêchant l'humilité, poursuivit l'évêque de Senlis. Il a donc ordonné que les moines de son ordre soient des prédicateurs pauvres et mendiants et ne se déplacent qu'à pied.

— Mendiants ? s'étonna Louis. Ils veulent qu'on leur fasse l'aumône ?

— Exactement, pour bien indiquer que la richesse, l'argent ne font que corrompre les âmes et les cœurs.

— Malheureusement, intervint Barthélemy de Roye, frère Dominique est à l'article de la mort ; il a quitté son apostolat trop tôt et les albigeois continuent dans leur apostasie.

— Des cordeliers[1] ! s'exclama Louis en voyant passer des hommes pieds nus, vêtus d'une bure marron faite de fils de laine et de bourre, et retenue par une corde à nœuds.

— Tu reconnais donc ceux-là ? remarqua le monarque.

— Oui, répondit l'enfant, frère Jacques m'a souvent parlé du moine frère Francisco d'Assise, fils d'un riche commerçant de cette ville d'Ombrie, qui prêche aussi la pauvreté.

Frère Guérin souligna que François d'Assise avait dû lui aussi se battre pour fonder son ordre. En dépit des réticences du Saint-Siège, celui-ci s'était très vite développé, surtout dans les villes où l'enrichissement des nobles et des bourgeois leur faisait souvent perdre le sens du message du Christ.

— Le Veau d'or, ajouta l'évêque de Senlis, a gagné nos cités en Europe.

— « Je suis l'Éternel, ton Dieu, qui t'a fait sortir du pays d'Égypte, de la maison de la servitude. Tu n'auras pas d'autres dieux devant ma face... »

La voix fluette et perchée mais assurée de Louis se fit entendre et laissa cois ses trois accompagnateurs.

— Décidément, remarqua son grand-père, ton précepteur est vraiment digne d'éloges !

— Il me parle très souvent du frère François, reprit le jeune prince. Il me dit que tous les animaux l'aiment et que les

1. Après la canonisation de François d'Assise, l'ordre des Cordeliers deviendra celui des Franciscains.

oiseaux viennent se poser sur ses épaules. Ce frère me plaît beaucoup, j'aimerais tant suivre son exemple.

— Bravo ! s'exclama son grand-père, cependant, n'oublie pas que la tâche que Dieu t'a confiée est de devenir roi, pas moine.

Louis ne répondit pas. L'admonestation du souverain ne souffrait pas la contestation. Ils passèrent devant le marché aux fromages. Le roi fit remarquer que si Charlemagne aimait le roquefort et le brie, lui préférait, de loin, le maroilles, fabriqué par les moines de l'abbaye du même nom, en Avesnois, près de la frontière flamande.

— Le maroilles emplit le palais, puis fond dans la bouche, coule dans la gorge, avant d'exalter le ventre, déclara le monarque avant d'éclater de rire.

Le groupe finit bientôt par atteindre les Halles.

— Je suis content de ce travail, Chambrier, voilà un marché désormais digne de ce nom, qui, depuis maintenant de longues années, fait la réputation de notre capitale.

— Les marchands viennent de toute l'Europe s'y installer car ils s'y sentent en sécurité, expliqua Barthélemy de Roye, les murs d'enceinte protègent leurs échoppes des maraudeurs et ils s'y trouvent aussi à l'abri des intempéries.

Pour l'anniversaire de la victoire de Bouvines, tous les marchands étaient présents, leurs boutiques ouvertes. Dans les halles des Champeaux, les drapiers occupaient une place prépondérante. Ils éprouvaient pour le roi de France une reconnaissance particulière, non seulement pour la protection qu'il leur accordait, mais aussi parce que les commandes de la Cour contribuaient largement à leurs affaires. Les plus beaux tissus, dont la matière première venait de toute l'Europe et des confins de l'Asie, étaient fabriqués dans la région, exposés là et revendus au-delà des frontières du royaume.

— Quels sont les pays qui convoitent le plus votre travail ? demanda le roi Philippe.

— Hormis la cour de France, Sire, nous avons de généreux clients à Rome, Gênes, Florence, l'empereur Frédéric, les cours de Castille et d'Aragon, déclara Ignace Faubert, le représentant de leur confrérie.

— Et la cour d'Angleterre ? interrogea le monarque.

— Nous savons qu'elle apprécie nos tissus, mais elle préfère les acheter à des renégociants plutôt qu'à nous directement...

— Pourquoi cela ?

— Allez savoir avec les Anglais, Sire ! répondit le marchand, un sourire narquois aux lèvres.

Le roi et sa suite poursuivirent la visite, toujours acclamés par la foule qui commençait à envahir les Halles, en criant : « Vive le roi Philippe, vive le prince Louis ! » Pour l'enfant, cette journée marquait son entrée officielle au cœur du royaume, celui de son peuple, avec qui il connaissait, pour la première fois, un contact direct. Ce fut aussi une journée riche d'enseignements car Philippe Auguste avait bien l'intention de transmettre à son petit-fils les valeurs, les principes, les vertus nécessaires à la bonne gouvernance du royaume. Tout en s'adressant à ses conseillers, il s'assurait que son petit-fils écoutait attentivement. Ainsi évoqua-t-il le hauban, une taxe spéciale dont les commerçants devaient s'acquitter pour avoir le droit de vendre dans l'enceinte de la cité.

— Vois-tu, jeune prince, il faut favoriser le commerce et l'artisanat dans l'intérêt du royaume et du peuple. C'est dans les villes que ces métiers peuvent le mieux s'épanouir car les gens y sont plus riches et plus nombreux.

— Oui, Sire, acquiesça Louis.

6

La victoire de Bouvines

Pour que Louis se fît raconter la bataille de Bouvines, Philippe Auguste préféra s'en remettre à frère Guérin, plutôt qu'à Barthélemy de Roye. Dans l'esprit du monarque, l'expérience de l'évêque de Senlis était à même de donner à cet événement la grandeur et le symbolisme nécessaires.

Comme son grand-père le lui avait conseillé, le jeune prince avait invité son interlocuteur à déjeuner « en tête à tête ». Un repas simple quoique aristocratique comme il convenait à un représentant du Seigneur : une soupe aux pois, une grosse carpe aux épinards, un pâté de faisan, un héron rôti, quelques fromages, dont le maroilles, et des fruits rouges.

— Vous me faites un grand honneur, Monseigneur, et je piète d'impatience d'entendre de votre bouche le récit de cette grande bataille gagnée par mon grand-père.

— Tout l'honneur est pour moi, mon prince. Je vais essayer d'être à la hauteur de votre attente. Mais avant de vous raconter cette victorieuse journée du 27 juillet 1214, je dois vous expliquer pourquoi le roi Philippe a dû mener, je vous le rappelle, le seul combat sur notre territoire depuis près de cent ans, armée contre armée, en rase campagne.

Avant de commencer, il dit le bénédicité, fit le signe de croix, et Louis, la tête baissée, l'imita.

— Nos ancêtres ne se sont donc pas battus pendant cent ans ? s'étonna Louis.

— Si, mais toutes les guerres ont généralement été menées contre des châteaux ou des forteresses, ce qui ne fut pas le cas à Bouvines. La précédente bataille de ce genre avait opposé en 1119 votre ancêtre capétien Louis le Gros à Henri d'Angleterre et de Normandie, fils de Guillaume le Conquérant.

— Mon ancêtre a-t-il aussi gagné ? s'enquit Louis, enthousiaste.

— Hélas non, il fut vaincu, car son cheval fut tué en plein affrontement. Ces deux grands rois s'affrontèrent pendant quelque temps encore avant de conclure une paix qui dura trente ans. Ce qui fit dire à l'abbé Suger : « Ces deux monarques furent des héros dans la guerre comme dans la paix. »

Frère Guérin s'abstint de préciser que le compliment s'adressait plutôt à Henri Beauclerc d'Angleterre. Il précisa toutefois que ce dernier, en donnant sa fille et héritière Mathilde en mariage à Geoffroy, chef de la maison d'Anjou, avait posé les bases du futur État Plantagenêt qui valait aujourd'hui à la France tant de tourments.

— Mais mon arrière-grand-mère Aliénor d'Aquitaine et mon oncle Jean sans Terre n'étaient-ils pas des Plantagenêts ?

— Bien sûr, assura frère Guérin, Geoffroy d'Anjou, que l'on surnommait Plantagenêt car il portait un rameau de genêt sur son chapeau, et Mathilde d'Angleterre eurent un fils, Henri, qui fit valoir ses droits au trône d'Angleterre et les obtint en 1154.

— Il s'agit bien du roi Henri, époux d'Aliénor d'Aquitaine, la première femme de mon arrière-grand-père Louis le Jeune, n'est-ce pas ?

— C'est exact. Et c'est aussi cet Henri et ses deux fils, Richard Cœur de Lion et Jean sans Terre qui ont causé tant de soucis à votre grand-père.

Avant de décrire la bataille de Bouvines, frère Guérin évoqua d'abord la personnalité de Jean sans Terre. Au début du siècle, expliqua-t-il, devenu roi à la suite de la mort de son frère Richard Cœur de Lion, Jean sans Terre irrita ses sujets, ses barons et le roi de France par un comportement inique. Des barons poitevins se plaignirent de lui auprès de Philippe Auguste, qui saisit cette occasion pour exercer pleinement ses pouvoirs de suzerain. Il somma le roi d'Angleterre de comparaître devant ses pairs comme simple vassal[1]. Le monarque

1. Il y avait douze pairs de France : les ducs de Bourgogne, de Normandie et d'Aquitaine, les comtes de Toulouse, de Flandre et de Champagne, et les évêques de Reims, de Laon, de Langres, de Beauvais, de Châlons et de Noyon.

anglais dédaigna cet ultimatum. Il fut tout de même jugé et condamné.

L'évêque de Senlis cita les termes du jugement : « La cour de France, s'étant réunie, jugea que le roi d'Angleterre devait être privé de toutes les terres que, jusqu'alors, lui et ses ancêtres avaient tenues des rois de France, pour la raison que, depuis longtemps, il avait négligé d'accomplir tous les services dus pour ces terres... » Ainsi, la plupart des possessions françaises des Plantagenêts se trouvèrent-elles confisquées par le souverain français : la Bretagne, l'Anjou et le Poitou, qu'il donna en fief à Arthur de Bretagne, l'héritier désigné par Richard Cœur de Lion au trône d'Angleterre que Jean sans Terre fit assassiner quelque temps après.

Dans le même temps, Philippe Auguste plaça ces nouvelles provinces sous sa tutelle : Saumur, Loudun, Angers et Château-Gaillard tombèrent d'abord, puis la Touraine, le Poitou et la Saintonge, d'autres villes comme Poitiers, Niort, Limoges, Périgueux, et plus tard Chinon, Loches et Nantes.

— Quand il apprit la perte de Chinon, précisa frère Guérin, le roi d'Angleterre n'en eut cure et ne pensa qu'à se divertir. C'était un homme mauvais, cruel, sournois, convoitant toutes les femmes et dilapidant son argent avec ses courtisans. Il était haï par la plupart de ses seigneurs et par son peuple. Dix ans, plus tard, poursuivit l'évêque, pour tenter de récupérer ses terres perdues, Jean sans Terre prit la tête d'une coalition en subornant l'empereur d'Allemagne, Otton de Brunswick, en soudoyant également le comte de Boulogne, Renaud de Dammartin, et Ferrand de Flandre, fils du roi du Portugal. Le roi d'Angleterre, alors très riche, avait envoyé des sommes considérables à ces trois seigneurs pour les enrôler contre Philippe Auguste.

— Pourquoi ces trois seigneurs s'étaient-ils alliés contre mon grand-père ? demanda Louis.

Le conseiller commença par Otton, un monarque « vaniteux et stupide » qui, excommunié par le pape, avait été, sur les conseils de Philippe Auguste, remplacé sur le trône d'Allemagne par le prince Frédéric de Hohenstaufen.

— Frédéric ? se fit préciser Louis, celui qui est aujourd'hui l'empereur du Saint Empire romain germanique ?

— Lui-même, en effet.

— Alors mon grand-père et l'empereur sont amis ?

— Ils le sont, ils le sont, confirma l'évêque de Senlis.

Puis frère Guérin évoqua le comte de Boulogne, expliquant que Renaud de Dammartin, bien qu'il fût ami d'enfance de Philippe Auguste, était un traître invétéré. Il avait commencé par servir le roi d'Angleterre ; le roi Philippe lui avait pardonné, en lui donnant, de surcroît, comme épouse sa propre cousine, Marie de Châtillon.

— À peine marié, raconta le prélat, ce beau chevalier, plus soucieux de sa fortune que de bons sentiments, abandonna Marie pour épouser la riche veuve du comte de Boulogne. Il se fit du même coup un grand nombre d'ennemis parmi les fidèles du roi de France. Une nouvelle fois, ce dernier exerça son pardon, en mariant sa nièce au frère de Renaud, en gage d'amitié et en autorisant son fils, Philippe Hurepel, votre oncle, à épouser sa fille. Peine perdue, car Renaud s'allia à nouveau avec Jean sans Terre. Il avait alors épuisé la clémence de notre souverain et, battu à Bouvines, il fut emprisonné à vie à la forteresse du Goulet en Normandie, où il se trouve encore.

— Il n'en sortira plus jamais ? s'enquit Louis.

— Tant que votre grand-père sera vivant, sûrement pas.

— Et tant que mon père le sera et que je le serai, il y restera ! promit le jeune prince.

— Dernier entre les félons, enchaîna le garde des Sceaux, et non des moindres, Ferrand, le comte de Flandre et de Hainaut, dont les terres avaient appartenu jadis aux Carolingiens. Il en voulait à votre père de lui avoir soustrait Aire et Saint-Omer pendant qu'il lui rendait hommage à Paris.

— Pourquoi mon père a-t-il fait cela ? interrogea Louis.

— Parce que ces terres, proches de sa seigneurie de l'Artois, lui étaient dues en taxe de succession, ce que Ferrand contestait. Aussi, en représailles, refusa-t-il d'exercer ses devoirs de vassal à l'égard du roi et bien qu'il ait promis à votre grand-père sa neutralité dans le conflit avec l'Angleterre, il s'engagea dans la coalition contre lui.

Le chancelier fit alors le récit des mois qui précédèrent la bataille. La guerre fut déclarée par le Plantagenêt qui décida, sans vergogne, de lever un impôt féodal. Philippe Auguste, en représailles, captura tous les navires anglais qui mouillaient dans les ports du royaume de France. Le roi d'Angleterre lui rendit la pareille avec l'appui des coalisés du Nord. Alors notre souverain fit brûler sa flotte pour éviter qu'elle ne tombât dans les mains de nos ennemis.

Puis, l'hiver 1214, Jean sans Terre débarqua à La Rochelle avec d'imposantes forces. Son plan consistait à récupérer les possessions françaises de l'Ouest, puis à aller prendre en tenaille l'armée de Philippe Auguste grâce aux troupes d'Otton et des autres coalisés qui l'attendaient au nord. En quelques jours, vingt-six châteaux et forteresses des fiefs de France lui furent ouverts. Impressionnés par la puissante armée du roi d'Angleterre, les seigneurs s'étaient soumis sans se battre.

Voyant cela, Philippe Auguste fonça vers la Loire pour couper la route à celui qu'il surnommait « Cœur de poupée » ou « la Molle Épée ». Sobriquets appropriés car, dès qu'il eut connaissance de l'offensive du roi de France, Jean sans Terre alla trouver refuge près de l'estuaire de la Gironde. Sans doute voulait-il ainsi attirer Philippe vers le sud et permettre aux coalisés de s'enfoncer dans les terres du royaume par le nord et l'est.

— Votre grand-père ne tomba pas dans ce piège : il regagna le nord et laissa à votre père le soin d'affronter le roi d'Angleterre. Tel un fanfaron, Jean sans Terre crut son heure de gloire arrivée et chanta : « Maintenant, le moment est venu où, grâce à Dieu, nous allons surgir pour frapper le roi de France. »

— Alors ? s'impatienta Louis.

— Le prince Louis, votre père, se lança à sa rencontre. « Si tu viens, déclara encore le Plantagenêt, tu nous trouveras prêts à combattre et plus vite tu viendras, plus vite tu te repentiras d'être venu... »

— Quelle audace !

— Il ne connaissait pas votre père, Louis le Lion, le bien nommé. À peine le roi d'Angleterre aperçut-il les éclaireurs de l'ost royal qu'il décampa. Les barons poitevins, quant à eux, n'osèrent pas attaquer le prince Louis. Ce fut une débandade : toute l'armée anglaise se dispersa, beaucoup de soldats se noyèrent dans la Loire. Le pleutre roi alla se réfugier à La Rochelle, d'où il envoya un communiqué de victoire à ses barons outre-manche. Ceux-ci ne furent pas dupes. Ils avaient aussi leurs propres messagers qui annonçaient sa déroute et sa fuite. Un écuyer poitevin, poète à ses heures, écrivit à propos du roi d'Angleterre :

Bien est ce roi agaillardi ! Oyez comme il fait le hardi
Et comme il occit et affole ceux de France par la parole ;
Il semble que ce soit renard, il n'y a d'homme si couard,
Si peureux ni si failli...

— Dans le même temps, notre roi me dépêcha, alors que je venais d'être nommé évêque de Senlis, pour demander aux coalisés une trêve de quinze jours. Ceux-ci s'étaient déjà avancés en terre de France. Ils se trouvaient sur la Nivelle où d'autres seigneurs vinrent les rejoindre, les ducs de Saxe, de Lorraine et de Brabant, le gendre d'Otton, le marquis de Namur, le raugrave d'Utrecht et Guillaume Longue Épée, le demi-frère de Jean sans Terre. Ils se dirigeaient vers Valenciennes. Ils s'étaient déjà partagé le gâteau de la victoire. Jean sans Terre allait retrouver les terres que le roi de France lui avait enlevées, Otton s'octroyait la Champagne, la Bourgogne et la Franche-Comté, Ferrand, l'Artois, l'Île-de-France et Paris... Un véritable dépeçage de notre royaume. Otton lança même un appel à tous les seigneurs d'Europe pour mettre hors d'état de nuire le pape et le roi de France.

— Le pape aussi ? s'étonna le jeune prince.

— Rien ne les arrêtait. La trêve que notre roi m'avait demandé de négocier était en réalité une ruse. J'en profitai pour ébranler la position de Renaud de Boulogne, qui m'avait reçu, et pour convaincre le duc de Limbourg de nous rejoindre, ce qu'il fit.

— La trêve fut-elle accordée ?

— Non, mais ils se démobilisèrent quelque peu et notre ost ne tarda pas à les rejoindre.

— Alors ?

— Alors la victoire n'était pas acquise. Nous pouvions aligner cinq mille cavaliers et dix mille fantassins quand nos adversaires pouvaient compter sur près de quarante-cinq mille hommes.

Louis compta sur ses doigts :

— Un contre trois !

— Je vois que vous savez aussi compter. Nous avions cependant un avantage : l'essentiel de nos troupes à pied était recruté dans les communes, des villageois qui se battaient pour le royaume contre des mercenaires soudoyés par le roi d'Angleterre, qui fuyaient toujours quand la bataille ne tournait pas en leur faveur. Car, en plus de leur solde, ils comptaient beaucoup sur ce qu'ils allaient ramasser sur les morts et sur les rapines perpétrées dans les villages. Le peuple de France était prêt à se battre contre une coalition qui menaçait la monarchie et la papauté. Dieu et le peuple étaient avec nous.

Le prélat en vint au récit de la bataille. Il se souvenait de cet affrontement comme si c'était hier. Il raconta que, le samedi 26 juillet, Philippe Auguste avait décidé de quitter Péronne et de se diriger vers le nord-est pour prendre les ennemis à revers. Après avoir franchi le pont de Bouvines qui enjambait la Marcq, son armée avait rejoint Tournai.

À ce moment de la description, l'évêque déploya un parchemin sur lequel figurait le plan de la bataille. Il demanda à Louis de s'approcher et lui décrivit les emplacements des forces en présence. Derrière le front, le long de la rivière, le roi avait placé ses troupes. De l'autre côté, à une quinzaine de kilomètres, l'empereur Otton avait installé son armée avec celles des coalisés.

— Nous apprîmes par nos espions, raconta-t-il, que nos ennemis se tenaient derrière des marécages et qu'ils attendaient que notre cavalerie s'y embourbe. Le roi Philippe envisagea d'attaquer immédiatement tant était grand son désir d'en découdre et de mettre rapidement un terme à ce conflit. Nous lui déconseillâmes de mener cet assaut en ce jour pour permettre à nos troupes de se reposer et d'examiner la stratégie du camp d'en face. En monarque clairvoyant, il se rallia à notre avis. L'ost fit donc demi-tour et de Tournai revint vers Bouvines. Nos adversaires crurent que nous battions en retraite et déjà ils se réjouissaient. Mais le comte de Boulogne – il nous en fit le récit plus tard – les dissuada d'entreprendre une poursuite hâtive car il connaissait le roi de France mieux que personne et il le savait homme à ne jamais fuir. Nous campâmes à Bouvines. Le lendemain, comme vous le savez déjà, était un dimanche. Le roi avait réuni son Conseil, ses cousins, les ducs, les comtes...

— Qui était là ?

Le prélat réfléchit et cita tous les noms qu'il avait en tête. Les cousins germains d'abord, Robert, comte de Dreux, Pierre de Courtenay, comte d'Auxerre, qui deviendrait deux ans plus tard empereur de Constantinople ; il y avait aussi un cousin plus éloigné mais très important, Eudes, duc de Bourgogne ; parmi les comtes, Raoul de Nesle, comte de Soissons, Jean de

Beaumont, Gaucher de Châtillon, comte de Saint-Pol, Arnoul, comte de Guise, Mathieu de Montmorency, Jean de Nesle, châtelain de Bruges, et les proches conseillers, Barthélemy de Roye, Jean de Rouvray, et encore deux prélats, Philippe, évêque de Beauvais, et lui-même.

— Beaucoup de nos fantassins venaient des communes des terres alentour. Ceux de l'Île-de-France étaient restés autour de Paris que le roi, par prudence, n'avait pas voulu laisser sans défense.

— Et la bataille ? pressa Louis.

— J'y viens, j'y viens, jeune impatient !

— Oh, comme j'aurais aimé y être !

— Malheureusement, vous connaîtrez plus souvent les champs de bataille que vous le désirerez tant les hommes, qui seront vos obligés, se révéleront perfides, inconstants et cupides ! déclara le prélat.

— Je leur ferai rendre gorge !

— Seulement si Dieu vous l'ordonne, répliqua frère Guérin, qui poursuivit son récit.

Bien que ce fût l'été, les sols étaient encore détrempés tant il avait plu au printemps. Les moissons venaient à peine de commencer et bien des champs de blé n'avaient pas encore été récoltés. Où les faux étaient passées, les meules de paille s'éparpillaient encore dans la plaine et sur les coteaux, apparaissant sous le soleil comme autant de sentinelles. En ce dimanche, le soleil était bien présent. Un temps idéal pour se battre.

— Quand l'avant-garde française aperçut l'armée d'Otton se déplaçant vers Bouvines, beaucoup pensèrent que l'empereur ne combattrait pas en ce jour. Je n'étais pas de cet avis. Je conseillai au roi de mettre ses troupes en ordre de bataille. J'eus l'appui du duc de Bourgogne qui était venu rapporter des attaques violentes perpétrées par l'armée d'en face. Votre grand-père se rendit alors à l'ombre d'un grand frêne pour réfléchir, puis il alla prier dans une chapelle qui se trouvait à proximité.

Il en ressortit peu de temps après pour demander qu'on l'aidât à mettre son armure et monta en selle. Les trompes retentirent et la bannière à fleur de lys du royaume de France et de saint Denis fut brandie. Le roi, plus majestueux que jamais, harangua ses troupes : « Seigneurs, barons, chevaliers, notre confiance et notre espérance sont toutes mises en Dieu.

Otton et tous les siens ont été excommuniés par le Saint-Père pour ce qu'ils sont ennemis et destructeurs des choses de notre Sainte Église. Les deniers qui leurs sont administrés et dont ils sont payés sont acquis des larmes des pauvres, des rapines des clercs et des églises. La Sainte Église, nous la gardons et défendons selon notre pouvoir, c'est pourquoi nous devons nous fier hardiment à la miséricorde de Notre-Seigneur qui nous donnera de surmonter nos ennemis et les siens, et de vaincre. »

Frère Guérin décrivit ensuite le mouvement de l'armée royale. Au centre, Philippe Auguste flanqué de Barthélemy de Roye, Gautier le Jeune, Guillaume de Garlande et Guillaume des Barres. L'aile gauche était commandée par Robert de Dreux. L'aile droite par le duc de Bourgogne. Frère Guérin, en harnois de guerre, portant la tunique rouge des hospitaliers marquée d'une large croix blanche, supervisait la manœuvre.

— Depuis le sommet d'une colline, raconta-t-il, je pouvais apercevoir les troupes d'Otton et de ses alliés chevauchant en ordre dispersé. Je suis allé dire à notre souverain que maintenant nous pouvions attaquer cette armée désordonnée et sans doute fatiguée. Il était onze heures et il faisait déjà très chaud. L'arrière-garde de nos combattants était harcelée. Notre roi vint les secourir pendant que quatre cents massiers se postaient à l'avant du pont de Bouvines pour contenir les assauts des troupes impériales. En face d'elles, une armée française bien déployée, en ordre de bataille, attendait, à contre-jour. Le soleil frappait les coalisés dans les yeux.

— Ils n'y voyaient donc rien ! exulta le prince Louis.

— Cela les gênait beaucoup et les reflets de nos boucliers comme de nos armures les aveuglaient davantage encore !

À deux heures de l'après-midi, les deux armées étaient face à face, à une portée de flèche. Toute la chevalerie de l'Europe s'affrontait et l'issue du combat, compte tenu de la grande différence d'effectifs, n'était pas à l'avantage des Français. Face à l'oriflamme à fleur de lys, l'enseigne grandiloquente et effrayante d'Otton, montée sur un char doré, représentait un aigle surmontant un dragon.

Le roi de France s'avança à la tête de ses troupes et confia le commandement à frère Guérin, qui, en tant que prélat, n'était pas en droit de se servir de l'épée. Pendant que la cavalerie française harcelait les troupes de l'empereur, les sergents impériaux parvenaient à percer les lignes des fantassins du souverain français et à le désarçonner. Des brabançons allaient se jeter sur lui avec leurs lances et leurs crocs de fer, des armes interdites dans la chevalerie, mais les mercenaires n'observaient aucun code.

— Mon grand-père était-il à terre ? s'inquiéta Louis.

— Oui, mais des seigneurs se mirent en avant et, après avoir occis les gens à pied, aidèrent notre roi à remonter sur un cheval frais. Ce que voyant les fantassins et les chevaliers repartirent à l'assaut, plus déterminés que jamais. La bataille reprit de plus belle. La contre-attaque française était portée par l'audace de votre grand-père, protégé par Dieu et saint Denis. L'empereur fut jeté à terre et, à son tour, ne dut son salut qu'au courage et à l'ardeur de ses propres chevaliers. Mais, au lieu de repartir au combat à la tête de ses troupes, il préféra s'enfuir, abandonnant son étendard sur le champ de bataille. Celui-ci fut apporté au roi de France par Guillaume des Barres, l'artisan de cette déroute impériale. Philippe Auguste fit brûler le chariot et envoya l'étendard à Frédéric de Hohenstaufen qui, grâce à lui, avait été élu roi en 1211 à Nuremberg par une assemblée de princes et d'évêques et qui a été sacré, cinq ans plus tard, empereur d'Allemagne.

Cette victoire était celle de Philippe Auguste mais aussi – et cela, frère Guérin se garda de le souligner au jeune prince – celle de l'évêque de Senlis qui avait déployé la bonne stratégie au bon moment.

— Y eut-il beaucoup de morts ? demanda Louis.

— Beaucoup, affirma le prélat, surtout chez les Teutons, mais aussi chez le comte de Boulogne qui, à la fin de la bataille, ne comptait plus que six chevaliers ; quant aux brabançons, seuls à rester sur le champ de bataille avec environ sept cents hommes, ils furent exterminés car ils ne méritaient pas de vivre.

— Et beaucoup de prisonniers ?

— Beaucoup trop ! Un grand nombre fut relâché, bénéficiant de la clémence de notre roi, excepté cinq comtes et cinq barons qui portaient le sceau de l'infamie et parmi eux, deux seigneurs qui n'auraient jamais dû se trouver dans le camp adverse, Renaud de Boulogne et Ferrand de Flandre qui croupit encore aujourd'hui au fond d'un cachot, dans le Palais Royal. Par cette bataille, le royaume de France a assuré pour longtemps son intégrité. Il appartiendra, souligna-t-il, aux successeurs de notre grand roi de ne pas commettre l'erreur de Louis le Pieux, fils de Charlemagne, qui partagea son empire entre ses trois fils, mettant fin, par cette décision, à l'instauration d'un Occident chrétien puissant et invincible.

— Il ne faut donc pas partager avec ses fils ? interrogea Louis.

— Absolument pas ! Souvenez-vous-en, mon prince, les rois doivent toujours s'assurer de l'unité et de l'intégrité du royaume afin qu'elles ne soient jamais menacées par des considérations de succession ou d'héritage.

Le prélat et son auditeur n'en étaient encore qu'aux entrées tant le récit de la bataille de Bouvines avait retenu l'attention des deux convives. Attendant dans l'embrasure de la porte des cuisines, les serviteurs n'avaient rien perdu des propos de frère Guérin et s'étaient sentis, eux aussi, les témoins privilégiés de la grande histoire de leur pays. Une épopée avait pris naissance en ce jour du 27 juillet 1214 qui allait marquer pour des siècles le destin de la France.

Mais le prélat n'avait cure de finir son repas. Il récita le bénédicité :

— Nous vous rendons grâces, Seigneur, pour tous vos bienfaits...

Il fit savoir au jeune prince qu'il était temps d'aller retrouver son précepteur.

— C'est plutôt l'heure de rejoindre mon maître écuyer, fit remarquer Louis.

Ils se quittèrent, laissant aux cuisines de quoi nourrir un bataillon.

7

Le culte de la Vierge

La foi chrétienne, en ce treizième siècle, était plus intense qu'elle ne le fut jamais depuis les martyrs du début du précédent millénaire. Elle se manifestait par la prolifération des ordres monastiques, mendiants, prédicateurs, enseignants, combattants, contemplatifs. Elle trouvait son éclat dans la ferveur et le courage des chevaliers engagés depuis un siècle dans quatre croisades afin de délivrer les Lieux saints tombés aux mains des Sarrasins infidèles. Elle était entretenue par la générosité des monarques, des seigneurs, des grands prélats, des bourgeois et du peuple pour édifier de nouveaux édifices religieux, cathédrales, couvents, abbayes, églises. Elle s'exprimait aussi par une adhésion profonde et croissante au culte de la Vierge.

Si les théologiens se divisaient encore sur le sujet de l'Immaculée Conception, le peuple, lui, avait tranché. La dévotion à la Vierge Marie se manifestait partout et sous toutes les formes : pèlerinages, miracles, édifices, poèmes, chansons pieuses. Le 15 août, jour de l'Assomption, était joyeusement fêté dans une atmosphère à la fois exaltée et recueillie. Marie, mère de Jésus, symbole de l'amour et de la grâce, expression de la pureté, était honorée dans toute l'Europe, mais plus particulièrement en France, où la plupart des cathédrales nouvellement édifiées lui étaient dédiées.

En ce jour du 8 septembre 1221, à l'occasion de la fête de la Nativité de la Vierge, la ferveur et la liesse populaire étaient des ferments d'union et de solidarité et sous aucun prétexte le roi Philippe Auguste ne voulait manquer d'y participer car il désirait se joindre à la dévotion des Français. Même l'anniversaire de Bouvines ne suscitait pas autant de passion. Accompagné de son fils Louis le Lion, de Blanche de Castille et de Louis de Poissy, suivi par toute sa cour, il se rendit à Notre-Dame pour assister à la célébration de la naissance de Marie.

Amassés tout le long du cortège, les Parisiens chantaient à tue-tête « *Ave Maria* » comme s'ils voulaient faire entendre leur foi jusqu'au ciel.

Chapelets en main, le souverain et sa suite étaient à l'unisson, démontrant que la fille aînée de l'Église était à la hauteur de cette bénédiction divine. Le jeune prince Louis se sentait transporté par cet enthousiasme.

Quand le cortège royal arriva sur le parvis de la cathédrale, qui paraissait très étroit au pied de cet immense édifice encore en construction, l'évêque Guillaume de Seignelay vint à sa rencontre :

— Voilà l'évêque, lâcha Philippe à son fils, Dieu ne lui a pas donné les talents de Maurice de Sully. Il ne pense qu'à ses intérêts, ses droits et ses privilèges...

— Il défend l'Église, répliqua Louis le Lion, et il s'est battu avec honneur et courage contre les cathares... Il y a perdu un œil...

— Quand il mourra, il n'aura qu'un œil à fermer, pas d'esprit à rendre, ce sera vite fait ! répliqua son père en riant.

Philippe Auguste n'avait pas ce prélat en haute estime, pourtant il ne regimbait jamais quand celui-ci lui réclamait son dû.

Depuis le lancement des travaux, le chœur et son double déambulatoire avaient été d'abord construits, puis les assises de la façade et les deux travers de la nef. Quatre étages avaient été élevés sous des voûtes à trente-trois mètres de hauteur. La façade était presque achevée avec ses portails décorés, et l'étage de la grande rose était en cours d'achèvement.

L'évêque, flanqué d'une assemblée de dizaines de chanoines et d'abbés, fit signe aux fidèles qui s'étaient placés autour du parvis de cesser de prier pour lui permettre d'accueillir le monarque. Mais les ferventes clameurs ne cessèrent pas. Au contraire, les Parisiens élevèrent leurs voix plus haut encore.

Le roi et sa suite pénétrèrent dans la cathédrale où allait être célébré l'office religieux. Philippe Auguste garda son petit-fils auprès de lui et alla se placer avec l'enfant devant le maître autel.

« Salut à Marie, mère de Dieu, gloire à la Vierge Marie », chantait la foule des fidèles.

Le monarque glissa à l'oreille de Louis :

— Ton père et toi aurez le devoir de poursuivre et d'achever ce chef-d'œuvre en vous assurant que son financement ne manquera jamais.

Louis hocha la tête en signe d'acquiescement. Il n'osait pas s'exprimer, trop impressionné par cette dévotion collective.

À la fin de l'office, la Cour regagna le Palais où fut servi un grand repas en l'honneur de la Vierge Marie. Là encore, pour la première fois, Louis fut assis à côté du roi, qui indiquait à son propre fils, qu'il n'avait pas voulu couronner avant de mourir, que désormais ce pourrait être son aîné, plutôt que lui-même, qui prendrait en charge le royaume.

Bien que ce fût une fête religieuse, les nombreux ecclésiastiques invités, en dépit des restrictions auxquelles ils devaient se soumettre, se laissèrent tenter par les gigots d'agneau rôtis, les porcelets à la broche, les volailles, les plats garnis de pâtés, de poissons, de gibiers, de fromages, de fruits, arrosés de vins issus des vignes de Paris, de l'Orléanais, de Bourgogne et même d'Italie. Il leur importait d'abord d'honorer avec gloutonnerie le repas offert par le roi plutôt que de se conformer aux réserves imposées par leur fonction.

Philippe Auguste avait promis à Louis de Poissy de retourner à Sainte-Marie pour visiter le chantier et y rencontrer les artisans, car le jeune prince lui avait posé une foule de questions auxquelles il n'avait pas eu le temps de répondre. Mais le repas s'éternisait depuis près de cinq heures, l'après-midi touchait à sa fin et il n'y aurait personne sur le chantier ; c'était l'un des cent quatre-vingts jours fériés de l'année.

La visite fut reportée au lendemain. Elle commença par un crochet par la place de Grève ; ils y accédèrent par la rue de la Verrerie, l'une des plus animées du quartier, ses activités étant principalement liées à la confection de vitraux pour les cathédrales. Les maîtres verriers de Paris et de Chartres étaient submergés par les commandes venant de toute l'Europe.

Sur la place, à cette heure de la matinée, de nombreux apprentis, hommes de main, ouvriers, sans réelle qualification, traînaient et buvaient, attendant qu'un maître ou un bourgeois leur proposent un jour, une semaine, un mois de travail. Des crieurs de vins munis d'un broc et d'un hanap venaient leur faire goûter gratuitement une gorgée de leur vin servi dans les tavernes, afin de les attirer et de leur faire dépenser, leur journée achevée, le peu qu'ils auraient gagné.

La place était autant un lieu de rassemblement d'hommes cherchant du travail que le rendez-vous des désœuvrés, des étudiants oisifs, des jongleurs sans commande, des joueurs de dés, surveillés par les ribauds, ce corps spécial armé de massues, créé par Philippe Auguste pour assurer sa sécurité dans la capitale.

Des maîtres artisans passaient entre les groupes pour chercher, qui un manœuvre, qui un valet pour une besogne journalière. Les artisans avaient leurs règles, celles de leur communauté. L'employeur devait s'adresser à leur porte-parole pour embaucher l'un d'eux.

— Vois-tu, jeune prince, expliqua le roi, toutes les corporations qui travaillent dans cette ville sont organisées : les charpentiers, les maçons, les tisserands, les orfèvres. Certaines créent des solidarités entre leurs membres quand ils sont malades ou trop vieux ; d'autres sont plus fermées et n'existent que pour protéger ceux qui en font partie contre toute intrusion extérieure. J'ai commencé à mettre de l'ordre dans tous ces métiers mais la tâche n'est pas terminée, l'accroissement de nos villes leur permet de s'enrichir souvent indûment.

Un prédicateur tempêtait au milieu des groupes rassemblés sur la place. Il était monté sur un tabouret et fustigeait, pêle-mêle, les hommes qui s'adonnaient au jeu, les femmes trop coquettes, les prostituées, les marchands d'armes qui favorisaient le crime...

— Un jacobin, remarqua Louis.

— Oui, les sermonnaires prolifèrent dans notre bonne ville. Ils pourfendent les gens de mauvaises mœurs, et je ne peux que leur donner raison. Ils exécutent la tâche de prédication que les abbés omettent de faire dans les églises.

Fasciné par ce spectacle de la rue, Louis ne perdait rien de ce que lui apprenait son grand-père. Ils se dirigèrent ensuite vers la cathédrale où ils furent rejoints par frère Guérin qui revenait de Senlis où il était allé célébrer, lui aussi, la fête de la Vierge.

En chemin, Philippe Auguste évoqua à nouveau Maurice de Sully. Il raconta que cet évêque visionnaire était fils de serfs.

Il avait suivi l'enseignement des moines bénédictins à Paris où il avait eu pour compagnon d'études Louis le Jeune, son arrière-grand-père. Il avait été élu évêque de Paris en 1160. Trois ans plus tard, il lançait le chantier de la nouvelle cathédrale sur les bases d'une église qui était déjà plus grande que les basiliques de Rome ou de Jérusalem. Maurice de Sully s'inspira de l'abbé Suger de Saint-Denis en voyant encore plus grand. Il obtint, à son tour, le soutien de Louis le Jeune qui décida les habitants fortunés de Paris de participer au financement de cette grande aventure mystique.

— Maurice de Sully, commenta frère Guérin, a voulu que cette nouvelle église soit un chemin vers « celui qui est la source de toute beauté et la lumière du monde ».

Cet évêque avait pris une place prépondérante à la Cour. Premier conseiller du monarque, il avait baptisé Philippe Auguste et était devenu le gardien du Trésor royal lorsque Louis le Jeune s'était engagé dans la troisième croisade.

À l'arrivée du roi et de son petit-fils, des centaines d'ouvriers affectés à la construction de l'édifice se tenaient derrière un maître d'œuvre, Jean le Loup, venu en voisin de Reims où il dirigeait les travaux de réfection de la cathédrale après l'incendie qui l'avait détruite en 1207.

— On a raconté, déclara Philippe Auguste, que cet incendie a été voulu par l'évêque qui voulait en faire un édifice plus grand et plus beau... Pour la cathédrale où sont sacrés les rois de France, il aurait mieux fait de nous demander notre avis, même si ces édifices appartiennent à l'Église.

— Il ne s'agit que d'une rumeur, Sire, intervint frère Guérin.

— Je vois que vous défendez bien la corporation des prélats, Monseigneur.

Louis écoutait avec étonnement cette passe d'armes entre les deux amis, sans bien comprendre ce qu'ils voulaient dire. Il n'osa pas poser de question.

Les ouvriers ôtèrent leur couvre-chef au passage du monarque : il y avait là les meilleurs maçons, tailleurs de pierre, charpentiers, sculpteurs venus de toute l'Europe et devenus désormais, pour la plupart, d'authentiques Parisiens. Plusieurs générations d'une même famille travaillaient, en effet, sur ces bâtiments dont le chantier pouvait parfois durer plus de cent ans. Pour se comprendre, le latin était la langue universelle.

— Bonjour Messires, voici le jeune prince Louis de Poissy qui veut tout savoir sur votre travail. Il importe qu'il soit bien informé car il pourrait, un jour, devenir votre roi.

— Que Dieu le protège ! dirent en chœur les quelque quatre cents ouvriers qui opéraient sur le chantier.

Le souverain se fit expliquer leur travail, demanda combien d'heures ils effectuaient par jour, combien ils gagnaient, où ils habitaient. Il voulut savoir s'ils étaient heureux. À l'unisson, ils répondirent qu'ils l'étaient ; leur entrain traduisait leur sincérité.

Philippe Auguste ne fut pas surpris. Depuis qu'il avait pris en main les destinées du royaume, jamais celui-ci n'avait connu une telle prospérité. À Paris, en particulier, il y avait du travail pour tous. Outre la cathédrale, plus de cent chantiers étaient ouverts en permanence, maisons religieuses, hospices, palais, commerces, moulins, maisons privées. Les grands propriétaires fonciers, seigneurs et ecclésiastiques, vendaient leurs terrains à prix d'or, quitte à rétrécir leur domaine. La spéculation foncière allait bon train et rapportait à la Couronne de bonnes taxes. Les bourgeois s'épanouissaient et la ville s'enrichissait, au point d'être considérée comme la plus attractive d'Europe.

Le monarque demanda à frère Guérin d'être leur guide pour la visite du chantier. Bien sûr, le roi était informé en permanence de l'avancement des travaux, mais il entendait faire comprendre à Louis l'importance de l'édifice qui s'élevait sous leurs yeux, car il marquait l'ambition des Capétiens par sa grandeur et ses innovations, il illustrait la foi qui animait cette dynastie de rois dont Philippe était le septième, il attestait de l'excellence des artisans du royaume capables de donner à toute l'Europe une leçon de savoir-faire encore inégalée.

En France, s'édifiaient, dans le même temps, de nouvelles majestueuses cathédrales à Chartres, Sens, Meaux, Soissons, Laon, Lisieux, Évreux, Bayeux, Cambrai, Arras, Boulogne, Metz, Strasbourg, Toul, Bayonne, Toulouse, Rodez ; ou se reconstruisaient celles de Reims, Auxerre, Coutances, Beauvais, Châlons-sur-Marne, et du Mont-Saint-Michel.

Frère Guérin donna la signification des trois grands portails de la façade dont certains éléments sculpturaux étaient en cours d'achèvement. Le portail central représentait le Jugement dernier. Le prélat indiqua que Maurice de Sullly, lui-même, avait tenu à ce qu'y figurent les vices et les vertus, vertus indispensables pour les fidèles qui désiraient accéder au Paradis. Son accès était symbolisé par la statue du Christ bénissant, entouré de vierges folles et de vierges sages, allusion à la fin des temps. Le portail nord était consacré à la Vierge apparaissant au milieu d'anges et de créatures célestes et son couronnement marquait son triomphe dans l'au-delà. Le portail sud, dit portail de Sainte-Anne, la mère de Marie, était aussi consacré à la Vierge, patronne de la cathédrale.

— Au-dessus de ce portail, précisa le maître d'œuvre, une galerie sera construite sur laquelle nous installerons vingt-huit statues de trois mètres figurant les vingt-huit rois de Juda.

— Les ancêtres de Notre-Seigneur Jésus et de la Vierge Marie, précisa Louis.

— Vos ancêtres, ajouta frère Guérin.

Cette affirmation de l'évêque allait conforter le jeune prince dans son désir d'en savoir davantage sur ses origines. Il insista :

— Alors nous sommes bien de la famille du Christ, comme me l'a appris frère Jacques ?

Le roi eut un moment d'hésitation, puis répondit :

— Oui, on peut le dire, mais cela remonte loin, très loin... Que t'a dit exactement frère Jacques ?

— Rien de plus, mais il m'a promis de tout me raconter plus tard. J'aimerais tant tout savoir maintenant.

Le souverain se gratta le menton pour se donner le temps de répondre, adressant un clin d'œil à son conseiller qui vint à son secours.

— Si frère Jacques a promis de vous en parler, Messire, vous devez attendre qu'il le fasse. Être trop impatient n'est pas un signe de sagesse.

Tout le symbolisme de la cathédrale Sainte-Marie inspirait le jeune prince et l'invitait à être digne de cette grande famille biblique à laquelle il appartenait.

8

Le seize cors de Vincennes

La chênaie du bois de Vincennes rougeoyait au loin. L'automne 1221 s'était résolument installé. Philippe Auguste et Louis de Poissy chevauchaient côte à côte, sur les sentiers qui traversaient les champs et les jardins des paysans de l'est de Paris. Parvenus au domaine royal de Vincennes, ils franchirent, par une immense porte, la solide muraille que le roi avait fait édifier, trente ans plus tôt, pour délimiter, préserver et protéger l'un de ses plus giboyeux territoires de chasse.

— Quand j'ai visité cette forêt pour la première fois, apprit-il à son petit-fils, ce n'était qu'un espace de baliveaux où ne trônaient plus que quelques chênes, ormes et hêtres. Les moines des abbayes environnantes avaient presque tout défriché et ce qui avait été la chasse préférée de ton aïeul Hugues Capet n'avait plus que sept mille arpents[1].

Le roi Philippe avait donc fait clore un domaine de plus de sept cent cinquante hectares par une muraille de douze kilomètres. Il y avait fait construire un manoir, lui aussi protégé par un mur qui n'était accessible que par trois autres portes et surveillé par six tours de quarante-deux mètres de haut. C'était l'un des palais dans lesquels il avait le plus de plaisir à résider.

Le souverain et sa suite rejoignirent l'équipage. Le grand veneur qui dirigeait la chasse, les piqueux et une meute d'une cinquantaine de chiens fébriles, aboyant tout leur saoul, en attendant de courir le gibier, vinrent à la rencontre du roi. Le chef de la vénerie déclara :

1. Cinquante hectares.

— Sire, nous avons marqué un seize cors près de la clairière de Vilcena.

— Sans doute un fils du couple de cerfs que m'a offert le roi Henri, commenta Philippe Auguste.

— Le roi Henri ? s'étonna Louis qui songeait au roi régnant, Henri, troisième du nom, qui venait d'avoir quinze ans au début d'octobre.

Le monarque éclata de rire :

— Non, répondit-il, ce n'est pas ce garnement, mais son grand-père Henri le deuxième, le père de Richard et de Jean sans Terre.

— Ah, oui ! lança Louis fièrement, mon arrière-grand-père.

Le roi sourit. Il eut envie de lui rétorquer que son seul et véritable arrière-grand-père était Louis le Jeune, le sixième dans la dynastie capétienne, et que l'autre n'était qu'un aïeul par alliance. Mais il n'eut pas le cœur de troubler l'esprit du jeune prince en lui laissant entendre que seuls les mâles étaient importants chez les Capétiens, ce qui n'était pas écrit mais inscrit dans les faits depuis la fondation de la dynastie, les faits, en l'occurrence, primant le droit.

— Alors, Sire, reprit Louis, vous étiez ami du roi Henri mais ennemi du roi Jean, son fils.

Tout en chevauchant au pas pour rejoindre le lieu d'où partirait la chasse à courre, son grand-père tenta d'expliquer ce paradoxe :

— Vois-tu, Louis, en politique souvent les hommes varient. Un jour ils sont alliés, un autre ils s'affrontent. Ainsi ai-je longtemps été l'ami de Richard Cœur de Lion. Nous sommes même partis en croisade ensemble. Mais Richard avait un curieux caractère. Il voulait toujours être le premier partout, recueillir seul la gloire et le bénéfice des victoires. Comme il était beaucoup plus riche que moi, à l'époque, il pouvait s'offrir davantage de chevaliers, les garder plus longtemps et distribuer des cadeaux somptueux. Au début, je l'ai laissé faire. Mais il se comportait avec moi avec de plus en plus de mépris, allant même jusqu'à m'insulter publiquement ; il me portait grand tort. En outre, il s'était très mal conduit avec ma sœur Adélaïde qu'il devait épouser ; il a profité d'elle et ne s'est jamais marié. Aussi, après dix années d'amitié, au cours desquelles il fut roi d'Angleterre, duc de Normandie et d'Aquitaine, comte du

Poitou, du Maine et d'Anjou, territoires pour lesquels il me prêtait allégeance, nous nous sommes vraiment fâchés. Il était aussi très sournois. Il a cherché à me faire assassiner par un bandit oriental qu'on appelait « le Vieux de la Montagne »...

Le monarque raconta qu'à son retour de croisade, Richard avait été emprisonné à Vienne, puis livré à l'empereur d'Allemagne, Henri le Cyclope, le père de Frédéric, qui avait réclamé une rançon de cent cinquante mille marcs d'argent, soit les recettes de deux années du royaume d'Angleterre. Sa mère, Aliénor d'Aquitaine, était parvenue à trouver la somme qu'elle était allée porter elle-même à l'empereur. Après quoi, Richard vint combattre Philippe Auguste. Il avait fait construire en Normandie, près des Andelys, la forteresse imprenable de Château-Gaillard et d'autres, comme celles d'Arques-la-Bataille et de Montfort-sur-Risle.

— C'était un guerrier valeureux, poursuivit le monarque sur un ton nostalgique, et un vrai génie de la guerre.

— Aussi valeureux que mon père ? demanda Louis.

Le roi hésita un instant. Il ne pouvait mentir à l'enfant, d'autant plus que son fils était un homme courageux lui aussi. Il répondit :

— Non, pas autant, je ne connais pas de chevalier ni de prince plus brave que ton père.

Un sourire radieux éclaira le visage de Louis. Philippe poursuivit son récit en racontant que, dans leurs affrontements, Richard avait parfois le dessus. Malheureusement pour lui, il perdit la vie en assiégeant le château de Châlus-Chabrol pour une sombre histoire de partage de bijoux. Il fut blessé à l'épaule par un carreau d'arbalète tiré par un chevalier de petite noblesse, nommé Bertrand de Gourdon. Il mourut quelques jours plus tard de la gangrène, le 6 avril 1199.

— S'il est mort ainsi, c'est sa faute, insista le roi, sa faute ! Car ce sont les Plantagenêts qui ont introduit l'arbalète dans la guerre. Cette arme n'était pas loyale pour les combats entre chevaliers. Elle ne valait guère mieux que les poignards, les crochets, les harpons que les Brabançons d'Otton et du comte de Flandre utilisèrent à Bouvines pour nous percer aux jointures de nos armures.

Pour souligner la bravoure et la noblesse de Richard, le roi raconta que la forteresse fut néanmoins prise d'assaut, la plupart de ses défenseurs tués, excepté Bertrand de Gourdon qui fut amené devant le Plantagenêt, gisant sur son lit :

— Pourquoi m'as-tu blessé ainsi ? demanda-t-il au nobliau. Sais-tu que je vais en mourir ?

— Parce que vous avez tué de votre main mon père et mes frères, rétorqua Gourdon. J'ai ma revanche.

Richard lui pardonna et demanda qu'on lui laissât la vie sauve. Puis il s'éteignit dans les bras de sa mère, accourue d'Aquitaine, pour recueillir ses derniers soupirs. La chance avait souri à Philippe Auguste et à la France. Son plus redoutable adversaire disparaissait et allait être remplacé par son frère Jean sans Terre qui n'avait ni sa noblesse ni son courage, encore moins son intelligence.

— Vous avez dit, Sire, que Château-Gaillard était une forteresse imprenable et pourtant vous l'avez prise, reprit Louis, après ce récit en forme de panégyrique sur son oncle Richard.

— Oui, après un siège de sept mois... Ce fort normand était unique pour l'époque ; il était en haut d'un piton, possédait des murs de cinq mètres d'épaisseur. Aucune catapulte n'était efficace, aucune attaque frontale n'était possible. Et nous savions que les assiégés avaient des vivres et de l'eau pour un an. J'ai dû faire bâtir une chaussée surélevée pour atteindre le donjon. Une fois Château-Gaillard tombé, je n'eus plus qu'à cueillir la Normandie qui se trouve désormais dans ton royaume, jeune prince.

— Dans le vôtre ! protesta Louis.

— Oh, moi ! reprit le roi sur un ton qui en disait long sur l'idée qu'il se faisait de son avenir.

Il sentait son corps l'abandonner. Les guerres, les festins, les bons vins et les femmes l'avaient usé. Plus de quarante années de règne et de chevauchées dans le royaume, jusqu'en Orient, représentaient une singulière longévité pour l'époque.

— Sommes-nous donc condamnés à nous battre toujours, entre frères, entre cousins ? demanda Louis.

— Condamnés ? Sûrement pas ! Mais tu devras toujours être sur tes gardes, rechercher la paix sans jamais baisser l'épée, montrer de la bravoure, mais pas de témérité, de l'ambition pour ton pays mais pas d'orgueil, de la patience et de la vigilance, de la générosité mais pas sans limite et toujours penser que chacune de tes décisions aura des conséquences sur le bonheur ou l'infortune de ton peuple.

— Il vous était impossible d'être ami avec le roi Jean ? reprit Louis de plus en plus curieux.

Le grand veneur arrêta les chasseurs. Ils se placèrent derrière le souverain avec leurs chevaux. Devant eux, les piqueux s'apprêtaient à lancer leurs chiens qui aboyaient de plus belle, maintenant qu'ils avaient flairé le gibier.

— Ce seize cors est-il très âgé ?

— Il est encore vigoureux, Sire, répondit le veneur, et son brame reste le plus puissant de toutes les hardes. À mon avis, il est à son apogée. Il a dix ans, pèse plus de quatre cents livres. Un animal de cette envergure doit se trouver bien à l'étroit dans une si petite forêt. Il lui faudrait au moins le double de territoire.

— Alors pourquoi ne pas lui laisser encore un peu de temps ?

— Nous pensions vous proposer le plus beau trophée de votre domaine, Sire !

— Alors, allons, mais que les piqueux tiennent leurs chiens, je ne veux pas qu'il soit attaqué avant de l'avoir approché.

Le monarque voulait ainsi donner une nouvelle leçon au prince Louis, celle du respect de la nature. Cet animal, avec ses seize cors, représentait pour lui la plus haute noblesse parmi les cervidés ; il méritait des égards car il pouvait encore régner sur sa harde et en assurer sa succession. Il entendait aussi indiquer à son petit-fils que la chasse ne devait pas être une barbarie, mais un rituel avec ses règles et ses codes. Et lui redire qu'elle ne devait être qu'un plaisir mesuré et non une passion à laquelle trop de nobles cédaient.

— Apprécies-tu la chasse ? lui demanda-t-il.

— Je ne sais pas, Sire, répondit Louis.

Ce n'était pas une réponse dilatoire ou cherchant à exprimer une quelconque réticence, mais une simple interrogation sur le plaisir qu'il pourrait prendre à cet exercice, en dépit de la passion qu'il éprouvait à chevaucher. Tout autre enfant eût manifesté son enthousiasme en répondant à une telle question. Pas Louis.

Philippe interrogea du regard frère Guérin, surpris comme lui par cette réponse réservée. Il lui glissa à l'oreille :

— Sa mère a dû le prévenir contre la chasse !

— Je ne crois pas, Sire, frère Jacques m'a appris que son élève le déconcertait souvent par des questions et des réponses très inattendues.

— Ah bon ! murmura le roi, décidément ce garçon me plaît.

Et se retournant vers lui, il lui déclara :

— Ne perds pas trop de temps à la chasse et dans les tournois, ce ne sont pas des jeux pour les rois. Ton père, le jour de son mariage, a voulu participer à un tournoi avec ses seigneurs. Il a été blessé. Il aurait pu trépasser ; il était le seul héritier de la dynastie des Capétiens !

Et il cita le philosophe anglais Jean de Salisbury : « La chasse n'est qu'un moyen de vexation contre les faibles. »

Au son du cor, l'équipage se mit en route. La forêt n'était pas très dense et les chasseurs pouvaient chevaucher rapidement et voir au loin. Ils passèrent une clairière, puis deux, franchirent des fossés, sautèrent des bosquets... Louis se trouvait en tête auprès de son grand-père qui le complimenta pour la qualité de sa monte.

— Bientôt je t'offrirai un destrier, Louis, mais avant cela, tu devras grandir, sinon tu ne parviendras pas à maîtriser l'animal.

— Oui, Sire, j'ai hâte de changer de monture, mais je garderai toujours ce cheval qui m'a été offert par mon oncle Ferdinand de Castille.

Le cerf apparut enfin au bout de deux heures de poursuite. Après avoir poussé des daguets pour protéger sa fuite et brouillé les pistes, il soufflait et se mettait en position d'attaquer les chiens qui tiraient en piaffant sur leur corde. La bête était magnifique, altière, impressionnante.

Le roi regarda les équipages. Tous attendaient l'hallali.

— Aujourd'hui, déclara le monarque, nous ne servirons pas ce cerf. Il doit vivre encore, témoin de la beauté de cette forêt et de la richesse de ses habitants. Il nous a donné la joie d'une longue quête. Il mérite notre gratitude et notre salut !

Les chasseurs s'inclinèrent. Les cors résonnèrent. Les piqueux, l'air sombre, firent demi-tour avec leurs chiens. Louis apprenait ainsi qu'un souverain pouvait changer le cours des choses, ne pas toujours céder aux rites, contrevenir aux règles établies, car telles étaient les prérogatives royales. Mais celles-ci ne pouvaient et ne devaient s'exercer qu'à bon escient, pour une cause juste, et non pour donner libre cours à l'arbitraire.

Il comprenait aussi que le droit de grâce ne se limitait pas qu'aux hommes condamnés à mort.

Sur le chemin du retour, au pas, à travers les champs, salués par les paysans, reconnaissants à l'égard de ce souverain qui leur avait apporté la prospérité, même durant les rares années de famine, Philippe continuait à instruire son petit-fils et poursuivait le récit de ses démêlés avec les cousins anglais.

— Parlez-moi de Jean sans Terre, Sire, comment en êtes-vous venu à bout ?

Philippe Auguste eut un sourire gourmand. Raconter comment en moins de deux ans et quelques rapides batailles il avait agrandi considérablement le royaume de France, c'était pour lui réveiller les meilleurs souvenirs de son long règne.

Il expliqua qu'après l'enterrement de Richard à Fontevraud, il avait commencé à exiger de Jean sans Terre la restitution du Vexin. Une trêve eut lieu. Ce fut à cette occasion que le roi d'Angleterre accepta que sa nièce, Blanche de Castille, épousât Louis le Lion en 1200, car le pape avait excommunié le roi de France pour bigamie et aucune église de France ne pouvait célébrer le mariage. Philippe Auguste profita de cette trêve pour reconstituer ses finances et renforcer son armée. Il ne lui manquait plus qu'un prétexte pour repartir en guerre, le Plantagenêt lui en donna deux.

D'abord, Jean vola impunément à Hugues de Lusignan, comte de la Marche, la jeune et belle Isabelle d'Angoulême, âgée de treize ans, qui lui était promise. Le jour de leur mariage, le roi l'emmena en Angleterre et l'épousa, humiliant de ce fait un de ses grands vassaux.

— Le comte Hugues n'a-t-il pas retrouvé Isabelle plus tard ? demanda Louis.

— Oui, vingt ans après, il y a deux ans maintenant, il a épousé Isabelle, la mère du roi actuel, Henri le troisième.

— Il devait l'aimer pour l'avoir attendue si longtemps.

— Sans doute, répondit le monarque, sans conviction. À trente-quatre ans elle était encore belle, veuve, riche et reine... Beaucoup d'atouts pour un comte !

Poursuivant son histoire, le roi de France – comme il avait tenu à ce qu'on l'appelât désormais et non plus roi des Francs comme ses prédécesseurs – raconta que le roi Jean multipliait ses ennemis sur les terres de France comme sur celles d'Angleterre. Cela se termina pour lui par sa déconfiture et la victoire de Bouvines.

— Vous avez bien fait de lui donner une telle leçon, Sire, déclara Louis, très sérieux.

Il cachait mal sa fierté d'être le descendant d'un si grand roi.

Ils rentrèrent au Palais en longeant la Seine que sillonnaient de nombreuses barges et autres bateaux, révélant la vitalité économique de la capitale.

9

Louis, parent du Christ

Après la confirmation de son ascendance biblique par frère Guérin, Louis ne parvenait plus à trouver le sommeil. Il lui tardait d'en savoir davantage et il se moquait bien de transgresser le conseil de l'évêque en manquant de sagesse.

En ce matin de décembre, alors que son précepteur finissait de lui rappeler les événements qui avaient entouré la naissance de l'Enfant Jésus à Bethléem, dont la célébration allait être bientôt le temps fort de la fin de l'année, Louis, n'y tenant plus, l'interrompit pour exiger qu'on lui précisât sa lignée davidique.

— Pourquoi, frère Jacques, tardez-vous à m'expliquer mon cousinage avec Notre-Seigneur Jésus-Christ ?

Le moine nota la fébrilité de son élève et comprit au ton de la question qu'il ne pourrait pas temporiser plus longtemps. L'héritier de la Couronne semblait ordonner. Il aurait pu s'en formaliser, il ne le fit pas, jugeant que la requête du jeune prince était légitime. Ne voulant pas assumer seul la responsabilité d'une telle révélation, ou ne se trouvant pas assez compétent pour la commenter, il demanda l'aide du chapelain du roi, Guillaume le Breton, qui écrivait une hagiographie de Philippe Auguste dans laquelle il relatait ses origines troyennes.

Guillaume le Breton tira d'un grand coffre couvert de cuir dans lequel était rangé, au milieu des parchemins, un arbre généalogique qui remontait à Abraham. Il le déploya sur la table de travail sous les yeux sidérés de Louis.

— Vous voyez cet arbre, Messire, il a de nombreuses branches, n'est-ce pas ? Les ascendances qui vous lient à Notre-Seigneur Jésus-Christ proviennent de plusieurs branches. Il y a là sur la gauche, la branche troyenne, la plus lointaine qui remonte jusqu'à Priam en droite ligne et qui, voyez cette ligne horizontale, rejoint Jessé, le père du roi David. Et là, au centre, vous voyez la branche la plus proche, celle qui vous relie à saint Joseph d'Arimathie, l'oncle et le disciple de Jésus qui fit transporter son corps et recueillit son sang. Ces deux branches se croisent en l'an 129, quand un chef franc, Marcomir, qui descend de vos ancêtres troyens, épouse Athildis, fille de Coel, apparenté à Notre-Seigneur Jésus-Christ et à la Vierge Marie par saint Joseph d'Arimathie. Ce dernier descendait lui-même des deux branches du roi David, mais aussi de la branche des grands prêtres descendant du premier grand prêtre Aaron, frère de Moïse.

— Alors mes origines sont juives ? s'étonna Louis, de plus en plus intrigué.

— Disons, répondit Guillaume le Breton, embarrassé, que vous avez des ancêtres juifs, puisque Notre-Seigneur Jésus était juif, mais que vous êtes d'abord chrétien puisque vous êtes le fils de notre Sainte Église. Il est vrai que les premiers chrétiens étaient juifs. Ils savaient, eux, que Jésus était le Messie annoncé par les prophètes, ce que contestent les Juifs qui ne sont pas convertis à notre religion.

— Et ce sont ceux-là qui l'ont crucifié, n'est-ce pas ?

— Oui, ce sont leurs représentants, les prêtres du Temple, mais aussi les soldats romains qui étaient placés sous l'autorité de Ponce Pilate.

Louis revint vers l'arbre et concentra son regard sur les longues branches comme s'il voulait s'assurer qu'on ne lui racontait pas de sornettes. De l'index, il pointa le nom de son grand-père, Philippe Auguste – son père, n'étant pas encore roi, n'y figurait pas –, puis il remonta la branche verticale en énonçant la liste des rois capétiens, Louis le Jeune, Louis le Gros, Philippe, Henri, Robert le Pieux, Hugues Capet...

— Mais où est Charlemagne ? interrogea le jeune prince.

— Là, sur l'autre branche. Charlemagne, empereur d'Occident, descend de Pépin le Bref, lui-même de Charles Martel dont le père était Pépin de Herstal, maire du palais d'Austrasie.

Frère Jacques lui indiqua qu'en remontant plus haut sur la liste, il parvenait à la dynastie des Mérovingiens, initiée par Mérovée, Childéric et surtout Clovis.

— L'aïeul du roi Dagobert, précisa Louis.

— Tout à fait !

En suivant l'arbre avec son doigt, Louis s'aperçut qu'il y avait plusieurs Dagobert parmi ses ascendants, entre Clodomir au IIe siècle et Clovis au VIe.

— Au IIe siècle, précisa le moine, vous voyez le premier lien avec la famille de Notre-Seigneur Jésus par l'alliance de Marcomir avec Athildis.

Puis, accompagnant le doigt de Louis, Guillaume le Breton lui indiqua la ligne qui conduisait aux Troyens. Hector, lui dit-il, eut un fils qu'il prénomma Francion. Son frère Troilus eut également un garçon qu'il prénomma Turc. Après la destruction de Troie, les habitants se sauvèrent et se divisèrent en deux peuples, l'un eut Francion pour roi et l'autre Turc. Francion alla jusqu'au Danube, bâtit une ville et s'empara de toute la région du Danube et du Tanaïs. Et ce n'est que deux cent trente ans plus tard qu'une partie de ce peuple vint s'établir en Gaule. Il choisit de s'installer sur les bords de la Seine, créa Lutèce et lui donna le nom de Parisis, en souvenir de Pâris, le fils de Priam, mort à la guerre de Troie après avoir tué Achille.

— Et Turc, que devint-il ?

Le chapelain expliqua que Turc avait gagné la Scythie inférieure et s'y était installé. Ses successeurs s'appelèrent les Ostrogoths, les Wisigoths, les Normands, les Goths et les Vandales.

— Mais, poursuivit-il, je n'en ai pas fini avec les Parisis. Pendant que, mille cinq cents ans plus tard, ils s'accommodaient de l'invasion des Romains, les Francs, eux, qui n'avaient pas voulu se soumettre, furent chassés de Sicambrie par l'empereur romain Valentinien. Ils allèrent alors habiter le nord du Rhin où ils fondèrent l'Austrasie. Ils s'opposèrent avec vigueur à l'empereur romain qui ne put les vaincre car ils étaient de redoutables et féroces guerriers. Conduits par leur chef Marcomir, ils envahirent la Germanie et la Gaule jusqu'aux Pyrénées et entrèrent dans Lutèce. Là, ils firent alliance avec les Parisis, qui n'étaient autres que leurs lointains cousins.

Louis releva la tête, se tourna vers Guillaume le Breton ; son regard était brûlant, presque extatique. Ce qu'il venait d'apprendre le bouleversait, même s'il ne mesurait pas encore toute la portée de cette annonce.

Le chapelain posa une main sur la tête de l'enfant, le sentit fiévreux et en imagina la raison. Chez aucun des nobles qu'il avait éduqués il n'avait perçu une telle soif de savoir et une telle ferveur dans l'apprentissage de son métier de futur roi. Il se doutait que le jeune prince portait déjà sur ses épaules le poids de ses mystiques et mythiques origines et ressentait l'obligation d'y être fidèle.

10

« L’ordre est naturel »

Au début de l’été 1222, un courrier vint apprendre au roi Philippe que Frédéric, l’empereur du Saint Empire romain germanique, venait de perdre son épouse Constance d’Aragon.

— Il a dû se dire « bon débarras ! », commenta Philippe Auguste devant frère Guérin, qui toussa en entendant une telle oraison funèbre.

— Sire, protesta-t-il. J’ai plutôt entendu dire que Frédéric était très amoureux de son épouse.

— Ne me racontez pas d’histoire, Monseigneur, vous savez bien que son mariage fut arrangé par le pape Innocent dont les deux époux étaient les pupilles. Frédéric ne l’a jamais aimée. D’ailleurs, elle était de onze années son aînée. Quand il a dû entrer dans son lit à l’âge de quatorze ans, je gage que son aiguillette n’a pas dû être en émoi.

— Sire ! protesta à nouveau le conseiller.

— Vous pouvez toujours vous indigner, mon bon frère, vous en savez autant que moi sur les menées de ce pontife qui n’avait qu’une seule ambition : réunir dans ses mains les pouvoirs spirituel et temporel. Il voulait mettre tous les monarques d’Europe à sa botte. Il est fort mal tombé avec moi et Frédéric, lequel lui a fait tant de belles promesses sans en tenir aucune.

On frappa à la porte. C’était Louis de Poissy qui venait d’apprendre que la grand-tante de sa mère, Constance d’Aragon, venait de trépasser.

— Ma mère m’a appris cette disparition, déclara-t-il. L’empereur doit avoir un immense chagrin, n’est-ce pas, Sire ?

Le roi se retint d’éclater de rire. Il lui aurait été difficile d’expliquer à l’enfant les frasques de l’empereur et le contexte matrimonial qui avait dû le rendre joyeux plutôt qu'attristé ; et comment lui révéler que, pour raison d'État, ou plutôt raison de Rome, il avait été obligé de passer treize années avec cette femme dont il n'avait eu qu'un fils, Henri.

— En effet, marmonna-t-il, mais ce jeune empereur trouvera sûrement une autre épouse.

Frédéric n'avait que vingt-six ans. Ce qui ne l'empêchait pas de régner en maître sur ses nombreux territoires, l'Allemagne, l'Italie et la Sicile. Frère Guérin fit remarquer que cet événement funeste pourrait lui permettre, enfin, de tenir sa promesse de se rendre en croisade.

— Frédéric en croisade ! se gaussa le monarque. En croisade contre qui ? Les Sarrasins ? Il est des leurs ! Il a même été mis au monde par deux médecins arabes. Sa terre natale, la Sicile, est le pays qu'il préfère ; il en est devenu roi à quatre ans.

— C'est bien pour le protéger que le pape Innocent l'avait pris sous son aile bienveillante, fit remarquer Guérin.

— À quatre ans ? s'étonna Louis.

Sur un clin d'œil du souverain, frère Guérin se résolut à donner au jeune prince les explications nécessaires. Il lui raconta que Frédéric était le fils de l'empereur Henri de Hohenstaufen, surnommé Henri le Cruel, ou le Cyclope, lequel avait été roi des Romains, roi d'Italie et empereur du Saint Empire romain germanique.

— Pourquoi l'appelait-on le Cruel et le Cyclope ?

— Parce qu'il était borgne et qu'il ne pardonnait pas les offenses qui lui étaient faites, répondit le prélat.

Il raconta, pour renforcer le trait, quelques méfaits de cet empereur dont, par exemple, celui qu'il commit contre le neveu de sa femme Constance, Tancrède de Lecce, qui contestait les droits de son oncle au trône de Sicile. Lorsque l'empereur était parvenu en Sicile, en décembre 1194, Tancrède venait de mourir et son fils Guillaume lui avait succédé. Ce que voyant, Henri s'était saisi de lui, lui avait fait crever les yeux, s'était fait couronner roi à sa place, puis avait fait brûler vifs les nobles et les évêques qui avaient assisté au couronnement de Guillaume. Quant à la dépouille de Tancrède, il avait ordonné qu'on la déterrât pour la décapiter et lui arracher sa couronne d'or.

— Voilà de qui Frédéric est le fils, lâcha le roi, une lourde hérédité... dont, fort heureusement, il tente de se débarrasser.

Philippe Auguste ne précisa pas à son petit-fils que cet Henri le Cyclope avait été naguère un allié qui avait, à sa demande, emprisonné Richard Cœur de Lion. L'appui de l'empereur Henri expliquait mieux le soutien que le roi de France avait apporté aux Hohenstaufen contre Otton de Brunswick.

Frère Guérin raconta qu'à un banquet où se trouvaient Philippe Auguste et Richard Cœur de Lion, ce dernier offrit une coupe d'or à Otton, en lui disant : « Prenez, beau neveu, vous êtes digne d'avoir la couronne d'Allemagne et vous l'aurez ! »

Sur un ton chargé d'ironie et de sous-entendus, Philippe Auguste déclara en lui offrant un gant : « Quand vous aurez la couronne d'Allemagne, je vous donnerai Chartres et Paris. »

— Mais il perdit sa couronne à Bouvines ! enchaîna le roi, en pouffant de rire.

— Il faut dire qu'entre-temps, reprit frère Guérin, Otton avait essayé de s'emparer de la Sicile, menaçant le roi Frédéric et les intérêts du pape. C'est pour cette raison que le pape Innocent l'avait excommunié.

— Ce pontife excommuniait tous ceux qui se mettaient en travers de son chemin ! lâcha Philippe Auguste.

Frère Guérin fronça les sourcils. Une telle réflexion devant un enfant ne lui semblait pas de mise car elle mettait en question la sacralité du chef de l'Église. Par un sourire narquois, le roi montra qu'il l'avait fait à propos.

— C'est ainsi, reprit le prélat, que les Hohenstaufen reprirent le pouvoir en Allemagne. Frédéric fut couronné empereur quelques mois plut tôt, le 25 juillet 1220, à Aix-la-Chapelle. Au cours de cette cérémonie lui furent remis l'aigle d'or qui surmontait le carrosse de l'empereur Otton et les insignes impériaux récupérés sur le champ de bataille de Bouvines.

Frère Guérin raconta qu'à cette occasion, Frédéric avait fait fabriquer une châsse d'or pour Charlemagne. Il avait fait ouvrir le cercueil pour qu'on y déposât son corps et, prenant un marteau et des clous des mains du menuisier, il avait refermé lui-même le cercueil.

— Nous avons donc le même aïeul, nota Louis.

— Les monarques de toute l'Europe sont une grande famille, déclara le conseiller.

— Ce qui ne les empêche pas de se battre comme des Brabançons, ajouta le roi sur un ton grave.

Prenant le menton de Louis entre le pouce et l'index et le regardant droit dans les yeux, il lui dit :

— Le devoir de tout roi, Louis, est de rechercher la paix, toujours, à tout prix. Lorsque tu le seras, tu devras tendre la main à Frédéric, si Dieu vous prête vie à tous deux, car, même s'il a mauvais caractère et qu'il n'est pas toujours franc du collier, c'est un homme courageux et intelligent.

Il lui raconta que Frédéric à l'âge de sept ans, en Sicile, avait dû affronter les Alémans souabes de l'entourage de feu son père qui voulaient le faire prisonnier. Il les avait frappés de ses mains en hurlant. Les troupes du légat du pape accoururent pour désarmer les seigneurs félons. Quelque temps après, Frédéric eut une attitude aussi intrépide quand, à leur tour, les Sarrasins voulurent s'emparer de lui. Impressionnés par la force et la détermination de cet enfant roi, ils avaient fini par renoncer.

— Vous avez pourtant dit qu'il aimait les Sarrasins, reprit Louis, qui ne perdait rien des réflexions de son grand-père.

Le monarque se tourna vers l'évêque.

— Expliquez-lui !

Ce dernier fit un bref cours d'histoire au sujet de la Sicile, passée au onzième siècle sous le contrôle des Arabo-Berbères, les Fatimides, jusqu'à ce que les Grecs, puis des Normands dirigés par un ancêtre de la mère de Frédéric, s'y installassent. Les Normands avaient adopté une politique très ouverte et les différents peuples, grecs, anglais, lombards, arabes s'y côtoyaient et y prospéraient harmonieusement. À la fin du douzième siècle, avec la prise du pouvoir par les Hohenstaufen, la bonne entente entre les différents peuples s'était poursuivie, particulièrement sous le règne de Frédéric qui en avait fait son lieu de résidence préféré. Il y recevait et encourageait de nombreux intellectuels et artistes arabes, dont il parlait la langue couramment, ce qui expliquait, peut-être, son peu d'empressement à aller combattre en Orient, en dépit de la promesse faite au pape Innocent et à son successeur Honorius.

— Pour autant, reprit Philippe, il ne leur a jamais laissé la bride sur le cou. Comme tous les habitants de la Sicile, chrétiens ou musulmans, il attend d'eux qu'ils soient loyaux, fidèles et... dociles. Pour se débarrasser des Arabes, il les a envoyés sur le continent en leur faisant construire, à Lucera, des palais, des mosquées, des médersas, recréant ainsi tout le confort qu'ils avaient en Sicile, ce qui a souverainement déplu au pape

Honorius qui avait déclaré qu'il « avait mis une épine dans l'œil de l'Église en faisant venir des mahométans en terre chrétienne ». Il a également maté les barons siciliens qui commençaient à se rebeller et mis fin aux agissements des pirates qui, en Méditerranée, rançonnaient tous les navires de commerce.

— C'est un monarque qui a de la poigne, intervint Philippe Auguste, il sera grand si Dieu lui prête vie. Mais c'est aussi un forban, il ne faut rien lui lâcher.

— Il a fait comme notre roi, ajouta l'évêque de Senlis, il a réuni sous son autorité des États disparates dirigés par des seigneurs qui n'en faisaient qu'à leur tête et qui s'opposaient souvent à son autorité.

— C'est un homme qui aime l'ordre, comme moi ! ajouta Philippe Auguste. Souviens-toi de cela, Louis ! L'autorité du roi ne se partage pas. Les barons peuvent être maîtres chez eux tant qu'ils ne portent pas atteinte aux lois du royaume, tant qu'ils respectent leur souverain, tant qu'ils lui obéissent. L'ordre, Louis, est sacré, car il est naturel. Sans ordre, un royaume ne peut que se disloquer et mourir.

11

Un cinquième héritier

Louis allait retrouver sa mère, Blanche de Castille. Dans le couloir qui le menait à la chambre de la reine, il croisa un clerc bien pressé qui, dans sa précipitation, manqua de le bousculer.

— Oh, pardon, mon prince !

— Où courez-vous ainsi ? demanda l'enfant.

D'ordinaire les clercs n'étaient pas aussi agités, ou feignaient-ils de ne pas l'être, surtout dans le Palais. Ce n'était pas conforme à leur fonction. Louis les voyait plutôt marcher la tête baissée, les yeux vissés au sol, confits dans leurs prières. Ce clerc était attaché à sa mère comme préposé aux tâches ordinaires de la préparation des offices, de la tenue des livres pieux, de la distribution des aumônes...

— Je vais prier pour votre mère, déclara-t-il, embarrassé, soucieux de ne pas donner à l'enfant l'information qu'il détenait, et qu'il ne pouvait communiquer car cela ne relevait pas de sa fonction.

— Ma mère serait-elle souffrante ? s'inquiéta le jeune prince.

— Oh, non ! répondit le clerc, levant les yeux au ciel.

Et il marmonna comme s'il ne voulait pas vraiment dire la vérité :

— Dieu, une nouvelle fois, a récompensé votre mère.

Il en avait déjà trop dit. Il s'excusa et s'enfuit en courant.

Intrigué, Louis se hâta vers la chambre de sa mère. Il se heurta à la Malvina, la dame qui commandait l'entrée. Elle le prit par le bras et l'emmena à l'écart.

— Vous avez un nouveau frère, Messire Louis.

— Ah bon ! fit l'enfant rassuré... Et comment s'appelle-t-il ?

— Je crois qu'on l'appellera Philippe... Philippe Dagobert.

— Mon père est-il là ?

— Non, répondit Malvina, étonnée par la question.

Aussi loin que remontait son service auprès de Blanche, la dame avait noté que Louis le Lion ne s'était jamais trouvé aux côtés de son épouse à l'occasion d'une naissance. Toujours à guerroyer à droite et à gauche ou à parcourir les fiefs du royaume pour y mettre de l'ordre. C'était la neuvième naissance à terme, en vingt et un ans, et le huitième garçon. La première avait été une fille qui n'avait point survécu, les trois suivants, Philippe, Alphonse (1212) et Jean (1213) étaient morts en bas âge. La disparition de Philippe, en 1218, héritier du trône à l'âge de neuf ans, avait constitué un déchirement pour le couple tant cet enfant était de caractère heureux et intelligent. Mais Louis qui n'avait alors que quatre ans, et se trouvait être le nouvel héritier de la Couronne, les consola vite de cette perte, tant il dépassait toutes leurs espérances. Toutefois, le chagrin de la perte d'un être chéri ne peut jamais s'effacer et le prénom donné à ce nouveau fils devait être interprété comme la volonté de conjurer le mauvais sort en faisant « renaître » l'enfant disparu. Tel fut sans doute aussi le cas de Jean, né en 1219 et d'Alphonse en 1220. La mort ne devait en rien effacer le souvenir, et la vie, toujours par le relais de prénoms renouvelés, reprenait l'avantage.

Philippe et Dagobert, deux prénoms magnifiques pour Louis qui afficha un sourire radieux, remercia Malvina et s'en retourna aussi vite qu'il était arrivé. Il parcourut ainsi plus de trois cents pieds, remonta au premier étage du Palais, avant de se présenter devant la chambre du roi. Il demanda à entrer. Un valet fit chercher le grand chambellan. Louis n'expliqua pas les raisons de sa présence, il avait une information très importante à communiquer à son grand-père. Quelques minutes plus tard, il était introduit dans une salle où se trouvait aussi frère Guérin. Louis mesurait la faveur que lui faisait le monarque en l'admettant ainsi au cœur du pouvoir, bien qu'elle lui parût déjà dans l'ordre des choses. Il s'approcha de son grand-père, regarda autour de lui et lui glissa à l'oreille, comme en confidence :

— Sire, aujourd'hui, vous en avez cinq...

— Cinq quoi ? demanda le roi.

— Cinq héritiers ! et ma mère, en votre honneur, l'a appelé Philippe, Philippe Dagobert. Mon frère a de la chance, il porte les noms de deux grands rois.

Philippe Auguste pensa qu'il eût mieux valu qu'elle l'appelât Philippe et Charles car la filiation carolingienne lui importait plus que la mérovingienne. Blanche de Castille n'y avait sans doute pas songé.

— Tu as raison, ta mère m'honore, déclara-t-il à Louis. J'irai dès demain la féliciter.

Et se tournant vers frère Guérin, que le conciliabule entre le souverain et son petit-fils avait rendu perplexe, il confia :

— Ma bru m'honore et comble la Couronne. Elle vient de mettre au monde un nouveau garçon et l'a appelé Philippe Dagobert, annonça-t-il.

Le conseiller partagea la joie du roi et éprouva, comme lui, une certaine admiration pour la Castillane, une femme décidément hors du commun.

Louis raconta alors à son illustre aïeul que son précepteur l'avait beaucoup instruit sur ses ancêtres. Philippe fronça les sourcils, se demandant ce que le moine avait bien pu lui raconter. Il interrogea son petit-fils qui lui récita, presque nom pour nom, la liste des principaux rois des trois dynasties, sans formuler aucun commentaire. Son grand-père fut rassuré : le précepteur ne s'était pas aventuré dans les sombres arcanes de son histoire. Il redoutait, en particulier, que fût mise en relief l'accession au trône de sa propre dynastie, celle des Capétiens. Son fondateur, Hugues Capet, apparaissait toujours comme un usurpateur. Et une prophétie, annoncée par saint Valéry à Hugues le Grand, père de Capet, laissait accroire que sa lignée serait au pouvoir jusqu'à la septième succession. Or Philippe Auguste était le septième Capétien. Comme il n'était pas indifférent à cette prophétie, il lui importait de se relier, d'une façon ou d'une autre, à la descendance de Charlemagne. C'est sans doute pourquoi il avait épousé, en premières noces, Isabelle de Hainaut, descendante de l'avant-dernier des Louis carolingiens. De cette façon, Louis le Lion, le fils de Philippe Auguste, était-il par sa mère, descendant de Charlemagne. Les ascendances carolingiennes et mérovingiennes pouvaient ainsi être revendiquées par les Capétiens et légitimées jusqu'à la fin des temps.

Louis quitta son grand-père, à regret. Il ne pouvait aller retrouver sa mère qui devait se reposer. Et l'idée d'aller rejoindre ses frères plus jeunes ne l'enthousiasmait guère. Quant au dernier-né, il n'était pas question de le voir aujourd'hui ni demain. Bien que ce fût la veille de la Saint-Jean, la nuit ne tarderait pas à tomber, il était trop tard pour monter l'un de ses palefrois. Il résolut, à contrecœur, d'aller retrouver son confesseur pour les prières du soir avant de se coucher.

12

Louis le Lion et les hérétiques

Louis le Lion entra à cheval dans l'enceinte du Palais, escorté par ses principaux chevaliers, de retour d'une longue tournée dans les fiefs du royaume. Son expédition fut écourtée dès qu'un messager lui apprit la naissance d'un nouveau fils.

Crotté, couvert de poussière, il apparut à son fils Louis, qui accourait à sa rencontre, tel un géant de légende, en dépit de sa petite taille, de son teint glabre et de ses cheveux entremêlés. Peu lui importait l'apparence, seul comptait ce que sa mère, son précepteur et frère Guérin lui avaient raconté sur son père, souvent absent, mais si présent par les récits épiques de toutes les batailles dont il était le héros. Louis savait aussi à quel point ce père était aimé et formait avec sa mère un couple indissoluble, une singularité à cette époque où les unions se faisaient et se défaisaient au gré des intérêts et des humeurs.

Louis le Lion sauta de cheval et prit dans ses bras cet héritier qui le révérait tant. Puis il s'écarta, le toisa et lui lança :

— Vous grandissez vite, mon fils, bientôt vous me dépasserez.

— Je ne saurai jamais vous dépasser en gloire et en courage, répliqua le jeune prince.

Son père éclata de rire.

— Qui vous a donc menti à ce point sur moi ?

— Personne ne m'a menti, reprit Louis de Poissy. Je sais tous vos faits d'armes, mais j'aimerais tant les apprendre de vous !

— Je le ferai, reprit le prince, mais emmenez-moi donc voir votre mère, que je l'embrasse et la félicite d'avoir donné un nouveau fils au royaume. Ah ! Louis, vous pouvez être fier de notre reine.

Il entraîna son fils vers les étages du Palais. Il avait hâte de retrouver son épouse après tant de semaines de séparation. Il grimpa les marches, quatre à quatre, ne ressentant même pas la fatigue de la longue chevauchée qui l'avait conduit en moins de trois jours de Blois à Paris.

Pour l'accueillir, Blanche avait revêtu ses plus beaux atours et placé auprès d'elle ses autres enfants, Robert, six ans, Jean, trois ans, Alphonse, à peine deux ans, et dans le berceau royal, Philippe Dagobert. Auprès d'elle, se trouvait la fidèle Marie la Picarde, qui avait aussi été la nourrice de Louis et de ses trois autres frères, et qui allait materner Philippe Dagobert. La trentaine passée, Marie était une femme bien en chair, dotée d'un caractère jovial et réputée pour la qualité de son lait. Le nouveau-né était emmailloté dans un linge de lin recouvert d'un drap de laine blanc sur lequel avaient été brodées des fleurs de lys. Sa tête était couverte d'un béguinet.

Tenant Louis par la main, Louis VIII, à la fois heureux et bouleversé par le tableau que lui offrait son épouse, rendit grâces à Dieu pour tant de bonheur. Son père, Philippe Auguste, et son grand-père, Louis VII, n'avaient eu qu'un seul véritable héritier, et encore, sur le tard ; lui en alignait déjà cinq, la dynastie était assurée. Il déclara à son épouse :

— Madame, jamais homme dans ce royaume ne fut tant gâté ni tant honoré par une épouse si belle et généreuse.

À trente quatre ans, malgré ses neuf grossesses, Blanche restait une femme très attirante et nombre de seigneurs rêvaient de la courtiser. Elle avait même un célèbre soupirant, le sieur Thibaud de Champagne, fils de Blanche de Navarre et filleul de Philippe Auguste. Le souverain avait confié son éducation à sa belle-fille et, en dépit de leur différence d'âge, Thibaud en était tombé amoureux ; il en avait fait sa muse, car il se piquait de poésie.

Blanche se laissa embrasser et déclara à son prince, en souriant :

— Allez vous décrotter et vous viendrez ensuite embrasser vos enfants.

Mais Louis le Lion ne put s'empêcher d'aller toucher ce nouvel héritier que Marie tenait dans ses bras.

— Philippe Dagobert, deux prénoms prestigieux pour deux royaumes, est-ce cela que vous réserve le destin, mon fils ?

Puis il regarda ses autres fils et lança, joyeusement :

— Mais je ne vois que des futurs rois ici !

Et s'adressant à Louis, il ajouta :

— Et vous, Louis, vous serez le plus grand d'entre tous !

Blanche, émue par ces prédictions enthousiastes, n'osa plus recommander à son époux de les quitter tant elle appréciait ce moment de grâce. Il eut pour elle un regard confondant de tendresse et de reconnaissance, dévisagea un à un ses garçons, puis, saisissant Louis par le cou, il se retira avec lui.

— Allons nous décrotter, mon fils, il faut être présentable pour notre reine.

Louis appelait son épouse « la reine » et non « la princesse », depuis que celle-ci, fâchée que Philippe Auguste tardât à faire couronner son fils, avait décrété qu'elle était reine de France puisque Ingeburge, écartée par Philippe Auguste, en avait le titre, mais pas la fonction.

La mère de Louis le Lion, Isabelle de Hainaut, était morte très jeune. Trois ans plus tard, Philippe Auguste avait épousé Ingeburge, sœur de Knud, roi du Danemark, mais il l'avait répudiée le lendemain de leur nuit de noces. Peu de temps après, il se liait à Agnès de Méranie, après avoir enfermé Ingeburge dans la tour d'Étampes. Le pape condamna sa conduite, accusa le roi de bigamie, cassa son mariage avec Agnès et frappa d'interdit l'ensemble du royaume. En dépit de quatre conciles condamnant le roi de France, celui-ci n'obtempérait pas et gardait Ingeburge prisonnière. Agnès avait eu deux enfants de lui, Philippe, dit Philippe Hurepel, et Marie. Le pape Innocent avait légitimé ces enfants au motif qu'Agnès ignorait que le mariage avec Ingeburge n'avait pas été annulé. La pauvre princesse danoise avait bataillé des années durant pour recouvrer sa liberté et faire accepter son titre de reine de France, en vain. Elle était restée emprisonnée pendant vingt ans. Elle n'avait été libérée qu'en 1213 pour aller vivre dans un prieuré qu'elle avait fait construire à Saint-Jean-en-l'Isle, près de Corbeil, dans le douaire[1] que Philippe Auguste lui avait constitué. Ainsi le royaume avait-il une reine fictive. Blanche de Castille s'était donc déclarée reine de France, forte de sa légitimité et de sa capacité à assurer, par sa progéniture, la continuité de la dynastie capétienne.

---

1. Droit de l'épouse survivante sur les biens de son mari.

Louis se rendit avec son fils dans sa chambre pour se changer.

— Depuis combien de temps ne nous sommes-nous vus, mon garçon ?

— Depuis six mois, père.

— Six mois, serais-je donc parti si longtemps ?

— Vous êtes parfois revenu, précisa l'enfant, mais vous étiez trop occupé par les affaires du royaume et deviez repartir aussitôt.

— C'est vrai, c'est vrai... Vous avez beaucoup grandi... On m'a raconté que vous n'auriez pas toujours bon caractère, que vous vous emporteriez souvent !

— J'ai parfois de bonnes raisons de m'emporter, répliqua Louis.

— Un futur souverain, Dieu vous protège, doit garder son calme en toutes circonstances. Il peut exprimer son mécontentement, mais calmement.

— Oui, Père !

— Et qu'avez-vous donc appris durant tout ce temps ?

— Le Roi m'a raconté que vous aviez été héroïque et que grâce à vous il avait pu gagner contre l'Allemand Otton la bataille de Bouvines. Et que vous aviez chassé du Royaume « la Molle Épée »...

— Ah ! Le Roi vous a narré cela, j'en suis heureux !

Louis le Lion éprouva un réel plaisir à entendre son fils lui rapporter les paroles de son père. Non pas tant parce qu'il se sentait valorisé aux yeux de son enfant, mais parce qu'il apprenait ainsi que Philippe Auguste le tenait en haute estime, ce dont il lui était souvent arrivé de douter. Il lui semblait que son père ne lui faisait pas confiance et n'adhérait pas toujours à ses initiatives.

— Votre précepteur vous a-t-il parlé des expéditions en Terre sainte ?

— Des expéditions ? répéta Louis. Non. J'ai seulement ouï dire de celle de mon grand-père. Mais il y a bien longtemps et je n'étais pas né.

— Vous devrez lui demander de vous les raconter. Mais je vais d'abord vous en dire quelques mots.

Et le prince se lança dans une courte explication sur le rôle des rois et empereurs chrétiens de France, d'Angleterre et d'Allemagne dans leur lutte contre les Infidèles.

— Mais vous aussi, Père, vous vous êtes croisé, enchaîna Louis qui voyait en son père le digne successeur du roi et en tirait une réelle fierté.

— En effet, répondit-il, car notre Sainte Mère l'Église n'a pas seulement à se battre contre les Infidèles, en Espagne, en Afrique ou en Terre sainte, elle doit aussi lutter contre certains des siens qui n'acceptent pas de suivre ses préceptes.

— Des hérétiques, interrompit l'enfant.

— On vous l'a donc aussi enseigné...

— Oui, ma mère m'a raconté vos exploits en terre de Languedoc...

— Mon fils, il faut être un héros pour accomplir des exploits et je n'en suis pas un. Je ne suis qu'un serviteur de Dieu qui arme son bras pour chasser ceux qui ne veulent plus l'entendre...

Louis le Lion raconta brièvement les croisades menées depuis le début du siècle contre les albigeois. Durant plusieurs années, le pape avait suivi les conseils des moines prêcheurs, dont l'Espagnol Dominique de Guzmán, fondateur de l'ordre des Dominicains, qui affirmait pouvoir ramener les brebis égarées par le prêche et l'exemple de l'humilité et de la pauvreté. La colère et la dissidence des albigeois étaient, à cette époque, alimentées par les comportements du haut clergé languedocien, plus enclin à amasser des richesses, à la bonne chère et à courir les femmes qu'à exercer son sacerdoce. Mais l'assassinat en janvier 1208 du légat du pape, Pierre de Castelnau, qui venait d'excommunier le comte Raymond de Toulouse, suspect de protéger les cathares, avait donné raison aux faucons de Rome et relancé le projet de croisade.

Philippe Auguste ne manifesta que peu d'intérêt pour cette expédition ; il n'envoya que quelques barons, dont Simon de Montfort, comte de Leicester. Très intéressés par les indulgences accordées, analogues à celles des croisés se rendant en Terre sainte, et alléchés par les richesses des terres des comtes de Toulouse, de Foix, et du vicomte de Trencavel, ces derniers ne se firent pas prier. Ils étaient, pour la plupart, davantage animés par la convoitise que par la foi. Ce fut Arnaud Amaury, l'abbé de Cîteaux, légat du pape, qui fut chargé de conduire cette inhabituelle croisade. Le légat suivit à la lettre l'ordre du

Saint-Père : « Appliquez-vous à détruire l'hérésie par tous les moyens que Dieu vous inspirera. »

Les croisés ne manquèrent donc pas de cruauté. Les villes furent incendiées indistinctement, les populations passées au fil de l'épée. Le 22 juillet 1209, l'armée entra dans Béziers. Aux seigneurs qui demandaient comment distinguer un hérétique d'un bon chrétien, Arnaud Amaury répondit : « Massacrez-les tous, le Seigneur connaît les siens. »

Simon de Montfort prit Carcassonne et assaillit Raymond de Toulouse. Acculé, le comte fit appel à Pierre d'Aragon, l'un des artisans de la victoire de Las Navas de Tolosa. L'armée de l'Espagnol passa les Pyrénées et fut battue à Muret. Le roi Pierre fut tué.

Deux années plus tard, au concile de Latran de 1215, le pape Innocent entérina les conquêtes de Simon de Monfort, qui devenait comte de Carcassonne, de Béziers et de Toulouse. Une décision qui indigna Philippe Auguste. Jusqu'à présent, il était resté en retrait car les menaces qui pesaient sur le royaume l'obligeaient à maintenir son armée en alerte contre les Anglais et les Allemands. La victoire de Bouvines le libéra de ce danger. Il laissa entendre au souverain pontife qu'il se joindrait à la croisade et y envoya son fils Louis.

— Je pris la croix, en effet, en 1218, raconta Louis le Lion ; je la portais sur le devant de la poitrine tandis que les croisés en Terre sainte la portent dans le dos.

Louis fut ainsi mandaté pour rappeler à Simon de Montfort qu'il était son suzerain et bien faire comprendre au nouveau légat du pape, Pierre de Bénévent, que le Saint-Père ne pouvait attribuer à Simon de Montfort les fiefs qu'il avait conquis car ceux-ci appartenaient à la couronne de France. La croisade ne se déroula pas comme Philippe Auguste l'avait prévu. Louis le Lion se révéla trop conciliant avec Simon de Montfort et les gens d'Église. Il se montra davantage pèlerin que soldat. À son retour, son père ne manqua pas de lui faire part de son irritation.

— Le Roi n'aimait pas Simon de Montfort, déclara-t-il à Louis, ce n'était pas un vassal loyal ! Il n'avait pas à se rendre propriétaire des fiefs de notre royaume, même avec l'autorisation du Saint-Père.

— Il vous a fallu retourner en Languedoc pour remettre de l'ordre, se fit confirmer l'enfant.

— Oui, quatre ans plus tard...

— Entre-temps, vous avez dû vous occuper du trône d'Angleterre.

— Une autre conquête, en effet, mon fils, mais je vous en parlerai plus tard...

— Promis, Père ?

— Promis !

Louis le Lion résuma sa deuxième intervention en Languedoc pour combattre la « bougrerie albigeoise ». Le vieux comte de Toulouse et son fils Raymond VII n'avaient pas désarmé. Les croisés furent arrêtés devant Toulouse. Des Toulousaines qui maniaient habilement le mangonneau, imposant lance-pierres monté sur un trébuchet, atteignirent en plein visage Simon de Montfort, mettant un terme à ses fanfaronnades et ses exactions. Malgré son heaume, Montfort fut tué sur le coup. Son fils Amaury lui succéda, mais il avait non pas hérité de son talent de guerrier, mais de sa cruauté. Ainsi, lorsque, avec l'aide de l'armée conduite par Louis le Lion, il put s'emparer de Marmande, il laissa ses troupes massacrer hommes, femmes et enfants et incendier la ville, alors que le prince et l'archevêque d'Auch avaient promis que tous les habitants seraient épargnés puisque les nobles de la ville s'étaient rendus.

Peu après, l'ost royal se trouva devant Toulouse et en entreprit le siège.

— J'étais très courroucé, commenta Louis le Lion, et je ne voulais pas qu'une semblable félonie se reproduise dans cette ville. D'autant plus que la plupart de ses habitants n'étaient pas hérétiques et que le comte Raymond était notre cousin. J'attendis la fin de la quarantaine, durée du service dû à l'ost, pour décider de lever le siège. Amaury de Montfort se retrouva seul, sans argent et sans troupes. La croisade fut arrêtée.

Philippe Auguste se déclara satisfait de l'issue de cette seconde croisade. En envoyant deux fois son fils combattre les cathares, il avait répondu aux vœux du Saint-Siège sans que Louis y perdît la vie comme il avait pu le craindre. Il avait prédit, en effet : « Les gens d'Église engageront à nouveau mon fils à faire la guerre aux hérétiques albigeois ; il ruinera sa santé à cette expédition, il y mourra. Par là, le royaume restera entre les mains d'une femme et d'un enfant et ne manquera pas d'être en péril. »

— Les hérétiques ont-ils été éliminés ? s'inquiéta Louis de Poissy.

— Non, répondit son père, mais j'espère qu'ils se repentiront de leurs péchés, sinon une autre croisade sera sans doute nécessaire... Retirez-vous maintenant, mon fils, je dois, de ce pas, aller rendre compte à votre grand-père de mes visites dans les fiefs du royaume.

Il enfila une cotte de soie, sortit, fit mine de se rendre jusqu'à la chambre du roi, puis, le jeune prince ayant disparu, fit demi-tour et rejoignit la chambre de son épouse.

13

« Qui t'a fait roi, Brienne ? »

Les murs épais de la tour du Palais retentissaient des éclats de voix de Philippe Auguste. Le roi de France recevait Jean de Brienne, roi de Jérusalem qui arrivait de Rome. Il était allé se plaindre auprès du souverain pontife du comportement du prélat Pélage qui avait été désigné pour conduire la cinquième croisade. Celle-ci, commencée en 1217, s'était achevée en 1221 par une déconfiture totale des croisés.

Jean de Brienne avait expliqué au roi que le cardinal Pélage, un Espagnol intolérant et fanatique, avait refusé par deux fois d'accepter la proposition du sultan d'Égypte, Al-Kâmil, de rendre Jérusalem aux chrétiens en échange du delta du Nil et de Damiette, occupés par les croisés.

— Il voulait Jérusalem et l'Égypte. À cause de lui nous avons tout perdu !

Philippe Auguste faillit s'étrangler :

— Comment ? Il pouvait échanger une seule ville contre tout un royaume et il a refusé !

Frère Guérin, qui assistait à l'entretien, rappela que le cardinal Pélage n'en était pas à sa première erreur. Déjà en 1213, envoyé par le pape Innocent à Constantinople pour réconcilier les Églises grecque et romaine, il avait, par sa fatuité et son intransigeance, fait échouer cette mission qui se présentait sous les meilleurs auspices.

— Nos papes imaginent toujours leurs envoyés plus malins qu'ils ne sont sous prétexte qu'ils agissent avec la bénédiction de Dieu. L'histoire a maintes fois démontré que Dieu n'a pas besoin de bigots arrogants, mais de vrais soldats pour lui donner la victoire ! tonna le souverain.

Il n'était donc pas surpris que la cinquième croisade ait été un échec, comme la précédente, dite « croisade de Venise » qui, vingt ans plus tôt, n'avait pas atteint le but qui lui avait été assigné : délivrer la ville de Jérusalem. Elle ne fut qu'une bataille entre les Byzantins et les Latins qui se solda par le pillage de Constantinople.

En revanche, il se montra étonné, puis indigné, par ce que Jean de Brienne venait de lui confier : le souverain pontife lui avait proposé de marier sa fille Isabelle à l'empereur Frédéric. Ce dernier voyait cette alliance d'un œil gourmand car elle lui permettrait de développer son emprise sur les territoires méditerranéens.

— Qui t'a fait roi, Brienne ? vociféra Philippe Auguste.

Jean de Brienne devait reconnaître que, douze ans plus tôt, c'était bien grâce à l'appui du roi de France qu'il avait pu devenir roi en épousant Marie de Montferrat, héritière du trône de Jérusalem.

— Brienne, vous vous êtes fait manipuler par le Saint-Père. Cette alliance avec l'empereur du Saint Empire est plus qu'une erreur politique, c'est une infamie à mon égard.

— Mais, Sire !...

— Il n'y a pas de mais, moi vivant, ce mariage ne se fera pas !

— Je croyais pourtant qu'après Bouvines, l'empereur Frédéric vous était redevable, reprit le roi de Jérusalem.

— Vous rêvez, chevalier ! Croyez-vous qu'il y ait sur cette terre un seul monarque redevable à un autre ? Frédéric est le plus redoutable de tous. En outre, comme il est riche et malin, nous avons tout à craindre de sa volonté hégémonique.

— Je vous demande pardon, Sire, je n'avais pas cette vision...

— Allons souper, vous allez nous raconter cette croisade lamentable. Vous, Brienne, vous, qui avez grandement participé à la mise à sac de Constantinople, je vous croyais meilleur chef de guerre !

Les deux hommes se rendirent dans la grande salle de réception où un banquet avait été dressé. Le jeune Louis y avait été convié ; c'était son premier grand repas officiel. Philippe Auguste l'avait fait placer à sa droite, comme s'il entendait consacrer cet héritier, en présence de son fils Louis le Lion et de son épouse Blanche qu'il avait fait asseoir en face de lui, encadrant Jean de Brienne. Les tables avaient été dressées en U, sans que celle des rois soit surélevée. Philippe Auguste marquait ainsi sa volonté de mettre les nobles au même niveau que les autres classes de la société. À sa droite étaient assis des chevaliers, des ecclésiastiques et ses principaux conseillers, frère Guérin, Jean de Nesle, Barthélemy de Roye et frère Aymard, le trésorier du Temple.

Les serviteurs apportèrent des plateaux de fruits en entrée, plats froids et humides que l'estomac digérait plus facilement lorsqu'ils étaient pris au début des repas.

— Brienne, racontez à frère Guérin les âneries de ce faraud de Pélage !

Blanche fronça les sourcils en regardant son beau-père, droit dans les yeux. Comment pouvait-il parler aussi cavalièrement du légat du pape ? Surtout devant son petit-fils.

— De ma vie, je n'ai rencontré homme plus entêté et plus prétentieux, raconta Jean de Brienne.

Frère Guérin opina du chef. Il approuvait manifestement cette volée de qualificatifs dont était affublé Pélage d'Albano.

— En 1218, raconta Jean de Brienne, je décidai que le moyen de reconquérir Jérusalem était d'aller porter le fer contre le sultan Malik al-Kâmil, en Égypte. Nous entreprîmes le siège de Damiette qui tint dix-sept mois durant. Nous prîmes la ville le 5 novembre 1219 grâce aux machines de guerre des hospitaliers. Le sultan accepta de négocier et d'échanger Damiette contre Jérusalem et la libération de tous les prisonniers chrétiens. Mais le légat Pélage refusa cet accord contre l'avis de la majorité des chevaliers.

— Vous n'aviez qu'à l'enfermer ! tempêta le roi.

— Le Saint-Père lui avait confié la croisade, marmonna Brienne.

Le roi leva les bras au ciel et s'exclama :

— Alors ?

— Furieux, je décidai de quitter la ville et d'aller m'installer dans notre place forte de Saint-Jean-d'Acre. Pélage jeta l'anathème sur tous ceux qui s'opposaient à lui. Il resta dans Damiette, attendant les renforts de l'empereur d'Allemagne qui avait décidé de se croiser.

— Le jour où Frédéric ira en Terre sainte, je ferai brûler un millier de cierges, commenta Philippe Auguste.

— Toujours est-il, reprit Brienne, que l'empereur a fait défaut. Le légat a donc décidé en juin de marcher sur Le Caire.

Ses troupes n'étaient plus aguerries et son armée avait été réduite par de multiples défections. Apprenant cette folie, poursuivit-il, j'ai tenté de l'arrêter. Mais il ne voulut rien savoir... Dieu était avec lui, clamait-il !

— Certes ! lança le roi.

Nouveau regard furieux de Blanche qui ne pouvait tolérer que de tels propos fussent tenus devant Louis. Mais que pouvait-elle faire ? Sinon tenter plus tard d'expliquer à son fils que son grand-père s'emportait facilement, mais qu'il ne croyait pas toujours ce qu'il disait.

— Ce qui était attendu survint, poursuivit Jean de Brienne. Les croisés furent pris au piège des eaux boueuses du Nil, dont le sultan avait fait ouvrir les barrages pour inonder la plaine devant la Mansourah. De nombreux croisés furent massacrés, tous les autres faits prisonniers. Le sultan n'accepta de négocier qu'avec moi. Et je dois reconnaître que Malik al-Kâmil se comporta en grand seigneur. Il rendit la liberté à tous les prisonniers chrétiens – nous en fîmes autant avec nos prisonniers sarrasins –, il me remit le bois de la Vraie Croix qu'il détenait et une trêve fut conclue pour huit ans en échange de Damiette. Le sultan avait, sans doute, préféré négocier tant il redoutait l'arrivée de l'empereur.

Les serviteurs se pressaient pour apporter des petits mets salés, composés de boudin, pâtés, saucisses, que l'échanson accompagnait d'hypocras, un vin dans lequel différentes épices avaient macéré : gingembre, cannelle, noix de muscade...

— Avez-vous rencontré le frère François d'Assise pendant votre expédition ? demanda Blanche de Castille

Le visage de Jean de Brienne s'illumina :

— Oui, Madame, non seulement je l'ai rencontré, mais j'ai longuement parlé avec lui. J'ai tenté de le dissuader d'aller voir le sultan, ayant la certitude qu'il y perdrait la vie ! Mais il ne m'écouta pas. Il partit avec ses douze compagnons avec la ferme intention de convertir le sultan au christianisme. Imaginer ce pauvre père, pieds nus, allant prêcher l'amour de Dieu avec ses amis, au-devant d'une armée. Jamais de ma vie je n'avais rencontré un homme d'une telle foi, d'une telle humilité. Son regard était, à la fois, incandescent et infiniment doux. Sa détermination ne pouvait qu'être inspirée par Dieu.

— Qu'est-ce que ce saint homme faisait donc dans votre armée ? interrogea Philippe Auguste.

— Il était convaincu que notre guerre était juste et il l'avait déclaré au sultan en ces termes : « Il est juste que les chrétiens envahissent vos terres car vous blasphémez le nom du Christ et vous les privez de leur lieu de culte. »

— Et qu'a répondu l'Égyptien ? demanda le roi.

— Il fut surpris par la franchise et le courage de ce petit homme si humble et si frêle. Il fut touché par sa sincérité et décida de le relâcher avec ses compagnons contre l'avis de ses conseillers qui réclamaient qu'ils fussent décapités.

— On raconte, interrompit Louis le Lion, qu'il parle aux oiseaux et amadoue les loups...

— Même les loups ? s'exclama Louis de Poissy.

— Oui ! affirma frère Guérin. J'ai entendu cette histoire de la bouche même de Sa Sainteté ; cela s'est passé quelques mois avant que le frère François ne parte pour l'Égypte. Il résidait alors à Gubbio avec ses compagnons. Il avait appris que les habitants du village n'osaient plus sortir de chez eux de peur d'être dévorés par un énorme loup qui rôdait chaque nuit. Le frère se rendit donc à la rencontre de l'animal et au moment où la bête allait se jeter sur lui, il lui parla doucement : « Frère loup, au nom de Jésus-Christ, je t'ordonne de ne faire aucun mal ni à moi ni aux habitants de Gubbio. »

— Alors ? s'impatienta le jeune prince.

— Le loup remua la queue, baissa les yeux en signe d'accord, et se coucha au pied du frère. « Tu n'auras plus jamais faim, déclara le frère, car les habitants désormais te nourriront. En contrepartie, tu ne t'attaqueras plus aux créatures de Dieu, hommes ou bêtes ! » C'est alors que l'animal donna sa patte à frère François comme pour sceller cet accord.

— Extraordinaire ! commenta Blanche de Castille. Vous vous étiez bien gardé de me raconter cette histoire, frère Guérin !

Le conseiller du roi esquissa un sourire malicieux et répondit :

— Madame, il peut y avoir chez les serviteurs de Dieu quelques sentiments de jalousie à mettre en lumière tant de sainteté chez l'un des leurs ! Sans doute a-t-il été, plus que tout autre, inondé par la grâce dès sa jeunesse ?

— Il était bien le fils d'un riche drapier d'Assise ? interrogea le roi.

— Tout à fait, reprit frère Guérin. Et son père ne lui pardonna jamais d'avoir dévalisé ses boutiques pour donner leur contenu aux pauvres. Il fut déshérité, ce qui fit plutôt plaisir au frère François. En 1210, dix ans plus tard, alors qu'il allait avoir vingt-huit ans, Sa Sainteté Innocent l'autorisa à créer la première règle de l'ordre des Frères mineurs.

— Sire, demanda Louis en s'adressant à son grand-père, j'aimerais que vous invitiez frère François à la Cour, je voudrais tant le connaître !

— Nous verrons cela, répondit le roi.

Frère Guérin intervint :

— Frère François n'aime pas fréquenter les cours. Ses seuls amis sont les pauvres et les pestiférés. Je serais étonné qu'il acceptât de venir.

— Sauf si Dieu le lui demande, reprit le jeune Louis.

— Dans ce cas, répondit frère Guérin en levant les yeux au ciel.

Le repas se termina par la desserte d'un grand nombre de mets sucrés, compotes, tartes, crèmes, beignets et quelques fromages frais des environs de la capitale. Puis les invités furent conviés dans les appartements du roi pour y déguster de nouvelles friandises servies avec des liqueurs. Philippe Auguste les prisait particulièrement et, avec l'âge et les douleurs, il lui arrivait souvent d'en boire plus que de raison. Ce soir-là, pourtant, il laissa ses invités continuer à festoyer et les quitta pour aller cuver quelques pintes généreusement ingurgitées.

14

Des croisades désastreuses

Le récit, par Jean de Brienne, de la cinquième croisade hantait les rêves de Louis. Que le tombeau du Christ restât aux mains des Infidèles lui paraissait inadmissible. Comment était-il possible que Dieu acceptât une telle situation ? Pourquoi ses serviteurs, les croisés, au nombre desquels figuraient les plus nobles chevaliers de la chrétienté, échouaient-ils face aux hordes d'Infidèles qui occupaient les Lieux saints.

Un beau matin, après ses exercices équestres, il déboula dans la salle d'étude où l'attendait frère Jacques et, sur un ton comminatoire, il exigea de tout savoir sur les croisades en demandant pourquoi les croisés ne parvenaient pas à libérer Jérusalem, Nazareth, Bethléem, le lac de Tibériade, tous ces lieux magiques qui portaient la trace du passage de Jésus.

Le précepteur observa son élève d'un œil amusé et s'efforça de dissimuler son étonnement. L'autorité avec laquelle ce garçon de huit ans lui intimait l'ordre de tout lui apprendre sur les expéditions en Terre sainte révélait une étrange maturité. Il imagina que le Seigneur aurait pu inspirer ce désir de savoir car un tel sujet ne pouvait à ce point susciter l'intérêt d'un enfant de cet âge.

— Très bien, jeune prince, je vais tout vous raconter, mais j'espère que vous aurez la patience de m'écouter car ce sera long, et que vous n'aurez nulle peur, car il y eut au cours de ces croisades de terribles actions, tant chez les Infidèles que chez les chrétiens.

— Un futur roi ne doit avoir peur de rien ! répliqua Louis, sûr de son fait.

— Très bien ! Je vais d'abord vous expliquer pourquoi il y eut une première croisade. C'était il y a plus de cent vingt ans. Jérusalem était occupée depuis plus de quatre siècles par les Arabes d'Égypte, les Fatimides, qui autorisaient les chrétiens de se rendre librement dans la Ville sainte.

— Jérusalem était aux mains des Arabes depuis si longtemps ?

— Pas seulement des Arabes, précisa frère Jacques. Au temps de Notre-Seigneur Jésus, vous devriez vous en souvenir, elle était aux mains des Romains et l'est restée jusqu'au IVe siècle. C'est à cette époque, vers l'an 320, après que l'empereur romain Constantin fut devenu chrétien, que Jérusalem retrouva son nom et sa liberté. Ce fut sa mère Hélène, qui découvrit les plus importantes reliques du Christ, la Couronne d'épines, la Sainte Croix, la Sainte Éponge...

— Où sont-elles aujourd'hui ? s'inquiéta l'enfant.

— À Constantinople principalement, où Constantin avait choisi d'installer le cœur de son empire.

— Chez les Byzantins ? s'étonna-t-il.

— Oui, ce sont des orthodoxes, mais d'abord des chrétiens.

— Donc les Arabes sont venus nous voler la Ville sainte ?

— Avant eux, en l'an 614, il y eut d'abord les Persans qui avaient brûlé les églises, massacré et exilé des milliers de chrétiens, puis confié la gestion de la ville aux Juifs.

— Aux Juifs ! s'exclama le prince.

— Pas longtemps, fit remarquer frère Jacques, trois ans à peine. Vingt ans plus tard, en 638, Jérusalem fut conquise par les Arabes, et les Persans chassés. Les Arabes construisirent des mosquées à la place des églises, dont le dôme du Rocher et la grande mosquée Al-Aqsa. Votre aïeul Charlemagne obtint du puissant calife Haroun al-Rachid que les monastères construits sur son territoire soient mieux protégés et que les pèlerins puissent se rendre en Terre sainte librement.

— Mon aïeul ? Ami avec un Arabe ?

— Très ami, en effet, au point que le calife offrit à l'empereur un éléphant qu'il fit apporter à Aix-la-Chapelle et même une grande horloge dont le mécanisme était mû par de l'eau. Vous devez savoir qu'à cette époque ces deux monarques d'Orient et d'Occident étaient très puissants et qu'ils avaient préféré développer leurs échanges plutôt que de se faire la guerre. On peut dire que l'un était l'empereur du christianisme, l'autre de l'islam.

Frère Jacques raconta que, pendant les quatre siècles suivants, les chrétiens pouvaient ainsi aller prier dans les Lieux saints aussi bien chrétiens qu'islamiques.

Louis leva les sourcils. Cette cohabitation lui paraissait invraisemblable. Plutôt que de manifester son étonnement, il préféra laisser son maître poursuivre. Celui-ci enchaîna en expliquant que tout devait changer avec l'invasion en Orient des Turcs seljoukides, vers 1070. À cette époque, les Arabes et les Persans étaient devenus riches, et s'intéressaient davantage aux arts qu'à la guerre ; ils furent submergés par des hordes de nomades, certes musulmans, mais peu raffinés et redoutables guerriers. La bataille de Manzikert, au cœur de l'Arménie, sonna le glas de l'Empire byzantin. Les Turcs dominèrent alors la plus grande partie de l'Asie Mineure.

— Et Jérusalem ? s'inquiéta Louis.

— Elle fut prise la même année dans des conditions terribles, que racontèrent les pèlerins qui avaient pu échapper aux massacres en rentrant en France. L'un des témoins de ces récits, Urbain, moine de l'abbaye de Cluny, les gardait encore en mémoire lorsqu'il devint pape, seize ans plus tard. C'est ce souverain pontife qui lança, en 1095, pendant le concile de Clermont, un appel à la croisade contre les Infidèles en Orient.

Frère Jacques évoqua d'abord la croisade de Pierre l'Ermite, un petit homme maigre au teint buriné, vêtu d'une robe de bure crottée, qui avait raconté qu'en allant visiter le Saint-Sépulcre, le Christ lui avait recommandé d'aller trouver le pape afin de délivrer la Ville sainte. Monté sur un âne, il allait de village en village, de ville en ville, de province en province, du Berry jusqu'au Rhin, pour prêcher la première croisade. Il fut si convaincant qu'il attroupa plus de vingt-cinq mille hommes, certains de bonne foi, d'autres soucieux d'obtenir le pardon pour leurs péchés, d'autres encore attirés par les richesses de l'Orient, toute une escouade de sacs et de cordes, prêts à tout, pillant tout sur leur passage. Au point qu'en les voyant se diriger vers Constantinople, les autorités byzantines en firent massacrer plusieurs milliers. Indisciplinés, ces pèlerins composites n'obéirent plus au saint ermite. En octobre 1096, ils partirent à la conquête de Nicée, la capitale turque avec, à leur tête, un curieux chevalier, dénommé Gautier Sans Avoir, ainsi nommé car il ne possédait aucune terre. Plus de vingt mille d'entre eux furent anéantis et laissés pour morts par l'armée turque ; quant au chevalier Sans Avoir, il en perdit la tête.

Louis écoutait, fasciné par cette histoire qui ne ressemblait en rien à l'épopée des armées chrétiennes qu'il aurait imaginée.

— Qu'est devenu Pierre l'Ermite ?

— Il a rejoint l'autre armée des croisés, celle dont je vais maintenant vous raconter l'histoire. La dernière fois qu'il a été vu, ce fut sur le mont des Oliviers où il était venu prêcher.

— Sur le mont des Oliviers ? s'étonna Louis. Les chrétiens pouvaient donc à nouveau se rendre à Jérusalem ?

— Vous allez trop vite, mon garçon. Laissez-moi vous narrer la suite.

Louis trépignait d'en savoir davantage.

— Je vous prie de vous asseoir ! lui répétait frère Jacques, sinon nous allons passer à vos exercices de mathématiques !

Cette seule menace incita Louis à revenir à sa place.

— L'autre croisade, la vraie, précisa le moine, fut commandée par des barons célèbres et puissants, à la tête de troupes nombreuses, équipées pour livrer de rudes batailles.

Le précepteur cita parmi les grandes figures qui la conduisirent Godefroy de Bouillon, duc de Brabant, à la tête de la première armée. Il fut décrit par le moine comme un homme plein de sagesse, grand et vigoureux, qui, devant des cheiks qui l'avaient défié, décapita un chameau d'un seul coup de sabre. Une autre armée était conduite par des Normands de Sicile sous l'autorité de Bohémond de Tarente. Cet homme de guerre, peu scrupuleux, entendait trouver dans la croisade à la fois son salut et sa fortune. Une troisième armée vint les rejoindre avec à sa tête le comte de Toulouse, Raymond de Saint-Gilles. Homme de foi, dévoué au pape Urbain, il refusa de se plier aux exigences de l'empereur byzantin, Alexis Comnène, qui entendait s'octroyer les conquêtes des croisés en contrepartie de son aide matérielle. Un quatrième groupe arriva enfin, sous la houlette de Hugues de Vermandois, frère du roi de France Philippe le premier.

— Ainsi, fit remarquer frère Jacques, ces armées de Francs, c'est le nom que se donnèrent tous les croisés, venaient-elles de toute l'Europe, de la Gaule, de la Germanie et de l'Italie. C'était une véritable, authentique et impressionnante expédition chrétienne pour délivrer le Saint-Sépulcre.

— Alors, s'impatienta Louis, qui a gagné ?

— Les chrétiens, bien sûr ! Il aura fallu près de trois ans aux armées chrétiennes pour parvenir jusqu'à Jérusalem. Elles avaient dû d'abord traverser l'Empire byzantin dont une grande partie en Asie Mineure était occupée par les Turcs. Les croisés prirent d'abord leur capitale Nicée, au début de l'été 1097. La ville fut remise à l'empereur de Byzance suivant les accords passés avec les chefs des armées franques, un abandon qui déçut beaucoup de croisés.

— Ils ne voulaient pas respecter leur parole ?

— Oui et non ! Nicée était une belle ville, très riche, et les grands chevaliers, surtout Raymond de Saint-Gilles, auraient bien aimé la garder. Les armées des deux camps s'affrontèrent ensuite à Dorylée en Anatolie, au cours d'une bataille épique qui mit fin pour deux siècles à la domination turque dans la région. Les chevaliers chrétiens, impressionnés par la valeur des guerriers turcs, leur rendirent même hommage. Sur leur route vers la Terre sainte, nos croisés furent accueillis par des chefs arméniens qui, dans les montagnes de Taurus jusqu'à Édesse, tenaient des places fortes et résistaient aux Turcs. Puis ils parvinrent à Antioche, la ville aux quatre cents tours, une forteresse imprenable. Un an s'était déjà écoulé. En juin 1098, la ville tomba après dix mois de siège. On a raconté, précisa frère Jacques, que Godefroy de Bouillon, au cours de ce siège, avait coupé un Turc en deux par la taille et que les jambes de ce combattant ennemi étaient restées attachées au cheval qui s'enfuyait au galop.

— Quelle force ! apprécia Louis. Dieu sait bien choisir ses serviteurs !

— Vous avez raison... Mais trois événements se produisirent alors. D'abord, le sultan d'Égypte était très en colère contre les Turcs.

— Mais n'étaient-ils pas les uns et les autres musulmans ?

— Cela ne les empêchait pas d'être des ennemis féroces, sourit le moine. À cette époque l'Islam était divisé en deux obédiences. Celle du califat abbasside de Bagdad et celle du califat fatimide du Caire.

— Pourquoi le sultan était-il furieux ? s'enquit l'enfant.

— Parce que les Turcs les avaient chassés de Jérusalem. Ainsi reprirent-ils la Ville sainte avec l'assentiment des chrétiens qui occupaient Antioche.

— Nous avons autorisé les Égyptiens à réoccuper les Lieux saints ? s'étonna Louis.

— Oui et non ! C'était une ruse pour affaiblir les Turcs en attendant que les croisés s'emparent de Jérusalem.

— Et les deux autres événements, frère Jacques ?

— J'y viens. Nos chevaliers n'étaient pas toujours d'accord. Pour Antioche, Bohémond avait fait promettre aux autres de ne pas la rendre à l'empereur de Byzance. Cette querelle affaiblissait nos rangs. Les Turcs avaient donc décidé à leur tour d'entreprendre le siège de la ville et d'affamer ses habitants comme nos soldats. Et c'est là qu'intervint un troisième événement, la découverte par un pèlerin de la Sainte Lance sous les dalles d'une église d'Antioche.

— Un miracle ?

— Un double miracle, en effet, car nos troupes, à cette annonce, se ressaisirent et mirent en déroute l'armée turque.

— Alors nous étions libres d'aller délivrer la ville de Jérusalem ! s'esclaffa le jeune prince.

— Libres, mais épuisés. Il fallut six mois pour reprendre le chemin de la conquête, et encore six mois pour atteindre le but de notre croisade. L'armée franque n'arriva aux portes de la Ville sainte que le 7 juin et n'entra que le 15 juillet.

Le moine s'abstint de préciser que ce fut un bain de sang. Des milliers de musulmans qui s'étaient réfugiés dans les mosquées avaient été placés sous la protection du chevalier Tancrède. Ce qui n'empêcha pas d'autres troupes chrétiennes, indisciplinées, de les égorger tous.

Le lendemain fut une journée de grande ferveur. Tous les combattants allèrent se prosterner dans tous les lieux où Jésus-Christ était passé. Puis il fut décidé que Godefroy de Bouillon gouvernerait la Terre sainte, et non le comte de Toulouse qui revendiquait ce pouvoir. Mais Godefroy était un homme humble et pieux. Il ne voulut pas être roi de Jérusalem, porter une couronne d'or là où le Christ avait porté une couronne d'épines. Il demanda à n'être que l'avoué du Saint-Sépulcre.

— Il n'a pas bien gardé la Ville sainte ? interrogea Louis.

— Pourquoi pensez-vous cela ?

— Parce qu'une autre croisade a dû être lancée, n'est-ce pas ?

— Oui ! Mais quarante-cinq ans plus tard et c'est votre arrière-grand-père, Louis le Jeune, qui la conduisit. Il eut pour le soutenir le grand prédicateur saint Bernard de Clairvaux, le directeur de l'ordre cistercien. C'est aussi lui qui incitera plus tard le Saint-Père à décider d'une autre guerre sainte, celle contre les albigeois, dans laquelle votre père, Louis le Lion, s'est si brillamment illustré. Le frère de saint Bernard, André de Montbard, fut l'un des neuf fondateurs de l'ordre des Templiers créé pour garder les Lieux saints. Je vous raconterai plus tard leur histoire comme celle du monachisme...

— Du monachisme ? demanda Louis.

— L'histoire des moines, reprit frère Jacques, dont je suis, est vraiment née avec saint Benoît au sixième siècle et la règle qu'il a édictée s'est imposée au fil des siècles à tous les ordres qui se sont créés. Cette règle repose sur quatre principes : la modération, la gravité, l'austérité et la douceur. Des principes que je vous invite, Louis, à respecter toute votre vie.

— Mais je ne serai pas moine ! s'insurgea l'enfant, je serai roi, roi de France et même d'autres terres, sûrement !

— Il n'est pas interdit aux monarques d'être modérés, doux, graves et austères, reprit frère Jacques, ce serait même un excellent comportement pour un roi.

— Vous deviez m'expliquer pourquoi une deuxième croisade fut nécessaire, interrompit l'enfant, qui ne semblait pas vraiment intéressé par cette leçon de sagesse.

Le moine prit une carte et montra à son élève ce qu'était le royaume de Jérusalem, sur la carte de la Syrie franque. Il s'étendait depuis la Silicie arménienne au nord, prolongée par le comté d'Édesse au nord-est, et descendait le long de la côte méditerranéenne vers Alep, Antioche, Tripoli, Damas, Sidon, Tyr, Saint-Jean-d'Acre, Nazareth, Césarée, Jaffa, Ramallah, Absalon, Gaza et à l'intérieur des terres de la Palestine, Naplouse, Jérusalem, Bethléem et Hébron.

— Pendant quarante-cinq ans, raconta-t-il, jusqu'à la deuxième croisade, les rois de Jérusalem et les gouverneurs d'Antioche et d'Édesse, comme les armées de Byzance, ne cessèrent de se battre contre les musulmans pour conserver leurs places fortes et consolider leurs territoires. Des conflits incessants, lâcha frère Jacques, d'une voix grave, parce que le diable n'aimait pas la paix et semait la discorde dans tout le pays.

Le précepteur fit un résumé de ce demi-siècle en énumérant les rois qui s'étaient succédé sur le trône de Jérusalem. Après Godefroy de Bouillon, qui mourut en 1100, son frère Baudouin de Boulogne lui avait succédé en déclarant : « Moi ! Je mettrai sur ma tête la couronne de David. » Il était ambitieux, peu scrupuleux, mais il défendit bien les terres chrétiennes. Le pape lui reprocha néanmoins d'être bigame.

— Comme le Roi, mon grand-père ! fit remarquer Louis.

Le moine toussa, interloqué par l'aplomb du garçon. Il s'abstint de faire le moindre commentaire et poursuivit son récit. Il raconta qu'un autre Baudouin, cousin du premier, devint roi de Jérusalem en 1118. Ce fut sous son règne que fut créé l'ordre des Templiers et que l'ordre des Hospitaliers fut transformé en ordre militaire. Ces deux ordres de moines-soldats furent les piliers de l'armée du royaume : leur esprit de sacrifice et leur expérience de la guerre contre les musulmans contribuèrent pour longtemps à la protection des Lieux saints. Les batailles menées par Baudouin furent souvent gagnées grâce à l'aide de ces moines et de la Vraie Croix que le roi emportait toujours avec lui.

— Ensuite, poursuivit le moine, un des grands barons de France, le comte d'Anjou et du Maine, Foulques d'Anjou, lui succéda en 1131. Il devint roi de Jérusalem grâce à l'appui de votre arrière-grand-père, Louis le Jeune, en épousant la fille de Baudouin, la belle princesse Mélisende. C'est lui qui sera à l'origine de la dynastie des Plantagenêts qui ont causé tant de soucis à notre roi.

Bien entendu, le précepteur ne s'étendit pas sur les frasques de la reine Mélisende qui devint, à la mort de son mari, régente du royaume de Jérusalem. La disparition de Foulques d'Anjou entraîna le déclin de la puissance franque dans la région ; celui-ci commença par la chute d'Édesse, une ville essentielle qui décida de la croisade suivante.

— Mais nous n'avions pas perdu Jérusalem ? s'enquit l'élève royal.

— À ce moment-là, pas encore, mais l'expansion des musulmans sur les États latins d'Orient risquait de fragiliser le royaume et de menacer une nouvelle fois la Ville sainte.

Le précepteur ne s'attarda pas longuement sur cette deuxième croisade qui vit à la fois la déconfiture de l'armée germanique et les dissensions dans les camps des Francs, liées surtout à l'attitude de la femme de Louis VII, Aliénor d'Aquitaine, dont les longs moments passés à Antioche avec son oncle Raymond de Poitiers, avaient suscité la jalousie du monarque.

Le roi de France voulut forcer son épouse à le suivre à Jérusalem. Celle-ci refusa et demanda le divorce. Un épisode fâcheux de l'histoire de France que frère Jacques ne voulut pas raconter à l'enfant. Cette croisade fut un tel fiasco que le pape Étienne, qui l'avait lancée, déclara qu'elle avait été « un grave dommage pour la renommée des chrétiens, subi par l'Église de Dieu ».

— La troisième croisade fut menée par mon grand-père, n'est-ce pas ?

— Oui ! Mais celle-là, je préférerais que frère Guérin vous en parle puisqu'il l'a vécue et a connu votre grand-père à cette époque.

Le moine ne voulait vraiment pas raconter cette croisade, entreprise en 1189 par Philippe Auguste, Richard Cœur de Lion et Frédéric Barberousse, car elle n'avait pas été non plus très réussie.

15

La lumière de Dieu

À la fin du printemps 1223, le roi Philippe Auguste se sentait de plus en plus fatigué. Il marchait difficilement et ne pouvait plus grimper sans aide sur son cheval. Il conservait néanmoins un solide appétit et sa propension pour le vin n'avait pas faibli. Son médecin lui avait recommandé de cesser de boire du vin. Le roi y avait consenti à condition de pouvoir en prendre en le mêlant avec de l'eau. En fait, il buvait d'abord le vin, puis, après avoir vidé plusieurs carafes, déclarait qu'il n'avait plus assez soif pour prendre de l'eau.

Au début de juin, le jour de la Saint-Barnabé, le monarque avait promis d'ouvrir la procession et les festivités de la foire du Lendit qui se tenait tous les ans, jusqu'à la Saint-Jean, à la plaine Saint-Denis. Cette grande foire annuelle, dont on disait qu'elle avait été créée par Dagobert, mais que la tradition faisait remonter aux Gaulois, avait été réglementée en 1215 par Philippe Auguste. Afin de protéger les commerçants parisiens, il avait interdit aux quelque mille marchands venus de toute l'Europe de vendre également dans les halles de Paris. La foire du Lendit prenait de plus en plus d'importance et commençait à concurrencer les célèbres foires de Champagne.

Le roi voulut profiter de ce déplacement pour emmener son petit-fils à la basilique de Saint-Denis, nécropole royale, où il souhaitait être enterré, comme l'avaient été avant lui Clovis, Pépin le Bref, et les principaux rois capétiens. Il lui importait de faire comprendre à Louis l'importance de ce lieu où gisaient ses ascendants mérovingiens, carolingiens et capétiens afin de légitimer cette dernière dynastie qui n'était pas toujours reconnue par des lignées de barons autrement plus anciennes.

Rendez-vous fut donc pris sur le parvis de Notre-Dame pour se rendre en cortège sur la route de Saint-Denis. En voyant son grand-père monter avec peine sur son cheval, Louis s'attrista de le voir tant diminué. Mais Philippe Auguste avait du panache et de la dignité et, hormis cette aide prodiguée par un chevalier, il gardait toute sa prestance. Le monarque prit la tête du cortège, le jeune prince à ses côtés ; ils étaient suivis de Blanche, du Parlement, de nombreux chevaliers et ecclésiastiques, puis de la population de Paris pour qui cette foire, qui allait durer quinze jours et quinze nuits, était l'occasion de réjouissances et de fêtes.

La foire commençait toujours par une procession à la basilique de Saint-Denis pour y vénérer les Saintes Reliques, notamment un morceau de la Vraie Croix et un fragment de la Couronne d'épines. Six kilomètres à parcourir au son des flûtes et des tambourins : le long de la route, une fois passés les champs, les potagers, les vergers, une fois franchis les bois et les bosquets qui subsistaient encore – mais pour combien de temps, car l'expansion de Paris rejaillissait sur ses faubourgs –, le cortège atteignit la foire qui s'étirait le long de la route en une interminable suite de stands et de tentes où les commerçants étrangers étaient logés. Une ville éphémère qui réunissait tous les commerces d'Europe et d'Orient : chapeliers, cordiers, tanneurs, pelletiers, papetiers, orfèvres, diamantaires, etc. Une foule bigarrée dont on pouvait imaginer l'origine au vu des étals installés les uns à côté des autres. Une atmosphère étrange où se mêlaient l'allégresse des Parisiens invités à faire leurs emplettes et à festoyer jusqu'à plus soif et la ferveur des pèlerins venus honorer saint Denis, premier évêque de Paris.

Originaire d'Italie, le moine Denis avait été chargé d'aller évangéliser les Gaulois au troisième siècle. Il était arrivé à Lutèce avant que la ville, un siècle plus tard, ne prenne le nom de Paris, et y avait fait bâtir de nombreuses églises dont celle qui prendrait le nom de Saint-Denis où il serait inhumé après avoir été martyrisé vers l'an 250 sous le régime de l'empereur Valérien. La légende racontait que l'évêque Denis, après avoir été décapité, avait marché vers le nord pendant six kilomètres, sa tête sur le bras, en traversant Montmartre par une rue qui devint alors la rue des Martyrs. À la fin de cette course bouleversante, il avait remis sa tête à une noble romaine convertie, Catulla, puis s'était écroulé, là où se trouvait, en ce 11 juin 1223, la nouvelle basilique.

Les terrains sur lesquels la foire était installée avaient été donnés par le roi de France, Louis le Gros, à l'abbaye de Saint-Denis qui en tirait une bonne partie de ses revenus. Ceux-ci permirent à l'abbé Suger, quelque cinquante ans plus tard, de construire une basilique qui allait révolutionner l'art religieux de toute l'Europe.

« Vive le Roi ! criait la foule au passage du cortège, Vive le prince Louis ! »

« Vive la Castillane ! » pouvait-on entendre à l'adresse de Blanche de Castille, admirée par le peuple pour sa beauté et pour avoir donné tant d'héritiers au royaume. Chevauchant au pas, saluant la foule, distribuant les aumônes, le cortège ne mit pas moins de trois heures pour parvenir à la basilique où attendait l'évêque de Paris, Guillaume d'Auvergne, pour donner sa bénédiction à la foire. Puis la Cour pénétra dans l'édifice religieux pour assister à la messe et se recueillir au pied des reliques.

Pour Louis, ce moment fut inoubliable. Jamais encore si jeune prince n'avait eu le privilège d'accompagner le roi à la basilique, d'assister à cette fervente manifestation et d'être ainsi honoré par la foule. Il ressentit une joie mêlée de fierté.

Après la messe, le monarque demanda à son chapelain, Guillaume le Breton, de raconter au jeune prince l'histoire de cette nouvelle basilique construite à l'initiative de l'abbé Suger. Le chapelain se prêta volontiers à cet exercice : il ne se passait pas de jour sans que, de l'Europe entière, architectes, ecclésiastiques, seigneurs de tous rangs, vinssent admirer ce nouveau chef-d'œuvre d'art sacré pour en tirer des leçons.

— On raconte, commenta le chapelain, que le Christ lui-même serait venu poser la première pierre du monastère qui précéda la construction de notre église de Saint-Denis. Savez-vous qui était l'abbé Suger ? demanda-t-il à Louis.

— Oui ! répondit l'enfant, il a été régent du royaume au temps de mon aïeul Louis, lorsque celui-ci dut partir pour la deuxième croisade. À son retour, le Roi, très satisfait de son travail, l'avait nommé : « père de la patrie ».

— Très bien ! Mais savez-vous ce qu'il fit pour notre belle basilique ?

— J'ai hâte de l'apprendre.

Le chapelain raconta que l'abbé Suger, dès qu'il avait été nommé responsable de Saint-Denis, avait voulu transformer radicalement cet édifice.

— Il la trouvait trop petite pour y accueillir tous les pèlerins, et pas assez majestueuse pour une nécropole dans laquelle était inhumée une partie de vos ancêtres.

— Nous irons leur rendre visite tout à l'heure, interrompit le roi.

Le chapelain poursuivit :

— L'idée splendide de l'abbé fut de faire de son église un immense vaisseau transparent afin d'y faire pénétrer la lumière de Dieu.

Il entraîna Louis vers les portes de bronze, ornées de médaillons, illustrant les scènes de la Passion, de la Résurrection, de l'Ascension du Christ. Sur ces panneaux, Suger avait fait graver ces vers : « Toi qui veux célébrer la beauté de ces portes, n'admire ni l'or ni la dépense, mais plutôt l'artifice. L'œuvre resplendit d'une noble lumière, illumine ton esprit, afin que, guidé vers des vérités lumineuses, il parvienne à la vraie lumière, là où le Christ est... »

Guillaume le Breton expliqua comment cette inspiration de l'abbé de faire pénétrer la lumière divine dans la basilique obligea à modifier radicalement l'art de bâtir de l'époque. Il ordonna à son architecte de construire un chevet plus grand, plus aérien, plus lumineux, plus épuré, en n'asseyant plus l'édifice sur des murs mais sur des colonnes, en ouvrant d'immenses verrières, pour faire communiquer le ciel avec la terre, pour que la lumière inonde l'ensemble et rejaillisse sur l'âme et le cœur des fidèles, afin de les inonder de la foi. Les murs épais, appuyés sur des contreforts massifs qui autrefois soutenaient l'édifice, ne laissaient pas entrer la lumière. Ils furent remplacés par des arcs-boutants appuyés par des colonnes. Autrefois isolées, les chapelles rayonnantes n'étaient plus séparées que par de simples contreforts et comportaient de vastes vitraux filtrant la lumière. La voûte en berceau des monuments anciens fut remplacée par une croisée d'ogives qui permit de mieux répartir les forces vers les piliers.

— C'est le nouvel art de France, déclara le roi.

Louis écoutait en silence, fasciné par cette leçon où se mêlaient la spiritualité, l'art de construire, la ferveur des bâtisseurs. Il apprenait comment était né, ici, l'art gothique. Un art qui allait perdurer des siècles durant et qui avait germé dans l'esprit fécond d'un abbé inspiré. Philippe Auguste fit aussi remarquer à son petit-fils cette autre phrase inscrite sur la porte : *L'esprit aveugle surgit vers la vérité par ce qui est matériel, et voyant la lumière, il ressuscite de sa submersion antérieure.*

Il précisa que la première pierre du cœur de l'édifice avait été posée par son grand-père, Louis le Jeune.

Pour l'abbé Suger, rien ne devait être négligé pour honorer le Seigneur. Contrairement au courant monachiste, qui ordonnait que la pauvreté et l'humilité soient sources d'inspiration, il voulut que sa construction fût riche d'or, d'argent et de pierres précieuses, que la basilique scintillât de mille feux sous les yeux des fidèles. Ainsi le maître-autel, don de l'empereur Charles le Chauve, fut-il orné d'un parement d'or.

Ce fut à Saint-Denis, et non à Reims, cathédrale du baptême et du sacre, que furent déposés les insignes du pouvoir. Avant de partir en guerre pour défendre son royaume ou pour entreprendre une croisade, le Roi devait s'y rendre à pied pour y prendre l'oriflamme et la bannière de saint Denis. C'était là aussi qu'étaient entreposées les histoires des rois francs écrites par les moines de l'abbaye.

Le souverain et sa suite se dirigèrent vers les tombes des ancêtres, à commencer par celle de Clovis, fondateur de la dynastie mérovingienne. Ils s'arrêtèrent ensuite devant le mausolée du Mérovingien Dagobert, protecteur de l'abbaye de Saint-Denis, le tombeau de Charles le Chauve et ceux de Carloman, Pépin le Bref, Hugues Capet, Louis le Gros. Louis remarqua immédiatement que son aïeul, Louis le Jeune, n'avait pas sa sépulture dans cette nécropole, alors qu'il avait été le principal appui de l'abbé Suger pour la construction de cette nouvelle basilique.

— Votre arrière-grand-père n'a pas voulu être enterré parmi les siens, précisa Guillaume le Breton. Il a préféré être inhumé à l'abbaye royale de Notre-Dame de Barbeau qu'il avait fondée.

Philippe Auguste fit remarquer que, dans la lignée des Capétiens, manquait aussi le corps de Philippe, le premier, qui avait régné quarante-huit ans.

— Pourquoi ? demanda Louis.

— Il estimait n'avoir pas été un assez bon chrétien pour être enterré auprès de ses ancêtres, et il avait demandé, lui aussi, à être inhumé dans une abbaye, à Fleury, au bord de la Loire.

Louis restait fasciné par tout ce qui jaillissait de ce lieu, la lumière, la richesse des décors, la beauté des vitraux, la splendeur des sculptures, et surtout par ce banquet de sépultures qui marquait son nom, sa vie, son destin du sceau de l'Histoire. Qui de plus avisé que Guillaume le Breton, fervent propagandiste de l'ascendance carolingienne des Capétiens, pour expliquer à Louis comment le roi, son grand-père et tant d'autres souverains, descendaient de Pépin le Bref ?

— Il manque des rois et des reines dans cette nécropole, fit remarquer le souverain, il faudra y remédier.

Il faudra ! À qui s'adressait-il ? Sans doute voulait-il semer quelques graines dans l'esprit de son petit-fils.

— Dirigeons-nous maintenant vers la foire pour saluer tous les marchands du monde, déclara le roi.

À l'arrivée aux abords de cet immense camp de toile et de baraques qui s'étirait le long de la route, un jongleur s'approcha du souverain et prétendant être de sa famille, puisque, comme lui, il descendait d'Adam, il demanda l'aumône. Le monarque lui lança : « Tu as la part qui te revient ! Si je devais partager ma fortune entre tous ceux qui, comme toi, prétendent être de mes cousins ! »

Le roi ne lui accorda aucune faveur ni aucune pièce. Il n'aimait pas les amuseurs publics et les comédiens, et n'éprouvait aucune compassion pour les trouvères ou les poètes. Seuls les pauvres bénéficiaient largement de sa sollicitude.

Une atmosphère de fête régnait sur toute la foire. Les plus turbulents, les plus agités, les plus braillards étaient les étudiants venus en masse, la plupart pour faire la fête, d'autres moins nombreux, accompagnés de leurs maîtres, s'étaient déplacés afin d'acheter pour leurs travaux d'écriture des cahiers de parchemin dont la vente était l'une des grandes spécialités de la foire pour laquelle les papetiers venaient de toute l'Europe. Certains étudiants fortunés s'offraient des vélins, peaux issues de veaux mort-nés, parfois de fœtus, dont l'apparence semi-transparente était très recherchée, notamment pour les psautiers enluminés.

La capitale du royaume était particulièrement prisée par les étudiants européens pour la qualité de ses enseignements, non seulement en théologie et philosophie, mais aussi en médecine, chirurgie, apothicairerie, grammaire, rhétorique, arithmétique, géométrie, musique et astronomie.

Les membres de l'Université, maîtres ou élèves, clercs pour le plus grand nombre d'entre eux, bénéficiaient d'un statut très protecteur, ce qui ne les empêchait pas de se comporter comme des canailles, promptes à toutes les soûleries et à toutes les bagarres, parfois même à des crimes crapuleux.

Au cours de leur visite, le roi, le jeune prince et leur suite avaient pu se rendre compte du comportement erratique et débridé de ces universitaires, aussi joyeux que vindicatifs.

— Ces clercs sont souvent plus intrépides que des chevaliers, commenta le souverain ; ils combattent avec le même acharnement, mais sans armure !

Philippe Auguste soulignait ainsi la considération, voire l'affection qu'il manifestait pour cette corporation dont il considérait, en dépit de ses fréquentes exactions, qu'elle était le cœur et l'esprit de sa cité et contribuait grandement à son rayonnement.

Guillaume le Breton rappela à Louis que l'Université avait été officiellement fondée en 1200 par Philippe Auguste et reconnue par le pape en 1215.

— Votre grand-père, expliqua l'historiographe, a créé une charte pour l'Université après une grave rixe provoquée en plein carême de la première année du siècle par des étudiants allemands dans une taverne. Le propriétaire du tripot avait été assommé et presque laissé pour mort. Alerté, le prévôt royal de Paris, un certain Thomas, envoya ses gardes à l'hôtel où logeaient les étudiants ; quelques-uns furent occis. Ces représailles provoquèrent l'indignation et la révolte des maîtres et des étudiants de toute l'Université ; ils menacèrent même de quitter la ville. Le roi dut intervenir pour calmer la rébellion. Le prévôt et les meurtriers furent condamnés à la prison à vie ; quant aux clercs coupables de délits, ils ne furent plus soumis à la justice royale mais à la justice ecclésiastique.

Écoutant le récit de son chapelain, Philippe Auguste ne trouva rien à corriger. Il fit cependant ce commentaire :

— Vois-tu, Louis, il faut être plus tolérant avec les clercs qu'avec les chevaliers ou les marchands car leur fonction n'est pas celle des armes, ni celle de l'argent, mais celle de l'esprit et de l'âme. C'est par leur tâche d'enseignement et d'éducation, et par elle seule, qu'un peuple peut s'élever.

— Oui, Sire !

Il n'était pas sûr que le jeune prince ait bien compris le sens de cette recommandation mais, comme bien d'autres, elle cheminera dans sa mémoire au fil du temps. En revanche, le roi ne lui disait pas toute la vérité sur ce qu'il pensait des dignitaires ecclésiastiques. Un jour qu'il avait été consulté sur la nomination d'un évêque parmi plusieurs candidats qui se présentaient à lui, il avait avisé le plus maigre d'entre eux et lui avait passé la crosse pastorale en lui disant : « Tiens, prends ce bâton, il te servira bien pour que tu deviennes aussi gras que les autres. » Le monarque avait ainsi marqué le mépris dans lequel il tenait un grand nombre de membres du clergé, plus soucieux des avantages que la charge leur conférait que d'exercer avec humilité leur sacerdoce.

Le cortège poursuivit sa visite de la foire. Louis s'amusait d'entendre tant de musiques, de chants, de cris, de voir des gens rire, s'apostropher, danser, des marchands interpeller le chaland, présentant leurs « merveilles » venues des quatre coins de l'Europe et de l'Orient et même, depuis peu, de certaines contrées aux frontières de l'Asie.

Des commerçants espagnols proposaient des armes au manche d'ivoire et au fourreau d'argent, les Flamands leurs draperies et leurs tissus précieux, les diamantaires venaient d'Italie ou d'Orient. Les riches dames se pressaient devant les étals ; la nouvelle bourgeoisie, installée dans la ville depuis peu, damait le pion aux hobereaux dont la fortune fondait au gré de leurs somptuaires dépenses dans les tournois, les guerres ou les croisades. Le chevalier gardait son titre de noblesse, mais il devenait de plus en plus un noble désargenté, sans pouvoir, qui s'affligeait de voir son roi lui préférer des bourgeois avisés pour l'aider à administrer son royaume.

16

Les moines-soldats

— Je veux l'appeler « Joyeuse » comme l'épée de mon ancêtre Charlemagne qui servit aussi au sacre de mon grand-père ! déclara Louis à son maître d'armes, Joachim de Revigny, dont la réputation de redoutable bretteur n'était plus à faire.

Il avait été mis au service de l'enfant pour le former au maniement de l'épée. Le modèle que tenait Louis mesurait bien un mètre cinquante, mais il avait été allégé pour lui. Le maître d'armes lui indiqua qu'il n'aurait pas le droit de s'en servir pour se battre en duel même si un jugement d'ordalie était prononcé.

Louis leva les sourcils. L'ordalie, sans doute avait-il entendu ce mot, mais il n'en connaissait pas vraiment la signification. Maître Joachim donna une explication :

— Quand les juges ne peuvent pas déterminer la culpabilité ou l'innocence des seigneurs qui sont en conflit, ils font appel au jugement de Dieu. C'est l'ordalie, un duel judiciaire où s'affrontent l'accusateur et l'accusé, qui peuvent aussi se choisir un champion. Le combat peut durer jusqu'au premier sang ou jusqu'à la mort si le crime dénoncé est grave. Dieu indique ainsi qui a tort et qui a raison. Mais c'est souvent le meilleur à l'épée qui a raison, c'est pourquoi l'ordalie a été interdite par le pape au concile de Latran en 1215.

— Quand je serai roi, j'interdirai le duel et je ferai appliquer l'ordre du Saint-Père, déclara Louis, doctement.

— Vous ferez bien, mon prince, vous ferez bien ! répondit Joaquim, qui ne s'étonnait pas de ce ton sentencieux et péremptoire.

Il en avait maintenant l'habitude. En revanche, il restait impressionné par l'énergie et la volonté qui se dégageaient du corps frêle du garçon qui expliquait l'ardeur qu'il manifestait dans le maniement de l'épée.

— Je pourrais l'appeler Durandal comme l'épée de Roland, ou Excalibur, comme celle du roi Arthur, lança Louis tout en continuant à batailler, l'épée dans ses deux mains, s'acharnant à faire reculer son maître.

La séance d'escrime terminée, le bretteur fit à son élève un cours sur les armes nouvelles qui étaient utilisées sur les champs de bataille.

— Certes, il ne sied pas à un roi de manier d'autres armes comme la masse, la lance, le marteau de guerre ou l'arbalète. Il lui reste pourtant la dague ou le poignard, vous devrez apprendre à vous en servir.

— Quand ? demanda Louis, qui ne voyait que des avantages à savoir manier toutes ces armes.

La bataille ne lui faisait pas peur. Elle était inscrite dans les gènes des chevaliers et même si son grand-père n'en était pas fervent, l'exemple de son père, qui n'était pas surnommé pour rien « Louis le Lion », suffisait à l'inspirer. Louis revêtit son heaume et sa cotte de mailles, spécialement fabriqués à sa taille, non pour éviter de se blesser, mais pour s'habituer à ces accessoires de combat.

— Je suis fatigué, déclara l'enfant, en bougonnant, je dois maintenant rejoindre frère Jacques...

Puis son visage s'éclaira :

— ... Il m'a promis de me raconter les exploits des chevaliers du Temple.

— Courez, reprit le maître d'armes, et prenez-en de la graine, mon prince !

Louis quitta la salle d'armes située au pied de la tour et rejoignit, deux étages plus haut, la salle d'étude. Le moine l'attendait, marchant de long en large dans la pièce, l'air sombre, visiblement contrarié.

— Vous êtes en retard, dit-il sèchement lorsque Louis entra. Vous étiez encore en train de vous amuser !

— Pas du tout, protesta Louis, j'étais avec maître Joachim.

— Les exercices des armes ne doivent pas prendre du temps sur ceux de l'esprit, déclara frère Jacques, qui redoutait de ne pas en apprendre assez à son élève et de se faire sermonner par la reine.

— J'ai hâte de vous entendre me raconter les faits d'armes des templiers...

— Avant tout, déclara le précepteur, vous devez savoir comment sont nés tous ces ordres, ceux qui propagent la vraie foi et ceux qui la protègent. Parce que vous devrez comprendre pourquoi des moines peuvent aussi être des soldats. Lorsque vous serez roi, vous vous demanderez souvent si la guerre que vous menez est juste, si elle est légitime.

— Elle est juste si elle me permet de protéger mes sujets contre nos ennemis, répliqua Louis, sûr de son fait.

— C'est une bonne réponse, lui dit le moine, mais il est d'autres guerres que nous devons mener au nom du Christ, contre tous ceux qui le combattent et ceux qui le nient.

— N'est-ce pas pour cela que nos papes ont appelé à se croiser ? demanda l'enfant.

— C'est bien pour cela, en effet. Mais vous apprendrez, jeune prince, que de doctes penseurs réprouvent ces actes de guerre qui ne sont ni en accord avec l'enseignement de Notre-Seigneur Jésus, ni avec les Tables de la Loi. Le premier recommande d'aimer son ennemi, et Dieu dicta à Moïse les dix commandements dont : « Tu ne tueras point. »

Louis se demandait où son précepteur voulait en venir. Pour lui, la question de tuer l'ennemi ne se posait pas, pas plus que celle d'exterminer les hérétiques. Les exemples des actions prestigieuses de son père et de son grand-père, les enseignements prodigués par sa mère ne laissaient aucun doute là-dessus. Et voilà que frère Thomas venait lui expliquer qu'il fallait une bonne raison pour justifier l'évidence.

Mais ce dernier devait poursuivre sa démonstration pour faire comprendre au jeune prince pourquoi des ordres de moines-soldats avaient été créés, puisqu'il était interdit à des membres du clergé de faire la guerre.

— Avant de vous répondre, je dois vous raconter un peu de l'histoire des chrétiens dans la Rome des premiers siècles...

— Beaucoup ont été martyrisés, lâcha Louis, soucieux de montrer qu'il avait retenu ses leçons d'histoire.

— C'est exact ! reprit frère Jacques.

Il expliqua qu'au début du quatrième siècle, l'empereur romain Constantin, sous l'influence de sa mère Hélène, s'était converti au christianisme. À cette époque, les chrétiens refusaient d'être soldats car la guerre et le port des armes étaient contraires aux enseignements du Christ. En faisant du christianisme une religion d'État, l'empereur romain permettait aux chrétiens qui le désiraient de transgresser cette loi, mais peu y adhérèrent. Cependant, les armées impériales avaient besoin de soldats pour assurer la protection des frontières. Il faudra, raconta le moine, attendre la fin de ce siècle et un théologien, évêque d'Hippone, devenu saint Augustin, pour que les chrétiens qui désiraient défendre la cause de l'Empire fussent en accord avec leur conscience et leur foi.

Le précepteur alla dans la bibliothèque chercher un livre, pendant que Louis, harassé par sa séance d'escrime, commençait à somnoler, la tête sur ses bras. Le moine ne s'en aperçut pas tout de suite, occupé à trouver dans les écrits du saint de quoi nourrir son enseignement.

— Ah, voilà ! fit-il, le nez dans son livre. Écoutez cela, Louis !

Il le chercha du regard et le trouva endormi. Il prit alors une baguette et lui frappa les doigts sans ménagement.

— Aïe, cria l'enfant indigné, vous m'avez fait mal !

— Vous le méritez ! répliqua le précepteur. Vous n'avez pas à vous endormir quand je vous parle de choses sérieuses et alors que je m'apprêtais à vous lire les écrits admirables de saint Augustin.

— Je suis fatigué ! marmonna le garçon.

— Vous irez vous coucher après m'avoir écouté, reprit le moine qui ne manifestait aucune compassion... Et redressez-vous ! Tenez-vous bien sur votre chaise !

L'enfant obtempéra sans mot dire.

— Voilà ce qu'écrivait le saint homme : « On ne s'étonnera point des guerres faites par Moïse, on n'en aura point horreur, attendu qu'en cela, il n'a fait que suivre les ordres mêmes de Dieu. Il n'a point cédé à la cruauté, mais à l'obéissance. Quant à Dieu, en donnant de tels ordres, il ne se montrait point cruel, il ne faisait que traiter ces hommes et les effrayer comme ils le méritaient. En effet, que trouve-t-on à blâmer dans la guerre ? Est-ce parce qu'on y tue des hommes qui doivent mourir un jour, pour en soumettre qui doivent ensuite vivre en paix ? Faire à la guerre de semblables reproches serait le propre d'hommes pusillanimes, non point d'hommes religieux[1]. »

---

1. Saint Augustin, *Contre Faustus.*

« Il y a une persécution injuste, celle que font les impies à l'église du Christ ; et il y a une persécution juste, celle que font les églises du Christ aux impies. [...] l'Église persécute par amour et les impies par cruauté[1]. »

— Alors saint Augustin n'était pas pour la paix, comme l'est mon grand-père ? demanda Louis.

— Mais si ! Notre théologien est d'abord un homme de paix. Le Roi, pour obtenir la paix, a dû souvent batailler, comme à Bouvines, et pour chasser les Infidèles de la Terre sainte, il lui a fallu se croiser.

Louis hocha la tête. Tout cela lui paraissait bien compliqué. La paix, la guerre, les bons, les méchants, jusque-là, c'était clair. Maître Jacques avait semé dans son esprit un germe d'incertitude et contribué davantage encore à son envie de dormir.

Le précepteur ne voulut pas laisser à son élève l'impression que le théologien d'Hippone n'avait écrit que sur la guerre. Il s'empressa de lui lire une pensée qui allait bien au-delà :

— Il a aussi parlé de l'amour, enchaîna-t-il, et il cita : « Deux amours ont bâti deux cités, l'amour de soi jusqu'au mépris de Dieu a bâti la cité de la terre, l'amour de Dieu jusqu'au mépris de soi a bâti la cité de Dieu. L'une demande sa gloire aux hommes, l'autre met sa gloire la plus chère en Dieu, témoin de sa conscience... »

Le moine s'aperçut que le jeune prince avait complètement décroché, aussi revint-il à ce qui le captiverait davantage :

— Maintenant, je vais vous parler des moines-soldats et d'abord des chevaliers du Temple. Et pour que vous m'écoutiez mieux que vous ne le faites, nous allons nous rendre au Temple, d'où l'ordre dirige ses nombreuses commanderies en Europe et en Orient, mais où est aussi gardé le Trésor royal.

— C'est loin ! commenta Louis, peut-on y aller à cheval ?

— Nous irons à pied ! répliqua le moine, cela vous fera beaucoup de bien.

Frère Jacques n'aimait pas monter ; il avait eu jadis un accident dont les séquelles au dos le faisaient horriblement souffrir. En bougonnant, Louis accepta de suivre son précepteur depuis le Palais jusqu'au Temple. Celui-ci se trouvait sur un territoire de six hectares, d'anciens marais, donnés par l'arrière-grand-père de Louis à l'ordre qui lui avait prêté de l'argent pour

1. Lettre 185 de l'année 417.

sa croisade. Cet espace était maintenant coupé en deux par les fortifications de Philippe Auguste, dominées par une grosse tour sur un territoire qui comprenait le palais du grand prieur, une église et une chapelle, une ferme, un hôpital, une prison et un cimetière, une ville dans la ville, presque un État dans l'État.

Accompagnés par les soldats du roi, ceux de sa propre milice, le précepteur et son élève empruntèrent la rue Saint-Denis, puis la rue des Jongleurs. Tout en marchant, frère Jacques raconta l'histoire des templiers. Cet ordre de moines-soldats avait été créé, après la première croisade, par le roi Baudouin de Jérusalem pour protéger le Temple, dans la mosquée bâtie sur son emplacement.

— Une mosquée ? s'étonna Louis, là où Notre-Seigneur était venu prier ?

— Hélas, oui ! C'était bien l'emplacement du Temple de Salomon. Cette mosquée, appelée Al-Aqsa, a été construite par les Sarrasins au début du huitième siècle. Quatre cents ans plus tard, quand la première croisade permit de reprendre des Lieux saints, cet édifice devint, en 1119, la maison du Temple de Jérusalem, le siège de l'ordre des Templiers. Cette milice du Christ, formée de religieux laïcs, était indépendante de tout pouvoir et n'obéissait qu'à son grand maître. Cet ordre s'appela d'abord « l'ordre des Pauvres Chevaliers du Christ ». Ses premières années furent difficiles. Mais tout changea avec l'appui décisif de saint Bernard.

Le moine raconta qu'en 1129, au concile de Troyes, l'abbé de Clairvaux avait fait approuver la règle de ce nouvel ordre. Celui-ci bénéficiait de privilèges, notamment de la possibilité de lever des impôts et d'étendre ses possessions dans toute l'Europe. Dix ans plus tard, l'ordre des Templiers comptait en Palestine trois cent cinquante chevaliers et mille deux cents sergents. En 1223, ils étaient plus de quinze mille et possédaient neuf cents forteresses, commanderies et maisons en Europe et en Orient. L'ordre était devenu très riche, grâce à de nombreuses donations, mais aussi parce qu'il assurait la défense des pèlerins contre les attaques des pillards et des Infidèles en protégeant leurs biens et leur argent. Le moine précisa que l'ordre jouait à la fois le rôle de banquier et de gardien des sommes confiées par les rois, les seigneurs, les marchands, les croisés et les pèlerins.

— Il a aujourd'hui beaucoup de pouvoir et d'influence, ce qui lui vaut l'inimitié et la jalousie de quelques monarques et de nombreux seigneurs, remarqua frère Jacques.

— Les templiers protègent-ils toujours les Lieux saints ?

— Ils l'ont fait pendant plus de cinquante ans, mais comme vous le savez, les Infidèles ont aujourd'hui reprit la Ville sainte.

— Quand cela ?

— En 1187, il y a maintenant trente-six ans, Saladin, chef des Infidèles, écrasa, au cours de la bataille de Hattin, les armées franques dans les rangs desquelles se battaient les moines templiers. Jérusalem tomba à nouveau aux mains des Sarrasins. Le Saint-Père, Grégoire, lança un nouvel appel à la croisade auquel répondirent aussitôt votre grand-père Philippe, l'Anglais Richard Cœur de Lion et l'empereur du Saint Empire romain germanique, Frédéric Barberousse. Malheureusement cette coalition de souverains ne parvint pas à reprendre les Lieux saints.

— Ah ! fit Louis, incrédule.

Il éprouvait tant d'admiration pour son grand-père qu'il ne pouvait imaginer qu'il ait été impuissant à chasser les Sarrasins de Jérusalem.

Le moine poursuivit son exposé.

— Saladin décima nos chevaliers, non seulement les templiers, mais aussi ceux de l'ordre des Hospitaliers fondé pour s'occuper des pèlerins malades ou des blessés. Ces moines-soldats étaient surtout attachés à soigner les croisés, mais ils pouvaient aussi avoir à combattre les Infidèles. À leur exemple, d'autres ordres furent créés comme l'ordre Teutonique, composé de croisés allemands, d'autres encore comme l'ordre de Saint-Georges ou celui des Porte-Glaive[1].

Ils approchèrent du domaine du Temple et montèrent sur la muraille de Paris pour avoir une vue d'ensemble sur les nombreux bâtiments qui le composaient. Ils pouvaient apercevoir, au loin, des templiers, revêtus d'un tabard, au-dessus d'une longue tunique, sur lequel était brodée une croix rouge portée devant.

— Cette croix est étrange ! remarqua Louis.

— Oui on l'appelle la « marque de Caïn », expliqua frère Jacques. Les templiers l'ont adoptée parce qu'elle les protégeait de la fureur de Dieu, par l'intercession du Seigneur, son fils.

---

1. Formation des chevaliers teutoniques.

— Pourquoi l'appelle-t-on ainsi ?

— Après qu'il eut tué son frère jumeau Abel, Dieu avait marqué Caïn, pour empêcher qu'il ne soit tué à son tour, à la suite de cet assassinat, afin qu'il vive dans le remords jusqu'à sa mort.

Louis ne commenta pas. Il n'ignorait rien de cet épisode de l'Ancien Testament et ce qu'il venait d'apprendre lui permettait d'établir un lien entre l'histoire biblique et ce que les chrétiens vivaient aujourd'hui.

17

La *Curia regis*

Louis fut introduit dans le saint des saints du Palais, la salle du gouvernement, la *Curia regis.* Son grand-père voulait lui montrer comment il dirigeait son royaume, comment il réglait, avec ses conseillers, toutes les affaires politiques, diplomatiques, économiques et judiciaires.

Peu impressionné, le jeune prince vint tout naturellement s'asseoir à la gauche du roi où avait été placé un siège à sa taille.

Son père, Louis le Lion, n'était pas présent, mais fut informé de la présence de son fils. Il était rarement appelé à participer au Conseil du roi. S'il ne gouvernait pas, il ne négligeait pas pour autant les intérêts du royaume et le parcourait de long en large pour faire appliquer par les baillis et les prévôts[1] les décisions royales, vérifier l'efficacité de la collecte des impôts, arbitrer les conflits et, le cas échéant, mettre au pas les vassaux.

Autour de la table, dans la grande salle de la Curie, plusieurs fois dans l'année, le roi réunissait une assemblée de seigneurs et d'officiers royaux. C'était le jour du conseil restreint. Seuls ses quatre principaux collaborateurs y assistaient : frère Guérin, évêque de Senlis, le plus proche et le plus écouté, ancien chevalier de l'Hôpital ; il était redouté et parfois vilipendé par certains chroniqueurs. L'on disait du vice-roi qu'il était trop sûr de lui, trop éloquent et trop savant ; mais il était fidèle au roi et respectueux de son autorité ; frère Aymard, le conseiller financier, commandeur des Templiers, gardien du Trésor royal, en poste depuis vingt-deux ans ; très influent, trop peut-être, le

1. Le prévôt est un agent royal ou seigneurial chargé de rendre la justice et d'administrer un domaine donné. Il est placé sous l'autorité d'un bailli.

souverain lui avait jadis reproché de vouloir mettre le royaume sous sa tutelle financière. Il était aujourd'hui de retour en grâce et le monarque en avait même fait l'un de ses exécuteurs testamentaires ; une mission confiée aussi au troisième personnage du royaume, Barthélemy de Roye, grand chambrier depuis 1208. Il avait lui aussi accompagné le roi à la croisade. Ses fonctions étaient nombreuses et ses responsabilités très larges ; Philippe Auguste lui accordait aussi toute sa confiance ; enfin Guillaume des Barres, le chevalier sans peur. Capturé par Richard Cœur de Lion en 1188, il avait réussi à s'échapper. Il était à Bouvines et avait été l'un des artisans de l'effondrement de l'empire Plantagenêt. L'une de ses principales missions : maintenir l'ost en état d'intervenir rapidement, en mobilisant les vassaux qui devaient le « service » au royaume.

C'est à lui que Philippe Auguste donna la parole en premier. Guillaume annonça des nouvelles inquiétantes venant de l'est. Le Tartare Gengis Khan poursuivait sa percée vers l'ouest. Ce chef de guerre nomade était en train de devenir un empereur en Extrême-Orient.

— C'est un guerrier terrible, précisa le chevalier, impitoyable, qui se dit envoyé du ciel, « le ciel bleu éternel », pour conquérir toutes les terres du monde.

Guillaume des Barres rappela que, depuis 1207, année de ses premières conquêtes, Gengis Khan avait réussi à soumettre les peuples de Mandchourie, éliminer les empires turcs de l'Ili et du lac Balkhach, à conquérir le Tibet et une partie de la Chine. Il avait aussi détruit les royaumes du Turkestan oriental, de l'Afghanistan, et de la Perse. Il venait d'atteindre les rives de la mer Caspienne, de la mer Noire et de la Volga.

— Devons-nous nous en inquiéter et nous mettre en ordre de bataille ? demanda le roi.

— Sans doute, Sire ! répondit le chevalier.

— Peut-être pourrions-nous lui envoyer des émissaires pour connaître ses intentions ? suggéra frère Guérin.

— Envoyer des émissaires à ce sauvage ? s'indigna frère Aymard, il ne saura que les torturer et vous les renverra décapités !

— Quel âge a-t-il ? interrogea le roi.

— Beaucoup plus âgé que vous, Sire, précisa Guillaume des Barres.

— Alors, comptons sur Dieu et la providence pour lui ôter la vie, conclut le monarque qui ne semblait manifester aucune inquiétude.

Sur un signe de tête du souverain, le conseiller Guérin fit un exposé sur les nouvelles en Europe et en France. Il raconta les démêlés de Sanche, le nouveau roi du Portugal, avec le pape.

— Son père, Philippe, avait été lui aussi excommunié, n'est-ce pas ? interrogea Philippe Auguste, un sourire ironique aux lèvres.

— Oui, Sire, par Sa Sainteté Honorius.

— Ce pontife est aussi inflexible que son prédécesseur Innocent : il excommunie comme bon lui semble... à tour de mitre !

Louis sourit à son tour. Il se rappela que son grand-père et son père avaient été excommuniés et comprenait très bien sa remarque.

— Rappelez-nous pourquoi Philippe du Portugal a subi les foudres du pape ?

Frère Guérin toussa comme si la vérité lui pesait.

— Il voulait réduire le pouvoir de l'Église, précisa-t-il.

— Il faut dire, reprit le roi, que Rome ne l'a pas aidé à chasser les Maures de son pays. Son fils sera-t-il plus conciliant avec le Saint-Siège, je n'en suis pas si sûr... Ah ! Louis, il faut respecter l'Église mais ses serviteurs, fussent-ils les premiers d'entre eux, doivent aussi respecter les monarques. Chacun chez soi, chacun à ses affaires !

Et se tournant vers frère Guérin, il poursuivit.

— Et en Languedoc ?

— La situation ne nous est pas favorable. Raymond de Toulouse, le septième du nom, qui vous avait fait allégeance et à qui vous avez répondu que vous ne le reconnaîtriez que si l'Église faisait de même, en a profité pour reprendre du terrain...

— N'ai-je pas bien fait, frère Guérin ?

— C'est-à-dire que, répondit embarrassé le conseiller, il a battu Amaury de Montfort à Toulouse et partout les albigeois reprennent le dessus. Ils viennent même de conquérir Mirepoix. C'est fâcheux au moment où le Saint-Père a installé le tribunal de l'Inquisition.

— Le tribunal de l'Inquisition ? répéta le roi en levant les bras au ciel, est-ce vraiment la meilleure solution ? Ne devions-nous pas organiser à Paris le concile de la réconciliation ?

— Nous y travaillons. Il devrait se tenir dans les prochaines semaines...

— Je crains que mon fils Louis ne doive se rendre une nouvelle fois en Languedoc pour y mettre de l'ordre. Il y va de l'autorité de notre royaume. Cet Amaury n'a pas les qualités de son père Simon, c'est même un incapable ! Incapable ! répéta-t-il, en grimaçant de douleur.

Louis remarqua que son grand-père souffrait. Il pinçait la table et se déplaçait souvent dans son fauteuil.

— Parlez-nous un peu de notre Trésor, frère Aymard.

Le templier, qui avait disposé devant lui un paquet de parchemins, commença à les feuilleter, tout en prodiguant ses informations :

— Les recettes sont en nette augmentation et à ce jour, Sire, l'excédent des comptes atteint plus de deux fois le budget du royaume avec, l'an passé, une somme de quatre cent trente-huit mille livres.

— Parfait ! J'aime que le royaume ait une bonne réserve, c'est une sécurité pour les mauvais jours, dit le souverain.

Et se tournant vers son petit-fils, il lui déclara :

— Vois-tu, jeune prince, quand tu deviendras roi, garde-toi de trop dépenser. Si tu y es contraint, fais appel à l'Église, aux dons, ponctionne les villes, taxe les usuriers, mais laisse aux marchands la liberté d'acheter et de vendre, d'aller et venir, et aux paysans le loisir de cultiver en paix...

Louis opina de la tête, sans mot dire, soucieux de ne pas émettre une réflexion qui pourrait altérer le caractère sacré de cette réunion.

— Parvenez-vous à développer l'usage des deniers tournois ? demanda le roi à frère Aymard.

Depuis plus de vingt ans, Philippe Auguste essayait d'imposer la monnaie royale, qui avait d'abord été le denier parisis avant de devenir le denier tournois, afin d'unifier la monnaie sur tout le royaume. Au début du siècle, une centaine de seigneurs, sans compter les ecclésiastiques et quelques communes, frappaient leur propre monnaie. À mesure qu'il annexait des territoires au royaume, le monarque faisait valoir sa monnaie car il considérait qu'elle était un attribut essentiel de sa souveraineté. Mais Philippe Auguste était réaliste. Il entendait réformer à pas comptés plutôt qu'à pas forcés. Et, en ce jour de juin 1223, il voulait faire le point avec son financier sur l'avancement de cette grande réforme.

— Comme vous l'avez ordonné, Sire, nous n'avons pas imposé le tournois sur les terres conquises sur les Plantagenêts, puisqu'il équivalait à l'angevin. Ce fut une sage décision car elle a permis aux habitants de ne pas trop modifier leurs habitudes qu'un changement de monnaie aurait pu troubler.

— Il faudra poursuivre patiemment, lentement, mais résolument cette unification, déclara le roi, évidemment à l'intention de Louis, imaginant sans doute qu'il était encore trop jeune pour comprendre les subtilités de ces mécanismes monétaires. Il faudra aussi, reprit-il, réduire le nombre d'ateliers pour que les bénéfices des pièces frappées reviennent au royaume.

L'augmentation phénoménale des revenus du royaume ne résultait pas seulement de la conquête de territoires nouveaux – qui les avait néanmoins plus que doublés – mais aussi d'une nouvelle politique fiscale. Celle-ci se trouvait d'abord assise sur les impôts classiques, le cens, la taille, les amendes, les droits de chancellerie et, désormais, sur le droit de relief perçu sur tout fief qui changeait de titulaire – un droit de succession, en quelque sorte, qui équivalait à une année de revenus –, sur le rachat par les villes du service d'ost ou sur la participation aux dépenses de guerre des évêques, des abbés et de tous les établissements religieux qui regorgeaient de richesses. Philippe Auguste estimait que cette fortune était un bien public qui devait être, en partie, mis au service du salut du royaume et de ses sujets. Les ressources provenant de l'agriculture, en pleine expansion, n'étaient pas non plus négligeables. Elles s'accompagnaient de l'accroissement des villes qui voyaient affluer riches bourgeois, marchands, artisans expérimentés, étudiants de plus en plus nombreux et nouveaux pauvres, chassés de la terre par une amélioration significative des techniques agricoles comme l'épandage, le chaulage, la charrue à versoir, l'utilisation généralisée des chevaux ; tout concourait à accroître la productivité et en moins de cent ans, la récolte, qui était de deux grains pour une semence, était passée à sept ou huit grains ; quant aux moulins à eau et aux moulins à foulon pour les draps et la laine, ils remplaçaient chacun une quarantaine d'hommes, autant qui étaient mis au chômage.

Le roi se tourna enfin vers Barthélemy de Roye et lui demanda de faire le point sur son dernier testament qu'il avait fait rédiger quelques mois plus tôt. Le grand chambrier ouvrit un dossier et commença à lire :

— Dix mille livres sont léguées à la reine Ingeburge...

— Je devrais lui donner bien davantage, confia le roi à l'oreille de frère Guérin, mais il y a tant de legs à faire... Je vous ai légué à tous trois cinquante mille livres (il s'adressait cette fois, à haute voix, à frère Aymard, frère Guérin et Barthélemy) pour réparer les injustices que j'ai pu vous faire, je vous laisse juges... Quoi d'autre ?

Barthélemy poursuivit son énumération : vingt mille livres pour les lépreux, les pauvres et les orphelins, neuf mille pour le roi de Jérusalem, quinze mille également pour l'ordre des Templiers et pour celui des Hospitaliers.

— Notez ma générosité à l'égard de votre ordre, frère Aymard, moi qui lui ai confié la gestion du Trésor et les avantages qui lui sont liés. Chacun connaît aujourd'hui votre fortune en Europe. Gardez-vous des jaloux, ni votre croix ni votre armure ne pourraient les empêcher de vous nuire.

Le templier plongea son nez dans ses dossiers et marmonna :

— Oui, Sire, notre grand maître vous a déjà entendu et compris.

— Parfait ! continuez Barthélemy.

— J'oubliais aussi la somme de cinq mille livres supplémentaires pour les soldes de trois cents chevaliers du Temple en Terre sainte et deux mille livres pour vos serviteurs.

— Ils le méritent, commenta le monarque.

— Votre couronne d'or sera donnée à l'abbaye de Saint-Denis contre une messe quotidienne pour le royaume qui devra être célébrée par vingt moines.

Le conseiller financier poursuivit son énumération en détaillant les innombrables legs faits pour les hôpitaux, les abbayes, les léproseries... Des legs qui, au total, représentaient trois fois le budget du royaume ; ils attestaient à la fois de l'immense fortune laissée par Philippe Auguste, mais aussi de sa grande piété ; et, sans doute, s'agissant des dons pour la Terre sainte, cette générosité était-elle destinée à laver son remords de n'avoir pas poursuivi la croisade jusqu'à son terme et de n'avoir pas délivré le Saint-Sépulcre. Un regret qu'il formula ce jour-là devant son petit-fils :

— J'espère que mes successeurs auront à cœur de chasser les Infidèles de la Terre sainte. Pour cette mission, je leur laisse tout l'argent nécessaire.

— Nous devrons, nous aussi, nous croiser ? demanda Louis, que la perspective semblait réjouir.

— Si Dieu le commande. Les chrétiens ne peuvent laisser plus longtemps le Saint-Sépulcre aux mains des Infidèles. Peut-être faudra-t-il accompagner l'empereur Frédéric, quand il se décidera, enfin, à se rendre en Terre sainte... Qui sait s'il ne sera pas un jour frappé par la grâce ?

— Qui sait ? répéta frère Guérin.

Le roi fit un clin d'œil complice à son conseiller qui traduisait à la fois la confiance qu'il lui accordait et l'entente totale qui semblait unir les deux hommes.

— Frère Guérin, enchaîna le roi Philippe, pourriez-vous, aujourd'hui, décrire l'état de notre royaume pour notre jeune prince ?

L'évêque de Senlis partageait avec le souverain la certitude que, plus tôt que plus tard, Louis serait appelé à régner, comme si la mort de son père était déjà écrite. Il s'imaginait gérant du royaume, secondant un enfant roi, car il ne doutait pas de la fin prochaine de Philippe Auguste. Ce dernier était de plus en plus souvent en sueur, souffrait de fréquents maux de ventre et ne se ménageait point. La dysenterie contractée au cours de sa croisade, qui l'avait obligé à revenir en France, et cette fièvre répétée, la suette, l'affaiblissaient et ne laissaient à ses médecins que peu d'espoir.

— La capitale, sous votre règne, déclara frère Guérin, est passée de vingt mille à cinquante mille habitants. Elle s'est beaucoup enrichie, grâce aux marchands, aux financiers, aux moulins à eau, à la construction de notre cathédrale, de votre palais et de votre enceinte, et surtout au développement et au rayonnement de notre université. Paris est devenu la capitale la plus prisée d'Europe et nous avons du mal à y accueillir tous les immigrants. Nous ne savons pas où les loger et le prix des maisons grimpe excessivement.

— Quelles solutions ? demanda le roi.

— Augmenter les prélèvements sur les changements de propriété, suggéra frère Aymard, tout en baissant les taux d'usure pour faciliter les prêts.

Le monarque approuva d'un signe de tête et demanda :
— La paix règne, bien sûr, sur tout le royaume, n'est-ce pas ? Sur combien de sujets, rappelez-nous cela, frère Guérin ?
— La paix règne sur dix millions d'habitants, déclara le conseiller. Depuis Bouvines. C'est un exemple pour le monde, majesté ! Le peuple s'en réjouit.
— Le peuple a besoin de paix, insista le monarque, de paix, de justice et de pain ! N'est-ce pas, Louis ?
— Oui, Sire !
— Il a aussi besoin de s'enrichir et de s'affranchir, insista le souverain. C'est pourquoi je veux continuer à favoriser les villes pour que les sujets puissent se libérer de la tutelle et du joug des seigneurs ; ceux-ci doivent trouver le sens de leur noblesse dans la chevalerie et non dans l'oppression des paysans et des serfs. Nous devrons progressivement abolir le servage, comme je l'ai fait à Chambly et à Beaumont-sur-Oise, comme l'a fait l'abbé Suger dans le domaine de Saint-Denis, comme mon père l'avait décidé à Orléans. C'est, voyez-vous, un acte de piété que de délivrer du joug de la servitude l'homme formé à l'image de Dieu.
— Le mouvement est en marche, poursuivit frère Guérin. Mais les coutumes, les traditions sont des freins encore puissants.
— C'est une manière fort élégante, Monseigneur, de parler des intérêts bien compris des féodaux, des ecclésiastiques, des hobereaux et de tous ces petits seigneurs qui veulent surtout que rien ne change !
Frère Guérin esquissa un sourire entendu et poursuivit en expliquant que le statut des villes transformées en communes, qui leur permettait d'élire leurs échevins, leur avait procuré l'indépendance à l'égard des barons et des châtelains tout en les gardant assujetties au pouvoir royal auquel elles devaient fidélité, rétributions et service militaire. Toutes ou presque avaient souscrit à la charte de la commune d'Amiens, qui datait de plus de trente ans maintenant. « Nous voulons et nous octroyons à la commune que jamais il ne soit loisible, à nous et à nos successeurs, de mettre ladite commune hors de notre main. »
— Elles ont bien compris leur intérêt à être couvertes à perpétuité par la protection royale pour la paix, la justice, la stabilité de leurs institutions et pour leur avenir, conclut frère

Guérin. Toutes reconnaissent maintenant la légitimité des baillis que vous avez nommés pour contrôler les activités des prévôts. Chaque commune s'en félicite et le budget du royaume ne s'en porte que mieux. Désormais les prévôts ne peuvent agir à leur guise, être dans le déni de justice et soustraire tout ou partie des impôts prélevés au bénéfice du roi.

— Fort bien ! dit Philippe Auguste. Il importe que le royaume s'assure de la fidélité de ces territoires et qu'il les émancipe sans toutefois leur accorder trop de liberté. Bien ! Merci, messieurs. Allons maintenant dîner.

Le roi tenta de se lever sans y parvenir. Les douleurs étaient intenses et cette fièvre tenace lui devenait insupportable. Ses conseillers vinrent l'aider. Il ronchonna, furieux de se trouver ainsi diminué.

Louis admira la dignité de son grand-père qui souffrait atrocement, mais ne se plaignait pas.

18

« Le Roi se meurt ! »

À peine revenu d'une tournée chez ses vassaux, après une courte nuit passée auprès de son épouse Blanche, Louis le Lion fut informé que son père l'avait fait mander depuis son château de Pacy-sur-Eure, où il était alité.

Malgré une fièvre quarte, le roi voulait poursuivre sa route vers Sens où l'attendait une assemblée d'ecclésiastiques afin de rechercher une solution au conflit avec les albigeois et les seigneurs du Languedoc. Mais il était trop épuisé et devait, pour une fois, écouter ses médecins qui l'adjuraient d'accepter la diète et les saignées. Il ordonna alors de regagner Paris et de prévenir les prélats que le concile aurait lieu dans la capitale.

Mais il ne put aller au-delà de Mantes où Louis le Lion le rejoignit enfin, au matin du 14 juillet 1223. L'entrevue entre le roi et son fils allait être, sans doute, la plus affectueuse que les deux hommes aient jamais connue. Philippe Auguste, pour la première fois, exprima ses réels sentiments paternels. Il déclara :

— Mon fils, vous ne m'avez jamais ni manqué ni chagriné. Honorez Dieu et la Sainte Église comme je l'ai fait moi-même. Vous en recueillerez une grande utilité. Occupez-vous bien de vos sujets, surtout des petits et des pauvres contre l'insolence des orgueilleux, écoutez davantage votre cœur que votre raison. Voyez-vous, mon fils, hormis vous et mes proches, j'ai eu à ma cour moult chevaliers qui m'obéissaient aveuglément. Je n'en vois aujourd'hui aucun qui aurait le courage de me dire une seule vérité, alors que je vais m'en aller.

Louis s'agenouilla et se pencha à l'oreille de son père pour l'interroger. Il ne voulait pas être entendu de l'entourage de médecins et conseillers présents dans la chambre :

— Père, pourquoi ne m'avez-vous pas fait sacrer roi plus tôt comme l'avaient décidé vos aïeux pour chacun de leurs fils ?

Le roi leva les yeux au ciel comme s'il voulait y trouver une bonne réponse :

— La dynastie des Capétiens est définitivement installée dans la longue filiation qui remonte à Charlemagne et à Clovis, lui dit-il. J'ai forgé, avec votre aide, Louis, un royaume puissant qui ne sera plus jamais contesté. Vous sacrer avant l'heure aurait marqué notre faiblesse plutôt que notre force et laissé croire que nous n'avions nulle confiance dans la pérennité de notre dynastie. Maintenant, mon fils, vous allez être sacré suivant la tradition, mais vous le serez en tant que roi car vous ne devrez votre titre qu'à l'hérédité. Aussi, vous comme vos successeurs n'aurez plus à affirmer votre légitimité puisqu'elle s'imposera d'elle-même, ni à désigner votre successeur. Le sacre ne sera plus une consécration mais une confirmation.

Le prince Louis comprit-il la nuance ? Il regrettait néanmoins que son père ne lui ait pas expliqué plus tôt cette disposition qu'il avait toujours perçue comme une marque de défiance à son égard. Le roi lui demanda de s'approcher encore, sa voix était de plus en plus faible :

— J'ai encore trois recommandations à vous faire : ne guerroyez plus maintenant que le royaume est sous votre autorité. Si vous disparaissez trop tôt, celui-ci reviendra à un enfant et les barons n'auront de cesse de vouloir le dévorer. Votre fils Louis sera sûrement un grand monarque à condition que vous l'instruisiez vous-même sur la manière de conduire le royaume, de diriger ses sujets, de maintenir la paix et la justice. Je vous recommande enfin de garder mes conseillers, frère Guérin, Barthélemy et Guillaume, ils sont compétents, attachés à la monarchie, et vous seront fidèles. Conservez aussi frère Aymard, mais ne lui laissez pas la bride sur le cou.

Le monarque soupira. Sa respiration était de plus en plus courte. Il n'en avait pas fini. Aurait-il encore la force d'aller jusqu'au bout ? Il ajouta :

— J'ai fait beaucoup d'injures à la reine Ingeburge, mon fils, je vous demande de les réparer. Ayez pour la Reine, qui est une femme bonne et digne, des sentiments royaux d'affection et de reconnaissance pour sa fidélité.

Louis ne se souvenait guère de ce qui s'était passé au printemps 1193, lorsque son père avait épousé la princesse de

Danemark. Il n'avait alors que six ans. Mais il avait été frappé par la beauté de celle qui allait devenir sa belle-mère, la reine de France, et qui avait disparu le lendemain du mariage pendant près de vingt ans. Que s'était-il passé ? Il ne le sut que plus tard. Son père n'avait pu faire l'amour avec Ingeburge. Pourquoi ? On lui rapporta qu'il avait déclaré : « Cette femme m'a ensorcelé, elle m'a noué l'aiguillette, elle a fait de moi un homme impuissant ! » Il l'avait répudiée sur-le-champ. Louis n'avait jamais osé en parler à son père. Il avait eu beaucoup de mal à imaginer comment un homme aussi vigoureux, qui aimait tant les femmes, avait pu se trouver ainsi sans « ressource ». Aussi n'avait-il jamais vraiment cru à cette version. Depuis 1214, neuf ans maintenant, Ingeburge se trouvait au Louvre, reine à part entière, après vingt ans d'enfermement dans des conditions peu dignes d'un grand monarque dont on aurait pu attendre davantage de mansuétude.

— Je m'en occuperai, Sire ! déclara Louis, je vous le promets.

Le prince éprouva une certaine compassion pour ce père qui, au seuil de sa mort, gardait encore la force d'exprimer ses remords. Il aperçut des larmes couler sur ses joues, prit ses deux mains brûlantes dans les siennes et l'entendit dire, dans un dernier soupir :

— Le Roi se meurt, vive le roi Louis !

Puis il s'éteignit. Louis se releva. Il se tourna vers les personnes présentes et fit un signe des paupières indiquant que la mort était passée. Les médecins s'approchèrent, il les arrêta. C'est alors que les prélats et les nobles clamèrent d'une seule voix :

— Le roi Philippe est mort, vive le roi Louis !

Le corps de Philippe Auguste fut embaumé et transporté sur une litière jusqu'à Paris. Le long de la route, une foule innombrable ne pouvait contenir son chagrin. Le peuple perdait non seulement un roi, mais un héros qui avait donné au royaume toute sa puissance, son éclat, lui avait rendu la paix et l'avait considérablement enrichi. Arrivé aux portes de Paris, le cortège marqua une pause pour changer de porteurs. Cette station fut marquée d'une croix où s'établirait plus tard une église car des miracles devaient s'y produire dans les jours qui suivirent, comme il s'en produisit le lendemain sur tout le chemin de la dépouille mortelle qui se rendait de Paris à Saint-Denis.

Accompagnée du peuple de Paris, une immense procession se dirigea vers la cathédrale royale. Vingt et un prélats s'étaient déplacés pour honorer la dépouille royale et célébrer la messe de requiem, ceux-là même venus de Sens assister au concile qui devait être consacré au règlement du conflit avec les albigeois.

La dépouille du monarque avait le visage découvert, la tête couronnée, la main tenant un sceptre d'or ; il était vêtu d'un lin blanc recouvert d'une dalmatique d'or, symbole de la joie, sur laquelle avaient été brodés la fleur de lys et les insignes royaux. La messe fut concélébrée par Guillaume de Joinville, l'archevêque de Reims et le cardinal légat, évêque de Porto. Jamais encore roi de France n'avait connu de cérémonie plus fastueuse au point que certains chroniqueurs écrivirent qu'elle fut plus splendide et plus majestueuse que les funérailles des Plantagenêts.

Louis le Lion, accompagné de son demi-frère Philippe Hurepel, et de Jean de Brienne, roi de Jérusalem, avait pris à ses côtés son fils, Louis de Poissy, dont le visage impassible cachait mal son profond chagrin. Depuis la mort de son grand-père il n'avait pas cessé de pleurer et Blanche avait hésité à laisser son fils figurer en tête du cortège, mais son époux lui avait laissé entendre que telle était la volonté du défunt roi.

Une oraison funèbre fut prononcée :

> Le bon roi, Philippe de France, le puissant, le sage, le prompt
> Qui Dieu aimait et sainte messe, le champion de la Sainte Église...
> Ce roi ressemblait à Charlemagne. Pour bien garder tout son [domaine,
> Jamais on ne lui fit la guerre, qu'il ne vainquit et mit en prison.
> Ce roi dont on doit bien comparer à César Auguste...

Cet hommage fut rendu à un homme plus pieux qu'il ne le laissa paraître, plus courageux et avisé que ses adversaires ne le firent entendre, passionné par le bien public et réel fondateur du royaume de France.

La tombe de Philippe Auguste fut placée aux côtés de celle du Mérovingien Dagobert.

19

Louis et Blanche couronnés

Deux semaines après les funérailles de Philippe, Louis le Lion et son épouse Blanche, accompagnés d'un impressionnant cortège de plus de deux mille chevaliers, prélats, soldats, d'autant de cavaliers suivis d'une foule enthousiaste, s'étaient dirigés vers Reims pour leur couronnement. Après avoir quitté Paris le 30 juillet, ils mirent sept jours pour atteindre la ville du sacre.

Dans leur carrosse, Blanche rappela à son époux la récente requête d'un grand de Castille, Rodrigue Díaz de Los Cameros, un des chefs des barons du royaume ibérique :

— Vous souvenez-vous qu'il vous avait demandé de devenir roi de Castille. Si le sort vous avait été favorable, vous auriez pu ainsi devenir roi d'Angleterre, de France et de Castille... Et j'aurais été votre reine ! La paix et la prospérité de l'Europe auraient été assurées.

— Nous avons fort bien fait de refuser ce trône, répondit Louis. D'ailleurs, mon père n'y était pas favorable. Cette désignation n'aurait été qu'une source d'embarras avec votre famille. Pouvions-nous faire confiance à cette poignée de seigneurs rebelles à la succession de votre père Alphonse ? La fourberie des barons anglais m'a conduit à me méfier de ces appels à l'aide, souvent intéressés, circonstanciels et illégitimes.

Louis n'avait toujours pas admis d'avoir été lâché par les barons anglais qui, après l'avoir fait couronner roi, avaient tourné casaque pour désigner Henri, fils de Jean sans Terre, qui n'était âgé que de dix ans.

Blanche interrogea son époux sur son nouveau gouvernement :

— Qui allez-vous prendre auprès de vous ? demanda-t-elle
— Qui me conseilleriez-vous ?
— Votre père ne vous a-t-il pas suggéré de garder ses conseillers ?
— Est-ce une bonne recommandation ?
— Je le crois. Ce sont des hommes en qui j'ai confiance même s'ils n'ont pas souvent pris notre parti. C'est une preuve de leur fidélité à celui qui gouverne. De plus, ils ne cherchent ni la fortune ni le pouvoir. Ce sont de vrais serviteurs.
— Alors, Madame, je tiendrai compte de votre jugement. Pour frère Guérin, je rétablirai le poste de chancelier que mon père avait supprimé. Il mérite que, par ce titre, je manifeste la délégation de mon autorité.
— En quelle estime tenez-vous Philippe Hurepel ?
— En basse estime, répliqua sans détour son époux. Pour l'heure il fait bonne mine, mais il est ambitieux et déloyal. Il briguait ma place à l'évidence. Les vassaux, dont certains le tiennent en haute considération, uniquement dans le but de s'affranchir de notre tutelle, vont scruter nos comportements. C'est pourquoi, pour donner le change, et honorer son titre de fils de roi, je lui ferai l'honneur de me porter l'épée du sacre.
— Frère Guérin n'est pas moins suspicieux que vous à son encontre !
Louis fronça les sourcils et son visage prit soudain un air sombre et inquiet. Blanche fut surprise car elle n'avait pas souvent observé son époux offrir une mine si ténébreuse. Elle l'interrogea du regard :
— Il faut, dit-il, que je donne des ordres pour protéger notre fils Louis. La mort de notre père aiguise bien des ambitions et je ne voudrais pas que sa vie soit mise en danger.
— Pourquoi le serait-elle ? s'inquiéta Blanche.
— J'ai appris à me méfier des factieux, ils poussent sur les terres du royaume plus vite que les chardons. Nous devons nous prémunir contre leurs agissements. Nous ne devons jamais oublier que mon père a brimé bien des seigneurs pour établir et renforcer notre royaume. Notre volonté de conserver ses conseillers ne va pas les encourager à nous obéir.
Blanche fut étonnée. L'inquiétude n'était pas un trait de caractère de son mari. Il était plutôt d'une nature audacieuse, intrépide parfois, même s'il savait garder son calme quand les circonstances l'exigeaient.

— J'entends aussi m'occuper avec vous de son éducation. Je sais gré à mon père de lui avoir tant appris...

— J'aurais aimé, enchaîna Blanche, qu'il lui parlât davantage du Christ et de notre Sainte Église !

— Mon père était très pieux, reprit Louis, mais sans ostentation. Il l'était dans l'humilité, la simplicité et la générosité ; il n'hésitait jamais à extraire de son trésor les sommes nécessaires pour faire édifier des monuments à la gloire de Dieu. Mais il avait aussi ses engouements et ses emportements.

Ils allaient enfin parvenir à Reims sur leurs montures richement ornées, au terme d'une expédition joyeuse, où tous les sujets du royaume, toutes classes confondues, se mêlaient dans une atmosphère de liesse.

Sur la route, frère Jacques, monté sur un mulet docile, accompagnait le jeune prince Louis. L'enfant ne pouvait toujours pas dissimuler sa tristesse depuis la mort de son « héros ». Il s'efforçait cependant de faire bonne figure pour être au diapason de la joie du peuple. Son précepteur n'était pas dupe ; pour tenter de le consoler, il lui raconta l'histoire de la cathédrale de Reims, édifice mythique où fut fondé le royaume de France par le baptême de Clovis. L'implantation de la ville remontait au quatrième siècle. Mais en l'an 1207, au cours d'une éclipse de lune, la cathédrale avait pris feu.

— Dieu laisserait-il ses cathédrales brûler ? s'enquit le jeune prince.

— Dieu ne peut pas s'occuper de protéger les œuvres des hommes, fussent-elles édifiées pour sa gloire, commenta le précepteur. Il a assez à faire avec leurs turpitudes...

Louis se demanda ce que frère Jacques essayait de lui faire comprendre.

— Alors mon père va être sacré dans une église brûlée ?

— Pas tout à fait ! Elle a été en partie reconstruite, mais elle est loin d'être terminée. Son chœur et sa voûte ne sont pas achevés, aussi de grandes tentures et de grandes bannières abriteront la cérémonie.

— Qui s'occupe de la reconstruction ? demanda l'enfant.

— Maître Jean le Loup, celui que vous avez rencontré sur le chantier de Sainte-Marie, est responsable de la poursuite des travaux, si Dieu lui prête vie car l'on prétend qu'ils dureront encore quarante ans !

— Quarante ans ? répéta Louis, un temps qui lui parut une éternité.

— Je vous ai déjà parlé du baptême de Clovis, je dois vous enseigner aujourd'hui la signification du sacre, insista frère Jacques. Avant votre père, sept rois capétiens ont été oints en la cathédrale de Reims.

— Ils ne l'ont donc pas tous été ?

— Pas tous, en effet. Le premier roi sacré à Reims fut un autre Louis, un Carolingien, fils de Charlemagne, Louis le Pieux, en l'an 816. Le sacre signifie que le roi est un élu de Dieu et s'inscrit dans la succession du roi David comme je vous l'ai déjà expliqué. Pour cette consécration, le futur roi doit être oint avec le Saint Chrême, qui fut apporté à saint Rémi pour le baptême de Clovis dans une Sainte Ampoule par un ange qui avait pris la forme d'une colombe. Dieu, et Dieu seul, fait le roi. Il est dit dans la Bible, dans le livre de Samuel, à propos de Saül, qui devait délivrer le peuple élu des Philistins, que Samuel prit une corne d'huile sacrée qu'on désigne sous le nom de « Saint Chrême » et la répandit sur la tête de Saül en lui disant : « L'Esprit du Seigneur fondra sur toi et tu deviendras un autre homme. À peine Saül eut-il quitté Samuel que Dieu lui transforma le cœur... Et l'esprit du Seigneur s'empara aussi de David à partir de ce jour. » C'est ainsi que David, appelé par Saül, put vaincre Goliath, précisa le moine.

Louis éperonna son cheval et remonta lentement le cortège pour rejoindre ses parents. Il en avait assez appris pour aujourd'hui. Arrivé à leur hauteur, il les surprit, chevauchant côte à côte en se donnant la main.

Blanche et Louis ne cachaient pas qu'ils s'aimaient ; ils étaient fiers d'afficher leur affection. Ce couple était uni par un lien qui semblait indissoluble, par une ferveur inattendue en un siècle où l'amour n'était révéré que dans une relation idéalisée, affranchie du plaisir et de toute forme de volupté. L'Église prêchait que « l'homme aime sa femme avec du jugement et non avec affection », comme l'avait écrit saint Jérôme, qui avait proclamé également que « la volupté avec la femme était un crime à classer juste après l'homicide ».

Sous les tapisseries, les draperies et les bannières, la cathédrale se présentait comme une immense tente à ciel ouvert. En ce dimanche 6 août, le beau temps était de la partie, accompagné d'une forte chaleur, qui invitait la foule à se vêtir légèrement quand la noblesse et les ecclésiastiques se devaient d'être couverts de leurs habits d'apparat.

Blanche et Louis furent accueillis sur le parvis de la cathédrale par l'archevêque Guillaume de Joinville. Blanche était vêtue d'une tunique cousue de fils d'or, bordée d'hermine, sur une longue robe bleue couverte de fleurs de lys. Louis portait une tunique et un manteau bleu, couleur hyacinthe, parsemé de fleurs de lys. Un cortège de plus de deux cents chevaliers les rejoignit au son des tambours et des trompettes.

Le couple allait vivre le vrai mariage auquel il n'avait pas eu droit lors de son union en 1200, sur les terres du Plantagenêt. Blanche et Louis entrèrent dans la cathédrale, précédés de l'archevêque de Reims qui allait les sacrer et les couronner, de l'évêque de Laon portant la Sainte Ampoule, de l'évêque de Langres qui portait le sceptre, de celui de Beauvais, avec le manteau royal, de l'évêque de Châlons, chargé de l'anneau royal, et de l'évêque de Noyon, porteur du baudrier ; à leur suite les abbés de Saint-Rémi et de Saint-Denis, respectivement gardien de la Sainte Ampoule et porteur des insignes royaux.

Louis de Poissy accompagnait le cortège royal, entouré de son oncle Philippe Hurepel et de Jean de Brienne. L'enfant, grand, altier, à la longue chevelure blonde, fut applaudi par la foule comme venaient de l'être ses parents.

Après que fut lu l'Évangile, Louis remit son épée à son demi-frère, comme cela avait été convenu ; ce dernier esquissa un sourire qui ne révélait rien de ses sentiments ; Louis le reçut comme un geste d'acquiescement et de révérence. Puis il ôta ses habits, excepté une longue chemise de lin largement échancrée pour recevoir le baume envoyé du ciel. L'archevêque ouvrit la Sainte Ampoule et lui fit plusieurs onctions sur le corps pendant que les prêtres chantaient : « Ô Présent précieux ! Ô Pierre précieuse envoyée du Ciel par le ministère des Anges pour l'onction des rois de France. »

Puis l'archevêque plaça le sceptre dans la main droite de Louis et la main de justice dans l'autre. Il prit sur l'autel la lourde couronne formée de quatre plaques à charnières, surmontée de quatre larges fleurs de lys, décorée de douze pierreries et d'une coiffe rouge ornée de perles. Les pairs du royaume placèrent la couronne au-dessus de la tête du roi, mais c'est l'archevêque qui la déposa car : « C'est Dieu qui donne la couronne de gloire et de justice. »

Le prélat demanda au roi « de bien garder les privilèges de l'Église, de maintenir la paix et la justice et de pourchasser les hérétiques ». La main sur les Évangiles, le roi le promit. L'ensemble des officiants clama : « Nous le voulons, qu'il soit roi ! »

Louis le Lion fut invité à venir s'asseoir sur le trône sous les acclamations des fidèles, acclamations qui retentirent et se prolongèrent hors de la cathédrale, sur le parvis où le peuple était rassemblé et au-delà, dans toutes les ruelles de la ville.

Le sacre de la reine vint ensuite. Blanche se vit coiffée de la couronne d'or que Philippe Auguste avait fait fabriquer pour sa première épouse, Isabelle de Hainaut. Guillaume de Joinville lui passa au doigt l'anneau royal et déclara : « Recevez l'Anneau de la Foi, Sceau de la Sainte-Trinité pour éviter tous les errements des hérétiques et faire parvenir tous les peuples barbares à la connaissance de la Vérité par la puissance qui vous est donnée. »

Cinq heures après le sacre, l'archevêque offrit à la Cour, aux nobles et aux bourgeois de la ville, le traditionnel banquet dans le palais épiscopal jouxtant la cathédrale.

— Ce banquet aura coûté huit mille livres, n'avait pas manqué de faire remarquer au roi frère Aymard.

Le trésorier du Temple, qui s'était vu confirmer sa place auprès du nouveau souverain, ne voulait pas manquer une occasion de faire savoir qu'il n'aimait pas les dépenses ostentatoires. Louis approuva la remarque tout en soulignant que les sacres n'étaient pas monnaie courante et qu'il était nécessaire de montrer au peuple la magnificence royale. Le templier ne pouvait pas ignorer que la suite royale ne comportait pas moins de deux mille personnes, que les bourgeois de Reims et des alentours étaient plus nombreux encore et qu'il fallait aussi régaler le peuple. Invités à festoyer dans les rues, les Rémois pouvaient aller dans la cour du palais épiscopal s'abreuver à un grand cerf de bronze rempli de vin. Du pain en larges tranches leur avait été abondamment distribué.

De son côté, le jeune prince Louis, habitué aux fastes de la cour de son grand-père, vécut cette journée avec une allégresse empreinte d'une certaine mélancolie. Il était le seul enfant perdu au milieu de tous les chevaliers. Certes, il mesurait l'honneur qui lui était fait, et n'ignorait pas que sa formation de futur roi impliquait déjà des contraintes et des renoncements. Il aurait tant aimé fuir pendant un moment ce cérémonial codifié pour se mêler aux gens de la rue, qui deviendraient un jour ses sujets, auxquels il devrait s'attacher, procurer du bonheur et soulager les peines.

Il fut étonné que la reine et toutes les femmes de la suite n'eussent pas été placées aux tables de la cérémonie, mais reléguées dans une tribune d'où elles pouvaient « contempler » les hommes festoyant.

Blanche avait à sa droite la reine Ingeburge et à sa gauche la nouvelle reine de Jérusalem, sa propre nièce, Bérengère de Castille, que Jean de Brienne venait d'épouser.

Le soir venu, Blanche vint rejoindre son fils pour lui souhaiter une bonne nuit.

— Mon fils, comme je suis fière de vous, lui déclara-t-elle. Vous vous êtes conduit comme un grand prince

— Je ne suis qu'un petit prince, répondit Louis, faussement modeste.

— Demain, vous regagnerez Paris avec votre précepteur, lui fit-elle savoir. Le Roi a décidé de ne pas y retourner tout de suite et d'aller avec moi à la rencontre de nos sujets dans tout le domaine royal. Nous irons d'abord à Soissons, puis nous reviendrons à Paris, au Palais, pour y recevoir l'hommage du peuple.

— Pourquoi ne puis-je pas vous accompagner ?

— Parce que vous devez étudier, et ces longs voyages pourraient vous fatiguer.

— Je ne suis jamais fatigué, protesta Louis, et mon cheval Lancelot peut me mener au bout du monde.

— Votre cheval s'appelle Lancelot ? Je l'ignorais.

Elle se demanda comment son enfant avait pu avoir connaissance de l'histoire de Lancelot du lac, écrite quelques dizaines d'années plus tôt par Chrétien de Troyes à la demande de Marie de Champagne, fille de Louis le Jeune et d'Aliénor d'Aquitaine. Elle savait que Marie n'imaginait pas que l'amour puisse se vivre dans le mariage, mais plutôt s'épanouir dans l'adultère. Une conception contraire à ce qu'elle pensait et vivait. Elle ne posa pas de question pour ne pas empêcher Louis de s'endormir car il bâillait déjà. Mais elle se promit d'enquêter pour savoir par qui et comment cette romance inconvenante était parvenue à ses oreilles. Elle embrassa son fils sur le front, passa sa main dans sa blonde tignasse et lui souhaita de faire de beaux rêves.

— Je vais rêver aux chevaliers de la Table ronde, marmonna Louis, déjà emporté par le sommeil.

20

Huit jours et huit nuits de fête

Jamais, de mémoire de chroniqueur, un peuple n'avait manifesté autant de joie et de ferveur en accueillant à Paris ses nouveaux roi et reine. Pas une échoppe, pas un balcon, pas une barge qui ne fussent décorés de milliers de fanions blanc bleu et rouge bordés de fleurs de lys. Tous les habitants de la ville sans exception, hommes, femmes, enfants, nobles, bourgeois, marchands, artisans, ouvriers, tâcherons, apprentis, paysans, clercs et étudiants, ordres religieux, gens de justice, mendiants et prostituées, serfs et serviteurs, soldats, médecins et charlatans, jongleurs et comédiens, toutes les corporations et leurs emblèmes, orfèvres, sculpteurs, bariliers, armuriers, tailleurs, drapiers, taverniers, épiciers, tous étaient venus en habit de fête à la porte Saint-Denis et s'étaient amassés le long de la rue des Martyrs, jusque sur les quais de la Seine.

Ce ne furent que vivats, chants, musiques. Il n'y avait plus ni classes, ni privilèges, ni différences, il n'y avait qu'un peuple uni dans une indicible allégresse pour honorer et rendre hommage au nouveau roi de France.

Le prince Louis, plus observateur qu'acteur de cette impressionnante réception populaire, prit alors conscience du lien qui unissait le peuple du royaume de France à son souverain.

— Voyez-vous, lui commenta frère Jacques, l'amour que le peuple porte à votre père restera indissoluble si le roi le lui rend. Votre grand-père a reçu cet hommage pour le bien qu'il a fait, la prospérité et la paix qu'il a apportées, votre père bénéficiera de la même confiance parce qu'il est un homme bon, pieux, juste et courageux.

Du palais du Louvre où il attendait l'arrivée du cortège royal, Louis de Poissy pouvait entendre les cris d'enthousiasme de la foule. Même en compagnie de Philippe Auguste, il n'avait pu observer une telle liesse. Il n'avait pas eu le droit d'aller à la rencontre de ses parents, frère Guérin ayant craint pour sa sécurité. Le prélat restait le gardien de la dynastie. L'enfant ne lui cacha pas sa déception.

— Que pourrait-il m'arriver puisque le peuple nous aime tant ?

— Il ne manque pas de marauds, de ribauds et de bandits pour vous couper la gorge, tout prince que vous êtes, expliqua le chancelier, les coquins restent à l'affût de toute occasion, car pour eux ni la personne du roi ni ses enfants ne sont sacrés.

Les festivités durèrent une semaine pendant laquelle nul ne travailla, hormis les tenanciers, les hôteliers, les marchands d'eau et de vivres. Huit jours et huit nuits de ripailles, de danse, de chants et de musique de sistre, de timbales, de guitares et de vièles.

Un poète, témoin de ce triomphe, écrivit : « Le Soleil pense qu'un autre soleil éclaire la terre et gémit de voir éclipsée son éternelle splendeur... »

Le couple royal, ému par tant de ferveur, descendit de cheval pour indiquer au peuple que, s'ils étaient sacrés, ils ne l'étaient que par la volonté de Dieu et l'assentiment tacite de leurs sujets.

Le cortège pénétra dans la cour du Palais. Louis et ses frères, Robert, sept ans, Jean, quatre ans, Alphonse, trois ans et Philippe Dagobert, un an, dans les bras de Marie la Picarde, accueillirent leurs parents en criant : « Longue vie au Roi et à la Reine ! »

Louis et Blanche étaient radieux, fiers de leur gloire, riches de l'amour de leurs sujets et d'une progéniture aussi enchanteresse.

Le couple reçut ensuite les corporations porteuses de multiples cadeaux : deux couronnes d'or serties de rubis et de saphirs, une coupe en or ciselé représentant l'univers, des coffres remplis de broderie, des tapis d'Orient, des vases ornés de pierreries, des tissus des Flandres, les plus beaux et les plus recherchés en Occident.

Louis le Lion, assis sur son trône, entouré des grands du royaume, distribua à son tour les présents, affranchit plusieurs centaines de serfs et libéra de nombreux prisonniers. Mais il laissa enfermés deux des plus nobles d'entre eux, les félons de Bouvines, Ferrand du Portugal et Renaud de Boulogne.

— Dès les festivités achevées, déclara Louis à Blanche, nous repartirons visiter notre royaume pour y mesurer encore le fort attachement de nos sujets.

Le nouveau roi n'avait pas de doute sur l'accueil qui leur serait réservé. Il savait que le peuple avait fait de lui un héros, à la fois pour le rôle qu'il avait joué dans la victoire de Bouvines, mais aussi pour ses croisades courageuses contre les albigeois.

Auréolé de ses conquêtes et de la consécration à Reims, Louis le Lion pouvait désormais aborder son règne sans craindre les jalousies d'un Philippe Hurepel ou d'un Thibaud de Champagne, ou les séditions de quelques vassaux régnant sur les anciens territoires anglais. Ce n'étaient pas non plus les fanfaronnades d'Henri, le jeune roi d'Angleterre, alors âgé de seize ans, qui persistait à se proclamer comte d'Anjou et de Normandie, qui pouvaient l'impressionner.

Avant de repartir, le souverain composa son corps de conseillers : l'évêque Guérin qu'il faisait grand chancelier et son principal collaborateur, responsable de l'administration et des finances du royaume, Barthélemy de Roye restait grand chambrier, son cousin Robert de Courtenay devenait son bouteiller et Mathieu de Montmorency, son connétable, chargé de l'organisation de l'armée royale. Plus tard, il ferait venir aussi auprès de lui Jean de Nesle, qui s'était vu attribuer le sobriquet de « couard de Bouvines », pour s'être sauvé pendant la bataille, et auquel il accorda pourtant plus que sa confiance.

Suivant l'exemple de son père, Louis le Lion décida de ne pas multiplier les intervenants à la Curie et de ne réunir que deux ou trois fois l'an les assemblées de nobles et d'ecclésiastiques. L'attitude du Plantagenêt fut évoquée en priorité au cours d'un premier Conseil.

« Le roi Henri joue les matamores ! déclara le roi de France. S'il persiste, nous lui ôterons la Guyenne. »

Le chancelier Guérin, par un geste des deux mains simulant l'apaisement, laissa entendre qu'il ne convenait pas de repartir en guerre et qu'un accord serait plus propice au maintien de la situation présente.

Peu après ce Conseil, Louis de Poissy aperçut l'archevêque de Canterbury et trois autres dignitaires ecclésiastiques, introduits dans le Palais. Ils étaient envoyés par Henri d'Angleterre pour demander la restitution des terres confisquées par Philippe Auguste.

— Qu'est donc venu faire l'archevêque de Canterbury ? demanda le prince au chancelier Guérin.

— Il a excipé d'une clause secrète que votre père aurait signée il y a de cela sept années en quittant l'Angleterre. Celle-ci évoquerait la restitution, au roi d'Angleterre, de la Normandie et des autres provinces injustement soustraites.

— Et qu'a répondu le roi de France ?

— Que le roi Jean sans Terre avait été légalement condamné par les pairs de France et qu'il était hors de question de remettre ce jugement en cause. Il a ajouté que la prétendue clause n'était qu'une invention !

— Mon père a raison et le roi Henri ferait bien de renoncer. Il devrait réviser son histoire, déclara doctement le prince.

Le chancelier ne put s'empêcher de rire aux éclats et déclara :

— Vous dites vrai, mais les Plantagenêts sont d'une nature belliqueuse et leur forfanterie n'a d'égale que leur lâcheté. Il importe cependant de faire comprendre au jeune Henri que s'il tente de semer le trouble dans notre royaume, votre père ne restera pas sans réagir.

Il ajouta :

— Pour l'heure il n'y a pas de péril. Les barons réclament toujours l'application de la Grande Charte des libertés que Jean Sans Terre avait signée, puis brûlée publiquement. Tant qu'ils n'obtiendront pas satisfaction, le roi d'Angleterre n'aura pas les moyens de nous faire la guerre.

Le pape Honorius ne tarda pas à s'en mêler. Il écrivit au roi de France pour le féliciter de son intervention contre les albigeois tout en lui demandant « pour le service du Seigneur de faire la paix avec [notre] très cher fils en Jésus-Christ, l'illustre roi d'Angleterre ».

Quelle ne fut pas la surprise du souverain français quand il apprit que, dans le même temps, Honorius avait envoyé à Paris le cardinal légat Conrad, chargé de lui faire savoir que le Saint-Père avait reconnu en Raymond de Toulouse un bon chrétien, vivant selon Dieu et la foi chrétienne.

— C'est à n'y rien comprendre, s'exclama Louis le Lion au cours d'un repas familial avec son épouse et le jeune prince. Le Saint-Siège ne sait pas ce qu'il veut !

— Oh, si ! répliqua Blanche de Castille. Le souverain pontife veut momentanément laisser les albigeois tranquilles en flattant le comte de Toulouse. Le roi de Jérusalem réclame de nouveaux croisés en Terre sainte. Jean de Brienne me l'a lui-même confirmé le jour de notre sacre.

La reine indiquait ainsi à son époux qu'elle pouvait être la confidente des princes et comprendre mieux que quiconque leurs manigances. Elle affirmait ainsi sa volonté de ne pas être exclue du jeu politique et d'y prendre toute sa part.

— Le Saint-Père ne veut-il plus punir les hérétiques ? demanda le jeune Louis, innocemment.

— Les flatteries du Saint-Père à votre encontre, reprit Blanche en s'adressant à son époux, n'ont d'autre but que de vous préparer à remettre de l'ordre en terre languedocienne sur laquelle vous avez tous les droits.

Amaury de Montfort était, en effet, venu voir Louis le Lion pour lui demander de l'aider à rétablir son autorité sur le comté de Toulouse, les vicomtés d'Albi, de Béziers et de Carcassonne qu'il tenait de son père, lequel les avait reçus du pape en remerciement de ses conquêtes contre les albigeois. Il en avait perdu le contrôle après la contre-attaque de Raymond de Toulouse. Non seulement le roi de France avait refusé sa demande, mais il avait exigé qu'il renonçât à tous ses droits sur l'Occitanie au profit de la couronne de France. Sans doute conscient de son incapacité à régner sur ce territoire, Amaury avait accepté.

Plus tard, dans le secret de leur alcôve, Blanche évoqua auprès de son mari le problème des Juifs sur lequel le légat Conrad avait également manifesté le souci du Saint-Père :

— Les directives du pape Innocent, actées au concile de Latran il y a huit ans, n'ont pas été appliquées par votre père, constata la reine. Il importe que vous y répondiez, le pape Honorius vous le demande ! Si vous y souscriviez, peut-être pourrait-il changer son avis sur les revendications du roi Henri.

Le quatrième concile de Latran avait édicté d'importantes nouvelles règles, parmi lesquelles le dogme de la transsubstantiation[1] ; la condamnation du catharisme ; l'obligation de la confession privée auriculaire, une fois l'an ; il visait aussi à

1. Affirmation de la présence réelle du Christ, sous la forme du pain et du vin, lors de l'Eucharistie.

« éviter aux chrétiens d'être traités inhumainement par les Juifs dont la perfidie tarissait les richesses[1] ». Il avait donc été décrété que les Juifs se verraient interdits de pratiquer l'usure et seraient, suivant le canon 68, obligés de porter un signe distinctif pour être reconnus, un chapeau à bout pointu, en Allemagne, et en France, une roue de feutre ou de drap écarlate, cousue sur la partie supérieure du vêtement, sur la poitrine et dans le dos...

— Je sais, répondit le roi. Le pape Innocent a repris cette mesure instaurée au huitième siècle par le pacte d'Umar, le calife musulman qui imposa aux dhimmis[2] de nombreuses contraintes, dont le port d'un signe distinctif.

« Dans certaines régions, précisait encore le texte du concile, les Juifs et les Sarrasins portent les mêmes habits que les chrétiens. Ainsi, par erreur, des chrétiens peuvent avoir des rapports sexuels avec des femmes juives ou sarrasines. De façon que le crime d'un tel mélange ne puisse plus avoir d'excuses dans le futur, il est décidé que les Juifs et les Sarrasins des deux sexes, dans toutes les terres chrétiennes, se distinguent eux-mêmes publiquement des autres peuples par leurs habits. Le concile interdit également aux Juifs d'occuper des fonctions d'autorité, des emplois publics, et d'avoir des relations sociales et professionnelles avec les chrétiens. » Les Juifs devaient être considérés comme des serfs perpétuels. Enfin le concile avait exigé la restitution par les Juifs des intérêts exagérés sur des prêts consentis à des chrétiens.

Agacé par ce rappel à l'ordre de son épouse, mais sachant aussi que son conseil était pertinent, il se contenta de répondre :

— Entendu, je prendrai des ordonnances contre les Juifs et je commencerai par leur interdire les prêts usuraires.

Le lendemain, il évoqua cette intention devant frère Guérin qui lui recommanda la plus grande prudence. Pour un ecclésiastique, cette attitude parut au roi paradoxale. Mais le chancelier se souvenait des ordonnances prises sur le même sujet par Philippe Auguste, vingt-cinq ans plus tôt, qui avaient eu des conséquences désastreuses sur le commerce. Le roi avait dû revenir sur sa décision et, en 1210, en ne faisant que limiter les taux d'intérêt, il légalisait du même coup le crédit juif.

1. Lévitique, XIX ; Deutéronome, XXII, 5-11.
2. Nom donné par les musulmans aux chrétiens et aux Juifs.

— Je sais, je sais, s'irrita Louis, qui ne goûtait pas trop qu'on lui rappelât trop souvent les actions de son père. Je suis obligé de prendre cette mesure pour ne pas décevoir Sa Sainteté.

— Le port de la « rouelle » serait sûrement moins négatif pour le royaume que des mesures financières coercitives, reprit l'évêque de Senlis.

— Nous verrons, Chancelier !

Louis n'écouta pas l'avis de son conseiller et signa des ordonnances qui permirent aux Lombards et au Cahorsins de prendre la place des Juifs, ne laissant à ces derniers que la possibilité de faire du crédit à la consommation, des petits prêts, et de se cantonner sur le travail manuel, en devenant artisans.

Le point de vue de deux nobles de son Conseil, Barthélemy de Roye et Jean de Nesle, l'avait emporté sur la prudence de l'évêque de Senlis, car l'opposition au crédit juif venait surtout des grands du royaume. Beaucoup de seigneurs, et surtout de bourgeois, n'étaient toutefois pas de cet avis car ils avaient grand besoin des prêts que leur consentaient les banquiers juifs.

21

Jézabel l'exécrable

« C'est une fille !... C'est une fille !... » chanta Marie la Picarde en apprenant que la reine Blanche venait de mettre au monde un nouvel enfant, qui fut prénommé Isabelle.

— Enfin, j'ai une sœur ! s'exclama Louis de Poissy en apprenant la nouvelle.

Comme toujours, le père de l'enfant était absent. En ce début d'année 1224, il continuait à parcourir son royaume, laissant au Louvre ou dans les châteaux de Saint-Germain et de Fontainebleau son épouse, trop fatiguée pour chevaucher à ses côtés.

— Où est mon père ? s'inquiéta Louis. Lui a-t-on envoyé un message ?

— Bien entendu, lui répondit Barthélemy de Roye. Il est à Chartres et se trouvera auprès de la reine avant ce soir.

La naissance d'une fille n'était pas pour un roi de France un réel sujet de réjouissance. Pour Louis le Lion, tel n'était pas le cas. Il adorait son épouse et chacun des enfants qu'elle lui donnait était un don de Dieu.

À peine revenu au Palais, le roi s'informa sur les manœuvres d'Henri d'Angleterre qui menaçait à nouveau de débarquer en France. Il devait s'assurer de la fidélité de ses vassaux, notamment de ceux qui gouvernaient les terres qui avaient appartenu jadis à la couronne d'Angleterre. Au cours d'une réunion restreinte, il fit le point sur les ralliements des barons avec ses principaux conseillers, Guérin, Montmorency et Roye.

— Nous avons conclu en septembre une trêve avec Hugues de Lusignan, rappela le chancelier Guérin, cette trêve s'achève dans une semaine. Nous avons fait de même avec Aimery de Thouars.

— Nous pouvons compter sur la fidélité de Lusignan, déclara le roi. Son épouse Isabelle est furieuse contre son fils Henri qui lui a supprimé son douaire[1]. En compensation, je viens de lui accorder deux mille livres de rente annuelle. Quant au comte de la Marche, je lui ai donné la ville de Saintes et lui ai promis l'île d'Oléron.

— Je me méfie de la reine Isabelle, intervint Barthélemy, ce n'est pas pour rien que les Anglais l'ont surnommée Jézabel l'exécrable. Dois-je rappeler qu'elle a cassé le projet de mariage entre sa propre fille et Hugues de Lusignan pour épouser ce dernier.

— Si Lusignan ne respecte pas sa parole, nous n'en ferons qu'une bouchée, fulmina le roi... Quant à Aimery de Thouars, je possède de lui un acte de soumission par lequel il reconnaît ma suzeraineté.

— Il va donc falloir conquérir Niort, que tient Savary de Mauléon, déclara Montmorency.

— Cet homme-là, ne le sous-estimez pas, prévint le monarque, je l'ai eu souvent en face de moi en Angleterre, c'est un brave et un teigneux.

— Il faudra aussi prendre La Rochelle, Poitiers, Saint-Jean-d'Angély et Bordeaux, reprit Montmorency. Et sur la route, mettre au pas quelques barons hésitants toujours favorables au Plantagenêt.

— Bien ! Nous rassemblerons l'ost à Tours au mois de juin, ordonna le roi.

Depuis un moment, le chancelier Guérin n'intervenait plus. Son visage restait de marbre. Certes il était âgé, mais il manifestait rarement une telle distance face au souverain. Ce dernier l'avait bien remarqué, aussi l'interpella-t-il :

— Qu'en dites-vous, Chancelier ?

— Sire, permettez-moi de dire que je désapprouve cette campagne. Elle n'est pas urgente. Le roi d'Angleterre n'a pas les soutiens de ses seigneurs, il n'est pas prêt à faire la guerre. Par ailleurs, le Saint-Père vous exhorte à signer une trêve avec lui.

— Je veux bien signer une trêve, déclara vivement Louis, mais en position de force et pas avant d'avoir remis de l'ordre dans

1. Isabelle avait eu deux enfants avec Jean sans Terre, dont Henri qui règne aujourd'hui sur l'Angleterre.

ses anciennes possessions et lui avoir soustrait l'Aquitaine. D'ailleurs, ajouta-t-il, pour couper court à la discussion, la Reine approuve entièrement cette expédition.

L'évêque de Senlis eut du mal à cacher sa désapprobation.

La conversation qu'avaient eue ses parents à propos des hérétiques avait laissé Louis de Poissy sur sa faim. Il avait aussi entendu parler de la création d'un tribunal de l'Inquisition et était impatient de savoir ce que cela signifiait. Il alla interroger frère Jacques qui se désespérait de voir son élève lui échapper et privilégier d'autres mentors.

— Frère Jacques, pourquoi appelle-t-on les albigeois des hérétiques ?

— Parce que ce sont des chrétiens qui refusent d'obéir à la Sainte Église. Ils contestent ses principes, ses préceptes et ses dogmes. Ils se proclament même plus chrétiens que le pape ou les évêques.

— Que signifie ce mot ? insista Louis.

— Il vient du grec *heresis* qui veut dire « choix ».

— Ils n'ont donc pas le choix de se mettre hors de la loi de l'Église ?

Frère Jacques se frotta la tonsure. Décidément, son élève avait un esprit singulier qui le désarçonnait, d'autant plus que Louis ajouta :

— Le Christ n'a-t-il pas été jugé et crucifié parce qu'il n'acceptait pas les règles des grands prêtres ?

— Jésus a dit, reprit frère Jacques : « Je ne suis pas venu pour abolir la loi mais pour l'accomplir », ce qui était implicitement une critique à l'égard des religieux et des fidèles qui ne l'appliquaient pas.

— On m'a dit que les albigeois voulaient, comme les premiers chrétiens, respecter les enseignements du Christ, reprit Louis, qui continuait à mettre son précepteur dans l'embarras.

— Il est exact qu'ils se posent en défenseurs de la Vérité, mais ils se contredisent souvent. Par exemple, ils s'inspirent de l'Évangile de saint Jean : « Il faut que vous fassiez cette promesse à Dieu que jamais vous ne commettrez d'homicide... » Ils sont contre la peine de mort jusqu'à l'interdire même pour les animaux. Mais leur intolérance n'a d'égale que celle dont font généralement preuve les fanatiques. C'est ainsi qu'ils ont assassiné, en janvier 1208, Pierre de Castelnau, moine de l'abbaye cistercienne de Fontfroide, près de Narbonne. Ce moine, nommé légat par le pape, avait été chargé de mettre de l'ordre dans le clergé, ce clergé qui avait perdu son idéal évangélique et ne menait plus une vie exemplaire. Pierre de Castelnau était venu proclamer sa foi, à pied et dans la pauvreté. Comme ses prédications étaient suivies et écoutées et qu'il lui arrivait de ramener des brebis égarées dans le troupeau, les hérétiques ne l'ont pas supporté... Ils l'ont tué sauvagement.

Le précepteur raconta que les albigeois attrapaient les chevaliers croisés en leur tendant des embuscades, tuaient les uns, en défiguraient d'autres en leur coupant les oreilles, le nez, la lèvre supérieure et en leur faisant subir d'autres cruautés. Ils avaient assassiné un abbé croisé de l'ordre de Cîteaux alors qu'il voyageait avec sa suite. Un noble cathare, Gérard de Pépieux, avait fait placer des chevaliers et un prêtre sur un bûcher tandis que ses associés criaient et blasphémaient Marie, mère de Dieu, en ces termes : « Ah, coquine de Sainte Marie ! » Et quand, plus tard, le moine Dominique de Guzmán avait essayé à son tour de les convaincre de revenir dans le sein de notre Sainte Église, il avait été insulté et molesté.

Frère Jacques précisa que saint Bernard le premier, à la demande du souverain pontife, avait tenté de détourner les cathares de leur erreur. Saint Bernard disait : « La foi doit être persuadée et non imposée. » Le pape Innocent décréta alors, en 1199, que l'hérésie était le plus grave des crimes, un crime contre l'Église, et que les biens des hérétiques devaient être confisqués.

Louis se taisait. Il essayait de comprendre comment dénouer cet écheveau de contradictions.

— Vous savez, Louis, poursuivit le précepteur, l'attitude de tout chrétien est simple, il doit avoir la foi. S'il possède la foi, il n'a pas besoin de comprendre ou d'interpréter. Sa foi doit reposer sur la doctrine élaborée depuis plus de mille ans maintenant par les Pères de l'Église. Jésus a dit à Pierre : « Tu es Pierre et sur cette pierre je bâtirai mon Église. » C'est cette Église qui a fait du christianisme la plus grande et la plus belle religion du monde.

Les yeux de Louis s'illuminèrent. Frère Jacques avait raison. Il n'y avait rien à discuter. Jésus avait raison et ses disciples aussi. Mais le précepteur ne s'arrêta pas en chemin ; il lui fallait lever tous les doutes qui pourraient encore germer dans la tête de son élève.

— Si l'on n'a pas la vraie foi, poursuivit-il, et qu'on se dit chrétien, comment croire à la Sainte-Trinité ? Comment croire que trois personnes, Dieu, son fils et l'Esprit-Saint ne font qu'un ? Ce n'est pas explicable par la raison. C'est le mystère de Dieu. C'est pourquoi le prophète musulman Mahomet a fondé l'islam, avec Allah pour seul Dieu, en prétendant que les chrétiens étaient polythéistes.

— Les musulmans sont aussi des hérétiques, alors ? interrogea Louis.

— Non ! Ce sont des Infidèles car ils n'ont pas reçu le baptême. Les hérétiques sont des chrétiens qui ont déserté leur religion et perverti leur foi. Ils ont commis le crime d'apostasie et se sont éloignés de Dieu.

Le précepteur expliqua que, depuis les débuts de l'Église, des chrétiens « se croyant plus intelligents et se proclamant inspirés par Dieu » mettaient en question la Vérité. Il cita les gnostiques, les nicolaïtes, les marcionites, les ariens, les nestoriens, les monophysites, les montanistes, les dualistes, les pauliciens, les bogomiles, les vaudois, qui cherchaient et voulaient imposer leur vérité. Parfois leur langage était convaincant, c'est ainsi que de siècle en siècle, les hérésies ont proliféré.

— Étaient-ils sincères ou intéressés ? demanda Louis.

— Ils se prétendaient sincères, pieux, voués à Dieu, répondit frère Jacques. Peut-être certains l'étaient-ils, cela ne les empêchait pas d'être dans l'erreur et de mettre en péril l'unité et l'intégrité de notre Sainte Église. Quand on croit, déclara le moine avec fermeté, la vérité ne se discute pas et ne se partage pas. Si l'Église l'acceptait, elle admettrait toutes les interprétations sur le mystère du Christ ; elle entraînerait l'ensemble des chrétiens dans un doute et un désarroi qui porteraient un coup fatal à leur foi.

Le moine raconta que ces mouvements étaient nés au sein de l'Église, qu'ils étaient donc initiés et promus par des chrétiens, donc des apostats.

— Que l'on fasse partie d'une Église ou d'un royaume, on en accepte les règles. Et ces règles sont la loi. La loi est la loi. L'Église ne peut admettre le bien-fondé des « thèses révisionnistes », notamment sur la notion du Bien et du Mal, Dieu étant le Bien, le monde d'ici-bas, le Mal, comme le prétendent les gnostiques, les cathares, les vaudois... Si elle l'admettait, le sens profond du message du Christ s'en trouverait perverti. Pour le Christ, l'idée du Bien et du Mal repose sur la notion du libre arbitre de l'Homme, de sa liberté de choisir sa vie. C'est la tendance de toutes les hérésies de vouloir, non pas seulement encadrer cette liberté, mais la limiter quand ce n'est pas l'abolir. Si la Sainte Église fermait les yeux sur ces pratiques des mouvements hérétiques, elle laisserait porter atteinte à la dignité même de l'Homme.

Frère Jacques, à l'appui de ses dires, évoqua les déviances sexuelles des nicolaïtes, le mépris du corps des carpocratiens, la conception du Dieu vengeur des marcionites pour qui « œil pour œil, dent pour dent » était la morale à suivre, ou encore l'adoration du serpent de la Genèse par les ophites.

— Le Christ, conclut-il, nous a certes apporté la Lumière et l'Amour mais aussi le mystère. Rien ne pouvait arriver de mieux aux hommes !

— Les albigeois sont ainsi de vrais hérétiques et il faut les combattre et les éliminer ! s'enflamma Louis... qui réfléchit et demanda pourquoi on les appelait les cathares ?

— *Katharos* signifie « pur » en grec, mais ils récusent cette appellation, et s'appellent eux-mêmes « bons hommes », « bonnes dames » ou « parfaits ». Et figurez-vous qu'ils refusent que Dieu soit honoré dans des maisons à la gloire de sa grandeur comme nos cathédrales, nos églises, nos abbayes ou nos monastères.

— Pour quelles raisons ?

— Comme souvent chez les hérétiques, ils vont chercher leurs raisons dans le Livre, dans les textes bibliques et s'appuient dessus en les interprétant. Ainsi répètent-ils à l'envi ce qui est écrit dans Ésaïe : « Le ciel est mon trône et la terre un escabeau sous mes pieds... Quelle maison allez-vous me bâtir ? » Pour les cathares, Dieu n'a pas besoin de cathédrale.

— On me dit que mon père doit retourner combattre les hérétiques, dit Louis. Sont-ils aussi irréductibles que cela pour que deux croisades ne les aient toujours pas ramenés à la raison ?

— Ils le sont, confirma frère Jacques. Et le comte de Toulouse ne fait rien pour aider le roi de France. On le soupçonne même de les soutenir secrètement.

— Quel fourbe !

— Cela va sans dire !

— À quoi devra servir le tribunal de l'Inquisition institué par le concile de Latran ? demanda Louis, qui avait de la suite dans les idées.

— Le Saint-Père a voulu créer un tribunal exceptionnel dépendant de lui et non des tribunaux judiciaires ecclésiastiques car, dans la chasse aux hérétiques, il estimait que ceux-ci n'étaient pas assez rigoureux. Si le Roi votre père met un terme aux menées des albigeois et s'ils consentent de revenir au sein de notre Église, ce tribunal ne sera peut-être pas nécessaire...

Quelques semaines plus tard, en grand appareil, Louis le Lion quittait le Louvre avec son armée pour aller affronter le Plantagenêt.

— Vous partez en guerre, Sire ? interrogea Louis.

— Oui, jeune prince, je prends l'épée pour faire triompher le droit.

— Puis-je vous accompagner, Père ?

— Que dirait la Reine si elle devait perdre à la fois le Roi et celui qui devra un jour le remplacer ?

— Mais vous ne tomberez pas sous les coups de l'ennemi ! Vous êtes plus fort et Dieu vous protège ! Oh, Sire, emmenez-moi !

— Je vous emmènerai un jour, Louis, mais pas avant que vous n'ayez été fait chevalier.

— Sus à l'Anglais ! lança le jeune prince.

Le roi et son entourage éclatèrent de rire. Le monarque monta sur son cheval et, regardant les seigneurs qui allaient l'accompagner, il leur fit répéter : « Sus à l'Anglais ! »

— Sus à l'Anglais ! entonnèrent les chevaliers et les soldats.

La cour du Palais résonna longtemps de ce cri de guerre.

De sa fenêtre, la reine qui assistait à la scène esquissa un sourire où semblaient se mêler le bonheur et la crainte. Elle approuvait cette expédition car elle n'avait jamais admis l'échec de la campagne d'Angleterre de son époux et s'estimait toujours, en tant que petite-fille d'Aliénor d'Aquitaine, détentrice de droit de l'ensemble des territoires anglais. Elle avait d'ailleurs reçu une lettre du pape Honorius exhortant « Sa très chère fille dans le Christ, illustre reine de France » à convaincre le roi, son époux, de venir apporter une aide prompte et appropriée à Robert de Courtenay, empereur latin de Constantinople. Ce dernier, menacé par les Grecs, se trouvait dans une situation périlleuse. Blanche avait lu cette lettre à son époux en lui faisant comprendre que cette demande n'avait pour but que de relâcher son étreinte sur Henri d'Angleterre. Ainsi le pape, en s'adressant directement à la reine, essayait-il d'introduire un ferment de discorde dans le couple.

À Tours, Louis le Lion fut rejoint par les grands barons, les comtes Thibaud de Champagne, Pierre de Bretagne, ceux de Blois et de Chartres et l'archevêque de Sens. Il engagea la campagne le jour de la Saint-Jean. Niort tomba le 5 juillet, sans grande résistance, Saint-Jean-d'Angély ouvrit ses portes quelques jours plus tard. Mais il fallut faire le siège de La Rochelle tenue par Mauléon et deux cents chevaliers. Au terme de deux semaines de combats, la reine Blanche s'inquiéta et demanda qu'une procession solennelle fût organisée à Paris afin que la victoire fût accordée au roi.

Le prince Louis de Poissy, en tête de la procession, se trouvait entouré de trois reines, sa mère, la reine Ingeburge et Bérengère, reine de Jérusalem. L'enfant avait compris qu'il était parfois nécessaire de faire appel à Dieu ou à ses saints pour obtenir la victoire et que son père Louis, quoique valeureux combattant, ne devait pas ses conquêtes qu'à la seule vertu de son épée. D'ailleurs, La Rochelle tomba le lendemain de la procession, ce qui renforça son sentiment. Cette nouvelle conquête fit tomber toutes les résistances alentour, excepté celles de Bordeaux et de la Gascogne.

Conforté par ses victoires, le roi de France voulut descendre vers ces régions, mais une lettre du pape Honorius le fit changer d'avis. Le Saint-Père lui écrivait : « Si la déférence à notre égard ne suffit pas, au moins soyez-y conduit par considération envers les affaires de la Terre sainte. »

Le souverain pontife était inquiet de voir son vassal Plantagenêt à ce point acculé. Ce n'était bon ni pour les affaires du Saint-Siège, ni pour la future croisade en Terre sainte qu'il envisageait de lancer.

Le prince Louis surprit sa mère très en colère après avoir appris que son époux renonçait à prendre Bordeaux. Elle fulmina, ignorant que son fils pouvait l'entendre :

— Nous en avons assez que le Saint-Siège se mêle de nos affaires. C'est la seconde fois que la marche de mon époux est entravée dans sa conquête des terres anglaises.

Elle n'avait pas mesuré la piété de son époux et sa fidélité à l'Église, pas plus qu'elle n'avait eu connaissance des conseils réitérés, et cette fois écoutés, du chancelier Guérin. Ce dernier redoutait ce que le roi Philippe Auguste avait souvent exprimé, à savoir que l'intrépidité de Louis le Lion n'abrégeât trop vite le temps de son règne. L'évêque de Senlis désirait, en outre, que la paix instaurée depuis Bouvines fût maintenue le plus longtemps possible.

La prise de La Rochelle n'eut pas moins de retentissement que la victoire de Bouvines. Le peuple de France honora son nouveau héros, celui qui, cette fois encore, avait bouté l'Anglais hors du territoire. L'allégresse des Parisiens fut encore plus grande tant ils avaient craint pour leur roi pendant la durée du siège.

L'accueil qui lui fut réservé dépassa tout ce qu'il était possible d'imaginer. Au point que son fils aîné devait lui confier :

— Père, vous êtes aussi grand qu'Auguste !

Jamais compliment n'avait autant touché le roi. L'admiration portée par Louis de Poissy à son grand-père semblait se transférer sur sa personne. Il était un souverain reconnu et admiré par tous, à commencer par ceux qu'il chérissait le plus.

À quelque temps de là, Louis VIII reçut la visite d'une grande et belle femme qui arriva dans la cour du Louvre à la manière d'un chef de guerre, accompagnée d'un grand équipage.

Louis de Poissy, qui sortait de sa séance d'escrime et s'apprêtait à rejoindre son précepteur, demanda à Montmorency de qui il s'agissait.

— C'est Jeanne de Flandre, déclara le connétable, comtesse de Flandre et du Hainaut, la fille aînée de l'empereur Baudouin de Constantinople et de Marie de Champagne, tous deux morts en croisade.

— N'a-t-elle pas eu mon grand-père comme tuteur ? interrogea le prince.

— Tout juste, répondit le connétable, et le roi Philippe Auguste l'a mariée à Ferrand du Portugal.

— Ferrand le félon, celui qui est enfermé dans les cachots du Palais depuis Bouvines ?

— C'est bien lui.

— Que vient-elle faire au Louvre ? demanda Louis pendant que le connétable se hâtait pour aller accueillir la comtesse.

— Je suppose qu'elle vient demander au Roi de libérer son mari car sa Majesté, le jour de son sacre, avait promis de le faire.

— Je ne suis pas sûr que mon grand-père serait content de cette libération !

— Je ne suis pas sûr que le Roi ait encore pris sa décision, répliqua Montmorency.

Louis le Lion accueillit la comtesse, sa cousine germaine, qu'il considérait comme sa sœur, car ils avaient été élevés ensemble à la cour de France. Avec beaucoup de courtoisie mais sans familiarité, le roi prit le bras de Jeanne et l'entraîna à l'intérieur du Palais.

— J'ai ouï dire, lui déclara-t-il, que les drapiers de Flandre ne vous portent pas dans leur cœur ; vous auriez la main un peu lourde avec les impôts ; même les évêques se plaignent !

— Oh, les évêques, vous savez ! répliqua Jeanne en levant les yeux au ciel.

— Vous devez avoir faim, dit le roi, qui s'abstint de commenter.

— Très faim, Sire, mais avant de dîner je souhaiterais vous entretenir d'une vilaine affaire qui trouble mon comté...

Louis fit appeler son épouse, Guérin, Montmorency et Barthélemy, qui le rejoignirent dans la salle de la Curie.

La comtesse raconta son incroyable mésaventure. Un ermite de la forêt de Raismes, dans le Hainaut, prétendait être l'empereur Baudouin de Constantinople, le père de Jeanne, déclaré mort au combat en Orient dix-huit ans plus tôt. Il racontait qu'il s'était échappé des prisons bulgares et exhibait des cicatrices prouvant son identité.

Des bourgeois de Valenciennes l'avaient reconnu comme leur seigneur, de même que plusieurs abbés ; en quelques semaines, le retour du roi Baudouin avait été proclamé. Beaucoup s'en réjouissaient, trouvant là un bon moyen de se débarrasser de la comtesse qui dirigeait cette terre d'une main de fer. Elle avait eu beau traiter cet ermite d'imposteur et jurer ne pas le reconnaître, rien n'y avait fait. Cette nouvelle était parvenue aux oreilles du roi Henri d'Angleterre. Celui-ci jugeait qu'il pourrait en profiter pour faire revenir la Flandre dans son giron. Il avait écrit à l'ermite dans ce sens :

— Lisez, Sire, cette lettre que j'ai pu me procurer, voyez ce qu'elle raconte, demanda Jeanne au roi de France.

Louis lut à haute voix la missive de l'Anglais : « Nous avons appris que vous étiez de retour dans vos États. Nous nous en réjouissons. Vous n'ignorez pas que le roi de France nous a déposés tous les deux. Nous sommes prêts à vous apporter nos forces si vous désirez reconquérir vos droits. »

— Le roi d'Angleterre est un imposteur autant que votre ermite, déclara Louis. Cela ne m'étonne pas de lui !

— Aidez-moi, Louis, supplia la comtesse.

— Nous irons confondre cet ermite, affirma le roi. S'il est vraiment l'empereur de Constantinople et comte de Flandre, il est mon vassal et je suis son suzerain. Nous allons le citer à comparaître et nous le ferons venir à Péronne aussi vite que possible.

Le monarque confia sur-le-champ l'organisation de l'expédition à Montmorency. Le chancelier Guérin regarda la reine qui n'avait pas bronché. Comme si les envies de batailler de son mari ne pouvaient plus l'émouvoir, trop habituée qu'elle était à le savoir toujours en guerre.

La comtesse offrit dix mille livres pour les frais de la campagne et promit de détruire les fortifications de Valenciennes, Ypres et Cassel, promesse qu'elle s'était déjà engagée à tenir après la bataille de Bouvines.

Accompagné d'une armée de chevaliers, Louis le Lion partit pour Péronne, pendant que le faux empereur Baudouin l'attendait entouré de centaines de soutiens. Il rendit hommage au roi de France et accepta d'être interrogé sans rechigner. Il ne sut pas répondre aux questions de la comtesse sur ses relations avec ses filles, invoquant des troubles de mémoire. De même qu'il fut sans voix quand le roi lui demanda à quel moment il avait fait hommage au roi Philippe Auguste ou quand il avait été armé chevalier. L'ermite sollicita chaque fois un délai pour répondre. Alors le roi de France entra dans une vive colère et lui donna trois jours pour quitter le royaume s'il voulait la vie sauve. Il s'enfuit sans demander son reste, mais fut capturé quelques jours plus tard ; la comtesse le fit pendre.

Cette affaire acheva de convaincre le souverain français que les menaces de séditions liées aux manœuvres du roi d'Angleterre n'étaient jamais à prendre à la légère. Quant à sa cousine, elle devait être surveillée de très près en dépit de l'aide qu'il venait de lui apporter. Elle n'avait pas d'enfant et son mari était toujours emprisonné ; elle se déclarait veuve et envisageait de se marier avec Pierre Mauclerc, le comte de Bretagne. Le pape avait même donné son accord en prétextant que le mariage avec Ferrand n'était pas valable. Pour le roi de France et son épouse, cette union de deux grands territoires, à l'est et à l'ouest du royaume, était inadmissible. Il demanda au pontife de changer d'avis et préféra promettre de libérer Ferrand, mais seulement après avoir remis de l'ordre dans son royaume et écarté définitivement la menace d'un conflit avec Henri d'Angleterre. Pour cette libération qui devait être définitive avant la fin de l'année, Jeanne de Flandre promit de verser cinquante mille livres. En gage, Louis occupa Lille et Douai.

Dans le but de se prémunir contre les menées anglaises, il alla à Vaucouleurs, en Lorraine, rencontrer un autre roi Henri, fils de Frédéric, souverain du Saint Empire romain germanique. Les deux souverains jurèrent de maintenir la paix entre leurs deux pays.

Ainsi le roi de France se donnait-il les mains libres pour un possible affrontement avec Henri d'Angleterre.

22

Le testament de Louis le Lion

Il fut prénommé Étienne.

Blanche et Louis devenaient, en ce printemps 1225, parents d'une fille et de cinq garçons. Étienne était leur onzième enfant. Le couple en avait perdu cinq.

Pour la première fois, Louis le Lion fut présent quand ce nouvel héritier vint au monde. Il ne cacha pas sa joie et fit montre d'une émotion qui enchanta son entourage et les sujets du royaume. Il n'y avait pas que sur les champs de bataille qu'il assurait l'avenir du royaume. Jamais rois mérovingien, carolingien ou capétien n'avaient conforté leur dynastie avec autant d'ardeur, de ferveur et de persévérance. Les chroniqueurs, les poètes, les troubadours ne tarissaient ni d'éloges ni de rimes sur les vertus de ce nouveau souverain.

Louis de Poissy, jamais en retard d'une remarque, déclara à son père :

— Si la France est la fille aînée de l'Église, vous êtes, mon Père, son fils premier.

Le roi passa vigoureusement sa main dans les cheveux de son fils et l'entourage nota ce moment inédit de tendresse.

Il déclara à son épouse, après avoir pris le nourrisson dans ses mains et l'avoir levé vers le ciel :

— Jamais homme, jamais roi ne fut plus heureux sur cette terre et de toutes les reines, aucune ne fut plus aimée.

Le sourire de Blanche exprima toute la passion et l'amour qu'elle portait à son époux.

Louis oublia pendant quelques jours les affaires du royaume pour s'adonner aux joies de la famille. Ce fut le premier et le dernier intermède dans sa vie de père, de prince, puis de roi.

Il y goûta sans réserve. Ses sentiments paternels ne purent le détourner longtemps de son devoir. Il savait que le roi d'Angleterre fomentait une nouvelle invasion. Les espions de Montmorency avaient rapporté que Hubert de Bourg avait été chargé par Henri de collecter des fonds pour entreprendre la reconquête des territoires perdus.

Au cours d'une réunion, Montmorency fit le point, quelques jours avant le départ de la flotte anglaise prévu le dimanche des Rameaux.

— L'Anglais envoie trois cents navires à Bordeaux, informa-t-il, son armée est dirigée par son frère, le comte Richard de Cornouailles et par son oncle le comte de Salisbury, le fameux Guillaume Longue Épée[1], mais ils n'ont pu recruter que soixante chevaliers...

— Le Roi ne se déplace-t-il pas ? demanda Barthélemy.

— Non, il reste à Londres, confirma le connétable.

— Aussi courageux que son père ! laissa tomber frère Guérin.

— Qu'en dites-vous, Sire ? demanda Montmorency.

Louis le Lion éclata de rire :

— Soixante chevaliers ! Je présume qu'il compte en recruter sur place ! Je lui souhaite bonne chance. Les Bordelais le rejoindront sans doute, c'est bon pour leur commerce, mais les Gascons, j'en serais étonné ! Imaginez cette armée conduite par un gamin d'à peine seize ans et par Longue Épée qui n'est pas un perdreau de l'année.

La suite donna raison au roi de France qui n'éprouva pas le besoin d'aller en découdre, rassurant ainsi son épouse comme le chancelier.

Après une offensive limitée jusqu'à Bergerac, les Anglais, sans doute las d'une expédition mal engagée, regagnèrent leur pays. Ce cuisant revers ne détourna pourtant pas le roi Henri de son objectif. Il fomenta une nouvelle alliance avec Raymond de Toulouse. Ce nouveau Raymond, le septième du nom, était un redoutable seigneur. On se souvient qu'il avait combattu contre Amaury de Montfort, l'obligeant à céder au roi de France tous ses droits sur les terres languedociennes.

En apprenant ces nouvelles manœuvres du Plantagenêt, le roi de France entra dans une vive colère et s'en ouvrit à Blanche :

— Votre parent est insupportable ! lui dit-il.

1. Fils illégitime d'Henri d'Angleterre, demi-frère de Jean sans Terre.

— Je suis étonnée que cela vous surprenne, répliqua son épouse en souriant.

Elle appréciait les colères de son mari d'autant plus qu'aucune ne fut jamais dirigée contre elle.

— Ce Raymond, je lui ferai rendre gorge. Il est sur mes terres après tout. Il ne peut plus y prétendre.

— Je sais, déclara la reine, qu'un légat du pape, le cardinal Romano Frangipani, doit venir vous voir. Demandez-lui d'intervenir auprès du Saint-Père pour ramener Henri à la raison. Et Raymond s'inclinera. Face à vous, il ne résistera pas longtemps.

— Votre conseil, Madame, est comme toujours très avisé, je vais voir ce légat. En attendant, il importe que je rédige un testament pour vous et mes enfants car cela ne doit pas être fait quand on est à l'article de la mort.

Blanche de Castille fut surprise par ce propos, mais au fond elle partageait la prévoyance de son époux. Elle se rappelait comment son oncle Richard Cœur de Lion, qui se croyait invulnérable, avait été stupidement abattu par la flèche d'une arbalète, et que sa succession en avait été rendue difficile.

Louis le Lion fit part de ses volontés à ses conseillers. Puis il appela son fils Louis de Poissy pour lui en expliquer le sens :

— Voilà, mon fils, quand Dieu me rappellera à lui, vous aurez, en tant que roi, à respecter les ordres que j'ai fait consigner.

— Oui, Sire ! se contenta de murmurer le jeune prince qui mesurait, à la fois, la solennité de ce tête-à-tête et la gravité de ce qu'il supposait.

— À vous, je lègue, en tant qu'aîné, le royaume, Normandie comprise, et le Trésor royal du Louvre, qui sera à votre disposition personnelle. L'ordre du Temple restera, sous vos ordres, le gardien des finances du royaume. Votre frère Robert recevra en apanage le comté d'Artois que je tiens de ma mère, Isabelle de Hainaut, excepté les châtellenies de Lens, Hesnin et Bapaume qui constitueront le douaire de votre mère. Votre frère Jean recevra l'Anjou et le Maine et votre frère Alphonse, le Poitou et l'Auvergne.

— Pour Philippe Dagobert et Étienne ? s'enquit le jeune prince.

— Ils deviendront évêques, comme d'autres frères qui viendraient à naître.

— Ah ! fit Louis, sans s'étonner. Et Isabelle ?

— Je lui octroie vingt mille livres.

— Mais Sire, vous faites comme notre ancêtre Louis le Pieux, vous divisez le royaume, déclara l'enfant qui avait retenu la leçon de son grand-père.

— Pas du tout, mon fils, l'apanage est le contraire du partage. Il permettra à vos frères d'être dotés de fiefs et de ne pas être jaloux de vous. Mais ils vous devront toujours l'hommage et, s'ils n'ont pas d'héritiers mâles, leurs domaines retourneront dans le royaume.

— Je comprends, reprit Louis, mais si l'un de mes frères ne veut pas se soumettre au roi ?

— Il sera en tort et vous pourrez l'y contraindre. L'apanage n'est pas un droit de propriété, mais le devoir de bien administrer son fief au nom de la Couronne.

Le roi évoqua ensuite les multiples clauses de son testament et notamment le legs de trente mille livres à son épouse Blanche de Castille. D'autres sommes très importantes étaient affectées à des établissements religieux, des ordres, des hôpitaux, des pensionnats pour orphelins ou femmes pauvres. Le souverain insista particulièrement auprès de son fils pour que soit fondé un monastère dédié à la Vierge dont le financement serait assuré par ses joyaux.

— À quel ordre devrai-je l'attribuer ? interrogea le jeune prince.

— À l'église Saint-Victor, mais vous pourrez en décider autrement. Votre mère aime beaucoup l'ordre de Cîteaux, vous pourrez solliciter son avis. Vous pourrez avoir aussi des difficultés avec votre oncle, Philippe Hurepel, mon demi-frère. Vous savez qu'il a épousé Mahaut de Dammartin, héritière du comté de Boulogne.

— Mais le père de Mahaut, le félon Renaud, n'est-il pas toujours emprisonné à la forteresse du Goulet ?

— Il y est et il y restera à vie, mon père me l'a ordonné. L'administration du comté de Boulogne m'était échue. Je l'ai restituée au prince Philippe. Notre père lui a donné également en apanage le comté de Clermont et moi ceux d'Aumale, de Domfront et de Mortain. Pour lui aussi, comme pour vos frères, s'il n'a pas d'héritier mâle, ses biens reviendront à la Couronne. J'espère que cela lui suffira et que sa vanité comme son avidité ne vous créeront pas d'ennuis.

Louis de Poissy eut un étrange pressentiment. Son père lui avait parlé comme s'il allait bientôt disparaître. Il éprouva de la tristesse en songeant à cette redoutable perspective, et imagina qu'il ne pourrait plus désormais vivre sa vie d'enfant. Il allait devoir s'habituer à devenir roi. Il allait avoir douze ans.

Le roi reçut ensuite, en son palais, un personnage dont le maintien et la stature exprimaient à la fois l'autorité et l'arrogance : le légat Romano Frangipani, cardinal de Saint-Ange, que le souverain pontife avait annoncé aux prélats de France comme « un homme illustre par la noblesse de sa race et de ses mœurs et remarquable d'habileté ». La mission de ce cardinal était de convaincre le roi de France de conclure une trêve avec Henri d'Angleterre.

— Il n'en est pas question ! tonna Louis.

Il entendait ainsi marquer, au-delà de sa déférence à l'égard de Rome, son indépendance dès qu'il s'agissait de défendre l'autorité du royaume de France. Le roi argua que les manœuvres de rapprochement d'Henri avec le comte Raymond de Toulouse étaient un casus belli.

Alerté par cette fin de non-recevoir, le pape envoya alors une lettre à Henri dans laquelle il le menaçait d'excommunication s'il entreprenait une guerre contre le roi de France. Une missive en parfaite contradiction avec les précédents reproches adressés au roi de France. La lettre précisait, en outre, qu'aucune aide ne devait être apportée à Raymond de Toulouse, qui fut excommunié comme l'avait été son père. Enfin, le pape refusa d'accorder au roi d'Angleterre la dispense pour son mariage avec la fille de Pierre Mauclerc pour lien de parenté. Une alliance que le roi de France voyait également d'un très mauvais œil.

Fort de cette intervention, le cardinal de Saint-Ange revint vers le souverain français et lui demanda instamment de retourner en terre languedocienne pour mettre un terme aux agissements des hérétiques cathares, puisque Raymond de Toulouse ne s'y résolvait pas. Louis entendit ses conseillers, puis fit part de sa décision :

— La lutte contre les hérétiques est un devoir pour un roi chrétien et quand ce devoir est l'occasion de mettre de l'ordre dans les terres du royaume, de réduire l'influence du comte de Toulouse et d'annexer le Languedoc à la Couronne, nous avons le droit pour nous.

— Qui paiera pour les dépenses de cette croisade ? demanda le templier, frère Aymard.

— L'Église. Le cardinal de Saint-Ange en a donné l'assurance, informa le roi. Un dixième des revenus du clergé nous sera octroyé pendant cinq ans.

Le trésorier leva la main en signe d'acquiescement.

— Par ailleurs, commenta Louis le Lion, le Saint-Père met le roi, sa famille, son royaume, ses compagnons d'armes sous la protection de l'Église et offre les mêmes indulgences que pour les pèlerins et les croisés se rendant en Terre sainte.

Les conseillers présents donnèrent leur approbation, excepté le chancelier Guérin qui n'avait pas oublié la prédiction de Philippe Auguste. Cette crainte avait-elle encore des raisons d'être alors que Louis le Lion s'était déjà croisé deux fois et en était revenu vivant, tout auréolé de gloire ? À la grâce de Dieu, pensa l'évêque de Senlis. Après avoir laissé libre cours à l'enthousiasme des autres conseillers, il prit la parole :

— Sire, je n'approuve pas cette nouvelle expédition. Votre père y fut toujours hostile, même s'il ne mésestimait pas l'intérêt de voir les terres du Languedoc rejoindre celles du royaume. Je pense qu'une négociation avec le comte de Toulouse, un homme que l'on peut raisonner, serait plus profitable à votre couronne.

Le monarque ne répondit pas. Décidément, pensa-t-il, avec l'âge le chancelier n'avait plus ni envie ni raison. Il ne tint pas compte de son avis et, fort de l'appui des autres, décida d'entreprendre cette nouvelle expédition.

À l'ordre du jour de la réunion, Barthélemy de Roye apporta des informations sur le souverain du Saint Empire romain germanique.

— Il est difficile de comprendre ses intentions ! déclara-t-il.

Frère Guérin haussa les épaules et marmonna :

— Difficile à comprendre ? Vraiment ? Son ambition est sans limite et son exercice de la diplomatie parfaitement immoral.

— Expliquez-vous, Chancelier, demanda le roi.

— Tout d'abord, il a obtenu l'autorisation du Saint-Père d'épouser Isabelle de Jérusalem. J'ai encore en mémoire la colère de votre père lorsqu'il apprit par Jean de Brienne ce projet de mariage. Il est maintenant empereur en Terre sainte. Pouvez-vous le croire ? Un tel forban protecteur des Lieux saints !

— Allons, Chancelier, l'empereur reste notre allié ! intervint Montmorency.

— Il est surtout l'allié des Sarrasins ! N'a-t-il pas passé un accord avec le sultan Al-Kâmil dans le secret espoir de ne pas avoir à se battre en Orient ?

— Jean de Brienne n'avait-il pas conclu lui-même une trêve de huit ans avec Al-Kâmil ? demanda le roi.

— Une trêve, mais pas un accord, précisa l'évêque de Senlis. Comment croire un homme qui, le jour de son mariage, trompe sa femme de quatorze ans avec l'esclave de celle-ci, puis l'enferme dans son château de Terracina, gardée par les eunuques noirs de son harem ? Le pape Honorius a été bien naïf de penser que ce mariage inciterait l'empereur à aller, enfin, délivrer les Lieux saints.

— En avons-nous fini ? demanda le roi.

— Pas tout à fait, Sire, intervint Robert de Courtenay. Nous venons d'apprendre que l'empereur a accordé aux chevaliers teutoniques de faire de la Prusse un fief impérial après qu'ils eurent écrasé les païens prussiens et lituaniens. Par ailleurs, Frédéric a décidé de mettre au ban de l'Empire les villes lombardes qui s'étaient regroupées en une nouvelle ligue, avec le soutien du Saint-Père.

Quelques heures plus tard, l'évêque de Senlis rapporta la conversation au prince Louis, lui qui avait été témoin, trois ans plus tôt, des vifs échanges entre son grand-père et Jean de Brienne. Le chancelier prenait déjà en charge l'éducation et les intérêts du futur roi de France.

— L'empereur est-il aussi fourbe qu'un Plantagenêt ? demanda Louis de Poissy.

— Il n'est pas fourbe, répondit le chancelier, il est débauché, colérique, sans parole, immoral, ambitieux, et très habile. Il peut être en même temps bon, généreux et bienveillant. De plus, c'est un monarque très instruit qui aime les arts, les sciences, la nature ; il aurait écrit un traité sur la fauconnerie dans lequel il fait preuve d'une grande connaissance sur les mœurs des animaux : il sait même chanter. Mais c'est un mauvais chrétien. Il ne faut point douter qu'il veut être empereur de l'Occident et de l'Orient réunis. Tenez-vous-le pour dit, Louis.

Le jeune prince hocha la tête en signe d'approbation. La leçon, sûrement, lui servirait.

23

Le siège d'Avignon

Pour la troisième fois, Louis le Lion retrouva le chemin des terres albigeoises. Il prit la croix le 30 janvier 1226.

Louis de Poissy, que son père avait su convaincre du nécessaire combat contre les hérétiques, se réjouissait de voir le roi préparer activement cette nouvelle croisade. À sa mère qui redoutait cette expédition, ne la jugeant pas indispensable comme l'en avait convaincue l'évêque de Senlis, le jeune prince opposa des arguments pour démontrer la légitimité de son adhésion.

— Frère Jacques, déclara le jeune prince à sa mère, m'a expliqué que les cathares affirment que le Christ n'a pu être incarné dans notre monde sinon il aurait été soumis au Mal. Ils ne veulent pas reconnaître l'autorité du pape, ni celle des prêtres et des évêques. Ils accusent l'Église d'avoir perverti le christianisme quand elle a accepté l'autorité de l'empereur Constantin.

Blanche savait évidemment tout ce que venait de lui raconter son fils, mais elle éprouvait un malin plaisir à l'écouter, satisfaite du degré d'éducation religieuse atteint par son enfant.

— Ils ne reconnaissent pas la valeur du baptême, poursuivit le prince, ni le sacrement de l'Eucharistie, ni celui du mariage, car ils prétendent que l'union charnelle entre l'homme et la femme est le péché originel. Enfin ils refusent de croire à la médiation des saints et aux reliques. Frère Jacques m'a dit qu'en dépit des deux premières croisades menées par mon père, les hérétiques étaient chaque jour plus nombreux et qu'ils possédaient aujourd'hui plus de huit cents lieux de prières ; ils viendraient même de créer un nouvel évêché...

— À Razès, précisa sa mère.

— Ah ! vous le saviez donc ? Vous comprenez, ma mère, pourquoi le Roi doit absolument aller combattre ces fous qui nient notre foi.

— Je le comprends très bien, Louis, mais il m'est toujours désagréable de voir mon époux me quitter pour défendre notre royaume ou notre Église.

— J'aimerais tant l'accompagner ! Pouvez-vous intercéder auprès de lui ?

— Sûrement pas ! rétorqua Blanche.

Elle faillit lâcher qu'elle ne voulait pas perdre deux rois ensemble, mais elle chassa ce cauchemar de sa pensée et justifia son refus autrement :

— Vous n'avez que douze ans, jeune prince, vous avez encore beaucoup à apprendre, avant de vous occuper des affaires du royaume. La guerre n'est pas un jeu pour les enfants.

— Mais je ne suis plus un enfant, protesta Louis, je suis le fils aîné du roi de France et j'exige de devenir chevalier.

— Vous n'avez rien à exiger, répliqua sèchement sa mère. Et maintenant laissez-moi, je dois rejoindre le Roi. Nous avons à parcourir ensemble une longue route. Mon époux m'a demandé de l'accompagner jusqu'à Bourges.

C'était dans cette ville que Louis le Lion avait convoqué ses vassaux et leur avait donné rendez-vous pour la mi-mai.

Louis baissa la tête, en signe de respect et demanda l'autorisation de se retirer. Il descendit dans la cour où le souverain se préparait à donner l'ordre de départ.

Rarement plus forte armée ne fut rassemblée. Elle comptait près de cinquante mille chevaliers, d'hommes d'armes à cheval et plus de cent mille fantassins. Les plus grands seigneurs du royaume avaient accepté de participer à cette croisade. Les subsides de l'Église et la levée des pénitences n'y étaient sans doute pas étrangers. C'est ainsi que les Berruyers virent arriver d'immenses cohortes de guerriers défilant sous les plus grandes oriflammes, celle de Philippe Hurepel, de Pierre Mauclerc, de Thibaud de Champagne, l'amoureux transi de la reine Blanche, du comte de Saint-Pol qui s'était illustré à Bouvines, d'Amaury de Montfort qui rêvait d'en découdre à nouveau avec Raymond de Toulouse...

À Bourges, le roi et le cardinal de Saint-Ange réunirent les vassaux et firent le point sur la campagne qui s'annonçait sous les meilleurs auspices. Romano Frangipani annonça que les comtes de Roussillon, de Barcelone et plusieurs autres seigneurs du Languedoc, ayant appris la puissance de l'ost, avaient renoncé à soutenir le comte de Toulouse.

— Nous pouvons être sûrs, déclara-t-il, que les portes de Vienne, de Valence, de Montélimar et d'Orange nous seront grandes ouvertes.

— Et Avignon ? demanda le roi.

— Nos émissaires ont reçu des réponses encourageantes...

— Des réponses encourageantes ? intervint Amaury de Montfort. Méfions-nous des Avignonnais ! Ils sont retors et ont la réputation de changer d'avis avec le mistral !

— Nous avons laissé croire, indiqua le souverain, que nous descendions par le Massif central. Nous avons tenu secrète notre décision de longer plutôt la vallée du Rhône, une voie plus facile qui nous permet, en outre, de transporter nos matériels sur des barges.

Les vassaux approuvèrent cette nouvelle stratégie. Le lendemain, 17 mai, les troupes s'ébranlèrent vers le sud.

Le prince Louis avait fait jurer à son père de pouvoir être informé quotidiennement du déroulement de la croisade. Quand il apprit que l'armée descendait le cours du Rhône, il s'inquiéta de ce changement, mais son maître d'armes le rassura :

— Il faut toujours surprendre l'ennemi, lui dit-il. Et votre père est un stratège avisé. Ses adversaires l'ont souvent trouvé là où ils ne s'y attendaient pas.

Louis fut enchanté d'entendre ce commentaire rassurant. Il admirait son père, désormais, autant que son grand-père. Il ne doutait pas qu'il combattrait les hérétiques et les mettrait hors d'état de nuire.

Le roi de France passa une dernière nuit avec son épouse au cours de laquelle ils s'étreignirent avec une intensité, une passion et une exaltation qui semblaient augurer d'une séparation définitive. Louis refusa qu'elle l'accompagnât jusqu'en Languedoc.

— Le climat y est détestable, lui déclara-t-il, vous pourriez en souffrir.

La reine n'avait pas insisté, mais, sans doute animée par un pressentiment, elle se pressa dans les bras de son époux comme pour l'empêcher de la quitter.

La descente de l'ost le long du Rhône ressembla à un défilé de parade. Elle ne rencontra aucune opposition, au contraire, elle fut partout accueillie avec un enthousiasme qui était à la mesure de la vision impressionnante donnée par cette immense armée. Bientôt, elle parvint aux alentours d'Avignon. Le monarque se souvint de la mise en garde d'Amaury. Il ne souscrivit point aux sollicitations mielleuses d'une délégation d'habitants de cette ville et confia au comte de Saint-Pol le soin d'aller se rendre compte sur place de la réalité de l'accueil. Celui-ci, parvenant aux portes de la ville, apprit que les Avignonnais avaient changé d'avis. Il sut par ses espions que l'intention des habitants était de laisser entrer le roi, puis de le couper de ses troupes pour se saisir de lui et de son avant-garde.

À l'annonce de cette information, Louis se fâcha et jura qu'il ne quitterait pas les lieux sans s'être emparé de la ville, même s'il mesurait la difficulté de la tâche. Il résolut de prendre son temps pour bien préparer le siège. Ce ne fut pas du goût du cardinal de Saint-Ange :

— Je vous somme, au nom de l'Église, ordonna le légat, de réparer immédiatement cette injure et de nous réserver la moitié du butin !

— Le roi de France ne reçoit aucun ordre quand il fait la guerre, d'aussi haut puisse-t-il venir, répliqua le souverain.

Avignon, protégée par le fleuve et une double enceinte, n'était pas facile à prendre. Ses habitants, prévoyants, avaient entassé pour des mois armes et vivres, prouvant ainsi qu'ils n'avaient jamais eu l'intention d'accueillir pacifiquement le roi et son armée. Par ailleurs, le comte de Toulouse, auquel les Avignonnais étaient restés fidèles, avait décidé de barrer la route au souverain français. En faisant vider les granges et labourer les champs, il avait fait de la campagne environnante un véritable désert et déjà les chevaux manquaient de fourrage.

En ce mois de juin, la chaleur devenait accablante et les moustiques harcelants ; les défenseurs de la ville étaient bien armés et redoutablement efficaces. Les corps de milliers de soldats de l'armée royale, tombés dans les combats, étaient charriés par le fleuve. Bientôt, la dysenterie vint accroître les ravages et la famine commença à sévir.

Avant la fin du mois de juillet, les grands vassaux se réunirent pour demander au roi d'abandonner le siège.

— Abandonner ? répliqua Louis le Lion, jamais ! J'ai juré de prendre cette ville de traîtres et je tiendrai parole !

— Bien, Sire ! déclara Pierre Mauclerc, nous avons accompli notre quarantaine au service de votre ost, nous pouvons maintenant nous retirer. Nous vous en demandons la permission.

— Permission refusée !

— Il m'importe, prétendit Thibaud de Champagne, de m'occuper derechef de mes terres.

— Vous êtes bien ingrat, lui rétorqua le roi, et peu reconnaissant à l'égard de la mémoire de mon père qui vous a élevé, de mon épouse qui vous a éduqué et de moi-même qui vous ai toujours défendu. En outre je vous reproche de nous avoir rejoints bien tard et de n'avoir pas été parmi les plus valeureux dans les batailles menées contre cette ville. Si vous nous quittez maintenant, je vous promets que j'irai ravager votre comté par le fer et par le feu.

Ces menaces ne firent pas changer d'avis Thibaud de Champagne qui, par ailleurs, entretenait des relations amicales avec le comte de Toulouse. À la mi-août, il quitta l'armée royale avec ses chevaliers, en pleine nuit, comme un voleur. Le comte de Bretagne et le comte de la Marche le suivirent quelques jours plus tard. Fort heureusement, le départ de ces trois grands vassaux n'eut pas d'effet sensible sur le moral des troupes et n'empêcha nullement les ralliements. Malgré les succès des défenseurs d'Avignon, des villes comme celles de Nîmes, Castres et Lunel ouvrirent leurs portes.

— Écoutez le texte de cette reddition, déclara le roi devant son Conseil, il nous vient du seigneur de Puylaurens : « Nous et nos gens, nous venons à terre pour baiser les pieds de Sa Glorieuse Excellence et la supplions de recevoir miséricordieusement ses esclaves sous le voile de ses ailes. »

Bien qu'harassés par le siège d'Avignon, les conseillers ne purent s'empêcher de sourire et de se féliciter d'une telle soumission.

Trois semaines plus tard, les Avignonnais, souffrant à leur tour de faim et de maladie, se rendirent. Le roi leur promit la vie sauve, mais leur fit payer un lourd tribut. Le légat ordonna que les murailles et trois cents bâtiments fortifiés soient détruits. La nouvelle de cette difficile mais éclatante victoire, préfigurant la soumission et l'annexion de tout le Languedoc, couvrit le royaume d'un lustre et d'un éclat nouveaux. Louis le Lion se hissait à la hauteur de son père, plus encore, il était béni du ciel.

En Avignon, une procession fut organisée en l'honneur du Christ et de la Sainte Croix par le nouvel évêque, Nicolas de Corbie. Le roi la conduisit, tête nue, vêtu d'un sac couleur de terre, ceint d'une corde, comme un frère pénitent entouré de toute sa cour et suivi par les Avignonnais à qui le monarque avait pardonné.

La suite de l'expédition ressembla encore à une promenade pour l'armée royale avec cependant quelques escarmouches à Limoux ou dans des sites reculés tenu par les parfaits cathares, comme à Montségur.

À Paris, on apprenait la mort du moine François d'Assise, le fondateur de l'ordre mineur des Cordeliers. Cette nouvelle peina le prince Louis qui rêvait de suivre l'exemple de ce prêcheur admirable. Avec frère Jacques, il avait été plusieurs fois rendre visite aux cordeliers et s'était lié d'amitié avec le prieur du couvent.

Au cours du mois d'octobre, le roi de France tomba malade. Il décida de ne pas attaquer le comte de Toulouse et d'attendre l'année suivante. Il confia la garde des territoires conquis à quelques proches, dont son cousin Guy de Montfort et regagna Paris par le Massif central. À peine eut-il quitté le Languedoc que le souverain français n'eut plus la force de monter à cheval. Il dut s'aliter. Les médecins et son entourage jugèrent son état suffisamment grave pour en avertir la reine. Le courrier fut adressé au chancelier Guérin. Il se rendit au Palais auprès de Blanche de Castille.

— Madame, annonça avec précaution le chancelier, le Roi est souffrant et souhaite vous avoir auprès de lui avec votre fils Louis.

Blanche de Castille pâlit. La demande de son époux d'être accompagné de leur fils aîné signait la gravité de son état.

— Où le Roi se trouve-t-il ?

— À Montpensier, en Auvergne, répondit l'évêque. Il s'y repose. Ses médecins lui ont conseillé de ne pas poursuivre sa route.

Montpensier se trouvait à quelque quatre cents kilomètres de Paris. Le coursier était parti le 3 novembre, il était arrivé le 5.

Il faudrait plus de quatre jours pour que la reine, enceinte de plus de cinq mois, et son fils, puissent s'y rendre. En moins d'une demi-journée, le chancelier Guérin organisa leur équipage et ils prirent la route.

Affaibli, déshydraté, fiévreux, Louis le Lion, souffrant d'une grave dysenterie contractée pendant le siège d'Avignon, sentait sa fin prochaine. Le 3 novembre, au château de Montpensier, il réunit les grands de son entourage, vingt-cinq personnes au total, dont son demi-frère, Philippe Hurepel, Jean de Nesle, Gautier d'Avènes, duc de Guise et comte de Blois, Enguerrand de Coucy, Amaury de Montfort, le chambellan Ours, et de nombreux ecclésiastiques dont le cardinal de Saint-Ange et Gautier Cornut, archevêque de Sens, primat des Gaules et de la Germanie, le personnage le plus important de la chrétienté, après le pape, l'un des plus fidèles soutiens des Capétiens. Il lui manquait ses quatre principaux conseillers, restés à Paris, Guérin, Montmorency, Courtenay et Roye.

Une vilaine rumeur se répandit comme une traînée de poudre dans tout le royaume. Elle laissait entendre que Thibaud de Champagne, qui ne cachait pas, dans ses poèmes, sa passion pour la reine, avait voulu éliminer Louis en le faisant empoisonner. Comme il avait quitté l'armée royale le 15 août, soit plus de deux mois avant que le roi ne tombât vraiment malade, il eût fallu que des empoisonneurs, à sa solde, fussent restés sur place et aient pu approcher le souverain, ce qui paraissait invraisemblable. Mais la rumeur et la réputation de lâche et d'empoisonneur du comte de Champagne persistèrent longtemps.

— Mes amis, déclara Louis le Lion, la voix faible, mais non encore dépourvue d'autorité, je pressens une fin possible. J'ai fait l'an passé un testament dans lequel mes volontés pour ma succession ne figurent pas. Aussi je vous demande à vous tous présents ici, si je viens à être rappelé à Dieu, de prêter hommage à mon fils Louis, comme à votre seigneur et à votre roi et de jurer que vous le ferez consacrer sans tarder. Si Louis venait à mourir, je vous demande de faire de même pour son frère Robert.

Les vingt-cinq personnalités présentes prêtèrent immédiatement serment et rédigèrent un acte, en y apposant leur sceau, dans lequel ils promettaient « de couronner Louis, fils de Louis ». Philippe Hurepel, qui ambitionnait la régence, dut se résoudre à figurer au nombre des signataires.

La santé de Louis s'aggrava. Les médecins ne savaient plus à quel remède se vouer. Un seigneur, Archambaud de Bourbon, suggéra une vieille médecine : mettre dans la couche du roi une jeune fille vierge ; il expliqua que le monarque, s'étant abstenu de tout rapport sexuel depuis son départ de Bourges, souffrait sûrement de cette longue abstinence et qu'elle était la cause de son état. Ainsi Louis le Lion, entre deux périodes de sommeil, aperçut-il, près de son lit, une jeune fille nue. Il lui demanda la raison de sa présence. Elle s'expliqua. Indigné, il la renvoya et fit savoir qu'il refusait de commettre ce péché mortel.

L'entourage du souverain désigna officiellement Blanche de Castille comme régente. L'absence des grands vassaux qui avaient quitté le roi avant la prise d'Avignon leur facilitait la tâche ; ils auraient pu en profiter pour imposer leur tutelle, et soutenir Philippe Hurepel.

Mais pour nommer Blanche, il fallait l'accord du roi. L'archevêque de Sens, les évêques de Beauvais et de Chartres se rendirent à son chevet pour recueillir son approbation. Trop tard ! Louis venait de rendre l'âme.

Alors, secrètement, les trois ecclésiastiques rédigèrent une lettre, non datée, où ils écrivirent que « Louis le Lion, roi de France, avant de rendre son dernier soupir, encore sain d'esprit et après une bonne délibération, a décidé de confier le bail et la garde du roi Louis de Poissy, son royaume et ses enfants à la reine Blanche ».

Bien que fausse, cette lettre respectait les dernières volontés du roi. À l'évidence, les prélats avaient souhaité protéger le royaume des convoitises des féodaux. Ceux-ci avaient été écartés de la gestion politique, administrative et financière du royaume en faveur d'une administration de techniciens, fidèles aux Capétiens et soucieux d'assurer l'intégrité et la continuité du territoire français, considérablement agrandi par les conquêtes et les annexions des deux rois. Les trois évêques, membres éminents du gouvernement royal, avaient eu un échange sur le choix de la tutelle du jeune roi, et Gautier Cornut, qui privilégiait la désignation de la reine, avait emporté l'adhésion des deux autres.

— Certes, leur déclara-t-il, elle est étrangère. Certes, elle est une femme. Mais n'a-t-elle pas démontré, depuis qu'elle a épousé feu notre Roi, son attachement au royaume, sa détermination à le défendre, son soutien indéfectible aux initiatives de nos souverains et son sens politique. En outre, c'est une femme d'une grande noblesse d'âme et fort pieuse. Elle saura conduire son fils Louis sur les chemins de la vertu et le mettre tout entier au service de Dieu. Évidemment, Philippe Hurepel eût été un choix plus facile, mais pour moi il n'en est pas question, car le successeur ne peut être que le fils du roi, et surtout parce que le comte de Boulogne serait incapable d'assurer l'avenir et de garantir l'intégrité du royaume. Il n'aime que le jeu, les tournois, les fêtes et les plaisirs. Il est vaniteux, versatile et peu recommandable.

En arrivant aux abords de Sens, Blanche de Castille apprit la mort de son époux. Sa douleur fut indicible ; elle s'enferma dans son charroi et s'abîma dans de profonds et douloureux sanglots.

Louis de Poissy, qui devançait sa mère d'une journée, avait été informé par le chancelier Guérin auprès duquel il chevauchait :

— Dieu a rappelé le Roi auprès de lui, murmura le frère Guérin.

— Voulez-vous dire, Chancelier, que mon père n'est plus ?

— Oui, Sire.

Le prince tira sur les rênes de son cheval, qui se cabra. Ce geste cachait sa colère. Se retournant, il cria à l'évêque de Senlis :

— Pourquoi Dieu a-t-il fait cela ? Mon père s'était croisé trois fois pour combattre les hérétiques ! Pourquoi Dieu nous a-t-il privés de notre roi ? Qu'allons-nous devenir ?

Le chancelier hésitait à répondre, mais il le devait. Il avait appris par l'archevêque de Sens le contenu de l'acte qui stipulait que la reine deviendrait la régente et savait que Louis le Lion avait intronisé son fils. Il se rapprocha de lui pour le calmer car l'enfant faisait tourner son cheval en tirant sur les rênes et en l'éperonnant violemment. L'animal ne savait plus comment obéir. L'évêque attrapa le mors et stoppa la monture.

— Vous êtes maintenant le roi, Sire, par la volonté de votre père.

— Mais je ne suis pas digne de mon père, ni de mon grand-père, continua à vociférer Louis. Je ne suis pas encore chevalier, comment pourrais-je être roi ?

— Vous le serez, avec le soutien de la Reine à qui feu le Roi a demandé d'être baillistre.

À cette nouvelle, Louis se calma. Des larmes coulèrent abondamment sur ses joues. Il murmura :

— Ce n'est pas juste ! Dieu n'est pas juste !

— Les intentions du Seigneur sont impénétrables, expliqua le chancelier. Ne soyez pas triste, votre père était un saint. Il ira s'asseoir à la droite de Dieu d'où il protégera votre famille et le royaume.

Ce conseil parut tout de même singulier au jeune prince qui demanda :

— Et vous, Chancelier, continuerez-vous à diriger le gouvernement du royaume ?

— Si Votre Majesté et la Reine le souhaitent, je resterai votre serviteur.

Guérin pensa : « Si Dieu me prête encore vie car je vais avoir bientôt soixante-dix ans. »

— Les intentions de Dieu sont impénétrables, répéta, en ironisant, Louis de Poissy.

L'évêque comprit que la douleur du prince était intense et qu'elle le rendait capable de maudire Dieu lui-même. Il préféra ne pas insister.

Le prince éperonna son cheval à nouveau en lançant au chancelier :

— Je pars consoler la Reine !

L'évêque chargea une escorte de le suivre ; il fallait désormais protéger le nouveau roi.

Louis retrouva sa mère en pleurs, allongée sur sa litière. Elle refusait de laisser entrer quiconque. Mais, à la vue de son fils, son visage inondé de larmes s'éclaira, et elle lança dans un sanglot : « Vive le Roi ! »

Puis elle se redressa, prit son fils par les épaules et l'attira contre elle. Une étreinte qui semblait ne devoir jamais finir.

Blanche de Castille, quoique très chrétienne et très dévote, ne parvenait pas non plus à admettre que son époux, l'homme à qui elle avait donné dix enfants et dont elle portait le onzième, ait pu mourir au service de Dieu. Elle resta inconsolable des jours durant, au point que l'on crut qu'elle voulait se donner la mort. Le peuple de France fut le témoin de son chagrin sur le chemin qui allait du palais du Louvre à Saint-Denis, lorsqu'elle alla rendre un dernier hommage à son époux.

Blanche de Castille était entourée de ses enfants, avec à sa droite Louis, qui s'efforçait de ne pas laisser paraître son émotion. Il était maintenant le roi, il le serait officiellement dans quelques jours, il se devait d'être digne.

Le pape Honorius envoya un message magnifiant « ce roi au cœur de lion qui gouverna le royaume des Gaulois et fut en même temps le bouclier de l'Église ».

Louis le Lion fut enterré à Saint-Denis auprès de son père et de Dagobert.

La reine résuma ainsi la profondeur de son chagrin :

— Si je repais mes yeux de larmes, ce n'est pas sans raison, quand je pense à la noblesse et aux vertus de celui qui m'a tant aimée et que je perds.

24

Les débuts de la régence

À peine les obsèques de Louis le Lion achevées, abandonnant son chagrin pour le salut du royaume, la reine Blanche de Castille avait accepté d'être désignée tutrice du roi.

Elle convoqua, dès l'aube, les fidèles de feu son époux, dans la salle de la Curie.

Le chancelier Guérin lui avait conseillé d'agir au plus vite pour éviter toute tentation d'hégémonie de la part des féodaux et toute forme de revendication de tutelle sur le jeune roi.

Parmi les vingt-cinq qui avaient prêté serment au roi à Montpensier, beaucoup avaient regagné leur fief après l'enterrement. La reine pouvait compter sur la présence des conseillers les plus avisés, à commencer par les trois évêques signataires de l'acte. Outre l'évêque de Senlis, les principaux conseillers de la Curie étaient présents.

Toute vêtue de noir, les yeux encore rougis par son intense chagrin, Blanche entra dans la salle et se dirigea vers le siège royal, comme si elle avait toujours gouverné.

— Messeigneurs et Messires, déclara-t-elle d'emblée, je vous remercie pour votre confiance haute et vénérable. Je me mets au service du royaume de France qui est mon pays et je n'en ai point d'autre. Je ne vous demanderai pas pourquoi, comme vous l'avez écrit, le Roi m'a désignée comme tutrice de mon fils, Louis de Poissy. Vous qui avez gouverné le pays auprès du Roi, mon époux, étiez les mieux qualifiés pour juger de son intérêt. Votre présence et votre soutien m'encouragent et me rassurent. Aussi je vous demanderai conseil, car j'en aurai grand besoin. Je sais pouvoir compter sur vous. En me désignant, vous avez pris le risque de mettre une étrangère à la tête du royaume, comme l'ont déjà fait savoir ceux qui le convoitent.

— Aucun de nous n'avait la légitimité de se désigner en personne ou de se faire nommer tuteur, Madame, répondit le chancelier. Les feudataires auraient eu beau jeu de s'y opposer, d'autant plus qu'ils ont toujours contesté les titres et les capacités des hommes qui ont géré le royaume sous l'autorité de votre beau-père et de feu votre époux.

— Je sais que vous avez pris toutes les dispositions pour assurer sa succession. Pouvez-vous me les préciser ? demanda la reine.

L'archevêque Gautier Cornut, artisan de l'acte désignant Blanche de Castille comme tutrice, répondit :

— Majesté, il fallait aller vite et couronner Louis de Poissy pour parer à toute forme d'opposition.

— Vous avez bien fait, Monseigneur.

— Aussi avons-nous fixé la date du sacre au 29 novembre, premier dimanche de l'Avent.

— Dans treize jours ! Serons-nous prêts ? demanda Blanche. Les invités recevront-ils leur invitation à temps ?

Les conseillers présents restèrent cois. L'archevêque se tut quelques instants, puis lâcha :

— Les missives sont déjà parties, Majesté, mais elles ne sont pas libellées à votre nom car...

— Vous deviez aller vite, en effet, commenta la régente, qui ajouta sur un ton qui trahissait déjà son autorité : lisez-la-moi.

— « Le roi, gravement malade à Montpensier, lut Gautier Cornut, craignant péril pour le royaume de France, nous demanda, au nom de la fidélité que nous lui devions, de jurer sur les Saintes Écritures que nous rendrons foi et hommage, sans restriction, à son fils Louis, en tant que seigneur et roi, et que nous fassions aussi vite que possible le couronnement royal. C'est pourquoi il nous est apparu bon que le roi Louis soit couronné le dimanche de l'Avent précédant la Saint-André. Aussi nous vous prions affectueusement et nous vous requérons en raison de la fidélité qui vous lie au royaume d'être personnellement présent en ce jour du couronnement. »

La missive était signée par les douze dignitaires présents au moment de la mort de Louis le Lion.

— À qui avez-vous envoyé cette invitation ?

— À tous les vassaux, ducs, comtes, barons, seigneurs, qui doivent hommage au roi de France, répondit l'archevêque.

— Et naturellement, vous l'avez envoyée à Thibaud de Champagne ? ajouta d'un ton pincé Blanche de Castille.

— Bien sûr ! répondit Gautier Cornut, ne comprenant manifestement pas pourquoi la reine souhaitait cette précision.

— Eh bien, Monseigneur, envoyez-lui une autre missive pour lui signifier qu'il reste en son château et que la régente lui interdit d'être présent au couronnement de son fils. Les renégats n'y ont pas leur place, pas plus d'ailleurs que les mauvais poètes.

Le ton était cinglant et glaça l'échine des conseillers.

— Bien, Majesté, nous écrivons derechef au comte de Champagne.

— Il importe aussi d'adouber le prince Louis, fit remarquer Jean de Nesle. Le roi de France doit être un roi chevalier.

— Je présume que vous avez aussi prévu cette cérémonie ?

— Oui, reprit le conseiller. Nous vous proposons, Madame, de le faire sur la route de Reims, en passant à Soissons, chez mon père, Raoul, comte de Soissons, le plus ancien et le plus éminent des chevaliers de France.

— Excellente idée. Nous ferons donc une halte à Soissons, nous y reposerons et partirons le lendemain pour Reims. Je présume que les travaux de la cathédrale n'auront pas beaucoup avancé en trois ans. Qui remplacera Monseigneur Guillaume de Joinville pour sacrer mon fils[1] ?

— Le premier des suffragants de l'archevêché de Reims, Gérard de Bazoches, évêque de Noyon, précisa le chancelier Guérin, et je l'assisterai.

Blanche de Castille eut du mal à contenir ses larmes à l'évocation du sacre qui l'avait fait reine. Elle ajouta :

— Il n'y fera sûrement pas beau temps, prévoyez de mettre l'assistance à l'abri.

— Nous nous en sommes déjà occupés, assura le chancelier.

— Je vois que vous avez tout prévu, excepté peut-être de prévenir à temps la tutrice du jeune Roi.

Ce fut dit sur un ton serein, taquin, sans aucune acrimonie.

---

1. L'évêque, qui avait sacré Louis le Lion, avait en effet trouvé la mort pendant le siège d'Avignon.

La régente voulait seulement faire remarquer qu'à l'avenir, aucune décision ne pourrait être prise sans son avis.

— Bien, conclut-elle, je vais maintenant aller préparer le Roi.

Elle fit appeler Louis dans sa chambre. Celui-ci arriva promptement et afficha une mine contrite. Sa mère le remarqua :

— Je comprends votre tristesse, mon fils, mais nous nous devons, vous et moi, de la garder en nous et de la surmonter, car nous avons désormais entre nos mains l'avenir du royaume et de ses sujets.

Louis esquissa un sourire forcé. Ce n'était pas la tutelle de sa mère qui le mettait dans cet état, mais le fait que la réunion du Conseil ait eu lieu sans lui.

— Vous avez convoqué notre gouvernement, Madame, déclara-t-il sur un ton froissé et vous avez oublié le roi !

— Non, je ne vous ai pas oublié, Louis. Il est vrai que vous êtes roi. Mais vous n'êtes encore ni chevalier ni roi consacré. C'est pour que vous le deveniez le plus tôt possible que j'ai réuni les conseillers et des pairs du royaume.

La reine lui fit un compte rendu de la réunion.

— Chevalier ? s'étonna Louis. Mais je n'ai ni heaume, ni cuirasse, ni éperons dorés. Il me faut aussi une épée.

— Vous aurez tout cela, Louis. Nous allons les faire préparer par nos meilleurs tréfiliers, haubergiers et armuriers. Ils viendront prendre vos mesures dans la journée. Nous devrons nous acheminer vers Soissons avant dix jours.

— Et mon destrier ? Mon père m'avait promis un destrier.

— Le grand écuyer va aussi s'en charger.

— Mais je veux le choisir, protesta Louis, agacé que tant de décisions puissent être prises sans son avis.

— Bien sûr ! Allez le voir, reprit Blanche et faites-lui connaître votre désir. Mais ne prenez pas un trop grand cheval, car vous n'avez pas encore vingt ans. Il vaudrait mieux garder pour l'occasion votre... Comment l'appelez-vous déjà ?

— Lancelot ?

— Lancelot, c'est ça ! Un destrier, malgré votre grande taille, vous risquez de ne pas pouvoir le tenir.

— Vous avez raison, Madame.

Louis était, en effet, partagé entre le souci d'affirmer son titre de roi et le désir d'être, en tout point, en accord avec sa mère. Il allait prendre congé quand elle le retint :

— Louis, j'ai une belle surprise pour vous.

Le roi se retourna, intrigué. Sa mère lui tendit un coussin brodé, d'apparence usagée.

— Voici, dit-elle, un cadeau que sont venus vous offrir les frères cordeliers en l'honneur de votre admiration pour le moine François d'Assise, ils vous ont apporté ce coussin sur lequel il posait sa tête pour dormir. C'était son seul bien, tant était grand et sincère son engagement dans la pauvreté et sa volonté de vivre comme le Christ Notre-Seigneur. Tenez, il est à vous.

Les yeux de Louis brillèrent de joie, de fierté et d'émotion :

— Jamais don ne me fera plus de plaisir, murmura-t-il, je gage que le frère François sera canonisé par le Saint-Père. Ce coussin sera une relique que nous conserverons précieusement et que nous ferons honorer.

Blanche eut un sourire radieux. Elle pensa qu'elle n'avait pas raté l'éducation de son fils. Comme son père, il se montrait pieux, comme lui, il servirait fidèlement la Sainte Église.

25

Sur la route du sacre

Après avoir pris connaissance des dernières volontés de son père, Louis se retrouva seul avec sa mère dans le carrosse qui les conduisait à Soissons, un carrosse particulièrement inconfortable malgré les travaux routiers que le roi Philippe avait fait entreprendre sur les grands axes du domaine royal.

Il y avait, entre Paris et Reims, plus de deux cents kilomètres à parcourir, ce qui allait prendre, au moins, quatre à cinq jours avant de parvenir dans la ville du sacre.

Depuis des mois, le futur roi se demandait pourquoi son père n'avait pas reçu la couronne d'Angleterre.

— Ne vous en a-t-il jamais parlé ? s'étonna Blanche.

— Il me l'a souvent promis, mais lorsque je l'interrogeais, il prétendait être très occupé et me conseillait d'aller voir mon grand-père ; puis, après sa disparition, d'aller demander à Jean de Nesle de m'en instruire. Mais l'un comme l'autre ne trouvaient jamais le temps.

— Et frère Jacques ?

— Il prétendait qu'il ne lui appartenait pas de m'enseigner la politique du royaume.

— Il vous a bien répondu, fit remarquer la reine.

Blanche comprit que les différents interlocuteurs de son fils avaient préféré trouver un prétexte pour se taire plutôt que d'évoquer, devant l'enfant, la malheureuse expédition anglaise de son père.

— J'ai seulement appris, déclara Louis, que vous aviez voulu nous donner en otages, moi et mes frères, pour financer la guerre de mon père.

— On ne vous a pas trompé, c'est bien une menace que j'ai brandie devant le roi Philippe afin qu'il aidât son fils à combattre l'Anglais. Mais je n'aurais jamais mis cette menace à exécution...

— Mon grand-père ne voulait-il pas soutenir mon père ? s'étonna Louis.

— Votre grand-père était très rusé, reprit Blanche. Officiellement il s'y opposait pour ne pas déplaire au Saint-Père dont le trône d'Angleterre était sous la vassalité ; il était aussi très réservé sur les bienfaits de cette expédition et redoutait de voir son fils sur les champs de bataille. Il craignait pour sa vie et pour la succession du royaume. Il se sentait fatigué déjà ! Et redoutait qu'un enfant soit appelé à régner, comme cela s'est produit en Angleterre avec le jeune Henri. Il savait que les barons n'hésiteraient pas à en jouer pour reprendre les pouvoirs et les territoires sur lesquels le roi avait sa tutelle pleine et entière.

— Les faits viennent de lui donner raison, souligna Louis. Devrai-je redouter, moi aussi, les révoltes de mes vassaux ?

— Vous le devrez, mon fils ! Certains manifestent déjà leur indépendance en refusant de se rendre à votre sacre.

— Qui donc ?

— Je vais d'abord vous raconter l'aventure de votre père en Angleterre et je vous parlerai ensuite de ces fieffés seigneurs !... Car je n'ai pas encore reçu toutes les réponses aux invitations qui ont été lancées.

— Je vous écoute, Madame !

Le ton était déjà celui d'un souverain. Louis de Poissy se sentait désormais investi de sa noble et lourde charge, celle de diriger le royaume de France, la plus grande puissance d'Europe. Ainsi tenait-il à savoir pourquoi et comment la couronne d'Angleterre, qui aurait dû lui échoir, ne figurait pas dans son héritage.

— Après la victoire de Bouvines, raconta Blanche, le roi Jean sans Terre...

— Votre oncle, la Molle Épée, le Cœur de poupée, précisa Louis, un sourire ironique en coin.

Blanche apprécia l'humour et le sens de la repartie de son fils. Elle reprit :

— Le roi Jean était dans une très mauvaise posture en son royaume. Sans son armée de mercenaires et sa promesse faite au souverain pontife de se croiser, il aurait perdu sa couronne. Ses barons, et même l'archevêque de Canterbury, voulaient se débarrasser de lui. C'était un homme perfide, lâche, cupide, qui menait une vie dissolue, n'avait aucune parole et martyrisait son peuple.

— À ce point ?

— Je ne noircis pas le portrait !

— Je plaisante, Madame, le roi Philippe et mon père n'avaient pas été moins tendres que vous.

— Je vous disais qu'il manquait de parole. Ainsi accorda-t-il aux barons la *Magna Carta*, le jour de Noël 1214, une charte des libertés que les évêques et les nobles du royaume avaient exigée de lui. Jean sans Terre la reconnut par serment. La *Magna Carta* assurait l'hérédité des fiefs, le respect des biens du clergé, la justice pour les humbles, la protection des marchands, les privilèges des villes, une limitation pour le roi de la levée des impôts et l'instauration du conseil de vingt-cinq barons qui mettaient, en quelque sorte, le souverain sous surveillance. Mais celui-ci, quelque temps après, s'était empressé de la brûler publiquement. Alors les barons se rebellèrent contre lui, ce qui leur valut d'être excommuniés par le pape Innocent qui déclara : « Les barons anglais veulent détrôner leur roi, un roi qui a pris la croix et qui s'est mis sous la protection du Saint-Siège. Au nom de Dieu tout-puissant, Père, Fils et Saint-Esprit, nous réprouvons et condamnons cette charte et défendons au roi, sous peine d'anathème, de l'observer. » Les barons anglais vinrent alors demander l'appui de votre grand-père qui leur prodigua ses encouragements mais ne voulut pas s'engager. Alors les Norrois...

— Les Norrois ? interrogea Louis.

— Oui, les barons anglais, c'est ainsi que nous les appelons... Louis, cessez de m'interrompre, vous allez me faire perdre le fil !

En réalité, la mémoire ne lui faisait pas défaut, mais la reine voulait donner à son fils une version réelle des faits en évitant d'altérer l'image de Louis le Lion qui n'avait pas écrit, dans cet épisode, la plus belle page de son histoire.

— Les Norrois, qui ne pouvaient plus supporter la tyrannie de leur monarque, firent appel à votre père en lui offrant la couronne d'Angleterre.

— Il pouvait donc y prétendre ?

— Par moi, bien sûr, puisque j'étais la nièce du Roi, descendante de sa propre mère, Aliénor d'Aquitaine.

— Et que répondit mon père ?

— Il consulta d'abord le roi Philippe, qui refusa de lui donner son accord, tout en lui faisant comprendre qu'il n'était pas opposé à cette perspective. Comme mon époux insistait, il lui lança : « Par la lance de saint Jacques, fais ce qu'il te plaît ! Mais tu n'en viendras pas à bout. Car les Anglais sont des traîtres et des félons et nul ne peut compter sur leur parole. »

En vérité, Philippe Auguste approuvait cette démarche car il souhaitait secrètement que le royaume de France, déjà largement agrandi par les conquêtes territoriales sur l'Anglais, s'étendît aussi sur les terres de la Grande Île. Il reçut donc les barons anglais, leur signifia qu'il laisserait son fils les aider, mais ne voulut pas s'engager davantage pour ne pas se fâcher une nouvelle fois avec le pape.

— Une nouvelle fois ? interrogea Louis.

Il savait très bien de quoi il en retournait, mais il voulait entendre de la bouche de sa mère la vérité sur ce conflit.

— Oui, vous devez vous souvenir qu'il y a vingt-six ans, le Roi fut excommunié pour avoir répudié la reine Ingeburge.

— Mais personne ne m'a jamais raconté pourquoi mon grand-père a répudié son épouse ?

— Chaque chose en son temps, Louis, je vous raconterai ce fâcheux épisode un autre jour.

— La reine Ingeburge viendra-t-elle à mon couronnement ?

— Je ne sais pas... Nous l'avons invitée.

— Pardon, je vous ai encore interrompue !

— Je vous disais que le roi Philippe était méfiant. L'assemblée des barons anglais était menée par Robert Fitz-Gautier, un chevalier qui avait pour réputation de changer de camp avec le vent. Quelque temps après cette entrevue, alors que votre père avait déjà établi un plan de bataille et fait appel à des chevaliers et leurs équipages, les Norrois firent savoir, par une lettre, qu'ils avaient fait la paix avec le roi Jean et qu'ils annulaient leur proposition.

— Mon grand-père n'a pas dû être content !

— C'est le moins qu'on puisse dire. La colère du Roi résonna au-delà des frontières du royaume, jusqu'à ce qu'on apprenne que cette lettre était un faux, rédigé par le Plantagenêt lui-même. Sa duplicité était sans limite. De ce fait, le Roi n'accepta que votre père aille en Angleterre qu'en échange de vingt-quatre otages, ce qui lui fut consenti.

— Quels otages ?

— Des proches des familles des barons. De cette façon, leur bonne foi ne pouvait pas être mise en doute. Votre père réunit alors cent quarante chevaliers qu'il fit embarquer au début de l'hiver à Calais. Cette armée gagna Londres par la Tamise où elle fut accueillie dans la liesse. Mais Jean sans Terre n'en était pas à sa dernière félonie. Pendant qu'avec ses mercenaires, il pillait et brûlait les villages de son royaume, il faisait comprendre au chef de notre Sainte Église que son désir d'aller en croisade était contrarié par la rébellion de ses barons. Ce qui incita le Saint-Père à interdire à votre père de poursuivre son expédition. Il envoya même son légat, le cardinal Galon, celui qui avait fait excommunier votre grand-père, pour convaincre le roi de France et son fils de renoncer. Il prétendait qu'il fallait défendre le Plantagenêt, puisqu'il était le vassal de l'Église de Rome. Notre Roi sortit alors de ses gonds et déclara d'une voix puissante : « Aucun n'a le droit de donner son royaume ou de le rendre tributaire sans le consentement de ses barons. »

Il ajouta : « Mon fils n'a nullement l'intention de nuire à l'Église de Rome, je ne lui conseillerais pas. Mais s'il veut faire valoir ses droits sur le trône d'Angleterre, nous devons l'entendre et lui faire justice. »

Le légat prétendit alors que le roi Jean, étant croisé, pouvait prétendre à la protection du Saint-Siège pendant quatre ans. Cet argument fut contesté par le roi de France et votre père qui firent valoir que le Plantagenêt était déjà en guerre contre le prince Louis en Artois avant de se croiser. Pour mettre un terme à cet échange entre son père et le légat, le prince Louis déclara qu'il lui appartenait, à lui et à lui seul, de décider du destin du royaume d'Angleterre.

À ces mots, poursuivit Blanche, le roi de France esquissa un sourire qui assura au légat qu'il était bien complice de son fils.

— Assistiez-vous à cette confrontation ? demanda Louis.

— Non, mais le récit m'en a été fidèlement restitué.

Blanche expliqua que le pape Innocent était bien embarrassé. Car s'il soutenait ouvertement le roi Jean, sous prétexte qu'il s'était croisé, il ne pouvait pas condamner Louis qui agissait « la croix devant » contre les hérétiques dans le Languedoc.

— Ainsi la flotte du prince Louis put-elle appareiller en toute quiétude, avec autour de son armée les plus prestigieux chevaliers du royaume, Enguerrand de Coucy, le comte de Nevers, Guichard de Beaujeu, Robert de Courtenay, Pierre de Mauclerc, comte de Bretagne, et Robert de Dreux, une armée aussi noble qu'impressionnante. Comme pour La Roche-aux-Moines, où votre père avait mis en fuite le roi Jean, la peur le prit à nouveau sur les côtes anglaises à la seule vue des forces du prince de France. Il se sauva et alla se cacher à Douvres.

— Le lâche ! commenta Louis.

— À se demander, en effet, comment cet homme pouvait être issu d'une telle lignée, le frère même de Richard Cœur de Lion, ajouta Blanche.

— Que se passa-t-il ensuite ? s'impatienta le jeune roi.

— Notre prince ne jugea pas utile de le poursuivre et gagna Londres où l'attendaient depuis plusieurs mois les premières vagues de chevaliers français.

Un jeudi de la Pentecôte, les bannières à fleur de lys entrèrent dans la capitale anglaise et Louis le Lion fut proclamé roi d'Angleterre. Mais il ne put coiffer la couronne car Jean sans Terre l'avait emportée avec lui. Cela n'empêcha pas les principaux barons, le comte de Norfolk, le comte de Clare, Guillaume le Maréchal, le comte de Salisbury et même Longue Épée, le demi-frère du Plantagenêt, de venir lui rendre hommage.

Il pleuvait depuis le matin, l'automne avait sa mine des mauvais jours. Le carrosse s'embourbait régulièrement bien que le chemin qui les menait à Reims fût empierré. La reine et son fils devaient parfois descendre du chariot pour l'alléger et permettre aux chevaux de le tirer de la boue. Ils reprenaient alors leurs montures et parcouraient une lieue ou deux jusqu'au prochain château, où ils pouvaient se changer et se sustenter. La reine avait fait prévenir ses hôtes : pas de réception somptueuse ; le royaume était en deuil, jusqu'au sacre du nouveau roi. Blanche de Castille le resterait quelque temps, vêtue de blanc, dans une robe monastique coupée dans un lin brut, en signe d'humilité et de pénitence. Tout en chevauchant au pas, la pluie s'étant calmée, la reine poursuivit son récit :

— Bien que le sacre du nouveau roi d'Angleterre ne fût pas accepté par l'Église et que Louis le Lion fût excommunié, les

Norrois et les Londoniens n'en tinrent aucun compte. Votre père rassembla les forces françaises et anglaises et partit à la conquête de son nouveau royaume. Elle ne fut pas aussi facile que prévu. Notamment à cause du comte Hubert de Bourg, resté fidèle au roi Jean, qui tenait fermement la forteresse de Douvres. Ce n'est qu'en octobre que l'affrontement prit un autre tour avec la mort de Jean sans Terre.

— De quoi est-il mort ?

— C'est encore un mystère. Certains disent qu'il aurait été empoisonné par un moine, d'autres qu'il aurait bu un peu trop de cervoise !

Elle sourit, puis ajouta :

— La cervoise anglaise est la pire qui soit, comme leur nourriture d'ailleurs. Les Anglais ne sont vraiment pas des gens civilisés…

Puis, en guise d'oraison funèbre, elle conclut :

— Il avait été nommé « Jean sans Terre »… Mort, il resta sans terre. On prétend aussi que l'abbé de Winchester fit jeter son corps dans un étang, prétextant qu'il n'avait pas le droit à une sépulture chrétienne.

— Ce n'était pas à lui d'en décider, fût-il prêtre, commenta Louis, mais à Dieu.

Blanche regarda longuement son fils, surprise par une telle réflexion dans la bouche d'un enfant. D'autant plus qu'elle l'approuvait.

— A-t-on retrouvé la couronne ?

— Ce que je vais vous raconter maintenant doit vous faire comprendre qui sont les Anglais et qu'il ne faut jamais leur accorder la moindre confiance. Avant de mourir, le roi Jean avait demandé à Guillaume le Maréchal, fidèle serviteur des trois rois Plantagenêts, d'aller chercher son fils Henri, alors âgé de neuf ans, et de le proclamer roi. Le Maréchal adouba l'enfant chevalier en présence du légat Galon, toujours lui, et avec la bénédiction d'Honorius, le nouveau pape. Évidemment, celui-ci s'opposa à ce que Louis fût confirmé roi d'Angleterre. Mon époux dut engager une nouvelle bataille contre les barons restés fidèles au roi Jean et contre beaucoup de ceux qui, après avoir réclamé la souveraineté de votre père, avaient tourné casaque et choisi de rejoindre l'autre camp, jugeant qu'un futur roi de France et d'Angleterre serait moins docile qu'un enfant. Nos troupes se battirent sur plusieurs fronts et furent même assiégées par Guillaume le Maréchal à Lincoln. Votre père avait besoin de renforts. Il fit appel au roi Philippe, qui fit la sourde oreille. Je compris que la situation devenait périlleuse pour mon époux. J'allai trouver mon beau-père et lui déclarai : « Laisserez-vous mourir votre fils dans une contrée étrangère ? N'allez-vous pas l'aider ? » « Je n'en ferai rien », me répondit-il. Je m'emportai alors et le menaçai de vous mettre en gage pour recueillir les écus nécessaires afin de secourir le prince Louis.

— Et qu'a dit le Roi ? s'inquiéta Louis, qui avait gardé de son grand-père le souvenir d'un monarque juste et généreux.

— Blanche, me jura-t-il, je vous donnerai mon trésor, si vous le voulez, mais je n'enverrai pas mon ost à son secours.

— Votre menace l'a donc impressionné ?

— Il ne pouvait vous imaginer en otage, mais il m'a crue car il avait pu souvent mesurer ma détermination. Et il m'appréciait aussi pour avoir donné tant d'héritiers au royaume.

— Après, que s'est-il passé ? s'impatientait Louis qui avait fait stopper son cheval pour mieux entendre la suite.

— Le sort tourna en faveur du Plantagenêt : notre flotte fut défaite dans des conditions indignes des règles de la chevalerie. Les marins anglais, de leurs navires, aveuglèrent les nôtres en leur jetant de la chaux vive et au lieu de combattre à l'épée, ils utilisèrent leurs arbalètes. Des pourparlers eurent lieu à Londres et un compromis fut trouvé. Les nombreuses défections des barons anglais ralliés au jeune Henri ne permettaient pas à votre père de conserver la Couronne en toute quiétude. Il reçut dix mille marcs d'esterlins, en guise d'indemnité, plus que le royaume d'Angleterre ne pouvait récolter en une année. Aujourd'hui, les Plantagenêts restent toujours nos débiteurs, révéla la reine.

— Devrons-nous un jour reconquérir ce royaume ? demanda Louis.

Blanche hésita à répondre. Elle éperonna son cheval qui partit au petit trot. Louis la suivit et lui fit remarquer que cette allure n'était pas bonne pour l'enfant qu'elle portait.

Sa mère apprécia cette attention et déclara :

— Votre grand-père et votre père ont bien établi votre royaume. Les possessions anglaises, en France, sont désormais sous votre autorité. Il serait sage de mettre de l'ordre chez tous vos vassaux, ce qui ne sera pas de tout repos. Il faudra installer la paix, l'imposer si nécessaire, car c'est ce que veut le peuple... La paix et la justice.

Le château de Soissons apparut enfin. La journée avait été longue, humide et froide. Chacun rêvait d'un bon feu, d'un repas chaud et d'une longue nuit de sommeil, avant la cérémonie d'adoubement.

26

Louis, chevalier et roi

La reine avait demandé que les règles de l'adoubement fussent allégées. En effet, la journée avait été fatigante et le jeune roi avait besoin de se reposer. Mais Louis voulait être adoubé pleinement sans qu'aucun privilège ne lui fût accordé.

Il désira jeûner, malgré une faim tenace, et passa la nuit dans la chapelle du château à prier, faire pénitence, accompagné de ses parrains, Raoul de Soissons et son fils, Jean de Nesle. Ils lui enseignèrent que la chevalerie était née, deux siècles plus tôt, au temps du roi Henri Ier, quand le désordre régnait dans le royaume. Il importait alors de fixer des règles de comportement pour la noblesse. Les féodaux n'en faisaient qu'à leur tête, guerroyaient sans cesse, et les sujets, les paysans les premiers, étaient opprimés et rançonnés ; les routes et les chemins étaient des coupe-gorges, les voyageurs et les commerçants étaient souvent détroussés, voire assassinés. Le clergé intervint et transforma le statut des mercenaires et des seigneurs en créant l'ordre de la Chevalerie auquel adhérèrent assez vite les nobles, puis les monarques. Peu à peu, l'Église incita les chevaliers à devenir des chevaliers du Christ pour aller combattre en Terre sainte. C'est ainsi que furent créés les ordres hospitaliers, teutoniques et celui des Templiers, composés de moines-guerriers, croisés à vie.

Le jeune roi avait revêtu une tunique blanche marquée d'une croix rouge, le blanc pour la clarté, le rouge pour le sang que le chevalier était prêt à verser. Le lendemain matin, dès le lever du jour, Louis assista à la messe en présence de sa mère, du chancelier Guérin et des membres les plus éminents de la Cour.

La cérémonie se déroula dans une relative intimité. L'épée, spécialement conçue pour lui, suspendue à son cou, il se dirigea vers le prêtre qui officiait pour la faire bénir. Il s'agenouilla devant Raoul de Soissons qui lui demanda :

— Tu veux entrer dans la chevalerie. Tu devras renoncer aux richesses et aux honneurs, sinon tu n'en seras pas digne.

Pour le jeune prince, cette promesse allait de soi. La main sur l'Évangile, il prêta le serment des chevaliers :

— Je croirai à tous les enseignements de l'Église et je suivrai ses commandements. Je protégerai l'Église, je défendrai les faibles, j'aimerai mon pays, je ne fuirai jamais devant l'ennemi, je combattrai les Infidèles... Je serai le champion du droit et du bien contre l'injustice et le mal.

Deux pages vinrent l'aider à revêtir sa tenue de chevalier composée d'une cotte de mailles, d'une armure et d'éperons d'or. Puis il ceignit lui-même son épée. Il s'agenouilla à nouveau et le comte de Soissons frappa du plat de son épée sa joue, puis sa nuque en proclamant :

— Au nom de Dieu, de saint André et de saint Georges, je te fais chevalier. Sois vaillant, loyal et généreux.

Puis on amena son cheval Lancelot, on l'aida à le monter tout harnaché de son équipement. Il lança son palefroi au galop dans la cour du château.

Il n'y eut pas de festivités comme il était de coutume lors des adoubements. La reine ayant souhaité que fût respectée, jusqu'à cette cérémonie, la mémoire de son époux. Par ailleurs, l'âge du nouveau roi, comme la situation inédite que représentait la prise de pouvoir par la reine exigeaient une solennité plus discrète.

Sur la route qui les conduisait de Soissons à Reims, Blanche de Castille répéta à Louis toute la signification du sacre :

— Le sacre fera de vous l'élu de Dieu, lui dit-elle. Selon le livre de Samuel, l'esprit de Dieu descendra sur vous et fera de vous un autre homme.

— Un autre homme ? répéta Louis, intrigué.

— Oui, nul ne pourra porter la main sur vous, comme Saül n'a pas pu porter la main sur David.

— Même au combat ? interrogea l'enfant.

— Vous pourrez être fait prisonnier, mais pas tué. Par ailleurs, l'onction du Saint Chrême de la Sainte Ampoule vous donnera le pouvoir d'accomplir des miracles, par exemple de guérir les écrouelles.

— Mon grand-père et mon père en ont-ils fait ?

— On le dit, mais le Saint-Siège ne reconnaît que les miracles accomplis après la mort du roi.

Ainsi la Castillane s'efforça-t-elle de rappeler à son fils l'importance de sa filiation davidique.

Sur la route, la régente fut informée que la fronde des vassaux menaçait. Son intensité serait mesurée le jour du sacre quand serait remarquée l'absence de certains barons. On savait déjà que le comte de Bretagne, Pierre Mauclerc et le comte de la Marche, Hugues de Lusignan, n'assisteraient pas au couronnement ; sans doute éprouvaient-ils quelque remords après avoir abandonné leur roi devant le siège d'Avignon. On apprit aussi que le seigneur Hugues de Châtillon, comte de Saint-Pol, ne viendrait pas. En réalité, ces seigneurs mettaient en question la tutelle de Blanche de Castille.

Blanche commenta :

— Nous jugeons ces absences comme la marque de leur dissidence. Nous saurons nous en souvenir.

— Oui, mère, approuva Louis, nous saurons, le temps venu, corriger cet affront.

Cette menace dans la bouche d'un enfant, délicat, frêle, d'une fragile blondeur, fit sourire Blanche et son entourage, sourire qui ne dissimulait pas leur admiration devant un jeune monarque qui endossait déjà les habits de sa fonction.

Thibaud de Champagne avait annoncé son arrivée. Ses gens étaient déjà en place. La reine fit savoir au prévôt de Reims qu'il ne devait pas mettre les pieds dans la ville ni y prendre un seul repas.

« Il a le ventre gros et boursouflé, commenta Raoul de Nesle, ce lourdaud n'a pas besoin de manger. »

Au nombre des grands seigneurs présents figuraient Philippe Hurepel et Jean de Brienne. En dépit du caractère restreint de la cérémonie, il se trouva trois cents chevaliers pour accompagner la Sainte Ampoule.

Dans la cathédrale, hâtivement aménagée, le couronnement se déroula sur un plateau de bois surélevé, chapeauté d'un dais sur lequel d'immenses tentures venaient abriter l'assistance.

La messe fut célébrée par l'évêque de Soissons, entouré de soixante-douze chanoines, de six ecclésiastiques et de six laïcs, qu'on appelait les arcs-boutants du trône, car ils soutenaient la couronne au-dessus de la tête du roi. La plupart des pairs de France avaient fait défection.

— Seigneur Dieu, j'élèverai mon âme vers toi, chanta l'évêque, avant que cette prière ne fût reprise par le roi et l'assemblée des fidèles.

À l'extérieur, le peuple chantait « *Vivat rex in æternum* ».

Louis était vêtu d'une magnifique tunique bleue brodée de fleurs de lys ; il portait les éperons en or de son grand-père ; il tenait dans sa main gauche l'épée que lui avait remise son oncle Philippe Hurepel, arme qui avait appartenu deux siècles plus tôt à son aïeul, et dans la main droite, la main de justice, le bâton et la verge, symboles davidiques.

Il déclara :

— Beau Sire Dieu, je lèverai mon âme vers vous et je me fierai à vous.

Après le couronnement, Louis alla s'asseoir à gauche de la reine où, trois ans plus tôt, son père s'était assis. Blanche ne bougea pas un cil. Mais ceux qui la connaissaient bien pouvaient observer qu'elle contenait son émotion. Désormais, elle gouvernait le royaume et ne pouvait laisser paraître aucune faiblesse. Louis s'efforça de ne pas paraître triste ni de sembler se réjouir. Il adopta une attitude digne, stricte et réservée, à l'image de sa mère.

Le repas qui suivit ne connut ni le faste ni l'allégresse de celui qui fut servi en l'honneur de Louis le Lion. Même s'il ne fut pas de même importance, pour honorer le sacre du nouveau roi il fallut tout de même sustenter les deux mille invités. L'évêque de Reims, décédé et n'ayant pas été encore remplacé, ce ne fut pas l'évêché mais le Trésor royal qui paya le coût de la cérémonie.

Le peuple de Reims eut tout de même le droit de s'abreuver de vin dans le cerf de bronze qui trônait toujours dans la cour du palais épiscopal.

27

Première leçon de gouvernement

En dépit des consignes de Blanche de Castille pour que fût respectée, par le silence et la discrétion, la mort de son époux, le peuple de Paris ne ménagea pas sa joie en accueillant Louis, le neuvième du nom, à son retour du sacre.

D'ailleurs, les applaudissements et les félicitations accompagnaient aussi la régente dont nul n'ignorait maintenant qu'elle avait pris fermement les rênes du pouvoir.

Grande, le port altier, sa longue chevelure de jais couronnée tombant sur sa robe blanche, son regard profond dans lequel se pouvaient lire autant la passion que la détermination, la Castillane entra à cheval dans la capitale aux côtés de son fils.

Les acclamations étaient nourries et sincères, venant d'un peuple qui pouvait aisément passer, en moins d'un mois, du chagrin le plus profond à l'allégresse la plus débridée.

À peine arrivée, Blanche de Castille convoqua une réunion de ses principaux conseillers pour faire le point sur les dossiers urgents : les actions à mener pour couper l'herbe sous le pied des grands vassaux aux intentions hostiles et, entre autres, la libération de Ferrand de Flandre, le traître de Bouvines, promise par Louis le Lion à la comtesse de Flandre.

Louis de Poissy inaugurait ainsi, trois jours après son sacre, ses fonctions de monarque. Car, bien que tutrice, et régente, la reine ne pouvait ordonner et agir qu'au nom de son fils. Ce fut d'ailleurs lui qui ouvrit la réunion en souhaitant la bienvenue aux conseillers qu'il fréquentait déjà de longue date.

— Chancelier Guérin, dit-il d'une voix qu'il cherchait à rendre grave, vous avez la parole.

L'évêque de Senlis le remercia et fit le point sur l'affaire Ferrand :

— Vous avez pu observer que nombre de seigneurs présents à votre sacre vous ont pressé de libérer le comte de Flandre en tenant la promesse de votre père...

— Nous la tiendrons, confirma la régente. Que reste-t-il à décider ?

— Je suggère, enchaîna le chancelier, que soit réduite de cinquante mille à vingt-cinq mille livres la somme que la comtesse Jeanne devra verser à la Couronne pour la libération de son mari. C'est une somme déjà importante et il conviendrait de s'assurer de la fidélité de ce couple.

— Pour s'en garantir, ordonna Blanche de Castille, je vous engage à faire signer par les villes et les seigneurs de Flandre des actes par lesquels ils s'engageront à combattre leur suzerain s'il venait à ne pas tenir son hommage au Roi.

— Et Renaud de Boulogne, demanda Louis, quel sort doit-on lui réserver ?

— Le libérer, Sire, serait une offense à votre oncle, Philippe Hurepel, à qui votre grand-père a donné le comté de Boulogne, car cela vous obligerait de rendre son comté à Renaud.

— Le comportement de Philippe, au cours de ces derniers événements, mérite que nous lui rendions grâces, souligna la reine, d'autant plus que marié à Mahaut, la fille de Renaud, ce comté lui appartient.

Tous les conseillers présents, dont certains se trouvaient à Montpensier, avaient noté que Hurepel n'avait pas contesté l'attribution du trône à son neveu. Le ménager, c'était aussi s'assurer un allié dans le conflit qui n'allait pas manquer de naître avec les grands vassaux.

— Quelles impressions avez-vous retenues du sacre, interrogea la régente, et quelles leçons tirez-vous des intentions des grands absents ?

— Nos espions nous assurent, répondit Barthélemy de Roye, que le comte de Bretagne serait l'initiateur d'une fronde contre notre roi...

— Parlez clair, Barthélemy ! exigea Blanche.

— C'est un homme violent et ambitieux, expliqua le chambrier. Il prétend avoir des droits sur la Couronne parce que son ancêtre, le premier comte de Dreux, était le fils aîné de Louis le Gros. Bien que ce roi eût été écarté pour débilité mentale, les droits de ses descendants, dont il se prétend, resteraient donc opposables.

— Balivernes ! tonna la reine.

— On raconte qu'il y a un mois, intervint Montmorency, il aurait puni des prêtres qui lui étaient hostiles en rasant leurs églises et en faisant murer les lieux où ils s'étaient réfugiés.

— Qu'en dit l'évêque de Senlis ? demanda Blanche.

— Que c'est un homme dangereux qu'il convient de mater au plus vite. Depuis qu'il a épousé l'héritière de Bretagne, il prétend devenir le chef de l'ouest du royaume. N'oublions pas que, par sa femme, il possède aussi le comté de Richemond en Angleterre, et qu'il vient d'accorder la main de sa fille Yolande au roi Henri.

— Voilà qui crée des liens difficiles à briser, commenta Louis.

— Nous verrons cela, déclara la Castillane.

Barthélemy demanda à nouveau à intervenir. D'un signe, la régente le pria de s'exprimer :

— Majesté, la sécheresse a perturbé nos récoltes. Le royaume va manquer de grains et des famines pourraient se produire dans certaines régions...

— Prenez les mesures nécessaires pour éviter cela ! ordonna-t-elle. Le roi Auguste et le roi Louis ont laissé les caisses pleines, n'est-ce pas, frère Aymard ?

Le trésorier du Temple opina du chef. Jamais l'ordre des Templiers n'avait eu à gérer autant d'argent.

Blanche donna congé aux conseillers et retint auprès d'elle son fils et le chancelier Guérin.

— Vous souhaitiez nous parler en privé, Chancelier ?

— Oui, Majesté. Après avoir réglé le cas de Ferrand, je souhaiterais me retirer de votre gouvernement.

— Il vous déplaît d'être dirigé par une femme ? interrogea Blanche de Castille en plaisantant.

Elle semblait ravie de se moquer amicalement de l'évêque de Senlis.

— Bien sûr que non, répliqua-t-il, et mon souhait le plus cher aurait été de vous servir jusqu'à mon dernier souffle. Mais je suis fatigué. Je vais avoir soixante-dix ans. J'ai, comme vous le savez, bataillé en Terre sainte, à Bouvines, auprès du roi Auguste, puis auprès de votre époux. Le moine-chevalier souhaiterait se reposer pour prier le Seigneur de veiller aux intérêts du royaume, plutôt que de s'en occuper lui-même.

— Jamais royaume n'aura connu un serviteur aussi fidèle et aussi compétent que vous, Monseigneur. Nous accédons à votre requête, n'est-ce pas, Louis ?

— Oui, approuva le roi, mais nous vous regretterons beaucoup, Monseigneur ! Puis-je vous demander une dernière faveur ?

— Je vous en prie, Sire !

— J'aurais tant besoin de vos lumières pour comprendre mon royaume et ses sujets. Pourriez-vous encore m'y aider ?

— Bien sûr, quand vous le désirerez.

Blanche de Castille se trouva rassurée de voir que le passage de relais allait se faire si harmonieusement entre deux êtres qui avaient noué depuis cinq ans des liens solides et affectueux.

Quinze jours plus tard, Blanche et Louis apprirent les défections des grands seigneurs. Une ligue de barons poitevins entraînée par Savary de Mauléon, seigneur d'Angoulême et sénéchal de Saintonge, avait fait allégeance à Henri d'Angleterre. Il avait été suivi par Hugues de Lusignan, le vicomte de Thouars et l'archevêque Guillaume, seigneur de Parthenay. Bien sûr, cette trahison faite aux Capétiens avait été payée par le roi d'Angleterre en fiefs, comme en espèces sonnantes et trébuchantes. En outre, Henri et son frère, Richard de Cornouailles, leur avaient promis un soutien militaire.

Le roi d'Angleterre rallia aussi le comte de Bretagne qui s'engagea dans la sédition, de peur, sans doute, de perdre les territoires qu'il tenait de l'autre côté de la Manche.

La régente essaya de convaincre Lusignan de renoncer à cette infamie. Mais celui-ci, poussé par son épouse Isabelle d'Angleterre, mère d'Henri, refusa et parvint même à convaincre Thibaud de Champagne de se joindre à eux en contrepartie d'une aide contre toute agression. Le grand puni de Reims trouvait-il là un moyen de se venger ?

Ainsi, dès le début de l'année 1227, le royaume de France se trouvait-il menacé par les siens, d'ouest en est. D'autant plus qu'Henri d'Angleterre se préparait à mettre à l'eau une flotte importante.

En plein hiver, alors que le dernier enfant qu'elle portait n'était pas loin de son terme, Blanche de Castille enfila sa cotte de mailles et mit l'armée royale en ordre de bataille pour aller combattre les seigneurs félons. Le cardinal légat, Romano Frangipani, l'accompagna, ainsi que Robert de Dreux, le propre frère du comte de Bretagne, et Philippe Hurepel.

Le roi et la reine rejoignirent Loudun. Les troupes royales étaient nombreuses et en bon ordre. Les rebelles n'osèrent pas les affronter. Des pourparlers s'engagèrent, sans résultat. Puis le comte de Champagne résolut de se rendre, trahissant le pacte passé avec les séditieux.

Il arriva tout penaud. Blanche de Castille l'obligea à rendre au jeune roi un hommage appuyé.

— Soyez sévère avec ce lâche et cette girouette qui ne sait jamais dans quel camp se placer, avait-elle prévenu son fils. Qu'il n'oublie pas que sans notre intervention auprès du Saint-Père, il serait toujours considéré par toute sa famille comme un usurpateur.

Thibaud arriva seul devant Louis, cherchant des yeux celle qu'il aimait et qui l'avait humilié. Mais Blanche n'avait pas voulu le recevoir.

— Approchez, lança Louis, assis sur son trône de campagne et revêtu de son armure scintillante.

Thibaud s'agenouilla et déclara :

— Sire, je remets mes fiefs entre vos mains.

Le roi le fit se relever et lui posa son épée sur l'épaule.

— Nous sommes heureux, lui dit-il, que vous soyez des nôtres et que vous retrouviez votre famille. Dieu est témoin que nous vous accueillons comme notre frère.

Blanche, qui ne s'était pas montrée, mais avait entendu les paroles de son fils, fut surprise et ne put s'empêcher de sourire ; elle n'avait pas été écoutée, mais elle se réjouissait que le jeune roi révèle ainsi son indépendance et sache déjà pardonner. Il manifestait en cette circonstance un réel talent d'apaiseur.

La régente rejoignit alors les deux hommes, et les mains sur les hanches, qu'elle avait fortes, déclara :

— Alors, seigneur Thibaud, racontez-nous les intentions de vos complices, Mauclerc et Lusignan !

— Ils attendent des renforts du roi d'Angleterre, répondit le comte de Champagne.

— Des renforts, vraiment ? Allez leur dire que je leur donne deux jours pour venir rendre leurs hommages au roi Louis en la ville de Chinon.

Les deux vassaux firent mine d'accepter mais ne vinrent pas.

Entre-temps, la reine accoucha d'un dernier fils qu'elle prénomma Charles, confortant, par ce prénom, l'ascendance carolingienne des Capétiens.

Quelques jours après son accouchement, l'enfant ayant été confié, une fois encore, à Marie la Picarde, qui était devenue responsable des nourrices, la régente avait rejoint Louis à Vendôme pour recevoir la soumission de Pierre Mauclerc. Ce dernier, se voyant acculé, avait changé d'avis. Il se jeta humblement au pied de la reine :

— Je jure de rester désormais dans la main du roi Louis.

Blanche de Castille, Louis et quelques conseillers s'étaient concertés avant l'arrivée de Pierre Mauclerc, et avaient décidé non seulement de faire la paix avec lui, mais encore de lui proposer de sérieux avantages territoriaux. Blanche promit en mariage son fils Jean, âgé de sept ans, héritier du Maine et de l'Anjou, à la fille de Mauclerc, Yolande de Bretagne qui n'en avait que huit, celle précisément que convoitait le Plantagenêt.

En contrepartie, Mauclerc déclara solennellement :

— Je promets de bien servir le Roi, de ne jamais m'allier au roi d'Angleterre ou à son frère Richard, ni à aucun ennemi de la couronne de France.

Avec une habileté diabolique, Blanche de Castille obtint également la reddition du comte de la Marche en proposant un double mariage, celui de son fils Alphonse avec Isabelle de Lusignan, fille de Hugues et d'Isabelle d'Angleterre d'une part, puis celui d'Isabelle de France, la sœur de Louis, avec Hugues, le fils aîné du comte de la Marche. Une forte somme accompagnait cet accord : une rente de dix mille livres pendant dix ans était accordée au feudataire qui fit les mêmes promesses que son voisin breton.

— Si ce pacte n'est pas respecté, prévint le jeune roi aux deux vassaux, vous serez tous deux mes prisonniers.

Cet accord, signé le 16 mars 1227, fit entrer l'épouse de Lusignan dans une violente colère. Celle qui avait été reine d'Angleterre ne pouvait admettre que son fils Henri fût abandonné en rase campagne par son propre mari.

— Comment, lui lança-t-elle, avez-vous pu vous laisser circonvenir par cette étrangère et un enfant ?

Le comte de la Marche courba l'échine et laissa entendre que les circonstances n'étaient pas favorables à un affrontement avec l'armée du roi, trop importante et bien équipée, et jura que ce ne serait que partie remise.

D'autres redditions intervinrent les jours suivants comme celle du vicomte de Thouars. En l'espace de quelques semaines, Blanche de Castille et Louis avaient ainsi démantelé la coalition la plus redoutable qu'avait dû affronter le jeune roi dans les premiers mois de règne.

Chacun salua l'habileté et le sens politique de la baillistre qui avait ainsi donné à son fils sa première leçon de gouvernement.

28

La fronde contre Blanche de Castille

Les Anglais n'en revenaient pas. Comment la reine de France avait-elle pu déjouer aussi vite et aussi bien, sans effusion de sang, la manœuvre des Plantagenêts pour récupérer leurs terres françaises ? Hors de lui, Henri d'Angleterre avait fait appel au nouveau pape Grégoire qui venait de succéder à Honorius. Il n'obtint pas de réponse.

Entre-temps, le royaume de France fut endeuillé par la mort de frère Guérin dont Louis devait dire : « Nous avons perdu, mon royaume et moi-même, le plus avisé et le plus fidèle des conseillers. Jamais la France n'aura connu et ne connaîtra un tel homme qui, si bien et si longtemps, défendit avec acharnement les intérêts des trois rois qu'il servit et de ceux de son pays. »

La disparition de Renaud de Dammartin dans la prison du Goulet où il était incarcéré depuis Bouvines fut, en revanche, accueillie sans remords. L'ancien comte de Boulogne avait payé sa félonie de sa vie. On raconta qu'il s'était pendu en apprenant qu'il ne serait jamais libéré. Philippe Hurepel était soulagé ; il n'aurait pas à rendre son fief principal. D'ailleurs, il ne pouvait que se féliciter de l'attitude du roi et de la régente à son égard, lesquels venaient, en plus de toutes les faveurs et de toutes les terres qui lui avaient été données, de décider de lui attribuer six mille livres de rente pour sa fidélité.

Mais les rois, les papes, les barons, en ces temps où tout évoluait vite, se comportaient souvent comme des girouettes. Tel fut le cas du nouveau souverain pontife, Grégoire. À peine eut-il félicité la reine de France et son fils Louis pour leurs services rendus à l'Église, qu'il les enjoignit, quelques jours plus tard, de rendre au Plantagenêt toutes les terres conquises par les rois capétiens.

— Le Saint-Père se moque de nous, s'insurgea Blanche, auprès de son légat, le cardinal de Saint-Ange. Soutenir le roi Henri, au motif que le pape est son suzerain, est une ignominie.

Le prélat fut interloqué, à la fois par le revirement du souverain pontife, mais aussi par la violence de la réaction de la reine dont la piété et la fidélité à la Sainte Église ne pouvaient être mises en doute. Il tenta de désamorcer la colère de Blanche, mais à peine voulut-il commencer à le faire qu'il fut interrompu par Louis :

— Je suis entièrement de l'avis de la Reine. Le Saint-Père ne peut pas et ne doit pas intervenir dans les affaires de notre royaume. Telle est la règle que fixa jadis le roi Philippe Auguste, qu'appliqua son fils Louis, et nous entendons qu'elle soit respectée.

— Mais, protesta Romano Frangipani, le pape Grégoire m'a demandé lui-même de veiller sur Vos Majestés avec la plus grande vigilance. Il souhaite aussi que vous meniez à son terme la croisade contre les hérétiques cathares commencée avec tant de succès par feu le roi Louis.

— Qu'il commence donc par faire payer aux évêques les frais de ces croisades qu'ils doivent au royaume comme cela avait été promis et acté, répliqua, cinglante, la régente.

Le légat, qui jouissait depuis le siège d'Avignon d'un prestige incontestable, se sentit démuni face à la détermination sans faille des deux souverains. Il répondit, dans l'espoir de calmer leur irritation, qu'il s'occuperait personnellement de faire appliquer les engagements du pape.

— Il importe pour nous de mettre de l'ordre d'abord dans notre royaume avant d'aller chasser à nouveau l'hérétique, reprit la régente. Néanmoins, il nous faut administrer les territoires acquis par le Roi. Nous désignerons les seigneurs qui représenteront le royaume en Languedoc et contiendront les basses manœuvres du comte de Toulouse. Mais parlez-moi, Monseigneur, de ce concile de Narbonne qui s'est tenu il y a peu. Que faut-il en penser ?

— Un certain nombre de canons adoptés, fit remarquer le légat, ne font que reprendre ceux qui avaient été décrétés au concile de Latran en 1215, en particulier l'obligation pour les juifs de porter la rouelle, de restituer aux chrétiens les intérêts usuraires pris sur les prêts qui leur ont été consentis, de ne pas travailler en public les dimanches, les jours de fête et pendant la semaine sainte...

— Quoi d'autre ? demanda la régente.

— Il sera enlevé aux hérétiques les fonctions publiques dont ils sont titulaires, tous les dépositaires de l'autorité publique devront les éviter, enfin dans chaque église paroissiale sera promulguée l'excommunication des comtes de Toulouse, de Foix, de Béziers et Trencavel.

— Le comte de Toulouse ! enchaîna Blanche de Castille, voilà qu'il réapparaît, celui-là, toujours prêt à renier ses engagements. Il reprendrait, m'a-t-on dit, beaucoup d'influence dans sa région.

— C'est bien pourquoi, précisa le légat, je vais insister auprès des évêques pour qu'ils s'acquittent de leurs dettes à votre égard...

— Fort bien, Monseigneur, fort bien ! Mais il faudrait éviter que le Toulousain ne refasse alliance avec l'Anglais. Nous n'avons pas envie d'envoyer l'armée en Occitanie de si tôt, n'est-ce pas Louis ?

— Oui, Madame ! Cela n'entre pas dans nos intentions présentes.

Les souverains savaient pertinemment qu'Henri d'Angleterre, se sentant épaulé par le nouveau pape, ne désarmerait pas. Il avait à nouveau concentré une flotte imposante à Portsmouth. Il annonçait un prochain débarquement en Gascogne. Mais il n'était manifestement pas très sûr de lui car, dans le même temps, il envoyait à Blanche de Castille un émissaire, l'évêque de Carlisle, pour négocier une trêve. En juillet, un accord était signé pour une paix d'une année. Le royaume de France connaissait un premier répit.

Louis pouvait reprendre ses loisirs favoris avec son maître d'armes et son maître écuyer, chevaucher dans les bois et aller le dimanche, après l'office, se promener dans les rues de Paris à la rencontre de ses sujets.

Ostensiblement, les dignitaires qui accompagnaient le jeune roi, comme cela avait été le cas au cours des promenades avec son grand-père Philippe Auguste, le dirigeaient vers les quartiers les plus riches des nobles, des ecclésiastiques et des bourgeois sur la rive gauche, ou ceux des marchands sur la rive droite, autour du palais royal et de la cathédrale.

— On me dit, déclara Louis, que notre ville compte beaucoup de miséreux, mais hormis quelques mendiants croisés sur notre chemin, à qui nous faisons l'aumône, je ne vois guère de pauvres.

— Oh, Sire ! s'exclama Barthélemy de Roye qui se trouvait en sa compagnie ce jour-là, ils ne sont pas si nombreux. Ils ont honte et ils se cachent.

— Je veux tout de même les rencontrer !

Louis prit alors un parchemin dans sa manche et lut les noms des rues où il désirait se rendre. Il désigna d'abord la rue de la Grande-Truanderie, près de l'église Saint-Eustache.

— C'est un quartier trop dangereux, fit savoir le chambrier.

— Pour un roi, aucun quartier ne doit être interdit.

Le souverain demanda à être accompagné dans les rues du grenier du Saint-Ladre, rue Saint-Denis, rue Saint-Martin, rue des Jongleurs, rue du Beau-Bourg. Il remarqua des attroupements de gueux qui, l'apercevant, s'agenouillèrent respectueusement. Louis s'approcha d'eux, leur distribua des pièces, n'hésitant pas à toucher leur tête ou leur prendre la main comme s'il désirait les soulager de leur peine.

Le groupe gagna ensuite le Marais, puis le cimetière des Innocents autour duquel il lui avait été dit que chaque jour de nombreux crimes, soit d'honneur, soit crapuleux étaient commis. Des piloris étaient placés à certains carrefours où étaient attachés les criminels avant, pour certains, d'être pendus.

— On me dit, déclara Louis, que les corps des pendus peuvent être laissés au gibet des mois durant. Ce n'est pas bien ! Quel que soit le mal qu'ils aient fait, ce sont des enfants de Dieu... S'ils vont en enfer, c'est Dieu qui l'aura décidé...

— Oui, Sire, murmura le grand chambrier.

En parvenant au cimetière de Saint-Nicolas, Louis remarqua un cul-de-sac nommé « Trace-Putain ». Il interrogea :

— Est-ce là que se cachent les prostituées, ici non plus je n'en vois guère !

Barthélemy toussa. Devait-il répondre ?

— Oh ! reprit le roi, vous ne pouvez rien me cacher, Grand Chambrier, j'ai aussi mes informateurs. On m'a appris, qu'à Paris, il y avait beaucoup de prostituées, rue Quincampoix, par exemple, ou rue de l'Arbre-Sec, rue Troussevache, rue Saint-Denis et même autour de la cathédrale, rue Sainte-Croix et rue Coquatrix. On m'a même raconté que rue Glatigny, derrière Sainte-Marie, il y en a tant qu'on les appelle « les fillettes de Glatigny »... Pourquoi les autorise-t-on à faire commerce de leur corps ?

— Elles n'y sont pas autorisées, Sire, répondit Barthélemy, mais la misère souvent les y entraîne et les y maintient.

— Alors il faut les aider !

— Il y a deux ans, notre évêque, Guillaume d'Auvergne, a créé un couvent pour elles près de la porte Saint-Denis.

— Oui, je sais, le couvent des Filles-Dieu, mais il n'est pas assez grand. Il faudra en bâtir d'autres. La capitale de la France ne peut être aussi celle des prostituées. J'en parlerai à notre évêque et à la Reine.

Des putains, le roi n'en vit guère. Elles avaient été chassées avant son passage. La régente restait vigilante. Si elle associait étroitement son fils à la marche des affaires, elle entendait aussi qu'il poursuivît ses études avec son précepteur et qu'il approfondît sa formation religieuse.

Après la mort de l'évêque de Senlis, Barthélemy de Roye devint à cinquante-sept ans le premier conseiller de la reine. Il avait maintenant la haute main et l'ascendant sur les autres conseillers et pouvait donner le plein de lui-même. Sa longue expérience, sa connaissance approfondie du monde conduisirent la régente à recueillir son opinion sur les dangers, notamment ceux venant de l'est, après la disparition du redoutable conquérant, Gengis Khan, durant l'été 1227, à l'âge de soixante-douze ans.

— Nous estimons, Majesté, que ce guerrier mongol a créé depuis le début du siècle le plus grand empire qui ait jamais existé auparavant.

— Que signifie Gengis Khan ? demanda Louis.

— En mongol, c'est le roi universel, précisa Barthélemy.

— Quelle était sa religion ? s'enquit Gautier Cornut.

— Il est difficile de le savoir, certains le disaient bouddhiste, d'autres manichéiste, d'autres encore, chrétien nestorien...

— Le spectre est large, commenta la régente.

— Devons-nous craindre ces Mongols ? interrogea le roi.

— Nous estimons, Sire, que la menace n'est pas immédiate. Mais il faudra y songer. Si le successeur de Gengis Khan déploie les mêmes ambitions que lui, c'est la terre entière qu'il voudra conquérir. Songez qu'en 1215, un an après la victoire de Bouvines, Gengis Khan avait pris Pékin, rasé la ville et massacré sa population. Il était devenu le maître de la Chine avant d'entreprendre ses conquêtes vers l'ouest. Cinq ans plus tard, il prenait la ville persane de Boukhara, l'un des joyaux de la Perse, puis Samarkand. Deux ans plus tard encore, il battait les armées russes en Ukraine après avoir ravagé l'Afghanistan et éliminé des centaines de milliers d'habitants. Puis il a conquis la Hongrie. Autant dire que les Mongols sont à nos portes.

— Qui va lui succéder ? demanda Louis.

— Il a quatre fils, entre lesquels il semble avoir partagé son empire.

— Il a donc commis la même erreur que le fils de Charlemagne, commenta Louis.

— Il est encore trop tôt pour le savoir, répondit Barthélemy, mais gageons qu'ils auront sûrement les mêmes ambitions de conquêtes que leur père.

— Dès que nous y verrons plus clair, il faudra peut-être leur envoyer un émissaire, suggéra la régente.

— Sûrement, Majesté, nous allons nous y préparer dès maintenant.

Le même jour, Blanche de Castille rencontrait Ingeburge de Danemark, l'épouse répudiée de Philippe Auguste, pour évoquer avec elle la défaite du roi de son pays à la bataille de Bornhöved, écrasé par les troupes des princes allemands du Nord.

Dans le même temps, le seigneur Enguerrand de Coucy réunissait en son château une dizaine de barons, scandalisés par les privilèges accordés à Pierre Mauclerc, Hugues de Lusignan, Thibaud de Champagne et Philippe Hurepel. Eux, qui faisaient partie de l'entourage royal, assistaient aux assemblées de la Curie, soutenaient le roi dans ses actions, estimaient n'être pas assez récompensés pour leur fidélité. Un des leurs, cependant, dont le nom ne fut jamais révélé, devait rapporter à la reine la teneur de cette réunion secrète.

— Nous ne devons plus accepter qu'une étrangère fasse la loi dans le royaume, s'était exclamé Enguerrand de Coucy. Elle nous a écartés du pouvoir au profit de cet Italien, Frangipani ; elle n'écoute plus que l'archevêque de Sens ; quant à Barthélemy de Roye, qui était des nôtres, il est devenu son plus servile conseiller. Ainsi le royaume de France se trouve-t-il entre les mains d'une femme, d'un enfant et d'un vieillard.

— Ce n'est pas à une femme de gouverner, fût-elle mère du Roi, avait enchaîné Robert de Dreux, lui qui quelques mois auparavant se trouvait pourtant à ses côtés pour aller combattre son frère Pierre Mauclerc – il n'avait rien reçu en contrepartie de son engagement.

— Non, ce n'est pas à une femme de gouverner le royaume, avait renchéri Courtenay, pas plus qu'à un prélat, étranger de surcroît, et à des administrateurs aux ordres du pouvoir. Toute la haute noblesse a été écartée de la Curie dont les décisions font fi de ses intérêts.

Une clameur d'approbations avait accompagné cette déclaration. Il s'agissait bien de la révolte de seigneurs qui imaginaient qu'en se débarrassant de la reine, ils pourraient prendre le pouvoir et qu'un enfant de treize ans ne saurait les en empêcher.

— J'ai l'assurance, déclara Enguerrand de Coucy, que les sieurs Mauclerc et Hurepel, malgré les avantages qu'ils ont acquis, ne s'opposeront pas à une action de notre part.

Ce seigneur se porta alors candidat à la direction du royaume :

— Ne suis-je pas légitime, comme descendant de Louis le Gros, par ma mère Alice de Dreux ? Si vous y souscrivez, je fais fabriquer céans une couronne.

— Nous y souscrivons, déclara Châtillon, approuvé par les autres barons.

Courtenay intervint à son tour pour expliquer qu'avant d'agir, il fallait nuire à la reine dans l'opinion :

— Déjà dans Paris, déclara-t-il, ménestrels, poètes et pamphlétaires laissent entendre que la Reine, libérée de son dernier enfant, a pris pour amants le cardinal légat et son amoureux transi, Thibaud de Champagne.

— Alimentons cette rumeur, suggéra Enguerrand, elle nous rendra plus facile son éviction.

Les conspirateurs avaient décidé d'entreprendre une action pour intercepter le roi et sa mère et obliger celle-ci à se démettre de ses prérogatives. Le baron espion n'avait pas pris ce complot très au sérieux, aussi n'alerta-t-il pas immédiatement les souverains de cette réunion secrète.

Sur les conseils de sa mère, qui restait à Paris, Louis, accompagné par un équipage restreint de chevaliers, commença une tournée dans les villes du domaine royal afin que, comme l'avait déclaré Blanche de Castille : « Vos sujets mettent un visage sur votre nom. »

Chaque visite du jeune roi dans les villes et les campagnes était l'occasion de liesse de la part des populations qui semblaient adhérer pleinement à la jeunesse et à l'autorité naturelle de ce monarque au sourire charmant, à l'abord simple et facile au point de faire trembler ses gardes. Plus grand et plus élancé que son père, il semblait avoir régné depuis déjà des lustres.

Avant de partir, le jeune souverain apprit que l'empereur Frédéric, malade, avait annoncé qu'il était contraint de différer une nouvelle fois son départ pour la croisade en Orient.

— Encore une maladie imaginaire ! commenta la reine. C'est la cinquième fois qu'il renonce à partir, le pauvre pape Honorius en est sûrement mort de dépit, lui qui voulait tant attacher son nom à la délivrance des Lieux saints.

De fait, quelques semaines plus tard, le pape Grégoire, qui était d'une autre trempe que ses deux prédécesseurs et ne croyait pas à ce prétexte, excommunia l'empereur. En réalité, Frédéric savait que la situation en Terre sainte ne tournait pas à son avantage. Son « ami » Al-Kâmil, le sultan d'Égypte, s'était emparé de Damas et de la Palestine. Il n'avait plus besoin de l'empereur d'Allemagne pour créer un État tampon entre l'Égypte et la Syrie. Ce n'était donc pas le moment le plus propice pour partir en Terre sainte. Mais comment raconter au pape que ce sultan dont il avait adoubé chevalier l'ambassadeur, Fakhreddin – ce qui avait indigné toute la chevalerie européenne –, n'était plus un allié mais un ennemi potentiel ?

L'entrée du roi dans une ville était une occasion de fêtes, toujours marquée d'une grande solennité et d'une intense émotion. La cité était ornée de banderoles, de tapisseries, de draps blancs, d'oriflammes, d'écussons ; les clés étaient remises au souverain qui recevait les hommages de tous les corps constitués et des seigneurs alentour. Le cortège royal qu'accompagnaient nobles et bourgeois, clercs et magistrats était suivi par une foule enthousiaste qui criait « Noël, Noël », quelle que fût l'époque de la visite. Des scènes montées sur des tréteaux donnaient lieu à des représentations de toutes sortes, comédiens, jongleurs, troubadours, poètes s'en donnaient à cœur joie. Des fontaines de vins blanc et rouge étaient placées à tous les carrefours pour abreuver les sujets.

Le roi se trouvait à Orléans quand un courrier apporta une missive urgente. Le sceau était celui de sa mère. Il la lut en présence de Montmorency. « Louis, un complot de barons vous menace. Ils veulent se saisir de votre personne, et quand ils vous auront fait prisonnier, ils m'obligeront à me démettre. Votre oncle, le comte de Boulogne, aurait été informé de cette rébellion, mais il ne nous en a rien dit. Rentrez au plus vite à Paris. »

Louis et sa suite apprirent en arrivant près de Montlhéry, que les rebelles étaient à Corbeil et s'apprêtaient à leur barrer la voie vers Paris.

— Réfugions-nous au château de Montlhéry, ordonna Louis et que l'on prévienne la régente que nous avons besoin de troupes.

Quelques heures plus tard, Blanche de Castille mobilisa à Paris et dans les communes alentour nobles, bourgeois, chevaliers, mais aussi le peuple avec les milices communales, ce peuple qui avait permis à Philippe Auguste de gagner la bataille de Bouvines contre les mercenaires de Jean sans Terre et d'Otton.

Il faisait un froid de gueux en ce mois de janvier 1228 et pourtant tous les hommes valides, plusieurs milliers, armés de leurs fourches et de leur courage, partirent délivrer leur roi. Ils venaient de Paris, mais aussi de Belleville, Charonne, Clignancourt, Arcueil, Bagneux, Gentilly, Bicêtre, Cachan, Montrouge, Châtillon et de communes encore plus lointaines.

Ils se rendirent à Montlhéry en chantant : « De trahison, Dieu garde le roi et son barnel, et la bonne reine veuille Dieu confronter et lui envoie grande joie de sa belle maisnié, si qu'en soit sa couronne durement rehaussée. »

Ce que voyant, les barons n'osèrent pas attaquer. Penauds, dépités, ils s'en retournèrent dans leurs terres.

Cette journée magnifique scella à jamais le lien entre Louis et son peuple.

— Toute ma vie, dira-t-il, je me souviendrai de ce que je dois à mon peuple et je le servirai sans relâche pour lui assurer la paix, la justice et la prospérité.

En arrivant à Paris, Louis alla saluer ceux qui l'avaient délivré. Puis il demanda à sa mère de faire préparer un dîner intime avec ses frères et sa sœur. Et, pour la première fois, il prit son petit frère Charles dans ses bras. Le garçon, qui allait avoir un an, manifesta une telle colère que sa mère dut le reprendre pour le rendre à sa nourrice :

— Il ne semble pas aimer le Roi, lâcha en riant Louis de Poissy, il devra pourtant s'y faire... !

29

Les rumeurs

Les rumeurs contre Blanche de Castille allaient bon train. Elles étaient alimentées par un efficace propagandiste en la personne d'un nobliau, Hugues de La Ferté, célèbre pamphlétaire dont la parole était libre et audacieuse : « La France, écrivait-il, est bien abâtardie, seigneurs, barons, entendez quand femme l'a en sa tutelle... » Il lui adressait directement des reproches infondés dont celui, très grave, de détourner l'argent du royaume vers l'Espagne, son pays d'origine. Et il enjoignait le Roi d'agir : « Roi, ne créez pas un parti attaché à une femme, mais faites appeler ceux qui aiment porter les armes !... »

Blanche de Castille était devenue la diablesse de tous les maux et la cible des plus méchantes attaques. Elle fut d'abord mise en cause sur sa gestion, accusée d'empêcher son fils d'exercer le pouvoir. Traitant ces méthodes avec le plus grand mépris, Blanche rendait les nobles plus furieux encore. Ils lancèrent de nouvelles flèches que le poète La Ferté véhicula en s'adressant à Louis, une nouvelle fois : « Sire, appelez vos barons, entendez-vous avec eux, remettez en avant les pairs du royaume, auxquels il convient de laisser diriger la France. Et faites aller les clercs en leurs églises chanter. » Les barons visaient les clercs qui constituaient alors l'armature juridique, technique et financière du royaume, à qui les seigneurs reprochaient une absence de légitimité nobiliaire.

L'aventure de Montlhéry avait armé le jeune roi contre les vindictes, les quolibets, les sous-entendus et les injures dont sa mère était la cible. Il avait compris que les féodaux n'avaient qu'un seul objectif, prendre le pouvoir, ce pouvoir qui leur avait été retiré par ses prédécesseurs, son père et son grand-père.

Au cours d'une entrevue avec la régente, il déclara :

— Mère, je mesure l'extrême ambition de nos vassaux et de nos barons. Je sais leur appétit. Non seulement nous n'allons pas les rassasier mais j'irai personnellement porter le fer chez tous ceux qui voudront mettre du désordre dans notre royaume. Quant aux libelles qui portent atteinte à votre honneur, leurs auteurs devront m'en rendre compte.

Blanche de Castille se réjouissait de voir son fils grandir aussi vite et s'avérer être un vrai monarque capétien. Elle lui répondit :

— Louis, ne soyez pas fâché, les hommes sont ainsi, surtout lorsqu'ils possèdent. Ils sont vindicatifs, jaloux, versatiles, menteurs et prêts à toutes les trahisons tant ils n'en ont jamais assez ! Administrons le royaume avec justice, tentons d'établir la paix par tous les moyens et toutes ces folles rumeurs disparaîtront avec le vent.

Mais, loin de se calmer, les calomnies s'amplifièrent et se propagèrent de taverne en place publique pour s'en prendre maintenant à la moralité de la régente. Les seigneurs avaient visé deux cibles, Thibaud de Champagne et le cardinal de Saint-Ange.

Le premier ne faisait plus mystère de sa passion pour Blanche ; poète et troubadour, il lui écrivait publiquement des mots doux, sans la nommer directement.

« Celle que j'aime est de telle seigneurie que sa beauté m'entraîne à me surpasser... »

Après son escapade chez les séditieux, il était revenu dans le giron du royaume et manifestait désormais une fidélité à toute épreuve. Les conspirateurs l'attaquèrent dans le but de viser directement la régente. Ils firent courir le bruit que l'enfant orphelin qu'elle avait élevé et qui avait treize ans de moins qu'elle était bien devenu son amant.

Blanche ne prit pas ombrage des écrits de son soupirant, les trouvant plutôt courtois, mais le tint à distance pour ne pas donner prise à ces racontars ridicules. Elle était aussi victime de sa beauté. À trente-huit ans elle restait, malgré douze grossesses, une femme magnifique, donnant le plein de ses capacités intellectuelles qui étaient grandes, tenant même un salon philosophique et littéraire. Elle venait aussi de révéler un sens politique et une autorité qui désarçonnaient ses détracteurs.

L'entreprise de délation et de médisance battait son plein et avait gagné l'opinion. « L'Étrangère » était vilipendée, le cardinal légat dénoncé, le comte de Champagne ridiculisé.

La pire des médisances n'avait pas encore été lâchée. Ayant rappelé auprès d'elle, avec l'accord de ses conseillers, le cardinal de Saint-Ange, les pamphlétaires bien inspirés lui découvrirent un nouvel amant et prétendirent qu'elle était enceinte de lui.

Calme et déterminée, Blanche continuait à gérer les affaires du royaume sans désemparer, prenant de plus en plus l'ascendant sur les membres de la Curie.

Deux nouvelles en provenance de Rome vinrent la rasséréner. Le pape avait ordonné aux évêques de France le paiement de la décime, le dixième de leurs revenus, pour rembourser la croisade menée contre les albigeois ; par ailleurs, il renvoyait le cardinal Frangipani à Paris avec des pouvoirs spéciaux sous prétexte d'aider le roi et la reine, en réalité pour tenter de les convaincre de repartir en guerre contre les hérétiques. Le pontife nomma également, sans en référer au monarque français, Guillaume d'Auvergne, évêque de Paris.

— C'est un homme d'Église influent, fit remarquer Gautier Cornut, quand cette nouvelle fut mise à l'ordre du jour du Conseil. Je rappelle, Majesté, qu'alors qu'il était chanoine de Paris depuis quatre ans il avait contesté, auprès du Saint-Père, la désignation d'un autre que lui à la succession de monseigneur Barthélemy.

— Le souverain pontife s'est donc affranchi de notre intervention, souligna la reine.

— Oui, il a accédé à la requête de Guillaume. Mais nous ne perdons rien. C'est un homme de haute noblesse, un théologien remarquable, grand connaisseur d'Avicenne et de saint Augustin. Il vient d'écrire un remarquable traité sur le Bien et le Mal.

— Je serais heureux d'en parler avec lui, intervint le roi.

Blanche jeta un regard étonné vers son fils. Elle n'avait jamais eu de conversation avec son fils sur ce sujet. Louis poursuivit :

— Nous accueillerons le sacre de notre évêque avec bienveillance et l'introduirons auprès de nous, n'est-ce pas, Madame ?

La régente, d'un battement de paupières, exprima son accord.

Montmorency commenta enfin la désignation d'un nouvel empereur à Constantinople, Baudouin, le deuxième, de Courtenay.

— Comment ? s'exclama Blanche, mais il n'a pas dix ans !

— Hélas, oui ! Mais les barons qui ont déposé son père Robert, après l'avoir couronné empereur en 1220, n'ont pas ce souci. Ils se donnent ainsi les mains libres à leur guise.

— Les barons ont toujours été néfastes, enchaîna Barthélemy de Roye, qui rappela à grands traits l'histoire récente de l'effondrement de l'Empire byzantin. Au cours de la quatrième croisade, en 1202, qui avait pris la forme d'une expédition de prédateurs menée par les chefs des croisés et les Vénitiens, l'empire avait été définitivement dépecé. En 1204, rappela le grand chambrier, les croisés avaient fondé à Constantinople l'Empire latin. La ville avait été livrée au pillage, les Grecs massacrés, les églises orthodoxes brûlées. Le schisme entre Rome et Constantinople, entre chrétiens grecs et latins, survenu en 1054, avait alors trouvé son épilogue.

— Cet empire n'est plus qu'une peau de chagrin confiée aujourd'hui à un enfant, enchaîna Gautier Cornut.

— Quel rôle pouvons-nous encore jouer ? demanda la reine.

— Tenter peut-être, suggéra l'archevêque de Sens, de confier la cogestion de cet empire de poche à Jean de Brienne. Il s'est fait voler le trône de Jérusalem par son gendre, il pourrait trouver là un rôle à sa mesure.

Et le prélat eut soudain un accent de gravité en ajoutant :

— Le plus préoccupant dans cette situation, c'est qu'à Constantinople, et particulièrement dans la chapelle palatine de la Vierge, sont conservées les principales reliques de la Passion de Notre-Seigneur Jésus-Christ ; la Couronne d'épines, des morceaux de la Sainte Croix, le linceul et le Saint Suaire...

— Nous ne pouvons pas laisser ces trésors tomber dans n'importe quelles mains, s'exclama la reine.

— Il faut que Jean de Brienne soit nommé sans tarder, déclara Louis. C'est un homme sage, expérimenté, pieux et fidèle à notre couronne.

Il ajouta, avec un léger sourire à l'adresse de sa mère, cette phrase de l'Ecclésiaste que frère Guérin avait dû lui souffler :

— « Malheur à la terre dont le prince est un enfant ! »

L'ensemble des conseillers soutint cette directive royale. Barthélemy de Roye et Gautier Cornut furent chargés de cette mission.

Peu après, de mauvaises nouvelles parvinrent du Languedoc. Raymond de Toulouse, fidèle à la rouerie de ses prédécesseurs, avait repris les combats. Il avait assailli Castelnaudary à la fin du printemps et infligé une sévère correction aux troupes royales.

— Si j'ai nommé Humbert de Beaujeu pour maintenir l'ordre dans cette région, ce n'est pas pour qu'il se fasse corriger par ce mangeur de cacolet[1], tonna la reine. On dit que c'est un plat revigorant. Eh bien, que ce seigneur en donne à ses chevaliers et à ses soldats pour les rendre plus combatifs !

L'avertissement fut entendu. Le représentant du royaume eut tôt fait de reprendre la situation en main et d'acculer, en sa ville, le comte de Toulouse.

— Je lui ai proposé de marier sa fille Jeanne avec votre frère Alphonse, apprit Blanche à Louis. C'est une faveur que nous lui faisons alors qu'il n'a plus aucun droit sur les terres d'Occitanie qui furent données à votre père par Amaury de Montfort.

— C'est une généreuse proposition, assura Louis.

— Le Saint-Père a accordé une dispense pour ce mariage, je la lui ai moi-même recommandée, annonça le cardinal de Saint-Ange.

De son côté, Gautier Cornut, négociant avec les ambassadeurs du roi d'Angleterre, parvint à prolonger la trêve au-delà de la date du 8 juillet 1228, pour un an.

— Nous voici donc tranquilles dans le Sud-Ouest pour un moment, commenta Blanche de Castille. Mais on nous dit que Philippe Hurepel, Pierre Mauclerc et Enguerrand de Coucy s'apprêteraient à fomenter une nouvelle sédition contre le royaume.

— Hélas, Majesté ! intervint Montmorency, nos informateurs sont formels, ils complotent à nouveau.

— Notre générosité n'est pas payée de retour, s'insurgea Louis. S'ils persistent dans leur infidélité, nous leur ferons avaler leurs épées.

Les conseillers applaudirent.

— Parfait ! conclut la régente. Nous allons leur couper l'herbe sous le pied. Il nous faut obtenir, dans les prochaines semaines, le plus de serments de fidélité possible de toutes les

1. Notre actuel cassoulet.

villes du royaume qui ne sont pas dans les fiefs de ces maudits seigneurs.

L'archevêque de Sens ajouta qu'à son avis, la trêve passée avec le roi Henri devrait suffire à les dissuader de déclencher les hostilités.

Dans le même temps, les attaques contre la Castillane s'amplifiaient. Les conseillers eux-mêmes commençaient à être troublés par l'importance des rumeurs véhiculées par les bourgeois, les clercs, les étudiants qui se faisaient les porte-voix des manipulations des barons et des châtelains, vexés d'être ravalés au rang de simples observateurs impuissants de la marche du royaume.

Blanche de Castille décida de frapper un grand coup. Elle profita d'une assemblée de la Curie, où elle ne devait pas être présente, pour débarquer à l'improviste :

— Alors, mes Seigneurs ! On raconte, ici même, que je suis enceinte ? Regardez, déclara-t-elle en se déshabillant, regardez mon ventre, y voyez-vous un enfant ?

Stupeur dans l'assistance. Tous se levèrent et protestèrent de leur fidélité et avec hypocrisie jurèrent n'avoir jamais imaginé une telle bassesse. Quand Louis apprit que sa mère avait ainsi agi, il fut partagé entre la colère et l'admiration. Il décida de ne pas lui en parler, mais se jura de poursuivre toute sa vie ceux qui l'avait contrainte à un tel acte.

Un soir d'octobre, alors que Blanche soupait avec Louis et quelques invités, le cardinal légat arriva une missive à la main et s'exclama :

— C'est à ne pas y croire ! L'empereur Frédéric a enfin débarqué à Saint-Jean-d'Acre. Il a tenté de se débarrasser du jeune roi Henri, qui n'a que onze ans, puis de Jean d'Ibelin qui assurait la régence.

— Heureusement, ce dernier ne s'est pas laissé faire et l'empereur a dû renoncer, déclara Gautier Cornut.

— Le sultan d'Égypte n'est-il pas son ami ? interrogea Louis.

— Oui, Sire, mais Al-Kâmil était son ami tant qu'il avait besoin de lui. Vous n'ignorez pas, Majesté, que l'empereur entretient des rapports ambigus avec les Infidèles. À croire qu'il préfère la religion musulmane à la chrétienne. Nous avons appris qu'il possédait un harem, que le muezzin faisait l'appel à la prière dans son camp où il a enrôlé de nombreux soldats arabes de Sicile. Il apprécie beaucoup les savants et les philosophes arabes. On m'a même raconté qu'au cours d'une discussion avec Al-Kâmil, qui se dit descendant du Prophète, il se serait exclamé : « Au moins, vous avez une ascendance prestigieuse. Les Francs, eux, choisissent un homme quelconque, qui ne descend nullement du Christ et qui s'arroge tous les droits, à commencer par ne pas suivre les préceptes du Messie. »

— Il dit cela du Saint-Père ? s'étonna Louis.

— Il l'a dit, Sire ! confirma le légat.

En arrivant pendant le souper, le cardinal avait interrompu un échange de vues sur la récente canonisation de François d'Assise. Pour Louis, ce moine italien, fondateur de l'ordre des Frères mineurs des cordeliers, était devenu le héros exemplaire. Toute sa vie, ses principes, son modèle l'avaient fasciné.

— Il faudra aider l'ordre des Frères mineurs, déclara-t-il, ce sont les moines qui pratiquent le mieux l'enseignement du Christ.

— Savez-vous, intervint Romano Frangipani, que le Saint-Père songe à demander aux chrétiens de célébrer la messe de Noël en réalisant une crèche où figureraient, dans un berceau l'Enfant Jésus, ses parents Marie et Joseph d'Arimathie, entourés d'un âne, d'un bœuf et d'agneaux. C'est ainsi que saint François les avait représentés un soir de Noël dans une grotte à Guccio, près d'Assise. Le Saint-Père Grégoire envisagerait aussi de demander que désormais, dans toutes les paroisses, soient sonnées les cloches pour les prières et l'angélus, comme saint François le fit à Damiette au cours de la cinquième croisade.

— Nous célébrerons saint François tous les 3 octobre, proposa Louis, ce jour où Dieu rappela à lui celui qui voulut vivre et vécut comme le Christ, dans l'amour du prochain et dans la pauvreté.

Les invités accueillirent cette proposition avec enthousiasme.

Puis, les convives évoquèrent le Mont-Saint-Michel dont les travaux, principalement ceux du cloître, venaient de s'achever :

— Mon grand-père sera content de voir, du haut du Paradis, que l'œuvre de reconstruction qu'il a financée est arrivée à son terme, avait déclaré Louis.

Philippe Auguste avait voulu que soit remise en état cette abbaye brûlée par les Bretons en 1204 dans l'affrontement entre les troupes royales et celles de Jean sans Terre. Les Bretons n'avaient pas pardonné au roi d'Angleterre d'avoir fait périr le jeune Arthur qui, plus que lui, pouvait prétendre au trône.

L'archevêque de Sens rappela que ce lieu avait été choisi par l'archange Michel pour y être honoré. Il avait demandé à Aubert, évêque d'Avranches, en l'an 708, d'y édifier un petit oratoire. Cinq siècles plus tard, le mont était couvert de l'un des plus beaux chefs-d'œuvre de l'architecture gothique. Le prélat rappela aussi qu'un des mécènes de l'abbaye avait été le duc de Normandie, Guillaume le Conquérant, qui l'avait dotée généreusement en remerciement de l'aide apportée par l'abbé du lieu et ses troupes au moment de la victorieuse bataille de Hastings contre les Anglais.

30

La grève de l'Université

— J'ai maintenant quatorze ans, Mère. À cet âge, mon grand-père Philippe gouvernait et se trouvait à la tête de son ost. Je vais donc marcher avec mes troupes pour aller bouter le sieur Mauclerc.

Blanche de Castille avait accepté que son fils menât le drapeau à fleur de lys sur les terres de l'Ouest pour combattre le comte de Bretagne, à nouveau en révolte, mais elle avait refusé qu'il se mêlât aux combattants.

— Un garçon qui joue encore aux boules dans les jardins du Palais, oubliant parfois ses prières, est-il un combattant aguerri ?

— M'est-il interdit, Madame, de m'amuser ? Les rois ont-ils l'obligation de mener une vie austère ?

Le ton du jeune roi n'appelait pas de contestation. Aussi Blanche décida-t-elle de confier la protection de son fils au maréchal Jean Clément, chargé de conduire les assauts. L'envie de Louis d'en découdre était à la hauteur de l'insolence et de la trahison de Pierre Mauclerc. À la fin de l'année 1228, la régente l'avait convoqué pour lui demander des explications sur les travaux de fortifications qu'il entreprenait sur plusieurs de ses forteresses, signe qu'il se préparait à la guerre. Contre qui ? Certes pas contre Henri d'Angleterre avec lequel il s'était abouché mais contre le roi de France, à l'évidence. Non seulement le vassal ne s'était pas présenté, mais il avait envoyé un émissaire de cinquième rang pour demander un report de la convocation. Les informations que tenait la Reine rapportaient, en fait, qu'il mobilisait tous ses barons pour se mettre en ordre de bataille et qu'il tentait aussi de faire venir les troupes d'Henri d'Angleterre.

Montmorency avait confirmé à la régente qu'un grand nombre d'autres barons rechignait à venir aider le roi. Une exception toutefois, celle de Thibaud de Champagne qui, à la surprise générale, vint rejoindre l'armée royale à la tête de plus de trois cents chevaliers.

Ce fut par un froid terrible que Blanche et Louis, armés de pied en cap, prirent la tête de l'ost en direction de Bellême, l'une des places fortes les plus emblématiques du comte de Bretagne. Pour empêcher l'armée royale de s'installer, ce dernier avait fait brûler la plupart des maisons des villages alentour. Il ne comptait sans doute pas sur la résolution sans faille des souverains français. Durant plusieurs semaines, l'ennemi principal fut effectivement le froid ; les troupes étaient transies. La reine convoqua les paysans et leur demanda d'apporter tout le bois possible. Des milliers d'arbres furent abattus pour être brûlés afin de chauffer les soldats.

La décision fut excellente et remonta le moral des combattants qui assaillirent la forteresse, emmenés par Louis, audacieux et intrépide dans son armure d'or et de fer, montant son premier grand destrier et accompagné des plus prestigieux chevaliers. Les sapeurs démolirent les portes à coups de bélier et bombardèrent avec de grosses pierres les résidences intérieures de la forteresse. Il fallut moins de cinq jours pour donner l'assaut final et forcer les survivants à la capitulation. Ces derniers furent conduits devant le roi qui fit, une nouvelle fois, preuve de magnanimité et leur offrit son pardon. Il leur déclara :

— Vous avez été abusés par un vassal fourbe et félon, mais je ne peux pas vous reprocher d'avoir été fidèles à votre maître. Désormais, je compte sur votre loyauté, car vous êtes sujets du royaume de France avant d'être ceux du comte de Bretagne.

Cette victoire de Bellême terrorisa les alliés de Mauclerc. Le comte avait perdu la face. Mais son âme de traître n'avait pas dit son dernier mot. Il dut cependant subir l'ironie du roi d'Angleterre :

— Vous m'aviez raconté que le roi de France serait sans soutien. Je constate qu'il en a plus que vous et moi réunis.

De retour à Paris, la réputation de Louis était faite. Il était bien le fils de Louis le Lion, aussi déterminé que valeureux. Quant à la reine, elle hérita du surnom de « Croix Feue Reine » pour l'initiative qu'elle avait prise de faire chauffer le camp de l'armée.

Les souverains ne furent pas fâchés de connaître un moment de répit. En bons chrétiens, ils s'apprêtaient à faire carême, mais ils n'eurent pas le loisir d'exercer leur piété en toute quiétude. La période du mardi gras, en cette fin de février 1229, ouvrait, pour les étudiants et les écoliers, des vacances qui allaient se révéler mouvementées.

Paris était un centre universitaire prisé par tous les étudiants d'Europe grâce à la qualité de ses maîtres et à la diversité de ses enseignements. « C'est à Paris, disait-on, que tous les ruisseaux du noble savoir prennent leur source. »

La capitale accordait beaucoup de facilités aux étudiants, en particulier des logements. Pour autant l'ambiance n'était pas toujours paisible. Les professeurs recherchant souvent la popularité s'arrachaient les élèves les plus fortunés et exerçaient leur faconde contre leurs propres congénères. Les étudiants, dans leurs moments de liberté, s'adonnaient à tous les tumultes, buvant souvent plus que de raison. Au cours d'une de leurs virées à la campagne, un groupe de potaches, composé d'étrangers pour la plupart, était descendu dans une taverne dans le village du faubourg Saint-Marcel. Ils étaient tant éméchés et bruyants que le tavernier avait voulu les mettre dehors. Mal lui en prit. Les braillards l'avaient molesté et refusaient de le payer.

Mais la campagne n'était pas la ville, et l'on y avait ni l'habitude ni la tolérance d'accepter que des jeunes braillards y fassent la loi. Le tavernier était allé chercher du secours chez ses voisins. Les étudiants avaient reçu une volée de bois vert qui en avait laissé plus d'un assommé sur le sol.

Le lendemain, jour de mardi gras, les étudiants étripés étaient revenus au faubourg Saint-Marcel avec des renforts et avaient provoqué une bataille rangée avec leurs adversaires de la veille, laissant sur le pavé un grand nombre de villageois.

Ainsi se répétait, trente ans plus tard, la révolte des étudiants qu'avait connue Philippe Auguste.

Un ecclésiastique, doyen du chapitre de Saint-Marcel dont dépendait la commune, s'était rendu au Palais pour porter plainte auprès de la régente et de l'évêque de Paris, Guillaume d'Auvergne.

La reine, qui savait en toute circonstance garder son calme, exprima cette fois son indignation :

— Ce ne sont pas quelques jeunes mutins qui vont semer le trouble dans notre ville. Il convient de les châtier immédiatement et sévèrement.

Blanche n'avait pu consulter son fils, absent en province, mais elle avait été largement approuvée par le cardinal de Saint-Ange et l'évêque de Paris qui, l'un et l'autre, avaient eu maille à partir avec les étudiants quelques années plus tôt. Frangipani se souvenait qu'en 1225, ils avaient voulu brûler sa maison et exigé de Louis le Lion de se débarrasser de lui.

Le prévôt de Paris avait été chargé d'envoyer sa police pour arrêter les fauteurs de troubles et les jeter en prison. Une chasse à l'étudiant avait été organisée dans et hors la ville qui s'était transformée en un véritable massacre et avait fait, de part et d'autre, de nombreux morts. Certains témoins avaient affirmé que des étudiants avaient même été jetés à la Seine.

Les spadassins du prévôt n'avaient pas choisi leurs victimes uniquement parmi les étudiants fautifs, ils s'étaient attaqués indistinctement à tous ceux qui se trouvaient sur leur chemin. Aussi cette aveugle et brutale répression avait-elle scandalisé l'ensemble des universitaires et mobilisé les maîtres comme les étudiants contre le pouvoir. Une délégation avait demandé à être reçue par la régente. Celle-ci l'avait fait attendre quelques jours, exacerbant davantage la colère des enseignants et des étudiants qui avaient décidé de suspendre les cours. La régente avait enfin accepté de les recevoir, avec Guillaume d'Auvergne et le cardinal de Saint-Ange.

Le maître qui représentait la délégation s'adressa à la Régente avec respect mais fermeté :

— Nous vous rappelons, Majesté, que l'Université possède ses propres règles qui ont été instaurées par le roi Philippe Auguste. Aussi la police des étudiants relève-t-elle de l'Université et d'elle seule. L'intervention de la police royale représente ainsi un abus de pouvoir.

La reine consulta du regard les deux prélats et lut dans leurs yeux qu'elle devait rester intraitable :

— Abus de pouvoir ? reprit-elle. Qui a abusé le premier, maître ? Ceux qui ont bastonné violemment d'innocents villageois ou les policiers chargés de les corriger ?

— La répression de votre police a été à la fois illégale et criminelle. Nous avons compté plus de trente morts parmi nos étudiants.

— Vous n'aviez qu'à leur apprendre à se contenir ! rétorqua la régente. Et je veux que cesse dans ma ville et mon royaume les excès de vos étudiants qui sèment partout, et en tout temps, de grands désordres.

Les représentants de la délégation se levèrent, indignés, après que le maître eut déclaré :

— Les étudiants ne sont ni des voleurs ni des assassins. Et nous vous demandons de respecter la règle de non-ingérence que le roi Philippe a édictée pour notre université.

— Voire ! reprit Guillaume d'Auvergne. Vos jeunes clercs et vos étudiants abusent de leurs privilèges et de leur impunité et se croient autorisés à commettre toutes les exactions. Depuis des années, nous sommes assaillis de plaintes de la population à cause de leur violence, de leurs tapages, de leur insolence et parfois de leurs crimes. On ne compte plus les vols et les viols dont ils se rendent coupables !

— Puisqu'il en est ainsi, s'indigna le maître, nous suspendrons les cours jusqu'à nouvel ordre, tant que nous n'aurons pas obtenu d'excuses du gouvernement du royaume, tant que le prévôt n'aura pas été sanctionné, tant que nos soixante-cinq élèves n'auront pas été libérés de vos geôles. Nous vous saluons très respectueusement, Majesté !

Avant qu'ils ne quittent la salle, la reine leur déclara :

— Laissez-moi quelques jours pour réfléchir à vos requêtes.

La porte refermée, les deux prélats dirent d'une seule voix à Blanche de Castille :

— Majesté, vous ne devez rien céder. Ces gens-là n'éduquent pas notre jeunesse, ils la pervertissent.

Quand, le lendemain, les étudiants virent l'armée prendre position autour de la montagne Sainte-Geneviève, ils comprirent que la régente ne ferait aucune concession. Blanche de Castille n'avait sans doute pas mesuré l'importance de l'indépendance de l'Université, ni celle de son rayonnement dans toute l'Europe. Elle, si habile et si diplomate avec les vassaux du royaume, n'avait pas compris à quel point l'intégrité du monde universitaire était essentielle et inviolable.

Le Conseil de l'Université décida alors d'arrêter définitivement les cours pendant au moins dix ans et proposa aux étudiants d'aller s'instruire ailleurs. C'était la première grande grève jamais connue en Occident.

Les villes de Reims, Orléans, Angers, Bologne en Italie, Wittemberg en Allemagne et Oxford en Angleterre tendirent les bras aux professeurs et aux étudiants parisiens à qui elles offrirent des conditions exceptionnelles. Pierre Mauclerc en profita pour les inviter en Bretagne. Henri d'Angleterre soigna personnellement leur accueil car, évidemment, son pays parlait le français, et disposer des meilleurs maîtres européens était un atout notable. En apprenant les détails du conflit et ses conséquences, le jeune roi avait demandé à sa mère des explications et s'était ému des nouvelles calomnies qui s'étaient répandues à cette occasion contre elle. Un auteur satirique avait écrit cette chansonnette scabreuse, reprise dans toutes les tavernes : « Hélas nous succombons, meurtris, vaincus, noyés, dépouillés, ce sont les couilles du légat qui nous font souffrir tous ces maux. »

— Mère, lui dit-il, ce que j'apprends m'attriste fort. Vous savez combien mon grand-père était attaché à rendre notre université et nos écoles les plus prestigieuses et les plus libres d'Europe. Vous n'ignorez pas les privilèges qu'il leur avait accordés. Pourquoi avoir été à ce point inflexible ?

— Il en allait de notre autorité, Louis, et de l'image du royaume. L'ordre doit régner, vous le savez, pour combattre tous ceux qui veulent le détruire.

— Oui, Madame, mais d'après ce que je sais, beaucoup d'étudiants tués, blessés ou emprisonnés n'avaient pas participé aux bagarres de Saint-Marcel. Ils ne peuvent pas payer pour quelques têtes brûlées...

Blanche sembla ébranlée, gagnée par le doute. Avait-elle bien agi ? N'avait-elle pas cédé trop facilement aux conseils des prélats ?

— Le trésor du savoir, reprit Louis, celui des lettres, de la théologie, de la philosophie, est le plus grand de tous. Il fut d'abord à Athènes, puis à Rome et à Paris, devenue la capitale intellectuelle de la chrétienté. Désormais, ce savoir est parti chez nos voisins, il est même chez nos ennemis. Nous devons le faire revenir, il en va du prestige et de l'avenir de notre royaume.

— Entendu ! répondit Blanche de Castille, nous y réfléchirons.

Sèchement, comme si elle se sentait outragée, elle donna congé à son fils.

Louis allait avoir seize ans. Il se sentait pousser des ailes. Il éprouva un sentiment nouveau à l'égard de sa mère. Il l'aimait, il l'aimerait toujours, il l'admirait aussi, mais elle devait admettre qu'elle n'était que le dépositaire provisoire du pouvoir, et comprendre que c'était désormais le roi qui portait devant le peuple la responsabilité des succès comme des échecs de la politique du royaume. La bannière aux trois feuilles fleurdelisées qui représentaient la foi, la sagesse et la chevalerie avait été altérée par cette vilaine querelle. Il lui fallait agir pour qu'elle flottât, à nouveau, sur l'Université de Paris. Dès la fin du printemps, Louis reprit cette affaire en main, au point que le pape Grégoire ne correspondait plus qu'avec lui pour tenter de régler ce conflit. Par ailleurs, la chancellerie mentionna de moins en moins la régente dans les actes du gouvernement : en 1229, quatre actes seulement sur quarante-quatre porteront sa signature.

31

Le traité de Jaffa

— Il appelle cela faire la paix ! ironisa Romano Frangipani, en apprenant les conditions du traité passé entre l'empereur d'Allemagne et le sultan d'Égypte. Ah ! La paix de Jaffa ! Pour les siècles à venir, les chrétiens se souviendront de cette imposture.

Le légat rapporta le commentaire du pape Grégoire : « Un soi-disant empereur est parti pour on ne sait où, avec une suite de prêtres et de cavaliers, en faisant croire qu'il est allé sauver Jérusalem. »

Le cardinal et d'autres conseillers s'étaient retrouvés dans la salle du Conseil pour commenter les dernières facéties de Frédéric II. La réalité s'était révélée toutefois un peu plus complexe quand le roi et la régente avaient pris connaissance du pacte secret de Jaffa et de ses raisons.

Amis de longue date, pour des raisons plus politiques et circonstancielles que sentimentales, les deux souverains Frédéric et Al-Kâmil, hommes intelligents et cultivés, avaient toujours manifesté dans le passé des intentions pacifiques. Le sultan, qui avait promis la libre disposition de Jérusalem pour les chrétiens, était de plus en plus critiqué par les autorités religieuses islamiques, et avait dû revenir sur cette disposition.

Aussi l'empereur écrivit-il au sultan en ces termes :

« Je ne suis pas venu pour conquérir des terres, mais simplement accéder aux Lieux saints si précieux à la foi et au culte des chrétiens. Si tu accèdes à ma demande, sans lutte, je t'abandonnerai la terre, je resterai ton ami et les musulmans comme les chrétiens pourront avoir accès à Jérusalem qui est une ville sainte pour les deux religions. Tout l'Occident connaît les raisons de mon voyage ici. Si je n'obtiens rien de toi, je perdrai la face chez tous les chrétiens. Rends-moi de grâce Jérusalem pour que je puisse relever la tête devant les rois. »

La missive était habile et Al-Kâmil embarrassé. Comment accepter un tel accord sans susciter l'opposition farouche de tous les musulmans ? De leur côté, les croisés accepteraient-ils un tel compromis ?

— Pourquoi n'attaques-tu donc pas ces chiens de chrétiens ? maugréaient les conseillers du sultan.

En dépit de ces pressions, Al-Kâmil, n'écoutant que sa sagesse, accepta la proposition de Frédéric. Une trêve de dix ans fut conclue. Jérusalem et les autres villes saintes de Bethléem et Nazareth seraient rendues aux chrétiens avec le Saint-Sépulcre, excepté les trois mosquées. Ainsi Jérusalem devenait-elle une ville sainte pour les deux cultes. Les chrétiens disposeraient aussi, depuis Saint-Jean-d'Acre et Sidon, d'un couloir leur permettant d'accéder sans risque à tous les Lieux saints.

— C'est un crime insensé de laisser les musulmans prier dans notre Sainte Ville ! s'écria Gérold, le patriarche de Jérusalem, qui avait refusé de rencontrer l'empereur et de le couronner roi de Jérusalem.

Ce dernier avait tourné les talons et était allé habiter chez des amis sarrasins.

Ce succès politique en Orient du chef du Saint Empire romain germanique ne fut pas considéré comme tel en Occident. Le pape, indigné, tenta de susciter la révolte des sujets de l'empereur, en enjoignant les « clavaires », soldats des Clés, d'envahir la Sicile. Le pontife reçut l'appui de Jean de Brienne, ravi de pouvoir prendre sa revanche sur son gendre, et s'empara des Pouilles. Informé de ces menaces, l'empereur quitta précipitamment la Terre sainte.

— Il trouvera à qui parler à son retour, déclara le cardinal de Saint-Ange. En Italie, en Sicile et en Allemagne, les guelfes ont décidé de nommer et couronner un autre empereur à sa place.

— Tout le monde devrait se méfier de Frédéric, commenta Barthélemy de Roye, il a plus d'un tour dans son sac et beaucoup de Sarrasins siciliens lui sont fidèles.

— Ce traité est une infamie, s'exclama la régente, qui ne pouvait manquer de se rappeler que son pays d'origine était occupé depuis cinq siècles par les Maures, qui, malgré les succès de la Reconquista, s'y trouvaient encore.

Le roi, qui avait écouté cet échange de vues sans mot dire, déclara calmement, comme s'il voulait éviter de mêler sa voix à ce concert de récriminations :

— Les Lieux saints ne doivent appartenir qu'aux chrétiens et il faut absolument en chasser les Infidèles. Cependant, par cette solution diplomatique, l'empereur a évité de faire couler le sang des nôtres. C'est un compromis qui laisse peut-être le temps à la chrétienté de se ressaisir et d'envisager un jour de reprendre Jérusalem définitivement.

Louis avait retenu les leçons de son grand-père. La guerre ne devait être que l'ultime recours à un conflit. Les traités, même incomplets, même insatisfaisants, devaient toujours être privilégiés.

La régente et les conseillers regardèrent avec étonnement ce jeune monarque qui, sans crier gare, venait de leur administrer une leçon de sagesse et de tempérance.

32

Le royaume s'étend du nord au sud

En son château de Toulouse, le jeune et valeureux comte Raymond ne pouvait que mesurer l'étendue des dégâts qu'avaient causés dans sa région les batailles contre les croisés, depuis qu'en 1208, le pape Innocent avait lancé la lutte contre les hérétiques cathares. Certes, comme son père et son grand-père, il ne nourrissait aucune animosité contre cette secte religieuse qui entendait revenir à la pureté originelle de la chrétienté. À ceci près que ses thuriféraires invitaient les familles à ne pas avoir d'enfants afin d'empêcher « ces nouvelles âmes de tomber dans la prison de la chair », à ceci près qu'ils permettaient et honoraient le suicide, à ceci près qu'ils nourrissaient une haine farouche contre l'Église qui avait pour mot d'ordre : « Croissez et multipliez-vous. » Pour les dirigeants de cette secte, les parfaits, tout ce qui pouvait favoriser la vie des hommes sur terre devait être récusé et banni.

Si les cathares étaient devenus de plus en plus nombreux, leur prosélytisme en était moins la cause que la répression sanglante ordonnée par le pape. Rien ne semblait pouvoir éradiquer ce mouvement.

Pourtant, à la fin de 1228, Raymond jugea qu'il n'était plus en mesure de s'opposer à une nouvelle croisade que ne manqueraient pas de lancer la régente et son fils. De plus, les trêves que ces derniers avaient conclues avec ses prétendus soutiens du Nord le laissaient bien seul. Il s'en ouvrit à son conseiller, Hélie Guérin, un abbé cistercien.

— Dois-je poursuivre le combat, non pour soutenir les hérétiques, ce que je n'ai jamais fait, mais pour sauver l'intégrité de ma terre languedocienne qui a été si grandement amputée à cause de cette abominable croisade ?

— Le Saint-Père réclame des mesures fortes au roi de France pour en finir avec l'hérésie cathare et soupçonne que vous la soutenez toujours...

— Mais c'est faux !

— Nous savons, poursuivit l'abbé, que le roi de France serait favorable à un accord qui mettrait un terme définitif à cet affrontement inutile et meurtrier.

— À quelles conditions ? demanda le comte de Toulouse.

— Je l'ignore, mais je gage que le roi Louis est un homme de paix.

— Vous avez toute ma confiance, abbé Hélie, allez trouver le Roi et demandez-lui ce qu'il attend de moi. Dites-lui que j'y souscris par avance.

L'abbé Hélie Guérin rencontra d'abord le cardinal de Saint-Ange à la demande de la régente, car pour régler ce conflit, l'accord de Rome était indispensable. D'autant plus que le comte de Toulouse souhaitait que soit levée son excommunication.

Louis désigna Thibaud de Champagne comme médiateur, car il était ami de Raymond et son égal à la pairie. Thibaud lui conseilla de s'en remettre au roi et au légat du pape, s'il voulait obtenir le pardon de ce dernier.

Le comte de Toulouse envoya pour négocier le comte de Comminges et l'archevêque de Narbonne. Les clauses de l'accord furent sévères. Ce fut moins un traité qu'une condamnation pure et simple : le comte s'engageait, en effet, à être fidèle au roi et à l'Église, à combattre les hérétiques et à en purger le pays ; il restituerait aux églises et aux clercs leurs biens et leurs droits en leur versant, en outre, dix mille marcs ; il devrait prendre la croix et partir en Terre sainte dans un délai d'un an et y rester cinq ans ; le marquisat de Provence sur la rive droite du Rhône reviendrait au Saint-Siège, ce qui indigna l'empereur Frédéric car ce territoire relevait du Saint Empire romain germanique ; toutes les terres situées à l'ouest du Rhône et le long de la Méditerranée resteraient propriétés du royaume de France ; le comte s'engageait également à créer et financer une université à Toulouse afin de promouvoir l'éradication de l'hérésie.

Les clauses sur l'hérésie étaient très précises ; elles rendaient obligatoire pour le pouvoir civil la poursuite des hérétiques, décrétaient pour chacun l'obligation de les traquer et de les livrer aux autorités religieuses, obligation qui visait tout chrétien, tout sujet, vassal ou officier du roi ; une prime était même promise pour toute dénonciation, a fortiori pour toute arrestation. L'action répressive contre le catharisme était désormais officiellement encadrée par les représentants du roi et exigée de tous les citoyens. Un corps de police devait être créé dans chaque paroisse pour écouter les rumeurs et recevoir les dénonciations, pour perquisitionner, interpeller toute personne suspecte... Les peines étaient à trois niveaux : si l'inculpé était repenti, il devait porter sur lui deux croix cousues ; celui dont la repentance était douteuse finirait sa vie en prison ; celui qui voulait continuer à vivre son hérésie ferait connaissance avec les flammes du bûcher.

Enfin le comte donnait sa fille, Jeanne, en mariage à Alphonse de Poitiers, l'un des frères du roi ; c'était pour le royaume la clause la plus importante, car après la mort du comte, Toulouse et son diocèse deviendraient la propriété d'Alphonse et de ses enfants. Si le mariage n'avait pas lieu ou si Jeanne venait à mourir sans enfant, ils appartiendraient au roi et à sa succession. Raymond ne conservait que l'Agenais, l'Albigeois et le Quercy, fiefs qui reviendraient ensuite à la couronne de France.

Par ce traité, concocté par Blanche de Castille, Louis de Poissy allait devenir le premier roi français à réunir sous sa couronne la France du Nord et une grande partie de celle du Sud.

Raymond de Toulouse se rendit le 12 avril à Paris pour signer l'acte de « reddition ». En la cathédrale Notre-Dame, en chemise et les pieds nus entravés, il promit fidélité au roi. Le cardinal de Saint-Ange le releva de son excommunication.

Blanche de Castille, dont il était le cousin, n'assista pas à cette cérémonie pour ne pas s'associer publiquement à un tel déshonneur. En revanche, le roi y reçut l'hommage du comte, l'adouba chevalier et il lui rendit ses droits sur le Rouergue.

La vérité était qu'il était dépossédé de tout car il ne lui restait plus un écu vaillant pour entretenir ses domaines.

La régente déclara à son fils :

— Votre grand-père et mon époux doivent être fiers de nous,

Louis ! Nous avons donné au royaume sa plénitude en lui faisant atteindre les rivages de la Méditerranée.

— La paix règne désormais en Languedoc, déclara le roi, prions Dieu qu'elle y soit pour toujours.

Il ne manquait plus que la reddition du comte de Foix, qui n'allait pas tarder.

33

Le brouillon Thibaud

À peine le traité de Paris fut-il signé avec Raymond de Toulouse que le gouvernement du royaume dut se saisir d'un nouveau conflit, privé cette fois. Plusieurs barons, dont Pierre Mauclerc, Henri de Bourgogne et Philippe Hurepel, s'étaient ligués dans le but de donner une leçon à ce lourdaud de Thibaud de Champagne qui s'était retourné contre eux à maintes reprises.

Une fois encore, le fielleux chansonnier Hugues de La Ferté fut mis à contribution. Il le traita de tous les noms : félon, envieux, empoisonneur – allusion à la mort suspecte de Louis le Lion –, vieux, il n'avait pas quarante ans, sale et boursouflé : « Un tel homme, écrivit-t-il, devrait-il posséder des seigneuries et des châteaux ? Seigneurs Barons, qu'attendez-vous pour le mettre hors d'état de nuire ? »

Ce chevalier ne méritait sans doute pas autant d'opprobre. Mais son inconstance, ses lâchetés, ses revirements n'étaient pas ceux d'un homme d'honneur. Les barons rebelles, constatant que les attaques directes contre la reine étaient inefficaces, pensèrent l'atteindre en salissant son soupirant.

Thibaud se mit à nouveau dans un mauvais pas pour une histoire d'amour-propre. Le duc Hugues de Bourgogne, son voisin, s'était engagé à ne pas se marier sans son accord, or il était passé outre à cette promesse. Furieux, le comte de Champagne avait fait arrêter, puis emprisonner son tuteur, qui n'était rien de moins que l'archevêque de Lyon, Robert d'Auvergne. Un prétexte pour les barons d'aller lui donner une leçon.

— Cet homme est insensé, tonna Romano Frangipani, au cours d'une réunion du Conseil, il va mettre son comté à feu et à sang et nous n'y pourrons rien.

— Pourtant, il va falloir l'aider, intervint le roi. Nous ne pouvons pas permettre aux barons de s'emparer de la Champagne, le plus riche centre de commerce du royaume et risquer de nous affaiblir à l'est.

— D'autant plus, précisa Montmorency, que votre oncle Philippe vous a désobéi, en fortifiant ses villes, et qu'il s'apprête à envahir la Champagne. En réalité, ce n'est pas Mauclerc le plus dangereux car il agit souvent à visage découvert, c'est le comte de Boulogne qui complote sournoisement.

— S'il est attaqué par le comte de Boulogne au nord, par Henri de Bourgogne et le comte de Nevers au sud et par le comte de Bar à l'est, déclara la régente, je ne donne pas cher de la peau de Thibaud. C'est le moment de faire appel à la loyauté de Ferrand de Flandre. Il doit absolument empêcher les troupes de Philippe Hurepel de dévaster la Champagne.

Ferrand ne se fit pas prier. Il rassembla ses troupes et, sans état d'âme, ravagea littéralement les terres du comte de Boulogne, immobilisant ses troupes. À l'est, les manœuvres du comte de Bar étaient contenues. Mais dans le sud, les armées du duc de Bourgogne et du comte de Nevers avaient déjà envahi la Champagne, brûlant châteaux, villes et villages, saccageant les vignes et les champs avant les récoltes. Thibaud dut se réfugier dans la ville de Troyes et n'eut plus pour ressources que d'appeler le roi et sa « reine » à son secours. Un été meurtrier se préparait entre les barons qui se livraient cette fois une guerre sans merci.

Les enjeux étaient trop importants pour dissuader le roi d'intervenir. Conscient de cette situation, le pape écrivit au duc de Bourgogne pour l'enjoindre, lui et ses pairs, de « cesser d'ébranler par leur désordre un royaume de bénédiction et de grâce ».

Quelques semaines passèrent.

Entre-temps des nouvelles parvenaient d'Italie. L'empereur, revenu de Jérusalem après avoir laissé aux chrétiens un désastreux souvenir qui allait se muer en haine farouche contre celui qu'ils appelaient « l'ami des musulmans », avait débarqué début juin dans la péninsule. Un chevalier croisé qui l'accompagnait vint raconter au roi de France cet extravagant épisode.

— À peine l'empereur eut-il posé le pied sur le sol que, presque sans armée, il eut l'intrépidité de décider de reprendre sur-le-champ les terres que Sa Sainteté lui avait soustraites. Il proclamait : « J'aime désirer l'impossible. »

Il avait enrôlé des Sarrasins dévoués et combatifs et attaqué Jean de Brienne, son beau-père, qui, bien que supérieur en nombre, battit rapidement en retraite. Puis Frédéric écrasa les soldats de l'armée pontificale commandée par le prétentieux cardinal Pélage, rasa villes et châteaux, et menaça de marcher sur Rome pour demander au pape des explications. Le Saint-Père, inquiet, sachant que la population de sa ville était favorable à Frédéric, courut se réfugier à Pérouse.

— Oui, nous sommes informés de tout cela, interrompit la reine. Le pape Grégoire nous a demandé d'aller le secourir. Mais nous savions que l'empereur ne mettrait pas ses menaces à exécution.

— Le grand maître des chevaliers teutoniques, Herman de Salza, s'efforce d'obtenir un accord entre les deux parties, enchaîna le cardinal de Saint-Ange.

— Une rupture entre la papauté et l'empire serait une tragédie pour l'Occident chrétien, ajouta Louis.

De fait, quelques jours plus tard, les deux adversaires, pourtant aussi intransigeants l'un que l'autre, signèrent la paix. Le souverain pontife leva l'excommunication de Frédéric et tous deux scellèrent leur réconciliation par des fêtes somptueuses. L'honneur de l'un et de l'autre était sauf, la tranquillité de la chrétienté momentanément préservée.

Louis aimait retrouver ses frères dans les jardins du Palais pour bavarder ou jouer avec eux. Hormis l'épée ou le tir à l'arc, qu'il pratiquait avec son maître d'armes, ses jeux préférés étaient le jeu de la « main chaude » dans lequel un joueur, les yeux bandés, tendait sa main et devait reconnaître la main d'un autre joueur qui venait s'y poser, ou le jeu de boules, une sorte de billard de terre où les boules étaient poussées par un bâton recourbé.

Ce jour-là, le roi jouait à la « main chaude » pour faire plaisir à son plus jeune frère Philippe Dagobert, qui allait avoir huit ans. Robert et Alphonse étaient de la partie.

Le jeu terminé, Louis qui prenait aussi plaisir à enseigner à ses frères ce qu'il avait appris, leur parla de l'accord passé avec le comte de Toulouse et de l'extension du royaume jusqu'aux rivages de la Méditerranée. Avec un bâton, il dessina grossièrement sur le sol la carte de la France et expliqua :

— Grâce à la Reine, le royaume peut maintenant accéder à la mer du Sud. Pour aller délivrer les Lieux saints, nous n'aurons plus besoin de dépendre des gens de Marseille ou de Gênes. Nous aurons notre port...

— Les Sarrasins n'ont qu'à bien se tenir, commenta Robert.

— Et nous ne serons plus les obligés des Génois pour commercer ou faire transporter nos soldats, reprit Louis. Nous construirons nos propres navires...

— Et c'est moi qui les commanderai, déclara Philippe Dagobert.

— Et moi ? demanda Alphonse, je commanderai quoi ?

— Un jour, lui répondit Louis, toutes ces terres – il dessina du bout de son bâton le territoire qui allait de Toulouse à l'embouchure du Rhône – seront sous ton administration. Tu en auras la responsabilité.

— Quand ? demanda le garçon.

— Quand tu auras épousé Jeanne, la fille du comte de Toulouse.

— Quel âge a-t-elle ?

— Dix ans, le même âge que toi, lui apprit le roi.

— Est-elle belle ?

— Elle est moche ! murmura Robert.

— Pourquoi dis tu cela ? reprocha Louis, tu ne l'as jamais vue !

— C'est une Aragon, reprit Robert, et tout le monde sait que les filles d'Aragon sont moches.

— Attendez de la voir. Elle doit arriver prochainement à la Cour où elle va parfaire son éducation. Vous verrez, elle deviendra, comme notre mère, une vraie capétienne.

— Bon ! Si nous reprenions les boules, interrompit Philippe Dagobert, que cet échange n'avait vraiment pas passionné.

Les quatre frères se remirent à jouer.

De retour au Palais, Louis alla trouver sa mère pour lui demander de fléchir sa position sur l'Université. Le conflit avait pris un tour nouveau depuis que le pape s'en était mêlé. Le souverain pontife avait sanctionné l'évêque de Paris, Guillaume d'Auvergne, pour son intransigeance à l'égard des maîtres et des étudiants. Et le roi avait nommé une commission pour tenter de résoudre ce conflit.

Pourquoi le pape s'immisçait-il ainsi dans les affaires du pouvoir royal ? Parce qu'il était le protecteur de l'Université, mais aussi parce qu'il veillait à ce que l'enseignement de la théologie se fasse dans un milieu rassurant pour l'Église, plutôt que chez les inconstants anglais ou chez les mécréants allemands.

— Nous devons entendre ce que veut le Saint-Père, déclara Louis à sa mère, espérant que celle-ci, grâce à cette souveraine et religieuse pression, finisse par accepter toutes les revendications des universitaires.

Blanche de Castille ne fut pas dupe. Elle comprit que son fils lui demandait de passer la main et de le laisser agir, ce qui était son souhait le plus cher. N'avait-elle pas été désignée pour cette tâche ? En même temps, sa tendresse et son amour pour ce fils aîné, à la fois si fragile et si fort, si jeune, tendre et aimant, l'incitaient à le protéger des dangers du pouvoir. Ce pouvoir dont elle avait encore les clés et qu'elle hésitait à abandonner. Ne s'était-elle pas impliquée totalement dans la gestion des affaires du royaume, depuis qu'elle avait soutenu son mari pour la conquête de l'Angleterre ?

Louis n'ignorait rien de l'importance du rôle de sa mère et appréciait plus que tout sa présence à ses côtés. Aussi prenait-il de délicates précautions pour se substituer à elle.

— Vous avez peut-être raison, Louis. Je vous ferai signer tantôt un acte rétablissant les privilèges accordés par votre grand-père et les étudiants ne seront plus jamais sous la juridiction du prévôt de Paris.

— Il faudra aussi les faire revenir et vous n'ignorez pas, reprit Louis, que le Saint-Père soutient les clercs qui sont partis dans d'autres universités.

— Écrivez vous-même au souverain pontife, reprit Blanche de Castille, et faites-lui part de votre désir.

La régente acceptait que les universitaires reviennent dans la capitale, mais elle savait que sa crédibilité était entachée et elle ne voulait pas perdre la face. Son fils l'avait convaincue et elle n'était pas fâchée de prendre un peu de distance, lasse, sans doute, d'avoir été tant vilipendée.

Les deux souverains évoquèrent une autre lettre de Grégoire, par laquelle le Saint-Père rappelait les deux principaux attributs du roi : « La puissance qui donne le pouvoir de sanction, et la bonté qui invite au pardon et à la miséricorde. Un roi, pour assurer l'équilibre entre ces deux pouvoirs, doit posséder la sagesse. »

Plus que beaucoup d'autres, cette lettre allait marquer Louis. Il promit de s'efforcer toujours d'établir un juste usage de ses pouvoirs royaux.

Puis il changea de sujet :

— Vous devez être heureuse d'apprendre que les Sarrasins sont de plus en plus chassés hors de l'Espagne. On me dit que Jacques le Conquérant vient de les bouter hors de Majorque ?

— Oui, les forces conjuguées de Castille, d'Aragon, de León et de Navarre commencent à recueillir les fruits de leur entente. En effet, Louis, je ne peux que m'en réjouir. J'ai d'ailleurs envoyé un message de félicitations au roi d'Aragon et je compte surtout sur mon neveu, Ferdinand de Castille, pour chasser définitivement les Maures.

Après un été relativement calme, l'automne agita de nouveau le royaume car les barons continuaient de se menacer les uns les autres. Le roi et la régente durent se rendre eux-mêmes en Champagne pour y mettre de l'ordre et protéger Thibaud. Les coalisés reçurent l'ordre de quitter le territoire. Mais le duc de Bourgogne, entêté, proposa que le conflit fût réglé par un duel entre lui et Thibaud. La ficelle était un peu grosse. Le comte de Champagne, qui peinait à tenir à cheval tant il avait d'embonpoint, n'aurait eu aucune chance.

Louis se fâcha et se rendit à Troyes avec une puissante armée qui incita Henri de Bourgogne à négocier.

Mais ce ne fut qu'un répit. Par ses informateurs, Louis apprit qu'Henri d'Angleterre reconstituait sa flotte et achetait une armée de mercenaires. Ce fut le moment que choisit Pierre Mauclerc, profitant de la fin de la trêve passée avec le roi de France, pour rejoindre le Plantagenêt à qui il prêta serment de fidélité. Une trahison de plus. Le roi d'Angleterre le récompensa en milliers de livres et lui rendit le comté de Richemond. Les motivations de Mauclerc étaient à la hauteur de sa noblesse, basses et vulgaires !

À Londres, Mauclerc reçut la visite du comte de Bar qui s'était lâchement rendu à Louis après Henri de Bourgogne.

— Alors comte, peut-on encore compter sur vous, et sur tous ces barons qui, à la seule vue de dame Hersant, ôtent leur surcot et leurs chemises pour se faire pardonner leurs offenses. Le cardinal de Saint-Ange, lui, se déshabille pour la chevaucher.

Le comte de Bretagne faisait allusion à la louve lubrique, impudique et dévote du *Roman de Renart*, laquelle courait après le goupil et, glissant dans son trou, s'était fait trousser sept fois avant de se séparer.

Le comte de Bar assura que le comte de Boulogne, Philippe Hurepel, avait promis qu'avant l'Ascension, le Champenois serait maté.

— Ce ne sont encore que des paroles ! répondit Mauclerc. Cela ne vaut rien et ne me rassure pas. Tous ces barons s'agitent et dès que les menaces paraissent, ils se réfugient dans leur trou. Leurs atermoiements m'inquiètent, la saison est passée, il va nous falloir attendre le printemps pour débarquer en France. C'est le conseil que je vais donner au roi Henri qui s'impatiente de reconquérir ses terres françaises.

Dans le même temps, Louis avait reçu une lettre du comte de Bretagne par laquelle il lui signifiait qu'il n'était plus son vassal. Le jeune roi resta impassible, rejoignit le Conseil, la missive de Mauclerc à la main, et arborant un large sourire, déclara :

— Ce pauvre comte de Bretagne va apprendre ce qu'il en coûte de trahir le royaume de France. Puisqu'un traité, qui a épargné du sang et des larmes, est pour lui sans valeur, puisqu'il veut s'affranchir de sa vassalité, puisque la leçon de Bellême ne lui a pas suffi, nous irons le poursuivre partout où il sera, nous lui ferons avaler sa morgue et punirons son infidélité.

Le ton goguenard qu'il avait pris dans un tel moment démontrait qu'il ne doutait pas de la justesse de sa cause, pas plus que de sa détermination. La suite des événements allait le prouver.

Le cardinal de Saint-Ange informa les deux souverains qu'il regagnait Rome définitivement. Il passerait par Toulouse rappeler au comte Raymond ses promesses et ses devoirs. Il installerait dans cette ville le nouveau tribunal de l'Inquisition, ainsi que l'avait prévu le concile de Latran et comme le Saint-Père Grégoire le lui avait ordonné, maintenant que la croisade contre les albigeois avait pris fin.

— Il importe, déclara-t-il, d'éradiquer l'hérésie en pourchassant et condamnant ses derniers suppôts, car le Mal est toujours tapi et peut renaître à tout moment.

La reine le remercia pour les nombreux services rendus à la royauté capétienne et lui demanda de pardonner à tous ceux qui l'avaient injustement vilipendé.

Un émissaire envoyé par l'empereur vint informer le roi que le successeur de Gengis Khan s'appelait Ögödei, l'un de ses quatre fils. À la tête d'une armée de cent cinquante mille cavaliers, il continuait de ravager la Chine. L'émissaire assura que pour le moment Frédéric n'était pas inquiet, mais demandait aux souverains européens d'être vigilants. La déferlante mongole restait à redouter.

34

La belliqueuse promenade du Plantagenêt

Accompagné de ses deux frères, Robert et Alphonse, et de quelques chevaliers de sa garde, Louis sortit du Palais pour accomplir un rituel instauré quelques mois plus tôt : les aumônes aux pauvres. Il tenait à distribuer lui-même les pièces, disant un mot à chacun, les encourageant à prier Dieu pour se voir absoudre de tous leurs péchés. Il avait déclaré à ses frères :

— Un jour par semaine, le vendredi de préférence, nous irons à la rencontre de nos sujets les plus déshérités. Notre devoir est de les aider et de les consoler. Chaque fois, nous distribuerons cent vingt aumônes.

— Pourquoi cent vingt ? s'enquit Robert.

— Parce qu'il nous faut bien deux heures... Ne pouvons-nous pas consacrer deux heures aux plus pauvres d'entre nous ?

Ses frères ne cherchèrent pas à comprendre. Louis avait ses désirs, d'aucuns disaient des foucades, mais il était le roi. Il était vain de le contrarier.

Quelques jours plus tard, il évoqua avec sa mère l'utilisation des joyaux de son époux laissés en testament pour la construction d'un monastère ; une tradition chez les Capétiens qu'il convenait de respecter. Louis le Lion n'avait pas voulu déroger à cette règle. Blanche de Castille s'apprêtait à procéder à cette donation quand son fils intervint :

— Pourquoi la donner à Saint-Victor, un monastère déjà établi ?

— Parce que votre père disait qu'il avait joué un rôle éminent dans le développement de la théologie.

— Certes ! Mais ne vaudrait-il pas mieux consacrer cette somme à la construction d'un nouveau monastère, plus prestigieux encore, qui serait la marque de la piété capétienne et dont la construction serait confiée à un ordre qui figure parmi les plus grands et les plus nobles.

— Auquel pensez-vous ?

— À celui de Cîteaux, un ordre rayonnant, Mère, ouvert aux religieux comme aux religieuses, qui compta des hommes comme frère Guérin, et qui, comme l'a recommandé saint Bernard, professe qu'il faut faire preuve de détachement à l'égard de l'argent et des plaisirs pour se laver de ses péchés, afin de bâtir des monuments où prier Dieu dans l'humilité...

— C'est un ordre qui prône aussi le retrait du monde, mon fils ! Est-ce bien ce que vous souhaitez pour la royauté ?

Louis ne répondit pas à cette question. Il n'entendait pas discuter de cela. Pour couper court à la discussion il annonça qu'il avait déjà choisi un terrain au lieu-dit de Cuimont, à proximité du château royal d'Asnières-sur-Oise.

— Nous l'appellerons Royaumont car ce sera le monastère du Roi, mon père, dédié à la Vierge Marie, comme il l'avait souhaité. L'ordre m'a informé qu'elle serait la deux centième abbaye cistercienne construite en France ; j'ai demandé qu'elle soit la plus grande et la plus belle.

— Croyez-vous que la donation de mon époux sera suffisante ?

— Si cela ne suffit pas, le Trésor royal y pourvoira.

— Alors je vous approuve, conclut Blanche, et je souhaiterais moi aussi attacher mon nom à la construction d'une abbaye pour femmes.

La reine fut frappée par la ferveur avec laquelle son fils lui avait parlé de ce projet. Elle n'avait pas manqué de remarquer l'attirance du jeune roi pour les ordres monastiques et leurs messages. Ainsi ne fut-elle pas étonnée quand, peu de temps après, il lui apprit avoir donné aux cordeliers l'un des plus beaux et des plus vastes terrains de la rive gauche au pied de l'enceinte de Philippe Auguste, entre la rue de l'Observatoire et la rue de la Harpe. Ce couvent allait devenir le centre franciscain le plus important d'Europe et fut doté du privilège de former les théologiens de l'ordre.

Blanche de Castille voulait comprendre les raisons de son soutien si particulier aux ordres monastiques. Louis répondit, sur un ton quelque peu sentencieux :

— Un roi chrétien, Mère, doit être un moine dans toute son acception, un moine-soldat comme le sont les templiers, garant de l'intégrité des Lieux saints, un moine prêcheur comme le sont les cordeliers et les dominicains pour enseigner à ses sujets les préceptes de Notre-Seigneur Jésus-Christ, enfin un moine prieur et entreprenant pour à la fois prier Dieu et participer, par le travail, au bien-être de son peuple.

La régente se demanda qui avait pu donner à Louis cette vision. Frère Guérin, peut-être ? Frères Jacques ? À son avis, ce dernier n'avait pas cette hauteur de vue. À moins, pensa-t-elle, que cette réflexion ne lui fût propre et ne résultât de l'éducation religieuse qu'elle lui prodiguait depuis plusieurs années. Elle découvrait ainsi chez cet adolescent, déjà dominateur et sûr de lui, une ferveur et une piété dont elle était fière.

Louis n'avait pas fini de l'étonner. Il lui déclara, en effet, qu'il avait l'intention de demander à l'archevêque de Paris, Guillaume d'Auvergne, d'être son confesseur.

— Sa Sainteté a-t-elle assez de considération pour lui ?

— Détrompez-vous, ma mère, le souverain pontife l'a simplement sanctionné pour son intransigeance dans la crise de l'Université, un désaveu officiel pour tenter de calmer les universitaires, mais il estime beaucoup ce grand théologien.

Louis s'éclipsa. Peu de temps après, de la fenêtre de sa chambre, Blanche de Castille l'aperçut dans le jardin du Palais, entouré d'une grappe de jeunes damoiselles et semblant faire le joli cœur. Elle s'étonna. Cela ne lui ressemblait pas. Jamais jusqu'alors elle avait entendu dire que Louis aimait à fréquenter les jeunes filles. N'était-il pas trop jeune encore pour engager de telles relations ? Soudain, elle se rappela, en souriant, de l'âge de son mariage avec Louis, elle douze ans, lui treize, un âge auquel convolaient la plupart des princes et des rois des cours d'Europe. Un sentiment étrange la saisit. Serait-elle jalouse de voir son fils prendre son envol affectif ? Elle se remémora leur précédent échange : Louis semblait aller vers la voie de la sainteté qui impliquait le célibat. Cependant il devait assurer la pérennité du royaume et avoir des enfants. Mais n'avait-elle pas pourvu la France de nombreux fils qui eux-mêmes, ou leurs enfants, pourraient assurer la continuité capétienne ? Elle fut surprise qu'une telle réflexion ait pu lui traverser l'esprit. Elle avait conduit son fils sur les chemins de la vertu, qui ne devait pas pour autant entraver ses devoirs de roi. Elle se mit alors en tête de réfléchir à une alliance qui enrichirait le royaume sans la déposséder de l'amour que Louis semblait lui porter.

Sur ces entrefaites, la régente reçut un messager qui vint lui apprendre que Raymond de Toulouse, toujours lui, était allé soutenir les Marseillais contre leur évêque et contre le comte de Provence, Raimond Bérenger, obligeant ceux-ci à lever le siège de la cité phocéenne. Les gens de Tarascon en avaient profité pour se rallier à lui.

La Provence ? songea Blanche de Castille. Ce grand territoire de l'autre côté du Rhône ? Certes, le comte Beranger était le vassal de l'empereur, mais cette situation pourrait évoluer. Si la Provence tombait dans l'escarcelle du royaume, tout le sud de la France passerait sous son contrôle. Raimond de Provence n'avait-il pas quatre filles ?... et pas de fils. Voilà bien un parti possible pour Louis. Elle chassa très vite cette pensée. Louis devrait attendre d'être majeur. Ce n'était peut-être pas l'usage mais c'était mieux ainsi. Elle repoussait de quatre ou cinq ans leur inévitable séparation. Pendant ce temps, elle pourrait encore profiter de leur intimité pour l'aider à gouverner et, en cas de malheur, pour gouverner elle-même.

L'hiver touchait à sa fin. Il était temps d'aller donner une leçon au comte de Bretagne et à son allié Plantagenêt.

Louis se souvenait du terrible froid qui avait glacé l'armée pendant le siège de Bellême ; il était hors de question de faire revivre ce cauchemar à ses soldats. Il déclara au Conseil :

— Nous allons convoquer l'ost afin qu'il soit prêt pour les premiers jours d'avril. Sur quels vassaux pouvons-nous compter ?

Amaury de Montfort répondit :

— Thibaud de Champagne, Ferrand de Flandre, Jean de Brienne, les comtes de Nevers, de Blois, de Chartres...

— Le comte de Boulogne ?

— Votre oncle vous fera défaut, Sire.

— Cela ne m'étonne guère, commenta la régente, sur un ton glacial.

— Mais il y a d'autres ralliements inattendus, ajouta Montfort, ceux de nombreux seigneurs poitevins ; quant au comte de la Marche, il a décidé de rester neutre...

— Lusignan se serait-il fâché avec la mère du roi d'Angleterre ? s'étonna la régente.

— Je pense plutôt, intervint l'archevêque de Sens, Gautier Cornut, que celle-ci doit être furieuse des avantages que son fils

Henri a accordés au comte de Bretagne. C'est ainsi que j'explique la neutralité de Hugues de Lusignan.

— Acceptons-en l'augure, commenta le roi.

Un mois plus tard, Henri d'Angleterre débarquait à Tréguier et gagnait Saint-Malo. Le roi de France s'était installé à Angers et l'attendait « d'épée ferme » après avoir donné l'ordre de renforcer les fortifications de la ville.

Ce fut la plus étrange bataille que vécurent les belligérants. Alors que l'armée royale s'était emparée d'Ancenis sans coup férir, on vit le roi d'Angleterre entamer une descente vers Nantes comme s'il voulait éviter l'affrontement.

À Ancenis, Louis prononça la déchéance de Mauclerc qu'il qualifia d'« ancien comte de Bretagne » et délia tous ses vassaux des serments de fidélité qu'ils lui avaient prêtés. L'acte de destitution fut signé par trente des plus grands seigneurs du royaume.

Puis l'armée du roi se mit en marche vers Nantes. Arrivée à quelques lieues de la ville, elle ne put combattre car Henri était descendu vers la Gascogne.

Quarante jours passèrent. Les vassaux ayant accompli leur temps décidèrent de rentrer chez eux. Le roi en fit autant, laissant sur place quelques chevaliers, afin de parer à toute éventualité. Précaution inutile. Il semblait qu'Henri fût venu en villégiature. En réalité, comme son père Jean sans Terre, il était poltron et inconstant. En outre, la plupart des barons anglais n'avaient pas voulu le suivre. Alors que fit-il ? Il remonta de Bordeaux vers Nantes, essayant au passage de soudoyer quelques châtelains, puis fit une halte chez sa mère, Isabelle de Lusignan, pour tenter de convaincre son mari de changer de position et de le rejoindre. Peine perdue. Le comte de la Marche n'avait aucune confiance dans ce monarque d'opérette.

De retour à Nantes, Henri laissa ses seigneurs bambocher allégrement et s'en retourna dans son île, fin septembre, non sans avoir perdu dans cette promenade belliqueuse quelques milliers de soldats, tombés non sous les flèches des Français, mais sous les effets conjugués de la dysenterie et de la typhoïde.

Il était tant à court d'argent qu'il dut emprunter au passage six mille livres à Pierre Mauclerc, indigné par le comportement de ce jeune écervelé et bien content de le voir quitter ses terres bretonnes.

Il était vrai que le roi d'Angleterre ne roulait pas sur l'or. Depuis la réhabilitation de la Grande Charte il dépendait financièrement du Parlement. Or celui-ci était pingre et ne lui octroyait pas plus de quinze mille livres par an, et l'Église sept mille, si bien qu'il ne disposait pas de plus de trente mille livres avec ses revenus personnels, ce qui était insuffisant pour mener une bataille. À côté du roi de France, il faisait figure de parent pauvre.

En revanche, le comte de Bretagne était riche et n'avait pas l'intention d'en rester là avec le roi de France.

Comme toujours, quand un conflit était résolu d'un côté, un autre naissait ailleurs. Thibaud de Champagne était toujours la cible des barons. Cette fois, l'instigateur n'était pas le duc de Bourgogne mais l'oncle du roi, le pitoyable Philippe Hurepel, qui eut l'audace de choisir pour prétexte la calomnie qui courait depuis la mort de Louis le Lion : l'empoisonnement du roi par Thibaud. Il eut aussi l'aplomb, quand la régente le somma de retirer ses troupes, de déclarer qu'il ne comprenait pas « comment une femme aussi noble pouvait prendre la défense du meurtrier de son mari » !

La même coalition se reformait donc. Thibaud dut se réfugier à Paris pendant que le comte de Boulogne essayait de prendre Troyes. Sa tentative échoua. Sur quoi Hurepel déclara : « Au nom de Dieu, mieux vaut folies laisser que folies poursuivre » et d'ajouter à l'adresse des barons coalisés :

— Par ma foi, le Roi est mon neveu, mon seigneur lige et je suis son homme lige. Sachez donc que je ne suis plus ni de votre alliance ni de votre accord...

Et il se soumit au roi.

Furieux, ses alliés se dispersèrent non sans l'avoir copieusement insulté et menacé de se venger si le roi les privait de leurs terres.

En réalité, le comte de Boulogne avait craint de perdre tous les avantages qui lui avaient été consentis par son père, son demi-frère Louis le Lion et la reine Blanche. Bon calcul, car en contrepartie de son retrait et de sa nouvelle promesse de fidélité, Louis lui fit octroyer des indemnités pour les dommages subis naguère par les attaques sur ses domaines menées par le comte de Flandre. Son retrait entraîna celui des coalisés, permettant à Thibaud de Champagne de retrouver son fief.

Une fois encore, l'autorité de Blanche de Castille et les menaces de Louis avaient rétabli l'ordre. Mais ils ne se faisaient pas d'illusions car ils n'ignoraient rien de l'inconstance, de l'impulsivité et de la cupidité des barons pour ne rien dire de leur infidélité notoire et ils se tenaient toujours prêts à réagir promptement à toute éventualité.

L'été 1230 n'accorda au souverain que peu d'instants pour s'occuper de ses études alors qu'il avait encore beaucoup à apprendre.

À la fin de l'année, le connétable Mathieu de Montmorency rendit l'âme à l'âge de cinquante-six ans. Il avait été un des piliers du régime capétien. Chacun se rappelait qu'il s'était illustré à Bouvines et qu'il avait aussi participé aux croisades contre les albigeois. Blanche de Castille et son fils se mirent d'accord pour qu'Amaury de Montfort lui succédât.

— Ce n'est pas un foudre de guerre, commenta la régente, mais il est d'une fidélité à toute épreuve et nous devons le récompenser pour avoir cédé au royaume tous les droits des fiefs du Languedoc que son père Simon avait reçus du pape en récompense de ses faits d'armes contre les hérétiques.

— Des faits d'armes tachés de sang et de cruauté, rappela Louis.

— Qu'on ne peut imputer à son fils.

Les souverains passèrent alors en revue leurs principaux conseillers : ils pouvaient compter sur le chambrier Barthélemy de Roye ; l'archevêque de Sens, Gautier Cornut et Maurice de Sully, les deux prélats qui administraient le royaume ; le chambellan, Jean de Nesle, le conseiller le plus proche du roi, chargé de signer les chartes et les principaux documents ; le grand panetier, Gautier d'Avesnes, comte de Blois, chargé du domaine et du service de bouche du roi ; le bailli Hugues des Harcis, qui représentait le roi sur les territoires et faisait appliquer la justice. Tous avaient signé la déchéance du bail de Mauclerc sur la Bretagne.

En revanche, Hurepel, Mauclerc, Enguerrand de Coucy, Robert de Courtenay et Henri, duc de Bourgogne, qui avaient manqué à la Couronne, ne furent plus convoqués à la Curie.

35

Frédéric, un troublant voisin

En août 1230, le pape leva l'excommunication de Frédéric. L'empereur n'avait pas fait acte de soumission et n'avait pas été à Canossa, comme un siècle et demi plus tôt son ancêtre Henri, et n'était pas venu non plus s'agenouiller pour demander le pardon du pontife Grégoire.

Pour le monarque allemand, il importait d'abord de normaliser ses relations avec le Saint-Siège afin d'avoir les mains libres en Allemagne, en Italie ou en Orient. Bien que puissant et redouté, Frédéric ne mésestimait pas les capacités de nuisances du chef de l'Église catholique, doté d'un caractère, d'une intransigeance et d'une autorité que ne possédait pas son prédécesseur Honorius.

La confrontation entre les deux souverains semblait inéluctable. D'autant plus que Frédéric disposait alors d'un pouvoir qu'aucun de ses prédécesseurs n'avait détenu. Il était empereur germanique, roi des Romains, roi des Lombards, roi de Sicile, roi des Pouilles et de Calabre, roi de Sardaigne et de Corse, roi de Jérusalem, roi d'Arles, comte de Bourgogne, duc de Haute- et de Basse-Lorraine, suzerain des ducs de Souabe, d'Autriche, de Bavière, de Saxe, de Franconie, du Tyrol, de Thuringe, de Vérone, protecteurs des rois de Pologne, de Hongrie et de Chypre et allié des plus grandes couronnes d'Europe.

— On me dit, déclara Louis à Barthélemy, que l'empereur connaît de sérieux différends avec son fils Henri.

— Oh, Sire ! ces difficultés ne datent pas d'hier et ne concernent pas seulement son fils. Son pays d'origine, l'Allemagne, n'est ni son pays de naissance, ni son pays de cœur – qui est incontestablement la Sicile – et s'est très vite trouvé ingouvernable. Les barons allemands...

— Ah, les barons ! interrompit Louis, en levant les yeux au ciel.

— Ceux que vous avez en France, en termes de despotisme, d'insoumission, de cruauté, de violence et de versatilité ne leur arrivent pas à la cheville, fit remarquer le conseiller.

— Racontez-moi, insista le roi.

— L'empereur, en dépit de son caractère impétueux, est un homme d'ordre. Et il ne peut supporter l'anarchie qui règne en Allemagne car elle met en question son autorité. Il avait donc convoqué une diète à Francfort, en 1220, et proposé que les États qui composent ce pays soient réunis en une confédération. Il entendait ainsi donner une unité à cette nation tout en respectant les libertés de chaque souveraineté : baronnies, villes... En réalité, cette révolution revenait, sans l'exprimer clairement, à donner le pouvoir à quelques princes qui, en son nom, pourraient mieux contrôler le territoire.

— C'était donc une concession faite à la noblesse, commenta Louis. Qu'en avait pensé mon grand-père ?

— Philippe Auguste n'avait pas vu cette réforme d'un bon œil, évidemment, lui qui s'était escrimé sa vie durant à mettre les féodaux au pas et à limiter leurs privilèges.

— C'est le seul moyen de gouverner notre nation d'égoïstes et de farouches trublions, commenta Louis.

— Assurément, votre grand-père avait cette vision, je dirai centralisatrice.

— Vous l'approuviez ?

— Absolument, répliqua sans hésiter Barthélemy.

— Cette révolution germanique, comme vous l'appelez, s'est-elle faite sans heurts ?

— Sans heurts, pas tout à fait. L'empereur a dû faire usage de la force pour imposer sa volonté aux plus récalcitrants. Quelques dizaines de barons ont été emprisonnés, voire exécutés, et leurs châteaux rasés. Je vous raconte cela, Sire, car vous aurez, à l'évidence, à vous confronter à ce souverain redoutable à la fois par son intelligence et son cynisme.

— Il n'est pas le seul de son espèce, lâcha Louis en souriant.

— Certes, mais il est très puissant.

— Et qu'est-il advenu de son fils Henri à la suite de cette réforme ? demanda le souverain.

— Deux ans plus tard, l'empereur l'a fait couronner roi des Romains, à Aix-la-Chapelle, alors qu'il était déjà duc de Souabe.

— Dans la cité de Charlemagne... Quel honneur pour lui !

— Pourtant, il ne semble pas partager les choix politiques de son père qui entend assurer l'avenir d'un empire héréditaire. Je crois que leur désaccord est profond et risque d'engendrer de sérieux troubles dans un futur proche.

— Et c'est avec cet empereur que je vais devoir composer, n'est-ce pas ?

— Oui, Sire, il vous faudra sans doute beaucoup de patience et de fermeté.

Deux bonnes nouvelles vinrent réjouir la régente et le souverain. Blanche de Castille fut d'abord informée que son neveu Ferdinand avait définitivement unifié la Castille et le León, ce qui en faisait le royaume le plus important d'Espagne, capable de faire contrepoids à l'Aragon.

Ils apprirent par ailleurs la canonisation de François d'Assise.

— Nous fêterons ce grand saint qui portait les stigmates du Christ comme il conviendra, déclara le roi, et nous adopterons aussi l'annonce de la prière et de l'angélus par les cloches, comme il le fit à Damiette, à la barbe du sultan.

Louis profita de cet entretien en tête à tête pour annoncer à sa mère ses décisions pour régler le conflit de l'Université :

— J'entends, lui dit-il, que nous indemnisions tous les étudiants qui ont été molestés par des sergents royaux et que les bourgeois paient les dommages qu'ils leur ont faits. Je veux que les privilèges de l'Université soient rétablis. Que les propriétaires de logements à Paris respectent l'encadrement des loyers fixés pour les maîtres, les clercs et les étudiants.

— Vous voulez... ? interrompit la reine, sidérée par le ton autoritaire qu'avait pris son fils.

Mais il ne la laissa pas poursuivre :

— J'ai l'accord et le soutien du Saint-Père qui va écrire lui-même aux maîtres pour leur demander de revenir à Paris ; il validera les diplômes obtenus par les étudiants dans les villes où ils se sont réfugiés.

La régente comprit qu'elle n'avait plus son mot à dire sur cette affaire et pensa que si son fils avait agi seul, c'était moins pour l'écarter que pour la protéger.

Louis perçut dans le regard de sa mère un éclat de tristesse et de déception. N'avait-il pas été trop brutal ? Certes il devait et voulait prendre le pouvoir, mais il n'entendait pas se passer de l'expérience et des conseils de la régente. Afin de la rassurer, il sollicita son avis sur un sujet encore plus sensible :

— Mère, dois-je chasser les Juifs du royaume comme mon père en avait eu l'intention, comme mon grand-père l'avait fait ?

— Pourquoi le feriez-vous ? demanda Blanche.

— Parce qu'ils sèment le trouble chez nos sujets en les rendant débiteurs et esclaves de leurs créances. Pouvons-nous laisser un peuple déicide prendre de plus en plus d'importance dans l'économie de notre royaume ?

— Je ne suis pas sûre, répondit Blanche, qu'il soit juste d'accuser nos habitants d'origine juive de la mort de Notre-Seigneur Jésus-Christ. Et n'oubliez pas, Louis, que ce peuple porte la religion des prophètes, il n'est pas hérétique. Il est le dépositaire d'une partie de la Révélation...

— Alors que dois-je faire ? Beaucoup de nos sujets sont pris à la gorge !

— Eh bien faites comme votre père, agissez sur les conditions de prêt et de remboursement.

— Bien, Mère ! Je vais réunir le Parlement à la Saint-Martin pour faire adopter une ordonnance dans ce sens.

Et il la quitta, heureux de cet échange. Blanche le suivit du regard. Son visage rayonnait. Le fil du pouvoir n'avait pas été rompu.

Quelques jours plus tard, au cours d'une assemblée qui se tint à Melun, tous les barons du royaume convoqués par le roi répondirent présents et approuvèrent les mesures proposées : les Juifs n'étaient plus autorisés à prêter de l'argent, les intérêts en cours dus étaient annulés et les sommes prêtées pourraient être remboursées dans un délai allongé à trois ans. Les barons, souvent pris eux-mêmes au piège des prêts consentis par les banquiers juifs, furent satisfaits de ces propositions et les approuvèrent à l'unanimité. Pour la première fois, le jeune roi obtenait un soutien sans réserve de ses vassaux, mais il avait fallu pour y parvenir trouver un bouc émissaire facile, celui qui était régulièrement choisi partout en Europe lorsqu'un régime connaissait des difficultés politiques ou financières. En l'occurrence, ce n'était même pas le cas.

Les travaux de la construction du monastère cistercien allaient commencer à Royaumont. Le roi examina les plans avec l'architecte, un maître d'œuvre cistercien dont le nom ne devait pas être prononcé. C'était la règle. Le moine maçon ne pouvait se targuer de son talent. Il travaillait pour l'ordre, c'était son privilège, point besoin de gloire. Son talent et son mérite seraient récompensés par la miséricorde divine. Louis avait fait venir Pierre de Montreuil, un jeune architecte d'une trentaine d'années, qui avait été chargé de poursuivre les travaux de Saint-Denis. Le moine présenta son projet :

— Sire, vous avez choisi un lieu très marécageux, entre la Thève et l'Ysieux, que nous allons pouvoir mettre à profit pour l'irrigation de nos jardins et de nos champs, ainsi que pour faire tourner plusieurs moulins. Vous savez combien l'ordre est attaché à faire de ses monastères des lieux de prière mais aussi d'activités.

— C'est pour cela que je l'ai acheté, précisa Louis.

— Je pense, Sire, enchaîna le maçon en lui montrant des esquisses, que vous allez adhérer au parti choisi, celui de bâtiments sobres et austères.

Le roi se retourna vers Pierre de Montreuil et déclara devant le maître d'œuvre :

— Je souhaite que vous alliez visiter avec notre maçon l'église cistercienne de Longpont que nous avons inaugurée avec la reine il y a trois ans. Nous l'avons trouvée magnifique... Et montrez-lui également vos travaux sur l'abbatiale de Saint-Denis. Il importe de s'inspirer de l'œuvre de Suger et de faire entrer davantage de lumière dans cette nouvelle maison de Dieu.

Le maçon s'inclina devant la volonté royale tout en redoutant d'avoir à déroger aux règles d'austérité architecturale imposées par saint Bernard. Mais il n'eut pas le front de les évoquer.

— Et n'oubliez pas la chambre du Roi, déclara Louis.

Le maçon leva les sourcils. Il ne comprenait pas cette demande. Louis s'en aperçut.

— Le Roi souhaite venir souvent prier dans son monastère. Il lui faudra donc une chambre car celui-ci se trouvant à près de trois heures du Palais, il doit pouvoir s'y reposer et y prier longuement.

— Bien, Sire ! acquiesça le moine bâtisseur. L'ordre sera honoré de recevoir Votre Majesté.

— Et dès que les travaux commenceront, ajouta Louis, qu'on me prévienne. J'aimerais mettre la main à la pâte.

Nouvel étonnement du maçon, qui cette fois tenta de ne pas le manifester en s'inclinant respectueusement et en prenant congé.

Au printemps 1231, le pape Grégoire confirma et conforta les décisions de Louis sur l'Université. Il publia un texte destiné à devenir la grande charte de l'Université de Paris définissant clairement son autonomie et ses privilèges. Déjà regroupés en corporations, les maîtres et les étudiants étaient désormais assurés d'être représentés par une association de collèges parisiens, nommée « l'Université », installée sur la rive gauche de la Seine. Elle assurerait les enseignements de la théologie, de la philosophie et de bien d'autres arts, formerait les clercs pour remplir les fonctions et emplois dans les institutions royales au Parlement, aux finances, dans les tribunaux, dans les institutions ecclésiastiques, dans les évêchés, les abbayes, les écoles... Enfin le Saint-Père laissa entendre au roi de France qu'il serait favorable à ce que fût désormais enseignée la théologie par les ordres franciscains et dominicains. Par ailleurs, le pape Grégoire confirmait l'interdiction par son prédécesseur d'enseigner la philosophie d'Aristote. Toutefois, une semaine plus tard, le pontife changeait d'avis. Il adressait une lettre à Guillaume d'Auvergne, l'archevêque de Paris, dans laquelle il écrivait : « La condition des autres sciences est de prêter leur ministère à la science des Saintes Écritures. Les fidèles du Christ ne doivent s'y consacrer que dans la mesure où il est prouvé qu'ils condescendent à leur souverain maître. Il vous appartiendra de retirer des livres toute erreur capable de scandaliser ou d'offenser les lecteurs... »

Par cet écrit alambiqué et prudent, respectueux des interdits de ses prédécesseurs, le pape rétablissait, en réalité, l'autorisation d'étudier le philosophe grec.

Louis demanda à son confesseur, Guillaume d'Auvergne, de lui expliquer ce revirement du souverain pontife.

— Notre pape est un fin lettré. Il a lu Aristote et le considère comme un grand philosophe. Il devait trouver un subterfuge habile pour le faire remettre à l'étude de notre université. Sa métaphysique, son éthique et sa logique ne pouvaient pas être ignorée de nos étudiants. Les avez-vous étudiés ?

— Non, Monseigneur, ils étaient interdits ! Bien que je ne sois pas un adepte de la philosophie, il me serait agréable que vous me l'enseigniez.

— Vous savez, au moins, que ce disciple de Platon fut le précepteur d'Alexandre le Grand ?

— Oui, frère Jacques me l'a appris, mais il ne m'a rien dit de sa philosophie.

— Alors je vous en parlerai quand vous le désirerez. Sachez seulement qu'il a beaucoup écrit sur la morale et la politique et que cela peut être utile au souverain que vous êtes. Il avait une vision métaphysique très nouvelle qu'il formulait comme une « science de l'être en tant qu'être » et sa curiosité le conduisait à s'intéresser à tous les arts et à toutes les sciences. C'était un homme de lumières. Il avait dit : « Je suis un ami de Platon mais plus encore de la vérité. » Il fut, des siècles durant, mis au ban de l'Église après qu'en 529, l'empereur Justinien eut déclaré mettre fin à la philosophie païenne.

— Vous semblez également l'apprécier, nota Louis.

— Je suis heureux que le Saint-Père l'ait fait remettre à l'étude, répondit l'évêque. Il importe de séparer de son enseignement le bon grain de l'ivraie. Mais il reste utile à l'ouverture des esprits bien formés.

L'évêque de Paris prit congé. Louis avait besoin de se détendre. Il descendit dans la salle d'armes pour un duel amical avec le maître Joachim.

36

Le désordre italien

En ce mois d'avril 1231, le soleil inondait le palais royal et ses jardins. Louis décida de se rendre à Saint-Denis en compagnie de l'architecte Pierre de Montreuil. Après une petite heure de chevauchée, ils rejoignirent l'abbé Eudes Clément, élu trois ans plus tôt à la tête de l'abbatiale.

Le roi était de bonne humeur. Il aimait le printemps. C'était sa saison préférée. Il aurait aimé qu'il symbolisât la France, ce pays en pleine évolution, en ébullition, qui voyait naître partout, depuis un siècle, cathédrales, églises, monastères, chapelles, calvaires, tous ces monuments à la gloire de Dieu que la symbiose de la foi des uns et du talent des autres avaient portés à leur apogée. Notre-Dame, Beauvais, Chartres, Laon et Reims étaient en cours d'achèvement. Saint-Denis avait été déjà bien transformée. Le roi avait pour cette abbatiale une affection et une ambition particulières. Il voulait qu'elle devienne le lieu privilégié du dialogue entre ses ancêtres et Dieu, et plus tard, avec ses descendants.

Les trois hommes discutèrent des travaux à entreprendre. L'abbé Clément proposa la reconstruction du chœur. Avec Pierre de Montreuil, il déploya un plan sur lequel le transept était élargi à la croisée, là où seraient rassemblées les tombes royales.

— Il faudra, indiqua le souverain, établir un recensement précis des princes et des rois qui ont été enterrés ici depuis Clovis ; un certain nombre d'entre eux sont mal identifiés.

Dans le présent comme dans l'au-delà, Louis voulait que fussent honorées les vies et les mémoires des rois et des reines qui, par leur présence dans l'histoire de la France, assuraient la pérennité du royaume sous la protection de la mansuétude divine. Il félicita ses deux interlocuteurs, l'abbé et l'architecte, qu'il allait introduire assez vite dans le cercle intime de ses conseillers.

Les bonnes nouvelles continuaient à parvenir d'Espagne. Ferdinand de Castille poursuivait sa progression vers le sud et avait conquis une partie de l'Estrémadure. Cette victoire fut rapportée par la reine Bérengère, mère de Ferdinand et sœur aînée de Blanche de Castille. Les deux sœurs se voyaient fréquemment à la cour de France ; ces visites avaient naguère conduit de méchantes langues à accuser la régente de dilapider l'argent du royaume au profit de sa famille espagnole.

— Nous sommes, Ferdinand et moi, déclara Louis, très chanceux d'avoir des mères aussi expérimentées et aussi prestigieuses pour nous aider à gouverner.

Le roi avait appris que c'était grâce à Bérengère et sur les conseils de Blanche que le León, appartenant à ses belles-filles, avait pu être uni à la Castille.

Les victoires de ses cousins espagnols ne pouvaient hélas le distraire de ses soucis avec les barons. En dépit des nombreuses raclées qu'il leur avait infligées depuis trois ans, ceux-ci continuaient à se chamailler et à menacer la paix dans le royaume.

Ce fut encore Pierre Mauclerc qui fit des siennes. Cette fois, Louis partit en guerre contre lui sans l'avis de sa mère.

Il avait dix-sept ans. Il était décidé à en finir avec ce rebelle breton. Il rassembla son armée à Vincennes. Elle n'était pas impressionnante, mais suffisante pour bousculer le comte de Bretagne. Elle comptait près de cent cinquante chevaliers, trois mille sergents à pied et autant d'arbalétriers.

Le roi se rendit d'abord à Angers pour inspecter les travaux de fortifications qu'il avait exigés.

Pierre Mauclerc prit vite la mesure de la détermination du souverain. Il s'empressa d'accepter l'intercession du pape Grégoire qui proposa une trêve de trois ans entre le royaume de France d'une part, la Bretagne et l'Angleterre d'autre part.

Louis accepta à contrecœur. Il aurait aimé châtier définitivement ce traître. Le mot n'était pas trop fort car le comte de Bretagne, à peine l'encre séchée sur le parchemin du traité du

4 juillet 1231, se sauva en Angleterre en dépit de l'interdiction qui lui avait été signifiée.

Trois ans, c'était peu, mais suffisant pour réparer les dégâts des récents conflits entre le roi et ses féodaux qui avaient causé des ravages dans les citadelles, les châteaux, les villes, les villages et les champs. Le peuple avait besoin de paix ; il lui fallait ces quelques années, au moins, pour s'en remettre.

De retour au Palais, Louis apprit que l'incorrigible Thibaud, qui venait de perdre son épouse, Agnès de Beaujeu, annonçait son intention de se remarier à Yolande de Bretagne, la fille de... Pierre Mauclerc, cette même Yolande, qu'Henri d'Angleterre avait aussi voulu épouser. Thibaud de Champagne n'avait de chevaleresque dans cette démarche que le désir, sans doute, de se venger de la reine de France qui s'était moquée de ses roucoulements, ou de l'envie, plus sûrement, de devenir grenouille plus grosse que le bœuf, en réunissant sous la même Couronne le comté de Champagne, celui de Bretagne et bientôt le royaume de Navarre dont il était l'héritier.

Quand Louis alla consulter sa mère, non sans avoir exprimé son irritation devant le Conseil, il la trouva hors d'elle :

— Comment ! fulmina-t-elle, ce gros plein de soupe – Louis ne lui connaissait pas ce langage fleuri –, que nous avons tant de fois sauvé de l'humiliation, nous nargue maintenant en voulant épouser la fille de notre pire ennemi.

— J'ai même appris, enchaîna Louis, que le Saint-Père lui avait donné sa bénédiction !

— Cela ne m'étonne pas ! Thibaud est bêtement tombé dans le piège que lui a tendu Mauclerc. C'est un piètre seigneur. Il faut interdire cette union.

— Le souverain pontife le peut. Les liens de parenté sont trop proches, Thibaud et Yolande ont le même trisaïeul.

— Nous allons écrire cela au Saint-Père immédiatement, déclara le roi, et envoyer un message à Thibaud. Que le messager ne soit pas de trop haut rang pour bien lui faire comprendre le mépris dans lequel nous tenons cette nouvelle vilenie.

— Oui, approuva la régente, et, cette fois, j'entends personnellement lui dire son fait.

Le seigneur Thibaud se présenta quelques jours plus tard à la Cour, sur le chemin qui le conduisait vers sa future épouse.

— Alors, comte, lui signifia la reine, le Roi et moi-même apprenons l'étrange projet d'union que vous avez échafaudé. Si vous poursuivez dans cette voie, vous perdrez tout ce que vous possédez au royaume de France et vous ne bénéficierez plus jamais de sa protection. Vous n'ignorez pas ce que le comte de Bretagne a fait au royaume, pis que nul homme qui vive !

Penaud et décomposé, le comte de Champagne s'inclina jusqu'à terre et jura de renoncer à ce mariage.

C'est d'Italie que parvinrent en cette fin d'année les nouvelles les plus troublantes. Après avoir organisé l'Allemagne à sa façon et confirmé, à la diète de Worms, le pouvoir des princes allemands, Frédéric s'attaqua au « désordre italien ». Il ne pouvait plus supporter les manifestations d'indépendance de la Ligue lombarde, pas plus que celles des villes qui voulaient s'affranchir de tout, de leurs seigneurs, des lois, des impôts, et qui s'offraient des libertés, certes appréciées par le peuple, mais redoutées par le monarque. Autant l'empereur avait pu s'appuyer sur des princes puissants en Allemagne, autant en Italie il les trouvait faibles et incapables d'exercer un réel pouvoir. Aussi décida-t-il de centraliser le pays en créant un corps de hauts administrateurs, corvéables, redevables et congédiables à merci, pensant ainsi pouvoir gouverner d'une main de fer ces peuplades indociles. Cependant, en Italie, l'empereur romain germanique pouvait difficilement se prétendre César.

Barthélemy de Roye fit au Conseil un compte rendu exhaustif des décisions de Frédéric consignées dans une charte appelée les « constitutions de Melfi ».

— Il fait donc le contraire de ce qu'il a promulgué il y a dix ans en Allemagne, fit remarquer Louis.

— Il a sûrement jugé que l'Italie, qu'il connaît mieux, n'était pas assez ordonnée pour le régime prévu par la diète de Francfort.

— Et, reprit le roi, amusé, il imite ce que le roi Philippe Auguste avait mis en place dans notre royaume.

— Il l'imite et le dépasse, Sire. Les seigneurs, les évêques et les abbés n'ont plus aucun pouvoir. Celui-ci est détenu par les administrateurs nommés par l'empereur dont aucun n'est issu de l'aristocratie ou de la hiérarchie ecclésiastique.

— C'est de l'absolutisme ! commenta la reine.

— Certes, répondit Barthélemy, mais il a parallèlement créé une justice indépendante, plus proche des intérêts du peuple, il a interdit les duels et permis aux femmes d'hériter. Il a aussi supprimé les tribunaux ecclésiastiques et remplacé la levée féodale par une armée permanente.

— Qu'en dit le Saint-Père ? s'enquit le roi.

— Il en est très fâché ! répondit le conseiller. Et il n'est pas le seul. L'empereur a dû faire face à des révoltes qu'il a réprimées avec la fermeté qu'on lui connaît. Et il a disposé partout des forteresses tenues par des troupes allemandes et sarrasines pour maintenir son ordre.

— Évidemment, reprit Louis, cela ressemble à l'esprit des réformes de mon grand-père, mais pas du tout à la lettre. Je ne peux m'empêcher de relever cette profonde contradiction qui maintient les féodaux en Allemagne et les élimine en Italie.

— C'est un souverain pragmatique, fit remarquer Barthélemy. Il adapte ses réformes à la nature des hommes et au poids des traditions... Vous m'avez demandé, Sire, il y a quelque temps, quel était l'état des relations entre l'empereur et son fils Henri. Je peux vous annoncer qu'elles se dégradent. Henri ne s'est pas rendu à la diète de Ravenne où son père l'avait convoqué. Tous les princes allemands ou presque étaient présents. L'empereur en a conçu une vive irritation. Il semble que désormais les relations soient rompues entre le père et le fils.

— Un mot sur le tribunal de l'Inquisition que le Saint-Père semble avoir confirmé, Monseigneur, demanda le roi en s'adressant cette fois à l'évêque de Sens.

Gautier Cornut hésita un instant avant de répondre, tant il paraissait embarrassé par le sujet. Il savait que, dans le Languedoc, les évêques étaient réticents à appliquer cette mesure dont les attendus s'avéraient rigoureux. Il se lança :

— Le souverain pontife a d'abord chargé un prêtre de l'ordre des Prémontrés, un célèbre et pieux théologien, Conrad de Marbourg, de créer un tribunal de l'Inquisition dans tout l'empire.

— Frédéric a-t-il donné son accord ? demanda la reine.

— L'empereur ne s'est pas encore manifesté sur le sujet, Majesté. Mais je crois savoir qu'il n'y est pas hostile. Par ailleurs, le Saint-Père a confirmé les mesures édictées en 1229 au concile de Narbonne, obligeant les hérétiques repentis à porter un insigne en forme de deux croix sur leurs vêtements et condamnant au bûcher ceux qui refuseraient de le mettre. Les hérétiques qui se rétracteraient devant le bûcher se verraient infliger le mur[1].

— Les juridictions ecclésiastiques se trouvent donc bien dessaisies ? demanda la régente.

— C'est aussi une des raisons de l'opposition des évêques, souligna l'archevêque de Sens.

— Et ce sera au pouvoir royal d'exécuter les sentences, n'est-ce pas ? interrogea le roi.

— Oui, Sire.

Louis ne sembla pas apprécier cette responsabilité, le ton de la question l'attestait ; il jugea préférable d'attendre que les procédures fussent mises en place. Il n'était pas nécessaire de polémiquer avec le pape avant de connaître et d'évaluer le travail de ces nouveaux tribunaux.

— Un dernier point, reprit l'archevêque. Sa Sainteté souhaite confier le magistère de ces tribunaux aux ordres mendiants, particulièrement aux dominicains.

Le souverain sembla rassuré. Sa confiance dans ces moines, réputés pour leur tolérance et leur esprit miséricordieux, pourrait être sans doute un gage de modération.

Le connétable, Amaury de Montfort, fit ensuite le point sur l'affaire de Beauvais. Au début de l'année, lassé des querelles entre les bourgeois de la ville et la population, le roi avait nommé un bourgeois de Senlis, indépendant des chamailleries locales. L'homme s'y était-il pris de travers ? Toujours est-il que le peuple l'avait malmené et, la colère montant souvent comme de l'amadou dans les villes médiévales sous un prétexte même futile, les habitants s'en étaient pris aux banquiers de la ville, les changeurs, en avaient massacré une bonne vingtaine et blessé plus de trente. Le souverain avait décidé de se déplacer afin de rendre sa justice. Les émeutiers coupables d'exactions et de meurtres avaient été condamnés, leurs maisons rasées et mille cinq cents d'entre eux exilés. L'évêque de Beauvais, Milon de Nanteuil, avait demandé qu'on les lui livrât, pour que justice fût faite par lui, puisqu'ils étaient sous sa juridiction. Non seulement Louis avait refusé, mais il lui avait réclamé de lui payer le droit de gîte pour son déplacement. Devant les réticences du

1. La prison perpétuelle.

prélat, la somme exigée étant importante, les biens de l'évêque avaient été saisis et sa maison occupée par des officiers royaux.

— Sire, Sa Sainteté vous demande votre indulgence. L'évêque de Beauvais n'a pas mesuré l'offense qu'il vous faisait et pensait avoir le droit pour lui, déclara Amaury.

— Bien, répondit Louis. Faites savoir à tous les évêques que dans toutes les affaires qui concernent les relations entre le roi et ses sujets, la justice ecclésiastique n'a pas sa place. Qu'ils se le tiennent pour dit.

Les conseillers présents n'en crurent pas leurs oreilles. Leur souverain, si pieux, certains disaient même déjà si dévot, ne badinait pas avec son autorité dès que celle-ci était mise en question. Il entendait clairement que la séparation entre le pouvoir royal et celui de l'Église fût bien délimitée.

37

Guerre sainte contre guerre juste

Un samedi d'hiver, sous un ciel limpide qui rendait la campagne rayonnante, Louis proposa à ses deux frères, Robert et Alphonse, d'aller chevaucher dans la forêt qui entourait la résidence royale d'Asnières, à une heure à peine du Palais.

— Bonne idée ! lança Robert. Je vais en profiter pour chasser le cerf, il n'y en a plus aucun de vaillant à Vincennes.

— Tu sais que notre aïeul, le roi Philippe, nous a recommandé de ne point chasser parce que c'était une coutume barbare qui faisait perdre beaucoup de temps...

— Oui, on me l'a rapporté, répondit Robert. On m'a expliqué aussi pourquoi il n'aimait pas beaucoup la chasse, même s'il la pratiquait de temps à autre pour faire plaisir à ses amis. Il avait des raisons de ne pas l'apprécier !

— Quelles raisons ? demanda Louis, qui connaissait l'anecdote, mais souhaitait l'entendre de la bouche de Robert pour vérifier qu'elle n'avait pas été travestie.

— Trois jours avant d'être sacré roi, notre grand-père s'est perdu dans la forêt en poursuivant un sanglier. Son père Louis, très malade, était inquiet car il était le seul héritier, et personne n'avait de ses nouvelles depuis deux jours. Il a finalement été retrouvé, tremblant de froid, par un bûcheron qui l'a ramené au château tout penaud.

— Vraiment ? s'étonna Alphonse.

Louis confirma. Les trois frères sautèrent sur leurs chevaux et, suivis de leurs écuyers et de quelques sergents, gagnèrent la campagne.

Soudain le roi quitta le chemin qui conduisait au château pour prendre une autre direction. L'équipage suivit. Ils parvinrent sur le chantier de l'abbaye de Royaumont.

— Venez ! ordonna Louis à ses frères, nous allons aider les moines à transporter les pierres et le mortier.

Les deux frères se regardèrent, aussi ahuris qu'indignés par cet ordre. Ils virent le roi s'approcher d'une civière chargée de moellons et aider un frère convers à la porter. Tous les témoins de la scène, moines, convers, jardiniers, vécurent cette scène avec stupéfaction.

— Allez, cria Louis à Robert et Alphonse, faites comme moi, aidez nos frères à construire cette abbaye pour la gloire du Seigneur. Je suis sûr qu'il vous pardonnera tous vos péchés.

— Mais je n'ai pas péché, marmonna Robert.

— Moi non plus, renchérit Alphonse.

Même ses frères ne pouvaient désobéir au roi, aussi s'attelèrent-ils à la tâche. À la fin de l'exercice, qui dura plus de quatre heures, Louis emmena ses frères se décrotter et leur dit :

— Ce travail au service de Dieu est la plus belle des prières que vous lui ayez faites. Puis il ajouta avec un sourire en coin :

— Mais il ne doit pas vous exonérer d'accomplir toutes vos actions de grâces.

Ses deux frères bougonnèrent, puis remontèrent sur leurs chevaux. Robert lâcha, furieux :

— Le jour s'achève, par saint Jacques ! Il est maintenant trop tard pour aller chasser ! Je devrai attendre demain !

— Un dimanche, le jour du Seigneur ? s'étonna Louis.

— J'ai donné ce jour au Seigneur, demain sera mon jour, répliqua Robert qui semblait goûter assez peu les dévotions de son frère.

Depuis quelque temps, Louis s'informait sur les fondements religieux des Sarrasins. La croisade de Frédéric et ses arrangements avec l'un des chefs des Infidèles, Al-Kâmil, l'avaient troublé. Quelle était donc cette religion qui acceptait l'existence de Jésus mais seulement comme prophète, vénérait la Vierge Marie, mais était ennemie de la chrétienté ? Si les explications de frère Jacques avaient été claires, il avait toutefois besoin d'un échange plus approfondi avec un théologien. Il s'en ouvrit à son confesseur qui était, à cet égard, l'interlocuteur idéal.

— Pourquoi, Monseigneur, la loi de Mahomet est-elle devenue une religion alors que le christianisme existait depuis six siècles et s'était répandu dans une grande partie de l'Occident et de l'Orient ?

— Majesté, la réponse n'est pas simple. Les historiens comme les théologiens ne sont pas tous d'accord sur les raisons de la naissance et de l'expansion extrêmement rapide dans nos contrées de la loi de Mahomet.

— C'est votre opinion qui m'importe, reprit le roi.

— Je pense, déclara le confesseur, qu'il a dû y avoir plusieurs facteurs, les uns historiques, les autres politiques, d'autres encore religieux.

— Commençons par l'histoire !

L'évêque expliqua qu'il était dit dans le livre de la Genèse que les Maures étaient des descendants d'Ismaël, fils d'Abraham, et de son esclave et concubine, Agar. En revanche, l'évêque Isidore de Séville, témoin à l'époque des débuts de l'invasion arabe, rapporta que les Mahométans s'appelaient eux-mêmes les Sarrasins car ils se flattaient mensongèrement de descendre de Sarah qui était la femme légitime d'Abraham.

Guillaume d'Auvergne ajouta qu'il était écrit dans la Bible, au chapitre 16 de la Genèse : « L'ange de Yahvé dit à Agar : "Tu es enceinte et tu enfanteras un fils et lui donneras le nom d'Ismaël... Celui-ci sera un onagre d'homme, sa main contre tous, la main de tous contre lui, il s'établira à la face de tous ses frères." »

— Onagre ? interrogea Louis.

— Un âne sauvage, c'est une allégorie, comme souvent dans les textes sacrés.

— « Il s'établira à la face de tous ses frères », reprit Louis, serait-ce cette phrase qui détermina l'appel au combat de Mahomet ?

— Impossible à dire. Mahomet n'était pas instruit, mais peut-être lui avait-on lu ce passage du Livre.

— Passons aux autres raisons...

L'évêque de Paris poursuivit son récit. Au début du septième siècle, les chrétiens et les juifs étaient sédentaires et les Maures, nomades. Il cita un historien de l'Antiquité, Ammien Marcellin, qui les décrivait comme des gens très différents :

« Aucun homme ne saisit une charrue ni ne fait pousser un arbre, personne ne cherche à gagner sa vie en utilisant le sol, mais ils circulent continuellement sur d'immenses pistes, sans maisons, sans lois... Ils errent tellement qu'une femme se marie en un lieu, accouche en un autre et élève son enfant encore ailleurs. Ils ne se nourrissent que de bêtes sauvages, de lait et de plantes. »

— Ce texte, expliqua le confesseur, traduit bien un certain mépris pour ces populations nomades qui étaient exclues, ou s'excluaient elles-mêmes, de toute forme de civilisation.

— Méprisés et exclus, cela expliquerait-il leur révolte ?

— On peut le croire. Mais il y aurait aussi une troisième raison, reprit l'évêque. Les querelles à la fois politiques, territoriales et théologiques qui opposaient les chrétiens d'Orient et d'Occident firent sans doute le lit de la loi de Mahomet. Ainsi l'affirmation en 325 par l'empereur Constantin de Rome au concile de Nicée du dogme de la Sainte-Trinité, mystère qui exige la croyance inaltérable et indiscutable en Dieu, son fils et l'Esprit-Saint formant une seule personne, a pu troubler les esprits impies.

— Et conduire à accuser notre Sainte Église de polythéisme, comme me l'a raconté frère Jacques, ajouta le roi.

— Exactement. La fondation de la loi de Mahomet s'est en effet placée en opposition à nos dogmes les plus intangibles, ceux de la Trinité, de l'Incarnation et de la Résurrection. Les combattre revenait à nier la divinité du Christ et à le réduire à l'état de simple prophète.

— Cela n'explique tout de même pas pourquoi ni comment cette nouvelle religion a pu s'imposer si vite, en quelques dizaines d'années, des frontières de l'Asie à l'Espagne ?

— Mahomet avait eu l'habileté de rassembler les peuplades nomades autour de l'idée de l'Umma, la communauté des croyants, à laquelle les Maures adhérèrent spontanément et massivement. Ce mot d'ordre eut deux résultats : rassembler les peuplades contre les juifs et les chrétiens qui ne vivaient pas et ne croyaient pas comme eux et surtout interdire les guerres entre les tribus. Cela les galvanisa et les mobilisa pour lutter – c'est le sens du djihad – contre leurs ennemis, afin d'amener les incroyants à embrasser la loi de Mahomet, qui dictait la soumission à la volonté d'Allah. Ils ont ainsi mis leur aptitude à se battre entre eux au service de leur nouvelle religion pour nous combattre.

— Comment, demanda Louis, ont-ils pu nous dévaster et nous occuper si rapidement ?

— Mahomet a proclamé la guerre sainte contre des peuples christianisés qui vivaient sur le principe de la non-violence.

— Et il fallut pour les combattre, n'est-ce pas, que fût appliquée l'idée de guerre juste proposée quelques siècles plus tôt par saint Augustin, ce qui conduisit les chrétiens à engager les croisades.

— Mahomet, comme souvent les prophètes mal inspirés, croyait sans doute que sa loi rendrait les hommes meilleurs, mais celle-ci, au contraire de l'enseignement de Jésus, n'était pas inspirée par l'amour. Car, pour parvenir à son but, il jugea qu'il fallait employer des moyens qui ne pouvaient être ceux de la simple prédication. Contre la force temporelle de ceux qu'il qualifiait d'impies et qui, à La Mecque, s'étaient opposés à lui, il utilisa la force de la communauté des croyants, qui était autorisée à se servir de tous les moyens dont celui de la guerre. Persécutions, déportations, exécutions, emprisonnements, telles furent les mesures prises contre tous ceux, particulièrement les dhimmis, c'est-à-dire les chrétiens et les juifs qui ne voulaient pas se convertir à la loi de Mahomet.

Le théologien poursuivit en expliquant comment l'idée de croisade devait s'imposer plus de quatre siècles plus tard, après que Jérusalem eut été interdite aux chrétiens. Celle-ci fut en effet lancée en 1095, au concile de Clermont par le pape Urbain II en ces termes :

« Vous, le héraut du Christ, devez persuader chevaliers, piétons, riches et pauvres de se rendre à temps au secours des chrétiens et de repousser ce peuple néfaste loin de nos territoires... Le Christ l'ordonne... »

Saint Bernard devait parfaire cette exhortation en écrivant aux chevaliers appelés à rejoindre l'ordre des Templiers de Jérusalem :

« Ce n'est pas surprenant que de devoir faire la guerre aux vices et aux démons par la force de l'âme. Mais ce qui me paraît aussi admirable qu'exceptionnel, c'est de voir un chevalier se ceindre de son épée et de se parer de son bouclier pour un double combat, à la fois contre la chair et le sang et contre les esprits de malice répandus dans les airs... Pour ces chevaliers, que la mort soit subie, qu'elle soit donnée, c'est toujours une mort pour le Christ ; elle n'a rien de criminelle, elle est très glorieuse. Ce n'est pas sans raison qu'il porte l'épée, il est l'exécuteur de la volonté divine, que ce soit pour châtier les malfaiteurs ou glorifier les bons. Quand il met à mort un malfaiteur, un infidèle... ce n'est pas un homicide mais, si j'ose dire, un malicide. Il venge le Christ de ceux qui font le mal ; il défend le Christ. »

— Ainsi, conclut le roi, délivrer la Terre sainte est plus qu'une obligation, c'est un devoir sacré.

— À condition, reprit Guillaume d'Auvergne de respecter ce qu'avait déclaré votre grand-père, le roi Philippe Auguste, au cours de sa croisade. Rappelez-vous : « Nous sommes venus ici non pour avoir des terres ou pour dérober l'héritage et les maisons d'autrui. Nous sommes venus de par Dieu pour le salut de nos âmes, pour conquérir le royaume de Jérusalem que les Sarrasins ont dérobé aux chrétiens et que nous devons remettre aux mains de ces chrétiens. »

Le roi s'agenouilla devant son confesseur et lui demanda de prier avec lui.

Au cours du Conseil suivant, Montmorency fit part d'une surprenante nouvelle en provenance de Chine. Dans leur combat contre les Chinois, les Mongols avaient été confrontés à une arme nouvelle qui crachait le feu. Des boules de canon étaient propulsées par une explosion. Celle-ci était provoquée par une poussière inflammable. La poudre était née.

Dans le même temps, des messagers rapportèrent, en effet, que les troupes d'Ögödei étaient parvenues en Perse. Le shah Jalâl Al-Dîn avait dû s'enfuir et fut assassiné quelques mois plus tard.

— Nous devons nous en entretenir urgemment avec l'empereur, déclara le roi.

Ce dernier s'était enfin réconcilié avec son fils Henri grâce à l'entremise de Louis qui avait facilité une entrevue entre le père et le fils après la brouille de Ravenne. En remerciement, par un traité en bonne et due forme, les Hohenstaufen promettaient de surveiller, voire de contrecarrer, les projets belliqueux d'Henri d'Angleterre contre le royaume de France. L'empereur ne tarit pas d'éloges à l'égard de Louis, le qualifia de frère, et les deux monarques se jurèrent fidélité et assistance, notamment contre les menées de leurs vassaux.

Louis n'était pas dupe mais il était bien décidé à rester sur ses gardes. Tout ce qu'il avait appris sur l'empereur le prévenait contre ses ruses, ses roueries, ses revirements, ses ambitions et son cynisme. Il y avait aussi une autre raison, plus anecdotique peut-être, mais qui ne l'était sûrement pas pour le roi de France. C'était la vie dissolue de Frédéric. Il apprit ainsi qu'il venait d'avoir, cette année même, un nouveau fils, Manfred, avec l'une de ses maîtresses, Bianca Lancia. Il s'en ouvrit auprès de Gautier Cornut.

— Un enfant adultérin dont il annonce la reconnaissance officielle ! Comment un monarque chrétien peut-il se conduire ainsi ?

L'archevêque de Sens dut se dire que le jeune roi devait être ignorant ou oublieux des frasques de son grand-père. Il n'empêche que Frédéric n'était pas comparable. Il répondit :

— Vous savez, Sire, il avait déjà dix enfants illégitimes de sept femmes différentes...

— Onze enfants adultérins, comment est-ce tolérable ? Que dit le Saint-Père ?

— Il ferme les yeux. Leurs enjeux politiques dépassent ses exactions.

— Et que sont devenus ces enfants ?

— Oh ! L'empereur est très généreux et en a titré plus d'un, répondit le conseiller. Le premier, fils d'une comtesse sicilienne, Frédéric de Potterano, possède un territoire en Sicile dont sa mère est originaire ; le second, Enzo Henri, est roi de Sardaigne ; Frédéric, fils adultérin de Marie d'Antioche, est à onze ans prince d'Antioche et podestat de Florence ; Richard est comte de Chieti...

— Arrêtez, Monseigneur, je ne veux plus rien entendre ! Je crois que je ne pourrai jamais serrer la main de cet homme !

— Il le faudra bien un jour, Majesté, l'intérêt du royaume et la cohésion de la chrétienté vous y contraindront.

Louis se prit le menton dans la main, un geste qu'il avait coutume de faire quand il était troublé. Il remercia son interlocuteur et quitta sa chambre en marmonnant :

— Onze enfants illégitimes avec sept femmes, je ne peux le croire... !

38

Le clou égaré

En entrant dans la chambre de la reine, Louis fut frappé par son air sévère, elle qui toujours l'accueillait d'un sourire radieux. Blanche de Castille se tenait debout près d'une fenêtre, la tête tournée vers l'extérieur, ne voulant pas affronter son fils face à face. Elle murmura d'une voix sourde, comme étranglée par un sanglot :

— Louis, on me rapporte que vous vous commettez avec des concubines et que vous auriez des accointances criminelles.

Le roi resta sans voix. Puis il se reprit :

— D'où viennent ces calomnies ? interrogea-t-il, manifestement indigné.

— D'un abbé de notre entourage qui les tient d'un seigneur digne de foi.

— Ce seigneur digne de foi doit avoir pour seule épée la rumeur, répliqua Louis, ce même seigneur sans doute qui répandit sur vous tant d'ignobles mensonges !

— Pourtant, insista la reine, moi-même je vous ai surpris, avec votre ami le chevalier Jean de Soisy, en galante compagnie dans les jardins du Palais.

Louis tenta de réfréner sa colère. Il avait trop de respect et d'affection pour sa mère pour se laisser emporter. D'un ton ferme, qui n'appelait pas de réplique, il déclara cependant :

— Écoutez, ma Mère ! J'ai dix-huit ans et personne ne peut m'interdire d'avoir des relations amicales avec des damoiselles de notre entourage. Je les apprécie souvent plus que les hommes pour leur gaieté simple, la vivacité de leur esprit, l'étendue de leur savoir et la perfection de leur éducation. Pour autant, ni leur pureté ni la mienne n'ont jamais été et ne seront jamais dévoyées. J'accorderai un jour mes premières faveurs à la femme que je choisirai, que j'épouserai et que j'aimerai comme mon père le fit avec vous. Je ne suis pas à l'image de l'empereur Frédéric et ne le serai jamais !

Blanche de Castille fut touchée par cette déclaration tant elle lui parut sincère. Elle ne put cependant s'empêcher d'ajouter :

— Mon fils, vous m'êtes plus cher que toute créature ; mais j'aimerais mieux vous laisser mourir plutôt que de vous voir offenser Dieu mortellement.

Sans doute ne s'attendait-elle pas à cette réponse :

— Et je vous donnerais raison, Mère.

Blanche fut convaincue qu'elle tenait en son fils le fruit parfait de son éducation. Elle retrouva ce visage lumineux qu'elle arborait toujours en sa présence. Louis serait cet homme exemplaire dont elle avait rêvé, comme elle l'avait forgé.

Elle en eut une belle illustration à la suite d'un drame qui se produisit quelques jours plus tard en l'abbatiale Saint-Denis. Le Clou de la croix du Christ, qui était vénéré chaque jour par des centaines de pèlerins, tomba du reliquaire pendant que ceux-ci le baisaient et disparut. Cette relique avait été offerte quatre siècles plus tôt par Charles le Chauve, roi de France et empereur d'Occident, l'un des petits-fils de Charlemagne, dont la tombe se trouvait dans l'abbatiale.

Eudes Clément, l'abbé de Saint-Denis, vint lui-même trouver le roi pour lui annoncer cette disparition. Le roi pâlit, eut une expression de profonde affliction et de terreur mêlées et demanda :

— Comment cela est-il possible ? Un pèlerin l'aurait-il volé ? Une telle relique ne peut pas disparaître ainsi !

L'abbé était lui-même décomposé. Louis cacha son visage dans ses mains et fut secoué de profonds sanglots.

La perte d'une relique du calvaire du Christ, qui plus est à Saint-Denis, principal lieu de dévotion des pèlerins, gronda comme le tonnerre dans tout le royaume.

Le roi de France convoqua tous les prélats et les conseillers qui se trouvaient dans la capitale et leur déclara :

— Rien de plus cruel n'aurait pu m'être annoncé. J'aimerais mieux que la plus belle cité de mon royaume fût engloutie sous terre !

Louis exprimait ainsi l'émotion de tout son peuple pour qui les restes du corps d'un saint ou d'un martyr avaient des vertus symboliques immenses. A fortiori pour une relique qui symbolisait toute la souffrance du Christ. Le roi fit connaître son chagrin dans toute la cité, et au-delà, et promit cent livres à qui retrouverait le Clou.

Paris et ses environs furent alors animés d'une triple ferveur liée surtout à la crainte que la perte de cet objet sacré ne rejaillît funestement sur le sort de chacun et le destin du royaume, mais aussi aux polémiques qui se manifestèrent entre ceux qui admiraient l'attitude de leur roi et ceux qui lui reprochaient une excessive piété, indigne d'un monarque, enfin à la mobilisation ardente de tous les sujets pour retrouver la relique, mobilisation animée autant par leur piété et leur foi que par leur croyance primitive et superstitieuse ou le montant de la récompense promise par le monarque.

Chaque jour, dans les églises, sur les marchés, dans les rues, des sujets en pleurs priaient pour que fût retrouvée la sainte et précieuse relique. Deux semaines plus tard, le Clou fut découvert dans l'abbatiale, un 1er avril. Chacun cria au miracle. Le roi se rendit en cortège à l'abbatiale pour rendre un vibrant hommage aux religieux qui l'avaient retrouvé et vénérer à nouveau le Clou de la Croix.

En ces temps difficiles, où l'imprédictible conduisait les destins avec brutalité, un deuil touchant vint troubler la famille royale. Jean – celui qui avait été promis à Yolande de Bretagne par le traité de Vendôme –, qui venait de fêter son douzième anniversaire, mourut d'une vilaine fièvre. Blanche de Castille en éprouva un réel chagrin, d'autant plus qu'après Louis et Charles, Jean était celui qu'elle cajolait le plus tant il était doux, délicat et fragile. De même que disparut un personnage qui ne connut que peu de bonheur dans sa vie, Bérengère de Navarre. Elle avait été l'épouse, formelle, délaissée de Richard Cœur de Lion qui, disaient les rumeurs, aimait d'égale façon les femmes et les hommes. Abandonnée par son mari, elle l'avait aussi été par son beau-frère Jean sans Terre et son neveu Henri d'Angleterre qui refusèrent de lui assurer les moyens de vivre décemment. Seul Philippe Auguste eut pitié d'elle et lui octroya le douaire de la ville du Mans. La pauvre reine Bérengère consacra ses vingt-cinq années de recluse à ses bonnes œuvres, dont la plus marquante fut la fondation d'une abbaye cistercienne.

— Au moins aura-t-elle évité que ne soit ternie davantage la réputation de son mari, commenta Blanche de Castille en apprenant son décès.

39

Les tribunaux de l'Inquisition

Pendant ce temps, le pape installait dans toute l'Europe les tribunaux de l'Inquisition. En Allemagne, le souverain pontife avait obtenu l'accord de l'empereur qui avait pris, à Ravenne, des ordonnances contre les hérétiques. Conrad de Marbourg, qui avait prêché la cinquième croisade et avait été le directeur de conscience d'Élisabeth de Hongrie, bientôt canonisée, put installer son tribunal. L'ecclésiastique fit appel à des dominicains et entreprit de faire dénoncer les hérétiques, notamment les vaudois et les cathares. Son magistère s'avéra particulièrement sévère et provoqua une réelle panique dans la population. Il eut même l'audace et l'imprudence de s'attaquer à un membre de la haute noblesse, le comte Henri de Sayn, sans pouvoir prouver ses accusations ; une bévue qui lui valut d'être assassiné quelques jours après le procès sur le chemin qui le ramenait de Mayence à Marbourg.

En Espagne, l'archevêque de Tarragone fut chargé de désigner des inquisiteurs pour l'Aragon et la Catalogne.

En France, le pape confia l'installation des tribunaux aux frères prêcheurs. Ils étaient légitimes pour cette fonction car ils appartenaient à ces ordres nés du délabrement moral consécutif à l'enrichissement des ecclésiastiques, des nobles et des bourgeois. Les ordres mendiants furent ainsi considérés par le Saint-Siège comme des antidotes aux hérétiques puisque, comme eux, ils prêchaient l'humilité et la pauvreté.

L'archevêque Gautier Cornut lut à Louis le texte de la Bulle *Ille humani generis* par laquelle le pape informait les évêques de son choix : « Nous avons décidé d'envoyer les frères prêcheurs contre les hérétiques de France et des nations voisines. Nous vous supplions et vous exhortons de les recevoir amicalement, de bien les traiter, de les seconder de votre bienveillance, de vos conseils et de votre appui. »

— Le Saint-Père aurait aussi l'intention de désigner pour cette tâche les frères mineurs, les franciscains, qu'en pensez-vous Sire ? interrogea le prélat.

— Il importe, répondit le roi, que les sujets soient informés des intentions du souverain pontife et que celles-ci soient appliquées avec mesure. Le peuple comprendrait mal qu'un autre tribunal que celui du roi ou celui des évêques ne se comportât pas avec justice.

L'archevêque fit alors un exposé de ce que devait être ce nouveau tribunal. Il expliqua qu'il s'agissait bien d'une juridiction indépendante, parallèle à la justice civile, menée par des inquisiteurs qui devraient avoir de solides connaissances théologiques et être assez habiles pour discerner éventuellement le vrai du faux dans les déclarations des accusateurs comme dans celle des accusés. La mission de l'inquisiteur devait commencer par une prédication qui exposerait la doctrine de l'Église avant de stigmatiser les propositions des hérétiques. L'Inquisition publierait ensuite deux édits. Le premier, l'édit de foi, qui obligerait les fidèles, sous peine d'excommunication, à dénoncer les hérétiques et leurs complices. Le second édit, appelé « édit de grâce », accorderait un délai de quinze à trente jours aux hérétiques pour se rétracter afin d'être pardonnés. S'ils ne s'y soumettaient pas, ils seraient justiciables du tribunal de l'Inquisition. L'accusé, continua d'expliquer l'archevêque, aura le droit de produire des témoins à décharge, de récuser ses juges et même, en cas d'appel, de récuser l'Inquisiteur lui-même. Au cours de son interrogatoire, il devra bénéficier d'un défenseur. L'accusé pourra aussi fournir le nom de celui ou ceux qui auraient motif à lui nuire. En cas de faux témoignage, la sanction prévue équivaudrait à la peine encourue par l'accusé, le principe généralement adopté étant qu'il valait mieux relâcher un coupable que condamner un innocent. Il apparut assez vite que les recommandations du pape furent transgressées.

Dans le Languedoc, le comte Raymond de Toulouse se trouvait au pied du mur. Il allait devoir mettre en œuvre à l'encontre des cathares les directives qu'il avait signées au traité de Paris trois ans plus tôt. Il était toujours soupçonné d'aider les hérétiques secrètement. Comment allait-il faire appliquer les décisions de ce nouveau tribunal ? Pour donner le change, sans doute, il fit arrêter l'évêque d'Albi, Vigoureux de Bayonne, réputé pour ses sympathies avec le mouvement cathare, et le fit brûler à Toulouse après un jugement expéditif. Le prélat avait été accusé d'avoir organisé un synode cathare à Montségur, un fortin perché en haut d'une montagne escarpée, appelée par les fidèles « la Montagne sûre ». C'était là que cette nouvelle église avait établi son siège. Le comte de Toulouse avait eu maille à partir avec cet évêque, aussi la rapidité de l'exécution laissa-t-elle un doute sur la pureté de ses intentions.

Le pape Grégoire avait-il eu connaissance de la circonspection du roi de France, sinon de ses réserves sur l'instauration de cette nouvelle juridiction dépendant directement de Rome ? En prit-il ombrage ? Toujours est-il qu'il envoya une lettre aux évêques de France pour désavouer « l'intransigeance exagérée du roi de France envers les Juifs ». Il réaffirma : « La nécessité de rapports quotidiens entre Juifs et chrétiens enjoint ceux-ci de cesser tout acte hostile à leur égard. » Il réprouva qu'on les torturât par la faim et la soif, qu'on les jetât en prison, qu'on leur infligeât de lourds sévices corporels.

Le roi de France fut étonné et blessé par les accusations indirectes formulées dans cette lettre. Il s'en ouvrit aux prélats présents :

— Sa Sainteté ne peut affirmer que j'ai fait maltraiter physiquement des Juifs. Je n'ai fait que leur interdire de prêter de l'argent aux chrétiens ! N'est-ce pas ce que préconise le concile de Latran ? Je ne m'attaquerai jamais aux personnes, tonna-t-il devant les ecclésiastiques, mais seulement aux pratiques et aux actions qui peuvent nuire aux sujets de mon royaume.

Les évêques ne purent qu'acquiescer aux propos du souverain. À leur connaissance, aucun ordre n'avait été donné pour que soit porté atteinte à l'intégrité physique des Juifs. Ils reconnurent que les écrits du Saint-Père étaient inexacts, voire injurieux.

40

Le soleil de Marguerite

Le conflit entre le roi de France et Milon de Nanteuil ressurgissait. L'évêque de Beauvais restait indigné par le traitement que la Couronne lui avait réservé ; il avait fait appel à ses confrères, notamment à l'archevêque de Reims, Henri de Braine, qui se trouvait être le frère de Pierre Mauclerc. L'archevêque convoqua plusieurs synodes et fit appel au roi pour tenter de trouver un accord, mais celui-ci restait inflexible.

Louis voulait faire un exemple et démontrer que, quels que fussent par ailleurs les liens d'amitié ou personnels qui pouvaient unir le roi et les autorités ecclésiastiques, l'autorité royale ne pouvait être ni partagée ni contestée et que pour toute affaire ne relevant pas du spirituel et des responsabilités religieuses, seul le roi avait le pouvoir de décider, d'agir et de sanctionner.

Blanche de Castille, qui admettait ce point de vue, tenta néanmoins de fléchir son fils tant ce conflit avait pris d'importance et mis en émoi les évêques de France autant que le Saint-Siège.

La réponse de Louis fut sans appel :

— Ma Mère, l'autorité du roi, dans un tel cas, ne peut être ni mise en doute, ni mise en cause, ni contrariée !

Tous les évêques ne s'étaient pas ralliés aux prélats de Reims et de Beauvais ; nombreux étaient ceux qui partageaient la position du souverain sur la séparation des pouvoirs de l'Église et du royaume en matière de justice civile.

L'archevêque de Reims, après avoir tenté, sans succès, de faire revenir le roi sur ses positions, autorisa Milon de Nanteuil à jeter l'interdit sur son diocèse. Le pape intervint à nouveau, mais Louis fit encore la sourde oreille. Alors, l'interdit fut jeté sur toute la province. Peine perdue ; le monarque resta ferme et finit par l'emporter ; l'évêque de Beauvais, désavoué par une partie de ses pairs, fut contraint de lever l'interdit.

Un autre prélat, en particulier, Geoffroy d'Eu, évêque d'Amiens, avait de son côté bien d'autres chats à fouetter. Sa préoccupation, qui était aussi sa fierté, résidait tout entière dans la construction de sa cathédrale qui rivalisait en taille et en hauteur avec celles édifiées dans le même temps à Chartres, Bourges, Reims, Beauvais et Paris. Notre-Dame d'Amiens était la plus vaste de toutes par ses volumes intérieurs : sa longueur atteignait cent quarante-cinq mètres et sa hauteur quarante-deux mètres trente, limite extrême pour une architecture aussi élancée. Commencée en 1220, sa nef fut achevée treize ans plus tard sous l'impulsion de ses deux architectes, Thomas de Cormont et son fils Renault. Le chantier avançait à vive allure grâce aux donateurs, nombreux et généreux, et parmi eux les drapiers de Flandre et les teinturiers de la région dont les fortunes ne cessaient de s'accroître.

Le roi de France, qui suivait avec passion les constructions de ces édifices, se rendit à Amiens pour suivre l'avancée des travaux et féliciter l'évêque, tant pour la conduite de cet ouvrage que pour son soutien dans l'affaire de Beauvais.

— Il est bon, déclara Louis, de voir combien, en notre royaume, la Vierge Marie est célébrée. C'est à elle que nous devons d'être la fille aînée de l'Église et je souhaiterais que toutes nos cathédrales, qui exaltent la grandeur de Dieu, fussent placées sous la protection de la Mère du Christ.

Si l'édifice d'Amiens progressait avec tant de bonheur, il n'en allait pas de même pour la cathédrale de Reims dont la reconstruction traînait et se trouva même arrêtée en cette année 1233. Les bourgeois de la ville que l'archevêque Henri de Braine, toujours lui, taxait trop lourdement pour financer les travaux, se révoltèrent, dépavèrent les rues et dressèrent des barricades. Louis ne bouda pas son plaisir devant ses conseillers.

— Qu'il se débrouille, ce conflit relève de sa juridiction.

De son côté, la régente tenait des réunions secrètes avec Gautier Cornut et Jean de Nesle pour évoquer le mariage de son fils. Elle exposa son idée de lui faire épouser une des filles de Raimond Bérenger. Le Saint-Père n'y était pas opposé et se disait prêt à intervenir auprès du comte de Provence.

— Notre roi a-t-il donné son accord ? demanda l'archevêque de Sens.

— Nous avons parlé ensemble de cette nécessité, répondit Blanche de Castille. Louis est favorable à une union dès à présent et m'a laissé le choix de la future reine.

— De quelle fille s'agit-il ? demanda Jean de Nesle, je présume que votre dévolu s'est porté sur l'aînée, Marguerite, mais elle n'a que douze ans.

— Bientôt treize, fit remarquer la reine sèchement.

— Nous avons entendu dire, ajouta-t-elle, que l'empereur aurait demandé sa main. Il faut lui couper l'herbe sous le pied. Il est le suzerain du comte et son ambition serait de mettre Arles et la Provence sous sa coupe directe.

— L'affaire est délicate, intervint l'archevêque de Sens, comme vous le savez, Majesté, les maisons de Provence et de Castille sont proches et il faudra demander une dispense au Saint-Père[1].

— Nous y avons pensé, répondit Blanche.

— Dans ces conditions, cette alliance nous semble propice, judicieuse et favorable pour notre royaume, commenta Jean de Nesle.

Blanche souhaita que cette démarche fût gardée secrète. Dès que Louis aurait donné son accord, Gautier Cornut et Jean de Nesle seraient chargés des négociations avec le comte de Provence et iraient chercher la future reine de France en grand équipage.

De retour d'Amiens, Louis apprit la mort de Ferrand de Portugal, victime de la gravelle. Ce grand vassal, qui s'était ligué contre Philippe Auguste à Bouvines, était devenu un allié sûr après ses douze années passées en prison. Il importait maintenant d'être vigilant et de voir comment son épouse allait régir la Flandre.

Dans le même temps, en Champagne, les ennemis de Thibaud continuaient de le harceler. Alix, la reine de Chypre,

1. Louis de France et Marguerite de Provence étaient en effet liés à la quatrième génération par Raimond Bérenger, le premier du nom, comte de Provence et de Barcelone.

persistait à lui réclamer son fief. Las de toutes ses exigences et bien que soutenu par le Saint-Siège, Thibaud offrit à sa cousine deux mille livres de rente annuelle et quarante mille comptant. Mais le comte de Boulogne, Philippe Hurepel, fit échouer la transaction, en suggérant à Alix qu'elle pourrait obtenir davantage. Il savait que Thibaud était incapable de payer une telle somme. Cependant la situation se retourna en faveur du seigneur champenois. Par la mort de son oncle, le roi Sanche, Thibaud devenait roi de Navarre. Il allait pouvoir payer ses dettes ; le Trésor n'était toutefois pas suffisant pour honorer la promesse faite à Alix.

Le roi de France lui proposa de dédommager la reine de Chypre, ce qui lui éviterait d'aliéner une partie de ses terres champenoises. L'offre était avantageuse pour le royaume car, dans l'échange, Louis récupérait les comtés de Blois, Chartres, Sancerre et la vicomté de Châteaudun ; ceux-ci, qui enserraient une partie du domaine royal, devenaient des fiefs à part entière de la Couronne. Puis, par chance, Alix perdit ses meilleurs soutiens avec la disparition de Robert de Dreux, frère de Pierre Mauclerc, et celle de Philippe Hurepel, tué au cours d'un tournoi.

— Mon oncle, Philippe le Hérissé, tué dans un tournoi ? s'exclama Louis, que Dieu ait son âme... Qui l'a donc éperonné ?

Barthélemy de Roye, qui venait de lui annoncer la triste nouvelle, précisa qu'après avoir tué le comte Florent de Hollande, il fut, à son tour, jeté mortellement à terre par le comte Thierry de Clèves.

— Le roi Philippe Auguste était hostile à ces jeux stupides, déclara Louis. Il me faut désormais les interdire dans tout le royaume.

Le souverain français ne versa pas une larme. La disparition de cet homme belliqueux, joueur, inconstant, infidèle était une bénédiction pour le royaume et ses fiefs, le comté de Boulogne comme celui de Clermont, allaient revenir à la Couronne.

Puis Blanche et son fils évoquèrent en tête à tête le projet de mariage.

— Que savez-vous de cette damoiselle ? demanda Louis.

— Elle a une très bonne réputation. C'est, paraît-il, une jeune fille sage, enjouée, pieuse et bien instruite...

— Sa mère, Béatrice de Savoie, est une très belle femme, n'est-ce pas ?

— Très belle, en effet, confirma sa mère.

— On dit pourtant que son mari, Raimond Bérenger, ne lui est pas très fidèle, ajouta Louis, l'air malicieux.

— Les maris fidèles sont des espèces rares et en voie de disparition, souligna Blanche de Castille en éclatant de rire.

— Je m'efforcerai d'être de ceux-là, enchaîna Louis, qui ajouta : Vous m'aviez promis de me raconter un jour ce qui s'est vraiment passé entre mon grand-père et la reine Ingeburge.

Blanche pinça les lèvres. Le sujet lui paraissait scabreux. Par ailleurs, elle n'était pas certaine de détenir toute la vérité, même après que l'épouse répudiée de Philippe Auguste lui eut raconté, lors d'une conversation intime, ce qui s'était vraiment passé au cours de leur première et dernière nuit de noces. De plus, elle savait en quelle admiration Louis tenait son grand-père et elle hésitait à en déchirer l'image. Louis comprit l'embarras de sa mère et la mit à l'aise :

— Si vous souhaitez ne rien me dire, je le comprendrai très bien.

— Écoutez, Louis, la reine Ingeburge m'en a entretenue ; elle parle maintenant assez bien notre langue, même si elle n'en maîtrise pas toutes les nuances. À l'époque, quand elle a épousé votre grand-père, elle n'en savait pas un mot. Et ceci peut expliquer qu'elle et le Roi ne se soient pas compris. Vous n'ignorez pas le goût qu'avait votre grand-père pour le bon vin. Il semble que cette nuit-là il en avait bu plus que de raison. La Reine m'a fait comprendre qu'il avait été brutal, qu'il s'était mis en colère sans qu'elle en comprenne vraiment les raisons. Enfin, elle m'a confié qu'il n'avait pas pu ou pas su l'honorer et qu'elle-même était paralysée par son comportement.

— Cela explique-t-il qu'il l'ait répudiée après une seule nuit ? interrogea Louis.

— L'orgueil et la fierté des hommes sont sans mesure dès qu'ils se sentent dépouillés de leur vigueur.

Louis n'insista pas. L'explication paraissait plausible mais insuffisante.

— Mon père m'avait promis de me raconter les démêlés qu'avait eus son grand-père Louis le Jeune, au cours de sa croisade, avec son épouse, votre tante Aliénor d'Aquitaine. Mais Dieu l'a rappelé à lui avant qu'il n'ait pu le faire. Quant à frère Jacques, il n'a pas voulu m'en dire un mot, pas plus d'ailleurs que sur la croisade de Philippe Auguste. Comme si ces deux expéditions avaient été honteuses.

— Elles n'ont pas été honteuses, reprit sa mère, mais elles n'ont pas été non plus couronnées de succès, c'est le lot des guerres, même celles menées au nom du Christ, nous ne les gagnons pas toujours.

— Certes ! dit Louis, il n'y avait donc pas de raison de m'en cacher le récit.

— La croisade la plus néfaste pour notre royaume, déclara la reine, fut celle de Louis le Jeune. Il y perdit une grande partie de son armée, son épouse Aliénor et de grands fiefs que le royaume de France possédait grâce à elle.

— Pourquoi se sont-ils séparés ?

La reine parut embarrassée. Il n'était pas question de dénigrer sa tante vénérée, celle qui avait si bien œuvré pour lui faire épouser Louis le Lion. Elle se lança :

— Parfois les couples royaux sont unis pour des raisons plus politiques que sentimentales...

— Ça ne sera pas mon cas ! coupa Louis.

Blanche sourit, puis reprit son récit en s'abstenant de raconter les frasques de sa tante.

— Ils avaient eu deux filles, mais pas d'héritier mâle. Votre aïeul s'impatientait et était moins attentif à son épouse. Ils ne trouvaient plus de raisons de vivre ensemble et se séparèrent. Aliénor avait commis une faute, il est vrai : se trouvant à Antioche où elle était courtisée par son oncle, elle refusa de suivre son époux qui se rendait à Jérusalem. Dès lors votre aïeul décida de se séparer d'elle. L'abbé Suger, de Saint-Denis, qui était leur ami, tenta de les réconcilier. En vain. Le drame pour le royaume de France fut qu'Aliénor épousa le comte d'Anjou, Henri Plantagenêt. Il avait dix-neuf ans, onze ans de moins qu'elle. Henri devint deux ans plus tard, en 1154, roi d'Angleterre. Aliénor avait repris la dot qu'elle avait apportée au royaume de France pour la donner au roi d'Angleterre : l'Anjou, le Maine, la Normandie, la Bretagne et l'Aquitaine se trouvèrent dans la corbeille de mariage.

— Des fiefs que mon grand-père a dû reconquérir cinquante ans plus tard, hormis l'Aquitaine.

— Oui, reprit Blanche, parce que ce mariage n'a pas été non plus une réussite pour le roi d'Angleterre. Il s'est fâché avec son épouse et ses deux fils, Richard Cœur de Lion et Jean sans

Terre. Soutenus par Philippe Auguste, ces derniers se sont rebellés contre leur père et c'est finalement le royaume de France qui a récolté la moisson de cette mésentente.

— Alors pourquoi tant de mystères ?

— Sans doute n'a-t-on pas voulu, Louis, parce que vous étiez trop jeune, ternir l'image de vos ancêtres, ni celle de ma tante qui fut une très grande reine, quelle que fût son histoire.

— Vous avez de qui tenir, Madame ! lâcha Louis.

Blanche de Castille se demanda comment elle devait prendre cette appréciation. Elle l'accepta comme un compliment.

— Revenons à mon mariage. Je vais demander à notre ambassadeur, mon ami Gilles de Flagy, qui se rend en mission en Languedoc, de faire un détour par la Provence et de me rapporter ce qu'il apprendra sur celle que vous souhaitez me voir épouser.

— Est-ce à dire que vous pourriez la refuser ? demanda Blanche.

— Je n'épouserai pas qui ne me plaira pas, répliqua Louis, cinglant. Mais je ne négligerai pas non plus les intérêts de mon royaume.

Blanche se leva et fit quelques pas dans sa chambre, les mains liées, le regard tourné vers le lointain, silencieuse. Louis pensa qu'il l'avait contrariée. Or Blanche avait un aveu à lui faire et ne savait comment le formuler. Elle se lança :

— Pour l'heure, Louis, Marguerite est convoitée par l'empereur...

— Comment ?

— Oui, Raimond Bérenger, qui n'a pas été officiellement contacté par nous, mais par le Saint-Père, l'aurait informé de ce désir de Frédéric.

— Je ne comprends pas, maugréa Louis, en fronçant les sourcils. Vous avez fait une démarche auprès du souverain pontife sans m'en avoir informé ?

— Avant de vous saisir, nous voulions nous assurer que cette alliance était possible !

— Mais comment le serait-elle puisque cette jeune fille est déjà promise ?

— Justement, reprit sa mère, le Saint-Père n'y est pas favorable. Pas plus que je ne le suis à ce que vous épousiez sa deuxième fille, Éléonore... Elle est trop jeune.

Louis allant avoir vingt ans, Blanche de Castille, en effet, pensait qu'il était temps de songer à produire des héritiers. Marguerite était presque en âge de procréer, alors qu'Éléonore n'avait que dix ans.

— Nonobstant ma préférence personnelle, déclara le roi, nous devons nous opposer par tous les moyens à ce mariage avec l'empereur. Même s'il n'est qu'un lointain suzerain de la Provence, ce mariage le rendrait inexpugnable. Ce n'est bon ni pour notre royaume ni pour le comte. Frédéric est un ogre, il le mangera tout cru.

Louis ajouta :

— Donner un être aussi délicat que Marguerite à ce monstre, ce serait plus qu'un péché, ce serait un crime !

— Vous la connaissez donc ?

— J'ai aussi mes informateurs ! Je n'ignorais rien de ce que vous tramiez. Mais je ne peux pas vous en tenir rigueur, car je sais que vous ne voulez que mon bonheur et que vous n'œuvrez que pour les intérêts du royaume.

— Alors ce sera Marguerite ! décréta Blanche. Il vous faudra une dispense du Saint-Père, c'est tout !

— Je suis tout de même impatient d'en savoir davantage. La haute naissance de Marguerite et les liens qui vous unissent au comte Raimond sont un gage pour notre royaume. Mais épouser le roi de France est un honneur qui justifie une dot conséquente. Or le comte n'est pas très riche et d'après ce que je sais il est surtout avare de ses deniers !

Blanche de Castille fut rassurée. Son fils avait la tête sur les épaules et savait ce qu'il voulait. Elle fut cependant troublée par sa malice, un trait de caractère qu'elle lui découvrait. Il avait joué avec elle depuis le début de leur conversation, prêchant le faux pour savoir le vrai. Peu importait. Son plan d'alliance entre le royaume et la Provence était accepté, c'était l'essentiel. Par ce mariage, le royaume gagnait sur trois tableaux : il renforçait sa présence en Méditerranée depuis les Pyrénées jusqu'à Nice, mettait fin à la visée expansionniste de l'empereur, et remettait le comte de Toulouse à sa place.

Le pape joua un rôle bénéfique dans cette manœuvre, non seulement en accordant une dispense aux futurs époux, mais aussi en menaçant Raimond Bérenger, le père de Marguerite, de soutenir contre lui le comte de Toulouse s'il ne choisissait pas le roi de France de préférence à l'empereur du Saint Empire.

Grégoire écrivit au roi : « L'alliance de la France et de la Provence n'aurait rien de meilleur pour conserver cette terre pour laquelle tant de sang a été versé. »

Cependant Raimond Bérenger craignait les foudres de Frédéric. Ce dernier s'impatientait et faisait part de son intention de rattacher Arles et Avignon directement à l'empire. Il fallut toute la persuasion de son conseiller, Romée de Villeneuve, pour qu'il se décidât enfin à accorder au roi de France la main de Marguerite. Ce qui fut fait en février 1234.

De retour de Provence, Gilles de Flagy se rendit aussitôt chez Louis pour lui décrire sa rencontre avec le comte et sa fille aînée.

— Parlez-moi de Marguerite, s'impatienta Louis.

— Je voulais d'abord vous préciser, reprit l'ambassadeur, que j'ai vu les quatre filles du comte, Marguerite et Éléonore, les deux aînées, et les deux petites, Sancie et Béatrice. Elles sont toutes plus belles les unes que les autres...

— Mais votre préférée ?

L'ambassadeur marqua une pause, détournant son regard, pour aiguiser davantage la curiosité et l'impatience de son ami.

— Marguerite, assurément ! lâcha-t-il enfin. Elle est encore plus séduisante, si c'est possible, que sa mère Béatrice de Savoie.

— Décrivez-la-moi, insista Louis.

— Je l'ai trouvée assez grande pour son âge.

— Son visage ?

— Joli, harmonieux, au teint hâlé, encadré par de soyeux cheveux auburn.

— Son sourire ?

— Je dirais qu'elle n'en a pas besoin tant son regard et ses yeux verts comme une émeraude pâlie sous la lumière de Provence suffisent à l'illuminer.

— Et sa voix ? demanda-t-il encore.

— Douce, chantante, posée, avec un drôle d'accent plein de soleil et des mots pétillants !

— En somme, vous en êtes tombé amoureux !

— Ah ! sourit Gilles de Flagy, l'air coquin, si vous n'étiez pas le roi !...

— Bon ! reprit Louis, le comte est-il revenu à de plus sages dispositions ?

— Oui, grâce à son conseiller Romée de Villeneuve et peut-être aussi grâce à Marguerite. La seule idée d'être une nouvelle concubine dans le harem de l'empereur la révulsait.

— Elle a donc du caractère ?

— J'en jurerais !

Louis s'abstint de commenter. Il ne savait pas encore quelles devaient être les qualités de son épouse. Certes elle devait être capable d'abord d'assurer sa descendance, mais il aurait aimé qu'elle possédât l'autorité, le courage et la pugnacité de sa mère. Ainsi s'accommoderait-il de son caractère.

— Est-elle réellement pieuse ? reprit-il.

— Sûrement, répondit l'ambassadeur, qui n'en savait strictement rien.

Il déclara, en revanche, qu'elle aimait beaucoup les arts, les lettres et les troubadours, surtout ceux qui chantaient l'amour et savaient écrire en français comme en latin.

— Les troubadours, vraiment ? reprit Louis, avec un ton qui ne pouvait cacher son désintérêt pour ces amuseurs.

Comme son grand-père, il ne raffolait pas des bateleurs, des jongleurs et autres chansonniers.

Il revint à la réalité :

— Et la dot ?

— Le comte s'est un peu fait tirer l'oreille. Dix mille marcs d'argent, il a trouvé que c'était insupportable !

— Oui, mais payable sur cinq ans.

— À mon avis, reprit l'ambassadeur, c'est plus qu'il ne pourra jamais acquitter. Et je suis prêt à parier...

— Qu'il ne s'en acquittera jamais, interrompit Louis en riant, comme s'il s'en moquait éperdument.

Les nouvelles que venait de lui apporter son ami l'avaient tant ravi et rassuré qu'il se sentait prêt à épouser Marguerite, sans rien en échange. Cependant, sa conscience lui dictait qu'il ne devait pas léser les intérêts de son royaume pour une histoire de cœur.

41

Comme Tobie et Sarah

Les premiers mois de 1234 avaient été décisifs pour la stratégie d'élargissement vers le sud du royaume de France menée par Blanche, Louis et leurs conseillers. Dès le mois de février, les négociations avec le comte de Provence avaient été menées, tambour battant, par Gautier Cornut et Jean de Nesle pour le roi de France et par Romée de Villeneuve pour Raimond Bérenger.

Un mois plus tard, le mariage du frère du roi, Alphonse de Poitiers, avec Jeanne de Toulouse était concrétisé. La jeune comtesse avait quatorze ans, plus rien n'empêchait que fût appliqué le traité de Paris signé cinq ans plus tôt par le roi et Raimond de Toulouse.

À Tarascon, Marguerite apprenait par sa mère Béatrice qu'elle avait été choisie pour devenir l'épouse du roi de France. L'archevêque de Sens avait dressé devant elle, le comte et son épouse, un portrait physique et moral rassurant .

— Il est élancé et élégant, son regard irradie de bonté et de sollicitude, ses yeux bleus sourient toujours, même dans la gravité. C'est un homme doux, attentif aux autres, fidèle à sa parole et très pieux.

Le prélat, enthousiaste à l'idée de cette union, trouva son éloge en dessous de la vérité. Il ne put se retenir d'ajouter :

— C'est le plus grand roi qu'il m'ait été donné de connaître.

Le comte toussota. Il était à moitié convaincu. Cette union le fragilisait car il y perdait l'estime et la protection de l'empereur, le Comtat Venaissin mais surtout elle le ruinait. De plus, il devrait se résoudre à ne plus jamais revoir sa petite Marguerite, sa fille préférée. Aussi jugea-t-il le panégyrique de l'archevêque superflu, en tout cas très exagéré. Il observa sa fille qui restait de marbre et s'était rapprochée de sa mère pour lui prendre la main.

— Il est roi, certes, mais c'est encore sa mère qui gouverne, lâcha Raimond Bérenger, qui entendait montrer qu'on ne pouvait le duper.

Le prélat hésita à répliquer. Il ne pouvait diminuer ni les mérites de la reine ni ceux du roi. Il trouva une formule qui répondait peu ou prou à la réalité :

— Le roi Louis gouverne ; il prend toutes les décisions, mais il agit rarement sans avoir pris conseil auprès de sa mère qui lui a bien appris son métier.

— Si vous le dites ! répliqua le comte, toujours sceptique.

— Je partage l'avis de Monseigneur, intervint Romée de Villeneuve.

— C'est pourtant la Castillane qui a choisi ma fille, reprit le comte.

— Le Roi n'aurait jamais donné son accord, intervint Jean de Nesle, s'il n'avait été complètement instruit de la qualité de cette union entre vos deux familles et de la personnalité de votre fille Marguerite. Ce qu'on lui en a dit l'a convaincu qu'elle serait une épouse émérite ainsi qu'une reine appréciée.

Marguerite, qui n'ignorait rien du sort toujours réservé aux filles de noble naissance, s'étonnait encore qu'on puisse ainsi disposer d'elle sans qu'elle ait son mot à dire. Elle s'en était ouverte à sa mère qui lui avait répondu que c'était dans l'ordre des choses et qu'elle devait s'en remettre à la grâce de Dieu.

— Me sera-t-il fidèle ? demanda-t-elle, sans doute hantée par les frasques de son père.

Béatrice de Savoie comprit que sa fille connaissait bien son infortune et voulut la rassurer :

— Louis de Poissy a eu sous les yeux l'exemple de ses parents, un couple uni envers et contre tout, qui connut l'amour et en fit profiter le royaume.

Deux mois plus tard, le cortège qui allait conduire la jeune Marguerite vers son nouveau destin quitta Arles pour se rendre à Sens, le lieu du mariage. La jeune fille fit ce voyage en chariot, protégée par une forte escorte armée.

Près de six cent cinquante kilomètres allaient être parcourus en ce mois de mai où la nature reprenait son souffle et commençait à inonder les champs et les forêts de ses bourgeons et de ses senteurs. Une fois franchie la région de Valence, Marguerite constata que les paysages n'étaient plus les mêmes, les nuits étaient plus fraîches, et les grillons ne chantaient plus. Elle rêvait encore de Tarascon, des Alpilles, des terres arides du Lubéron, de la forêt des Maures, du bleu de la Méditerranée en se doutant qu'elle ne les reverrait peut-être jamais plus.

Le comte et son épouse l'accompagnèrent jusqu'à Lyon et ne jugèrent pas nécessaire de la conduire à l'église, sans donner à leur fille plus d'explication. Cette séparation prématurée lui causa beaucoup de tristesse. Peut-être Raimond Bérenger ne voulait-il pas rencontrer son cousin et ennemi de toujours, Raymond de Toulouse, dont il avait appris qu'il se rendrait au mariage. Mais Marguerite était résolue à affronter l'inconnu et elle devait s'habituer à ne plus vivre avec ses parents.

Sens était la destination finale. Sens et non Reims, la ville du sacre. Telle avait été la décision de Louis et de sa mère. Le comportement d'Henri de Braine dans l'affaire de Beauvais méritait une sanction. En outre, le chantier de la cathédrale était toujours en panne. Sens était la cathédrale du meilleur de leurs conseillers, Gautier Cornut, le plus fidèle et le plus prestigieux d'entre tous. Le choisir pour marier Louis et Marguerite, c'était lui rendre un hommage mérité.

Marguerite voulut se renseigner sur Sens. Pourquoi serait-elle mariée et couronnée dans cette ville plutôt qu'à Paris ? L'archevêque lui répondit que le roi tenait à entrer dans la capitale à son bras afin qu'elle y fût accueillie comme une reine et non comme une fiancée.

— Ah ! fit Marguerite, apparemment rassurée.

Mais ses pensées étaient ailleurs. Elle demanda à brûle-pourpoint :

— Quelle sera la couleur du palefroi du Roi ?

Nul ne sut répondre. On alla le demander à Jean de Nesle.

— Le Roi possède plusieurs chevaux, expliqua-t-il. Ses destriers, quand il est à la tête de son ost, ses coursiers quand il part galoper avec ses frères et ses amis en forêt, enfin ses palefrois, deux noirs et trois blancs pour ses déplacements et ses promenades en ville, pour se rendre aux offices religieux ou encore pendant les fêtes. Je parierais qu'il vous accueillera sur son palefroi noir.

— Parfait ! Moi je l'accueillerai sur mon cheval blanc, déclara Marguerite. Nous l'habillerons aux couleurs de la Provence, or rayé de rouge.

Émoi dans l'entourage de la jeune fille. Le comte, son père, avait interdit qu'elle montât à cheval tant qu'elle ne serait pas mariée, sous-entendu, tant qu'elle ne serait plus sous sa responsabilité. Un accident était si vite arrivé. Son oncle, Guillaume de Savoie, tenta de la raisonner. Rien n'y fit.

— À moins, consentit-elle, que le Roi ne descende de son cheval.

— Il descendra !

— Je ne l'attendrai ni de mon char ni à pied. Je veux qu'il vienne me chercher et m'aide à descendre de mon cheval. Je vais être la reine de France, non ?

Gautier Cornut et Jean de Nesle se regardèrent, étonnés. Ils avaient imaginé que Marguerite serait une jeune fille sage et soumise, en tout cas respectueuse des règles du protocole. Ils se trompaient !

— Nous préviendrons le Roi, déclara Gautier Cornut. Je suis convaincu qu'il appréciera la détermination de sa future épouse.

Et l'archevêque quitta le cortège pour se rendre dans sa ville plus rapidement afin d'y accueillir le souverain dans son palais épiscopal.

Louis avait quitté Fontainebleau le 24 mai pour être à Sens deux jours plus tard. Ses deux frères, Robert et Alphonse, chevauchaient à ses côtés. La plupart des conseillers, Jean de Beaumont, le vénérable Barthélemy de Roye, et d'autres avaient pris des bateaux chargés de montagnes de cadeaux destinés aux principaux hôtes de la Cour. Louis avait invité tous ses grands vassaux, excepté Pierre Mauclerc qui continuait à agiter la Bretagne depuis son refuge anglais.

Sens était en effervescence. Tous les hôtels, les palais, toutes les résidences et les maisons à dix lieues à la ronde avaient été réquisitionnés et leurs propriétaires indemnisés, des tentes et des pavillons de bois édifiés dans tous les jardins. Les souverains français attendaient quinze mille invités.

Des échafaudages furent édifiés devant le parvis de la cathédrale et sur ses côtés pour permettre à la foule d'assister à la cérémonie.

Marguerite arriva à Tournus le 19 mai. Il était prévu qu'elle parvienne à Sens le jour de l'arrivée de Louis, qui viendrait l'attendre aux portes de la ville.

Louis et sa mère eurent une délicate conversation au sujet de la future épouse. Blanche de Castille lui recommanda d'abord de prier pendant trois jours avant de s'unir à Marguerite, à l'image de Tobie et de Sarah.

— Mais, interrompit Louis, avec malice, car il connaissait son Ancien Testament sur le bout des doigts, je n'ai pas entendu dire que Marguerite ait perdu ses sept premiers maris avant que ceux-ci l'eussent possédée, comme ce fut le malheur de Sarah. L'ange Gabriel, précisa-t-il encore, n'avait-il pas dit au père de Sarah que cette malédiction les avait frappés parce qu'ils avaient voulu épouser sa fille pour leur plaisir et non pour plaire à Dieu dans l'amour.

— Ne plaisantez pas avec le Livre saint, reprit sa mère, pour qui le mariage de son fils s'avérait être une véritable épreuve affective.

— Il est vrai, reprit Louis que je suis fidèle à Dieu et que cette mésaventure ne peut m'arriver.

— Le vrai message de Tobie doit être trouvé, poursuivit la reine, un peu agacée par la leçon que lui donnait son fils...

— Oui, Mère ?

— Il doit être trouvé, reprit-elle, dans cette requête : « Sarah, lève-toi ! Nous allons prier Dieu aujourd'hui, demain et après-demain. Pendant ces trois nuits, c'est à Dieu que nous sommes unis et quand la troisième nuit sera passée, nous consommerons notre union. »

— Je suivrai votre conseil, murmura Louis, qui voulut paraître sincère.

— Le vrai message, disais-je, reprit Blanche, le mien en tout cas, serait que ces trois nuits de prière vous aident à contenir votre désir et à vous unir à Marguerite ensuite sans trop la blesser.

— Que voulez-vous dire ?

— Marguerite, ajouta Blanche, n'a pas eu de mari. Elle est vierge.

— Comme je le suis aussi, coupa le roi.

— J'en suis bien sûre... Pour cette raison, vous devez l'un et l'autre vous apprivoiser, apprendre à connaître vos corps avant de vous unir. Si vous y mettez toute votre tendresse et votre délicatesse...

Louis ne répondit pas. Cet échange intime révélait toute l'affection, l'attachement et le respect que ces deux êtres éprouvaient l'un pour l'autre. Louis s'agenouilla et demanda à sa mère sa bénédiction. Puis, sans un mot, il la quitta, le cœur ravi et reconnaissant.

Accompagné de ses seigneurs et des prélats invités à la cérémonie, Louis se rendit au-devant du cortège de Marguerite. Elle chevauchait en tête, montée en amazone sur son palefroi blanc, vêtue d'une robe en lin blanc surmonté d'un surcot bleu azur, coiffée d'un touret d'où dépassait sa chevelure nattée retenue par un lourd chignon. Elle était altière et souriante ; évidemment elle était émue, mais entendait le cacher, et saluait en souriant la foule accourue à l'annonce de son arrivée.

Sa beauté et sa délicatesse, vantées depuis que ce mariage avait été annoncé, se confirmaient à mesure que Louis approchait d'elle sous les vivats. Le roi stoppa son palefroi à quelques mètres du cortège de Marguerite ; elle en fit autant. Ils se regardèrent et se sourirent. Elle fut agréablement surprise par son élégance et son noble maintien. Louis descendit de sa monture, alla à sa rencontre, lui tendit la main pour l'aider à descendre, devançant les écuyers qui approchaient pour tendre un tabouret à la jeune fille, la prit par la taille et la posa sur le sol. Une tornade de « hourras » salua cette rencontre, tellement contraire au protocole.

Blanche de Castille, à quelques pas derrière, resta imperturbable, mais chacun savait autour qu'elle désapprouvait cette familiarité. Le roi devait rester le roi quoi qu'il arrive. Mais Louis avait eu un coup de foudre. Sans doute avait-il rêvé de cet être délicieux que lui avait décrit Gilles de Flagy et en était-il déjà tombé amoureux ? Plus tard dans la journée, quand son ami lui dirait : « Alors, Sire, je ne vous avais pas menti ! », Louis reprendrait : « Vous m'avez menti, Gilles, votre description était très en dessous de la vérité ! »

Louis accompagna Marguerite, la fit monter sur son char drapé de fleurs de lys et remonta sur son cheval, prenant la tête des deux cortèges. Il l'accompagna jusqu'au palais de l'archevêque où elle devait passer la nuit.

Pendant que le soleil s'évanouissait derrière les remparts, la ville ne se préparait pas à dormir. Partout ce n'étaient que fêtes, danses, banquets, spectacles, chants et poèmes de ménestrels, troubadours, musiciens, jongleurs : tous s'en donnaient à cœur joie car le lendemain, 27 mai, le roi allait épouser la plus belle des Provençales.

Avant de se séparer, Louis et Marguerite signèrent un acte constituant le douaire de la future reine.

Le lendemain matin, le roi arriva, avec sa suite, sur le parvis de la cathédrale. Le temps était magnifique. Une foule considérable s'était déjà amassée tout autour, derrière un mur de soldats en costume d'apparat. Seuls les sujets arrivés à temps avaient pu prendre place sur les estrades d'où ils pouvaient voir la première partie de la cérémonie qui allait se tenir hors l'église.

Des hommes et des femmes qui avaient vécu au temps de Philippe Auguste et de Louis le Lion, et qui connaissaient tous les étendards des seigneurs du royaume, jouaient au milieu du public le rôle de commentateurs.

— Voici le comte de la Marche, dit l'un d'eux en voyant arriver Hugues de Lusignan avec son épouse, Isabelle, ex-reine d'Angleterre, et son étendard frappé du blason fleurdelisé barré de trois lions sur un fond rouge.

— Il est venu, ce traître-là, commenta une commère, après tout ce qu'il a fait à notre roi !

— Il paraît qu'il s'est bien repenti ! lui répliqua une autre.

— Et voici les armoiries de la comtesse Jeanne de Flandre, celle qui est tout de noir vêtue, un lion rugissant à la tête bordée de deux ailes d'or.

— Elle est toujours veuve ? demanda une femme du peuple.

— Pas pour longtemps, elle se disait déjà veuve quand son homme, le Ferrand de Portugal, était encore dans la prison du palais royal ! On dit qu'elle veut épouser un baron anglais, le comte de Leicester, je serais étonné que notre roi et la régente soient d'accord !

— Et lui ? C'est-y pas le comte Raymond de Toulouse ?

— Eh oui, c'est bien lui avec son étendard marqué de la croix pommetée d'or. Il est bien soumis au roi maintenant, ce protecteur des hérétiques. Il a dû accepter que sa fille Jeanne épouse le prince Alphonse, ce printemps. La Castillane lui a joué un tour à sa façon. Le comté de Toulouse et tout le Languedoc vont être rattachés au royaume.

— À ce train-là, la France ne sera bientôt plus un royaume, ce sera un empire ! lança un spectateur. Louis, c'est notre nouveau Charlemagne, moi je vous le dis !

— Tiens ! Voilà le duc de Bourgogne et sa femme. Regardez son armoirie comme elle est belle, avec ses deux lions jaunes tenant le blason dans leurs pattes.

Arrivèrent ensuite Robert de Courtenay, le comte de Sancerre, les frères du roi, Robert et Alphonse, puis Alphonse fils de la reine du Portugal, la sœur de Blanche de Castille, le nouveau roi de Navarre, l'ineffable Thibaud de Champagne.

— Voilà le poète, l'amoureux de la Castillane ! Celui-là aussi, ils l'ont bien mis au pas ! commenta un vieux soldat.

— Et celui qui marche avec une canne, là-bas, le vieux bougre ? demanda un autre.

— Tais-toi, lui dit son voisin, c'est le principal conseiller du Roi, Barthélemy de Roye. Il va sur ses soixante-dix ans, et c'est son troisième roi !

— Ouais, mais il est plus bon pied bon œil !

Une curieuse demanda :

— Et la Provençale, elle n'a pas de parents ? On ne les voit pas ?

— Le comte de Provence n'a sûrement pas osé venir de peur que l'empereur Frédéric ne lui fasse avaler son épée ! répliqua l'homme qui en savait beaucoup... Forcément, il est son vassal et la Marguerite lui avait été promise par le pape. En plus, il donne sa fortune au roi de France et le reste avec !

— De quoi y se mêle encore, le Saint-Père ? lâcha la femme.

Tous les chevaliers de Bourgogne, de Nevers, du Vermandois, du Soissonnais, du Gâtinais, des fiefs les plus reculés du royaume de France étaient présents ; d'autres étaient encore attendus car l'annonce du mariage n'avait été révélée qu'un mois plus tôt.

Le roi vint se placer sur une estrade, sous un dais de soie qui faisait face au portail de la cathédrale. L'archevêque Gautier Cornut attendait les futurs époux. Marguerite vint les rejoindre dans une longue robe blanche couverte d'un surcot bleu fleurdelisé, la tête ceinte d'une couronne de lys. Elle avait l'allure d'une fée tant elle paraissait fragile, transparente, au milieu de cette foule bigarrée de princes, de seigneurs, de chevaliers et de leurs épouses qui avaient fait assaut de costumes d'apparat aux tissus les plus riches et les plus colorés.

La jeune fille n'avait pas pu dormir, seule dans un lieu qui lui était inconnu et soumis au tintamarre d'une ville en fête. Cette nuit-là fut pour elle plus exaltante que tourmentée. Elle se rappelait sans cesse le visage doux et lumineux de l'homme qu'elle allait épouser. Et le commentaire de Fantine, sa camérière, revenait sans cesse à son esprit ; elle lui avait glissé à l'oreille avant de la coucher :

— Il ressemble à un aigle avec des yeux de colombe !

Son oncle Guillaume de Savoie ne la quittait pas, tant pour la rassurer que pour lui rappeler les rites de la cérémonie.

Marguerite vint se placer à côté du roi qui se tourna légèrement vers elle. Elle ne le regarda pas, comme si elle se l'interdisait tant que leur union ne serait pas bénie. Louis sourit, ému par la timidité soudaine de celle qu'il allait épouser et qui, hier encore, le bravait effrontément.

L'évêque de Valence, qui remplaçait le père de la mariée, s'approcha du couple ; il leur joignit les mains droites. L'archevêque de Sens s'avança à son tour et prononça la phrase rituelle en s'adressant à l'assistance : « Que celui ou celle qui connaît un empêchement à cette union le déclare. »

Un grand silence. Personne ne se leva. Alors l'archevêque remit un anneau d'or au roi. Louis le passa d'abord au pouce de Marguerite en déclamant : « *In nomine Patris* », puis à son index « *et Filii* », enfin au majeur « *et Spiritus Sancti, amen* ». L'archevêque bénit les époux et les entraîna dans la cathédrale pour la célébration de la messe de mariage. Louis avait une folle envie de saisir la main de Marguerite, mais il n'osa pas, maintenant qu'ils se trouvaient tous deux dans la maison de Dieu. Des chants grégoriens emplissaient les voûtes, étreignant les fidèles de ferveur et d'émotion.

L'archevêque lut des extraits des Évangiles que les époux s'efforçaient d'écouter, mais leurs pensées étaient déjà tout entières consacrées l'un à l'autre. Aussi n'entendirent-ils que des bribes d'exhortation telles que « Fuyez la fornication ! », « Lettre de saint Paul aux Corinthiens », ou « Quiconque répudie sa femme ou en épouse une autre commet un adultère... ». Marguerite ne put s'empêcher de songer à son père, tant infidèle, tandis que Louis songeait à son grand-père Philippe Auguste. Sans doute imaginaient-ils n'être pas concernés. À la mention de la phrase : « Les époux ne sont plus deux, mais comme une seule chair », Marguerite ne put réfréner un frisson dont elle n'aurait pu dire s'il était de crainte ou de bonheur.

L'archevêque les invita à se prosterner à ses pieds, étendit sur leurs corps un voile et appela Dieu à les couvrir de sa grâce.

Avant la communion, l'officiant donna le baiser de paix au roi, qui se retourna vers son épouse et l'embrassa sur la bouche comme le voulait le rite médiéval.

Enfin le prélat pria pour que la paix régnât à jamais sur le couple et lui recommanda d'adorer le Christ ensemble pendant trois nuits avant de s'unir. Louis se remémora la conversation avec sa mère et s'interrogea sur le sentiment qu'éprouvait Marguerite à cette recommandation.

Quand le couple royal sortit de la cathédrale, la ferveur populaire prit une ampleur qu'aucune personne présente n'aurait pu concevoir. Toutes les conditions étaient réunies pour déclencher un tel enthousiasme : la jeunesse du couple et son charme incomparable, l'harmonie et la paix qui semblaient s'installer dans le royaume de France et qu'attestait la présence de la plupart des grands vassaux, l'avenir du pays que préfigurait cette alliance si prometteuse, l'admiration que ce peuple portait à ce jeune roi qui, avec sa mère, avait su dompter ses adversaires et rétablir un ordre certain... Et tant de signes qui apparaissaient dans sa manière de gouverner, mêlant justice et fermeté, souci des pauvres et des malades, ambition pour l'éducation de son peuple et grande piété. Tout cela formait une alchimie qui, sous le soleil du printemps, donnait à chaque sujet une bonne raison de se réjouir.

Le roi et la jeune reine se mêlèrent à la foule et distribuèrent des aumônes aux pauvres. Puis le monarque s'approcha de malades et les toucha dans l'espoir de les guérir, notamment des écrouelles, pouvoir qui lui avait été donné le jour du sacre par l'onction du Saint Chrême.

Puis ce fut l'heure des agapes. Quinze mille personnes à régaler supposaient un déploiement considérable de tentes, de tables et de bancs, de vivres et de personnels. Plus de trente mille serviteurs avaient été affectés à ce banquet, bien plus que n'en comptait alors la ville de Sens. La plupart des impedimenta étaient arrivés par bateaux.

Le roi et la jeune reine eurent peu de temps pour se parler. Il leur fallait être tout à leurs invités. Marguerite songeait déjà au lendemain, à ce jour où elle serait couronnée reine.

42

Des nuits douces et pieuses

Revêtue d'une robe de laine légère pourpre et d'un manteau de soie beige clair, les cheveux enserrés dans une résille d'or, la jeune reine entra dans la cathédrale flanquée des deux évêques qui l'avaient accompagnée depuis Arles, son oncle Guillaume de Savoie et l'évêque de Riez.

Louis, qui portait sur la tête sa lourde couronne d'or, l'attendait assis sur son trône placé sur une estrade à la partie droite du chœur. Son épouse se dirigea vers un trône plus petit situé sur la gauche.

L'un et l'autre esquissèrent un sourire et reprirent cet air grave qui convenait en cette circonstance. La cérémonie exigeait une certaine retenue dans cette cathédrale majestueuse au milieu d'une assemblée où figurait ce que le royaume comptait de plus représentatif de la noblesse, du clergé et de la haute bourgeoisie. Ce fut encore l'archevêque de Sens qui officia pour le sacre de Marguerite, en commençant par l'oint d'huile bénite sur la tête et la poitrine. Il lui remit un petit sceptre, insigne du pouvoir, et une verge, symbole de justice, que Louis avait également reçus à Reims.

Deux barons vinrent ensuite poser sur sa tête sa couronne d'apparat ; elle était lourde et Marguerite dut la garder durant tout l'office. Le prélat prononça l'oraison :

— Ô Dieu... Regardez d'un œil favorable votre servante qui, devant être confiée à son époux, implore votre protection ; faites que, chaste et fidèle, elle se marie en Jésus-Christ ; qu'elle se rende aimable à son mari comme Rachel ; qu'elle soit sage comme Rébecca ; qu'elle jouisse d'une longue vie et qu'elle soit fidèle comme Sarah... Faites qu'étant uniquement attachée à son mari elle ne souille le lit nuptial par aucun commerce illégitime... Qu'elle obtienne de vous une heureuse fécondité !...

À la fin de la messe, l'archevêque fit retirer les deux couronnes des têtes des époux pour y placer des couronnes plus petites et plus légères : pour Louis celle qu'il possédait depuis déjà huit ans, pour Marguerite celle qui avait été confectionnée spécialement par l'orfèvre du roi, sur ses indications.

Après la cérémonie, le couple royal rejoignit, sur le parvis de la cathédrale, l'estrade couverte d'un dais de feuillage sur lequel, comme la veille, ils allaient présider le banquet. Ils s'assirent sur leurs trônes couverts de draps d'or sous les vivats de la foule qui se mêlaient aux sons des cors et des trompettes, avant que les ménestrels ne viennent donner l'aubade avec leurs instruments.

Les repas des monarques étaient toujours fastueux car l'étalage de la richesse marquait l'étendue de leur pouvoir. Pour un mariage royal, ces largesses étaient accrues. Blanche et Louis s'étaient opposés sur l'éclat à lui donner : la régente voulait honorer ses hôtes comme il convenait et avait fait acheter des cadeaux somptueux pour les plus nobles d'entre eux. Louis, après avoir consulté frère Aymard, aurait souhaité davantage de retenue. Les comptes du royaume étaient en ordre, mais il convenait de ne pas dépenser l'argent à tort et à travers. Les révoltes des féodaux, ces derniers temps, avaient entraîné des dépenses excessives. C'est pourquoi, malgré les quinze mille invités, les cinquante tonnes de pain, les vingt mille litres de vin et les quelque dizaines de plats servis à chaque banquet, le coût total ne fut pas supérieur à deux mille cinq cents livres, trois fois moins que ce qu'avait coûté le banquet du sacre de son père.

Le festin dura six heures, dans un ordre très formel ; les personnages de haut rang à proximité du couple royal, occupaient le « haut bout » et ceux de rang inférieur, le « bas bout ». C'était là aussi qu'étaient tenues les femmes. Mais Marguerite et Blanche de Castille, en tant que souveraines, présidaient une autre table à laquelle elles avaient convié la reine Ingeburge.

Quarante plats au moins furent servis aux nobles. Peu les consommaient tous, certains ne goûtaient qu'à quelques-uns, tel était le rituel.

Le festin commença par des mignardises à base de fruits accompagnées par des vins aromatisés, surtout l'hypocras, vin mélangé de cannelle, de gingembre et de muscade. Les vins les plus épicés, les plus corsés ou les plus liquoreux, le grenache, le syrah, le muscat, étaient servis avec les plats principaux.

Dans toutes les rues adjacentes, dans les tavernes réquisitionnées, les broches tournaient et tournaient, rôtissant chevreuils, sangliers, chapons, paons, hérons, faisans, perdrix et gros poissons.

Ce fut au son du cor que les convives furent invités à passer à table car il convenait de « corner l'eau », en les appelant à se rincer les doigts avant de festoyer.

On vit le panetier apporter le pain spécial cuit pour le roi et la reine et quelques convives privilégiés, l'écuyer tranchant venir couper les viandes, l'échanson servir les vins en les goûtant d'abord pour prévenir tout empoisonnement. Un ballet de serviteurs de haut et de bas rang, savamment orchestré et ritualisé, s'affairait autour des convives pendant que le peuple, abondé de pain et de vin, participait joyeux à ces festivités.

Dans l'après-midi, des tournois furent organisés. Le roi ne les avait pas encore interdits, mais pour son mariage il avait ordonné qu'ils fussent symboliques. Il n'y eut ni vainqueur ni vaincu, mais des démonstrations d'habileté de la part des duellistes, des jeux d'adresse et des combats à l'épée neutralisée.

Le peuple assista plusieurs heures durant au défilé des armoiries des chevaliers appelés par la trompette du héraut d'armes à des affrontements courtois dans lesquels ni l'honneur ni l'argent ne furent mis en jeu.

Louis adouba ensuite une dizaine de chevaliers sous l'œil captivé de Marguerite qui assistait pour la première fois à une cérémonie de cette importance. Après avoir été page, puis écuyer, le jeune noble, s'il avait fait ses preuves, devenait chevalier du roi. Page, sous la houlette d'un parrain, il avait appris dès l'âge de sept ans à monter à cheval, courir longtemps, manier l'épée et la lance, l'art de la chasse, mais aussi à se comporter en homme d'honneur, hardi et généreux, ferme mais bon, honnête et serviable, courtois avec les dames, attentif aux miséreux. Écuyer, il avait été formé au combat à cheval. Et si ces deux formations avaient été franchies avec succès, il pouvait prétendre entrer dans la chevalerie et choisir son suzerain, homme lige, à qui il rendrait hommage sa vie durant. Pour la cérémonie du mariage, puisque l'adoubement était le fait du roi, il devenait chevalier du roi à qui il devait obéissance, promettait de le servir et de se battre à ses côtés. En adoubant des chevaliers, le souverain pérennisait ainsi les cadres de son armée.

— Les nouveaux chevaliers vous devront fidélité jusqu'à la mort ? interrogea Marguerite.

— S'ils ne le font pas ou s'ils ne répondent pas à mon appel, ils deviennent des félons, peuvent perdre tous leurs droits et même la vie, répliqua-t-il.

En réalité, la jeune reine voulait seulement savoir si, au royaume de France, les règles étaient identiques à celles instituées en Provence.

À la fin de la journée, Marguerite se vit comblée de cadeaux. Par son époux d'abord, qui lui offrit un anneau d'or portant au chaton un gros saphir gravé d'un crucifix avec cette devise : « Hors de cet anneau point d'amour n'aurai. » Il lui offrit aussi un char flambant neuf tiré par quatre chevaux blancs avec lequel elle allait voyager pour se rendre de Sens à Paris. Sa belle-mère, Blanche de Castille, la couvrit de tissus magnifiques, de fourrures en hermine et en zibeline et lui offrit de nombreuses pièces d'orfèvrerie.

Puis le roi, suivant la tradition, donna aux proches de sa suite les somptueux vêtements que la reine et lui avaient portés durant la cérémonie.

Marguerite, toujours coiffée de sa légère couronne d'or, bien qu'accoutumée aux fastes de la cour de son père, n'aurait jamais imaginé un tel accueil et une telle exhibition de richesses. Il lui sembla vivre un conte de fées qui lui fit oublier pour un moment l'absence de sa famille.

Pendant les neuf jours qui séparèrent son sacre de l'arrivée du couple royal à Paris, Louis et Marguerite cheminèrent côte à côte, elle en char, lui à cheval. Mais ils ne dormirent pas ensemble. Les noces de chair ne devaient avoir lieu que dans la chambre du roi, au Palais, ainsi que Louis l'avait décidé. Pendant tout ce temps, le couple apprit à se connaître ; ils parlèrent beaucoup d'eux-mêmes, de leurs familles et de l'avenir qu'ils allaient construire ensemble. Des échanges souvent intimes qui ne laissaient aucune place au désir. Marguerite ne s'en émut pas car si son cœur battait souvent la chamade en voyant le roi, en l'écoutant, son corps n'était pas encore au diapason. Et rien dans l'attitude de Louis n'était de nature à l'y mettre.

À Fontainebleau, où ils passèrent deux nuits, l'oncle de Marguerite, l'évêque Guillaume de Savoie, lui fit ses adieux en lui assurant que son union avec Louis était pour elle la meilleure imaginable – elle en était déjà convaincue – et un gage de paix pour sa famille et pour le royaume. Elle ne sut pourtant contenir son chagrin car, avec l'évêque de Valence, partait le dernier membre de sa famille. Elle restait désormais seule avec les quelques serviteurs qu'elle avait pu emmener avec elle.

Le 9 juin, en fin de matinée, venant de Montlhéry, où le roi avait raconté à Marguerite comment le peuple de Paris était venu le délivrer huit ans plus tôt, le cortège royal entra dans la capitale. Une immense clameur accompagna leur arrivée. La ville avait été mise en fête : étendards, bannières, drapeaux, tissus inondaient de leurs couleurs chatoyantes toutes les rues de la cité qui, pour la circonstance, avaient été nettoyées et débarrassées de leurs immondices.

Blanche de Castille descendit de son char tapissé de bleu pour chevaucher auprès de son fils et montrer ainsi qu'elle était la reine régnante. Mais le peuple n'en avait que pour la Provençale qui le saluait en agitant la main timidement, émue, bouleversée par tant d'enthousiasme.

— Le peuple aime les histoires d'amour, lâcha l'archevêque Gautier Cornut à la reine mère qu'il venait de rejoindre.

— Il s'en repaît même ! répliqua-t-elle sur un ton féroce.

Elle ne se souvenait pas avoir reçu avec son époux, onze ans plus tôt, un tel accueil en revenant de Reims après leur sacre. Mais ce n'était pas comparable. Ils étaient déjà connus du peuple depuis plus de vingt ans et avait eu maintes fois l'occasion de recueillir son soutien. Ils n'inspiraient plus l'imagination romanesque que pouvait susciter un couple aussi jeune, un roi déjà adulé, une reine si tendre, couple amoureux comme le rapportaient les chroniqueurs et comme l'avaient constaté tous ceux qui avaient pu l'approcher. La rumeur de cette idylle avait couru jusqu'à Paris et avait eu le temps d'inonder les têtes et les cœurs des Parisiens avant que le cortège n'arrivât. Le peuple savait que les mariages des souverains étaient toujours arrangés et circonstanciels et que l'amour y tenait peu de place. Louis et Marguerite apportaient un démenti et donnaient à leur alliance cette dimension mythique dont leurs sujets avaient besoin pour rêver.

La fête dura une semaine. Chaque jour, le roi et sa rayonnante épouse venaient saluer les Parisiens et distribuer des aumônes. Chacun cherchait à lire dans leurs regards ce feu qui raconte ce qu'avait pu être leur union charnelle.

— À les voir se sourire, déclara une mégère, ils passent du bon temps, c'est sûr !

Leurs visages pouvaient bien étinceler de bonheur, elle se trompait néanmoins car cette union n'avait pas encore eu lieu. Louis et Marguerite avaient respecté les trois nuits de Tobie. Ils les avaient passées en prière, côte à côte, à genoux au pied de leur lit. Puis ils s'étaient allongés, habillés de leur chemise de nuit et s'étaient endormis après que le roi eut baisé la main de son épouse.

Les jours passèrent, les nuits aussi. Marguerite attendait, sans angoisse, que l'union de leurs corps se fît. Avertie par sa mère qu'il fallait se plier aux assauts fougueux, souvent maladroits, parfois brutaux de son mari, elle s'attendait au pire. Mais Louis, entre les longs moments passés à prier avant de se coucher et au réveil, restait physiquement distant, quoique attentif, délicat et affectueux. Un soir, alors qu'ils étaient allongés l'un près de l'autre, et qu'il vantait sa grâce et sa beauté, elle prit l'initiative en se dénudant légèrement et déclarant :

— Je suis prête, mon roi !

— Je le suis aussi, répondit Louis, mais ne devons-nous pas attendre...

— Attendre ?

— Oui, que vous soyez prête à me recevoir, prête à enfanter, car j'ai compris que vous n'étiez pas encore en état...

Par allusion, Marguerite avait laissé entendre qu'elle n'était pas encore nubile.

— Je ferai comme vous le désirerez, déclara Marguerite, naturellement, sans qu'une once de déception fût perceptible dans sa voix.

— J'ai une autre raison, invoqua Louis.

— Dites, Monseigneur, s'inquiéta la jeune reine.

— Je suis un homme de paix, expliqua-t-il, je n'aime pas la guerre, ce n'est pas une bonne façon de gouverner excepté quand j'y suis contraint et que les intérêts de mon royaume sont menacés. Et depuis que je suis roi, l'un de mes feudataires persiste à ne pas vouloir reconnaître mon autorité.

— Ne serait-ce pas le comte de Bretagne ?

— C'est lui en effet. Nous avions conclu une trêve qui a expiré à la Saint-Jean, une trêve avec le roi d'Angleterre à laquelle Mauclerc s'est rallié en dépit de ses promesses. Il ne veut pas la prolonger et se rebelle à nouveau.

— Vous allez donc devoir partir... ?

— Oui, et la guerre est un jeu dangereux. Même les rois ne sont pas à l'abri d'un mauvais coup.

— Je risque donc de vous perdre ! s'inquiéta Marguerite, la voix nouée.

— Il faudra vous accoutumer à cette possibilité, reprit le roi. Dieu nous protège mais ses intentions sont insondables et il peut nous rappeler à lui quand il le juge bon.

— Dieu ne serait pas juste, s'il voulait vous rappeler si tôt !

— Il ne faut jamais parler comme cela de Dieu, Marguerite, c'est le blasphémer.

— Alors si je dois vous perdre, reprit-elle, pourquoi devrions-nous attendre de nous unir ?

— Parce que vous seriez alors toujours vierge et sans tache pour tout autre souverain qui souhaiterait vous avoir pour femme.

— Mais, s'exclama Marguerite, au bord de l'indignation, je ne veux d'autre souverain que vous et je n'en aurai jamais d'autre. Je vous veux, Louis, en moi, maintenant !

Un désir formulé comme un ordre. Elle ôta sa chemise et l'enlaça avec une ardeur que Louis n'eut pas le courage de combattre. Plus de trois semaines après leur mariage, ils unissaient enfin leurs corps. Cette attente leur avait été salutaire. Leur désir réciproque porté à son extrême avait chassé toute appréhension, elle de la douleur qu'il lui faudrait affronter, lui de la crainte de la blesser. Aucune prière ne vint troubler leur première nuit d'amour. Emportés par leur soudaine passion, oubliant les contraintes de leur foi, ils firent l'amour jusqu'à l'aube. Nul n'osa les troubler, ni les chambriers ni les chapelains, pas davantage la reine Blanche qui s'impatientait de savoir si son fils avait bien accompli son devoir de roi. Quand elle fut informée que celui-ci ne s'était pas levé ni pour les matines ni pour les laudes, elle put être sûre que le couple était enfin passé à l'acte. Elle en éprouva un sentiment confus de satisfaction mais aussi de jalousie, non pas tant celle d'une mère à l'égard de sa belle-fille, mais plutôt celle d'une épouse qui fut comblée et qui ne parvenait pas à perdre le souvenir de ce qu'avaient été ses étreintes.

43

Un piètre vassal

Les derniers jours, ou plutôt les dernières nuits passées avec Louis furent pour Marguerite magnifiques et intenses. Même s'ils avaient repris le rituel des prières, leurs moments d'intimité s'enrichissaient. Elle était curieuse et voulait tout savoir du métier de roi. Chaque soir, elle était impatiente de connaître le détail des activités de sa journée. Louis, tout à sa passion, préférait lui parler d'amour plutôt que des affaires du royaume. Il lui restait peu de temps avant de repartir en guerre et ne souhaitait rien lui dire de la préparation de cette expédition pour ne pas l'inquiéter. Il se contenta de lui raconter que Pierre Mauclerc était un traître, un fauteur de troubles, qui refusait le combat dès qu'il voyait apparaître l'armée royale. Il préférait lui parler de ce qui le passionnait, des personnes pour lesquelles il nourrissait une admiration profonde, comme les frères des ordres mendiants. La canonisation annoncée de saint Dominique de Guzmán fut le prétexte pour parler des frères prêcheurs et de l'hérésie cathare.

— Frère Dominique a voulu convaincre les hérétiques par la prière et la pratique de la pauvreté, ce à quoi d'ailleurs ils s'adonnaient, mais ils ne l'écoutèrent pas et le maltraitèrent, lui et ses autres compagnons.

— Beaucoup d'hérétiques, interrompit Marguerite, sont venus se réfugier en Provence ; ils avaient pourtant l'air doux comme des agneaux. Ce que vous me racontez m'étonne !

— S'ils avaient été aussi doux, ils n'auraient pas assassiné Pierre de Castelnau, le légat du souverain pontife, et mon père n'aurait pas eu à les combattre trois fois.

— Mon père avait beaucoup d'admiration pour le vôtre, soutint Marguerite qui essaya de changer de conversation.

Elle rappela à Louis que leurs deux pères avaient, en 1226, fait le siège d'Avignon. Elle lui raconta qu'elle se souvenait, bien qu'elle n'eût que cinq ans, que le comte avait pleuré en apprenant la mort du roi. Marguerite, bien sûr, ne dit pas, car elle l'ignorait, que son père avait soutenu Louis le Lion au siège d'Avignon parce qu'il était plus motivé à combattre sur les terres de son ennemi Raymond de Toulouse que de participer à la croisade contre les cathares.

— Les hérétiques ne sont jamais des agneaux, reprit Louis, ce sont des suppôts du démon, il faut les combattre toujours et toujours. J'espère que le tribunal de l'Inquisition va permettre de ramener ces brebis égarées sur le chemin de notre Sainte Église.

Même si elle avait reçu, elle aussi, une éducation religieuse solide, Marguerite fut tout de même impressionnée par la piété de son époux, sa propension à évoquer Dieu et ses saints, la Sainte Église, les ordres monastiques, comme par son assiduité à la prière. Elle en était étonnée, mais en même temps rassurée. Un homme d'une telle foi ne pouvait être que protégé par Dieu. Aussi lui révéla-t-elle sa confiance la veille de son départ :

— Je suis triste que vous me quittiez, Louis, mais je sais que vous me reviendrez victorieux.

— Je vous confie à ma mère qui veillera sur vous et à ma sœur Isabelle qui m'a dit combien elle aimerait être votre amie et vous aider à vivre au milieu de cette cour qui vous est inconnue, mais pas hostile, sachez-le.

— J'aime beaucoup Isabelle, répondit Marguerite. Elle remplace ma sœur Éléonore que j'ai quittée à regret. Savez-vous qu'elles ont le même âge ?

Le lendemain, Louis partait à la tête de l'une de ses trois armées pour rallier Angers ; une deuxième composée de seigneurs et de chevaliers normands se dirigeait vers Fougères et Rennes ; la troisième, formée dans l'Ouest et le Sud-Ouest, devait gagner Nantes.

En arrivant à Angers, Louis fut satisfait de voir achevés les travaux de fortification qu'il avait ordonnés trois ans plus tôt. La citadelle, entourée de hautes murailles et flanquée de dix-sept tours, pouvait rivaliser avec les fortifications de Paris.

Dès les premiers jours d'août, l'ost capétien prit en tenaille le comte de Bretagne qui hésita à l'affronter. Mais Mauclerc était un teigneux. En dépit de la faiblesse de ses troupes, il comptait encore sur l'aide du roi d'Angleterre. Il parvint pendant quelques jours à contenir l'armée venue de Normandie. Puis il dut battre en retraite. Le roi lui avait barré la route. Rennes, la capitale du comté, se trouvait menacée. Mauclerc renonça à l'affrontement et demanda une trêve de trois mois. Louis accepta, au grand dam de ses chevaliers :

— Sire, si vous lui accordez cette trêve, déclara Jean de Beaumont, il en profitera pour rameuter les barons anglais et ira chercher le soutien du roi Henri.

— Je le sais, si je lui ai accordé cette trêve c'est que je suis convaincu qu'il n'obtiendra ni l'un ni l'autre, répondit le roi.

Le roi de France, s'il était un guerrier valeureux, n'aimait pas répandre le sang. Il préférait la négociation et il l'avait souvent démontré. S'il accorda cette trêve, ce ne fut pas sans garanties. Il exigea que le comte de Bretagne lui remît les trois places fortes qui protégeaient son comté. En les annexant, le souverain coinçait le comte. Même si celui-ci revenait avec des renforts anglais, l'ost royal aurait tôt fait de prendre Rennes avant qu'ils n'arrivent.

Avant la fin du mois, Louis avait retrouvé Marguerite à Paris, laissant une partie de ses troupes sur place. Sans se soucier des règles de bienséance, Marguerite, apercevant son époux entrer dans la cour du Palais, se précipita à sa rencontre et se jeta dans ses bras, à peine fut-il descendu de son cheval.

— J'ai tant prié, lui dit-elle, pour que vous me reveniez vite. J'ai été entendue.

Comme l'avait prévu Jean de Nesle, Mauclerc avait mis à profit ce répit pour réclamer l'appui du roi d'Angleterre. Comme l'avait prévu le roi de France, le comte de Bretagne tomba sur un bec.

— Sire, avait déclaré Pierre Mauclerc au Plantagenêt, nous avons une occasion unique de défaire le Capétien si vous m'accordez cette aide...

— Comte, avait répondu le roi Henri, vous avez une occasion unique de renoncer à ce projet car je n'ai pas l'intention de soutenir un vassal aussi peu reconnaissant.

Le comte de Bretagne prétendit ne pas comprendre.

— Retournez dans vos terres, ordonna le Plantagenêt, et restez-y tranquille. Le Capétien est trop généreux avec vous, il aurait pu vous jeter à la mer avec toutes vos troupes.

Henri d'Angleterre savait bien ce qu'il faisait. Il était loin d'être prêt à batailler pour récupérer ses terres françaises et il n'avait toujours pas réussi à mettre les barons de son côté.

Mauclerc se le tint pour dit. Il revint en Bretagne et, avant même la fin de la trêve, fit savoir au roi de France qu'il était prêt à comparaître et à lui rendre son hommage. Louis refusa qu'il vînt, comme c'était la règle, en chemise et pieds nus. Le comte de Bretagne était un fieffé menteur, un revanchard, un piètre vassal, mais c'était un parent et il n'aimait pas humilier ses vassaux. Il vint seulement s'agenouiller pour marquer sa soumission. Marguerite fut conviée à assister à cette reddition. Sans coup férir, ou presque, Louis ajoutait de nouvelles citadelles à son royaume, exigeait une forte indemnité en plus des places fortes déjà conquises. Mauclerc devait aussi indemniser ses seigneurs qui ne lui avaient pas été fidèles, mais l'avaient été au roi et dont il avait ravagé les domaines comme ceux de Dol ou de Combourg ; il s'engageait enfin à ne pas marier ses enfants sans l'autorisation du roi de France. Ainsi put-il sauver et sa tête et son pouvoir en conservant la régence de la Bretagne jusqu'à la majorité de son fils et en rompant son hommage avec le roi d'Angleterre. Enfin, pour expier ses fautes, il promettait de prendre la croix et de répondre à l'appel du pape qui avait manifesté l'intention d'engager une nouvelle croisade.

Le roi d'Angleterre, indigné de voir que son vassal s'était soumis « haut et bas », lui confisqua le comté de Richmond et conclut une trêve de cinq ans avec le roi de France.

En ces premiers jours d'automne, depuis sa fenêtre, Blanche de Castille aperçut, se promenant dans le verger, Louis et Marguerite, seuls, se tenant la main. Une bouffée de nostalgie l'étreignit.

Les feuilles des arbres commençaient à rougir. Pommiers, poiriers, cerisiers, néfliers composaient un tissu bariolé sous le soleil et se reflétait dans la Seine qui enserrait le jardin de ses deux bras.

Marguerite voulut attraper une pomme, mais elle était trop haute. Louis la décrocha et la lui offrit :

— C'est plus convenable ainsi, dit-il en souriant.

— Vous n'auriez pas aimé que je vous l'offrisse, reprit Marguerite. Craignez-vous à ce point la tentation de la connaissance ?

Louis la prit par l'épaule et colla son visage contre le sien. Il appréciait sa beauté mais aussi son esprit.

Il ne put cependant s'empêcher de citer la Bible, dans ce moment de tendre intimité :

— Celui qui accroît son savoir accroît sa souffrance, est-il écrit dans l'Ecclésiaste.

Un écuyer vint interrompre ce moment de félicité pour apporter un message de Blanche. Louis l'ouvrit et ne put réprimer un froncement de sourcils qui ne cachait rien de son irritation :

— Le devoir m'appelle, dit-il, rentrons !

Marguerite ne fit aucun commentaire. Les instants volés aux obligations royales étaient si précieux, et lui procuraient une telle joie, qu'elle s'empêchait de protester.

Les semaines passèrent durant lesquelles, hormis la reddition du comte de Bretagne, le roi et son gouvernement s'occupaient des affaires courantes dont les principales étaient d'ordre économique. Ce furent surtout les mauvaises récoltes d'un été trop pluvieux qui retinrent l'attention.

— C'est une famine annoncée, commenta le chambellan Ours, particulièrement dans le Sud-Ouest, le Maine, le Poitou et en Aquitaine.

— Il faudra prévoir de nourrir les pauvres et d'apporter ce qu'il manquera à ces fiefs, déclara Louis.

— Les récoltes n'ont pas été très abondantes ailleurs, précisa Barthélemy, et nous pouvons être sûrs que le blé, l'orge, le seigle et le sarrasin manqueront...

Des nouvelles en provenance d'Italie et d'Allemagne indiquèrent que le conflit entre l'empereur et son fils s'envenimait à nouveau. Plus inquiétant encore, le pape Grégoire avait rencontré Frédéric en Italie et lui avait suggéré d'épouser Isabelle, fille de Jean sans Terre et d'Isabelle d'Angoulême, la sœur d'Henri.

— À quoi joue le Saint-Père ? s'exclama le roi de France, au cours d'une réunion de la Curie, il favorise son meilleur ennemi maintenant et à notre détriment !

— Depuis deux siècles, intervint Barthélemy de Roye, l'ambition du Saint-Siège reste de dominer spirituellement et temporellement l'Occident chrétien. Le souverain pontife s'inscrit dans la droite ligne de cette volonté hégémonique.

— Je ne vois pas où est son intérêt, déclara Blanche de Castille, sinon de rallumer les antagonismes entre l'empereur, l'Angleterre et la France.

— L'empereur Frédéric n'a toujours pas accepté votre alliance avec la Provence, Sire, ajouta Gautier Cornut. Quant à Henri, qui a rompu son alliance traditionnelle avec la maison de Saxe, ennemie des Hohenstaufen, il se fait un allié contre nous et reviendra nous envahir dès qu'il en aura les moyens...

— Comment mettre ce monde en paix ? déclara Louis. Comment ? Si le Saint-Père lui-même met le désordre... Savons-nous ce qu'a répondu l'empereur ?

— Son avis est plutôt positif, reprit l'archevêque. Pour l'heure il doit s'occuper de son garnement de fils. Henri de Souabe vient de monter contre lui la Ligue lombarde. Il refuse d'entendre son père et renvoie tous ses messagers. Il l'accuse même de vouloir le dépouiller de sa couronne.

— Il se conduit comme un traître, un fils indigne, intervint Blanche de Castille. Frédéric est trop bon avec lui. Ce petit roi n'est qu'un vaniteux manipulé par une bande de barons ambitieux et cupides.

— Il a commis une grave erreur, souligna Barthélemy, en enjoignant les seigneurs qui le soutenaient d'abandonner son père si d'aventure il entrait à nouveau en conflit avec lui. Dès que l'empereur s'est présenté en Allemagne, ceux-ci se sont empressés de lui faire allégeance, et notamment les villes que le jeune roi avait favorisées contre la politique menée par son père depuis le traité de Marbourg. Le grand maître des chevaliers teutoniques est intervenu lui-même pour inviter Henri à se soumettre. Pour couronner le tout, le Saint-Père, qui décidément ne refuse rien à son ennemi, vient d'excommunier son fils.

— C'est à peine croyable ! s'exclama Louis. Mais qu'a donc ce garçon dans la tête ?

— C'est bien la question que se pose son père qui en a assez d'être magnanime avec lui, reprit Barthélemy.

— Bien, conclut Blanche de Castille, je propose d'envoyer une lettre au Saint-Père pour lui faire part de notre...

Elle hésita sur le mot.
— Émoi ? suggéra Gautier Cornut.
— Désapprobation ! imposa Louis.
Le Conseil s'acheva sur ce dossier. Louis regagna sa chambre pour retrouver Marguerite et lui raconter ce projet de mariage entre l'empereur et la sœur d'Henri.

44

Le troisième mariage de l'empereur

En janvier 1235, les nouvelles venant des campagnes n'étaient pas bonnes : le pain manquait et les bêtes n'avaient plus assez de fourrage dans les régions touchées par les mauvaises récoltes. Paris n'était pas trop affecté, mais Londres l'était et plusieurs milliers de ses habitants étaient morts de faim.

Louis, l'air sombre, quitta la salle du Conseil, bouleversé d'apprendre qu'une partie de ses sujets souffrait de la faim et qu'il était impuissant à pouvoir tous les aider. Même ses prières, ses actions de grâces, les messes qu'il faisait dire étaient inopérantes. « Dieu abandonnait-il le royaume ? Avons-nous trop péché ? » Il chassa ces mauvaises questions de ses pensées et pénétra dans sa chambre. Il y trouva Marguerite, Isabelle et Charles jouant à la mourre[1].

Louis n'aimait pas beaucoup les jeux de société, mais en voyant Marguerite s'amuser de bon cœur avec sa sœur et son petit frère, il fut attendri : son épouse s'intégrait peu à peu à sa famille. Ce n'était pas encore le cas avec une partie de son entourage qui trouvait que la jeune reine accaparait trop le temps du roi.

— Entre ses heures de prières et son épouse, avait dit un personnage de haut rang, il ne lui reste plus beaucoup de temps pour les affaires du royaume.

Ce n'était que pure calomnie. Le roi consacrait plus de huit heures chaque jour aux affaires royales, sans compter le temps passé à remettre de l'ordre chez ses feudataires.

---

1. Jeu auquel prenaient part trois personnes. Chaque joueur tenait la main droite dans son dos et annonçait un chiffre au hasard. Au signal, les trois joueurs montraient leur main droite en tendant un, deux, trois, quatre ou cinq doigts. Le vainqueur était celui qui avait annoncé le chiffre se rapprochant le plus du nombre de doigts tendus.

D'autres racontaient qu'elle était trop jeune, trop jolie pour être honnête, trop soucieuse de ses toilettes, trop prompte à rire, trop provençale enfin, ce qui exprimait bien le mépris des gens du Nord pour la gaieté et l'insouciance méridionale. Blanche de Castille écoutait ces critiques avec une oreille plutôt complaisante. Louis le savait et en souffrait. Il aurait tant aimé que les « deux femmes de sa vie » deviennent aussi les meilleures amies.

À peine eut-il fait rentrer dans le rang le comte Mauclerc que Thibaud de Champagne repassait les plats. C'était la raison de l'irritation du roi, ce jour-là. Devant son Conseil, il avait fait preuve de beaucoup de tempérance, mais les conseillers avaient noté combien sa colère était contenue. Son responsable fut Gautier Cornut qui annonça l'impensable : alors que Mauclerc et Thibaud avaient fait allégeance et accepté toutes les décisions du roi, ils fomentaient, en ce début d'année, un nouveau mauvais coup.

— Thibaud et Mauclerc ont entrepris, raconta l'archevêque, de marier, le premier sa fille Blanche au fils du second, Jean le Roux, qui vient d'atteindre sa majorité et va remplacer son père à la tête du comté de Bretagne.

— Comment ? Que me dites-vous là ? tonna le roi. Mais ils ont juré, ils ont signé qu'ils ne feraient jamais cela, ni l'un ni l'autre, sans mon accord !

— Encore Thibaud, soupira Blanche de Castille. Cet homme n'a plus sa tête...

— Depuis qu'il est roi de Navarre, enchaîna le chambellan Ours, nous pouvons dire qu'il l'a complètement perdue. Il imagine, dans sa candeur, devenir roi à la fois de Navarre, de Bretagne et de Champagne.

— Aurait-il lui-même manigancé cela ? interrogea le roi.

— Non, c'est à coup sûr Mauclerc et le comte de la Marche, car ces deux larrons se sont entendus pour que Yolande, toujours elle, soit promise au fils du comte Hugues de Lusignan.

— Ils travaillent donc pour le roi d'Angleterre, conclut Louis.

— Ce n'est pas tout, poursuivit l'archevêque de Sens, Thibaud et Mauclerc ont décidé de se croiser comme vous leur aviez recommandé, Sire.

— Et alors ? Nous ne pouvons le leur reprocher !

— Je suis convaincu qu'ils l'ont fait pour bénéficier de la protection du pape et vous interdire ainsi de prendre des mesures contre eux. C'est assez grossièrement joué !

— Si vous imaginez que cela peut me retenir, Monseigneur, vous vous trompez ! Je leur ferai respecter leur parole quel que puisse être leur soutien !

Un silence respectueux accompagna cette déclaration. Les conseillers avaient parfois un peu de mal à discerner dans les positions et les décisions du monarque le vrai du faux. Sa dévotion à l'Église serait-elle moins importante que son souci de l'intégrité du royaume ?

Blanche de Castille intervint pour soutenir son fils :

— Ils nous rendront des comptes plus tôt qu'ils ne l'imaginent.

— Il y a pire encore ! annonça Barthélemy de Roye, d'une voix grave qui ne cachait pas son indignation.

Tous se tournèrent vers lui comme s'il allait annoncer la fin du monde :

— Dans sa naïveté ou son arrogance, ou dans sa folie, le comte de Champagne exige, Sire, que vous lui rendiez Chartres, Blois, Sancerre et Châteaudun qu'il vous a donnés en échange des quarante mille livres que vous avez versées en son nom à la reine de Chypre.

— Il exige ! Thibaud de Champagne exige ! Nous allons voir cela, reprit le roi, en éclatant de rire.

Les exigences de ce vassal, tout roi de Navarre qu'il était, frisaient trop le ridicule pour être prises au sérieux.

— Et quels sont ses arguments ? demanda Louis.

— Il prétend que ces comtés ne vous avaient été donnés qu'en garantie.

— Faites-lui connaître le mécontentement de la Reine et du Roi et ordonnez-lui de cesser de se parjurer sinon moi et mon ost irons lui signifier notre réprobation !

Louis trouva auprès de Marguerite le loisir d'oublier cette matinée fâcheuse en l'invitant à déjeuner avec sa sœur.

Cet hiver de 1235 fut décidément funeste. Philippe Dagobert, qui venait de fêter ses treize ans, mourut de diphtérie, une maladie que les médecins parvenaient difficilement à guérir. Louis n'avait plus que trois frères : Robert, Alphonse, et Charles.

Louis déclara à sa mère :

— Madame, si vous en êtes d'accord, nous enterrerons votre fils à Royaumont dont j'aimerais qu'elle devienne la sépulture des enfants des rois et des reines de France.

— Ah ! s'étonna la reine mère. Vous ne voulez pas qu'il repose à Saint-Denis avec ses ancêtres ?

— Non, je souhaite que Saint-Denis soit et devienne exclusivement le lieu où reposeront les rois et les reines de France qui auront régné.

Blanche de Castille accepta car elle trouvait cette décision justifiée.

Au printemps, par une lettre personnelle de l'empereur, Louis eut la confirmation que Frédéric épouserait, au début de l'été, Isabelle d'Angleterre. Le monarque Hohenstaufen tenta de rassurer le souverain français dont il connaissait la méfiance à l'égard du roi d'Angleterre. Il l'assura de son amitié inaltérable et lui promit qu'en aucun cas il ne prendrait des mesures qui seraient contraires aux intérêts du royaume de France.

« Je désirerais, volontiers vous voir, écrivit l'empereur, afin de fortifier notre alliance et vous ôter toute crainte que l'affection qui nous unit puisse en rien être altérée par notre fait. »

Louis lut cette lettre à Barthélemy, son plus ancien et plus avisé conseiller en matière de politique étrangère. Celui-ci haussa les épaules. Comme s'il était possible de croire aux promesses et à l'affection de l'empereur !

— Je ne peux que lui donner acte de sa courtoisie, souligna le roi, mais je partage votre prévention. Notre vigilance à son égard doit rester intacte.

En juillet, Frédéric épousa Isabelle à Worms. Elle était âgée de vingt et un ans ; elle n'était pas d'une grande beauté sans être désagréable, mais elle apportait à l'empereur l'assurance – évidemment provisoire – que son frère cesserait de soutenir ses opposants en Allemagne et en Italie.

Au mariage, beaucoup d'invités furent surpris de rencontrer Henri, le fils de l'empereur, alors que leurs dissensions étaient de notoriété publique. Sa présence montrait une fois de plus l'affection et la tolérance que l'empereur nourrissait à son égard.

Une affection dont la jeune Anglaise n'eut pas l'heur de bénéficier. Il se comporta avec elle comme il l'avait fait avec ses deux précédentes épouses : cavalier, brutal, indifférent, méprisant. Il ne l'avait épousée que pour des raisons politiques et pour s'assurer une descendance. C'était son seul but. On raconta qu'avant toute relation sexuelle avec elle, il consultait des astrologues arabes pour choisir le meilleur moment et le meilleur jour. Puis, après quelques actes consommés, il la relégua dans un château sicilien, à Noventa, où se trouvait installé l'un de ses harems.

Pendant cette période, l'Allemagne fut agitée par une terrible tuerie dans la ville de Fulda. Les cinq fils d'un meunier avaient été assassinés. Des hommes qui partaient en croisade désignèrent les Juifs comme les auteurs de ce massacre, en arrêtèrent trente-quatre, les torturèrent pour les faire avouer, puis les tuèrent. L'empereur, informé de cette tragédie, nomma des Juifs convertis pour faire la lumière sur ce rituel sanguinaire attribué à leurs compatriotes. L'enquête eut lieu dans tout l'empire ; elle conclut que les Juifs ne faisaient pas de sacrifices humains et que ce rituel, même sur les animaux, leur était interdit. Par une bulle, Frédéric lava les Juifs de cette accusation.

À peine le mariage de l'empereur fut-il célébré que les rumeurs concernant celui d'Éléonore de Provence, la sœur de Marguerite, avec le roi d'Angleterre, se répandirent. Des émissaires anglais avaient été envoyés en secret chez le comte de Provence pour lui proposer cette alliance et négocier les contreparties. Éléonore fut informée par sa mère qu'un beau parti royal la sollicitait sans lui donner davantage de précision. La jeune fille s'empressa d'écrire à sa sœur, la reine de France, pour lui raconter ce qui se tramait.

— Ma sœur Éléonore est demandée par un roi, révéla-t-elle à Louis.

— Un roi ? Quel roi ?

— Elle n'a pas su m'en dire davantage.

— Un roi ? chercha Louis en se grattant le menton. Henri de Souabe ? Il n'est plus roi des Romains, puisque le souverain pontife l'a déposé de son trône à la demande de son père. Il n'est plus que duc. Ce ne peut être que le Plantagenêt. Votre père pourrait-il se prêter à cette alliance...

— Elle ne vous conviendrait pas ? interrogea Marguerite.

— Il faut y réfléchir. Mais je doute que votre sœur Éléonore puisse être heureuse avec cet homme vindicatif et inconstant que son peuple réprouve tant.

Marguerite ne voulut pas en savoir davantage. Devait-elle alerter sa sœur et lui rapporter les propos de son époux ? Elle hésita, consciente qu'Éléonore, comme elle-même d'ailleurs, n'était qu'un pion dans les tractations des souverains. Elle préféra prier pour que le destin de sa sœur préférée ne lui fût pas funeste et lui écrivit une lettre d'encouragement.

Le roi de France tint conseil avec sa mère pour examiner cette nouvelle alliance sous tous ses aspects. Le chancelier Barthélemy fut consulté :

— Le roi d'Angleterre, expliqua-t-il, redoute toujours les effets de votre alliance avec le comte de Provence. Il se sent évidemment pris en tenaille maintenant que vous avez autorité sur les comtés de Toulouse et de Provence. Il a tout perdu en France excepté la Guyenne. Il craint fort que vous la lui confisquiez aussi.

— Je ne peux lui donner tort, convint Louis en souriant.

— Il n'empêche que le comte de Provence, qui est notre débiteur, ô combien ! aurait pu avoir la courtoisie de vous en informer.

La reine Blanche intervint avec son autorité habituelle. Sa position héréditaire, son statut de régente, lui permettait encore de donner son avis, voire de l'imposer quand la famille était en cause et les enjeux importants.

— Nous savons, rappela-t-elle, qu'Henri voulait épouser la comtesse de Ponthieu. Nous nous y sommes opposés pour ne pas nous retrouver avec l'Anglais à nos portes dans le Nord. Nous sommes convaincus qu'il se rabat, si j'ose dire, comme un rapace, sur Éléonore. Son ambition a pour but, bien sûr, de nous contrecarrer. En même temps, il veut signer avec nous une nouvelle trêve de cinq ans. Avons-nous intérêt à la briser ? Nous disposons de cinq ans de paix, cela mérite réflexion. Et d'après ce que je sais, les relations entre Marguerite et Éléonore sont étroites. Nous pourrons en profiter pour prolonger notre trêve, qui sait ?

— Je partage votre vue, Madame, déclara Louis.

Les autres conseillers se rallièrent aussi à cette analyse.

Du côté du comte de Provence, les tractations avançaient sous l'impulsion de Romée de Villeneuve et des frères de Béatrice de Savoie, l'archevêque Guillaume et le comte Amédée, lesquels entretenaient d'excellentes relations avec la cour d'Angleterre.

— Cette alliance va encore me coûter cher, répétait le pingre Raimond Bérenger.

— Imaginez, comte, déclara le conseiller Romée, que vous allez être à la fois beau-père du roi de France et du roi d'Angleterre.

— Le vassal plutôt, le redevable, le débiteur ! Vous trouvez cela merveilleux vous ?

— Vous pourrez vous en servir, contre l'un, contre l'autre et même contre l'empereur qui est entré lui aussi dans la famille de l'Anglais.

— Une alliance qui ne vous coûtera que la garantie de la dot sur quatre châteaux, déclara le comte Amédée, quatre châteaux dont vous garderez la propriété et les revenus puisqu'ils n'en percevront pas...

— Et ma parole alors ? dit le comte, feignant l'indignation.

— Les paroles s'envolent, plaisanta Romée.

— Et ma signature ?

— Les écrits s'effacent, reprit le conseiller.

Les quatre compères se regardèrent et éclatèrent de rire. Les filles pouvaient être mariées à des rois, les gages resteraient des fictions.

— Tout cela m'ennuie, déclara le comte. Faites comme il vous semble bon et comme le souhaite mon épouse. J'abandonne la Provence et ses charmes aux pisse-froid du Nord. Ces gens-là sont brumeux de la tête aux pieds. Mes filles vont être malheureuses par là-haut, j'en suis sûr !

Louis alla révéler à Marguerite que c'était bien le roi Henri qui pourrait épouser Éléonore. La jeune reine fronça les sourcils. Ce que lui avait dit son époux du roi d'Angleterre l'avait inquiétée. Mais la perspective que sa petite sœur puisse devenir reine l'emporta sur ses réticences et elle dansa de joie en criant :

— C'est merveilleux ! C'est merveilleux ! Irons-nous la marier en Angleterre ?

Louis ne sut quoi répondre. Ce sujet n'avait pas encore été abordé. Devaient-ils se rendre à ce mariage ? Ne serait-ce pas une erreur diplomatique ? Il devait se concerter avec sa mère et son gouvernement pour en décider. Il ne jugea pas nécessaire de précipiter les choses. Le mariage n'aurait sûrement pas lieu avant l'année prochaine. Il serait toujours temps d'aviser.

45

Des prélats mis au pas

Peu à peu, Louis prenait conscience de la nécessité de mieux organiser le royaume dont l'étendue ne cessait de croître sous le double effet des alliances et des conquêtes. Il était soucieux d'imposer des réformes pour introduire davantage de justice sans trop rebuter les barons, toujours prêts à se révolter. Aussi commença-t-il à prendre un certain nombre d'ordonnances. Celle de 1235 réglementait les procédures de rachat des fiefs, mais surtout limitait les revenus que pouvaient percevoir les seigneurs sur leurs sujets, particulièrement sur les paysans : tous les ans pour les labours et les vignes, tous les cinq ans pour les garennes, tous les sept ans pour les bois... Des droits coutumiers trop défavorables aux exploitants furent supprimés.

Puis il surveillait de près les constructions qu'il avait ordonnées. L'abbaye de Royaumont venait d'être achevée : une prouesse en moins de cinq ans. Le roi de France, accompagné de Marguerite et de toute la Cour, alla la consacrer en présence de l'abbé de Saint-Denis et de l'archevêque de Paris. Une imposante procession quitta Paris le matin de très bonne heure par une journée d'octobre ensoleillée ; les forêts traversées éclataient de couleurs, du vert au vermillon, du jaune à l'ocre.

— Les anges, commenta le roi, ont tapissé notre chemin pour ennoblir notre cérémonie.

Le monarque emmenait son épouse pour la première fois ; il ne lui avait parlé de l'abbaye que pour lui préciser qu'elle était la première construction importante décidée sous son règne.

Marguerite avait appris qu'à plusieurs reprises, son époux était allé travailler sur le chantier, qu'il avait porté lui-même des pierres et du mortier. Cette piété et cette humilité l'avaient fortement impressionnée.

Quand le cortège, composé de plus de cinq cents personnes, parvint sur le site de l'abbaye, ce fut un éblouissement pour la plupart des participants qui ne l'avaient encore jamais vu ; la beauté du lieu et la magnificence des bâtiments les subjuguèrent.

La cérémonie commença par une messe célébrée dans l'église abbatiale par l'abbé de Cîteaux, le principal ecclésiastique de l'ordre cistercien. L'assemblée des fidèles se demanda comment un édifice de cette importance avait pu être construit en aussi peu de temps à une époque où il fallait parfois un demi-siècle pour bâtir une église ou un monastère. L'abbaye avait des dimensions analogues à celles d'une cathédrale avec une longueur de cent cinq mètres, une centaine de fenêtres habillées de vitraux, aussi haute que la cathédrale de Soissons avec un transept de cinquante mètres.

— Il n'est pas étonnant que le Roi y ait consacré autant d'argent, susurra un baron.

— Combien ? demanda son auditeur.

— Cent mille livres parisis, presque la moitié du budget du domaine royal... Vous rendez-vous compte ?

— Certes, ajouta un troisième, mais elle a été financée avec les bijoux de feu son père, Louis le Lion.

— Il n'empêche, c'est une somme ! reprit le premier.

En entrant dans l'église, dont les voûtes résonnaient des chants grégoriens des moines, Marguerite eut une bouffée d'admiration pour son époux. Elle comprit que sa foi lui permettait de déplacer des montagnes. Elle lui lança un regard amoureux et ne put s'empêcher de lui glisser à l'oreille alors qu'il était en pleine prière :

— Je n'ai jamais rien vu d'aussi beau !

Après la messe, la suite royale visita le cloître destiné aux moines, relié au réfectoire d'un côté et au pavillon du lavabo de l'autre où l'eau courante permettait de se laver et de se faire couper la tonsure douze fois par an. Le cloître était composé de quatre galeries, chacune de neuf travées voûtées d'ogives.

Au centre, un jardin de plantes médicinales était déjà en culture : on pouvait y trouver la valériane, un filtre d'amour, le basilic pourpre pour apaiser les troubles des femmes enceintes, la chicorée commune pour lutter contre la luxure ou l'excessive ardeur charnelle, le chanvre indien pour oublier les ennuis, le pavot pour faciliter les avortements discrets, la coriandre, aphrodisiaque supposé, la jusquiame pour faciliter l'attraction et l'acte sexuel, en tout quarante-cinq plantes aux pouvoirs magiques, aphrodisiaques et médicinaux.

Autour et à l'étage, le dortoir des quelque cent moines qui occupaient déjà l'abbaye, laquelle était servie pour toutes les tâches quotidiennes par une quarantaine de convers. Une chambre, dans la partie septentrionale de ce dortoir, avait été réservée pour le roi qui pouvait accéder directement à une chapelle et, de là, à l'abbatiale.

Quelques invités parmi lesquels l'archevêque Gautier Cornut, l'évêque de Soissons et des moines cisterciens venus pour la première fois en ce lieu, furent surpris par la richesse des constructions, notamment celle de l'église, un luxe peu conforme aux règles d'austérité établies par les fondateurs de l'ordre.

Prenant son fils à part, Blanche de Castille lui glissa à l'oreille :

— J'ai choisi le lieu où j'aimerais faire construire une abbaye ; elle sera proche de notre résidence de Pontoise, en territoire d'Aulnay[1]. Je la financerai sur mes fonds personnels et elle sera destinée à accueillir les jeunes filles de bonne noblesse.

— À quel ordre la rattacherez-vous ? demanda Louis.

— Je ne sais pas encore, j'y réfléchirai. Mais je souhaite qu'elle soit aussi royale que celle-ci et je voudrais l'appeler Notre-Dame-la-Royale en l'honneur de la Vierge Marie, la sainte patronne de notre royaume. Et je veux aussi y avoir ma sépulture.

— Vous ne voulez pas reposer auprès de votre époux ? s'étonna Louis.

— À côté de Bertrade de Laon[2], de Nantilde, épouse de Dagobert, qui accepta toutes ses concubines, ou de Constance de Castille qui n'eut que deux filles ? Qu'ont-elles fait pour le royaume ?

— Vous êtes sévère, ma Mère, Bertrade fut la mère de Charlemagne.

---

1. L'endroit était un repère de brigands appelé le « maudit buisson », qui devint Maubuisson.
2. Berthe aux grands pieds.

— C'est vrai ! Mais pourquoi son époux Pépin le Bref voulut-il la répudier ?

Louis ne sut quoi répondre. Sa mère n'était pas dans ses bons jours. Ceux-ci étaient d'ailleurs devenus rares depuis qu'il avait épousé Marguerite. Aujourd'hui, pour la consécration de Royaumont, Blanche de Castille se trouvait sur le même plan que la jeune reine. En outre, elle était agacée par cette admiration que la Provençale portait à son fils et par ces marques fréquentes d'affection que manifestait le jeune couple, même en public. Blanche devenait jalouse, c'était évident, et Louis ne manqua pas de le noter. Aussi n'insista-t-il pas et déclara-t-il à sa mère qu'il l'aiderait de son mieux pour sa future abbaye. Quelques mois plus tard, le terrain était acheté et les plans dessinés.

46

Tragédie chez les Hohenstaufen

Le feuilleton des relations tumultueuses entre l'empereur Frédéric et son fils Henri de Souabe tournait à la tragédie. Ce dernier refusait maintenant de rendre à son père le château de Trêves.

— Je ne suis pas son valet, hurlait celui à qui son père avait tout donné.

Mais peut-être était-ce trop et Henri enrageait de lui être redevable, s'affirmant contre lui afin d'exister en tant que roi. Pour Frédéric, la coupe était pleine ; il le fit emprisonner à Worms, puis à Heidelberg. Mais le fils indigne avait encore quelques soutiens chez les Souabes et il fallait l'empêcher de nuire encore. Ainsi fut-il emmené en Sicile et mis sous les verrous à Apulie.

Alors qu'on apprenait la mort de l'évêque de Beauvais, Milon de Nanteuil, à Assise où il était allé plaider sa cause auprès du pape, le roi de France recevait à nouveau les doléances des bourgeois de Reims. Ceux-ci se trouvaient excommuniés pour une sombre histoire de prêts liés à la construction de la cathédrale. Louis les assura de son soutien. Parallèlement, plusieurs grands barons du royaume, également harcelés par des prélats qui entendaient se substituer à eux ou aux baillis en matière de justice, écrivirent au pape pour se plaindre. Ils avaient décidé d'interdire à leurs seigneurs de comparaître devant les juges d'église et de saisir leurs biens si ceux-ci persistaient à les menacer d'excommunication. Les signataires pesaient lourd : on y trouvait des conseillers très proches du roi comme Jean de Nesle, le maréchal Jean Clément, Robert de Courtenay et des feudataires tels que le duc de Bourgogne ou les comtes de la

Marche et de Bretagne. Leurs principaux adversaires étaient toujours les évêques de Reims, de Beauvais et de Tours. Ces barons étaient prêts à reconnaître les droits de l'Église en matière de justice spirituelle, mais s'opposaient à toute intervention dans les domaines qui n'en relevaient pas. Ils demandaient instamment et respectueusement au souverain pontife de mettre fin à ces abus de pouvoir.

Peu après, le roi de France reçut une délégation de prélats conduite par l'évêque Guillaume d'Auxerre.

— Sire, déclara l'ecclésiastique avec arrogance, les archevêques et les évêques qui sont venus vous voir aujourd'hui m'ont chargé de vous dire que la chrétienté déchoit et se perd entre vos mains.

— Voyons cela ! ne put s'empêcher de lâcher la reine mère qui assistait à la réunion.

On se souvenait qu'elle avait, deux ans plus tôt, sévèrement tancé Milon de Nanteuil. Dire de son fils qu'il menait la chrétienté à sa perte lui paraissait intolérable.

Le roi se contenta d'esquisser un sourire narquois, mais il laissa son interlocuteur poursuivre :

— La chrétienté, insista l'évêque d'Auxerre, déchoira encore davantage si vous ne vous reprenez pas. Plus personne aujourd'hui dans nos évêchés ne craint l'excommunication. C'est une honte ! s'étrangla le prélat.

— Poursuivez, poursuivez ! enchaîna le monarque.

— Nous vous requérons, Sire, de commander à vos baillis et à vos sergents de contraindre les excommuniés afin qu'ils donnent satisfaction à notre Église !

— Donnez-moi des raisons de vos sentences, répondit le souverain, je vous dirai alors si elles sont justes ou si elles ne le sont pas.

Guillaume d'Auxerre se retourna vers ses pairs et les interrogea du regard. Tous firent un signe de tête négatif.

— Il n'en sera pas question, poursuivit l'évêque, nous ne vous en donnerons pas les raisons car ces sentences relèvent de notre for ecclésiastique.

— Dans ces conditions, reprit le roi, très ferme, je ne commanderai rien à mes baillis. Car si je le faisais, j'agirais contre Dieu et le droit.

— Mais..., voulut reprendre l'évêque.

Louis ne le laissa pas poursuivre.

— Je veux vous dire pourquoi, continua-t-il. D'abord parce que vous êtes des sujets de mon royaume et que vous me devez obéissance pour tout ce qui concerne mes prérogatives royales. Ensuite je veux vous citer cet exemple du comte de Bretagne qui a dû plaider pendant sept ans contre les prélats qui l'avaient injustement excommunié.

— L'excommunication n'est jamais injuste, elle est un ordre de Dieu ! lança un prélat.

Le roi le toisa. Ses yeux bleus « de colombe » savaient aussi lancer des flèches acérées. On n'interrompait pas le roi.

— Quand le Saint-Père examina enfin la requête du comte, il condamna tous les prélats. Donc, conclut le monarque, si j'avais contraint le comte de Bretagne à se faire absoudre, j'aurais agi contre Dieu et la justice. Messeigneurs, nous nous sommes tout dit.

D'un léger signe de tête, Blanche de Castille fit comprendre à son fils qu'elle l'approuvait.

Les évêques ne voulurent pas renoncer. Aussi le souverain réunit-il tous ses barons à la fin de l'automne et signa avec eux une lettre adressée au pape dans laquelle il était déclaré que « les temporels épiscopaux ne relevaient que de la justice laïque, seigneuriale et royale ». On enjoignait le souverain pontife de le rappeler à ses prélats.

Grégoire protesta, s'insurgea et menaça Louis d'excommunication. Mais ce dernier ne céda pas. Sans pour autant s'incliner, le pape se garda d'intervenir désormais. Pour le roi de France, une belle bataille était gagnée ; elle confortait son pouvoir, elle manifestait son indépendance d'esprit et sa solidarité avec ses barons, ses bourgeois et tout son peuple ; elle obligeait les évêques à renoncer à s'attaquer au roi sur le chapitre de la justice temporelle.

Marguerite, informée par Louis de ce bras de fer avec le pape et le clergé, avait un peu de mal à suivre. Comment un homme qui se montrait si pieux, si attaché à l'Église, si respectueux de ses représentants, pouvait-il en même temps les affronter avec tant d'audace et de fermeté ? Elle s'en ouvrit dans une lettre à sa mère :

« Le roi de France, mon époux, est un singulier personnage. Toutes les nuits, il quitte notre couche et se rend en sa chapelle, sans réveiller ses chambellans qui, ne le voyant plus, courent pieds nus et à moitié habillés le chercher de tous côtés. Le roi lit les matines, son oraison et avant que le jour ne se lève revient me rejoindre. Souvent il se rendort auprès de moi tout habillé de sa chape. Puis, dès son réveil, il repart à sa chapelle pour dire les laudes... Il est charmant et délicat avec moi, mais il prie tant et tant... À me rendre jalouse du Seigneur.

« Et figurez-vous, ma Mère, que d'un autre côté il est d'une intransigeance totale avec le souverain pontife et ses prélats dès que ceux-ci tentent d'empiéter sur ses prérogatives. Comment comprendre une telle contradiction ?

« Je suis heureuse que ma sœur épouse le roi d'Angleterre. J'espère qu'il sera aussi aimant que l'est mon roi.

« Votre fille dévouée, Marguerite.

« *P.-S.* : Faites tout ce qui est en votre pouvoir pour qu'Éléonore passe par Paris avant de rejoindre Londres. Je crois que, pour des raisons que j'ignore encore, nous n'assisterons pas à son mariage. »

Louis décida d'aller passer quelques jours au château de Saint-Germain. Il emmena Marguerite et sa suite en bateau, promenade qui leur prit la journée.

— La prochaine fois, je vous ferai connaître nos autres résidences, déclara-t-il à son épouse, celles de Pontoise, Neuilly, Mantes, Vernon, Asnières, à côté de notre abbaye de Mont-Royal[1] où nous pourrons aller prier. C'est un si beau lieu de recueillement.

Marguerite fit part de son enthousiasme mais déjà Louis avait le nez dans son psautier.

La neige était abondamment tombée et ce voyage sur la Seine, en dépit du froid et des occupations mystiques du roi, parut à la jeune reine un enchantement. Elle commençait à admettre la complexité de son époux et à s'y accoutumer. D'autant plus qu'avec elle, il était toujours d'humeur charmante. Cette escapade à Saint-Germain avait pour but de se retrouver seuls – enfin seuls ! – loin de la Curie, des conseillers et de la régente. Depuis qu'elle avait appris à Louis qu'elle pouvait désormais enfanter, elle le découvrait chaque jour plus ardent et attentif.

1. Royaumont.

Sur l'oreiller, où Louis semblait mieux l'écouter, Marguerite revint à la charge, lui demandant pourquoi ils n'assisteraient pas au mariage d'Éléonore à Londres et pourquoi il lui était même refusé de passer par Paris.

Louis fut embarrassé. Il aurait tant aimé lui faire plaisir, faire preuve de conciliation et se rendre à Londres chez son « fidèle » ennemi. Au fond de lui-même, il pensait que cette alliance pourrait peut-être, dans l'avenir, être un gage de meilleure entente entre les deux trônes sous l'influence bénéfique des deux sœurs. Mais il ne livra pas ses pensées, car il savait que sa mère comme ses conseillers étaient opposés à un tel rapprochement et entendait que le roi marquât ses distances. Louis avait bien pesé le pour et le contre. Une trêve de cinq ans avait été signée avec Henri, ce qui aurait pu justifier sa présence au mariage. Mais la fourberie du Plantagenêt ne donnait aucune garantie sur la sécurité outre-Manche. Il aurait dû s'y rendre avec une armée, ce qui n'aurait été ni justifié ni souhaitable. Par ailleurs, le fait de ne pas s'être opposé à cette union était un signe d'acceptation tacite. Et laisser passer Éléonore et son cortège de quatre cents personnes sur les terres du royaume était aussi un gage de sa sollicitude. Mais pourquoi ne pas répondre au vœu de Marguerite ? Pourquoi ne pas lui laisser la possibilité, au moins, de se rendre à sa rencontre ? La question avait été posée au Conseil :

— Ce serait une erreur, avait déclaré Blanche de Castille et même une faute. Nous acceptons de ne pas nous opposer à ce mariage, en revanche nous n'acceptons d'y participer sous aucune forme. La reine de France ne pourra voir sa sœur, ni à Paris ni ailleurs !

Louis commençait à s'inquiéter des sentiments hostiles de sa mère à l'égard de Marguerite. Elle ne s'en cachait plus. Même si sa décision était abrupte, peut-être infondée, il devait s'y rallier. Sur le chapitre de la politique étrangère, en particulier, il ne devait pas apparaître en contradiction avec la reine devant le Conseil.

Il tenta d'expliquer à Marguerite des raisons avouables concernant les réserves de la Cour mais elle ne fut pas convaincue :

— J'ai l'affreux sentiment que votre mère ne m'aime pas et n'aime pas ma famille, se plaignit-elle.

— Qu'allez-vous penser là ! répliqua Louis, un peu honteux de l'hypocrisie de sa réponse. Ma mère ne voit que les intérêts du royaume, et les nôtres et ses raisons doivent s'imposer à nos sentiments.

Marguerite, l'air boudeur et incrédule, se lova dans les bras de son époux et s'endormit.

47

L'escapade de Soissons

Louis invita Jean de Nesle à venir le retrouver dans le jardin du Palais. Le fidèle conseiller, guère accoutumé à ce genre de rendez-vous, s'inquiéta quelque peu. Le visage radieux du roi le rasséréna.

— Mon ami, lui dit le souverain, je veux vous confier une mission qui doit rester aussi secrète que possible.

— Je suis votre serviteur, Sire, vous le savez, jusqu'à la mort s'il le fallait !

— Je ne vous le demande pas, pas encore ! plaisanta le monarque.

Et il lui confia qu'il allait envoyer officiellement Marguerite visiter le domaine royal.

— Je souhaite qu'elle aille à Orléans, à Vernon, à Beauvais... Et je vous demanderai aussi de la recevoir à Soissons, en votre château.

Le conseiller ne voyait aucun obstacle à cette mission et se demandait pourquoi le roi voulait la tenir secrète.

— Elle partira le lendemain de la Toussaint, précisa Louis et devra se trouver chez votre père le 6 novembre.

— Le 6 novembre ? N'est-ce pas le jour où la sœur de la Reine est attendue à Soissons avec tout son équipage ?

Jean de Nesle comprit alors que le souverain ne souhaitait pas que cette entrevue soit connue de la régente, ni de ses conseillers, tant hostiles à l'Anglais.

— Ce sera tout de même difficile à cacher, fit valoir le conseiller.

— Bien sûr ! Mais nous ferons valoir, une fois l'entrevue révélée, que la Reine s'est affranchie de notre interdiction et que, de Beauvais, elle s'est dirigée vers Soissons où elle avait appris que sa sœur faisait halte.

— Ce serait un acte d'insubordination, Sire !

— De la part de la reine, c'est un acte d'indépendance et de fidélité à sa famille. C'est plus que pardonnable, c'est louable, expliqua le souverain, content à l'évidence de son stratagème.

Louis alla ensuite raconter à Marguerite ce qu'il avait imaginé en lui faisant jurer la plus grande discrétion. Personne de son entourage, ni de sa suite ne devrait connaître l'itinéraire, après sa visite à Beauvais. La jeune femme se jeta dans ses bras, émue et reconnaissante.

— Que va dire votre mère ? demanda-t-elle.

— Elle n'en saura rien tant que vous n'y serez pas. Puis elle me sermonnera et cela lui fera sans doute grand bien. Il y a longtemps qu'elle n'a pas eu l'occasion de le faire.

Quand, trois semaines plus tard, Marguerite et Éléonore se retrouvèrent au château du comte de Soissons, ce fut aux dires des observateurs une scène des plus émouvantes qu'offrirent les deux sœurs. Leur affection était telle qu'elles ne voulurent plus se quitter. Les oncles d'Éléonore, qui avaient été chargés de l'accompagner jusqu'en Angleterre, eurent beau déployer des arguments irrécusables pour convaincre la future reine de reprendre la route, rien n'y fit.

La halte de Soissons qui ne devait durer qu'une journée s'éternisa pendant six jours, au point que le roi d'Angleterre, averti de ce retard, pensa que sa future épouse était retenue en France en détention. Il fit parvenir un courrier de protestation au roi de France. Dans le même temps, les rumeurs avaient couru et plus personne n'ignorait que la reine Marguerite s'était échappée pour rejoindre sa sœur. Louis dépêcha un chevalier à Soissons pour ramener son épouse à la raison et lui ordonner de revenir au galop.

Un matin de bonne heure, Blanche de Castille se rendit dans la chambre de son fils et feignant la surprise, déclara :

— Marguerite ne s'est pas couchée auprès de vous ces temps-ci ?

— Non, Madame, comme vous le savez, elle est partie visiter notre domaine. Elle devrait être à Beauvais aujourd'hui.

— Non, Louis, elle est à Soissons !

— À Soissons ? fit mine de s'étonner son fils. Mais que ferait-elle à Soissons ?

Le ton sur lequel il lui avait répondu fit comprendre à la Castillane que son fils se moquait d'elle, quoiqu'il restât très respectueux. Elle fit demi-tour et sortit, hors d'elle, piquée dans sa dignité.

Les liens entre les deux Provençales étaient renoués. Ils allaient se resserrer davantage encore car les deux sœurs avaient décidé de s'écrire sans cesse, de tout s'écrire.

Quelque temps plus tard, Marguerite reçut une première lettre dans laquelle Éléonore lui racontait la fin de son voyage, son mal de mer pendant la traversée de la Manche et sa première rencontre avec le Plantagenêt à Canterbury.

— Il a bonne mine, écrivit Éléonore, avec des cheveux blonds frisés qui lui tombent sur les épaules, une fine barbe qui entoure sa bouche et remonte jusqu'aux oreilles, un nez pointu ; il n'est pas vilain, il a l'air assez doux. J'ai lu dans ses yeux sa surprise quand il m'a aperçue. Je crois qu'il m'a trouvée belle, très belle même, m'a dit mon oncle Guillaume, ce qui prouve qu'il est un homme de goût qui ne sait pas cacher ses sentiments. Il me semble que je suis rassurée.

Marguerite lui répondit aussitôt qu'elle en était heureuse et lui raconta que son escapade à Soissons n'avait pas eu l'heur de plaire à sa belle-mère. Mais elle s'en moquait car c'était une initiative du roi qui lui avait démontré ainsi son affection et sa capacité à s'affranchir de la tutelle de sa mère, ce dont elle avait commencé à douter. « D'ailleurs, ajoutait-elle, il semble prendre de plus en plus de décisions sans solliciter son avis. »

Éléonore raconta, dans la lettre suivante, son mariage qui avait été célébré le 14 janvier 1236 dans la cathédrale de Canterbury. Elle lui avoua qu'elle s'était unie à Henri sans avoir respecté les trois jours de Tobie, et bien que son mari ait été maladroit et brutal, elle n'avait pas éprouvé une douleur aussi terrible que celle qui lui avait été prédite par sa mère. Puis elle décrivit les fastes du couronnement qui s'était tenu six jours plus tard à Westminster. Il pleuvait ce jour-là sur Londres et « faisait un froid à tuer toutes les cigales de la terre ». Mais la ville était en fête, le peuple chaleureux et cela lui avait réchauffé le cœur.

Contre l'accord du roi de France et contre toute attente, Thibaud de Champagne avait marié sa fille au duc de Bretagne,

Jean le Roux, deux jours après le mariage d'Éléonore. À la cour de France, on prépara la riposte.

Le roi de Navarre profita de cette cérémonie pour fomenter – manipulé par Mauclerc et Lusignan – une nouvelle ligue de barons. Louis et Blanche, sachant que les meilleurs plats, en matière de vengeance, sont ceux qui se mangent froids, attendaient un prétexte pour mettre un terme à cette nouvelle rébellion.

Thibaud leur en servit le prétexte sur un plat d'argent en entreprenant des fortifications dans quelques-unes de ses citadelles. Une action qui ne pouvait être perçue que dans une intention belliqueuse : après le mariage interdit, les préparatifs d'une bataille contre le royaume, c'en était trop !

Au printemps, le roi, apprenant que le comte de Champagne rassemblait ses troupes à Meaux pour l'attaquer, convoqua son ost à Vincennes. Immédiatement, il exigea du comte qu'il lui livrât les châteaux de Montereau et de Bray-sur-Seine. Ce dernier eu tort de ne pas obtempérer. Il fit même écrire par le pape pour rappeler au roi de France qu'il avait pris la croix et qu'ainsi il était protégé. Louis, comme il l'avait fait savoir, n'en tint aucun compte. Aux côtés de ses frères Robert et Alphonse – pour qui c'était le baptême du feu –, il marcha sur la Champagne avec force machines de guerre et mangonneaux, redoutables lanceurs de pierres, pour défoncer les murailles des forteresses et des trébuchets qui pouvaient propulser des boulets de plus de cent kilos.

Informé de l'imposant équipement et des effectifs considérables de l'armée royale, le pleutre comte de Champagne rendit une nouvelle fois les armes sans combattre. D'autant plus qu'il avait perdu l'un de ses principaux alliés, Pierre Mauclerc, qui avait prétendu avoir cédé la gestion du duché à son fils, Jean le Roux, devenu le gendre de Thibaud.

Blanche de Castille demanda à Louis de la laisser recevoir et sermonner ce balourd devant toute la Cour. Le roi fut d'accord, à condition qu'avant de venir implorer son pardon, le comte de Champagne s'engageât à l'indemniser de tous ses frais de bataille, à lui donner quatre forteresses et à partir pour la croisade.

Le gros seigneur, empêtré dans son armure qui lui interdisait presque de marcher, arriva dans la salle du trône, bouffi de honte. Il s'agenouilla devant Blanche, Marguerite, le roi et tous les barons fidèles. Un long silence fut respecté à la demande de la régente avant son intervention :

— Par Dieu, comte Thibaud, vous n'auriez jamais dû nous être contraire. Vous auriez dû vous souvenir de la grande bonté que le Roi, mon fils, vous a faite quand il est venu à votre aide pour secourir votre comté et votre terre contre les barons de France qui la voulaient tout brûler et mettre en charbon.

Le comte de Champagne, pitoyable, implora sa miséricorde. Les remontrances de la reine l'avaient touché au cœur :

— Madame, mon cœur et mon corps et toute ma terre sont en votre commandement. Il n'est rien pour vous plaire que je ne fasse volontiers. Dorénavant, à Dieu ne plaise, contre vous ni contre les vôtres, je n'irai.

L'assistance se retint de pouffer en entendant ces remords ridicules. Il s'était humilié, et il ne mesurait sans doute pas à quel point il était méprisé et méprisable.

Robert, le frère du roi, qui avait accompagné le souverain au combat, ne se contenta pas de ce pardon. Il voulait lui infliger une humiliation plus grande encore. Il commanda à des écuyers et à des valets de l'attendre à la sortie de la salle du trône pour lui envoyer des immondices au visage : du fumier, des chiffons sales et même du fromage blanc ; d'autres coupèrent la queue de son cheval, ce qui était le pire des outrages qui pouvaient être infligés à un chevalier.

Blanche de Castille s'émut de ce traitement et demanda que ses auteurs fussent punis. Refrénant un fou rire, le roi donna son accord pour emprisonner les coupables. Mais Robert intervint pour plaider leur cause en révélant qu'il avait eu seul l'initiative de cette humiliation. Louis le sermonna :

— Si vous vouliez l'humilier, vous deviez le faire vous-même car on ne laisse pas des valets maltraiter un chevalier.

Louis et Marguerite avaient de longs tête-à-tête au cours desquels la jeune reine, curieuse de tout, cherchait à comprendre le fonctionnement du royaume. Certes elle avait été à bonne école avec ses parents, un couple divisé sentimentalement, mais uni dès qu'il s'agissait de la défense des intérêts du comté. Elle avait pris la mesure de la fragilité des alliances, de l'invraisemblance des engagements, du manque de parole des vassaux. Mais ce qu'elle observait depuis qu'elle était reine de France dépassait tout ce qu'elle aurait pu imaginer. En moins de deux ans, son époux avait dû batailler deux fois contre des feudataires qui lui avaient rendu les hommages les plus appuyés et promis une fidélité sans faille.

Après l'humiliation de Thibaud de Champagne à laquelle elle avait assisté, elle interrogea Louis pour comprendre comment il lui était possible de gérer son royaume avec des hommes aussi inconstants. Louis s'amusa de la candeur de son épouse. Pourtant, la question l'invitait à formuler, pour la première fois sans doute, sa vision de la conduite du royaume. Il lui expliqua d'abord que l'héritage qu'il avait reçu de son grand-père Philippe Auguste et de son père Louis le Lion et le message qui lui avait été transmis lui donnaient l'obligation de fortifier et de développer un territoire qui, bien qu'agrandi, restait fragilisé par la puissance des féodaux et les ambitions temporelles de l'Église.

— Les féodaux se prennent pour des roitelets, expliqua-t-il, les principaux étant les comtes de Champagne, de Bretagne, de la Marche, de Toulouse et le duc de Bourgogne. Hors du domaine royal, qui s'étend, d'ouest en est, d'Avranches au comté d'Artois et, du nord au sud, d'Amiens au Bourbonnais, avec les enclaves des territoires autour de Nîmes et de Carcassonne, les autres fiefs sont gérés en apanage pour la Couronne par mes frères, le comté d'Artois par Robert, celui d'Anjou et de Poitiers par Alphonse. Un domaine, précisa-t-il qui compte de nombreuses vallées fertiles...

— Et la Provence ? interrogea Marguerite pour savoir à quelle sauce son comté pourrait être mangé.

— À moins que vous n'en héritiez un jour, ces terres sont celles de votre père et je n'ai en gage que le château de Tarascon.

— Je suis l'aînée, reprit Marguerite, et je compte bien en être l'héritière...

— Si l'héritier que vous me donnerez devient roi, le comté de Provence sera alors son héritage et notre royaume en sera agrandi d'autant.

Marguerite hésita à lui avouer que rien ne l'enchanterait plus. Louis expliqua ensuite que sa mission était de donner davantage d'assises et de pérennité au royaume en passant des alliances sûres, autant que possible, avec ses grands vassaux tout en réduisant leur pouvoir dans le gouvernement.

— Les ducs et les comtes sont mes vassaux et mes hommes liges ; ils n'ont plus de pairs pour les représenter à la Curie. Ils conservent encore, jusqu'à un certain point, leurs droits de justice et leur autonomie administrative. Naguère, les féodaux, lorsqu'ils participaient au gouvernement, n'étaient soucieux que de leurs intérêts. Nous les avons progressivement écartés, mon grand-père, mon père et moi, de la gestion courante des affaires et les avons remplacés par des hommes compétents, dévoués, sans terres à défendre et qui n'ont de compte à rendre qu'au roi. Désormais je peux prendre des ordonnances sur l'organisation du royaume, ses finances, sa justice sans être soumis à la pression et à la jalousie de mes feudataires. Pour être fort, uni, pour que le royaume se développe harmonieusement, il a besoin d'un magistère incontesté, agissant dans l'intérêt du peuple et pour son salut.

— Et l'Église ? demanda Marguerite qui avait bien besoin d'explication sur les contradictions apparentes qu'elle avait observées chez son époux.

— Les grands serviteurs de l'Église, répondit Louis, devraient se rappeler le message du Christ qui n'est pas celui du pouvoir et de la richesse, mais celui de l'amour, de la pauvreté et de l'humilité. Aujourd'hui, trop de prélats se conduisent dans notre pays comme des satrapes ou des collecteurs de taxes. Sur les cinquante-sept archevêchés et évêchés du domaine royal, beaucoup sont animés par de grands prélats dévoués au service de Dieu et fidèles au royaume. Mais quelques-uns oublient les obligations que leur impose leur ministère. Je veux qu'ils comprennent que, par leur comportement, ils font naître les injustices et les hérésies. Fort heureusement, les souverains pontifes, ces derniers temps, ont soutenu la création d'ordres nouveaux qui prêchent l'humilité et la pauvreté, comme l'ordre des Frères mineurs de saint François d'Assise et celui des Frères prêcheurs fondé par saint Dominique. Je veux les aider à se développer et ils prendront dans les années à venir toute leur place auprès de moi dans la gestion de mon royaume.

— Les mauvais prélats dont vous parlez sont ceux que vous combattez ?

— Je ne les combats pas, mais je leur dénie à tous des pouvoirs qui ne relèvent que de l'autorité et de la responsabilité des souverains temporels. Nous sommes là non pour contester l'Église, mais pour l'aider à se renforcer partout en Occident et en Orient afin de porter le plus grand et le plus noble des messages de la chrétienté, celui de l'amour du prochain.

Marguerite comprit à quel point son époux était habité par sa mission et semblait déterminé à exercer son pouvoir pour l'accomplir.

— Votre sœur Éléonore, reprit le roi, a épousé un monarque dont les barons ont rogné les attributs de la Couronne. Aussi son pouvoir est-il limité, ce qui n'est pas le cas de la France. Cette situation en Angleterre découle de la tyrannie qu'a exercée, jadis, le roi Jean sans Terre, le père d'Henri, sur ses féodaux et sur son peuple. Il y a perdu sa vie et sa couronne. Aujourd'hui, affranchi de cette lourde tutelle, le peuple anglais s'est octroyé des libertés que j'entends moi aussi donner à mes sujets pour les protéger de ceux qui les oppriment, les barons, les seigneurs, les châtelains et les ecclésiastiques. Je veux faire régner la paix, la justice et l'amour de Dieu.

Marguerite prit la main de Louis et la porta à ses lèvres. Elle pressentait qu'elle allait vivre avec lui une aventure hors du commun.

48

Les menaces des Haschischins

Le roi fut averti par Jean d'Ibelin, régent de Jérusalem, qu'un projet d'assassinat était fomenté contre sa personne par le prince des Haschischins, Rachid ad-Dîn Sinan, dit le Vieux de la Montagne. Ce dernier aurait, selon son informateur, envoyé des émissaires sous prétexte d'établir des relations diplomatiques avec le souverain français. En réalité, ce chef d'une secte mystique, après avoir appris l'importance et l'influence du roi de France dans la chrétienté, avait décidé de le faire assassiner.

Le roi de France s'étonna de cette information et la trouva extravagante. Il demanda à en savoir davantage sur cette organisation. Il se souvenait que, quelques années auparavant, Jean de Brienne lui avait parlé du Vieux de la Montagne. Il se rappelait aussi que son grand-père lui avait raconté que Richard Cœur de Lion, projetant de le faire assassiner, aurait fait appel à cet individu ; il l'aurait aussi sollicité en 1192 pour supprimer le marquis Conrad de Montferrat, roi de Jérusalem, afin de mettre à sa place son protégé, Henri de Champagne. Mais la commandite par le roi d'Angleterre de ce forfait n'avait jamais été prouvée. Jean de Brienne avait aussi raconté que Rachid ad-Dîn Sinan avait voulu faire abattre celui qu'il considérait alors comme son pire ennemi, l'émir Saladin.

« Vieux de la Montagne », c'est ainsi qu'étaient désignés les successeurs du fondateur de la secte, Hasan i-Sabbâh, né à Qum, en Perse, le berceau du chiisme, qui avait régné dans le château d'Alamut, dans la montagne d'Elbourz, au nord de la Perse, entre 1090 et 1124.

— Les chrétiens d'Orient comme les Sarrasins redoutent fort le Vieux de la Montagne, avait précisé Jean de Brienne, car il a formé des groupes de jeunes fanatiques prêts à mourir pour lui et pour la cause de leur secte.

— Quelle est donc cette secte ? avait demandé Louis.

— Pour la comprendre, il importe de remonter à la naissance de l'islam, avait déclaré son interlocuteur, et au divorce entre les sunnites et les chiites, les premiers obéissant à la loi du prophète Mahomet, les seconds à son gendre Ali, qui avait fondé la secte secrète des ismaéliens. De l'ismaélisme naquit une autre secte, celle des Haschischins dont le culte repose sur l'obéissance aveugle à leurs chefs.

Brienne raconta qu'Henri de Champagne avait rencontré dans son château le cheikh Rachid ad-Din, qui ne sortait jamais de sa forteresse. Ce dernier avait voulu lui prouver l'obéissance de ses hommes Il avait fait un signe à trois adolescents vêtus de blanc et, dans l'instant, ceux-ci s'étaient jetés du haut de la forteresse pour s'écraser sur des rochers plusieurs dizaines de mètres plus bas. Brienne raconta aussi qu'à un ambassadeur du sultan Malik Shah qui le sommait de se rendre, il désigna un de ses gardes et lui ordonna de se poignarder ; celui-ci s'exécuta. Après quoi, le Vieux de la Montagne avait déclaré à l'émissaire : « Va dire à ton sultan que j'ai soixante-dix mille fidèles prêts à se sacrifier comme celui-ci et que je ne me rendrai jamais. »

— Comment est-ce possible ? interrogea le roi.

— On raconte encore, poursuivit Brienne, qu'il promet à ses jeunes fidèles que, s'ils meurent pour leur prophète, ils retrouveront au Paradis les fruits les plus beaux et les plus rares et des jouvencelles passionnées. Nous sommes convaincus qu'il les drogue avec du haschisch, cette plante utilisée par les Haschischins ou mangeurs d'herbe. Les membres de cette secte sont des tueurs aveugles et impitoyables. En Orient, les chefs chrétiens et les Sarrasins ont renforcé leurs gardes pour s'en prémunir.

Louis se souvenait très bien de cette conversation. Pour autant il ne comprenait pas pourquoi cet individu voudrait s'en prendre à sa personne.

— Parce que c'est le diable, lui déclara l'évêque de Paris. Il semble que son dessein repose sur l'élimination de tout souverain dont l'aura religieuse ou politique pourrait porter ombrage à ses croyances fanatiques.

— Ainsi l'islam sécrète-t-il aussi ses hérétiques ? interrogea Louis.

— Nos albigeois sont des agneaux à côté d'eux ! reprit Guillaume d'Auvergne.

Peu de temps après, d'autres émissaires vinrent faire savoir que Rachid ad-Din, ayant appris que le roi de France était un homme bon et pieux, avait changé d'avis. Ils avaient dénoncé et livré ceux qui avaient été envoyés pour l'empoisonner et transmis au monarque les plus grandes marques de respect de la part de leur maître. Le roi ne les reçut pas, mais, en guise de réponse, leur fit donner à tous, ambassadeurs et tueurs présumés, des cadeaux et les renvoya dans leur pays. Il demanda que nul ne sache cette histoire à la Cour ; seule sa mère en avait été informée et s'était empressée de mettre ses services d'espionnage en alerte avant l'arrivée des meurtriers.

Des nouvelles plus réconfortantes parvinrent d'Espagne. Après les Baléares, conquise par les Aragonais, la prise de Cordoue par Ferdinand de Castille fit vibrer toute la chrétienté. N'était-ce pas dans cette ville de l'Andalousie qu'avait été construite par les Arabes en 692 la plus grande des mosquées, celle aux mille treize colonnes ? Elle avait été édifiée sur une église wisigothe du quatrième siècle, elle-même bâtie sur une synagogue dédiée à Salomon. N'était-ce pas aussi à Cordoue que les Maures avaient apporté les cloches de Saint-Jacques-de-Compostelle ? N'était-ce pas dans cette ville que la dynastie des Almohades, récemment installée, avait mis un terme à la cohabitation tolérante entre les Sarrasins, les chrétiens et les Juifs, en soumettant ces derniers à des brimades intolérables ?

Mon neveu le roi de Castille et de León a chassé tous les musulmans de la ville, se félicita Blanche de Castille. Il a décidé que la mosquée deviendrait une église consacrée au culte de la Vierge Marie et que les cloches seraient rapportées à Saint-Jacques-de-Compostelle.

L'évêque Guillaume d'Auvergne s'inquiéta de savoir ce qu'allait devenir l'immense bibliothèque de quatre cent mille ouvrages, comprenant, en particulier, les œuvres des deux Sénèque et du poète Lucain, originaires de cette ville, et ceux des philosophes arabe, Averroès, et juif, Maïmonide.

Louis alla ensuite retrouver Marguerite et la découvrit assise devant une fenêtre donnant sur le jardin, en train de lire un imposant manuscrit.

— Que lisez-vous, ma Mie ?

— Un roman poétique d'un auteur de France, Guillaume, répondit-elle. Il est originaire d'un village de votre domaine où vous possédez un château, Lorris, non loin d'Orléans.

— Et comment s'appelle cet ouvrage ?

— Le *Roman de la Rose.*

— *De la Rose ?* Que raconte-t-il ?

— L'art d'aimer, dit Marguerite, regardant son époux d'un air malicieux.

— Je vois, je vois, répliqua le roi sur un ton coquin. Il nous faudrait donc le lire et s'en inspirer. Pourriez-vous m'en faire connaître quelques lignes ?

Il vint s'asseoir à côté d'elle. Marguerite se rapprocha et lui expliqua que tout commençait par un rêve. Le héros était un jeune homme de vingt ans qui, longeant un cours d'eau, apercevait un verger et y pénétrait. De sa voix douce et chantante, la jeune femme lut :

— « Il vit sur les murs des images peintes et sculptées : elles s'appelaient Haine, Vilenie, Convoitise », vous savez commenta-t-elle, celle qui excite les hommes à prendre, à ne rien donner et à amasser de grandes richesses, celle qui fait que maint homme prête à usure parce qu'il a le brûlant désir d'obtenir et d'accumuler des biens, celle qui incite à dérober le bien d'autrui, celle qui crée tous les tricheurs et les faux plaideurs...

— Voilà un texte qui me plaît, interrompit Louis, mais où est l'amour dans tout cela ?

— Ne soyez pas impatient ! Écoutez plutôt ! « Après avoir vu aussi l'Avarice, l'Envie, la Tristesse, la Vieillesse – qui par rapport à la taille habituelle était diminuée d'un pied –, puis l'Hypocrisie et la Pauvreté, le jeune homme trouva une porte d'entrée et frappa. Une jeune fille lui ouvrit, belle, de très noble allure avec des cheveux blonds et une chair plus blanche qu'un poussin. Il lui demanda son nom. Elle répondit qu'on l'appelait Oiseuse : "Je suis, dit-elle, une femme riche et puissante et il n'y a qu'une seule chose qui me donne du bon temps, car je ne me soucie de rien d'autre, qu'à jouer et m'amuser. Je suis l'amie intime de Déduit, le gracieux, l'aimable, le propriétaire de ce jardin." Le jeune homme rencontra Déduit qui prenait ses ébats avec de belles gens, d'une si grande beauté qu'ils ressemblaient à des anges ailés. Ils étaient occupés à danser la carole et une dame qui s'appelait Liesse chantait avec eux avec une voix claire et pure sachant parfaitement faire onduler son corps, frapper du pied et s'amuser... »

Louis comprit que Marguerite avait volontairement sélectionné ce texte au milieu des quatre mille vers pour en tirer une allégorie propre à le toucher.

— Dois-je comprendre, lui demanda-t-il, que vous appréciez cette histoire parce qu'elle pourrait nous ressembler ?

— N'y voyez aucune malice de ma part, Louis, je l'ai lu seulement pour vous faire entendre son charme et vous dire le plaisir simple que j'ai à l'écouter moi-même car les vers y sont beaux et le prétexte amusant.

Le roi savait combien son épouse appréciait la lecture, qu'elle ne se contentait pas de lire des romans courtois et se plongeait aussi dans les textes philosophiques et théologiques. Le *Roman de la Rose* n'était qu'un texte nouveau dans l'éventail de ses curiosités littéraires. D'ailleurs, elle lui avait demandé, quelque temps après, l'autorisation d'ouvrir un salon littéraire comme celui que tenait sa belle-mère, pour initier les dames de la Cour aux nouveautés de la poésie. Le roi y souscrivit volontiers, préférant voir son épouse se consacrer à ce genre d'activités plutôt qu'à se mêler des affaires du royaume.

Car il y en avait souvent de bien embarrassantes. Ainsi celle de ce pogrom perpétré contre des Juifs au cours de l'été 1236 en Anjou et en Poitou. Le pape Grégoire, qui n'avait pas apprécié la fermeté du roi de France dans son conflit avec les évêques, en profita pour le sermonner, une nouvelle fois, par une lettre dans laquelle il réitérait sa demande de protéger les Juifs :

— N'avais-je pas demandé que des sanctions fussent prises contre les auteurs de ce forfait ? demanda le roi à Gautier Cornut. Où en sommes-nous ?

L'archevêque expliqua que des gens du peuple, entraînés par des clercs fanatiques, s'étaient soudain mis à massacrer des Juifs dans leurs maisons sans autre explication que celle de préparer une croisade.

— Que font donc les prévôts ? s'insurgea le roi.

— Ils ont arrêté quelques-uns de ces prétendus croisés et les ont emprisonnés.

— Il faut les juger et les condamner sévèrement, déclara le monarque. Le concile de Tours n'aurait donc servi qu'à allumer le feu ?

— Peut-être, répondit l'archevêque. Nous avons beaucoup de mal à comprendre ce qui s'est vraiment passé, ajouta-t-il, confus.

Quelques semaines plus tôt, en effet, les évêques réunis à Tours sous la houlette de l'archevêque de la ville, Johel, avaient émis l'ordre suivant : « Nous défendons étroitement aux croisés et aux autres chrétiens de tuer ou battre les Juifs, leur ôter leurs biens ou leur faire quelque autre tort, puisque l'Église les souffre, ne voulant point la mort du pécheur mais sa conversion. Les évêques auront soin de la subsistance des nouveaux convertis de peur qu'ils ne retournent à leur ancienne croyance sous prétexte de pauvreté. »

Louis quitta le Conseil indigné. Il sortit du Palais, accompagné de quelques écuyers, pour aller distribuer des aumônes. Il avait recours à ce rituel de plus en plus souvent et précisément dans des circonstances où il estimait devoir se faire pardonner.

Il était aussi préoccupé par la dernière réflexion de sa mère :

— Voilà deux ans et plus que vous êtes mariés, Louis, et nous n'entendons rien dire de la fertilité de votre épouse ?

— N'est-il pas encore un peu tôt pour s'en émouvoir ? répondit-il, doublement agacé par la réflexion de la régente et par sa propre inquiétude.

— On s'interroge même sur votre propre capacité, mais moi je n'en doute pas, car vous êtes le fils de Louis le Lion ! Mais sachez que votre peuple s'impatiente. Il veut un héritier.

— Le peuple attendra, répliqua Louis sèchement. Vous aussi, ma Mère ! Tous ces empressements et toutes ses insinuations ne sont pas dignes !

Blanche de Castille comprit qu'elle avait passé les bornes. Elle proposa un accommodement.

— Mon chapelain, dit-elle, m'a rappelé que saint Thibaud avait le pouvoir de rendre les femmes fécondes. Je vous propose d'aller avec Marguerite en pèlerinage dans la ville natale du saint.

— C'est une bonne idée, assura Louis, qui ne pouvait contredire sa mère sur une telle démarche, puisque lui-même avait des pouvoirs de thaumaturge.

— Je voulais aussi vous annoncer que j'ai choisi Richard de Tourny comme architecte pour l'abbaye de Maubuisson. Je n'y consacrerai sûrement pas tous les moyens que vous avez placés à Royaumont, je ne suis pas assez riche, mais j'entends en faire aussi un beau monastère exemplaire.

— J'y souscrirai suivant votre désir, Madame, affirma son fils, qui ne voyait que des avantages à la satisfaire sur ce projet.

Vers la fin de l'année, il apparut que les relations entre le pape et l'empereur se dégradaient et cette situation préoccupait beaucoup le roi de France. Depuis le printemps, le ton était monté entre les deux souverains. Par une lettre, Frédéric avait enjoint le Saint-Père de mettre de l'ordre chez les Lombards. « Maintenez l'ordre et la discipline dans les consciences et le reste viendra de surcroît » et le monarque avait ajouté à l'adresse du peuple italien : « Rendez à Dieu ce qui est à Dieu et à César ce qui est à César... L'Italie, qui est nôtre par héritage, doit revenir dans notre obédience et dans l'unité de l'empire. »

Le souverain pontife avait très mal pris l'oukase de l'empereur. Louis évoqua cette affaire devant ses conseillers. Jean de Nesle commenta :

— Frédéric a une sainte horreur de la liberté que se sont octroyée les communes lombardes : les villes de Milan, Bologne, Brescia, Gênes, Pise se sont affranchies de la noblesse et de l'ordre des Chevaliers ; elles bravent désormais l'autorité de l'empereur comme celle du Saint-Siège. Pour Frédéric, la révolte des communes et la conjuration des peuples s'organisent contre le pouvoir impérial.

— C'est donc pour cela qu'il nous écrit ? interrogea le roi.

— Absolument ! enchaîna Gautier Cornut. Il veut que nous lui manifestions notre solidarité.

— Que dit le Saint-Père ?

— Il redoute l'hégémonie de l'empereur et soutient les communes mezza voce. Il lui a rappelé que depuis Constantin « aucun seigneur terrestre ne peut exercer une quelconque autorité sur le peuple ou l'Empire romain ». Que seul, lui, représentant de Dieu, a « le pouvoir d'administrer les corps et les choses célestes et terrestres ». Il a ajouté : « Tu attentes aux droits du Siège apostolique en méconnaissant la puissance qui t'a fait ce que tu es. »

— À qui l'empereur a-t-il aussi fait appel ?

— À tous les souverains de l'Occident chrétien, répondit Jean de Nesle.

— Qui a répondu ?

— La plupart. Le roi Henri a même déclaré qu'il voulait prendre les armes pour combattre à ses côtés.

— Paroles, paroles ! plaisanta le roi. Le beau-frère de Frédéric n'est pas à une contradiction près ! Ne répondons pas tout de suite. Ou plutôt si : écrivons à l'empereur que nous souhaiterions le rencontrer, sans donner de date. Regardons comment ce bras de fer va se poursuivre entre lui et le Saint-Père. Je doute qu'ils en viennent aux mains !

Barthélemy, qui n'était pas intervenu sur ce dossier et qui paraissait de plus en plus fatigué, revint sur un de ses sujets de préoccupation, l'invasion des Mongols. Il fit savoir qu'Ögödei avait semé l'épouvante en Russie et en Ukraine. Il annonça :

— C'est un nouvel Attila qui déferle sur l'Occident avec son lot de massacres : les habitants sont empalés, brûlés, les femmes violées et pendues, les enfants éventrés...

Le ton lugubre du conseiller saisit d'effroi les auditeurs. Le roi déclara, imperturbable :

— Voilà un excellent sujet à évoquer avec l'empereur.

Enfin le Conseil eut à donner son avis sur la disparition de Jean d'Ibelin, ce seigneur qui avait donné tant de fil à retordre à Frédéric. Jean de Nesle rappela quelques faits marquants. Jean d'Ibelin, roi de Chypre, avait refusé, par deux fois, de laisser Beyrouth à l'empereur quand celui-ci se rendait en Terre sainte.

— Le seigneur d'Ibelin avait le soutien des chevaliers de l'ordre du Temple, précisa frère Aymard.

— Oui, et paradoxalement, reprit de Nesle, ils se battirent contre les chevaliers teutoniques et les chevaliers de l'Hôpital qui avaient pris le parti de l'empereur. Un conflit qui donna une piètre image de la chrétienté et qui permit aux Sarrasins de se réjouir, une fois encore, de nos différends.

— Ainsi, conclut Barthélemy, le royaume de Jérusalem n'est pas plus gouverné que celui de Chypre. C'est une situation difficile pour la Terre sainte.

— Une nouvelle croisade s'impose, lança Gautier Cornut, le Saint-Père a raison.

— Pas tant que nous n'aurons pas mis de l'ordre dans la chrétienté sur place, déclara le roi, qui demanda de quoi Jean d'Ibelin était mort.

— Une chute de cheval !

— Lui qui a si souvent combattu et a été si souvent vainqueur ! Les intentions du Seigneur sont décidément impénétrables, commenta Guillaume d'Auvergne.

49

Le retour de la régente

Avec Barthélemy de Roye, disparut, en ce début d'année 1237, l'un des derniers grands serviteurs du royaume. Depuis Bouvines, cet homme avait animé l'administration capétienne, conseillé trois rois et la régente et contribué à assurer l'expansion dans la continuité et la stabilité du royaume.

Après frère Guérin et Mathieu de Montmorency, Barthélemy de Roye avait su mettre en sourdine ses ambitions personnelles pour se consacrer pleinement à son rôle éminent de chambrier.

Le roi et la reine mère dressèrent la liste des conseillers principaux de la Curie pour décider de celui qui serait en mesure de remplacer Barthélemy. Il y avait l'évêque Gautier Cornut, autrefois secrétaire de Philippe Auguste, principal conseiller de Louis le Lion, et aujourd'hui soutien indéfectible de Blanche et de son fils. Mais il n'avait pas l'expérience de gestionnaire d'un Barthélemy et il devenait âgé, lui aussi. Le chambellan Ours de Nemours n'était pas sans qualités. Jean de Nesle était sans reproche, mais s'impliquait de moins en moins. Le connétable Amaury de Montfort n'avait rien d'un stratège. Quant à Guillaume d'Auvergne, leur confesseur, sa sagesse était appréciée, mais il était davantage théologien que politique ou administrateur.

— Vous seule, ma Mère, confia Louis, possédez l'expérience, la légitimité historique et l'autorité pour m'aider à diriger ce royaume. Je sais que vous avez à cœur de laisser le roi gouverner et de ne pas empiéter sur ses prérogatives. Je sais aussi que vous êtes très occupée par l'éducation de votre dernier fils, Charles, le plus turbulent de toute votre lignée, et qu'enfin la construction de votre abbaye vous sollicite. Cependant, j'ai encore besoin de vous et de vos conseils et souhaite que l'on vous voie auprès de moi longtemps encore.

Blanche de Castille fut troublée par cette déclaration. Elle avait cru comprendre dans l'attitude de son fils, ces derniers temps, qu'il désirait s'affranchir définitivement de sa tutelle de régente, fonction qui avait officiellement pris fin en avril 1235, le jour de ses vingt et un ans.

Aussi cette confiance qu'il lui témoignait à nouveau la rassérénait et lui permettait de reprendre les rênes du pouvoir qu'elle avait dû abandonner à regret. Cette requête du roi était révélatrice de sa pensée et de sa pratique. Il se fiait à l'expérience, à la capacité de ses conseillers à comprendre les enjeux des Cours, à la connaissance des hommes et il s'attachait toutes les personnes qui possédaient ces qualités. Sa mère était la première d'entre elles.

Deux mois plus tard, Jean de Brienne disparaissait alors qu'il gérait depuis dix ans l'Empire latin de Constantinople à la place de son gendre Baudouin de Courtenay.

— L'Empire latin va se trouver sans tête, car Baudouin n'en a pas, commenta Blanche de Castille. Ses barons vont le soumettre et le faire tourner comme une toupie. Le pape Grégoire m'a écrit pour nous demander notre aide et le sauver d'un désastre annoncé. Car il semble que les caisses de Constantinople soient vides et que les Grecs se fassent de plus en plus menaçants.

La Castillane n'avait pas attendu pour s'imposer à nouveau devant le Conseil. Ce fut donc elle qui, au printemps, décida du choix du nouvel époux de Jeanne de Flandre, veuve depuis quatre ans maintenant de Ferrand de Portugal. Pour se marier, Jeanne était prête à tout, mais pas à passer outre aux décisions de Blanche. Elle avait jeté son dévolu sur Simon de Montfort, comte de Leicester, le fils du bourreau des albigeois et le frère d'Amaury.

— Pas question, tonna la reine, nous l'avons déjà dit, donner à un Anglais les territoires du Nord, le comté de Ponthieu et les ports de l'embouchure de la Somme serait une menace pour le royaume.

L'hostilité farouche de Blanche de Castille à l'égard de l'Angleterre reprenait le dessus. Aussi conçut-elle un plan surprenant et machiavélique, celui de faire épouser Jeanne par

Thomas de Savoie, le propre oncle de Marguerite. La reine mère montrait ainsi qu'elle faisait passer les intérêts du royaume de France avant toute considération personnelle. Louis ne pouvait que se féliciter d'avoir voulu son retour aux affaires, même si, ce qui n'avait d'importance ni pour l'un ni pour l'autre, sa signature n'apparaissait plus sur les documents officiels.

Louis et son frère Robert partirent un matin chevaucher en forêt. Une occasion pour le roi de converser avec son cadet et de régler avec lui tout à la fois son mariage, son adoubement de chevalier et la remise de son apanage sur le comté d'Artois.

— Notre mère, lui déclara-t-il, souhaiterait vous voir épouser Mathilde de Brabant.

— Je n'y suis pas hostile, répondit Robert. Elle est belle et bien faite, de plus elle n'est pas sotte.

— Elle a aussi quelques biens, ne manqua pas de préciser Louis. Vous ne feriez pas une mauvaise alliance.

— Alors joignons l'utile à l'agréable, conclut Robert.

Mathilde était la fille du duc de Brabant. Par ce mariage, la cour de France s'alliait indirectement à l'empereur d'Allemagne, puisque Robert devenait son cousin, mais aussi celui du duc de Bavière.

Louis proposa de fixer la cérémonie le 7 juin à Compiègne et de profiter de cette occasion pour le faire chevalier. Robert, qui était d'un naturel fougueux et combatif, tenait son frère aîné en grande estime. Il admirait en lui ce qu'il n'avait pas, sa gentillesse, sa courtoisie, sa mansuétude, mais aussi sa fermeté quand l'injustice prenait le dessus. Aussi fut-il ouvert à toutes ses propositions, puisque, aussi bien, elles ne pouvaient que lui convenir.

— Je veux, dit Louis, que cette journée soit une grande fête pour toi et pour le royaume. Son éclat sera plus grand que celui de mon mariage. Nous inviterons toutes les cours d'Europe, tous les vassaux et plus de deux mille chevaliers. Il importe que la puissance, la richesse et le rayonnement de notre royaume soit mis en lumière à cette occasion. La France, Robert, est devenue désormais la plus grande force de la chrétienté.

Le jeune frère, qui allait avoir vingt et un ans et serait donc bientôt majeur, fut impressionné par ce discours et flatté que son mariage et son adoubement aient été choisis pour illuminer la France.

Heureux de se retrouver si proches et si complices, les deux frères se lancèrent dans un galop effréné, semant la suite d'écuyers et de sergents chargés de les protéger. Louis informa enfin son frère de l'étendue de son apanage. Il lui rappela que leur père lui avait attribué le comté d'Artois, l'un des fiefs les plus féconds du royaume, auquel le roi ajouta la ville d'Arras, et quatre châtellenies.

Ce fut pour Robert l'une des promenades en forêt les plus mémorables qu'il ait connues. À sa majorité, il allait devenir l'un des plus grands princes de France et d'Europe et le frère de l'un des monarques les plus puissants et les plus avisés.

La journée du 7 juin, à Compiègne, fut à la hauteur de ce que Louis avait décidé. Mais pour tous ceux qui eurent à l'organiser, ce fut un véritable casse-tête que d'accueillir près de vingt mille invités, les loger et les nourrir, sans compter l'armée de serviteurs nécessaires.

Outre les deux châteaux royaux, Compiègne comptait un monastère bénédictin et Louis y avait fait bâtir un couvent pour les cordeliers. C'était une ville marchande importante, connue notamment pour sa foire de la mi-carême spécialisée dans le commerce du bois et du vin.

Les environs de la ville se couvrirent de tentes aux armes de toutes les seigneuries invitées, toutes les chambres disponibles ayant été louées.

Chacun fit assaut de ses plus beaux atours, à commencer par Louis et Marguerite, qui avaient revêtu, lui, un manteau de satin vermeil sur une robe violette, elle, une pelisse de vair sur une robe verte bordée d'hermine.

Louis fit son frère chevalier et adouba cent quarante écuyers, achevant ainsi de marquer son autorité, ses prérogatives royales et son adhésion au code de l'honneur, du courage et de la justice.

Pour combler son bonheur, alors que la fête battait son plein et que la Cour tout entière assistait aux tournois, Marguerite glissa à l'oreille de son époux :

— Louis, saint Thibaud nous a entendus.

Louis eut une envie irrépressible de l'étreindre. Il se résolut à ne lui prendre que la main et à la serrer très fort. L'éclat de son visage suffisait à dire son bonheur.

Lui qui ne raffolait pas des spectacles de ménestrels, qui avaient suivi les exhibitions des chevaliers, les trouva, en cet après-midi, allègres et charmants.

Son règne prenait une dimension nouvelle et cette prodigieuse fête en marquait le tournant.

En outre, ce jour-là, le roi de France reçut une invitation de Frédéric pour une rencontre de paix à l'automne avec le roi d'Angleterre, à Vaucouleurs en Lorraine. L'empereur d'Allemagne félicitait le roi de France pour avoir permis, par le mariage de son frère Robert, que fussent resserrés les liens entre les deux monarchies. Louis accepta l'invitation avec enthousiasme. Mais il restait prudent, car il allait se trouver en face de deux redoutables souverains, l'un ennemi déclaré, le Plantagenêt, l'autre ami déloyal, Frédéric. Aussi, après en avoir délibéré avec son Conseil, décida-t-il de se rendre à cette invitation avec une armée de plus d'un millier de chevaliers.

Cependant, durant l'automne, l'empereur se trouva, à nouveau, en campagne en Italie. Après avoir mis de l'ordre en Vénétie où les villes s'étaient alliées imprudemment avec les Lombards, il constitua une armée d'Allemands et de féroces cavaliers sarrasins avec laquelle il s'empara de Mantoue, de Brescia, puis de Milan. Les habitants de cette ville, qui avaient décidé de résister, furent autant impressionnés par l'arrivée de l'éléphant, cadeau de Malik al-Kâmil, qui portait les étendards impériaux, que terrifiés par le déferlement des guerriers arabes qui ne faisaient pas de quartier. La population contrainte de se rendre après que le char de la ville, le Caroccio, portant les insignes de la cité, symbole de sa puissance, fut saisi.

L'empereur l'envoya à Rome pour indiquer au peuple et au chef de l'Église que le véritable souverain, le nouveau César, allait choisir la Ville éternelle comme sa nouvelle capitale. Il en profita pour nommer roi des Romains son deuxième fils, Conrad, à la place d'Henri de Souabe, l'indigne, toujours emprisonné en Sicile. L'enfant, qui n'avait que sept ans, possédait déjà le titre de roi de Jérusalem où jamais il ne mit les pieds.

L'empereur préféra reporter la conférence de la paix de Vaucouleurs. Certains racontèrent que Frédéric n'avait pas apprécié que le souverain français ait voulu se déplacer avec une forte armée. En réalité, il était trop occupé par ses opérations de maintien de l'ordre impérial en Italie.

Il fallut plus de trois mois au jeune empereur de Constantinople, Baudouin de Courtenay, pour arriver à la cour de France. À la suite de la mort de son oncle et beau-père, Jean de Brienne, qui était parvenu, vaille que vaille, à contenir les convoitises des Grecs sur cet empire de poche, limité à Constantinople et ses environs – restes fragiles de l'ancien Empire byzantin –, Baudouin venait chercher du secours auprès du roi de France. Le petit maître de Constantinople avait besoin d'argent pour conforter la défense de son territoire.

Le roi et sa mère s'interrogèrent sur l'opportunité d'aider ce roitelet. Blanche tint encore sur lui des propos assassins :

— Il est enfantin et n'a pas la dimension de sa fonction. Il n'est ni sage ni fort.

— Écoutons ce qu'il veut nous demander, déclara son fils.

Ils reçurent un jeune homme aux abois, incapable d'exposer une vision cohérente de la situation. Un seul de ses propos retint l'attention des souverains français :

— Mes barons m'ont intimé l'ordre de mettre en gage les reliques de la passion du Christ et notamment la Couronne d'épines.

Blanche et son fils se regardèrent, atterrés. Guillaume d'Auvergne et Gautier Cornut, qui assistaient à l'entretien, en eurent la chair de poule.

— Comment ? s'exclama le roi. Où veulent-ils les mettre en gage ?

— Auprès d'un marchand vénitien, répondit le jeune empereur.

— Mais c'est un blasphème, un crime, une insulte faite à la chrétienté tout entière ! Vous savez qu'il est interdit de faire commerce des reliques sous peine de commettre le péché de simonie ! Comment pouvez-vous souscrire à une telle infamie ? déclara Louis, incapable de contenir son indignation.

— Je n'y ai pas souscrit encore, répondit Baudouin. C'est pour éviter cet outrage que je suis venu vous demander votre aide.

Le roi se leva, et tourna autour de son trône, comme un lion en cage, réfléchissant :

— Revenez demain. Nous vous dirons notre décision.

Les quatre personnages réunis en Conseil se concertèrent ensuite. Pour Blanche et Louis, il était hors de question d'autoriser cette opération. Mais à quel prix allaient-ils l'interdire ?

Envoyer des troupes sur place ? Financer l'armée de l'empire ? Il était, de toute façon, impossible d'acheter des reliques. Gautier Cornut emporta l'adhésion en déclarant :

— La France possède déjà quelques fragments de la Sainte Couronne à Saint-Denis, il lui revient de l'acquérir tout entière afin de la protéger.

La partie exposée à Saint-Denis aurait été, disait-on, donnée par Charlemagne, qui aurait conservé à Aix-la-Chapelle un morceau de la Sainte Croix.

Guillaume d'Auvergne intervint pour rappeler l'Évangile selon saint Jean :

— « Alors Pilate prit Jésus et le fit battre de verges. Les soldats tressèrent une couronne d'épines qu'ils posèrent sur sa tête et ils le revêtirent d'un manteau de pourpre. »

— Faire venir ce symbole de la passion de Notre-Seigneur, ajouta-t-il, c'est ne pas oublier que cette souffrance du Christ a été perpétrée par Pilate, mais aussi par les Juifs qui ont voulu sa mort.

Baudouin fut informé le lendemain que le roi ne pouvait acheter la Couronne d'épines, mais qu'il pouvait en accepter la donation. L'aide financière que la France lui apporterait ne trouverait aucun lien avec cette relique. Pour s'assurer de l'authenticité de celle-ci, il envoya à Constantinople deux dominicains, André de Longjumeau et le prieur Jacques qui, ayant dirigé l'ordre des Frères prêcheurs dans la capitale de cet empire, connaissait la relique et se trouvait tout indiqué pour accomplir cette délicate mission.

Le souverain finança, par ailleurs, l'envoi de deux cents chevaliers et de mille arbalétriers sous la conduite de Humbert de Beaujeu pour permettre à Constantinople de se protéger des Grecs et de reconquérir une partie de la Thrace.

Dans le même temps, le pape Grégoire lançait une nouvelle croisade à laquelle aucun monarque ne voulut participer, excepté le roi de France, qui fit assurer une partie de son financement. Elle regroupa les plus grands chevaliers des royaumes français et anglais, dont certains s'étaient imprudemment croisés pour bénéficier de la protection du Saint-Siège : Thibaud de Champagne, Pierre Mauclerc, Raoul de Soissons, Richard de Beaumont, Philippe de Nanteuil, le comte de Bar, le duc de Bourgogne ou Richard de Cornouailles.

L'armée était conduite par le roi de Navarre et par le connétable Amaury de Monfort, qui portait la bannière fleurdelisée à l'effigie du roi Louis. Elle comptait plus de mille cinq cents chevaliers et leur cortège d'écuyers, de sergents, d'archers et d'arbalétriers.

Bien sûr, nombre de ces seigneurs étaient plus soucieux d'aventure et de conquêtes que de sauver les Lieux saints. Comme leur prédécesseur, l'empereur Frédéric, ils essayèrent de négocier avec les chefs musulmans, après avoir subi quelques affligeantes défaites.

50

Marguerite : *annus horribilis*

L'année 1238 commença mal pour Marguerite. L'enfant qu'elle portait n'alla pas à son terme. C'était un garçon. Le roi, qui se réjouissait tant, essaya de faire bonne figure pour ne pas accabler davantage son épouse. Il avait du mal à cacher sa tristesse et sa déception. Il s'attendait au pire : les regards compatissants des uns, les rumeurs sarcastiques colportées par d'autres et les remarques acides de sa mère.

Pourtant Blanche de Castille, si elle avait eu bonne mémoire, aurait dû se souvenir que ses deux premières grossesses s'étaient terminées de la même façon.

D'Angleterre, un nouveau courrier d'Éléonore apprenait à Marguerite que son époux serait prêt à prolonger la trêve de cinq ans, signée trois ans plus tôt entre les deux souverains. Il s'agissait, en réalité, d'une initiative du pape Grégoire. Menacé par l'empereur Frédéric, le souverain pontife cherchait à consolider ses appuis chez les rois de France et d'Angleterre. Il devait éviter qu'ils n'entrassent en conflit et s'assurer qu'ils fussent aptes à venir le secourir. Cette initiative tombait bien. Le roi de France tenait beaucoup à pacifier ses relations avec le Plantagenêt. Il s'était confié en ce sens à Marguerite :

— Il faut tout entreprendre pour qu'une paix durable soit établie entre nos deux royaumes. Nous sommes cousins. Que nos hommes ne se pillent plus et ne se tuent plus afin qu'ils ne soient plus précipités dans l'enfer.

Marguerite manifesta sa joie de le savoir dans cette disposition d'esprit :

— J'aurais été si fâchée que ma sœur Éléonore et moi-même nous fussions retrouvées dans deux camps ennemis.

Louis lui prit la main et la baisa tendrement, non sans lui recommander :

— Ma Mie, je souhaite vous entretenir sincèrement des affaires de notre royaume, mais en aucun cas ni nos intentions ni nos décisions ne doivent être rapportées dans vos courriers à votre sœur comme elle le fait avec vous. Excepté si je vous en prie...

La jeune reine lui jura de se conformer à son souhait.

— Que dit-elle d'autre ? demanda Louis, qui n'était pas fâché d'être ainsi informé par ce truchement ; cela lui permettait de mieux apprécier les humeurs changeantes du souverain anglais.

— Elle m'a appris que le comte de Leicester, Simon de Montfort, avait demandé la main d'Aliénor, la sœur d'Henri, qui est veuve depuis maintenant sept ans.

— Sept ans de mariage, sept ans de veuvage, elle peut vouloir se remarier, déclara Louis. Vous me confirmez qu'Henri a donné son accord ?

— Le mariage aura lieu à la fin de l'année.

— Je suis heureux de cette issue, déclara Louis. Nous la devons à ma mère que l'on se plaît d'appeler aujourd'hui la marieuse de l'Europe. Elle vient aussi de décider son neveu, Alphonse du Portugal, d'épouser Mahaut de Boulogne, la veuve de mon oncle Philippe Hurepel.

Louis rappela à son épouse une anecdote qu'il tenait de sa mère. La grande reine Aliénor d'Aquitaine, grand-mère de Blanche de Castille, s'était entremise pour trouver une épouse pour Louis le Lion. Elle avait hésité entre Urraque, qui devint plus tard la mère d'Alphonse du Portugal, et Blanche qui était plus jeune et tout aussi jolie.

— Et pourquoi a-t-elle proposé votre mère ?

— Pour une question de prénom. Elle avait pensé qu'Urraque ne plairait ni au roi Philippe Auguste ni au peuple français. Ainsi pour une simple question de prénom, me voici roi de France, lâcha Louis en éclatant de rire.

— Et moi reine de France, ajouta Marguerite en se jetant dans ses bras.

— Simon de Montfort, poursuivit le roi, conclut une belle alliance, mais je ne suis pas sûr qu'Henri soit bien conscient qu'il fait entrer un lion dans sa cage. Le comte de Leicester ne sera pas un baron fidèle pour autant. Il a le caractère de son père, ambitieux et féroce.

Le souverain français tenait à être de plus en plus informé sur la progression des grands chantiers du royaume et précisément sur ceux des cathédrales. En cette année 1238, la cathédrale de Laon fut consacrée. Pour Louis, cette inauguration avait une double signification : elle avait été construite à la place de la première cathédrale carolingienne inaugurée en l'an 800 par Charlemagne et elle était aussi, avec Saint-Denis, l'une des premières églises gothiques édifiées en France. Le roi suivait aussi les travaux de reconstruction de la cathédrale de Reims, confiés à l'architecte Jean d'Orbais. À la suite du conflit entre l'évêque et les bourgeois de la ville, le chantier avait été interrompu trois ans durant et la plupart des artisans s'étaient dispersés sur les autres grands chantiers, Amiens, Beauvais, Chartres, Noyon. Le maître d'œuvre avait eu le plus grand mal à les faire revenir.

D'Italie, Frédéric faisait à nouveau parler de lui. Il renouvela sa proposition d'une rencontre au sommet à Vaucouleurs. Il souhaitait y évoquer deux sujets : la menace mongole qui se précisait et la création d'une « Sainte Alliance » entre les monarchies allemande, française, anglaise, castillane, hongroise et grecque pour lutter contre cette idée « néfaste » de liberté qui était en train de gagner le sud de l'Europe ; en somme, il était hostile à toute ambition démocratique des villes italiennes car elle était contraire à l'ordre monarchique et aux intérêts de la noblesse. Frédéric pressentait que ce mouvement libertaire serait un ferment d'anarchie et de désordre et appelait ses cousins à s'y opposer.

Louis demeura circonspect ; il ne souhaitait pas s'engager dans cette croisade qui n'avait rien de spirituel ; il demanda à l'empereur de lui préciser sa pensée par écrit.

En revanche, comme l'empereur, il était préoccupé par l'invasion des Tartares et il voulait bien s'en entretenir avec lui. Sur ce point, une Sainte Alliance contre ce fléau venu de l'est lui paraissait avoir plus de pertinence. Car il s'agissait là de la coalition de peuplades païennes contre le peuple de Dieu, telle qu'elle était évoquée dans le livre d'Ézéchiel. L'évêque de Paris le rappela au cours d'un Conseil tenu sur le sujet : « Les peuplades païennes Gog et Magog vivent au nord du monde. Elles sont les alliées du mal », était-il écrit dans le livre.

— La véritable croisade doit désormais se tourner vers l'est, déclara le roi de France et nos forces conjuguées seront nécessaires pour arrêter ce fléau.

La rencontre de Vaucouleurs fut une fois encore reportée sine die, comme si aucun monarque n'y tenait vraiment.

Une affaire délicate vint à la connaissance du roi pendant cette année ; elle était liée au développement des tribunaux de l'Inquisition. Un ancien hérétique, cathare milanais, appelé Robert le Bougre, ou le Bulgare, s'était converti et était entré chez les dominicains. Les convertis faisaient souvent assaut de zèle pour faire oublier leurs turpitudes passées ; aussi les menées de ce moine dépassaient-elles la mesure. Nommé par le pape en 1233 inquisiteur en Bourgogne, il avait fait brûler des dizaines de paroissiens dont la culpabilité n'était pas prouvée et n'observait aucune règle de procédure inquisitoriale. Au point qu'il fut relevé de ses fonctions. Mais pour des raisons obscures, l'année suivante, il fut nommé inquisiteur général du royaume de France. À plusieurs reprises, l'archevêque de Sens avait informé le roi des jugements sévères, voire criminels de celui qui était appelé désormais « le marteau des hérétiques ».

En ce jour de Conseil où étaient évoquées les affaires courantes, Gautier Cornut déclara au souverain qu'il fallait mettre fin aux agissements de ce dominicain qui déshonorait son ordre, l'Église et le royaume. Mais Louis, qui s'était déjà prononcé sur cette affaire, refusa d'intervenir :

— Les tribunaux d'Inquisition dépendent directement du Saint-Père. Nous ne pouvons pas nous en mêler.

— Mais, protesta l'archevêque, l'injustice de cet homme règne sur votre royaume, Sire, vous ne pouvez l'accepter.

Louis resta inflexible. Ainsi Robert le Bougre pouvait-il continuer à condamner aveuglément. Depuis le début de l'année, plus de cinquante chrétiens avaient été brûlés à Châlons, Douai, Lille et Cambrai. Et les exécutions étaient assurées par les soldats de l'armée royale conformément aux directives du concile de Latran...

— Nous avions décidé de consacrer ce Conseil aux revenus du domaine royal, intervint le monarque pour recadrer le débat, conscient que cette affaire d'Inquisition n'était pas close et qu'il aurait à prendre une position plus claire. Frère Aymard, pouvez-vous nous faire le point ?

— Nos recettes ont atteint deux cent trente-cinq mille livres l'an passé, déclara le trésorier. La moitié provient de Normandie, le prévôt de Paris n'a versé que onze mille cinq cents livres, le bailli du Vermandois, vingt et un mille trois cent soixante-seize, celui d'Amiens moins de mille et les baillis d'Orléans et de Bourges n'ont respectivement rapporté que mille six cent quatre-vingt-seize et mille sept cent quatre-vingt-dix-sept livres.

Le trésorier du Temple poursuivait son énumération quand le roi l'interrogea sur ces disparités.

— Cela résulte de plusieurs causes, fit savoir le templier, notamment des régimes des fermages, des amendes, des profits de confiscation qui varient en fonction des territoires et de leur date d'intégration au domaine royal. Les prélèvements des baillis pour payer les gages des serviteurs, les travaux sur les châteaux et les fermes, les versements aux fondations pieuses expliquent toutes ces différences.

— Estimez-vous que les baillis et les prévôts exécutent loyalement leur tâche ?

— Faute d'informations précises, Sire, je ne saurais répondre à cette question.

— Très bien, reprit le roi, dans ce cas, il nous faudra mettre en place un organe de vérification du travail de nos percepteurs.

— Vos baillis, nommés par vous et redevables de leurs fonctions à votre discrétion, Sire, nous paraissent assez fidèles, déclara le chambellan Ours, mais les prévôts qu'ils ont sous leurs ordres leur donnent souvent du fil à retordre.

— Mes administrateurs doivent être justes et insoupçonnables, reprit le roi. J'entends qu'on y veille.

Alors qu'il en avait terminé avec ces problèmes d'intendance qu'il traitait avec rigueur mais sans plaisir, une autre question d'argent allait l'assaillir au moment de rejoindre son épouse. Il la découvrit furieuse, parcourant sa chambre de long en large et marmonnant des propos féroces contre son père. Il ne l'avait encore jamais vue dans cet état.

— Que se passe-t-il ?

— Que se passe-t-il ? Il se passe que mon père vient tout simplement de me déshériter au profit de Béatrice, ma petite sœur. Ma sœur Éléonore est dans le même cas que moi. Nous ne comprenons pas ! Vous êtes concerné vous aussi, Monsieur ! lança-t-elle à Louis.

— Concerné ?

— Oui ! Il a déclaré par testament qu'il entendait garder l'autonomie de la Provence et qu'il refusait qu'elle puisse être intégrée à l'un des deux royaumes. Si Béatrice devait ne pas avoir d'héritier, le comté reviendrait à mon autre sœur, Sancie. Si celle-ci n'en avait pas, non plus, ce serait l'éventuelle fille de Béatrice qui hériterait du comté. Dans le cas contraire, la Provence reviendrait au cousin de mon père, le roi Jacques d'Aragon.

— En outre, souligna le roi, resté très calme, votre père ne s'est toujours pas acquitté de votre dot.

— Il n'en a versé que le dixième, précisa Marguerite.

— En tout état de cause, déclara Louis, ce testament est inacceptable pour vous comme pour moi. Je refuserai, en effet, que la Provence passe sous la domination d'un autre pays que la France. Je vais en parler de ce pas à ma mère. Nous devons trouver une réplique.

Marguerite se raidit. Que venait encore faire sa belle-mère dans ce conflit personnel ?

— Votre mère doit-elle s'occuper aussi de mes intérêts ? ne put-elle s'empêcher de demander.

— Vos intérêts sont ceux du royaume, répliqua Louis, glacial.

Cette question lui parut inconvenante.

— C'est encore une manigance de Romée. Il est l'âme damnée de mon père, enchaîna la jeune reine, et son exécuteur testamentaire.

— Cette âme damnée est l'artisan de notre idylle, fit remarquer Louis, pour tenter d'apaiser son courroux.

Marguerite ne l'entendit pas et poursuivit son idée :

— Il faut que j'écrive à ma mère immédiatement pour en avoir le cœur net.

— Pourquoi votre père a-t-il fait son testament, il n'est pas malade au moins ?

— J'ai compris, expliqua son épouse, que l'empereur l'obligeait à venir se battre avec lui en Italie contre les Lombards. En tant que vassal de Frédéric, il ne peut s'y soustraire. Il doit craindre que ce conflit ne dure et soit plus âpre que prévu...

Un émissaire arriva de Constantinople pour annoncer une terrible nouvelle. La Couronne d'épines avait été mise en gage par les barons latins auprès d'un marchand vénitien, Nicolo Quirino, pendant l'absence en France de l'empereur Baudoin. Le marchand s'apprêtait à la vendre à la ville de Venise si une somme de cent mille livres n'était pas versée avant le printemps 1238.

— Qui est cet empereur incapable de garder un tel trésor ? s'enflamma Blanche de Castille. Au nom de quoi irions-nous l'aider ?

Pour Louis, il n'était pas question de renoncer. Il y avait urgence. Il dépêcha le chevalier Nicolas et une troupe légère, porteuse de la somme en marcs d'argent, en interdisant que la transaction fût révélée.

— Dieu nous pardonnera, fit-il, en se signant.

Les frères Jacques et André n'étaient pas au bout de leurs peines. Le doge de Venise voulait acheter et conserver la relique. Après celles de saint Marc, l'acquisition de la couronne du Christ consacrerait pour l'éternité la Sérénissime qui deviendrait ainsi la cité la plus glorieuse de la chrétienté.

Les négociations s'engagèrent. Le roi de France laissa planer des menaces de sanctions. La rumeur de la Sainte Alliance avec l'empereur courait toujours. Le doge céda à condition que la relique fût d'abord apportée à Venise pour y être exposée pendant deux mois. C'était l'hiver et la traversée en bateau de Constantinople à Venise était risquée et dangereuse ; en outre les Grecs, ayant eu connaissance de ce transfert, sillonnaient la mer avec leurs galères pour tenter d'arraisonner le bateau et de s'emparer de la Sainte Relique. Pour les tromper, elle dut être transportée dans différents navires. La Couronne parvint enfin dans la cité lacustre où les deux dominicains purent conclure la négociation. Ils espéraient apporter ce trésor à Paris avant le début de l'été.

Quand Louis apprit que l'accord avait été conclu, il courut l'annoncer à Marguerite. Sa joie le transfigurait. Il trouva son épouse, assise près de la fenêtre, des parchemins épars à ses pieds. Elle se retourna vers lui pour lui exprimer sa tristesse, mais en voyant son visage si serein, lumineux, rayonnant, elle n'osa pas lui annoncer qu'elle avait appris la mort de Guillaume de Lorris, l'auteur du *Roman de la Rose*. Elle trouva plus louable de se réjouir avec lui.

51

L'aigle et le faucon

Louis et Frédéric trouvèrent enfin une date pour se rencontrer à Vaucouleurs. Cette petite cité fortifiée de Lorraine, à la lisière du royaume de France et de l'Empire germanique avait déjà été le témoin de célèbres rencontres entre les souverains français et allemands. En 1165, Louis le Jeune et Frédéric Barberousse y avaient soldé leur différend avec la papauté. Puis, en 1212, Philippe Auguste y avait passé un accord avec Frédéric contre Otton pour porter le jeune Souabe sicilien sur le trône d'Allemagne.

À Vaucouleurs, en ce printemps de l'an 1239, l'ordre du jour était chargé : y figuraient le conflit entre Frédéric et le pape Grégoire, la menace mongole, les Juifs et la paix entre les deux souverainetés.

Les deux monarques étaient convenus de ne pas se déplacer en force pour donner à leur rencontre un caractère amical. Chacun arriva cependant accompagné de plusieurs centaines de chevaliers, bannières au vent.

L'empereur ne se déplaçait jamais sans sa garde de cavaliers arabes, harnachés d'éperons d'or et de selles incrustées de pierreries, suivie de chameaux transportant des palanquins emportant de magnifiques danseuses, d'un cortège de musiciens, de trouvères et de toute sa chasse de piqueux, de rabatteurs et de fauconniers. En outre, il était toujours accompagné de savants, de médecins, d'astrologues, de philosophes, qui suivaient en charrois.

Bien sûr, le roi de France ne s'encombrait pas de ce cortège bigarré et ludique. Avec ses chevaliers, il n'avait emmené que ses conseillers dont une majorité de frères cisterciens, franciscains et dominicains.

Chaque équipage entra par une des deux portes de la forteresse aux sept tours de Vaucouleurs. Louis était revêtu d'un grand manteau bleu fleurdelisé, sa grande taille contrastait avec celle râblée de l'empereur, de même que la pâleur de son visage avec le teint hâlé et buriné de Frédéric. Leur différence d'âge n'était pas si apparente, pourtant Louis n'avait que vingt-cinq ans et l'Allemand quarante-cinq.

Un point de ressemblance toutefois, la blondeur de leur chevelure, encore que le Sicilien tirait sur le roux : l'empereur l'avait longue et bouclée, Louis, raide et tombant sur ses épaules.

Ils se présentèrent l'un et l'autre alertes et souriants.

— Salut César, lança Louis, sur un ton plaisant, puisque c'était à l'empereur romain que Frédéric se comparait.

— Salut, frère prêcheur, répliqua Frédéric, informé de la proximité du Roi avec les ordres mendiants.

Le ton était donné, celui d'une entente cordiale. Frédéric, le premier, lança une invitation à dîner.

— Tu es sur la terre de France, tu es mon invité, répondit Louis.

— Veux-tu que j'envoie mes guerriers sarrasins pour l'occuper ? renchérit l'empereur en éclatant de rire. Ainsi deviendras-tu mon hôte.

Un grand dîner fut donc offert par l'empereur, auquel fut invité l'ensemble des chevaliers. Ce fut un spectacle somptueux, avec des parades de danseuses, de troubadours, de musiciens, d'acrobates, de fauves, lions, panthères, léopards... Louis souriait, ne laissant rien paraître de ses sentiments. Nul ne pouvait savoir s'il appréciait ou non ce grand cirque offert par l'Allemand.

— Je t'ai apporté le meilleur vin de Sicile, déclara ce dernier. Bois et enivre-toi, une fois n'est pas coutume !

Louis fit couper son vin de trois quarts d'eau à l'étonnement de son commensal.

— Tu coupes mon vin ? Louis, tu es donc capable de sacrilège !

En guise de réponse, Louis vida son verre d'un trait et commenta :

— Très bon vraiment... coupé d'eau !

Le lendemain, les deux souverains commencèrent leurs entretiens en tête à tête. Les relations avec le pape furent l'objet du premier échange de vues. Louis cherchait à comprendre le fond de leur affrontement. Il avait son idée, mais il voulait une confirmation.

— Pourquoi le Saint-Père est-il à ce point remonté contre toi, au point de t'avoir excommunié ?

— Parce qu'il n'admet pas que je veuille régner en Italie, où je suis tout de même chez moi, et il s'oppose à toutes les mesures d'ordre que je veux imposer aux villes, singulièrement aux Lombards dont les volontés d'indépendance sont intolérables. Le pape craint que je ne devienne trop puissant.

— Pourquoi le craint-il, il n'a pas à s'occuper du temporel !

— Il a déclaré, expliqua Frédéric : « Nous avons été institué prince sur toute la terre » !

— Ce à quoi tu as répondu, souligna Louis : « La terre entière aspire avec bonheur à la domination impériale. » N'est-ce pas un peu présomptueux ?

— Il m'a tellement mis en colère, expliqua Frédéric... Maintenant il veut me destituer. Il a envoyé un émissaire en Allemagne, un certain Albert von Beham, pour désigner un autre empereur. Peux-tu le croire ? Rappelle-toi, son prédécesseur avait lui aussi nommé Otton contre moi. Ça ne lui a pas porté chance, grâce au soutien sans faille de ton grand-père, l'Auguste.

— Il faut que le Saint-Père, reprit le roi de France, se souvienne de ce qu'a dit Notre-Seigneur Jésus : « Rendez à Dieu ce qui est à Dieu et à César ce qui revient à César. » Les vicaires du Christ doivent régner sur l'Esprit, pas sur les biens terrestres.

— Nous pourrions lui rappeler aussi, ajouta Frédéric, que Jésus a dit encore : « Mon royaume n'est pas de ce monde. » Les pontifes veulent désormais être maîtres de l'univers. Ils en oublient complètement leur sacerdoce.

— En effet, approuva Louis, c'est très menaçant pour la foi et pour l'avenir de la chrétienté.

Puis il l'interrogea :

— Le Sacré Collège prétend que tu aurais dit : « Les trois plus grands imposteurs que le monde ait connus sont Moïse, Jésus et Mahomet. » !

— Me crois-tu assez stupide pour clamer une telle ineptie au risque de m'aliéner l'estime de tous les croyants ? Crois-moi, j'ai le soutien de tous les évêques allemands et des plus grandes familles italiennes.

— On te dit mécréant, incroyant, païen, insista le Capétien.

— C'est une calomnie. Je rends hommage à la sainteté de Dieu, pas à l'hypocrisie, aux goûts du luxe et aux ambitions mesquines de ses serviteurs ! Sais-tu ce qu'a dit un poète libre penseur du onzième siècle, l'Arabe Aboul Ala el-Maari ?

Louis leva les sourcils, ce nom ne semblait rien lui dire.

— Écoute bien et ne te fâche pas. Il a écrit : « Il y a deux sortes de gens sur la terre : ceux qui ont la raison sans religion, et ceux qui ont une religion et manquent de raison. Tous les hommes se hâtent vers la décomposition. Toutes les religions se valent dans l'égarement. »

La citation était blasphématoire, mais Louis ne s'en formalisa pas. Il savait combien Frédéric aimait provoquer. Il fit mine de ne pas s'offusquer et déclara :

— Tes relations avec tes musulmans peuvent inquiéter.

— Comment cela avec mes musulmans ? s'indigna Frédéric.

— N'as-tu pas eu un fils de la sœur du sultan Al-Kâmil, que tu aurais d'ailleurs prénommé Frédéric ?

L'empereur leva les yeux au ciel et soupira :

— Que Dieu me pardonne, qu'elle était belle !... Mais si tu es venu pour me reprocher mes frasques, tu n'aurais pas assez d'une année pour en dresser la liste. Je suis le plus grand producteur de bâtards de l'univers ! ajouta-t-il en riant aux éclats.

Louis rit de bon cœur à son tour.

— Non, c'est Attila, reprit le Capétien, il a eu plus de deux cents épouses et concubines et nul n'a pu compter le nombre de ses enfants. Mais revenons aux musulmans.

— Je t'appelle d'abord à la tolérance, prévint doctement Frédéric, car moi je respecte toutes les religions...

— Même celles qui sont dans l'erreur ? coupa Louis.

— Comment le sais-tu ? Elles ont toutes le même Dieu même si elles ne l'appellent pas du même nom !

— Il n'y a qu'un Dieu ! Il n'y a qu'un Dieu ! Celui des chrétiens, martela le roi de France.

Frédéric se tut, comme si cet échange l'ennuyait. Il regarda par une fenêtre. Il faisait beau, les arbres étaient déjà en fleurs.

— Si nous allions poursuivre cet entretien à la chasse, proposa-t-il, je possède les meilleurs fauconniers du monde, même Al-Kâmil en était jaloux.

— Je ne chasse plus, dit Louis, résolu à ne pas interrompre ce dialogue.

Il lui importait de mieux comprendre l'homme avec lequel il partageait ce que l'Europe avait de plus riche. Il voulait comprendre ce caractère si ambitieux, féroce et imprévisible, cet homme qu'on disait à la fois avare et généreux, emporté et délicat, vulgaire et très instruit.

— Tu veux savoir ce que je pense des musulmans ?

Louis leva les sourcils en signe d'acquiescement :

— Ce sont des gens civilisés, très instruits, cherchant toujours à tout connaître, à étendre leur savoir, s'entourant des meilleurs savants, philosophes, astrologues, médecins, mathématiciens. Ils m'ont étonné par l'étendue de leurs connaissances et leur soif d'apprendre. Sais-tu que c'est grâce à eux que nous connaissons Aristote et tous les penseurs grecs ?

— Leurs mosquées n'égalent pas nos cathédrales ! répliqua Louis.

— Oh, je sais ! Tu as la passion des édifices religieux et je t'en félicite. Moi je ne sais bâtir que des châteaux, j'en dessine d'ailleurs tous les plans ; j'en ai fait construire des dizaines en Italie du Sud et en Allemagne. Ma plus grande réussite est Castel del Monte dans les Pouilles... J'aimerais un jour te le faire visiter.

Il se leva pour se dégourdir les jambes. Manifestement il ne tenait plus en place, puis il lança :

— Les musulmans n'ont rien à nous envier. Leurs jardins, leurs palais, leur art de vivre, leurs femmes sont incomparables. Ils ont un sens de la beauté qui m'a rendu jaloux.

— Je vois que tu es devenu un des leurs, nota le roi, sur un ton empreint d'ironie et de regret. Ils t'ont converti...

— Mais non, que vas-tu chercher là ! Je suis chrétien, fervent, je vénère Dieu. Je crois à son mystère, toute la beauté du monde m'y invite. Je n'ai pas d'ennemis, voilà tout !

— Excepté le souverain pontife, les Lombards, les guelfes et quelques seigneurs allemands, souligna Louis en riant.

— Ils cherchent à me nuire, je me défends, lâcha Frédéric. Bon ! Tu ne chasses pas, mais tu peux tout de même apprécier l'habileté des me fauconniers et la rapidité de mes faucons !

— On raconte que tu aurais écrit un traité de fauconnerie.

— Parfaitement, dit Frédéric. J'en écris d'autres sur les oiseaux et la nature, une réelle passion à laquelle François d'Assise m'a initié.

— Je sais que tu l'as bien connu, parle-moi de lui.

— Plus tard, allons d'abord nous délasser.

Ils sortirent de la forteresse au petit trot pour aller gagner un vallon où la chasse les attendait. Louis se laissa faire. Son allié devenait son ami, comme il avait été celui de son grand-père. Il était impressionné par sa force de persuasion, son énergie et sa vitalité. Le roi était heureux de cette rencontre. Bien que le personnage lui parût trouble, ambigu, pétri de contradictions, il était passionnant.

Tout en chevauchant, Frédéric lui raconta ses entrevues avec le moine d'Assise.

— Figure-toi qu'un jour je l'ai invité à me visiter en mon château de Bari. Je le voyais pour la première fois. On m'avait dit combien il était humble, pieux et vertueux. Alors j'ai voulu mettre sa vertu à l'épreuve.

— Comment as-tu pu commettre une telle ignominie ! s'indigna le Capétien.

— Écoute-moi au lieu de te mettre en colère ! reprit l'empereur. J'ai envoyé dans sa chambre une magnifique jeune femme, l'une des plus belles de mon harem.

— Une prostituée, s'enquit Louis, l'air dégoûté.

— Eh oui, pas une sainte évidemment !

— Frédéric, tu blasphèmes !

— Elle lui fit, comme tu peux l'imaginer, une proposition malhonnête.

— Je l'imagine, en effet !

— Il a accepté..., laissa entendre l'Allemand.

— Je ne le crois pas, déclara Louis, de plus en plus choqué.

— Il lui a répondu, reprit l'empereur, en marquant une pause pour ménager son effet : « J'accepte, à condition que je fixe moi-même le lieu de nos ébats. »

Louis resta sans voix.

— La femme fut d'accord.

Le roi de France n'osa plus rien dire, il était incrédule.

— Alors, poursuivit Frédéric, François alla chercher des braises dans la cheminée, les répandit sur le sol et déclara : « Nous allons faire l'amour couchés sur ces braises. » La ribaude n'a pas demandé son reste et s'est enfuie en hurlant de terreur.

Louis ne put se contenir. En dépit de la grossièreté du stratagème, il partit d'un éclat de rire tel que l'entourage en fut stupéfait. Puis, reprenant ses esprits, il commenta :

— C'est là tout ce que tu as retenu de la rencontre avec ce grand saint.

— Certes non... Plus tard, je lui ai demandé de me raconter son séjour dans les geôles du sultan d'Égypte pendant sa croisade. Je voulais qu'il me donne des conseils sur la manière de reprendre Jérusalem.

— Des conseils ? s'étonna Louis.

— Il me déclara : « Si tu veux battre le sultan, tu dois disposer d'une armée plus forte que celle dont disposèrent les rois Philippe de France, Richard d'Angleterre et l'empereur Barberousse », eux qui affrontèrent Saladin. « Je n'aurai pas une armée aussi forte », lui ai-je répondu. « Alors négocie, m'a-t-il recommandé. Essaie la voie du dialogue, de l'échange, de l'amitié. Je sais qu'Al-Kâmil y sera ouvert. C'est un homme intelligent et sensible. Il m'a protégé de la fureur de ses conseillers. » J'ai suivi son conseil. J'ai ouvert à nouveau Jérusalem aux pèlerins chrétiens. Le pape me le reproche encore et j'ai ouï dire que même toi, tu t'en es indigné !

— Je le regrette, murmura le roi de France. Si un jour je me croise, j'essaierai toujours de parlementer avant d'engager le combat. Il n'y a d'ailleurs pas d'autre moyen pour parvenir à les convertir.

— Ça, n'y compte pas trop ! Ils ont comme toi la foi chevillée au cœur ! lâcha l'empereur.

Ils s'arrêtèrent pour regarder les prouesses des faucons habitués à chasser la caille, la perdrix, le lapin et même le renard.

— Regarde cet oiseau, commenta Frédéric, c'est le pèlerin, le plus rapide du monde. Il voit sa proie à six cents pieds au-dessus du sol et fond sur elle à soixante-quinze lieues à l'heure.

— Nous sommes en pleine période de reproduction, mentionna Louis, n'est-ce pas dommage ?

Frédéric le regarda, étonné. Louis connaissait les règles de la chasse et possédait lui-même des faucons.

Le jour suivant, ils évoquèrent la menace des Mongols. Louis fut surpris par la première réaction de son interlocuteur.

— Il faut redouter cette invasion qui est maintenant à nos portes. Mais je crains encore davantage cette menace qui est dans notre sein, celle des menées séditieuses des communes. Cette idée pernicieuse de démocratie est un poison mortel pour nos monarchies... C'est une lèpre qui nous ronge de l'intérieur. Il faut arracher cette mauvaise herbe et je m'y emploie contre les guelfes et les Lombards.

— Le bien du peuple et sa volonté, une lèpre ? s'étonna Louis, tu es sérieux ?

— Très sérieux ! Le peuple doit être dirigé, commandé, éduqué mais il ne doit jamais avoir le pouvoir, tu m'entends ? Jamais ! sinon c'en est fini de l'ordre, de la justice, de la paix. C'est la pagaille permanente, le règne du chacun pour soi, nous ne dirigerons plus rien.

— Je ne partage pas tes craintes, souligna le souverain français. Le peuple est comme un enfant, il a besoin de protection mais aussi de liberté. Certes, point trop ! Aussi, j'envisage de réformer mon royaume en supprimant le pouvoir des féodaux comme a commencé à le faire mon grand-père Philippe. Je le transfère aux communes, mais au compte-gouttes, et sous le contrôle permanent du gouvernement royal.

Frédéric leva les bras au ciel, l'air consterné.

— Supprimer les féodaux ? Mais tu es fou. Ils sont bêtes, cupides, inconstants, batailleurs certes, mais obéissants si on les tient bien en laisse. Ils sont les rouages de mon pouvoir et exécutent mes ordres à la lettre car je les comble d'honneurs et d'argent. Un empire ne peut se diriger qu'avec un gant de fer et une épée rougie au feu. Tout cela ne m'empêche nullement de travailler à l'épanouissement de mes peuples !

Le Capétien comprit que leurs divergences sur ce sujet étaient irréconciliables. Il savait aussi qu'ils ne dirigeaient pas les mêmes peuples et que chacun devait adapter sa propre méthode. Celle que lui avait enseignée Philippe Auguste lui paraissait la plus pertinente. Il proposa de changer de sujet et demanda :

— Que faisons-nous pour les Mongols ? Le Saint-Père souhaite une sainte alliance de toutes les couronnes d'Europe pour les affronter.

— Pendant qu'il discute dans notre dos avec le Grand Khan ! souligna Frédéric, qui grommela :

— Les souhaits de ce pape ne m'intéressent guère. Il est vieux, acariâtre et n'a plus l'esprit clair. Sais-tu que j'ai reçu une lettre du Khan ?

— Que t'écrivait-il ?

— Il m'enjoignait de me rendre à sa merci et de le servir en homme lige... avant qu'il ne soit trop tard ! Je lui ai répondu que je ne pouvais lui être d'aucune utilité sinon peut-être comme fauconnier, car c'était le seul métier que je connaissais vraiment !

Louis rit de bon cœur. Décidément, cet empereur ne manquait pas de le surprendre. Il enchaîna :

— Et quel sort réserves-tu aux Juifs dans ton empire ?

— Les Juifs ? Je les protège contre vents et marées. J'interdis qu'on les maltraite car j'en ai besoin pour mon commerce ; ils sont les plus habiles pour cette tâche, même les Lombards ne leur arrivent pas à la cheville. Pourquoi me poses-tu cette question ?

— Je n'aime pas ce qu'ils font avec l'argent, déclara Louis. Je ne veux pas non plus qu'on les martyrise, mais je les empêche de nuire à mon peuple avec leurs prêts à usure. Et puis ils ont assassiné Jésus !

— Fais attention, conseilla l'Allemand, les Juifs sont utiles, très utiles au développement de l'économie de ton royaume ; tu aurais tort de les empêcher de travailler et de les exclure.

Ils déjeunèrent ensuite en tête à tête et en vinrent à des échanges plus intimes.

— Comment cela se passe-t-il avec ta Provençale ? Savais-tu que j'avais voulu l'épouser, le comte de Provence me l'avait promise.

— La malheureuse... ! murmura Louis.

— Tu as raison, je n'aurais pas su la rendre heureuse comme elle l'est avec toi, m'a-t-on rapporté, nonobstant l'animosité de la reine Blanche à son égard.

Louis refusa de relever. Les relations entre sa mère et son couple ne regardaient personne, pas même l'empereur.

— Tu l'aimes ? s'enquit Frédéric.

— Oui, beaucoup, seul Dieu pourra nous séparer.

— Tu as de la chance...

Frédéric vida son verre de vin, s'essuya la bouche, puis, une larme à l'œil, se confia :

— Moi aussi j'ai été très amoureux de mon épouse Constance d'Aragon. Nous avons passé ensemble treize années merveilleuses et elle m'a abandonné pour le Paradis. J'en suis inconsolable. Le fils qu'elle m'a donné, Henri, le duc de Souabe, que j'aime par-dessus tout, ne cesse de me jouer des tours pendables. Il est très influençable et ne comprend pas que je ne veux que son bien. J'ai été obligé de l'emprisonner.

Il se fit resservir un autre verre qu'il vida aussitôt. Il buvait beaucoup, mais rarement jusqu'à l'ivresse. Il ajouta, sombre :

— Depuis lors, je n'ai jamais pu retrouver l'amour, je ne sais plus ce que c'est. La pauvre Isabelle, qui m'a offert le trône de Jérusalem, je ne l'ai jamais aimée ; quant à Isabelle d'Angleterre, une Anglaise, tu imagines, aussi froide que les eaux qui baignent son île ; elle m'a donné Conrad et je ne lui laisse que de mauvais souvenirs... Aujourd'hui, Isabelle est recluse en Sicile et je vis avec une belle Piémontaise, Bianca Lancia, qui m'aime, je le pense, mais je ne suis pas sûr de la vérité de mes sentiments pour elle... Alors pour perpétuer la mémoire de Constance, je lui écris des poèmes.

— Tu as la réputation de très bien écrire aussi, souligna Louis, c'est un autre talent que je pourrais t'envier, mais je ne suis pas mû par l'envie.

Des larmes sillonnèrent les rides profondes du visage de Frédéric. Louis perçut que sa brutalité, son arrogance, son appétit de puissance n'étaient peut-être qu'une carapace. À cet instant, il le trouva sincère, fragile, émouvant.

— Tu la retrouveras, murmura Louis.

— Crois-tu ? demanda Frédéric, quelle preuve as-tu de l'immortalité ? Comment croire ? Admettre, par exemple, que Dieu accepte comme vicaire un homme comme Grégoire ?

— Dieu n'intervient pas dans les affaires des hommes, répondit Louis. Il nous laisse libres d'agir, il nous inonde de sa lumière pour nous aider à vivre, à aimer, à faire le bien, à être compatissants...

— Je sais, je sais tout cela, reprit Frédéric, tristement. Pourtant...

Ils poursuivirent leur repas en silence. Soudain, l'empereur qui ne perdait jamais le fil de ses idées demanda :

— Pour combattre le Saint-Père, puis-je compter sur toi ?

— Pour le combattre, non ! répliqua le roi. Mais pour l'empêcher de te combattre, je ferai tout ce qui sera en mon pouvoir, sûrement !

Les deux hommes s'embrassèrent et se jurèrent fidélité à vie.

52

L'arrivée de la Couronne d'épines

— C'est une croisade de poètes, déclara Jean de Beaumont en apprenant la déconfiture d'une partie de l'armée des croisés sur la côte de Gaza.

Le conseiller militaire du roi savait de quoi il parlait. Parmi les principaux dirigeants de cette expédition figuraient trois chevaliers plus trouvères que guerriers : leur chef, Thibaud de Champagne, mais aussi Philippe de Nanteuil et le frère de Jean de Nesle, Raoul de Soissons. Un trio de chantres perdu dans les dunes de sable du royaume de Jérusalem. L'organisation de la campagne militaire pêchait par manque d'unité. Thibaud de Champagne, qui n'avait jamais brillé sur les champs de bataille, ne pouvait vraiment commander en faisant valoir son point de vue car il aurait fallu qu'il en eût un.

Les barons qui l'accompagnaient n'en faisaient qu'à leur tête. Jean de Beaumont, informé des détails de l'expédition, raconta :

— En novembre, les croisés se dirigèrent d'Acre vers Jaffa. Comme ils n'avaient pas d'ordre précis, la règle était le chacun pour soi. Ainsi Pierre Mauclerc se rua-t-il avec son armée sur une caravane dotée d'un immense troupeau et la mit-il en pièces. Ne voulant pas être en reste, le comte de Bar voulut surprendre l'armée d'un émir qui passait par là. Il partit un soir, en secret, avec cinq cents chevaliers pour mener son combat.

— Thibaud ne put l'en empêcher ? demanda le roi.

— Il a essayé ! Mais, Sire, imaginez l'autorité de Thibaud sur le comte de Bar !

— Et alors ?

— Le seigneur dépassa Ascalon et se dirigea vers Gaza. Et ce qui devait arriver arriva. Il tomba dans une embuscade et son armée fut décimée. Le comte de Bar fut tué et de nombreux autres chevaliers avec lui. De cette lamentable équipée, il nous reste ces quelques vers que Philippe de Nanteuil a pu faire parvenir du Caire où il est retenu prisonnier :

> Ah France, douce contrée,
> maudite soit la journée
> où tant de vaillants chevaliers
> sont devenus prisonniers

— Et qu'ont fait les Sarrasins des chevaliers ? interrogea Louis.

— Thibaud a voulu aller les délivrer mais le comte de Jaffa s'y est opposé. Nos chevaliers auraient mieux fait d'écouter les Poulains[1], plutôt que de se perdre dans les sables.

— Pitoyable ! s'exclama Blanche de Castille. Que fait Thibaud maintenant ?

— Il a ramené ses troupes à Saint-Jean-d'Acre et il attend des jours meilleurs. Il doit s'être remis à l'écriture, lâcha Jean de Beaumont. Il dispose encore d'effectifs importants, même si quelques barons l'ont abandonné et s'en retournent actuellement vers la France.

— Et notre connétable, Amaury de Montfort ? s'inquiéta le souverain.

— Il n'est pas en bonne santé, Sire, nous craignons pour sa vie.

Il devait, en effet, trépasser quelques jours plus tard.

— À quelque chose malheur est bon, intervint le chambellan Ours, Jean de Braine ayant disparu dans cette expédition, le comté de Mâcon qu'il avait mis en gage auprès de vous pour payer sa croisade peut être définitivement réuni au domaine royal.

Le roi regarda son conseiller d'un œil sévère, sans mot dire, car manifestement cette réflexion lui parut déplacée dans un tel contexte.

Le souverain avait fait venir son confesseur Guillaume d'Auvergne dans sa chambre pour lui lire la lettre que le pape Grégoire venait de lui faire parvenir. Le souverain pontife s'en prenait encore à Frédéric. Parcourant la pièce de long en large

1. Nom donné aux Francs nés en Orient et arabisés.

en décryptant la missive en latin, le roi ne pouvait cacher son étonnement.

— La colère du Saint-Père est sidérante, Monseigneur ! Écoutez cela : « Un monstre est sorti de la mère qui, avec les pattes de l'ours et la gueule du lion, ressemble à un léopard... »

— L'empereur n'est pas un Adonis, mais il ne mérite pas tant d'éloges, plaisanta le prélat.

Louis sourit. Il aimait aussi son confesseur pour son humour. Il poursuivit :

— « Sa bouche ne s'ouvre que pour blasphémer Dieu et les saints... »

Il posa la lettre sur une table et ajouta :

— Le Saint-Père nous demande de prendre les armes contre l'empereur. À nous et à tous les monarques d'Europe. Il lui déclare la guerre ! C'est inimaginable !

Louis saisit un autre parchemin sur la table et, s'adressant à l'évêque, lui dit :

— Écoutez encore aussi cette lettre que Frédéric a envoyée à toutes les cours d'Europe : « Si le père apostolique a résolu de nous offenser si gravement, malgré notre patience à supporter les affronts, la violence d'une telle action nous obligerait d'avoir recours à ces châtiments que les Césars savent appliquer. »

— Il se prend donc bien pour César, nota l'évêque, l'un et l'autre ont franchi les limites de la bonne intelligence.

— Quel est votre avis, Monseigneur ? Dois-je prendre parti ?

— Sans doute pas tout de suite, conseilla Guillaume d'Auvergne. Ce ne sont encore que des échanges de correspondance et, pour l'heure, les champs de bataille restent épistolaires.

— Le Saint-Père, reprit le roi, a tout de même prononcé l'anathème et l'excommunication de l'empereur, puis lancé l'interdit sur la ville de Padoue où il siège. De plus, il a signé une alliance avec les villes lombardes en les incitant à se rebeller. Il est prêt à revêtir une armure pour partir en croisade contre celui qu'il appelle désormais l'Antéchrist.

— Le Saint-Père m'étonne par son énergie et sa pugnacité. Songez qu'il n'est pas loin d'avoir cent ans !

— L'empereur fait actuellement peser des menaces sur le comté de Provence, enchaîna le monarque. Après avoir nommé un vice-roi à Arles, il vient de demander à Raymond de Toulouse d'attaquer le père de mon épouse. Je peux m'y opposer et faire valoir à Frédéric que ce serait une agression contre quelqu'un de ma famille. Je peux aussi lui rappeler que Raymond de Toulouse a donné sa fille en mariage à mon frère Alphonse... et l'assurer de ma bienveillance et de ma neutralité dans le conflit qui l'oppose au souverain pontife.

— Si j'osais, Sire, je dirais que cette subtilité diplomatique serait du goût de votre mère.

— Je le prends pour un compliment, Monseigneur.

De fait, Blanche et Louis furent en accord lorsqu'ils reçurent quelques semaines plus tard le cardinal légat de Préneste, envoyé par le pape pour leur demander leur appui. Louis resta réservé, n'acceptant que d'accorder une contribution financière... prélevée sur le clergé.

Un peu plus tard Louis s'interrogea sur la pertinence de cette réponse. L'annonce d'une deuxième fausse couche de Marguerite le troubla. Il se demanda si sa foi était authentique, s'il servait bien Dieu comme il le devait. Dieu le punissait-il en lui refusant un héritier ? Non ! Dieu ne se vengeait jamais, même si certaines homélies voulaient le faire croire. Il chassa cette idée. S'en prendre à Dieu quand la nature faisait son œuvre, c'était le blasphémer. Dieu laissait aux hommes leur liberté, en contrepartie de quoi il les soumettait aux lois de la nature. Il leur appartenait de faire la différence entre la loi divine et la loi naturelle et de ne pas confondre le sacré et la matière. Son rôle, en tant que roi chrétien, était de défendre, par les armes s'il le fallait, par le feu s'il l'exigeait, la loi du Seigneur. Et cette tâche lui dictait de poursuivre les hérétiques et les Infidèles. Roi chrétien était-il d'abord.

N'était-ce pas la raison qui l'invitait à fermer les yeux sur les agissements de l'inquisiteur Robert le Bougre qui venait de commettre de nouveaux méfaits en Champagne. Le dominicain s'était rendu à Provins, la troisième grande ville du royaume, de plus de quatre-vingt mille âmes, au moment où se tenait la foire la plus importante de l'année. Là, il avait fait procéder par les soldats du roi à l'arrestation de plusieurs centaines de personnes et en avait fait brûler cent quatre-vingt-trois sur le bûcher à Mont-Wimer.

— Je l'ai vu de mes yeux vu, déclara le moine cistercien, Aubry de Trois-Fontaines, à Gautier Cornut.

— Cent quatre-vingt-trois hérétiques à Provins ? Mais c'est insensé, comment a-t-il pu ? demanda l'archevêque de Sens.

Le prélat, hostile depuis toujours aux méthodes des inquisiteurs, courut alerter le roi. Il n'était plus possible de laisser ce tortionnaire salir l'image du royaume. Face à Louis, l'archevêque n'utilisa pas sa diplomatie coutumière. Il exprima vertement sa colère, lui ordonnant d'agir.

— Il ne vous est plus permis d'accepter les méthodes de ce tortionnaire ! déclara-t-il. Il faut immédiatement mettre un terme à ses agissements. Vous devriez, Majesté, alerter Sa Sainteté.

Le roi resta un moment silencieux. Le chiffre des personnes condamnées au bûcher par Robert le Bougre lui faisait prendre conscience de son implication et de sa responsabilité. Il comprenait qu'il avait eu tort de le laisser faire. En outre, il ne pouvait pas croire qu'il y eût autant d'hérétiques dans cette région.

— Il est attendu à Paris pour de nouveaux jugements, informa le prélat. L'Inquisition empiète sur la justice civile en arrêtant des gens, non parce qu'ils sont des hérétiques, mais seulement parce qu'ils colportent des idées nouvelles...

— Il est vrai que le Saint-Siège craint que l'hérésie ne s'étende jusqu'aux régions du Nord, argumenta le roi.

— Nous l'avons cru aussi, déclara Gautier Cornut, parlant au nom de tous les évêques. Mais nous n'en avons pas de preuves tangibles. Nous ne devons pas confondre les manifestations ordinaires de contestation avec l'extension de l'hérésie. Votre peuple est inquiet, Sire, plus que cela, même, il est indigné, et cette révolte alimente la répression de l'inquisiteur. C'est sans fin. Et tout ça éclabousse votre personne.

— Bien, déclara Louis. Faites-le arrêter et renvoyez-le au Saint-Père, qu'il s'en débrouille.

Ce qui fut fait. Bien qu'il fût le premier conseiller du roi, l'archevêque de Sens pouvait se prémunir de sa fidélité au régime capétien pour faire valoir son point de vue. Une autre occasion de le donner lui fut apportée par l'affaire du Talmud. Une controverse avait pris naissance en 1236 quand un Juif converti au christianisme – hérétique à sa religion initiale –, Nicolas Donin de La Rochelle, un personnage assez trouble, partit en guerre contre le Talmud. Le livre sacré des Juifs était connu sous deux formes : la loi orale, la Torah, qui commentait l'Ancien Testament, et la loi écrite, rédigée vers le cinquième ou sixième siècle, appelée aussi Talmud de Babylone.

Sous l'influence des frères franciscains, très sourcilleux sur l'application des écrits bibliques dans toute leur acception, Nicolas Donin trouva là matière à se faire connaître et apprécier des milieux ecclésiastiques qu'il avait rejoints. Il fit part au souverain pontife de ses critiques à l'égard du nouveau Talmud, dénonçant ses dérives et ses mensonges. Il prétendait que celui-ci était subversif pour la chrétienté et même insultant à l'égard du Christ et de la Vierge Marie.

Le pape fit étudier la question et deux ans plus tard, convaincu que Donin de La Rochelle avait raison, écrivit à tous les souverains et à tous les évêques en les enjoignant de saisir tous les exemplaires du Talmud, livre qui « a ancré les Juifs dans leur perfidie ».

Le roi fut sensible à cet appel du pape et décida d'y donner suite. Mais avant de procéder au retrait des livres, il voulut, sur les conseils de l'archevêque de Sens, qu'une confrontation ait lieu entre les théologiens des deux camps. Il fallait bien la préparer, aussi n'aurait-elle lieu que l'année suivante. En outre, Louis avait une préoccupation immédiate plus prestigieuse et plus glorieuse : l'accueil de la Couronne d'épines qui arrivait de Venise et dont il suivait chaque jour les étapes.

En cortège, le monarque alla à sa rencontre, accompagné de sa mère, de son épouse, de ses frères et de plus d'un millier de chevaliers. Ce fut à Villeneuve-sur-Vanne (Villeneuve-l'Archevêque), en Champagne, en territoire royal, que fut accueillie la châsse transportant la Couronne. Celle-ci fut placée dans l'église de la bourgade.

Là, le roi ouvrit le vase d'argent. Il y trouva un réceptacle, de l'or le plus pur, dans lequel reposait la Sainte Couronne.

— Le couvercle soulevé, raconta l'archevêque de Sens, l'inestimable perle apparut à tous ceux qui étaient présents. Avec quelles dévotions, quelles larmes et quels soupirs, le Roi, la Reine et les autres regardèrent... !

Le roi procéda à la reconnaissance des sceaux des barons de Constantinople qui authentifiaient la relique. Celle-ci était composée d'une couronne de joncs piquée d'épines de zizyphus.

L'émotion était intense car chacun imaginait ce moment où le Christ, flagellé et portant la croix, le visage couvert de sang, se dirigeait vers le Golgotha pour que s'achève son calvaire.

À la fin de cette cérémonie, Louis prit une épine sur le reliquaire et en fit don à Bernard de Montaigu, l'évêque du Puy ; la cathédrale de Sens en possédait déjà une.

— La Couronne que porta le Christ souffrant pour que soient pardonnés les péchés des hommes, déclara le souverain, sera placée sous la protection des rois de France. Mais ses épines pourront être distribuées dans tous les Lieux saints d'Europe pour témoigner du sacrifice de Notre-Seigneur, comme certaines l'ont déjà été par notre ancêtre Charlemagne.

Le lendemain, sous un soleil de plomb, Louis et son frère Robert d'Artois, pieds nus et vêtus d'une simple tunique, quittèrent l'abbaye de Saint-Pierre-le-Vif où la relique avait été gardée pour se rendre à Sens, à cinq lieues de là. Le cortège de barons et de chevaliers, suivi de soldats et du peuple, s'étirait sur plus d'une lieue. La reine et Blanche de Castille marchèrent derrière les deux frères pendant quelques minutes puis remontèrent dans leurs chars pour s'abriter du soleil.

— Dieu nous a accompagnés pendant tout notre voyage, avait déclaré, André de Longjumeau, qui avait rapporté la relique à Venise. Il faisait très beau le jour et ne pleuvait que la nuit.

À mesure que la procession avançait, les populations de tous les villages voisins venaient participer à cet événement qui faisait de la France la nouvelle Terre sainte. Après douze heures de marche, l'arrivée à Sens se fit aux flambeaux. La ville retentissait de chants, des cloches de toutes les églises, des orgues et des lyres.

Comme deux pénitents, portant le reliquaire sur leurs épaules, les deux frères entrèrent dans la cité sous les acclamations d'une foule exaltée par l'ostension de cet objet vénérable si important dans la réalité de leur foi. L'office fut célébré par l'archevêque de Sens qui trouva à cette occasion la consécration de toute une vie. Dans son homélie, il déclara devant les fidèles :

— De même que le Seigneur Jésus-Christ a choisi la terre de la promesse pour faire connaître les mystères de la Rédemption, de même nous croyons qu'il a spécialement choisi notre Gaule pour une plus grande vénération du triomphe de sa passion.

La France devenait ainsi la nouvelle terre promise. Un nouveau Lieu Saint accueillait les reliques du Christ, d'autres allaient suivre. Et Louis se présentait comme le digne descendant des rois de Judée, comme le souligna encore le prélat :

— Aujourd'hui, le roi de la miséricorde accorde à la Gaule sa propre couronne. Noble Louis, roi des Francs, à toi sont soumis les diadèmes des anciens rois.

Le lendemain, la procession se poursuivit en bateau et dix jours plus tard, le 18 août 1239, renouvelant leur acte de pénitence, Louis et Robert entrèrent dans la cour du château de Vincennes où une estrade avait été dressée pour présenter la relique aux Parisiens. Elle fut d'abord portée à la cathédrale Notre-Dame et exposée une nouvelle fois à la population avant d'être déposée dans le Palais Royal sur l'autel de la chapelle palatine Saint-Nicolas.

53

Le Talmud confisqué

Les rumeurs les plus venimeuses couraient dans Paris sur une séparation possible entre Louis et Marguerite. Elles étaient entretenues par quelques barons, des membres de la Curie et étaient nées d'une allusion de la reine Blanche. Elles parvinrent aux oreilles du roi qui, animé par une colère froide, déclara sur un ton tranchant, au cours d'un Conseil :

— J'apprends ce qui est colporté au sujet de l'avenir du couple royal. Je plains sincèrement ceux qui ont les langues assez médisantes pour laisser croire qu'il pourrait être dissous. Il a été uni par Dieu et il l'est aussi par l'amour. Rien, pas même la mort, n'y mettra un terme.

Les conseillers sentirent passer le vent du boulet. Blanche de Castille n'assistait pas à la réunion car Louis n'aurait sûrement jamais tenu de tels propos devant elle. Mais il savait qu'ils lui seraient rapportés. La reine mère n'avait jamais évoqué directement cette éventualité devant lui, mais, par quelques paroles insidieuses, elle n'avait pu cacher ses pensées : « Ces fausses couches à répétition, c'est bien ennuyeux pour votre royaume, Louis. » Ou encore : « Sera-t-elle un jour féconde à son terme ? »

Quelques jours plus tard, Marguerite lui apprenait qu'elle était de nouveau enceinte. Elle lui assura :

— Cette fois, notre enfant naîtra et vous sourira !

— J'en rendrai grâces à Dieu, répondit-il, non sans cacher sa joie.

— Mais j'exige, reprit-elle, que vos médecins me laissent en paix. Je veux agir comme je l'entends, manger ce que je veux, courir comme je le souhaite, m'amuser quand je le désire. C'est ainsi que dans mon pays les femmes mettent au monde des enfants robustes.

— Tout sera fait selon votre désir ! répondit Louis, en riant.

Il était prêt à tout pour que, cette fois, la grossesse réussisse. Marguerite reprit :

— Et que votre mère cesse de lever les yeux au ciel après avoir regardé mon ventre. Si j'ai besoin de Dieu, je peux m'adresser à lui toute seule.

Louis ne fut pas surpris par cette algarade. Elle exprimait bien l'hostilité latente que les deux femmes se vouaient. Il était résolu à les réconcilier. Marguerite ne pouvait pas être sereine dans un tel climat.

Peu après cet échange, un messager apporta une lettre en provenance d'Angleterre. Éléonore apprenait à sa sœur qu'elle venait de mettre au monde un garçon, prénommé Édouard. Elle raconta que son époux, déjà très amoureux, l'avait comblée de mille cadeaux et lui avait déclaré que, désormais, elle pouvait tout lui demander. Elle précisa aussi que ses oncles, restés près d'elle, lui conseillaient de le guider tant il semblait désemparé face à ses barons. Et, comme si l'affaire était banale, Éléonore lui raconta qu'Henri avait failli être assassiné et n'avait dû son salut qu'à son envie soudaine de venir la rejoindre dans sa couche.

Marguerite lut cette nouvelle à Louis qui ne sembla pas s'en émouvoir :

— Les Anglais, commenta-t-il, ont le goût du complot et de l'assassinat, c'est ainsi qu'ils ont attenté à la vie d'un grand saint, Thomas Becket, l'archevêque de Canterbury.

Louis regarda son épouse et éprouva une sensation physique intense. Maintenant qu'elle était enceinte, il ne devait plus l'honorer. L'Église l'interdisait. Une pensée confuse l'envahit et mit sens dessus dessous ses convictions. Il était partagé, tiraillé même entre sa nature généreuse, amoureuse, spontanée, et les contraintes que lui imposaient son éducation et sa foi. Il avait appris par son précepteur qu'il fallait garder ses distances avec les femmes, incitatrices au péché, précepte inscrit dans la droite ligne de l'enseignement de saint Paul. Sa mère elle-même, qui sur ce plan n'avait rien d'une bigote, l'avait mis en garde contre le pouvoir des femmes et leur capacité à faire de la chair un attrait diabolique. Mais ne lui avait-elle pas montré, en exemple, la ferveur de son couple ? Par ailleurs, la littérature et l'air du temps ne vantaient-ils pas l'amour courtois, n'exaltaient-ils pas la femme en la mettant sur un piédestal. Quand un jour il avait surpris son épouse lisant *L'Art d'aimer* d'Ovide, il avait été troublé. N'était-ce pas un livre pervers entre tous ? Qui était donc Marguerite, une délurée, une affranchie, une diablesse ? Ces interrogations aussi fugaces que funestes n'avaient pas lieu d'être. Il le savait. Son épouse était irréprochable, il n'en doutait pas, aussi n'avait-il jamais mis en cause la sincérité et la profondeur des sentiments qu'elle lui témoignait. Il l'idéalisait même comme modèle de ce qu'il aurait pu rêver comme épouse, comme amante et comme reine. Il lui semblait avoir auprès de lui une femme de la trempe de sa mère, l'expérience politique en moins. Cette appréciation ne faisait que renforcer son admiration.

Quand il vivait un tel dilemme, quand il se tourmentait avec de telles questions, il la quittait et se rendait à sa chapelle pour prier.

Un soir, après les vêpres, il croisa l'archevêque de Sens venu lui parler de son oncle Pierre Charlot, fils bâtard de son grand-père, qui avait obtenu du pape Honorius le privilège de donner à ce fils la possibilité de faire carrière dans l'Église. Il avait fait des études de théologie et était devenu diacre. Les chanoines de Noyon venaient de le choisir pour évêque et quelques jaloux qui convoitaient ce poste prestigieux avaient alerté le pape Grégoire ; ce dernier avait refusé cette promotion au prétexte que l'indult, privilège accordé par son prédécesseur, ne permettait pas l'accès à l'épiscopat.

— Que doit-on répondre à Sa Sainteté ? demanda Gautier Cornut.

— Que le roi de France n'acceptera aucun autre candidat, déclara Louis.

— Et s'il persiste dans son refus ? s'enquit le prélat.

— Il n'a pas le choix ! Ce que je décide, je le fais en mémoire de mon grand-père, Philippe, à qui je ne peux manquer. C'est lui que je veux honorer plus que son fils illégitime.

— Bien, Sire, s'inclina son conseiller.

En apprenant la position du roi de France, le pape faillit s'étrangler d'indignation, mais il ne pouvait l'affronter à un moment où il se trouvait en plein conflit avec l'empereur, d'autant plus qu'il ne pouvait pas compter sur le roi d'Angleterre. Il ordonna une enquête... pour ne pas perdre la face. Et Pierre Charlot fut nommé évêque.

Quelques semaines plus tard, Louis demanda à l'archevêque de Sens de l'accompagner. Ils traversèrent la chapelle et se rendirent à l'intérieur du Palais Royal au centre d'un vaste espace formant une grande cour qui, jusqu'alors, servait aux exercices.

— Je veux, dit le roi, construire ici une grande chapelle pour y abriter les reliques de la passion de Notre-Seigneur. Ce sera le plus beau reliquaire jamais édifié et je vais en confier les plans à Pierre de Montreuil. Ce qu'il fait actuellement à Sainte-Marie est admirable.

— Une chapelle nouvelle, au pied du Palais ? s'exclama l'archevêque.

— Oui, répondit le roi, le peuple pourra s'y rendre, mais elle doit être placée à l'abri des criminels.

Le prélat ne put que s'incliner. Le projet du roi était magnifique et, fût-il iconoclaste, il était après tout le roi ; protéger les reliques était une sage précaution. De plus, le monarque plaçait ainsi son palais sous la protection divine et le sacralisait.

— Je rêve de vivre assez vieux pour voir s'élever pareil hommage, déclara l'archevêque.

Puis le roi évoqua l'affaire du Talmud. Il fit état de la lettre du pape qui enjoignait d'en saisir les exemplaires et lui demanda son avis. L'archevêque approuva l'idée d'une conférence, à condition qu'elle ne tournât pas au procès. Admirateur de saint Bernard, il avait adhéré à son esprit de tolérance à l'égard des Juifs. Lui qui avait lancé la deuxième croisade et s'était indigné des pogroms avait dit, rappela-t-il au roi, que « les Juifs représentent le témoignage et le mémorial vivant de la passion du Seigneur. Dieu a accordé aux Juifs la loi et la promesse du Messie qui descend d'eux, selon la chair. S'ils ont été dispersés par la diaspora, c'est pour prouver, par ce châtiment, la Rédemption. À la fin des temps, ils entreront dans l'Église, selon la prophétie de saint Paul ».

— Pour l'instant, ils n'y sont pas, releva le roi, et par ce nouveau Talmud, ils se détournent de l'Écriture sainte de l'Ancien Testament.

— Est-ce une raison suffisante pour le leur confisquer ? interrogea le prélat.

Louis ne voulut pas répondre. Il informa son conseiller qu'il souhaitait confier l'organisation de la confrontation, ce fut son mot, au dominicain Henri de Cologne et à Eudes de Châteauroux, chancelier de l'université de Paris.

Le prélat ne fit pas de commentaire. Il pensa que ces ecclésiastiques, très hostiles aux Juifs, orienteraient fâcheusement les débats. Il n'avait pas tort. Car Nicolas Donin de La Rochelle avait été chargé de les mener.

— Cet hérétique à sa religion est comme tous les convertis, plus royaliste que le roi, fit remarquer l'archevêque.

La décision du souverain marquait l'influence grandissante des ordres mendiants sur sa pensée et son action. Ces ordres, qui manifestaient leur volonté de revenir à l'origine des Écritures au détriment des exégèses, trouvaient dans le Talmud de bons prétextes puisqu'il formulait une nouvelle interprétation des textes.

Peu avant la confrontation qui allait se tenir dans un couvent franciscain, Louis eut un entretien sur le sujet avec sa mère. Il fut convenu qu'elle dirigerait la réunion afin de libérer le roi de toute polémique et lui éviter d'avoir à prendre parti. Ses récents conflits avec le pape, tant sur la nomination de Pierre Charlot que sur les restrictions judiciaires des évêques, ne devaient pas influencer les décisions qui seraient prises.

Devant un aréopage très hostile conduit par un converti vindicatif, quatre rabbins, dont le très savant rabbin Yéhiel, durent répondre à de graves accusations. Yéhiel demanda à Nicolas Donin :

— Pour quelles raisons nous agresses-tu ainsi ?

— Parce qu'il y a dans le Talmud des propos honteux contre le Messie !

Le rabbin se tourna vers la reine Blanche et l'implora :

— Ne me demandez pas, Madame, de répondre à ces critiques, elles sont sans fondement. Depuis treize siècles, jamais aucun chrétien n'a manifesté la moindre hostilité à l'égard de notre Torah.

— Il s'agit de votre nouveau Talmud de Babylone, insista Nicolas Donin.

Désignant du doigt le converti, le rabbin s'adressant au roi, déclara :

— Cet homme qui s'est apostasié n'a plus qu'une ambition, se venger de notre religion et nous torturer.

— Il a raison, tonna Henri de Cologne, votre livre insulte Jésus.

— Mais nos ancêtres n'ont jamais parlé de votre Jésus, répliqua le rabbin, et si des paroles vous paraissent iniques, elles n'ont pas été proférées sur lui. Il y avait de nombreux prophètes à cette époque qui se prénommaient Jésus, comme il y a aujourd'hui en France beaucoup de Louis qui ne sont pas rois !

— Vous mentez ! cria Henri de Cologne.

— Vous nous menacez, reprit le rabbin, et vous allez monter le peuple contre nous ! Madame, je vous demande de nous protéger, implora-t-il en s'adressant à la reine.

Blanche de Castille répondit :

— Il ne vous sera fait aucun mal. Nous sommes résolus à vous protéger vous et tous vos biens. Celui qui s'aviserait de vous maltraiter serait tenu pour un criminel.

En réalité, le Talmud niait l'ascendance divine du Christ, ce qui n'avait rien de nouveau, puisque la communauté juive avait exprimé cette opinion depuis toujours.

— Qu'il prête serment sur tout ce qu'il affirme, intervint Eudes de Châteauroux.

La reine demanda au rabbin de jurer, ce à quoi Yéhiel répondit qu'il ne le pouvait pas car sa religion le lui interdisait.

— Cela prouve bien sa fourberie ! hurla Nicolas Donin.

— Non ! reprit la reine, s'il n'a jamais juré, nous ne pouvons pas lui demander de le faire aujourd'hui.

Le Roi fut surpris par l'esprit de tolérance de sa mère au cours de ce débat qui n'était autre qu'un procès inquisitorial. Il se souvenait qu'elle l'avait fortement encouragé, dix ans plus tôt, à signer son ordonnance contre l'usure qui avait sévèrement limité les opérations financières des Juifs. Il était vrai que, cette fois, le sujet était d'une autre nature et que sa mère, bien qu'hostile aux prêteurs juifs, apparaissait bienveillante à l'égard de leur foi et de leurs pratiques religieuses.

La confrontation fut close sans qu'aucune décision ne fût annoncée autre que celle de poursuivre les confiscations des Talmud commencées déjà depuis plusieurs semaines, opérations menées par Henri de Cologne les jours de sabbat. La réquisition s'étendit aussi à l'université de Paris sous la houlette du théologien Albert le Grand.

Quand Louis raconta à Marguerite cet épisode, celle-ci s'en émut.

— Pourquoi vous en prenez-vous aux Juifs, ici en France ? demanda-t-elle. En Provence, mon père les estime bien. Son principal conseiller financier est un juif qu'il apprécie hautement.

— C'est sans doute lui qui doit lui conseiller de ne pas verser votre dot, répliqua Louis, ironique. De toute façon, votre père fait ce qu'il entend, et moi, roi de France, ce que j'entends. Je les ai en abomination ; je ne veux pas que leurs biens soient tournés au profit du royaume ; je ne veux pas leur permettre de prendre des usures, mais qu'ils tirent leur subsistance de métiers et commerces licites, comme cela se pratique dans d'autres contrées.

— Ils ne sont pas les seuls, vous le savez bien, répliqua Marguerite, les chrétiens pratiquent eux aussi le prêt et l'usure.

— Pour les chrétiens, répondit le roi, cela relève des prélats de leurs églises, mais pour les Juifs, cela me concerne : ils me sont soumis par le joug de la servitude ; il ne faut pas qu'ils oppriment les chrétiens par des usures et qu'à l'ombre de ma protection, il leur soit permis d'en prendre et d'infecter ma terre de leur venin. Qu'ils abandonnent les usures ou alors qu'ils sortent tout à fait de ma terre pour qu'elle ne soit plus souillée par leurs ordures.

Le ton n'appelait pas de réplique. Marguerite changea de sujet et évoqua quelques problèmes domestiques, touchant notamment à son budget d'habillement et à la rémunération de son personnel. Elle exprima ses besoins que son époux approuva sans réserve. Ledit budget dépassait désormais les cent cinquante livres annuelles, une somme plus importante que celle perçue par la régente. Mais Louis pouvait difficilement ne pas gâter celle qui attendait de lui un enfant.

En plein mois de juillet, au terme de neuf mois de grossesse, Marguerite accoucha d'une petite fille... six ans après son mariage.

Louis était dans sa chapelle et priait pour que cet enfant, de préférence un garçon, fût en bonne santé.

— Je n'oserai jamais dire à mon époux que ce n'est pas un garçon, déclara Marguerite, alerte et bien éveillée, malgré un accouchement long et douloureux.

Le confesseur du roi, Guillaume d'Auvergne, qui était venu lui rendre visite, se proposa d'aller voir son époux et de lui annoncer la nouvelle.

— Soyez sans crainte, déclara l'évêque de Paris, le Roi aura toutes les raisons de se réjouir.

Le prélat se rendit donc dans la chapelle, s'agenouilla près du souverain et lui déclara :

— Seigneur, réjouissez-vous, car aujourd'hui la couronne de France a gagné un roi.

Le visage de Louis s'illumina et l'évêque poursuivit :

— En effet, vous avez une fille dont le mariage vous donnera un royaume, alors que si vous aviez eu un fils vous auriez dû lui céder un vaste comté.

Le roi éclata de rire. L'évêque de Paris l'avait bien enjôlé. Il se rendit auprès de Marguerite et lui déclara :

— Nous l'appellerons Blanche, comme vous l'avez souhaité, ma Mie, cela fera plaisir à ma mère qui est bien plus impatiente que moi de voir arriver un garçon.

Un messager en provenance de Rome apprit à Louis que le ton était encore monté entre l'empereur Frédéric et le souverain pontife. Bravant son excommunication, Frédéric alla jusqu'à prêcher, le jour de Noël, dans une église de Pise. Puis l'empereur voulut investir Rome, sûr que le peuple l'accueillerait en César, n'imaginant pas que le pape réussirait au dernier moment à s'assurer du soutien des Romains. Il renonça à assiéger la Ville lumière et alla s'emparer de Ravenne, ville tout aussi symbolique.

Grégoire convoqua un concile dans le but de le déposer. Pour le provoquer, l'empereur organisa un autre concile afin de nommer un nouveau pape qui serait à ses ordres.

54
Les cavaliers de l'Apocalypse

En dépit de tous les efforts que le souverain français déployait pour imposer la paix dans son royaume il y avait toujours un vassal prêt à ignorer ses promesses et à se rebeller.

Le cas de Raymond de Toulouse était à cet égard symbolique de l'inconstance des grands feudataires. Il était « ligoté » par le traité de Paris de 1229, par le mariage de sa fille Jeanne avec Alphonse, frère du roi, par son animosité à l'égard du comte de Provence, par sa promesse faite au pape de se rendre en croisade, promesse toujours repoussée, enfin par ses liens avec l'empereur. Il était aussi partagé entre l'obligation qui lui était faite de lutter contre les hérétiques, les « faidits[1] », et sa mansuétude tacite, sinon passive, à leur égard puisqu'ils étaient ses sujets.

Trois événements vinrent changer le cours des choses en cette année 1240. Ce fut d'abord la répression terrible des tribunaux de l'Inquisition dans cette région qui révolta les catholiques eux-mêmes, indignés par les traitements subis par les hérétiques, souvent poursuivis sur des dénonciations infondées. Ce fut ensuite les comportements iniques des agents du roi dans les territoires acquis par Louis le Lion : les sénéchaux, les viguiers[2] et les bayles[3] multipliaient les taxes et les amendes et s'enrichissaient avec les biens récupérés sur les hérétiques condamnés. De sorte que, dans cette région du Languedoc, le roi de France passait pour l'odieux occupant et il perdait peu à peu ses soutiens.

1. Nom donné aux albigeois.
2. Prévôts en Languedoc.
3. Baillis.

Ce fut enfin, dans le duché de Narbonne, l'arrivée du vicomte Trencavel qui, chevauchant depuis l'Espagne, venait récupérer les terres de son père, prises trente ans plus tôt par Simon de Montfort, celles notamment de Béziers, Carcassonne, Albi et le Razès. La situation devenait explosive et Raymond de Toulouse ne faisait rien pour la calmer. Son attentisme frisait même la trahison et pouvait être assimilé à une collaboration avec l'ennemi.

En Conseil, Blanche entra dans une mémorable colère car elle estimait que le Languedoc faisait partie de son domaine réservé, acquis par son mari et laissé sous sa surveillance par le roi.

— Comment ? explosa-t-elle, ce Raymond de Toulouse que nous protégeons depuis dix ans, qui a pu éviter d'aller en croisade grâce à mes interventions auprès du Saint-Père, ne fait rien pour mettre de l'ordre dans cette pagaille languedocienne et laisse même Raimond Trencavel faire le siège de Carcassonne. Où sont nos troupes ?

— Elles ne devraient pas tarder à atteindre la ville, informa le chambellan Ours. Jean de Beaumont, qui les commande, pense s'y trouver dans les dix premiers jours d'octobre.

— D'après mes informations, reprit la régente, le sénéchal de Carcassonne défend sa ville assiégée depuis un mois avec une farouche énergie. Quant aux habitants de Béziers qui ont résisté à Trencavel, je les ai personnellement félicités pour leur loyauté.

Les membres du Conseil ne furent pas surpris par le ton de la souveraine. Il n'échappait à aucun d'eux que ce territoire devait être aussi protégé du meilleur ennemi de la Castille, le roi d'Aragon. Il avait élevé pendant vingt ans Raimond Trencavel, recueilli à l'âge de huit ans, et lui avait fourni les moyens d'envahir la région.

Le roi n'intervint que sur la gestion de ses comtés.

— Ce que nous apprenons régulièrement des actions de nos agents royaux qui font régner là-bas l'injustice et la corruption n'est plus tolérable. J'exige que les noms de ces administrateurs nous soient donnés et que des sanctions soient prises. Le royaume de France ne peut continuer de nourrir en son sein de tels malandrins.

Dans la bouche du roi, ces mots manifestaient la profondeur de son mécontentement et de son exaspération.

Il apparut ainsi au Conseil que les deux souverains agissaient de plus en plus de concert, la reine mère s'occupant des relations entre le royaume et ses vassaux et des contacts avec le Saint-Siège, le roi se concentrant davantage sur les questions d'organisation, de développement, de justice et d'action militaire.

L'arrivée des troupes du roi à Carcassonne fit immédiatement renoncer Raimond Trencavel, ce qui mit un terme à la résistance occitane.

Pour autant, les souverains français n'en avaient pas terminé avec Raymond de Toulouse. Non seulement son hypocrite neutralité était indigne, mais il s'était aussi mis dans la tête de divorcer de son épouse, Sancie d'Aragon, qui ne lui avait donné qu'une fille, Jeanne, pour épouser une autre Sancie, la petite sœur de Marguerite, fille du comte de Provence – son ennemi de toujours. Ce projet n'avait qu'un seul but, avoir un héritier pour soustraire son comté au royaume de France. C'est Marguerite qui en informa Louis :

— Ma sœur Sancie, lui confia-t-elle, sur un ton innocent, sachant pertinemment comment réagirait le roi, m'apprend que le comte Raymond de Toulouse a demandé sa main.

— Que dites-vous ? Mais il n'est même pas divorcé !

Louis alla immédiatement en parler à sa mère, qui envoya un courrier au pape pour lui demander de s'opposer tant au divorce du comte qu'à ce mariage inadmissible. Le souverain pontife, déjà très irrité par le refus du comte de Toulouse de partir pour la croisade, commença par interdire le divorce.

Quelque temps plus tard, le pape proposa à Robert d'Artois le titre de roi des Romains qui impliquait à terme l'attribution de la couronne impériale de Frédéric. Fidèle à sa politique de neutralité, Louis déclina cette offre et autorisa certains de ses vassaux à combattre aux côtés de l'empereur contre les Lombards. Il écrivit lui-même à ce dernier pour le rassurer : « Le Seigneur ne veut pas que nous souhaitions jamais attaquer un chrétien sans bonne raison. Gouverner le royaume de France par un roi issu d'une lignée de sang royal est supérieur à tout empereur que seule une élection volontaire promeut. Il suffit au comte Robert d'être le frère d'un si grand roi. »

Cette bienveillance à l'égard de Frédéric visait non seulement à rechercher la paix en Europe, puisque tel était son désir le plus profond, mais aussi à unir les forces des souverains chrétiens face au danger de plus en plus menaçant des Tartares dont les hordes continuaient leur redoutable progression.

L'urgence de cette union se confirmait : l'évêque Guillaume d'Auvergne, qui entretenait un échange permanent d'informations avec un homologue hongrois, fit en cette fin d'année, alors que le pays s'apprêtait à célébrer la naissance du Christ, une description apocalyptique des exactions des Mongols en Europe centrale.

— Ils sont désormais à cinq jours de l'Allemagne et envisageraient d'aller jusqu'à Rome, signala le prélat hongrois. Il les décrivait comme des êtres abominables.

— Leur roi Ögödei se proclame le seigneur des seigneurs et le souverain des souverains. Ce sont des monstres assoiffés de sang qui mangent crus les hommes et les enfants ; ils ont une tête énorme sur de petits corps et il leur faut trois étriers pour monter leurs chevaux. Ils peuvent franchir en un jour la distance que nos armées accomplissent en trois. Leur chef, Souboudaï, dirige deux armées de guerriers fidèles, indomptables, expérimentés et sanguinaires. L'une de plus de cent mille cavaliers a submergé la Pologne après avoir rasé les villes et les plaines de Russie et d'Ukraine ; et l'autre, de plus de deux cent mille hommes, a littéralement dévasté la Hongrie ; le roi Béla a dû s'enfuir.

— Évidemment, commenta Jean de Beaumont, avec notre ost majoritairement composé de chevaliers et de soldats qui ne doivent au roi qu'un service de quarante jours, nous pourrons difficilement faire face, et nos troupes régulières seront vite submergées. Il faudrait penser à mobiliser les milices communales, Majesté, comme le fit votre grand-père à Bouvines.

Un vent de panique semblait souffler sur le Conseil. Le péril venu de l'est, n'était plus une éventualité mais une certitude.

— Pendant ce temps, commenta la reine Blanche, l'empereur, si prompt naguère à dénoncer ce péril, se prend de bec avec Sa Sainteté ; l'un comme l'autre mobilisent leur force et leur énergie pour des questions d'amour-propre. L'Antéchrist est non pas l'empereur mais ce descendant de Gengis Khan, l'incarnation du démon.

— Où sont-ils aujourd'hui ? demanda le roi, imperturbable.

— Ils sont aux portes de Vienne, précisa Jean de Beaumont, où ils viennent de décimer les chevaliers teutoniques et les Polonais.

— Alors, reprit le monarque, nous devons alerter immédiatement l'empereur et Sa Sainteté, les souverains d'Angleterre et d'Espagne pour leur opposer la force immanente de la chrétienté. Je partage le point de vue de Frédéric, qui prétend que ces barbares sont envoyés par Dieu pour nous corriger, non pour nous faire périr.

— À moins que..., intervint Guillaume d'Auvergne.

— Oui ?

— À moins que cette invasion ne soit celle des cavaliers de l'Apocalypse. Rappelons-nous que le moine de Calabre, Joaquim de Flore, avait annoncé au roi Philippe la fin du monde et l'avènement du règne de l'Esprit-Saint. Et je sais que, pour les Juifs, ces Tartares appartiendraient à la dixième tribu perdue d'Israël et précéderaient la venue de leur Messie. Les Juifs seraient ainsi, indirectement, leurs complices.

L'évêque de Paris abandonnait là sa légendaire figure de grand théologien pour enfourcher une nouvelle diatribe antijuive. Son intervention glaça l'assemblée. Louis ne sembla pas s'en émouvoir. Ce ne fut pas le cas de sa mère qui pâlit à ces propos et, ne pouvant dissimuler son inquiétude, s'adressa à son fils :

— Roi Louis, mon fils, que faites-vous ? Que dites-vous ? Où êtes-vous ?

— Que me demandez-vous, ma Mère ?

— Devant une menace aussi lugubre, que faut-il faire ? Nous tous aujourd'hui, ainsi que la très Sainte et Sacrée Église, sommes menacés d'une destruction totale par l'invasion de ces barbares... !

— Courage, Mère ! répondit le roi, toujours aussi calme, les consolations célestes nous soutiennent. S'ils viennent sur nous, ou bien nous ferons rentrer ces Tartares dans les demeures tartaréennes d'où ils sont sortis, ou bien ils nous feront tous monter au ciel.

Louis dévoilait ainsi un nouveau trait de son caractère, son fatalisme, sa certitude que Dieu était maître de tout, qu'il prévoyait les événements et qu'il les dirigeait. Seule la foi permettait de s'élever au-dessus de ce destin écrit. Il se révélait un roi eschatologique qui acceptait l'idée possible de la fin du monde. Les querelles entre l'empereur et le pape, la prolifération des hérésies, les échecs des croisades, la progression des richesses et son cortège d'abandons, tout cela concourait à lui laisser croire que Dieu mettait en place son grand dessein, même s'il pensait encore que tous ces événements n'auraient pour but que de tester la fidélité et la foi de son peuple.

Ce fut l'un des Conseils les plus angoissants que connurent les deux souverains au cours de leur règne commun. Il s'acheva dans un silence absolu, comme si chacun était entré en lui-même pour se préparer à monter les dernières marches de son ultime parcours.

Une nouvelle consolante arriva peu après en provenance de Jérusalem. L'Anglais Richard de Cornouailles, l'un des chefs de la croisade des barons, resté en Terre sainte, avait conclu un accord avec le sultan d'Égypte. Le sultan promettait l'évacuation des musulmans de Jérusalem et la restitution de la Ville sainte. La croisade des barons s'achevait sur une demi-victoire plus diplomatique que militaire. L'alliance familiale de Richard de Cornouailles et de l'empereur Frédéric, qui avait naguère épousé sa sœur Isabelle, avait joué dans la négociation avec le sultan Al-Mâlik, qui était resté en bons termes avec lui et avait voulu reconduire l'accord conclu douze ans auparavant.

L'empereur put donc se targuer d'avoir, à deux reprises, permis de rendre les Lieux saints accessibles. Ce qui l'autorisait à être encore plus vindicatif avec le pape dont il voulait désormais se débarrasser.

Pour le concile que le souverain pontife avait décidé de réunir à Latran afin de déposer l'empereur, une centaine de prélats était attendue venant de différents pays d'Europe et d'Orient. Une aubaine pour Frédéric car les navires qui les transportaient n'étaient accompagnés que d'une légère escorte. Il envoya son fils Enzio et l'amiral Anselme de Mari les arraisonner à leur passage derrière l'île de Montecristo. Les galères qui protégeaient les navires transportant les prélats s'enfuirent à la vue de la flotte impériale qui n'eut plus qu'à cueillir les ecclésiastiques. Trois cents personnes, dont trois légats pontificaux, plusieurs archevêques et évêques, les abbés de Cluny, Clairvaux et Cîteaux furent ainsi faits prisonniers. Un navire fut même coulé, emportant, avec lui, l'évêque de Besançon.

Cette fois, Louis n'accepta pas que Frédéric, qui n'avait décidément aucun scrupule, ait fait jeter en prison tous ces prélats, quel que fût leur rang. Le roi de France dépêcha un chevalier de sa maison, Gervais d'Écrennes, pour lui rappeler le pacte de Vaucouleurs signé dix mois plutôt, et pour exiger la libération de tous les ecclésiastiques français. La réponse de l'empereur fut sans détour : « Je vous avais demandé d'empêcher tout représentant français à ce concile. Que Votre Royale Majesté ne s'étonne donc pas si César retient étroitement et en angoisse ceux qui pour traire César étaient venus le mettre en angoisse. »

Il accepta toutefois de libérer quelques prélats dont l'abbé de Cluny. Le roi de France renvoya sur-le-champ l'abbé auprès de Frédéric avec une lettre aussi comminatoire que menaçante : « Notre foi et notre espérance nous ont fait penser jusqu'ici que nulle noise, procès ou haine ne naîtrait jamais entre notre royaume et votre empire, car nos prédécesseurs qui ont tenu le royaume de France ont toujours aimé et honoré la solennelle hautesse de l'empire de Rome, et nous, qui sommes après eux, gardons fermement le propos de nos devanciers. Mais à ce qu'il nous semble, vous rompez l'amitié et conjonction de paix et de concorde. Vous détenez, en effet, nos prélats qui étaient forcés par leur foi et obédience au siège de Rome de ne point refuser de se rendre au mandement du pape, ni ne le pouvaient... Donc, comme ils n'ont rien fait contre vous, il convient que Votre Majesté les délivre. Pourvoyez à cela... Car le royaume de France n'est pas encore si affaibli qu'il se laisse mener par vous à coups d'éperons. »

L'empereur fut sidéré. Il recevait pour la première fois un ultimatum du roi de France. Il ne désirait nullement se battre contre lui. Il lui écrivit cependant que s'il avait procédé à ces arrestations, c'est parce que Dieu, qui le protégeait, l'avait voulu.

Il libéra toutefois tous les ecclésiastiques du royaume de France et leur suite. Les autres souverains purent, à leur tour, récupérer une partie de leurs religieux.

Quant au pape, dont le concile avait été torpillé, il tenta de faire bonne figure en déclarant : « La petite barque de Dieu peut parfois être assaillie par des vents contraires, mais bientôt, au souffle impérieux de Dieu, échappée aux vagues écumantes, elle glisse en paix, saine et sauve, sur la plaine liquide apaisée et soumise. »

Le roi de France lut ce texte devant son Conseil et le commenta, à l'étonnement de son entourage :

— Je condamne les méthodes de brigand de l'empereur, mais je n'approuve pas non plus celle du Saint-Père. Je crains qu'il soit devenu sourd aux conseils du Seigneur.

Bien que Louis et sa mère s'accordassent parfaitement sur l'action politique, leurs relations se dégradaient sur le plan personnel à cause de l'attitude de plus en plus désagréable de Blanche de Castille à l'égard de Marguerite. La régente supportait de moins en moins de savoir le couple royal ensemble et imaginait mille et un prétextes pour le séparer, jusqu'à le faire surveiller dans sa propre chambre. Plutôt que d'affronter sa mère, Louis préféra l'esquiver en emmenant de plus en plus souvent Marguerite dans ses résidences autour de Paris. Ces escapades avaient un double objectif : préserver son intimité et échapper aux pressions des membres de la Curie qui s'étaient imposés avec le temps et dont un grand nombre n'avait pas été nommé par lui. Ainsi pouvait-il, loin du Palais, constituer peu à peu sa garde rapprochée et choisir ceux qui pourraient l'aider à gouverner. Tel fut assez vite le cas de son premier valet, Hugues de Brosse, et du jeune moine franciscain, Eudes Rigaud.

Le roi profitait aussi des premiers sourires et des premiers mots de Blanche qui lui permettaient d'oublier les difficultés de son magistère. Une attention paternelle peu conforme aux traditions royales de l'époque.

55

L'adoubement d'Alphonse

Louis prenait de plus en plus l'ascendant sur son entourage. En témoignait sa volonté de mettre en scène son couple, sa famille, la Cour, les vassaux dès qu'un événement l'exigeait. Le faste qu'il commandait n'était pas lié à un goût pour l'étalage de ses richesses, mais par l'exigence de l'image qu'il fallait donner du royaume. Il était aujourd'hui à la tête de la plus grande puissance d'Europe par sa dimension territoriale, sa population, le rayonnement intellectuel et culturel de ses villes, la puissance de son armée, son développement économique et agricole, la floraison de ses arts, notamment architecturaux, et sa position privilégiée au sein de la chrétienté. Ces atouts devaient être connus et valorisés ; le monarque multipliait les occasions de le faire. Un rayonnement et une puissance au service de trois objectifs, le service de Dieu, la paix, et la justice pour tous ses sujets.

Si l'adoubement de Robert d'Artois fut une fête somptueuse, celui d'Alphonse fut une apothéose, en cet été 1241, à Saumur. Tous les vassaux du roi étaient présents – excepté Henri, duc de Guyenne et roi d'Angleterre –, ainsi qu'une vingtaine d'archevêques et d'évêques, plus de trois mille chevaliers, le quart de ceux dont le roi pouvait disposer s'il réunissait tout son ost.

Le banquet qui précéda l'adoubement d'Alphonse se tint dans la grande halle de Saumur construite par Henri Plantagenêt, le grand-père de l'actuel Henri, pour y donner de somptueuses fêtes, mais il n'eut pas l'heur d'en profiter.

À la table principale se trouvaient le roi et son frère Alphonse, Lusignan, comte de la Marche, Jean de Dreux, le comte Pierre de Bretagne. En face du roi, l'inévitable Thibaud de Champagne, parce qu'il était maintenant roi de Navarre. Derrière lui, debout, un jeune homme de dix-sept ans, sénéchal de Champagne, un certain Jean de Joinville, qui semblait fasciné par le roi.

Pour garder cette table, plus de trente chevaliers en armes et trois fois plus de sergents se tenaient en retrait.

Louis était servi par son frère Robert d'Artois. Jean de Soissons coupait les viandes. Les invités furent très surpris par la tenue du souverain. Il était vêtu normalement d'une cotte de satin bleu, d'un surcot et d'un manteau vermeil bordé d'hermine ; et il portait sur la tête non pas une couronne mais une sorte de bonnet de coton qui, de l'avis général, ne lui allait guère. On pensa que si Marguerite avait été là, elle ne lui aurait sans doute pas permis de s'accoutrer ainsi. Mais l'épouse de Louis, une nouvelle fois enceinte, n'avait pas pu se déplacer. Les observateurs se perdirent en conjectures sur cette fantaisie royale qui n'en était pas une. Elle marquait, au contraire, la volonté du souverain de s'éloigner progressivement du caractère ostentatoire des habits de cour qui ne lui paraissaient plus conformes à l'idée qu'il se faisait de sa fonction. Son exercice devait pouvoir se priver de ces attributs apparents et ne se prouver que par d'autres vérités liées aux valeurs de la chevalerie, de l'humilité et de la simplicité sans lesquelles un monarque risque d'être entraîné vers le despotisme et s'éloigner de Dieu.

La plus intriguée par ce curieux chapeau fut sa mère qui présidait une autre grande table au bout de laquelle elle avait relégué Isabelle d'Angoulême, qui pouvait toujours se targuer du titre de reine d'Angleterre. Une vexation qui en précédait d'autres, car Blanche de Castille ne pouvait plus la supporter. Elle avait de bonnes raisons : jadis femme de Jean sans Terre qu'avait combattu son mari, elle ne cessait de monter son nouvel époux, Hugues de Lusignan, et ses fils, Henri et Richard, contre le roi de France.

Il ne fallait pas être grand clerc pour comprendre l'animosité réciproque que se vouaient les deux reines et la rage qui animait Isabelle vis-à-vis de celle qui était devenue sa suzeraine. La comtesse d'Angoulême donna libre cours à sa vindicte quelques jours plus tard à Poitiers, où Louis remit officiellement à son frère les comtés d'Anjou et de Poitou. Ce jour-là, comme le voulait le protocole, le comte de la Marche, qui jusqu'à présent ne devait son hommage qu'au roi de France, devenait le vassal de son jeune frère Alphonse. Avant de s'y rendre, il dut affronter les foudres de son épouse :

— Je vous rappelle, lui lança-t-elle, que je suis reine d'Angleterre et que mes enfants Plantagenêts ont des droits sur l'Anjou et le Poitou ; les Capétiens les leur ont volés. Et vous, comte de Lusignan, vous vous préparez à rendre hommage à moins titré que vous, fût-il frère du Roi et à entériner ce vol ! Je ne me prêterai pas à cette infamie !

— Ne vous fâchez pas, ma belle Reine, répondit piteux, Hugues de Lusignan, tout cela n'est que formel et ne m'empêchera pas d'administrer mes fiefs comme je l'entends !

— Administrer des fiefs sur lesquels vous n'aurez plus de pouvoir, c'est ainsi que vous allez administrer ! rétorqua Isabelle.

Le comte essaya de la calmer. Il adulait son épouse. Lusignan avait du mérite car, avec l'âge, Isabelle était devenue une mégère impossible à apprivoiser. La scène qu'elle lui fit ce jour-là, en public, ne manqua pas d'être rapportée à Blanche de Castille, qui avait établi chez tous les vassaux du royaume un réseau d'espions particulièrement efficace.

La dame d'Angoulême ne put se soustraire à la cérémonie d'hommage de Poitiers, où elle dut subir une nouvelle humiliation orchestrée par la reine mère. Arrivé à Poitiers, le couple dut attendre trois jours avant d'être reçu pour rendre son hommage. Mais le pire était à venir. Quand elle se présenta, personne ne vint l'accueillir, et elle dut rester debout pendant toute la cérémonie pendant que son mari se mettait à genoux devant un jeune homme de vingt et un ans. Le roi de France, qui n'assistait pas à cette audience, réprouva cette inutile vexation. Il n'aimait pas qu'on humiliât ses sujets, quels que fussent leurs torts.

Non seulement le comte de la Marche se trouvait d'un rang inférieur, mais il devait rendre au royaume la ville de Saint-Jean-d'Angély et le territoire d'Aunis.

Furieuse, Isabelle quitta les lieux céans et partit pour Angoulême. Pendant son absence, son mari reçut le roi et son frère Alphonse dans son château de Lusignan pour prouver son désir de ne point envenimer leurs relations. Son épouse, informée de cette invitation, se rendit telle une furie au château et le fit vider de tout ce qu'il contenait – meubles, argenterie, vaisselle. Hugues assista stupéfait à ce déménagement sans parvenir à lui faire entendre raison, humilié devant tous ses serviteurs.

— Homme infime, lui déclara-t-elle, non seulement vous avez accepté sans mot dire qu'on me traitât comme une misérable servante à Poitiers, mais vous avez osé recevoir ces malotrus dans mon château sans m'en avertir après vous être fait dépouiller. Vous n'êtes qu'un abject personnage, opprobre de tout un peuple !

Et elle ajouta, la rage aux lèvres :

— Désormais la porte de ma chambre vous sera fermée tant que je n'aurai pas été lavée de cet affront et que vous n'aurez pas récupéré les terres qui nous reviennent.

C'était une véritable déclaration de guerre au roi de France. Ébranlé par sa colère et ses menaces, Henri de Lusignan promit d'engager le fer contre le roi et de monter une coalition au plus vite. L'espion de la reine Blanche ne manqua pas de rapporter fidèlement cette algarade publique et les intentions du comte de la Marche.

La régente ne prit pas ces informations à la légère ; elle connaissait la faiblesse de Lusignan. Elle en informa son fils qui ne s'étonna pas non plus. Il avait prit la juste mesure des serments de ses barons et malgré ses désirs de paix, il savait qu'il devrait sans cesse les tenir à l'œil. Il donna des ordres pour que l'ost se préparât à un nouvel affrontement.

Un coup de tonnerre n'arrivant jamais seul, la cour apprit la mort subite du conseiller principal du royaume, Gautier Cornut, le dernier survivant des grands serviteurs des trois rois dont quelques adversaires, foncièrement antijuifs, déclarèrent que c'était une vengeance divine à la suite de sa prise de position en faveur du Talmud.

On apprit aussi celle, plus attendue, du pape Grégoire, au beau milieu de l'été. Une aubaine pour l'empereur, un sujet d'inquiétude pour le roi de France qui avait tout à redouter de l'élection d'un nouveau pontife aux ordres de Frédéric.

Louis prit donc sa plume pour écrire au Sacré Collège réuni en conclave afin de le mettre en garde contre un vote qui serait autant un aveu d'impuissance qu'un acte de soumission à l'Empire : « Si l'empereur prétend vous acheter, écrivit-il, sachez que les choses saintes ne peuvent être vendues sous aucun prétexte. L'empereur veut être roi et prêtre, mais le droit défend que la royauté et le sacerdoce puissent être réunis dans une même main. Le monde a les yeux sur vous. Soyez fermes ! Ne suivez que la vérité, craignez Dieu et résistez énergiquement à ce joug honteux sous lequel vous n'avez que trop longtemps courbé la tête. »

Une telle menace surprit et embarrassa Frédéric. Le roi de France se sentait donc assez puissant pour la brandir.

Pendant le temps de l'élection d'un nouveau pontife, qui traînait en longueur, Lusignan harcelé par son épouse, entreprit des manœuvres auprès de ses seigneurs poitevins, pas mécontents de se rebeller eux aussi, comme l'exprima fort bien un petit baron : « Les Français nous ont toujours détestés. Ils veulent nous ravir tous nos biens... Aujourd'hui, les sergents du roi règnent en maîtres sur les terres du royaume et traitent les barons comme des esclaves. »

Le comte de la Marche réussit à obtenir le renfort des seigneurs gascons, qui se trouvaient libres d'agir car la tutelle du roi d'Angleterre ne pesait rien. Ils redoutaient la présence d'un voisin aussi encombrant et puissant que le frère du roi.

Lusignan obtint le soutien plus ou moins tacite de Ferdinand de Castille, neveu de Blanche, de l'incorrigible Thibaud, de l'empereur Frédéric, mécontent de la lettre envoyée au conclave, et de Raymond de Toulouse, qui ne désespérait toujours pas de récupérer le Languedoc. Tous voulaient en découdre avec Louis, mais sans s'engager vraiment dans un affrontement militaire. Seul Pierre Mauclerc n'adhéra pas à cette coalition : fatigué par son récent retour de croisade, il était, en outre, redevable au roi d'une somme importante prêtée pour son expédition en Terre sainte.

À Rome, les cardinaux ne parvenaient toujours pas à un accord sur le nom du successeur de Grégoire, pas plus qu'à s'affranchir des pressions de l'empereur. Le candidat qui paraissait devoir s'imposer, un moine savoyard, Goffredo Castiglioni, était très malade. Un sénateur romain du nom d'Orsini décida donc d'enfermer les cardinaux dans des caves insalubres du palais de Sévère et dans des conditions tellement épouvantables que trois d'entre eux moururent pendant le conclave. Ils furent même menacés, s'ils ne se hâtaient pas davantage, d'être enfermés avec le cadavre de Grégoire. Castiglioni fut donc élu le 25 octobre et prit le nom de Célestin. Et ce qui devait arriver survint, le nouveau chef de l'Église mourut dix-sept jours plus tard sans avoir été intronisé. On raconta que l'empereur avait souhaité cette nomination car il le savait à l'article de la mort. La vacance de la papauté était de bon augure pour faire désigner le pontife de son choix et cela pouvait prendre tout le temps qu'il faudrait. Il fut, en effet, impossible de réunir un nouveau synode car tous les cardinaux s'étaient dispersés, d'autant que, hantés par le souvenir des conditions effroyables de leur précédente réunion, beaucoup refusaient de revenir, n'ignorant pas non plus que quelques autres prélats croupissaient encore dans les geôles de Frédéric.

Le roi de France convoqua ses principaux conseillers pour tenter de trouver une solution. Guillaume d'Auvergne exprima son pessimisme :

— Tant que l'empereur sera à Rome et manipulera les cardinaux à sa guise, nous ne verrons pas de fumée blanche de sitôt, Majesté.

L'élection d'un pape valait-elle une guerre ? Louis jugea que non. En accord avec sa mère et d'autres souverains, il jugea que la voie diplomatique resterait la plus sage.

En attendant, la France multipliait ses prouesses. Le chœur de la cathédrale de Reims était achevé ; les fondations d'une cathédrale romane débutaient à Albi ; les flèches de la cathédrale de Laon se dressaient dans le ciel ; la toiture de la cathédrale Saint-Pierre de Beauvais allait bon train ; à Rouen, la dernière clé de voûte venait d'être posée ; de même qu'étaient achevés le chœur et la nef de la cathédrale de Soissons, le plus long des chantiers, puisqu'il était ouvert depuis déjà plus de cent ans ; les vitraux de la cathédrale de Chartres étaient posés ; en revanche, faute d'argent, le chantier de celle d'Amiens, dont la nef était achevée, se trouvait arrêté. En Île-de-France, Notre-Dame se parachevait, la tour sud était terminée et la tour nord se trouvait en bonne voie.

Près de Poissy, Blanche de Castille se rendait régulièrement sur le chantier de son abbaye de Maubuisson. Dans le même temps, le roi lançait la construction d'un port militaire à Aigues-Mortes. Il déclara à ses conseillers que l'accès du royaume à la Méditerranée ne pouvait être laissé en jachère. Il importait que la France ait une flotte qui permît à ses commerçants de développer leurs activités en Orient et un port qui pût accueillir les navires de Gênes, de Chypre, de Sicile, d'Espagne et du Portugal. Enfin, il reçut l'architecte Pierre de Montreuil afin de lui dicter ses instructions générales pour la construction de la future Sainte-Chapelle.

— Je veux, lui dit-il, un édifice de lumière pour que les reliques de la passion de Notre-Seigneur soient en relation directe avec le ciel. Peu de murs et beaucoup de vitraux.

— Mais, Majesté, nous manquons de maîtres verriers ! Le nouvel art de bâtir des cathédrales, depuis l'abbé Suger, les mobilise tous.

— Créez des ateliers, allez les chercher partout et développez à Paris le plus grand centre de maîtres verriers de toute l'Europe. Et sur les vitraux qu'ils fabriqueront vous demanderez que soit représentée l'histoire du peuple hébreu depuis sa création jusqu'à la conquête de la Terre promise et la mort de Josué. Vous y ferez figurer aussi l'arbre de Jessé et les couronnements de tous les rois d'Israël, en particulier ceux de David et de Salomon.

Louis n'oubliait pas son « illustre ascendance ». Il imprimait également sa volonté de montrer que la nouvelle Terre sainte était bien la France, où Dieu avait conclu une nouvelle alliance en lui attribuant la garde de la Couronne d'épines, comme la garde des Tables de la Loi avait été un pacte conclu avec le peuple d'Israël. Ainsi la fille aînée de l'Église s'affirmerait-elle dans toute sa légitimité.

Le roi demanda enfin que la chapelle fût construite en deux parties, la chapelle basse dédiée à la Vierge, ouverte au public, et la chapelle haute accessible au souverain et à son entourage par le Palais.

Cette effervescence architecturale fit des émules dans toute l'Europe où les architectes et les maçons comme les moines bâtisseurs français étaient appelés à œuvrer. C'est ainsi que l'empereur Frédéric avait fait appel à Philippe Chinard, un maître d'œuvre champenois, pour construire en Apulie la forteresse Castel del Monte, un château forteresse, octogone flanqué de huit tours également octogonales et haut de deux étages comportant chacun huit salles, le chiffre huit symbolisant le passage de la terre au ciel, du fini à l'infini, du temps à l'éternité.

Plusieurs centaines d'abbayes cisterciennes avaient été construites dans toute l'Europe ces dernières décennies, véritables centres religieux et économiques – chacune pouvant générer plusieurs centaines d'emplois –, une centaine d'autres étaient en cours d'édification, sans compter les couvents des nouveaux ordres mendiants que Louis favorisait tant et plus.

La France imposait sa vision artistique à toute l'Europe en y prêtant ses maîtres d'œuvre, ses maçons, ses sculpteurs, ses orfèvres. Une multitude de créateurs vinrent en France trouver leur inspiration dans tous les édifices qui jaillissaient de la terre comme d'éblouissants champignons : cathédrales, églises, châteaux, abbayes, pour les reproduire aux quatre coins cardinaux de l'Europe et de l'Orient.

56

« Ni morte ni vive ! »

Les espions de Blanche de Castille apportaient jour après jour à la reine Blanche des informations sur les manœuvres de Lusignan et les ralliements qu'il obtenait chez les seigneurs d'Anjou, du Poitou et de Gascogne. Il était en passe de mettre sur pied une imposante armée. Cependant, ces indicateurs firent également savoir que le comte de la Marche, conscient de l'intrépidité de sa rébellion et redoutant les compétences des chefs de l'armée du roi de France, souhaitait un arrangement avec lui. L'information, pour exacte qu'elle était, ne tenait nullement compte de la néfaste influence de son épouse. On en vit la preuve quand, pour les fêtes de Noël, Hugues de Lusignan et Isabelle d'Angoulême durent se rendre à Poitiers pour rendre hommage à Alphonse, leur nouveau suzerain.

En fait d'hommage, Hugues insulta le frère du roi :

— Vous n'êtes qu'un imposteur, lui lança-t-il, et un usurpateur !

— Que me racontez-vous là ? répliqua Alphonse, vos fiefs appartiennent à la couronne de France.

Là-dessus, Hugues et son épouse quittèrent le château et se rendirent dans la maison qu'ils tenaient à Poitiers pour y mettre le feu, en signe de révolte. C'était une déclaration de guerre. Ils ne pouvaient être plus clairs. De plus, le comte revendiquait l'appartenance de terres sans seigneur en Aquitaine et en Poitou. La réaction du roi de France ne se fit pas attendre :

— Au nom de Moi, le comte de la Marche veut augmenter son territoire en prenant ces terres. Mais celles-ci sont les fiefs de la France depuis le temps de Clovis qui a conquis l'Aquitaine jusqu'aux Pyrénées.

Louis, qui ne cachait rien à son épouse, excepté les mauvaises nouvelles car son état nécessitait de la mettre à l'abri de toute inquiétude, lui révéla néanmoins, en feignant ne pas y attacher trop d'importance, le projet d'agression de Lusignan. Le roi avait une arrière-pensée, celle de transmettre un message à Henri d'Angleterre par le canal du courrier qu'échangeaient régulièrement Marguerite et sa sœur Éléonore.

— Le comte de la Marche, lui dit-il, n'est qu'un fanfaron. À deux reprises déjà, je lui ai fait mordre la poussière. Son épouse, je viens de l'apprendre, cherche à entraîner son fils, Henri, dans cette aventure. Mais le Plantagenêt a signé avec moi une trêve qui doit encore durer trois ans et je n'ai nulle envie d'ouvrir un conflit avec lui.

Marguerite comprit le message et s'empressa d'écrire à Éléonore pour lui en faire part. Ce que Louis ignorait en revanche, c'est que sa mère faisait intercepter le courrier de Marguerite. Ainsi fut-il surpris quand Blanche de Castille lui déclara qu'elle soupçonnait son épouse et Éléonore de comploter contre le royaume de France.

— Comment cela ? s'enquit son fils.

— Marguerite veut laisser croire que vous avez peur de vous battre contre le Plantagenêt.

Le roi ne sut s'il devait en rire ou se fâcher. Il préféra ne pas avouer son stratagème.

— Le roi de France aurait peur d'Henri d'Angleterre, voilà une histoire bien extravagante, se contenta-t-il de commenter.

Et il fit savoir à Marguerite, un peu plus tard, qu'il serait préférable, pour quelque temps au moins, d'interrompre toute correspondance avec sa sœur.

À la suite de la provocation du comte de la Marche, des informations, en provenance d'Angleterre, laissèrent penser qu'Henri viendrait l'appuyer avec une armée. Louis tint avec sa mère un conseil de guerre, et Blanche fit état de ses récentes interventions auprès des couronnes d'Europe :

— J'ai prévenu mon neveu Ferdinand de Castille que son soutien à Lusignan était inadmissible et qu'il serait plus avisé de continuer son combat contre les musulmans. Il m'a assuré de sa neutralité. Quant à Jacques d'Aragon, je lui ai rappelé que Marguerite était sa cousine.

— Cela ne l'a pas empêché d'armer Trencavel, fit remarquer le roi.

— C'est vrai, mais il s'est souvenu de ce qui lui est advenu et il ne bougera pas, en dépit des appels incessants de Raymond de Toulouse.

— Que fera cet énergumène ? Impossible de le savoir ! déclara Jean de Beaumont.

— Il n'hésitera pas à attaquer Alphonse et à m'attaquer à son tour, signifia Louis.

— Oui, affirma Jean de Beaumont, mais comme une girouette prend le vent, il attendra de voir comment l'affrontement avec le roi d'Angleterre tournera avant de se mouvoir.

— Et l'empereur ? demanda le chambellan Ours.

— Ah, l'empereur ! intervint Blanche de Castille. Depuis qu'il n'a plus le pape en face de lui, il a les mains libres. Il vous en veut, mon fils, tout en vous craignant. Peut-être pourrions-nous laisser entendre que les Lombards ont pris contact avec le roi de France pour obtenir son appui... et lui faire savoir que vous auriez mauvaise grâce à les soutenir contre lui.

— Un mensonge contre la neutralité de Frédéric, c'est cela que vous me demandez, Mère ?

— À menteur, menteur et demi, sourit la reine mère. Frédéric est un forban, tous les coups lui sont permis. Alors !

Le sourire de Louis valut acceptation de la manœuvre.

Guillaume d'Auvergne fit part de la mort d'Isabelle Plantagenêt, la dernière épouse de Frédéric :

— En moins de six ans, elle lui a donné quatre enfants, deux sont déjà morts et les deux autres, Marguerite et Charles-Otton, ne semblent pas bénéficier de l'attention de leur père.

— Ce mariage aura été un simulacre, commenta Blanche de Castille. Cette pauvre Isabelle aura enfanté dans un harem sicilien et son empereur de mari ne l'aura honorée que pour l'engrosser. Même si dans notre univers les unions sont toujours construites dans l'intérêt des royaumes, il n'est pas interdit d'y rechercher l'amour ! Frédéric ne voulait qu'une alliance avec l'Angleterre, elle fut formelle, circonstancielle et je gage qu'elle ne durera pas.

— Tel semble être le sort souvent réservé aux alliances entre souverains, lâcha Louis, désabusé.

— L'empereur ne semble pas affecté par cette disparition, poursuivit l'évêque de Paris. En revanche, on nous dit qu'il pleure beaucoup la mort de son fils Henri de Souabe, même si celui-ci s'est, tant de fois, rebellé contre lui.

— Que lui est-il arrivé ?demanda un conseiller.

— Vous souvenez-vous que le prince se trouvait dans une sordide prison à Palerme. L'empereur, dans sa grande miséricorde, avait demandé qu'il fût libéré. Il est sorti de prison entouré de cavaliers arabes. Craignant d'être enfermé ailleurs, il s'est enfui avec son cheval, est tombé dans un ravin et s'est tué.

Un chevalier demanda à être reçu par le Conseil. Impossible ! Il insista car il apportait une grande et belle nouvelle. Il fut introduit :

— Sire, déclara le chevalier, encore tout crotté, le roi tartare est mort ! Notre plus grand ennemi, Ögödei, a rendu l'âme.

— Belle nouvelle, en effet, dit le roi, et sait-on qui va lui succéder ?

— Justement, Majesté, on ne le sait pas. Leur chef Batou a battu en retraite. On dit que la veuve du grand Mongol, Töregene, assurerait la régence.

— Nul ne peut se plaindre des régences assurées par des femmes, assura Louis en regardant sa mère.

Le Conseil, grave jusqu'ici, fut tellement soulagé par cette nouvelle que chacun y alla d'un bon mot et exprima une joie non feinte.

Le chevalier demanda à poursuivre. Le roi lui fit signe de parler.

Le prince de Novgorod, Alexandre Nevski, en a profité pour conclure une trêve avec la Horde d'or de Batou. Cela lui a permis de regrouper toutes ses forces pour affronter les chevaliers porte-glaive et de leur infliger une cuisante défaite sur les glaces du lac Peïpous.

Le roi de France rassembla ses chevaliers pour se préparer à affronter les seigneurs rebelles, y compris le roi d'Angleterre dont la participation se confirmait depuis la fin de l'hiver. Éléonore n'osait pas annoncer à sa sœur Marguerite que son époux avait pu convaincre quelques barons de le suivre et qu'elle n'avait pas réussi à le faire renoncer à batailler sur les terres de France. De son côté, la jeune reine n'ignorait rien de ce qui se préparait. La discrétion de Louis sur le sujet était trahie par sa fébrilité et l'impossibilité de cacher tous les préparatifs qu'exigeait cette nouvelle campagne.

— Alors, lui déclara-t-elle un soir après la prière, vous repartez en guerre... Contre le mari de ma sœur !

— Vous savez combien j'étais opposé à cette confrontation, que j'ai tout tenté pour l'empêcher et que chaque jour que Dieu fera, je m'efforcerai de l'éviter. Mais ces hommes ne sont pas raisonnables. Lusignan est sous l'influence de son épouse qui n'est animée que par un esprit de revanche contre notre royaume.

Consciente qu'elle ne pourrait pas fléchir son époux, Marguerite aborda un autre sujet, celui du Talmud. Dans la droite ligne de la confrontation organisée en 1240 avec les rabbins, le roi de France avait accédé à la demande de ses conseillers religieux de procéder à l'autodafé des Talmud. Vingt-quatre charrettes remplies du Livre saint des Juifs avaient ainsi été brûlées en place de Grève, suscitant la réprobation de Marguerite :

— Je n'approuve pas, dit-elle, votre animosité à l'égard du peuple juif qui ne mérite pas tant d'opprobre, nous en avons déjà parlé.

Elle s'attira la réplique cinglante de Louis :

— Je n'approuve pas, moi, Madame, que vous vous mêliez des affaires de mon royaume !

Quelques jours plus tard, Marguerite mettait au monde une petite fille qui fut appelée Isabelle, comme sa tante. L'accouchement fut difficile, il fallut utiliser des forceps, nouvelle méthode inventée par un médecin toulousain. Les médecins craignaient pour sa vie. Louis, anxieux, se trouvait au pied du lit de son épouse, très affaiblie par une forte fièvre. Il priait en lui tenant la main. Une larme coula le long de sa joue. On disait de Louis qu'il pleurait difficilement, mais cette fois, au-delà de l'émotion, la peur de perdre cette femme qu'il aimait par-dessus tout l'étreignait.

Blanche de Castille entra dans la chambre, comme à son habitude, indiscrète, toujours disposée à régenter la vie du couple. Elle s'approcha du lit, lança un regard de commisération vers Marguerite, saisit le bras de son fils et lui ordonna :

— Venez, Louis, il n'est pas bon que vous restiez ici !

Le roi se leva et s'apprêta à sortir. D'une voix déchirante, venant du fond d'elle-même, il entendit Marguerite s'adresser à sa mère :

— Hélas, Madame, vous ne me laisserez donc jamais voir mon Seigneur ni morte ni vive !

Puis la jeune femme s'évanouit. Les quatre médecins présents à l'accouchement se précipitèrent : une femme médecin, dame Hersant, lui prit le pouls ; il était de plus en plus faible. Louis retourna vers son épouse, prit sa main et déposa un baiser sur son front. Puis il s'agenouilla et pria. Marguerite revint à elle quelques minutes plus tard. Elle était sauvée et son couple avec elle car plus jamais, son époux en fit le serment, sa mère ne serait autorisée à s'immiscer dans leur intimité. Louis avait compris que Blanche de Castille ne souffrait pas Marguerite, qu'elle la considérait comme une rivale, qu'elle ne voulait à aucun prix lui laisser une parcelle de pouvoir et que sa jalousie l'emportait sur toute autre considération. Il décida d'en tirer les enseignements, même si les conséquences allaient s'avérer déchirantes.

À la fin du mois d'avril, le roi partit à la tête de son ost pour combattre le comte de la Marche :

— Me reviendrez-vous ? lui demanda Marguerite.

— Seul Dieu peut en décider ! répondit Louis.

— Me direz-vous que ce n'est pas votre souhait ?

— Je prierai chaque jour le Seigneur pour qu'il m'accorde le bonheur de vous retrouver, reprit le roi, qui s'était jugé un peu distant.

Puis il vint la presser dans ses bras pour lui signifier qu'il ne s'agissait pas d'un propos de circonstance.

Le 28 avril, le Capétien était à Chinon avec ses frères Robert et Alphonse. Son armée était puissante, composée de quatre mille chevaliers et de vingt mille écuyers, sergents, arbalétriers et de tous les engins de siège nécessaires pour faire tomber les forteresses de Lusignan. Quand il parvint au château de Frontenay, défendu par un des fils du comte, il en entreprit le siège. Des envoyés du roi d'Angleterre, porteurs d'un message, furent très courtoisement reçus par le souverain qui les invita même à dîner à sa table.

— Alors, Messires, que veut me dire le roi d'Angleterre ? Je suis sûr, poursuivit-il sur un ton facétieux, qu'il souhaite me confirmer qu'il veut toujours respecter notre trêve !

Les messagers du roi Henri se regardèrent embarrassés. Ils n'osaient pas s'exprimer. L'un des deux se lança :

— Votre cousin, notre seigneur le roi d'Angleterre, nous fait savoir justement que vous avez rompu cette trêve...

— Vraiment ?

— Il vous reproche aussi « d'avoir manqué autrement qu'il ne convenait à la fermeté de la foi royale » !

L'envoyé du roi d'Angleterre reprit son souffle. Il n'osait pas regarder le monarque dont les yeux de colombe étaient devenus ceux d'un aigle. Louis laissa courir un long silence pour donner à ses hôtes, tremblants, le temps de se reprendre. Puis il déclara sur un ton ferme mais posé :

— Jamais je ne l'ai rompue et ne désire la rompre. Je l'observe même sans la violer. Annoncez à votre seigneur que je suis prêt, au contraire, à la prolonger jusqu'à six ans sans rien exiger de lui en contrepartie et qu'il pourrait même se voir concéder le Poitou et la Normandie. Mais vous direz aussi à votre seigneur que je suis étonné qu'il protège mes adversaires, des traîtres qui sont mes hommes et que je veux châtier, comme le comte de la Marche ou le comte de Toulouse avec qui je n'ai conclu aucune trêve et qui ne sont pas compris dans la nôtre. Dites-lui que c'est lui qui rompt notre alliance et la dilection naturelle de notre parenté. Et je sais bien que son épouse Éléonore, sœur de ma propre épouse, lui a fortement déconseillé cette vilaine action.

Les messagers retournèrent en Angleterre, flattés d'avoir été si bien reçus et heureux de pouvoir annoncer à leur suzerain que le roi de France était dans de bonnes dispositions à son égard. Mais Henri ne voulut rien entendre et décida de s'embarquer au plus vite.

— Le roi de France s'attaque à mon père [1], déclara-t-il, je dois aller le défendre.

Contre l'avis de ses conseillers financiers qui devaient racler les fonds de tiroir pour financer cette expédition, contre l'avis de la majorité de ses barons et de son épouse, mais avec l'appui de son frère Richard de Cornouailles qui aimait beaucoup en découdre, sa flotte quitta l'Angleterre pour les côtes vendéennes.

Quelques jours plus tard, la forteresse de Frontenay, la plus solide du comté de la Marche, tombait sous les assauts des troupes de Louis qui firent prisonnier le fils de Lusignan.

— Pendons-le, réclamèrent les officiers supérieurs, afin que Lusignan regrette toute sa vie sa félonie.

1. Lusignan était en réalité son beau-père.

— Le roi de France ne pend pas les chevaliers, déclara Louis, il les sermonne s'ils ont fauté et leur pardonne.

Ce qu'il fit, à la stupéfaction générale tant le siège de ce château avait été rude et coûteux en hommes des deux côtés. Et le monarque ajouta :

— Il n'est pas responsable de l'inconséquence de son père !

La surprise des chevaliers ne fut pas moindre lorsqu'il fit montre d'une grande générosité à l'égard d'un seigneur poitevin révolté, Hertaud de Mirebeau, fait prisonnier, qui exprima haut et fort son regret de n'avoir pas bien défendu les intérêts du roi d'Angleterre. Louis lui déclara :

— Votre fidélité vous honore, Mirebeau, vous pouvez retourner dans votre château, nous vous le rendons.

Blanche de Castille avait appris, entre-temps, que son fils avait proposé au roi Henri de reprendre la concession de la Normandie et du Poitou, territoire à part entière du royaume de France.

— On me dit que vous auriez proposé au roi d'Angleterre les fiefs normand et poitevin ? demanda-t-elle à son fils. Je suis sûre qu'on m'a abusée.

— Pas du tout, Mère, j'ai bien fait cette offre au roi d'Angleterre, mais il l'a déclinée.

— Auriez-vous perdu la tête, mon fils ? Ces territoires ont été conquis avec le sang de vos pères !

— La paix importe plus que la Normandie, répliqua Louis, vertement. Rien ne m'importe plus que la concorde entre nos royaumes, devoir que nous avons à l'égard de nos peuples !

Il n'attendit pas la réplique de la reine mère et la quitta sans un mot de plus.

Le 12 mai, Henri d'Angleterre débarquait à Royan. Il faisait son frère, Richard, comte de Poitou et gouverneur de la Gascogne. Mais sa surprise fut grande en apprenant que le comte de la Marche avait bien peu de troupes avec lui et que Raymond de Toulouse, qui avait juré de se joindre à la coalition, restait caché dans sa tanière.

— Ma mère m'a trompé, fulmina-t-il. Ni les Poitevins, ni les Gascons, ni les Saintongeois ne veulent rejoindre nos rangs. Qu'allons-nous devenir ?

Isabelle d'Angoulême lui fit savoir qu'elle avait une botte secrète et qu'il n'aurait même pas à se battre pour vaincre. Elle ne voulut pas lui en dire davantage car elle se savait surveillée par les espions de Blanche. Elle avait généreusement soudoyé deux chevaliers qui pouvaient approcher le roi en leur fournissant une poudre empoisonnée qu'ils n'auraient qu'à répandre sur sa viande. C'était mal connaître les mesures de sécurité qui étaient prises autour du souverain. Les deux félons, démasqués, arrêtés, avouèrent et furent pendus.

Le roi savait à quoi s'en tenir avec cette femme. Au lieu de l'accabler, il plaignit son mari et ses fils. Mais cette fois il ne la laisserait plus poursuivre ses basses œuvres.

— C'est elle, et elle seule qui est responsable de cette guerre, dit-il. Elle devra rendre des comptes quand nous en aurons terminé.

Pendant ce temps, Henri à la tête d'une armée composite et peu ardente, forte d'à peine trois cents chevaliers, se mit à sillonner la Saintonge, ne sachant vraiment où aller et n'osant pas affronter le roi de France qu'il redoutait plus que tout.

Raymond de Toulouse poursuivait ses fourberies dans sa région. Avec son assentiment tacite, un événement retentissant était survenu dans son fief. Il avait envoyé dans le Lauragais, à Avignonet, des chevaliers faidits pour trucider des inquisiteurs. Le bayle leur ayant remis les clés de la ville à la nuit tombée, les conjurés s'étaient introduits dans le château du comte Raymond d'Alfaro, un fidèle du comte de Toulouse, et avaient égorgé trois inquisiteurs dans leur lit. Pour que ce châtiment soit complet, ils avaient dérobé tous les biens saisis aux hérétiques qu'ils avaient condamnés. Le lendemain, ils furent portés en ville comme des héros.

Comme une traînée de poudre, le récit de ce fait d'armes se répandit dans toute la région qui cria à la libération. Le comte de Toulouse fut invité à reprendre cette terre par la force. Louis fut informé de cette révolte alors qu'il passait quelques jours au palais pendant que son adversaire Plantagenêt sillonnait les campagnes de l'Ouest, comme s'il était en villégiature.

— Je croyais, commenta-t-il, que les cathares étaient hostiles à toute forme d'agression, à la peine de mort, même pour les animaux.

— Je pense, expliqua Guillaume d'Auvergne, que ces tueurs n'étaient que des spadassins du comte de Toulouse, payés par lui pour se remettre dans les bonnes grâces des albigeois. Je suis convaincu que l'évêque des cathares, Bertrand Marty, n'aurait jamais donné sa bénédiction pour un tel assassinat.

— Et nous n'avons pas de pape pour mettre de l'ordre dans cette affaire car les inquisiteurs sont des hommes du Saint-Siège. Il nous faudra agir là aussi, mais pour l'heure, je dois concentrer nos forces dans l'Ouest. Décidément ce comte est un petit homme sans honneur, contrairement à son père.

Après avoir passé quelques heures auprès de Marguerite pour la rassurer sur sa campagne contre le roi d'Angleterre « qui n'avait ni la force, ni le courage, ni les moyens de l'affronter », il repartit pour Tours rejoindre son armée.

57

La « bataille » de Taillebourg

La campagne de Louis contre le Plantagenêt fut militairement une formalité. Pourtant s'il gagna ses batailles, il y perdit sa santé. L'ensemble des terres, des châteaux et des forteresses du comte de la Marche ayant été conquis, le roi de France partit à la rencontre de l'armée d'Henri qu'il comptait repousser à la mer. Bien que Lusignan ait encore quelques troupes avec lui, l'état des forces était de un contre cinq en faveur des Français. Louis fut accueilli à bras ouverts au château de Taillebourg par Geoffroy de Rançon, qui avait été naguère humilié par le comte de la Marche.

Du haut de la terrasse du château, le roi pouvait apercevoir la Charente couler paisiblement. Derrière un rideau de saules et de peupliers, entre les deux ponts qui permettaient de franchir la rivière, il eut le loisir de mesurer les capacités de son adversaire.

— Je me demande si Henri est bien conscient du danger qu'il court, dit-il à ses maréchaux. Il me paraît bien inconséquent. Nous l'attaquerons demain à l'aube par les deux ponts.

Le roi d'Angleterre avait lui aussi pu évaluer la force de l'armée française, qui stationnait sur la rive droite et s'étalait sur plusieurs kilomètres. Après quelques échauffourées, il préféra battre en retraite vers Saintes où il se sentirait plus à l'aise pour engager le combat. Il ne put aller très loin. Aux abords de Saintes, les troupes royales bousculèrent celles du Plantagenêt qui s'enfuit à nouveau pour aller se réfugier à Pons dont le seigneur, malheureusement pour lui, venait de se soumettre au roi de France. Henri courut alors jusqu'à Blaye.

Les édiles de Saintes apportèrent les clés de la ville au roi de France qui s'apprêtait à recevoir Hugues de Lusignan, son épouse Isabelle, la responsable de cette déconfiture, et leurs trois fils. Le comte vint, à genoux, solliciter le pardon du souverain. On l'entendit gémir, pleurer, demander miséricorde.

— Pitoyable ! murmura Jean de Beaumont.

Mais le roi, fidèle à lui-même, pardonna. Excepté à Isabelle, à qui il ordonna, sans lui laisser le choix, de se retirer à l'abbaye de Fontevraud pour y rejoindre l'âme de celle qui l'avait si généreusement dotée et qui s'y trouvait inhumée, Aliénor d'Aquitaine, et de son fils, Richard Cœur de Lion.

L'entourage de Louis ne manqua pas de remarquer qu'il avait l'air fatigué et peinait à se tenir debout. Il avait contracté le paludisme près des marais poitevins infestés de moustiques. Une partie de ses troupes était également malade.

Avant d'aller combattre Raymond de Toulouse, Louis décida d'aller se reposer à Tours. La nouvelle de la maladie du roi suscita une grande émotion chez ses sujets. Une peine à la hauteur de l'admiration que son peuple lui vouait désormais. Car, au-delà de sa piété, de son souci de justice, de l'attention qu'il portait aux pauvres et aux malades, sa victoire contre le roi d'Angleterre – même si elle était écrite et qu'elle avait été gagnée sans vraiment batailler – avait fait de lui un héros à la dimension de son grand-père, Philippe Auguste. Ce roi à l'apparence si fragile était à la fois un valeureux guerrier et un homme pacifique, et ces qualités résonnaient dans le cœur des Français. Le royaume avait un chef capable de les protéger, de les recommander à Dieu et de leur offrir un avenir radieux.

Le comte de Toulouse ne semblait pas informé de la situation délicate dans laquelle se trouvait son allié Henri d'Angleterre. Pas plus qu'il n'avait pris la mesure des fausses promesses de l'empereur Frédéric, du roi d'Aragon et même de son ami le comte de Foix, qui, plus réaliste, était allé rendre hommage au roi de France. Aveuglé par sa rouerie naïve, Raymond signa un traité d'alliance avec le roi d'Angleterre qui, réfugié à Bordeaux, ne bénéficiait plus d'aucun soutien. Même son frère, Richard de Cornouailles, lui conseillait de rentrer en Angleterre car son absence du royaume avait réveillé les ambitions et les rancœurs de ses barons et favorisé les manigances de son gouvernement.

Le roi de France n'envoya qu'une partie de son armée pour faire entendre raison au comte de Toulouse. Conduite par Humbert de Beaujeu et l'évêque de Clermont, celle-ci occupa le Quercy sans coup férir. Paniqué, Raymond se soumit immédiatement et écrivit à Blanche de Castille pour qu'elle recommande à son fils de lui pardonner. Toute honte bue, il rappelait que sa fille avait épousé Alphonse, frère du roi ; il promettait, une fois de plus, de châtier les hérétiques après les avoir armés quelques mois plus tôt et se soumettait à toutes les conditions que le roi daignerait lui imposer. Bien entendu Louis, là encore, se révéla magnanime, non par considération pour ce désolant seigneur, mais parce que son expérience de la nature humaine, imbue d'elle-même et assoiffée de richesses, ne pouvait être perfectible que par l'exercice de la miséricorde.

Déjà le Christ s'imposait à lui comme son modèle, l'exemple qu'il devait suivre, le chemin qu'il devait emprunter.

Raymond de Toulouse ne fut donc astreint qu'à respecter le traité de Paris de 1229 et à s'engager à détruire les deux dernières forteresses cathares de Montségur et de Quéribus. Ce qui fut acté, en janvier 1243, par le traité de Lorris.

Dans le même temps, le Plantagenêt faisait encore quelques tentatives désespérées pour exister. Il essaya, sans succès, de bloquer le port de La Rochelle et, de guerre lasse, se rendit à la raison et signa avec Louis, le 7 avril de la même année, une nouvelle trêve de cinq ans.

Blanche de Castille ne bouda pas son plaisir, car ce qu'avait accompli son fils avec tant de panache ne pouvait que la conforter dans les choix politiques qu'elle avait orientés. Elle ressentit cependant, après l'incident avec Marguerite et ce triomphe militaire, que Louis n'était plus aussi attentif à ses conseils ni ouvert à ses avis. Elle en conçut une inquiétude qu'elle tenta de faire partager à la vieille garde de la Curie qui voyait, elle aussi, le pouvoir lui échapper ; les nouveaux conseillers dont Louis s'entourait lui en apportaient la preuve. Ils profitèrent de l'affaiblissement du roi et de son absence du Palais pour faire jurer à Marguerite, en l'abbatiale de Saint-Germain, de ne jamais faire opposition aux dispositions que le roi pourrait prendre dans un testament. Les conseillers de Louis, et parmi eux l'évêque de Paris, craignaient, en effet, que Marguerite, dont ils mesuraient l'influence grandissante sur son époux, ne vienne, en cas de disparition, à prendre le pouvoir et à conduire une politique qui ne servirait pas les intérêts des Capétiens.

Pour autant, Marguerite ne souhaitait pas être totalement exclue du jeu et elle tissait patiemment sa toile autour de son époux. Sa sévère crise de paludisme, soignée à Tours, puis à Pontoise, loin de sa belle-mère, lui permettait d'assurer une présence prégnante et d'accéder à ces nouveaux conseillers pour prendre ou donner des avis. Pierre de Brosse commençait, à cet égard, à s'avérer un précieux allié.

Apprenant que sa petite sœur, Sancie, était convoitée par Richard de Cornouailles, elle donna son opinion à son époux :

— Sancie est une enfant fragile et sensible malgré ses quatorze ans et je redoute qu'elle soit confiée à Richard, dont ma sœur Éléonore me dit pis que pendre.

— Je comprends votre inquiétude, répondit Louis, qui, bien qu'alité et fiévreux, gardait toute sa lucidité. Richard est davantage un rude chevalier qu'un gentilhomme. Mais les qualités des filles du comte de Provence ne sont plus à vanter. Je suis sûr que Sancie, formée comme vous par votre excellente mère Béatrice, saura s'en accommoder et, qui sait, le mettre sous son influence.

— J'en doute ! maugréa Marguerite.

— Écoutez, ma Mie, Sancie est pour nous la moins mauvaise des solutions. Nous n'aurions pas aimé que Richard se tourne vers l'empereur qui, n'en doutons pas, aurait bien pu trouver une chaussure impériale, légitime ou non, à mettre à son pied. Et, même si le pape Grégoire s'y était opposé, le mariage de votre petite sœur avec Raymond de Toulouse, en pleine vacance de souverain pontife, n'était pas à exclure.

— Mon père s'y est formellement opposé ainsi que ma mère, fit savoir Marguerite.

— Voilà une bonne nouvelle. J'avais du mal à croire que deux seigneurs aussi différents, deux ennemis aussi irréconciliables, puissent se mettre d'accord pour une telle alliance. Vous voyez bien, termina-t-il, que Sancie est l'épouse idéale dans notre politique.

— J'avais oublié que nous ne servions qu'à cela ! fit remarquer Marguerite.

Louis ne voulut pas relever. Il n'avait rien à opposer à cette réflexion.

Rétabli, il regagna Paris. Sa première visite fut consacrée au chantier de la Sainte-Chapelle. Cette future église serait le reliquaire de la Couronne d'épines et de plusieurs autres reliques de la Passion que le roi de France venait de faire venir d'Orient : le fer de la Sainte Lance qui transperça le cœur du Christ, l'éponge vinaigrée qu'un centurion lui avait appliquée sur la bouche pour « étancher sa soif », un morceau de la Vraie Croix, et d'autres reliques attribuées à la Vierge, à Moïse et à saint Jean-Baptiste.

Louis demanda à son architecte d'ordonner aux maîtres verriers de raconter, sur les vitraux, l'histoire des reliques et de ne pas omettre d'y faire figurer l'arbre de Jessé et la fleur de lys.

Le retour en grâce de Lusignan mit un terme définitif au problème de l'Anjou et du Poitou.

— Sa perfide épouse a suivi votre conseil, déclara au roi Alphonse de Poitiers. Elle a rejoint l'abbaye de Fontevraud.

— Elle y aura mis le temps ! commenta Louis.

Le roi retrouva son épouse, de nouveau enceinte. Elle se précipita dans ses bras pour le remercier d'avoir invité sa mère et sa sœur à passer plusieurs semaines en France avant de se rendre en Angleterre pour le mariage de Sancie avec Richard de Cornouailles.

— Voilà dix ans que je ne les ai revues. Je ne vais pas reconnaître ma petite sœur, elle avait quatre ans quand je l'ai quittée. Il paraît qu'elle est la plus belle de nous quatre.

— J'en serais fort étonné, murmura Louis.

Il posa sa main sur le ventre de son épouse et déclara :

— Si Dieu m'a entendu, ce sera un garçon !

58

Enfin un fils !

Alors que Louis se remettait difficilement de sa crise de malaria, doublée d'une dysenterie, Blanche, la première-née du couple, qui venait d'avoir trois ans, ne put survivre à une vilaine pneumonie.

Le souverain, malgré ces coups du sort, ou peut-être à cause d'eux, devenait de plus en plus pieux. Il passait beaucoup de temps dans son oratoire et s'adonnait à une lecture quotidienne des Évangiles. Le soir, avant de s'endormir, ses prières duraient le temps que mettait une bougie de trois pieds de haut à se consumer. Et chaque matin, il entendait la messe. Certes il n'obligeait personne à l'imiter et Marguerite, qui admirait sa piété, ne le suivait pas dans cette voie.

S'il consacrait beaucoup de temps à la prière, il n'en négligeait pas pour autant les affaires du royaume. Il se souciait toujours de mettre de l'ordre parmi ses vassaux. Devant le Conseil, il déclara avec une fermeté qui surprit :

— Désormais mes vassaux qui rendent hommage à deux souverains devront choisir l'un ou l'autre. J'ordonne donc à ceux qui ont leurs fiefs dans le royaume de France de devenir mes vassaux et mes sujets à part entière. Nous ne pouvons continuer d'accepter cette dyarchie, source de confusion et nuisible à la paix.

Évidemment, cette ordonnance fut jugée inacceptable par le roi d'Angleterre. En représailles, il supprima toutes les terres anglaises qui appartenaient à des seigneurs français. Les barons normands qui avaient été conviés à ce Conseil firent grise mine, mais n'eurent pas le front de protester.

Le roi Louis jouait avec Henri comme le chat avec la souris. En compagnie de sa mère, il examina attentivement le projet de mariage de Richard avec Sancie de Provence. Fallait-il laisser faire et risquer d'accentuer le poids de l'Angleterre sur la Provence ? Ou s'y opposer et tomber dans les écueils que Louis avait décrits à Marguerite ? Aussi décidèrent-ils de choisir la première solution. Sancie n'héritant pas de terres ne présentait pas un réel inconvénient. Pour laisser croire qu'il adhérait pleinement à cette union, le souverain français confirma qu'il recevrait la future duchesse de Cornouailles avec tous les honneurs, lors de son voyage pour l'Angleterre.

Marguerite fut frappée par la grâce et la beauté de Sancie, mais surtout impressionnée par sa mélancolie. La jeune fille avait rencontré son futur mari à Bordeaux où s'était réfugié le roi d'Angleterre après sa cuisante défaite à Taillebourg. Sancie raconta :

— Éléonore m'a mise en garde contre Richard, elle ne l'aime pas. Moi non plus, je ne peux l'aimer. Il m'a toisée, jaugée comme si j'étais une jument. En outre il a déjà quatre enfants, dont trois illégitimes.

— Il est sûr qu'il n'est pas un adepte de l'amour courtois, commenta Marguerite, mais n'est-il pas bel homme ?

— Oui, peut-être, mais il n'est ni charmant ni affable. Il n'aime pas la musique, ni les poèmes. J'ai peur, Marguerite, j'ai peur d'être malheureuse avec lui.

— Nous avons toutes peur des hommes au début, répondit sa sœur. Il nous faut le temps de les apprivoiser, c'est tout !

Leur mère, Béatrice de Savoie, vint interrompre leur échange. Elle était, comme à son habitude, enjouée, entreprenante, fière de ses filles et du destin qu'elle leur avait forgé. Marguerite en profita pour la sermonner :

— Je trouve, Mère, que vous ne nous avez pas bien défendues auprès de notre père. Pourquoi Béatrice est-elle la seule héritière ?

— C'est ce Romée qui a tout manigancé, se défendit Béatrice de Savoie.

Et dans le creux de l'oreille de sa fille, elle murmura :

— De même que ce mariage avec Richard, tout a été monté par Romée et mes frères qui semblent avoir pour ambition de gouverner l'Angleterre !

Les frères de Béatrice ne faisaient pas semblant. Thomas de Savoie, l'époux de la comtesse de Flandre, avait, avec Romée, arrangé le mariage de Sancie ; son frère Boniface était devenu archevêque de Canterbury ; l'autre, Pierre, comte de Richmond.

Cette invasion des Savoyards n'avait pas échappé à la sagacité de Jean de Beaumont qui avait déclaré que ce n'était pas au royaume de France qu'une telle intrusion aurait pu se produire.

— Il faudrait aussi rappeler à mon père, poursuivit Marguerite, qu'il doit payer ma dot au roi de France, ce défaut me met dans l'embarras vis-à-vis de lui et de ses conseillers.

— Je le lui rappellerai, se contenta de répondre sa mère, qui savait qu'elle n'obtiendrait rien de son avare de mari, songeant en même temps qu'il était cependant très généreux avec ses maîtresses.

Pendant les quelques jours que Sancie passa en France, Marguerite et le roi firent tout pour lui rendre sa gaieté. En vain. La jeune fille quitta sa sœur aînée le cœur serré. Sa seule consolation était la présence en Angleterre d'Éléonore, qui s'avérait être la maîtresse des lieux. Peu de seigneurs français furent conviés au mariage, célébré le 23 novembre 1243 dans l'abbaye royale de Westminster.

— C'est un garçon ! C'est un garçon ! criaient, hurlaient, chantaient tous les serviteurs du château de Pontoise dans lequel naquit Louis, le dixième du nom, en ce 25 février 1244.

Le roi lui-même, toujours réservé, ne put cacher sa joie. Ses larmes l'attestaient. Il vint s'agenouiller au pied du lit de Marguerite ne sachant qui, de Dieu ou de son épouse, il devait le plus remercier.

Le royaume avait un héritier. C'était un beau bébé, fort et qui déjà donnait de la voix. Cette fois Marguerite se sentit reine de France à part entière. Elle savait que désormais son époux disposait de tous les atouts du pouvoir, ceux du présent comme ceux de l'avenir, et que sa rivale, la reine Blanche de Castille, devrait se retirer.

Marguerite n'ignorait pas que désormais sa position ne serait pas exempte de risques, de déceptions, de contradictions, d'affrontements avec l'entourage du roi comme avec lui-même. Elle se sentait prête à les assumer pleinement.

Le siège de Montségur

Le premier conflit survint très vite, dans le mois qui suivit la naissance de Louis, avec la fin du siège de Montségur.

Situé à quelques encablures de Foix, le sanctuaire cathare se dressait sur un pic dominant des collines escarpées et n'était accessible que par un seul flanc, au sud-ouest ; les autres côtés étaient à pic et ne pouvaient laisser aucune chance à ceux qui voudraient entreprendre de les escalader comme de les dévaler. Ce sommet atteint, il fallait encore, pour accéder au château, grimper sur un éperon rocheux très vertical. À se demander comment des hommes avaient pu bâtir un tel édifice. Dans un tel endroit.

Dans ce fortin s'était réfugiée la fine fleur du catharisme : le seigneur du lieu d'abord, Raimond de Péreille, sa femme Corba, leurs quatre enfants et leur gendre Pierre Roger de Mirepoix, qui commandait les chevaliers, les sergents et les hommes d'armes ; les parfaits et les parfaites logeaient autour du château dans des cabanes de bois et de branchages. En tout, quelque quatre cents personnes, hommes, femmes et enfants avec à leur tête Bertrand Marty, évêque du Toulousain, Raymond Aiguilher, évêque du Razès, et l'un des « tueurs » d'Avignonet, Guillaume Golayran. Tout ce monde vivait dans un espace réduit dont la salle principale mesurait moins de cinquante mètres carrés.

Perchés sur ce piton battu par les vents, isolés de tout, ces assiégés ne pourraient résister longtemps. Il leur fallait de l'eau, des vivres, des munitions et la seule voie d'accès était bloquée par l'armée royale forte de dix mille hommes commandée par le sénéchal de Carcassonne, Hugues des Arcis, et l'archevêque de Narbonne.

Le sénéchal informa le roi qu'il avait la situation bien en main et que le siège ne durerait que quelques semaines. C'était sans compter sur l'aide des paysans alentour et sur la foi intense des cathares qui leur permettait de vivre dans des conditions aussi précaires.

Montségur était un symbole, celui de la résistance cathare, où les parfaits les plus connus, les plus purs et les plus prosélytes s'étaient réfugiés. Prendre leur citadelle, et éliminer les hérétiques qui y résidaient, revenait, pour le roi de France, à offrir au Saint-Siège et au futur pape – qui depuis plus de vingt mois n'était toujours pas désigné – un magnifique cadeau. C'était aussi, pour Louis, parachever la croisade que son père avait menée et qui lui avait coûté la vie. Mais en juin 1243, contrairement à la promesse du sénéchal de Carcassonne, les cathares tenaient toujours.

Louis avait été tenu informé de l'évolution du siège. Il lui avait été rapporté que d'importants moyens étaient mis en œuvre, une barbacane bombardait sans relâche la forteresse, dix mille hommes de l'armée royale, lourdement armés, affrontaient une centaine de soldats cathares, qui avec les quatre cents personnes vivant sur les lieux, faisaient preuve d'un courage, d'une audace et d'une foi admirables.

— Je veux, fit-il savoir à Hugues des Arcis, que le pardon soit accordé à tous ceux qui resteront en vie dès qu'ils auront présenté leur soumission.

Nul ne pouvait imaginer les conditions atroces qui furent celles des assiégés durant cet hiver 1244. Nul d'ailleurs ne comprit comment ils avaient pu résister à ce point. Ils avaient vécu sur un espoir qu'avait faussement alimenté le comte de Toulouse leur demandant de tenir jusqu'à Pâques, date à laquelle il viendrait les délivrer avec les troupes de l'empereur. Frédéric ne fut sans doute jamais ni informé ni sollicité pour cette promesse et il avait bien d'autres chats à fouetter. Ainsi le vassal du roi de France, qui venait de signer le traité de Lorris par lequel il s'engageait à éradiquer les hérétiques, poursuivait-il son double jeu.

Au terme de neuf mois de siège, les assiégés capitulèrent. Il leur fallut négocier. Les pourparlers débutèrent le 1er mars. Le seigneur Raimond de Péreille et son gendre Pierre Roger de Mirepoix obtinrent treize jours pour se rendre. Un délai que deux faidits mirent à profit pour s'enfuir, de nuit, avec le trésor des cathares, de l'or, de l'argent, des pierres précieuses qu'ils allèrent enterrer dans le bois des montagnes de Sabarthès.

Les conditions de la capitulation furent conformes aux instructions du roi de France : les défenseurs obtiendraient le pardon, même les agresseurs d'Avignonet ; les hommes d'armes devraient confesser leur faute aux inquisiteurs ; toutes les autres personnes, y compris les parfaits, seraient libres à condition qu'elles abjurent leur hérésie. Celles qui refuseraient seraient livrées au bûcher. Cette dernière clause était une exigence de l'Église et non du roi de France, mais les sergents du roi devraient appliquer la sentence. Enfin le château de Montségur serait rendu au roi et à l'Église.

Personne ne s'attendait à ce que près de deux cent vingt occupants, la plupart hérétiques, dont une douzaine de nouveaux convertis, refusent d'abjurer leur foi. Ils périrent donc sur un immense bûcher allumé au pied de la montagne. Une impressionnante fumée noire envahit le ciel et, poussée par le vent, se dirigea vers les monts alentour sans qu'une seule plainte autre que les prières des suppliciés ne fût entendue depuis ce lieu funeste que les habitants appelèrent par la suite « le prat des crémats », le champ des brûlés.

— Comment votre armée a-t-elle pu commettre un tel supplice ? demanda, courroucée, Marguerite à son époux.

Elle se souvenait de l'hostilité de son père, le comte de Provence, à cette croisade albigeoise à laquelle il avait néanmoins participé avec Louis le Lion tout en accueillant sur son territoire les cathares qui fuyaient la répression.

— J'ai proposé que tous soient pardonnés, répondit Louis, cependant les hérétiques n'appartiennent pas à ma justice, mais à celle de l'Église. Ils pouvaient abjurer et revenir dans son sein. Ils ont préféré mourir dans le péché. Je n'ai fait qu'appliquer la loi qui est celle de Dieu !

— La loi de Dieu ! répéta Marguerite incrédule, sans autre commentaire.

Le roi dut argumenter pour convaincre son épouse, et peut-être lui-même, que le bûcher de Montségur était dans l'ordre des choses.

— Ces hérétiques, expliqua-t-il, ne croient pas en un seul dieu, mais en deux. Ils affirment qu'il y a un dieu mauvais, le diable, et que son représentant sur terre est l'Église. Ils disent que « L'Église romaine n'est ni l'épouse du Christ, ni sainte, mais l'Église du diable ». Elle est cette Babylone que Jean de l'Apocalypse appelle « mère des fornications et des abominations, ivre du sang des saints et des martyrs de Jésus-Christ ». De plus, ils ne croient pas en l'incarnation du Christ. Ces hommes et ces femmes, qui ont eu la chance d'être élevés au sein de notre Sainte Église, l'ont reniée pour professer le pire. Ils sont un péril absolu. Si l'Église acceptait n'importe quelle interprétation sur le mystère du Christ, elle entraînerait ipso facto tous les chrétiens dans le doute et le désarroi et porterait un coup fatal à leur foi. Que l'on soit sujet d'une Église ou d'un royaume, il importe de respecter leurs règles qui s'imposent comme la loi. Si l'Église admettait le bien-fondé de la notion du Bien et du Mal, poursuivit-il, sur un ton exalté, Dieu étant le Bien, le monde d'ici-bas, le Mal, comme le prétendent les gnostiques, les cathares, les vaudois, alors le sens profond du message du Christ s'en trouverait perverti. Pour le Christ, l'idée du Bien et du Mal repose sur la notion du libre arbitre de l'Homme, sa liberté de choisir sa vie, de vouloir ou de ne pas vouloir Dieu. Évidemment, cette liberté donnée par Dieu aux hommes est souvent au-delà de leurs forces, elle est surhumaine. Et c'est la tendance de toutes les hérésies, de toutes les sectes de vouloir non pas seulement encadrer cette liberté mais la limiter, quand ce n'est pas l'abolir. Ainsi, chacun se trouve placé, souvent de son plein gré, dans le confort misérable d'une vie déléguée, sans choix, sans chemin à gravir, sans montagne à conquérir, sans tempête à affronter. Et c'est souvent, hélas, ce que l'Homme désire ! Le refus de vivre et d'assumer sa liberté. L'Église ne pouvait vouloir cela pour l'Homme. Son opposition à l'hérésie est une opposition aux ennemis de cette liberté fondamentale. Et si l'Église fermait les yeux sur certaines pratiques des mouvements hérétiques, elle laisserait porter atteinte à la dignité même de l'Homme. Les albigeois, rappela-t-il, ont causé aux vrais chrétiens beaucoup de dommages. Ils couraient secrètement vers les châteaux et les forteresses, prenant les chevaliers et leurs suivants laissés à la garde des villes, tuaient les uns et en défiguraient un grand nombre d'autres, en leur coupant les oreilles, le nez, la lèvre supérieure et en leur faisant subir d'autres cruautés.

— Ils dénonçaient une Église corrompue et attachée aux biens matériels, argumenta Marguerite.

— Pourquoi sombrer dans l'hérésie ? Pourquoi n'ont-ils pas rejoint les ordres mendiants, les franciscains, les dominicains qui prêchent l'humilité et le retour aux enseignements du Christ ?

— En effet, convint-elle, mais ils sont sincères et font preuve d'une telle foi qu'ils n'hésitent pas à mourir en martyrs !

— Les premiers chrétiens, eux aussi, acceptaient le martyre, mais ils ne s'étaient pas pour autant trompés de chemin. Les hérétiques albigeois portent atteinte à l'intégrité du royaume et à sa fidélité à l'Église du Christ. Leurs chefs sont des fanatiques, de mauvaises gens, qui ont entraîné de pauvres hères dans leur folle aventure. Nous devons les traiter comme des apostats, des traîtres, des félons à l'égard de Dieu. De plus, ces gens, qui prêchaient la non-violence et juraient que jamais ils ne commettraient d'homicides ou de vol, se sont parjurés.

— Il n'empêche, reprit la reine, que le pape a beau jeu de les condamner et de vous confier l'exécution. C'est vous qui vous salissez les mains et qui portez pour le peuple le poids de cette sévérité.

— Le peuple chrétien dans son entier m'approuve car il mesure le danger que ces êtres pervertis font courir à notre foi.

— « Que celui qui n'a jamais péché lui jette la première pierre », lâcha Marguerite, un sourire en coin. Je sais combien vous admirez saint François d'Assise, argumenta-t-elle encore, et j'aime moi aussi ses écrits. Ne partagez-vous pas cette réflexion : « Pour accomplir sa volonté, le Seigneur n'a besoin ni de haine ni de sang. Abolir le Dieu des autres ne sert que les intérêts des petits esprits ou des cœurs étriqués » ?

— Il ne vous aura pas échappé, répondit-il, que ceux qui dirigent l'Inquisition sont précisément des dominicains. Je vous rappelle aussi que, lors de mon sacre en 1226, j'ai fait la promesse de poursuivre les hérétiques et d'être le bras séculier de l'Église. Mais je vois que vous appréciez les joutes oratoires, Marguerite. Méfiez-vous, vous n'aurez pas toujours le dernier mot.

Main dans la main, le couple royal partit pour une longue promenade dans les jardins du château de Pontoise. Louis demanda à son épouse de l'accompagner en pèlerinage pour remercier la Vierge et le Seigneur pour la naissance de leur fils.

— Où souhaitez-vous nous emmener ?

— À Rocamadour. Nous y prierons la Vierge noire, celle du *Cantique des cantiques* : « Je suis noire, mais je suis belle. » Des miracles nombreux y sont accomplis.

— Est-ce un long voyage ?

— Très long. Rocamadour est situé sur la route de Saint-Jacques-de-Compostelle, à environ quinze jours de Paris. C'est un lieu de pèlerinage où les hérétiques doivent aussi aller chercher leur pardon. Le grand-père d'Henri d'Angleterre, très malade, s'y était rendu, de même que le père de ma mère, Alphonse de Castille.

— Le roi d'Angleterre a-t-il été guéri ? demanda Marguerite.

— Oui, on l'a dit.

— Nous demanderons aussi votre guérison, suggéra Marguerite.

— Mais je ne suis plus malade ! protesta Louis.

— Et votre mère nous accompagnera-t-elle ?

— Ne le souhaitez-vous pas ? interrogea-t-il, sur un ton sec.

— Ce n'était qu'une question. Depuis la naissance de Louis, son regard est devenu plus aimable.

Louis sourit à l'idée que cet enfant pourrait être l'objet de la réconciliation entre ses deux femmes.

— Nous avons l'intention de nous y rendre en famille, avec mes frères et mes belles-sœurs.

— Alors je serais très heureuse d'être des vôtres, conclut la reine.

Le roi de France profita de ce pèlerinage pour rencontrer, au Puy-en-Velay, Jacques d'Aragon qui lui avait été hostile dans les récents conflits en Languedoc. Les deux souverains eurent un entretien houleux, mais qui s'acheva sur des promesses réciproques de soutien. Louis apprit que Jacques d'Aragon et Ferdinand de Castille avaient trouvé un accord sur la délimitation de la frontière entre leurs deux royaumes. Le roi Jacques lui raconta qu'il avait détruit la mosquée de Valence pour la remplacer par une cathédrale et qu'il avait transformé l'Alcazar en un palais royal.

— Et Ferdinand, où en est-il ? demanda Blanche de Castille.

— Il se prépare à attaquer Séville. Il va de succès en succès, Dieu est avec lui.

— Dieu vous accompagne aussi, souligna Louis.

Le roi d'Aragon, qui était aussi seigneur de Montpellier et comte de Barcelone, avait, en quelques années, conquis sur les Maures, Majorque et Minorque, puis Valence, et Murcie. De tous les côtés, en Espagne comme au Portugal, la Reconquista s'avérait un réel succès.

« *Habemus papam.* » Un nouveau pape était enfin élu, un Génois, le cardinal Fieschi, qui se fit appeler Innocent. L'empereur Frédéric, qui n'était pas étranger à cette longue vacance du gouvernement de l'Église, était enchanté. Il avait réussi à faire élire un ami. Il allait pouvoir asseoir définitivement sa domination sur Rome et toute l'Italie. Il se trompait. Bien que gibelin, Innocent décida de défendre d'abord les intérêts de l'Église et le fit savoir rapidement. Il commença par intimer à l'empereur l'ordre de libérer les prélats encore emprisonnés à Naples depuis maintenant deux ans, de restituer à l'Église les territoires qu'il lui avait soustraits, de faire la paix avec les Lombards : il refusa même de lever l'excommunication qu'avait lancée contre lui son prédécesseur Grégoire.

— Vous savez ce qu'a dit l'empereur, révéla au roi de France un cardinal qui avait participé au conclave : « L'Église a gagné un pape et l'empereur un ennemi. »

Ils éclatèrent de rire.

— Je crois savoir, précisa le cardinal, que Sa Sainteté Innocent a l'intention de mettre ses pas dans ceux de son prédécesseur Grégoire et de soumettre l'empereur à ses volontés.

— Tant qu'il n'essaie pas de m'y soumettre également, je ne peux que l'approuver, commenta le monarque.

Le vent semblait tourner pour Frédéric. Son représentant en Orient, Filanghieri, un forban, qui avait voulu s'emparer d'Acre, avait été chassé de la ville avec l'aide de ses habitants. Un seigneur du lieu, Philippe de Novare, avait déclaré : « Cette vénéneuse plante des impériaux a été déracinée à jamais des pays d'outre-mer. »

L'empereur avait ainsi perdu pied en terre d'Orient. Le même Novare avait déclaré que Frédéric, excommunié, était ipso facto déchu de la couronne de roi de Jérusalem et qu'en attendant la venue de son fils Conrad, il fallait désigner un seigneur du royaume.

L'instabilité des pouvoirs chrétiens en Terre sainte semblait croître. Elle n'augurait rien de bon.

Le souverain français allait suivre avec une attention redoublée l'évolution des relations entre le pape et l'empereur. Après l'élection d'Innocent IV, celles-ci prirent très vite un tour dramatique. Le pape suscita des troubles en Allemagne en favorisant les ambitions des guelfes, opposants à Frédéric.

De même, en Italie, alors que les habitants de Viterbe s'étaient révoltés contre l'empereur, le souverain pontife envoya des troupes pour soutenir ses citoyens qui, toutefois, purent résister longtemps. La guerre était réellement déclarée entre le chef de l'Église chrétienne et l'empereur romain germanique.

59

Le roi se croise

Louis évoqua devant son Conseil le contenu de la lettre qu'il avait reçue de l'empereur évoquant la menace des Mongols :

— Frédéric a reçu le patriarche d'Antioche venu au nom du prince Bohémond d'Antioche. Le Mongol Batou, après avoir chassé les Turcs, est maintenant solidement installé dans le Caucase. Il a soumis le roi d'Arménie, l'empereur grec de Nicée et tous les sultans de Mésopotamie. Il exige du prince d'Antioche qu'il soit son vassal, qu'il rase toutes ses forteresses et qu'il lui paie un tribut. Bien entendu, le prince n'a pas les moyens de résister à ce féroce tartare. Aussi a-t-il demandé à l'empereur de venir à son secours. Frédéric m'a donc écrit, comme à tous les autres souverains, pour nous rassembler et nous préparer à affronter les Mongols.

— Telle est aussi l'intention du Saint-Père, souligna Guillaume d'Auvergne, qui vient cependant de proposer à Batou un pacte de non-agression.

— Même sur ce sujet, ils se font concurrence, souligna le roi de France. Ils pourraient tout de même trouver un accord. L'empereur aurait pourtant accepté toutes les obligations que lui impose le souverain pontife.

— Connaissant Frédéric, je redoute une manœuvre, commenta Jean de Beaumont. À peine l'accord signé, il s'empressera de le déchirer.

— On dit qu'il est las du pouvoir, des guerres incessantes, déclara Jean de Nesle et qu'il aurait plutôt envie d'aller finir ses jours dans ses palais, au milieu des femmes de son harem et de ses savants.

— L'empereur las ? Voilà qui me surprend ! intervint Blanche de Castille. Ce n'est vraiment pas son tempérament.

— Que comptez-vous lui répondre, Sire ? demanda Guillaume d'Auvergne.

— Que nous sommes attentifs à sa missive et que nous nous associerons volontiers à une action pour rassembler la chrétienté face aux périls qui la menacent...

La réponse n'engageait à rien. Le Capétien souhaitait d'abord mesurer la validité et la pérennité de l'accord que l'empereur et le pape avaient signé. Frédéric, soucieux de pacifier ses territoires, accepta bon gré mal gré les oukases du pape et s'engagea à faire la paix.

C'était sans compter sur quelques éléments discordants, tel le cardinal Capocci, évêque de Viterbe, qui incita ses fidèles à se révolter contre le gouverneur impérial de la ville. Frédéric envoya ses troupes, Innocent les siennes. Le feu de la discorde était rallumé. D'autant plus qu'en Allemagne, les suppôts du Saint-Siège continuaient à fomenter des rébellions. L'empereur dut courir y mettre bon ordre avant de retourner en Italie. Viterbe était un prétexte de plus pour déclencher les hostilités récurrentes entre les guelfes, opposés à l'empereur, et les gibelins, ses alliés. Les gibelins et les soldats du gouverneur impérial tombèrent dans des traquenards et furent massacrés.

L'empereur ne doutait pas un instant que le pape fût directement responsable de ce forfait. Il fit savoir que la guerre était désormais déclarée et qu'il ne ferait pas de quartier.

En arrivant à l'abbaye de Cîteaux, pour assister au chapitre général des cisterciens, qui comptait alors en Europe près de mille cinq cents abbayes, le roi de France apprit cette situation nouvelle de la bouche de l'abbé général de l'ordre.

— Le pape a dû s'enfuir de Rome. Il a gagné Gênes et vous demande de l'accueillir et de le protéger.

— La guerre des deux glaives est ainsi déclarée, commenta Louis. Je ne comprends pas. Frédéric m'avait demandé d'informer le Saint-Père qu'il était prêt à négocier avec lui.

— Le conflit de Viterbe a fait échouer cette réconciliation, précisa l'abbé.

Louis s'entretint avec la régente, ses frères et quelques barons pour définir la réponse à donner au pape. Blanche déclara la première :

— Je vous rappelle, Louis, que votre aïeul Louis le Jeune donna asile au pape Alexandre quand celui-ci fut menacé par Frédéric Barberousse.

Le duc Hugues de Bourgogne prit, à son tour, la parole :

— Je serais partisan de respecter une stricte neutralité tout en assurant Sa Sainteté de notre vigilance et de notre respectueux soutien.

Alphonse de Poitiers, le plus sage de ses deux frères et celui avec lequel Louis avait le plus d'affinités, soutint le point de vue du duc. Le roi ne trancha pas pour ne pas indisposer sa mère. Mais il suivit ce dernier conseil.

Les abbés présents cherchèrent à l'influencer afin qu'il intervienne pour protéger le pape en s'agenouillant tous devant lui. Le souverain s'agenouilla à son tour en leur déclarant qu'il s'engageait à entreprendre une démarche pacifique pour réconcilier l'empereur et le Saint-Père. Ainsi prenait-il une place privilégiée et nouvelle dans la chrétienté, celle du monarque médiateur.

Le souverain pontife ne savait pas où se rendre et redoutait les réactions et les ruses de Frédéric. Son entourage lui proposa la ville de Lyon. Elle faisait partie de l'Empire, mais elle était sous l'autorité de l'archevêque Philippe de Savoie qui avait maintes fois manifesté son indépendance et pouvait compter sur le soutien de la France.

— Allons donc à Lyon ! avait déclaré Innocent.

Quelques semaines plus tard, le chef de l'Église décida de réunir, dans cette ville, un concile dans le but de déposer l'empereur l'année suivante.

De retour à Pontoise, le couple royal décida de s'y installer pour quelques jours avant de regagner Paris. Louis appréciait particulièrement ce lieu. Il en profitait pour rayonner autour, visiter sa ménagerie composée d'animaux d'Afrique, notamment de lions, de zèbres, d'antilopes et d'un porc-épic. À quelques pas de là, à Saint-Germain-en-Laye, il possédait une « volerie » d'oiseaux de proie, faucons, éperviers, aigles. C'était là aussi qu'était entretenue une meute de chiens pour les chasses auxquelles il ne participait plus depuis son mariage. Il laissait à ses frères ou à ses chevaliers le loisir d'utiliser ses équipages car il fallait bien nourrir la Cour de gibier.

À Marguerite, étonnée qu'il n'y participât plus, il répondit :

— Quand aurais-je le temps d'être auprès de vous, de m'occuper des affaires du royaume et de prier le Seigneur, si je devais aussi m'adonner à cette activité ?

S'il n'éprouvait pas de plaisir à chasser, en revanche, il aimait toujours beaucoup monter à cheval et galoper en forêt. Son budget pour les chevaux était d'ailleurs le plus élevé des dépenses de sa maison car il lui fallait entretenir des dizaines d'écuyers.

Le roi profita de ce séjour pour aller, avec les deux reines et sa cour, inaugurer l'abbaye de Notre-Dame-la-Royale, à Maubuisson. Il n'avait fallu que trois ans pour la bâtir. La reine Blanche, qui allait avoir cinquante-cinq ans, envisageait de s'y retirer bien qu'elle fût encore active et en excellente santé. Un an avant l'achèvement des travaux, elle y avait installé des moniales.

Dans le même temps, le souverain finança largement la construction de couvents pour les ordres mendiants dont le nombre, à cette période, dépassait la centaine sur le royaume, et plus de trois cents avec l'Angleterre, l'Allemagne, l'Italie et l'Espagne. Cela donnait une idée de l'importance de ces nouveaux mouvements religieux nés à peine un quart de siècle plus tôt.

Ce soutien apporté par le roi de France à la construction d'édifices religieux ne résultait pas uniquement de la profonde piété et de l'admiration qu'il portait aux ordres réguliers, il découlait aussi de sa volonté de bien marquer la relation étroite que le royaume de France, royaume terrestre, entretenait avec le royaume céleste. Il attachait à ce lien une vocation religieuse et politique. Le peuple français devait se sentir le nouveau peuple de Dieu, protégé par lui et porté, par sa foi en lui, à la transcendance. Pour Louis, cette effervescence sacrée n'avait d'autre but que d'offrir à ses sujets une perspective, un avenir, une espérance sur terre comme dans les cieux.

Cette attestation de nouvelle Terre sainte allait trouver quelques semaines plus tard un écho tragique lorsque des courriers en provenance de Jérusalem annoncèrent, au début décembre, qu'une bande de Turcs avait pris la Ville sainte, massacré et chassé tous les chrétiens qui s'y trouvaient.

— C'est la prédiction de Gog et Magog qui se réalise, déclara doctement Guillaume d'Auvergne.

— Que voulez-vous dire ? interrogea le roi.

— Ces barbares qui ont attaqué les Lieux saints fuyaient les Mongols. Ils ont d'abord envahi la Syrie et ne seraient sans doute pas allés à Jérusalem si le sultan d'Égypte ayyoubide ne les y avait pas incités.

— Mais qu'en est-il de la trêve signée par Richard de Cornouailles avec ce sultan ? demanda le roi.

— Ce traité a été respecté, intervint Jean de Beaumont, jusqu'à ce qu'une révolution dépose le sultan au profit d'un adversaire, Al-Salih Ayyoub, fils du sultant Al-Malik. Ce dernier n'a pas été reconnu par les sultans syriens de Damas et d'Alep. Alors qu'Ayyoub avait proposé de reconduire la trêve, les barons syriens ont préféré faire alliance avec ses adversaires. Le sultan d'Égypte, outragé, a donc fait appel aux mercenaires turcs pour conquérir la Syrie et la Terre sainte.

— L'empereur Frédéric, déclara le roi, m'avait informé de cette entorse des barons à la trêve et fait part de son extrême inquiétude.

— Il faut dire, ajouta Jean de Beaumont, que les Poulains ne s'entendent toujours pas entre eux. La protection de la Ville sainte est devenue le cadet de leurs soucis. Pour ces gens-là, la croisade n'a été qu'un moyen d'acquérir des terres, de s'enrichir et de vivre comme des satrapes. Le désordre entre les nôtres a fragilisé la défense de la Terre sainte et permis aux musulmans de reprendre l'avantage. Tant que la concorde entre chrétiens ne sera pas rétablie dans cette région, les croisades seront inutiles.

— Que font les moines-soldats ? demanda le souverain.

— Ils agissent, mais en ordre dispersé.

— Combien y a-t-il de troupes sur place ?

— Un bon millier de chevaliers des trois ordres, répondit Jean de Beaumont, et une vingtaine de milliers de sergents et soldats permanents.

— Une telle armée n'est-elle pas suffisante pour protéger les Lieux saints ?

— Pas tant que chacun n'agira que pour ses propres intérêts, constata le chambellan.

Un long silence. Le roi fut très affecté par cette nouvelle. Avant de lever la séance, il déclara :

— Il faudrait donc aller y mettre de l'ordre !

Quelques jours plus tard, le pape Innocent arrivait à Lyon. L'empereur lui faisait savoir qu'il était prêt à accepter un arbitrage du souverain français qu'il qualifiait de roi prudhomme. Le pontife était sur le point de donner son accord quand il apprit que le roi de France était à nouveau très malade, une nouvelle crise de malaria, alors qu'il se trouvait encore dans son château de Pontoise. Ses médecins ne savaient plus comment le soigner. C'était sa troisième crise, mais celle-ci paraissait beaucoup plus grave. Persuadé qu'il allait mourir, il avait déclaré à son entourage qui se lamentait autour de son lit :

— Regardez-moi, je suis parmi les hommes les plus riches et les plus estimés du monde. Étant tout-puissant dans mon royaume et béni en même temps de luxes terrestres et de bons amis, je ne puis pourtant ni adoucir l'effet de cette maladie, ni remettre, même pour une heure, l'heure de ma mort. À quoi donc servent toutes ces possessions ?

Sa fièvre était élevée, il ne pouvait plus se nourrir et commençait à délirer. Soudain, l'une des moniales qui le surveillaient l'entendit murmurer :

— Seigneur, si tu me laisses en vie, j'irai délivrer ton tombeau.

Puis son souffle se ralentit et la dame eut l'impression que la vie l'avait quitté. Alors elle prit le drap pour lui mettre sur le visage. Mais dame Hersant, le médecin du couple royal, qui venait d'entrer dans la chambre, arrêta le bras de l'infirmière et lui dit :

— Ne faites pas cela tant que son âme n'a pas quitté son corps.

Puis elle s'approcha et vit que le roi respirait encore. Il ouvrit les yeux, sourit et déclara :

— Merci, mon Dieu, de m'avoir redonné la santé.

Alors que Marguerite avait pris quelques heures de repos après avoir veillé son époux des jours et des nuits durant, elle fut prévenue que Louis avait rendu son âme à Dieu. Bouleversée, elle arriva dans la chambre et le vit lui sourire, à la limite de ses forces.

— C'est un miracle, osa dire le médecin. Dieu l'a sauvé parce qu'il lui a promis d'aller délivrer les Lieux saints.

La reine fut partagée entre la joie de le savoir en vie et la crainte que cette expédition ne soit pour lui qu'un sursis. Sa santé n'y résisterait sûrement pas.

Restée à Paris, Blanche éprouva la même crainte. Elle réunit ses plus proches conseillers et leur demanda de tout mettre en œuvre pour dissuader le roi de se croiser.

Informé à son tour, le pape Innocent se déclara comblé de joie.

Quelques jours plus tard, son fils rétabli, Blanche décida de le faire renoncer à son vœu. Leur entrevue fut houleuse.

— Ma décision est irrévocable, Mère ! Je ne peux me soustraire à une promesse faite à Notre-Seigneur.

— Je vois bien, dit-elle, que depuis quelque temps vous ne tenez plus compte de mes avis. Vous ai-je jamais mal conseillé ? Avez-vous sur ce point des reproches à me faire ? N'ai-je jamais agi que dans votre intérêt et dans celui du royaume ?

— Je ne vous contrarierai pas sur ce point, Madame. Mais il m'appartient désormais de décider seul et en conscience de ce qu'est l'intérêt du royaume. Je resterai toujours à votre écoute quoi qu'il arrive. Et vous n'aurez rien à craindre, puisque je laisse un pays en paix avec ses turbulents voisins.

— Croyez-vous vraiment, insista la reine mère, qu'il soit dans l'intérêt de vos sujets d'aller risquer votre vie chez les Maures ? Que deviendrait sans vous la France, ce pays qui a tant mis sa confiance et son espérance en votre personne ? Il faudra encore vingt ans pour que votre fils puisse vous succéder, si Dieu lui prête vie. Votre foi et votre piété sont louables, Louis, mais elles ne peuvent remplacer votre devoir de roi. Quant à vos enfants, ne vous sont-ils pas plus chers que les chrétiens d'Orient ? Si Jésus-Christ exige que son tombeau soit délivré, la France ne peut-elle pas exiger que son roi restât pour la protéger ? Le soin de votre famille et le salut de votre royaume vaudraient donc moins que tous les engagements d'un homme qui se trouvait au bord du trépas ?

— Je suis à même de juger où est mon devoir, répliqua Louis. Quant au gouvernement de la France, je le sais pourvu, par vous-même si vous y consentez et par les conseillers éminents que nous avons nommés. Mon père et mon grand-père ont bâti un royaume et lui ont donné une administration qui peut désormais assurer sa pérennité. Vous y avez aussi largement contribué. Le monarque est le phare du pays, son garant ; il lui confère son caractère sacré. Sa présence n'est pas indispensable dès lors que son gouvernement est capable ; son absence pour une si noble cause peut enrichir le royaume et ses sujets, les exalter et les glorifier. Ainsi, Madame, puis-je laisser à d'autres que moi le soin de conduire le pays pendant que j'irai délivrer les Lieux saints et recommander à Dieu le destin de notre royaume.

— Dans ces conditions, je préférerais que vous laissiez à votre frère Robert le soin de le diriger.

— Robert, Alphonse et Charles m'accompagneront. Nous devons ensemble aller sauver le tombeau du Christ. Notre action rejaillira pour des siècles sur l'honneur et la grandeur de la France.

Blanche se trouva à court d'arguments. Décidément, elle ne comprenait plus son fils. Elle se demanda si elle n'était pas responsable de cette ferveur excessive et de cet abandon à Dieu. Elle était partagée, comme Marguerite, entre la crainte de le perdre et son admiration pour son engagement. Elle ne voulut pas désarmer. Elle se confia à son confesseur Guillaume d'Auvergne, pour qui Louis avait une grande considération ; qui mieux que lui pourrait le persuader que Dieu comprendrait qu'il renonçât à son vœu ? Elle tenta aussi de persuader Jean de Beaumont qui pourrait lui faire valoir les risques militaires d'une telle opération ou Jean de Nesle en qui il avait toute confiance. Aucun d'eux n'y parvint. Louis restait inflexible. Le service de Dieu passait avant toute considération.

Guillaume d'Auvergne essaya un subterfuge qui n'eut pas d'effet :

— Vous étiez tellement affaibli, Sire, que vous étiez inconscient. Votre promesse n'a pas de valeur.

Louis sourit et répondit :

— À vous entendre, Monseigneur, c'est à l'affaiblissement de mon esprit qu'a été due ma prise de croix. Eh bien, je la dépose, cette croix. La voici, Sire évêque, je la résigne de plein gré.

Blanche et l'archevêque poussèrent un soupir de soulagement. Mais le souverain reprit :

— Maintenant que je ne suis pas hors de sens, ni infirme, ni incapable de volonté, rendez-la-moi !

Lorsqu'ils se retrouvèrent seuls, Marguerite crut, à son tour, détenir l'arme secrète :

— Je ne resterai pas seule avec votre mère à la tête du royaume.

— Mais je souhaite que vous m'accompagniez, lui répondit Louis.

— Êtes-vous sérieux ?

— Très sérieux !

— Et nos enfants ? s'inquiéta-t-elle, en désignant son ventre, car elle était enceinte de cinq mois.

— Ils resteront à Pontoise sous la garde de vos fidèles servantes.

Marguerite resta sans voix. Ainsi son époux avait-il décidé de l'emmener en croisade sans lui demander son avis. À tout prendre, elle préférait l'accompagner plutôt que de rester à la cour de France sous la férule de sa belle-mère et en butte à l'hostilité de certains conseillers.

60

Entre foi et raison

Une terrible nouvelle en provenance de Terre sainte vint, s'il en était encore besoin, justifier et conforter la promesse de Louis.

On apprit, en effet, que le 17 octobre de l'année précédente, trois mois après le sac sanglant de Jérusalem, les chrétiens survivants réfugiés à Gaza avaient été massacrés. Pire encore, la puissante armée chrétienne avait été sévèrement défaite à la bataille de la Forbie. La quasi-totalité des chevaliers des trois ordres, Templiers, Hospitaliers, Teutoniques, avaient été éliminés ou faits prisonniers par les forces conjuguées du sultan d'Égypte et des Turcs. Les villes de Tibériade, Jérusalem, Ascalon et Damas étaient tombées aux mains des Infidèles et le royaume d'Acre ne se résumait plus qu'à une bande côtière.

Fort de l'engagement du roi de France, le pape Innocent, depuis Lyon, lança une nouvelle croisade. Il désigna pour la prêcher et la conduire le chancelier de l'université de Paris, le cardinal Eudes de Châteauroux, un ami du monarque français. En dépit de l'urgence de la situation des chrétiens en Palestine, Louis jugea qu'il faudrait au moins deux ans pour préparer sa croisade, la septième du nom. Il lui fallait aussi terminer la mise en ordre des grands dossiers, procéder à la nomination de ses propres conseillers aux postes clés pour renforcer l'État, conclure les arbitrages sur les conflits entre vassaux, faire mener des enquêtes dans tout le royaume pour connaître l'opinion de ses sujets afin de relever les injustices et corriger les excès de ses administrateurs, inaugurer la Sainte-Chapelle, assainir la situation monétaire, enfin tenter de réconcilier le pape avec l'empereur. Le roi de France voulait laisser un pays apaisé et en bon état de marche.

Pour faire patienter les chrétiens de la Terre sainte, il leur écrivit qu'il arriverait bientôt avec une puissante armée, sans leur révéler que ce ne serait pas avant deux ans, voire davantage.

Et pour bien faire comprendre à son entourage que son vœu était irrévocable, il changea entièrement son apparence. Il abandonna ses luxueux vêtements de roi pour un habillement sommaire en cotonnades grossières ; il multiplia ses moments de prière ; il distribua plus souvent des aumônes, s'occupant davantage des infirmes et des mendiants, les invitant même à sa table ; il alla régulièrement visiter les lépreux et se prit d'affection pour l'un d'eux, un convers de l'abbaye de Royaumont.

Le premier dossier qu'il eut à considérer était apparemment inextricable. La comtesse Jeanne de Flandre venait de mourir. Son fief, qui comprenait la Flandre et le Hainaut, était très riche. La Flandre était en grande partie située dans le royaume, une autre partie se trouvant dans l'Empire. Jusque-là, ce fief avait été administré par Jeanne de Flandre à qui les bourgeois avaient reproché une excessive rigueur. Son héritière, sa sœur Marguerite, alla rendre hommage au roi de France ; elle lui versa ses droits de relief sans barguigner, même si elle aurait pu être tentée de s'y soustraire[1].

Pour empêcher que les fiefs ne s'étendissent, les mariages entre familles de seigneurs devaient obligatoirement obtenir une autorisation de leur souverain. Ainsi les grands barons passaient-ils progressivement sous le contrôle royal. Louis renforça ces dispositions, suivant ainsi les conseils de son grand-père. Cela expliquait la soumission de Marguerite de Flandre. Pour autant, cette succession n'était pas réglée. En effet, la situation matrimoniale de cette comtesse était complexe. Elle avait d'abord épousé un bailli, un certain Bouchard d'Avesnes, qui régissait le Hainaut. Cet homme s'était destiné à la prêtrise et avait même été ordonné sous-diacre. Parce qu'elle n'avait pas accepté cet engagement religieux, sa sœur Jeanne avait obtenu l'annulation du mariage. Mais Marguerite avait deux fils de ce

1. À chaque succession sur son territoire, le roi percevait désormais des droits, dits « droits de relief ».

Bouchard qui pouvaient prétendre à leur héritage. Remariée à Guillaume de Dampierre, la comtesse avait eu encore trois garçons. Ainsi les héritiers de Bouchard revendiquaient-ils leur droit d'aînesse alors que les Dampierre les jugeaient illégitimes. C'est cet écheveau que Marguerite exposa à Louis et lui demanda de dénouer.

— Vous souhaitez mon arbitrage ? demanda le roi.

— Je ne saurais régler seule ce différend, répondit-elle. Il me faut l'assurance de votre autorité pour que le partage soit effectué avec équité. Je souhaite cependant que mes trois fils Dampierre soient privilégiés.

Louis jugea que l'affaire n'avait pas d'urgence, mais il lui fallait être vigilant pour que la paix continuât de régner sur ce fief et que l'empereur n'y vînt pas mettre son nez. Il assura donc la comtesse de sa sollicitude.

Quelques jours plus tard, son épouse Marguerite accouchait d'un autre fils qu'ils prénommèrent Philippe. La pérennité des Capétiens était de nouveau assurée.

— Vous enrichissez le royaume, déclara-t-il à son épouse, et ce trésor est incomparable !

Le souverain alla se recueillir sur les reliques du Christ pour remercier le ciel, avant de se rendre sur le chantier de la Sainte-Chapelle dont les parois de la partie haute commençaient à être édifiées. Le maître d'œuvre était présent avec ses maçons, ses sculpteurs, ses menuisiers, ses charpentiers et ses apprentis. S'ils ne parlaient pas tous la même langue, ils avaient un langage commun, celui de la main. Le travail était dur, les journées longues, mais ils les passaient en chantant. En moyenne, la semaine n'excédait pas quatre jours et les jours de repos étaient nombreux grâce aux fêtes. C'était là le monde des compagnons où l'art de bâtir pouvait être appris dès le plus jeune âge avec l'espérance de devenir un jour maître bâtisseur.

Louis aimait se rendre sur ce chantier, comme il l'avait fait à Royaumont. Mais il ne mettait pas « la main à la pierre » car il était en son palais et il devait préserver le caractère symbolique du pouvoir. Un pouvoir qu'il estimait inférieur au savoir extraordinaire de ces maîtres compagnons capables de transmuer la nature pour exalter l'esprit. Le roi appréciait ce monde car il s'y reconnaissait. Il œuvrait pour la gloire de Dieu et celle de l'Homme. Tous les membres de cette communauté étaient astreints à l'humilité et à l'anonymat. Nul ne devait se vanter de ses connaissances car l'important était de transmettre les savoir-faire et non pas de faire savoir qui les transmettait.

Il avait goûté cette observation qu'un maître charpentier lui avait faite : « Dans une forêt, j'observais la nature des arbres. Ce ne fut que lorsque mes regards tombèrent sur des formes parfaites que la vision de mon support surgit en bois et que je commençais à y mettre la main. Ce fut grâce à la conformité parfaite entre la nature et celle de l'arbre que mon œuvre paraissait être celle de Dieu. »

Il avait aussi apprécié cette réflexion du maître vitrier lorsque celui-ci lui déclara :

« Nous ne devons pas ignorer que dans le corps du Christ obscur gît la Lumière secrète. »

Bien qu'il fût de plus en plus animé par une foi intense qui l'entraînait dans la certitude de sa mission de roi de droit divin, Louis était aussi confronté au doute. Il lui arrivait alors d'interroger ceux qui, dans son entourage, lui permettaient d'interpeller sa conscience. Ainsi le théologien Guillaume d'Auvergne fut-il souvent appelé à répondre à ses questions, mais aussi certains maîtres de l'Université. Cette année-là, la personnalité la plus marquante et, de l'avis de tous, la plus érudite, était un dominicain d'origine bavaroise, Albrecht von Bollstädt, dit Albert le Grand. Théologien, philosophe, naturaliste, alchimiste, il enseignait à l'Université de Paris au couvent dominicain de Saint-Jacques. Son plus proche élève s'appelait Thomas d'Aquin, un jeune dominicain d'origine italienne.

Après la visite du chantier de la Sainte-Chapelle, le roi invita Albert le Grand à déjeuner. Il voulait avoir son opinion sur Aristote dont l'enseignement avait été jadis proscrit par le Saint-Siège, puis rétabli par le pape Grégoire.

— Pourquoi, demanda-t-il, l'Église a-t-elle changé d'opinion au sujet d'Aristote ?

— Sans doute, répondit avec prudence Albert le Grand, parce que l'Église est animée par un débat sur l'âme humaine. La pensée dominante, depuis le quatrième siècle, est celle de saint Augustin qui associe la matière et l'esprit, alors qu'Aristote, surtout depuis l'interprétation du philosophe et théologien arabe Averroès, prône une rupture entre la foi et la raison et conteste la liberté de l'Homme...

— Donc ma foi, qui serait irraisonnée parce que soumise à l'intervention divine, me priverait de ma liberté et je n'en serais que l'instrument ?

— Vous seriez, et sans doute l'êtes-vous, l'instrument de Dieu. Mais il vous reste la liberté de croire ou de ne pas croire...

— Ne pas croire, interrompit le monarque, n'est pas une liberté, c'est une soumission aux forces du Mal !

— En effet, reprit le dominicain, c'est la foi qui est le guide, elle qui conduit notre volonté, qui justifie notre action comme notre existence, telle est la pensée éminente de saint Augustin.

— Aristote devrait-il vraiment être enseigné dans notre université ?

Albert le Grand fut embarrassé par cette question. S'il n'était pas un thuriféraire d'Aristote, contestant notamment ses réflexions scientifiques, il l'étudiait et l'enseignait, et sa volonté était de rechercher une conciliation entre les deux philosophies.

— Je pense, répondit-il, qu'il est important de tout enseigner pour permettre aux étudiants de comparer et d'être en mesure de choisir. Au maître de faire la part du vrai et du faux, de ce qui relève de la foi et des limites de la raison. S'il est exact que la raison humaine ne peut contredire la Révélation, en revanche il ne peut être interdit à un philosophe ou à un théologien de tenter de comprendre les mystères divins.

— Il faut en effet ouvrir les esprits tout en les guidant, déclara Louis, sans conviction.

— Tout à fait, Majesté.

Louis en conclut que, si son engagement au service de Dieu était inscrit dans sa fonction et sa mission de souverain, il devait aussi convaincre que « c'était là le chemin » et convertir ses sujets, notamment ceux qui n'étaient pas chrétiens, à cette vérité.

Le monarque s'attacha ensuite à nommer de nouveaux conseillers, ou à promouvoir ceux dont s'il s'était déjà entouré, pour être sûr de disposer d'un gouvernement compétent et fidèle pendant son absence en Terre sainte. Il avait déjà auprès de lui les juristes Pierre de Fontaine et Geoffroy de Villette, puis Simon de Clermont, son cousin, Jean de Nesle, Jean de Beaumont, Gilles Lebrun, qu'il nommerait connétable et emmènerait en croisade, et encore Philippe de Nemours, son chambellan, le franciscain Eudes Rigaud. Il choisit également pour confesseur Geoffroy de Beaulieu. Cette prise en main progressive lui permit de se consacrer à la préparation de la croisade dont il ne voulut pas qu'elle fût improvisée comme l'avaient été tant d'autres avant lui. C'est avec tous ces conseillers qu'il commença à engager ses grandes réformes.

Le conflit persistant entre le pape et l'empereur l'accaparait beaucoup. Têtu et vindicatif, le vicaire du Christ, depuis son refuge de Lyon, avait convoqué Frédéric pour qu'il vienne entendre les raisons de sa destitution qui devait être prononcée au mois de juin suivant au cours d'un concile spécial. Invité à cette cérémonie, le roi de France décida de ne pas s'y rendre. Fidèle à sa politique de neutralité, il s'inquiéta de l'intransigeance du pape. Ce dernier n'avait-il pas écrit à l'évêque de Strasbourg : « Si la paix est rétablie entre moi et Frédéric, cela signifiera qu'il ne sera plus ni empereur, ni roi. »

Le souverain français jugea que les deux parties étaient devenues irréconciliables et ne voyait plus comment il pourrait les accorder. Il craignait aussi que ce conflit ne fût préjudiciable à sa croisade car il devait absolument obtenir le concours de ces deux souverains. Le pape Innocent était encore plus despotique que ses prédécesseurs. Il voulait tous les pouvoirs et ne manquait pas de le faire savoir.

Évidemment, Frédéric ne se rendit pas à Lyon, mais il y envoya de grands juristes et même Henri de Hohenlohe, le grand maître des chevaliers des porte-glaive, le successeur de son ami Herman de Salza. Pour ce concile, le pape ne put réunir qu'un minimum de prélats, une centaine à peine, parce que beaucoup d'entre eux, inféodés à l'empereur, n'avaient pas osé ou daigné se déplacer. En dépit des arguments de ses défenseurs, Frédéric fut déposé dans des termes très durs que le pontife lut devant son assemblée. Le légat, Eudes de Châteauroux, qui les avait entendus, les rapporta au roi de France :

— Ce fut, dit-il, sauf le respect que nous devons au vicaire du Christ, un procès escamoté. La sentence était écrite avant qu'il ne débutât. Le Saint-Père a déclaré l'empereur coupable de sacrilège pour avoir emprisonné des prélats, et d'hérésie pour avoir méprisé le pouvoir du pape et passé un accord avec le sultan d'Égypte pendant sa croisade. Il a délié tous les sujets de l'empereur de leur fidélité à sa personne en excommuniant ceux qui n'obéiraient pas ; les prélats et les princes allemands ont été invités à choisir librement un autre empereur et il a conclu : « Nous nous occuperons nous-mêmes du destin du royaume de Sicile. »

— Alors, c'est la guerre ! déclara Louis. Je doute que l'empereur laisse passer un tel affront sans réagir.

— Nous possédons un aperçu de sa réaction, déclara le légat.

— Nous vous écoutons.

— « Ni pape ni concile ne pourront m'arracher mes couronnes et il en coûtera beaucoup de sang pour les avoir. » D'après nos informations, Frédéric aurait l'intention de convoquer un contre-concile pour faire nommer un autre pape.

— Sur quel fondement ?

— Il a repris des arguments à la fois de saint François d'Assise et des mouvements hérétiques. « L'Église et son éminent représentant, a-t-il déclaré, ont oublié leurs missions premières, celles de la charité, de la pauvreté et de l'humilité au profit des richesses et des jouissances de ce monde. Le service de Dieu n'est plus sa préoccupation. »

— L'empereur m'a écrit également, révéla Louis, comme il a écrit à tous les souverains d'Europe en nous enjoignant de le défendre, car...

Le souverain prit la lettre et lut : « J'ai été jusqu'à aujourd'hui l'enclume, maintenant je serai le marteau. »

— Préparons-nous à des jours difficiles, déclara le roi de France. Je vous recommande à tous de ne pas mettre d'huile sur le feu. Nous devons à tout prix trouver les moyens de les réconcilier. Il y va de la paix dans la chrétienté et de la réussite de notre croisade. Je vais aller voir le Saint-Père, mais pas à Lyon, pas en terre d'Empire. Je vais lui proposer l'abbaye de Cluny, faites-le-lui savoir, Monseigneur, dit-il en s'adressant au légat.

— Bien, Sire, j'y cours. Vous seul pouvez éviter ce qui pourrait bien devenir un schisme irréversible !

Quelques semaines plus tard, Marguerite reçut un courrier en provenance de sa mère, Béatrice de Savoie, lui apprenant la mort de son époux Raimond Bérenger. À la grande surprise de Louis, Marguerite ne versa pas une larme. Elle consentit seulement, pour la forme et l'usage, à se mettre en noir. Mais elle ne cacha rien de ses sentiments et déclara à Louis :

— Mon père ne vous avait versé qu'une infime partie de ma dot, c'est pourquoi nous devons contester le testament en faveur de Béatrice. Je l'ai écrit à Éléonore qui partage mon avis.

Le roi se prit le menton dans la main et le caressa longuement.

— Vous n'êtes pas d'accord ? interrogea-t-elle.

— Nous devons agir avec prudence, répondit-il. Nous en avons parlé au Conseil et avec ma mère qui, vous le savez, sur ces sujets est très avisée...

— Votre mère n'a rien...

Louis l'interrompit :

— Marguerite, la reine Blanche vous est désormais très favorable. Elle vous estime beaucoup et vos intérêts lui importent, elle me l'a dit. Voulez-vous que nous allions lui parler ?

— Si vous le souhaitez ! répliqua la Provençale, incrédule.

Blanche de Castille les reçut dans sa chambre, un privilège qu'elle n'avait pas accordé à sa bru depuis des années.

— Ma Mère, vous avez eu une bonne idée, déclara Louis, pour engager la discussion.

Blanche sourit à Marguerite, lui prit les deux mains et l'embrassa.

— Marguerite, quand votre père vous a déshéritée, j'ai partagé votre courroux. De plus, il a manqué à sa parole. Comme vous, j'ai eu la tentation de faire attaquer ce testament. Mais vous savez que nous sommes en terre d'Empire et même si l'empereur est dans une situation difficile avec le Saint-Père, nous n'avons pas intérêt à nous l'aliéner.

Marguerite regarda attentivement sa belle-mère, se demandant où elle voulait en venir. La Castillane poursuivit :

— Quant au Saint-Père, il est redevable au roi de France de sa neutralité dans le conflit qui l'oppose à Frédéric. Voilà pourquoi le Roi et moi-même pensons qu'il serait bien de marier Béatrice à Charles, le frère de Louis. De la sorte, leur héritier fera entrer la Provence dans le royaume de France.

— Le prince Charles ? Est-il favorable à cette union ? demanda naïvement Marguerite.

Blanche et Louis sourirent.

— Le comté de Provence ? souligna Blanche.

— Et Béatrice... ?

Marguerite hocha la tête comme si elle avait dit une bêtise. Bien sûr, Béatrice n'avait pas son mot à dire.

— Ma Mère ? enchaîna-t-elle.

— Nous ne voulions pas lui en parler sans avoir votre avis, déclara finement la reine mère.

— Je vous donne mon approbation. Souhaitez-vous que je lui écrive ?

— Nous en serions heureux, reprit Louis, qui constata que son épouse prenait aussi à cœur les intérêts du royaume.

61

Croisade : les souverains européens se dérobent

Béatrice de Savoie fit part à Marguerite de son accord pour le mariage de Béatrice avec Charles d'Anjou.

« Entre deux maux, écrivait-elle, il faut choisir le moindre. Moi-même, comme notre conseiller Romée, préférons, à tout prendre, un Capétien à un Plantagenêt. J'ai observé à Londres les conditions dans lesquelles vivent mes filles et je m'en inquiète. Vous, Marguerite, vous êtes l'épouse d'un roi raisonnable, rayonnant, qui tient bien son royaume, le meilleur mari qui se puisse trouver. En Angleterre, Éléonore est aimée par Henri, certes, mais il lui passe tous ses caprices et je sais que les prélats comme les barons s'en offusquent ; ils ne l'estiment ni elle ni lui, c'est une situation qui pourrait les mettre en danger. Mes frères, de leur côté, ont mis ce pays à leur botte et cela déplaît aussi. Certes, je n'ai pas à me plaindre de mon gendre Plantagenêt, il est très généreux, mais il ne se rend pas compte des haines et des rancœurs qu'il suscite dans son royaume. Quant à Sancie, ma pauvre petite fille est vraiment tombée dans les bras d'un rustre et d'un débauché. C'est pourquoi vous pouvez dire au roi de France et à sa mère – dont je sais qu'elle a été rude avec vous mais qu'elle vous estime depuis que vous avez donné deux héritiers à la France – que je donne mon accord pour que Charles épouse Béatrice. Nous éliminons du même coup Raymond de Toulouse et Conrad de Hohenstaufen sous les tutelles de qui nous ne souhaitions pas voir tomber notre Provence.

Votre mère qui pense à vous et à vos enfants. »

Marguerite s'empressa d'aller annoncer à Louis l'accord de sa mère et lui fit part de ses réflexions sur la situation de ses sœurs en Angleterre.

— Nous savons par nos ambassadeurs, lui déclara son époux, que la révolte gronde. Je n'ai pas manqué de prévenir Henri de la tempête qui le menace. J'espère qu'il m'en saura gré.

Le roi retrouva Blanche de Castille pour lui faire part de la décision de la comtesse de Savoie. Elle s'en réjouit.

Elle lui apprit, à son tour, que son neveu Sanche du Portugal, le fils de sa sœur Urraque, avait été excommunié par le pape.

— C'était prévisible, déclara Louis. Sanche avait passé un accord avec le pape Honorius qu'il n'a jamais respecté.

— Certes ! Mais Sa Sainteté Innocent a la main très lourde. Il a publié une bulle pour ordonner aux Portugais de se choisir un nouveau roi.

— Je pense que son frère Alphonse, comte de Boulogne, pourrait le remplacer avantageusement, suggéra Louis. Nous en profiterons pour lui demander d'abandonner ses terres françaises. Nous avons tout à y gagner.

— Il est vrai que Sanche n'est pas un mauvais homme, souligna Blanche, mais il ne s'intéresse pas à son royaume, il préfère aller guerroyer contre les Maures. Il a d'ailleurs réussi à reconquérir l'Algarve et l'Alentejo.

— Voici donc une affaire réglée, conclut le roi. Pensons maintenant au mariage de Charles. Le comté de Provence dans l'orbite du royaume de France, voilà une belle perspective !

Blanche sourit. Ses leçons avaient été profitables. Son fils savait désormais construire une diplomatie pertinente fondée sur des alliances solides et porteuses d'avenir.

— Il ne nous reste plus, ajouta-t-elle, qu'à faire tomber les deux sœurs provençales, Éléonore et Sancie, dans notre sphère d'influence, lâcha-t-elle.

— Vous admettez enfin que les sœurs de Provence peuvent être utiles quand elles sont réunies.

La reine mère fit semblant de ne pas avoir entendu. Elle n'aimait pas l'humour, encore moins l'ironie, surtout venant de son fils préféré.

D'une affaire à une autre, Louis allait désormais consacrer une partie de ses Conseils à l'organisation de la croisade. Il prit d'abord des ordonnances pour assurer le calme dans le royaume. Interdiction des guerres privées pendant quatre ans, et des tournois pendant trois ans à compter de son départ.

— Dès mon retour, déclara-t-il, je rendrai ces décisions définitives. Je vous demande de rappeler à tous les seigneurs et chevaliers que les duels ont été interdits par le concile de Latran de 1215, une interdiction qui est jusque-là restée lettre morte. Le temps de se faire justice doit s'achever. La justice ne peut être exercée que par le Roi ou ses représentants.

Eudes de Châteauroux, qui avait été chargé de l'ordre du jour de ces Conseils, rappela les mesures décidées au concile de Lyon pour la croisade : elle serait financée par l'octroi d'un dixième des bénéfices ecclésiastiques du pape et des cardinaux ; ceux qui se croiseraient pourraient toucher pendant trois ans les revenus de leurs bénéfices ecclésiastiques ; en outre, ils seraient exemptés d'impôts et les intérêts de leurs dettes seraient supprimés ; mais les récalcitrants se verraient imposer du vingtième. Ceux qui ne s'étaient pas déclarés en faveur de la croisade pouvaient s'en dispenser en versant une somme significative. Beaucoup préférèrent s'en acquitter plutôt que de se voir contraints de se croiser. Des collecteurs pontificaux furent chargés de percevoir cette charge dans toute l'Europe.

Le roi de France apprécia ces propositions car elles exonéraient les finances royales de leur participation.

— Je rappelle aussi, déclara le légat, que les chrétiens qui feraient commerce avec les Sarrasins seront excommuniés de même que les croisés qui se parjureraient. Enfin le salut éternel sera accordé à tous ceux qui iront combattre en Terre sainte.

Le souverain sollicita ensuite l'avis des conseillers sur les concours qui pourraient être réunis des autres souverains européens. Un lourd silence suivit cette intervention. Chacun savait que, hors de France, l'enthousiasme pour la croisade n'était pas au rendez-vous chez les monarques, et pas davantage chez leurs sujets.

Les aléas des précédentes croisades, leurs nombreux échecs, les échos tragiques parvenus depuis la prise de Jérusalem par les Turcs, les menaces des Tartares dans la région avaient nettement refroidi l'envie de pénitence et de remise de peine. Même la promesse de salut éternel ne faisait plus recette. Sans doute, Blanche de Castille eût été la plus apte à émettre un avis autorisé sur l'état des lieux, mais, hostile à cette croisade, elle avait préféré prendre ses distances et ne pas participer à sa préparation. Jean de Beaumont demanda la parole. Il l'avait claire et sans détour, le roi le savait.

— Procédons par ordre, déclara le responsable des armées. Nous savons ne pas pouvoir compter sur le roi d'Angleterre qui a dépensé ses derniers ducats dans sa désastreuse campagne angevine. Quant à son frère Richard de Cornouailles, il estime avoir fait son devoir au cours de la croisade des barons en prolongeant la trêve avec le sultan Al-Kâmil.

— Et les barons anglais, demanda le roi, ceux-là se sont toujours comportés comme de valeureux croisés ?

— Vous pourrez peut-être compter sur quelques-uns d'entre eux, intervint le légat du pape. C'est le beau-frère du Roi, Guy de Lusignan, qui est chargé de les recruter.

— Côté espagnol, poursuivit Jean de Beaumont, nous ne pouvons rien attendre. Les rois de Castille et d'Aragon se ruinent dans la Reconquista ; ils n'ont ni troupes ni argent à donner pour les Lieux saints. Quant au Portugal, nous ne pouvons rien en attendre non plus, après l'excommunication de Sanche, dans un pays sujet à des révoltes persistantes des barons.

Louis intervint à son tour pour regretter la persistance du conflit entre l'empereur et le pape :

— Il pourrait tarir toute ressource venant d'Allemagne ou d'Italie. Je vais essayer de convaincre Frédéric de nous accompagner. Je suis convaincu qu'il le ferait s'il avait l'assurance que le Saint-Père l'y autorisait, levait son excommunication et lui garantissait l'intégrité de son Empire. Mais j'en doute fort.

— Les peuples semblent très remontés contre le vicaire du Christ, informa Jean de Nesle, si l'on en croit le déchaînement des troubadours qui font florès dans tous les estaminets et les places publiques. J'ai entendu, hier, l'un d'eux chanter : « Pape, si tu fais la guerre ou la paix à ta convenance, jamais tu ne sauveras le Saint-Sépulcre », ou cet autre : « Jérusalem veut dire vision de paix, mais la guerre des deux couronnés empêche toute paix ici ou ailleurs », et encore celle-ci : « J'aimerais que le souverain pontife et l'empereur fassent la paix, les Turcs et les Arabes en seraient marris. »

— Je ferai part au Saint-Père, que je rencontrerai bientôt à Cluny, de ce que vous me racontez, déclara le roi. Il devrait entendre ce que disent nos sujets.

Alphonse de Poitiers précisa que son beau-père Raymond de Toulouse aimerait se joindre aux croisés, mais que son état de santé pourrait l'en empêcher.

— Et le roi de Navarre ? interrogea Eudes de Châteauroux.

— Oh, je vois mal Thibaud accepter ! déclara Louis. D'autant plus qu'il n'a pas été glorieux au cours de la dernière croisade ; et il est fort déçu de ne pas avoir tiré les marrons du feu, car il prétend avoir été à l'origine du traité avec le sultan.

Jean de Beaumont poursuivit son tour d'horizon de l'Europe :

— Les rois de Hongrie et de Pologne ont été laminés par les Mongols, l'Autriche et la Dalmatie sont, à leur tour, menacées. Quant au roi de Norvège, il nous reproche de ne pas savoir faire la guerre ; Haakon a demandé au pape de se croiser contre les païens de Scandinavie, ce sera sa croisade !

Le roi fit ensuite le point sur l'état des trêves, notamment avec le roi d'Angleterre. Il rappela que celle-ci s'achevait en 1248, année où, sans doute, la croisade battrait son plein. Il fallait éviter que le Plantagenêt en profitât pour tenter une nouvelle fois de récupérer ses terres françaises.

— Je vais demander au Saint-Siège d'intervenir, déclara le légat, puisque le roi d'Angleterre est toujours son vassal.

— Espérons que son intervention sera efficace, releva Jean de Beaumont, dubitatif.

Louis demanda que soient précisés les besoins de l'armée pour la croisade : nombre de chevaliers, de gens d'armes, de navires, de chevaux et d'engins de bataille. Il rappela qu'il avait fait accélérer les travaux portuaires d'Aigues-Mortes afin que l'armée puisse être mobilisée sur les terres de France et quitter les côtes françaises sans être obligée de demander le passage par la Provence, par l'Italie ou par d'autres voies encore empruntées jadis par les croisés.

Enfin, le monarque invita tous les barons à une cérémonie de lancement officiel de la croisade. Il avait fait confectionner en secret des capes pour les participants, doublées de fourrure de vair de Sibérie et ornées de fils d'or. Ces insignes, cousus sur l'épaule, ne pouvaient être vus par ceux qui enfilaient la cape, mais ils pouvaient l'être par les autres. Ainsi, le matin à l'aube, en se rendant à l'office, les nobles qui se présentèrent furent invités à mettre cette cape sur leur dos. Ils ne furent pas surpris car c'était une coutume pratiquée généralement au moment de Noël. Chacun s'aperçut que son voisin avait une croix d'or cousue sur son épaule : un habit de croisé leur avait été imposé. La plupart des assistants décidèrent de rire de ce stratagème royal et, pour ne pas perdre la face, d'accepter de se croiser. On nomma alors le roi « le pêcheur d'hommes ».

Ainsi se croisèrent ce jour-là, outre les trois frères du roi, la fine fleur de la noblesse de France : Hugues, duc de Bourgogne, Guillaume de Dampierre, comte de Flandre – qui venait d'hériter de ce fief grâce à l'arbitrage du roi –, Jean de Nesle, Hugues le Brun, comte de la Marche, Hugues, comte de Saint-Pol, et les seigneurs Jean de Joinville, Geoffroy de Sergines, Philippe de Nanteuil, Gaucher de Châtillon, Raoul de Coucy, Jean de Chérisy, Roger de Rozoy...

En novembre, Louis rencontra pour la première fois le nouveau pape Innocent. Bien que conscient de la place éminente de la papauté, il l'était tout autant de son pouvoir et de ce qu'il représentait pour la chrétienté. Ce fut donc avec le sentiment de se trouver à armes égales avec le chef de l'Église qu'il l'accueillit dans la majestueuse abbaye bénédictine de Cluny dont l'abbatiale, longue de cent quatre-vingt-sept mètres, était le plus grand édifice religieux de l'Occident ; elle avait été érigée sous les Carolingiens, au début du dixième siècle, et achevée en 1220, vingt-cinq ans auparavant. Cluny comptait quelque trente mille moines et convers bénédictins répartis dans plus d'un millier de couvents dans toute l'Europe.

Le roi arriva à Cluny à la tête d'une armée légère composée de deux cents chevaliers et de cinq cents sergents et archers. Une équipée symbolique pour le déplacement d'un souverain allant à la rencontre d'un autre souverain. Louis était accompagné de sa mère, de sa sœur Isabelle et de ses frères. L'expédition ayant un caractère éminemment politique, Marguerite n'en faisait pas partie.

Le pape, venant de Lyon, n'était pas, non plus, dépourvu de gens d'armes, tant il craignait les menaces de l'empereur et s'en protégeait.

Il fut convenu qu'un entretien secret aurait lieu entre le roi de France et le Saint-Père, auquel n'assisterait que la reine Blanche. La rencontre entre les deux souverains fut chaleureuse autant que solennelle, ce qui ne fut pas le cas de leur tête à tête.

Louis avait décidé d'engager l'échange par le mariage de Charles d'Anjou et de Béatrice de Provence. L'autorisation du pape était nécessaire à cause d'un lien lointain de consanguinité, comme cela avait été le cas pour lui et Marguerite. La reine et son fils étaient convaincus qu'il valait mieux obtenir d'abord son autorisation sur ce projet d'union avant d'aborder des sujets plus irritants. Le souverain pontife, soucieux de ne pas s'aliéner ses interlocuteurs et ravi de déplaire à l'empereur, suzerain de la Provence, donna sans hésiter son accord.

Ils en arrivèrent ensuite au sujet de la croisade, pour laquelle le pape félicita le roi de France.

— La chrétienté tout entière, lui déclara-t-il, et le vicaire du Christ vous remercient pour votre engagement et vous bénissent. Pour la première fois, un souverain qui n'a pas à faire pénitence, qui n'a aucune rémission à demander pour ses péchés, qui est assuré du salut éternel, entreprend une croisade dans le seul but de délivrer les Lieux saints de l'occupation des Infidèles. L'Église est honorée de compter dans ses rangs un serviteur tel que Votre Majesté.

Louis fut flatté de tant de compliments bien qu'ils portassent atteinte à son humilité.

— Saint-Père, je ne fais que mon devoir de chrétien. Le chef de la fille aînée de l'Église, la nouvelle terre des reliques de la Passion de Notre-Seigneur, ne pouvait se soustraire à cette croisade. Votre serviteur n'est pas à l'abri du péché, mon vœu de croisé a aussi pour but d'en être exaucé.

— Vous l'êtes déjà, au nom du Christ, assura le souverain pontife.

Blanche de Castille regardait son fils avec une fierté qu'elle avait peine à dissimuler. Mais comme elle ne se départait jamais de ses préoccupations politiques, elle intervint pour faire savoir qu'il serait nécessaire que son fils ne fût pas seul dans cette reconquête, et elle comptait bien sur l'appui de Rome et de la chrétienté tout entière. Tous devaient se mobiliser, à commencer par les ecclésiastiques qui ne faisaient pas toujours preuve d'un grand empressement.

— Mon légat, Eudes de Châteauroux, bénéficie de mon entière confiance, répondit le pape, et de tous les pouvoirs pour vous satisfaire, Madame.

— Nous en prenons acte, enchaîna le roi, qui orienta l'entretien vers les relations entre le Saint-Siège et l'empereur romain germanique.

— Votre différend, Saint-Père, avec Frédéric, je vous le dis très respectueusement, porte un préjudice considérable à la chrétienté et met en péril notre projet de croisade.

La fermeté du ton du roi de France surprit le pontife. Cet homme autoritaire et vindicatif ne s'attendait sans doute pas à une telle interpellation, même s'il avait appris que ce jeune monarque était très sourcilleux sur le chapitre de la séparation des pouvoirs. Il se raidit et répliqua :

— Frédéric est un renégat et un imposteur. De plus, c'est un homme immoral, il ne mérite aucun respect. Je l'ai excommunié et, tant que je serai en vie, il le restera. D'ailleurs, comme vous le savez, depuis le concile de Lyon, il n'est plus empereur. Seigneur, roi de France, mon très cher fils, ce n'est pas seulement de ma cause qu'il s'agit, mais de celle de toute la chrétienté. Le concile l'attendait dans l'espérance d'une réconciliation, il n'est pas venu. Combien de fois a-t-il dédaigné d'accomplir ce qu'il avait d'abord promis et juré au péril de son âme ?

— Sainteté, répliqua le roi, ne lit-on pas dans l'Évangile que l'on doit ouvrir jusqu'à septante fois le sein de la miséricorde à celui qui demande pardon ?

— N'était-il pas votre ami ? insista à son tour Blanche de Castille.

— Il le fut. Il ne l'est plus car il a mis en cause l'autorité du vicaire du Christ et il a voulu dépouiller l'Église de ses territoires et la séparer de ses alliés. C'est un monarque malfaisant.

— Votre hostilité, Saint-Père, s'enflamma le roi de France, et votre inflexibilité ne peuvent être approuvées car il y va de l'intégrité et de la cohésion de la chrétienté face aux menaces auxquelles elle est confrontée avec les Mongols à l'est et les Sarrasins en Terre sainte. Je vous conjure, et ma mère avec moi, de vous réconcilier avec l'empereur, de lever son excommunication afin de redonner espoir à tous les chrétiens d'Occident et d'Orient.

— Il n'en est et il n'en sera jamais question, reprit le pape, agacé. J'en fais le serment. Frédéric est démis, il sera remplacé, je m'y engage. S'il se rebelle, je mettrai pour le combattre toutes les forces et tous les moyens nécessaires, et j'aurai Dieu à mes côtés.

Louis regarda sa mère. L'un et l'autre furent consternés par cette détermination absurde.

D'autres entretiens suivirent, plusieurs jours durant, mais ils ne parvinrent pas à fléchir le souverain pontife. Louis eut beau lui promettre de le protéger si l'empereur venait à l'attaquer, peine perdue, le pape persistait dans son entêtement.

— Éradiquer cet homme que mon prédécesseur a justement qualifié d'Antéchrist, argumenta le chef de l'Église, c'est permettre à la chrétienté de lutter contre la violence des Sarrasins et leurs impudences, c'est s'opposer à l'invasion des Tartares et agrandir les horizons de la chrétienté vers les tribus païennes du nord de l'Europe.

Une question hanta Louis après cette confrontation. Le Saint-Père trouverait-il les moyens d'accomplir toutes ses missions s'il épuisait ses forces dans son combat contre l'empereur ?

Une dernière réflexion du pape jeta le trouble : « S'il le faut, avait-il déclaré, je vous demanderai de retarder votre croisade pour que je puisse d'abord mettre Frédéric hors d'état de nuire. »

— Il ne peut en être question, Saint-Père, répliqua le roi de France, indigné par une telle proposition.

Il se leva avec sa mère, l'entretien fut rompu et ils quittèrent la salle.

À peine sorti, il déclara à son entourage, impatient de connaître l'issue de ces entretiens :

— Je n'ai pas trouvé chez cet homme le moindre signe d'humilité. Il est pourtant le premier des serviteurs de Dieu.

Troublé et déçu, Louis s'en retourna à Paris avec une partie de ses troupes. L'autre avait été laissée à Charles d'Anjou, qui devait se rendre en Provence pour rencontrer sa fiancée Béatrice.

En passant par Mâcon, le roi signa définitivement l'acte qui attribuait la possession directe du Mâconnais à la couronne de France, achat qui avait été conclu cinq années plus tôt. Par cette acquisition Louis ajoutait un territoire de plus au royaume.

62

Les enquêtes

« Ce Franchimont est hautain, froid comme le mistral et muet comme le mérou. »

Charles d'Anjou n'avait pas fait bonne impression chez les Provençaux. Sa belle-mère, Béatrice de Savoie, l'avait vite jugé, au terme des quelques jours passés par le frère du roi en sa Cour. Elle en fut presque à regretter de lui avoir donné sa fille Béatrice en mariage. Dans une lettre à Marguerite, elle lui reprocha de ne pas l'avoir avertie du mauvais caractère de son beau-frère.

« Charles d'Anjou, lui écrivit-elle, a pris votre sœur de très haut. Quand il l'a vue pour la première fois, il l'a toisée, ne lui a pas adressé la parole, et à peine l'a-t-il saluée. Puis il s'en est allé avec ses compagnons pour une promenade dans la région. C'est un malotru et votre sœur a été très choquée. Elle n'a rien dit et fera son devoir. »

Le mariage eut lieu à Aix en janvier 1246 et ne se déroula pas dans une franche gaieté méridionale. Charles d'Anjou faisait toujours bande à part avec ses chevaliers et n'avait qu'indifférence pour la comtesse. Ni le roi de France ni la reine ne s'étaient déplacés. C'est Blanche de Castille qui veilla au bon déroulement de la cérémonie et aux conditions du mariage. Elles n'étaient pas anodines : il s'agissait d'unir le comté de Provence à ceux du Maine et de l'Anjou dont Charles allait recevoir l'apanage. Des conditions qui allaient déplaire à la fois à un baron, Raymond de Toulouse, qui convoitait l'héritière provençale, à l'empereur Frédéric, qui la voulait pour son fils Conrad, à Henri d'Angleterre, qui était jaloux qu'elle vînt rejoindre la famille de France, et à Jacques d'Aragon, qui avait rêvé de devenir le dépositaire de la Provence.

Charles d'Anjou s'était ainsi fait, malgré lui, de nombreux et puissants ennemis et, par un comportement distant et méprisant, il s'était aussi aliéné le peuple de Provence. Déjà les gens de Marseille, d'Arles et d'Aix commençaient à déclarer leur hostilité par la voix des troubadours.

L'empereur fut le seul à manifester publiquement son irritation. Dans une lettre aux souverains chrétiens et aux principaux barons d'Europe, prenant toujours pour cible le pape, auquel il reprochait également d'avoir approuvé ce mariage, il écrivit : « N'allez pas vous imaginer que la Majesté de Notre Grandeur plie le moins du monde sous la sentence pontificale. »

Charles d'Anjou ne montra pas moins de morgue quand il reprocha à sa mère de n'avoir pas eu des noces aussi somptueuses que celles de son frère Alphonse.

— Pourquoi, ma Mère, ne voit-on point briller dans ce festin un éclat pareil à celui des noces de mon frère Alphonse, puisque je suis fils de roi et de reine et que lui ne l'était pas ?

La remarque était juste, mais mesquine ; elle reflétait bien le caractère de Charles, ambitieux, sûr de lui et jaloux. Lorsque Alphonse naquit, son père n'était pas encore roi, alors que Blanche avait mis Charles au monde après la mort de son mari.

Ce propos fut rapporté à Louis qui commenta sèchement :

— Mon frère altère ses qualités, notamment son intelligence, par une arrogance excessive.

Toutefois, le roi ne lui en tint pas rigueur puisque quatre mois plus tard il l'adoubait chevalier à Melun et lui octroyait l'apanage du Maine et de l'Anjou au cours d'une fête fastueuse. Et pour ne pas le peiner, il avait même revêtu, exceptionnellement, ses plus beaux atours.

Au cours de cette cérémonie, le monarque apprit par un ambassadeur venant d'Allemagne que le conflit entre le pape et l'empereur s'envenimait encore. Le souverain pontife avait fait nommer un nouvel empereur par un conseil fantôme, le landgrave de Thuringe, Henri Raspe, personnage insignifiant, manipulé par le Saint-Siège.

— Voilà qui va mettre le feu aux poudres, commenta le souverain français.

— Vous ne pourriez mieux dire, Majesté !

L'ambassadeur raconta que Frédéric avait immédiatement envoyé son fils Conrad, roi des Romains, à la tête d'une armée afin d'éliminer l'élu papal. Quant aux villes italiennes, elles étaient à feu et à sang, la décision du concile de Lyon ayant réveillé les antagonismes légendaires entre les gibelins et les guelfes.

— Nous avons appris que les troupes impériales semaient l'épouvante dans toute l'Italie, poursuivit l'ambassadeur.

— Qui sème le vent..., lâcha le roi.

Louis demanda à être informé en permanence du déroulement de ce conflit.

Le lendemain, il apprenait la disparition à l'abbaye de Fontevraud d'Isabelle d'Angleterre qu'il avait mise hors d'état de nuire. Il accepta qu'elle fût inhumée aux côtés de sa belle-mère, Aliénor d'Aquitaine, et de son beau-frère, Richard Cœur de Lion. Une disparition qui passa presque inaperçue à la Cour.

Puis le monarque engagea de nouvelles et grandes réformes. Elles étaient nécessaires car, en quelques décennies, la France avait changé comme avait été profondément modifiée la vie des Français. L'extension du royaume supposait un réel contrôle de l'action des agents royaux sur les nouveaux territoires. Baillis et prévôts avaient la fâcheuse tendance de se servir plutôt que de privilégier les intérêts du pays et n'exerçaient pas une justice équitable dans les fiefs et les seigneuries dont ils avaient la charge.

Le développement rapide des villes, une meilleure productivité agricole, les échanges commerciaux dans toute la chrétienté avaient favorisé l'émergence d'une classe de nouveaux riches et jeté sur les chemins de plus en plus de pauvres. La limitation des droits des feudataires au profit du pouvoir central suscitait des mécontentements d'autant plus vifs que ceux-ci se voyaient exclus du gouvernement du royaume. Ils étaient progressivement remplacés par des administrateurs compétents, laïcs, roturiers ou de petite noblesse, qui les supplantaient dans l'exercice de leur pouvoir et de leur influence.

Le roi de France était convaincu qu'il devait à la fois poursuivre le renforcement du pouvoir central, mieux organiser son administration territoriale et mieux la contrôler afin d'exercer un pouvoir plus juste et plus proche de ses sujets. Pour y parvenir, il voulait posséder une connaissance plus précise du fonctionnement de son royaume dont la surface avait été multipliée par six grâce aux acquisitions des trois derniers rois.

S'il avait une bonne vision de ce qui se passait dans le domaine royal, la situation des nouveaux fiefs était plus opaque : les coutumes étaient très différentes de l'un à l'autre, les régimes fiscaux pouvaient varier du simple au quintuple, créant ainsi des disparités et des injustices inadmissibles et une remontée des revenus très disparate. Aussi, au cours d'un Conseil extraordinaire, décida-t-il de lancer une vaste enquête auprès de ses sujets.

— Nous nommerons des enquêteurs, déclara-t-il, après avoir exposé les raisons de sa décision à des conseillers ébahis. Je souhaite que vous m'en dressiez une liste et que la moitié d'entre eux soit choisie parmi les dominicains et les franciscains.

Trente et un enquêteurs furent ainsi désignés.

— Pourquoi avoir choisi les ordres prêcheurs et mineurs ? interrogea Guillaume d'Auvergne.

— Pour faire savoir à nos sujets que nous voulons d'abord nous occuper de l'injustice et de la pauvreté. J'ai des nouvelles de plus en plus alarmantes, venant par exemple du Languedoc, sur des comportements iniques de nos agents royaux. Des hérétiques auraient été spoliés de leurs terres alors que leur culpabilité n'avait pas été établie ou qu'ils avaient abjuré. J'exige d'ailleurs que nous examinions tous les cas de spoliation en remontant jusqu'à la victoire de Bouvines. Je veux également que les réclamations de mes sujets soient portées à ma connaissance d'ici un an pour que les litiges puissent être réglés avant mon départ pour la croisade. Rendre les terres indûment appropriées par nos agents royaux ou par certains seigneurs est un devoir de justice et un devoir moral. J'attends aussi, conclut-il, un rapport précis et rapide sur l'affaire de Douai et les raisons qui ont poussé ces ouvriers des filatures à cesser leur travail.

Le roi faisait référence au taketan, une émeute qui avait eu lieu dans cette ville du comté de Flandre, principal centre drapier du Nord, où des ouvriers d'une fabrique de tissus avaient déclenché une émeute avant de se mettre en grève pour obtenir de meilleurs salaires. L'activité économique de cette ville, parmi les plus riches et les plus dynamiques du royaume, était aux mains de quelques détenteurs de capitaux qui faisaient la pluie et le beau temps et contrôlaient, de surcroît, l'échevinage, c'est-à-dire la gestion de la cité.

La même année, la ville de Douai avait aussi pris des mesures contre la pollution visant les producteurs des tissus, laineurs, cotonniers et teinturiers : il leur était désormais interdit de vider leurs déchets dans la rivière sous peine de dix livres d'amende et du bannissement de la ville.

Le souverain termina le Conseil en déclarant :

— Il y a trop de pauvres dans notre pays. Cette situation n'est pas tolérable alors que, dans nos villes, beaucoup de sujets s'enrichissent exagérément. Vous devez me proposer des mesures pour exercer davantage d'équité dans la répartition de nos richesses. Enfin, conclut-il, alors que les conseillers allaient disposer, j'ai décidé d'élever à la dignité d'hommes libres les mainmortables de Villeneuve-le-Roi. Cette mesure devra s'étendre à tout le royaume dans les années à venir. Elle sera gratuite pour tous les serfs, et j'engage tous les seigneurs qui procéderaient à cette mesure d'affranchissement à cesser de faire payer à leurs serfs la liberté qu'ils leur accordent.

En un seul Conseil, Louis avait provoqué chez ses conseillers une véritable révolution mentale. Les mesures décidées ce jour-là se répandirent comme une traînée de poudre dans tout le royaume. Elles accrurent encore davantage l'admiration du peuple pour son souverain.

L'été 1246 fut mouvementé. Louis apprit par ses espions que l'empereur avait alerté personnellement le sultan d'Égypte de la décision du roi de France de se croiser. Toutefois Frédéric n'avait livré aucune indication sur l'importance des effectifs de son armée, ni sur les lieux de débarquement car il les ignorait. Sur ce sujet, le roi de France avait ordonné le secret et toutes les décisions n'étaient pas encore prises.

Louis jugea qu'il ne devait pas s'en formaliser, sachant l'empereur en plein désarroi. Son fils Conrad venait, en effet, de subir une véritable correction à la bataille de la Nidda, près de Francfort en Allemagne, par « l'empereur du pape », Henri Raspe. Cette défaite inattendue résultait d'une manœuvre du souverain pontife qui avait copieusement soudoyé des seigneurs allemands, alliés naguère à Frédéric, et qui n'avaient pas hésité à se retourner contre son fils.

Dans le même temps, le souverain du Saint Empire poursuivait sa répression en Italie, cumulant ainsi les inimitiés.

De son côté, le pape avait engagé des relations diplomatiques avec Güyük, le fils d'Ögödei, qui venait de remplacer sa mère, Töregene, régente des Mongols depuis la mort de son époux.

Le Saint-Père avait envoyé un franciscain, Jean du Plan Carpin, porter un message au Grand Khan pour lui demander de cesser les persécutions contre les peuples chrétiens ; il souhaitait aussi connaître ses intentions. Il désirait conclure une entente pacifique et l'enjoignait de s'abstenir de procéder à de nouvelles attaques en terre chrétienne.

La réponse du khan fut immédiate et sans ambiguïté :

— Vous voulez la paix ? Fort bien ! Nous sommes prêts à être vos sujets à condition de vous soumettre. Si vous ne vous pliez pas, nous serons vos ennemis.

Le pape comprit qu'il avait affaire à un intraitable forban et dut penser qu'il devenait difficile d'être chef de l'Église, à la fois dans et hors la chrétienté.

— Nous soumettre ? Comme il y va ! commenta le roi. Voilà bien la correspondance de deux souverains aveuglés par leur arrogance.

— Espérons, souligna Jean de Beaumont, que le Tartare n'ait pas les moyens de sa suffisance.

Louis poussa un profond soupir de douleur. Sa jambe droite le faisait énormément souffrir. Nul médecin n'avait pu déceler l'origine de ce mal. Il quitta le Conseil en boitant fortement, sans se plaindre. Il n'avait que trente-deux ans et sa santé était déjà bien altérée. Malgré ses douleurs, il tenait à accomplir la visite de ses sujets dans les ruelles autour du Palais pour bavarder avec son peuple et distribuer des aumônes. Grâce à ces visites dans la capitale comme en province, il avait pu mesurer l'accroissement de la pauvreté, mais aussi l'effervescence économique, et la persistante spéculation à Paris sur les prix des terrains à bâtir.

Soucieuse de la santé de son époux, Marguerite décida de revenir à la charge sur le bien-fondé de sa croisade. Et finement, conseillée par un franciscain, ami du roi, elle lui déclara un soir, alors qu'il allait mieux :

— Louis, saviez-vous que le pape Urbain avait écrit en 1096 que les maris ne devaient pas aller en Terre sainte sans l'autorisation expresse de leur épouse ?

Le roi détourna la tête. La question l'avait surpris et il lui fallait réfléchir à une réponse appropriée.

— Je l'ignorais, répondit-il bravement, aussi dois-je m'acquitter de cette recommandation du Saint-Père et je vous demande humblement la permission de me rendre à la croisade.

— Et si je refuse ? minauda Marguerite.

— Vous ne pouvez pas refuser. Ce serait un acte d'insoumission, non pas contre moi-même, mais contre le Christ. De plus vous me feriez passer pour un lâche et je ne crois pas que ce soit votre désir.

Marguerite changea d'argument et fit allusion à sa conversation avec un théologien, sans être plus précise :

— Le Christ n'a-t-il pas dit : « Si quelqu'un te frappe sur la joue, tends-lui l'autre... » ? Et quand les soldats romains sont venus l'arrêter, n'a-t-il pas déclaré à Pierre : « Remets le glaive dans son fourreau » ?

— « Crois-tu, enchaîna Louis, pour terminer la citation, que je ne peux demander à mon père de m'envoyer plus de douze mille légions d'anges ? » Pensez-vous, Madame, poursuivit-il agacé, que depuis cent cinquante ans les Souverains pontifes qui se sont succédé et ont appelé à la croisade pour délivrer le Saint-Sépulcre se soient trompés ? Qu'ils ont trahi la parole du Seigneur ? Ils sont les vicaires du Christ, ne l'oubliez pas !

— Ils n'en sont pas moins hommes, coupa Marguerite.

— Cette guerre est juste et sainte, martela Louis.

Mais son épouse n'était pas prête à lâcher. Elle repartit à l'assaut :

— Louis, vous qui aimez tant saint François, qui souhaitez même vous en inspirer, ne prônait-il pas la croisade non par les armes, mais dans le but de convertir ?

— Telle est aussi mon intention. Mais il vaut mieux être fort et armé pour convertir, surtout les Sarrasins qui ne connaissent pas ce langage. Je me souviens du témoignage de Jean de Brienne, qui avait rencontré saint François en croisade. Le moine avait déclaré au sultan Al-Kâmil, qui lui avait rappelé les paroles du Christ, comme vous le faites avec moi : « Si ton œil te scandalise, arrache-le et jette-le au loin. » Saint François l'aurait ainsi interpellé : « C'est de façon légitime que les chrétiens envahissent la terre que vous occupez parce que vous blasphémez le nom du Christ. »

— Pourtant, rappela Marguerite, l'empereur Frédéric avait bien réussi à permettre aux chrétiens d'accéder au Saint-Sépulcre par un traité avec le sultan, c'est ce que vous comptez faire ?

— Tout dépendra des conditions de l'accord et de la pérennité de la signature du sultan car, comme vous le savez, les Sarrasins ne s'entendent pas entre eux et les récents massacres des chrétiens en Terre sainte en témoignent.

Marguerite comprit qu'elle ne pourrait faire revenir Louis sur son vœu. Elle en prit son parti puisqu'il lui avait promis de l'emmener avec elle.

Depuis Londres, une incroyable nouvelle allait semer le trouble à la cour de France. Le patriarche de Jérusalem, qui tenait à ce que le roi d'Angleterre s'engageât personnellement dans la croisade, aurait promis un don exceptionnel : un prélèvement du Saint Sang du Christ qu'aurait recueilli Joseph d'Arimathie au Golgotha alors qu'il coulait d'une blessure au flanc droit provoqué par un soldat romain avec sa lance, la célèbre Sainte Lance acquise par le roi de France. Selon une légende, le Saint Sang, devenu le Graal, aurait été apporté par le disciple de Jésus en Angleterre.

Ainsi, non seulement le Plantagenêt replaçait cette fable au cœur de l'histoire de sa dynastie, mais il se posait en fervent protecteur de l'une des reliques les plus sacrées du Christ.

— Le nouveau testament, déclara Albert le Grand, consulté par le roi de France, ne fait pas mention de ce récit. Il n'a été ajouté que trois siècles plus tard, c'est donc un texte apocryphe qui n'authentifie rien.

— Comment faire valoir cette imposture ? demanda le roi.

— C'est un sujet sur lequel travaille mon jeune collaborateur, Thomas d'Aquin, répondit le théologien. Je vais lui demander de nous préparer un rapport circonstancié.

— Ce roi Henri est vraiment un personnage trouble, commenta le souverain, et j'ose dire que le patriarche de Jérusalem n'est pas non plus très sérieux. Comment peuvent-ils se servir de la passion de Notre-Seigneur pour des ambitions aussi viles ?

Le roi de France n'avait pas l'intention de transiger sur la question des reliques du Christ. Il avait décidé d'en être le principal dépositaire pour que le royaume accédât au rang de Terre sainte et nul ne devait contrecarrer ce dessein.

63

La cupidité du pape

Après que le Parlement eut réglé les affaires de justice d'une noble dame à son avantage, et bien que le roi se fût gardé d'intervenir, la requérante se présenta à la chambre du souverain avec quelques-uns de ses amis.

Durant le jugement, Louis avait remarqué l'outrance de l'accoutrement de cette personne et surtout les œillades appuyées qu'elle n'avait cessé d'envoyer à son encontre comme d'ailleurs à celle des juges. Elle était très belle, très attirante encore, et le savait.

Le roi remarqua son entrée et appela son confesseur, le dominicain Geoffroy de Beaulieu. Tous deux s'approchèrent de la dame qui minaudait au milieu des siens. Quand elle vit le monarque, elle lui décocha un sourire enjôleur, assurée qu'elle l'avait séduit. Louis la toisa d'un air narquois et il lui déclara tranquillement :

— Madame, il est dit que vous êtes très belle. Mais sachez que cette beauté est éphémère, vaine et inutile car elle s'évanouira très vite comme une fleur qui se fane et ne dure pas longtemps. Ayez donc le souci de rechercher à acquérir la beauté de l'âme et non pas celle de votre corps. Grâce à elle vous pourrez encore plaire à Notre Créateur qui rachètera les fautes que vous avez pu commettre à cause de votre beauté présente et passée.

La dame fut saisie. Elle faillit s'évanouir. Le dominicain la prit par le bras et l'entraîna vers l'extérieur en lui glissant à l'oreille :

— Notre roi aime la beauté qui ne s'illustre pas, celle de l'intérieur et non pas celle de l'apparence.

— Je m'en souviendrai, dit la femme avec humilité.

Nul ne sut si la leçon lui fut profitable. Le monarque avait témoigné à cette occasion qu'il entendait aussi imposer sa morale. Le respect qu'il éprouvait pour les femmes ne lui interdisait pas de les remettre à leur place. Cette anecdote n'était pas anodine. Elle figurait au cœur de ses préoccupations car il voyait monter, avec l'enrichissement général, les engouements des nouveaux fortunés pour les manifestations ostentatoires et l'étalage de leurs richesses. À cet égard, les femmes étaient particulièrement exposées puisque Paris était devenue la capitale européenne de la mode. Elle dépassait désormais les cent mille habitants et s'affirmait comme la plus grande et la plus prospère des villes de la chrétienté.

Cette effervescence avait des avantages : les femmes accédaient de plus en plus à des emplois, non seulement d'ouvrières, de brodeuses, de couturières, de coiffières ou de chapelières, mais elles accédaient également aux professions de fabricantes et de commerçantes. Il y avait même des femmes qui lavaient les cheveux des seigneurs de la ville au vu et au su des passants qui pouvaient contempler le spectacle depuis leurs fenêtres ouvertes sur la rue. Certains damoiseaux venaient également se faire tastonner[1] chez elles.

Ce qui était rapporté au roi de France ou ce qu'il pouvait voir en se promenant dans la ville n'était pas toujours à son goût. Pour Louis, certaines de ces femmes étaient légères et contribuaient à donner de sa capitale une image de luxure. Les prostituées, qui se multipliaient, prenaient plaisir à se placer sur le trajet du souverain à la réputation si prude ; certaines allaient même jusqu'à l'interpeller sur un ton teinté parfois d'ironie :

— Oh ! Beau Sire, nous sommes tes sujettes, toutes à ta dévotion !

Elles savaient que le roi ne les ferait pas punir car sa compassion vis-à-vis des miséreux l'emportait toujours sur son irritation.

En revanche, il se réjouissait de la liberté économique que les activités nouvelles procuraient aux femmes. Il restait que son siècle, comme les précédents, était misogyne. L'enseignement de saint Paul n'y était pas pour rien. L'omniprésence de la Vierge Marie ne changeait rien à l'affaire.

1. Masser.

Les nouvelles venant de Syrie franque et de Terre sainte ne laissaient pas d'inquiéter. Le sultan d'Égypte poursuivait ses conquêtes et les villes de Damas, Tibériade et Ascalon étaient définitivement tombées dans ses mains.

Obsédé par sa lutte contre l'empereur, le pape faisait des offres de services aux croisés français pour aller le combattre, en leur accordant les mêmes indulgences que pour la délivrance du Saint-Sépulcre et détournait l'argent de la croisade au profit de cette guerre personnelle.

Au cours d'un Conseil consacré à la croisade, le roi, d'ordinaire si mesuré à l'égard du chef de l'Église, n'eut pas de mots assez durs pour stigmatiser son attitude :

— Il n'est pas digne de s'asseoir sur le trône de saint Pierre ! Sa cupidité n'a d'égale que sa fourberie !

Ses conseillers, dont le légat du pape, Eudes de Châteauroux, se réfugièrent dans un silence approbateur. En revanche, le souverain se félicita de l'aide de Frédéric, qui avait donné des ordres pour que les troupes de la croisade puissent s'approvisionner dans le sud de l'Italie et en Sicile.

— Le Saint-Père a déclaré que l'empereur s'était converti à l'islam, intervint le légat.

— Balivernes ! tonna le monarque. L'empereur est d'abord un mécréant, il ne croit ni à Dieu ni au diable. Il ne croit qu'en lui-même. Pourtant il reste un bon et vrai chrétien.

Les conseillers n'osèrent pas relever cette contradiction parce qu'ils comprenaient bien ce que le roi voulait dire.

Jean de Beaumont fit le point sur les achats d'équipements, et notamment de navires aux Génois, des nefs pour transporter le roi et son équipage et les grands seigneurs, des senanches pour les chevaliers, des galères naviguant à la voile et à la rame, des burromans, des chelandriers, des tarrides et des brisses, galères à fond plat, pour transporter le bétail, les vivres et les armements lourds, enfin près de dix mille huissiers pour transporter les chevaux – l'huis étant la porte par laquelle ils accédaient à la cale du navire.

— La nef royale, précisa le chef de guerre, sera de mille deux cents tonneaux, aura une longueur de cent vingt-cinq pieds, une largeur de quarante-six pieds et sa hauteur sera de quarante-quatre pieds sous le château. Elle a été commandée à Gênes qui nous en fournira seize autres ; les syndics de Marseille en construiront vingt ; d'autres seront armées à Venise, en

Sicile, en Angleterre, en Écosse... Au total, nous aurons besoin de trois cents navires dont cent vingt grosses nefs. Nous avons retenu deux grands marins génois pour commander la flotte.

— Les moyens financiers sont-ils réunis ? s'enquit le souverain.

— Nous les avons évalués à quatre cent mille livres[1], indiqua Eudes de Châteauroux, et l'Église a déjà annoncé la collecte de la moitié de cette somme pour l'année. Nous pouvons également compter sur des sommes équivalentes pour les années suivantes.

— Bien, approuva le roi, rencontrez-vous des ecclésiastiques récalcitrants ?

— Peu, souligna le légat. Cependant l'ordre de Cîteaux souhaite être exonéré. Les cisterciens n'ont jamais été favorables aux croisades. Ils pensent que la prière prime sur le glaive et que le moine doit davantage être un missionnaire qu'un pèlerin.

— Exemption accordée, décida le souverain.

— L'abbaye de Cluny demande également à bénéficier de cette exemption, poursuivit le légat, ce que refuse le duc de Bourgogne, évidemment.

— Tâchez de trouver un compromis, ordonna le roi. Notre croisade a un coût raisonnable. Si nous ne parvenons pas à financer toute cette somme, il faudra taxer les bourgeois des villes qui s'enrichissent à bon compte. Nous ne leur demandons pas de se croiser, ils peuvent donc sacrifier un peu de leurs richesses.

— Et les Juifs ? interrogea Guillaume d'Auvergne.

— Nous ne demanderons rien aux Juifs, répliqua le roi. Il n'est pas question de financer la croisade avec de l'argent honteusement acquis.

Puis le souverain se lança dans une description géopolitique de la croisade :

— Si j'ai voulu que la cité d'Aigues-Mortes devienne le port du royaume sur la Méditerranée, expliqua-t-il, ce n'est pas seulement pour faciliter notre embarquement pour la croisade. C'est pour deux raisons principales : d'abord, la reconquête par la chrétienté de cette vaste mer, pour que, de l'Espagne à la Syrie et jusqu'à Venise et Constantinople, les chrétiens retrouvent l'espace qui les a vus naître, croître et prospérer dans

1. Soit le double des revenus annuels du domaine royal.

leur foi. La croisade victorieuse des souverains de Castille, d'Aragon et du Portugal, celle que nous allons mener, le sursaut des chrétiens d'Orient qui seront entraînés par ces actions vont nous permettre de bouter les Infidèles et de parvenir à les convertir, comme le recommande saint François d'Assise. Ensuite, Aigues-Mortes doit devenir notre base de développement économique maritime. Nous n'avons plus de raison de laisser cet espace au seul profit des Génois et des Vénitiens, pas plus que nous ne devrons à l'avenir aller acheter ou louer leurs navires. Il nous faudra les construire nous-mêmes. Je vous demande d'ores et déjà de vous atteler à cette tâche et de mobiliser nos fabricants. Nous qui sommes passés maîtres dans l'art d'édifier les cathédrales, nous devrions pouvoir aisément construire nos propres nefs.

Ce point sur la croisade achevé, Louis partit en grand équipage, accompagné de nombreux prélats français et anglais, pour l'abbaye de Pontigny, couvent cistercien situé dans le duché de Bourgogne. Il entendait y accomplir un pèlerinage avec sa mère, sa sœur Isabelle et ses frères, laissant Marguerite à Pontoise, encore enceinte de plus de sept mois.

Cette abbaye avait une grande importance pour les Anglais. Elle avait accueilli Thomas Becket quand il avait dû fuir l'Angleterre et c'était en ces lieux que les barons anglais avaient rédigé la Grande Charte contre Jean sans Terre. L'abbaye renfermait également la sépulture de saint Edmond, archevêque de Canterbury. Pour le roi de France cette visite avait plusieurs buts : se rendre sur les terres d'un de ses principaux feudataires afin de rencontrer ses sujets et recueillir leurs doléances, à un moment où des enquêtes de ce type étaient lancées dans tout le royaume ; établir un rapprochement avec la hiérarchie ecclésiastique anglaise pour rechercher sa neutralité, voire son appui, contre le roi Henri dont il avait appris qu'il préparait encore un mauvais coup ; accomplir enfin un pèlerinage dans un lieu symbolique en vue de faire rayonner sa foi.

Au cours de la procession qui conduisit au tombeau de saint Edmond, les frères soulevèrent la pierre pour permettre aux pèlerins de contempler les reliques et un miracle se produisit : le corps qu'ils pensaient trouver en cendres était parfaitement conservé. Tous se mirent alors à chanter le *Te Deum*.

Pendant son séjour, Louis fut informé que Frédéric s'était allié au comte de Savoie, l'oncle de Marguerite, qui lui avait autorisé le passage des Alpes. En ce mois de juin, les cols étaient ouverts. L'empereur avait franchi le Mont-Cenis et se dirigeait vers Lyon avec la ferme intention de capturer le pape. Il avait pu réunir des forces importantes après le lamentable retrait de Raspe, l'empereur de pacotille. Un nouvel empereur, Guillaume de Hollande, avait bien été désigné par le Saint-Siège, mais celui-ci, aux dires de Frédéric, « n'était rien d'autre qu'un épouvantail à moineaux ». Les Hohenstaufen pouvaient ainsi toujours compter sur de solides et fidèles vassaux pour empêcher toute sécession importante.

En revanche, en Italie, les manœuvres du pape étaient plus efficaces car elles étaient suivies par les seigneurs et les échevins à qui il distribuait, avec autant de générosité, ses écus que ses indulgences. Sa croisade contre l'Antéchrist commençait à gagner les esprits comme les territoires. C'est pourquoi Frédéric devait se dépêcher d'éliminer son principal ennemi.

Innocent prit peur. Il avait, auprès de lui, un corps de soldats très insuffisant pour affronter les troupes de l'empereur. Il envoya donc un ambassadeur à Pontigny pour demander au roi de France sa protection.

Louis réunit en hâte sa mère, ses frères et quelques conseillers. Certes il n'aimait pas le pape, mais il respectait la fonction. Il demanda :

— Le Saint-Père, déclara-t-il, ne nous aide pas et soustrait l'argent de la croisade pour la guerre qu'il mène contre Frédéric, c'est un fait ! Doit-on néanmoins répondre favorablement à son appel ?

— Le souverain pontife, intervint Blanche de Castille, est le vicaire du Christ et le chef de la chrétienté. C'est lui que nous devons aller sauver des griffes mortelles de Frédéric et non la personne d'Innocent.

— Je partage le point de vue de la Reine, intervint le légat pontifical. Je suggère, Sire, que dans votre réponse vous demandiez au Saint-Père, en contrepartie de votre intervention, de réserver à la croisade pour la libération du Saint-Sépulcre les sommes recueillies par tous ses représentants en Europe.

— Je suis favorable à cette démarche, ajouta Guillaume d'Auvergne. Le Saint-Père doit comprendre que c'est donnant

donnant. Nous, Église de France, nous ne pouvons approuver cette captation.

Ainsi le roi de France fit-il rédiger une lettre en ces termes : « Le Saint-Siège ne peut pas et ne doit pas, dès qu'il est dans le besoin, imposer à l'Église de France des contributions qui sont destinées à des fins temporelles, alors que celles-ci, au terme du droit canon, ne relèvent que du roi et ne peuvent être imposées que par lui... »

— Pouvons-nous réunir un ost suffisant pour aller affronter l'empereur ? demanda-t-il.

— Je dispose de troupes mobilisables immédiatement, assura Hugues de Bourgogne.

Jean de Beaumont précisa à son tour :

— Avec la troupe qui vous a accompagné et les renforts du duc, notre force est très supérieure à celle de Frédéric.

— Alors, faites-lui savoir que nous sommes quatre fois plus nombreux.

Son visage était grave. Il se trouvait contraint d'affronter l'empereur, son ami, non pour une question de territoire, mais pour aller sauver un pape indigne. Ce dilemme le troublait, mais il n'avait pas le choix.

Acculé en Italie, où il avait perdu avec la ville de Parme ses meilleurs et plus fidèles soutiens, l'empereur n'osa pas affronter l'armée du roi de France. Il fit demi-tour, pressé par l'urgence de reprendre la main sur ses troupes restées dans la botte.

Le pape était sauvé. Une fois de plus, Louis avait remporté une victoire sans combattre. Son prestige et sa détermination avaient suffi à faire renoncer son adversaire.

Le chef de l'Église l'en remercia : « Sachant de quels aïeux vous êtes le digne héritier, lui écrivit-il, nous ne sommes point surpris que Dieu vous ait choisi alors que tous les autres princes attaquent l'Église ou ferment l'oreille à ses cris de détresse pour venir à son aide et la délivrer. Apprenez donc la joie de votre Père, enfant de bénédiction et de grâce, et que les ennemis de l'Église commencent à révérer la Majesté divine en voyant comment la grâce de Dieu vous excite à défendre sa cause. »

Jamais à une contradiction près, et n'agissant toujours que dans le souci d'étendre son pouvoir temporel, le pape Innocent opéra dans le même temps un virage à cent quatre-vingts degrés à propos des Juifs. Après avoir encouragé trois ans plus tôt les autodafés de Talmud, il écrivit au roi de France et à son légat pour les enjoindre de cesser de persécuter les Juifs en les priant de leur rendre leurs Talmud nécessaires à la pratique de leur religion.

— Que signifie ce revirement ? demanda le roi de France à Eudes de Châteauroux.

Le dominicain Henri de Cologne apporta la réponse :

— Le souverain pontife a été informé de la tragédie d'une fillette de deux ans retrouvée morte, violée, en Provence, toujours terre d'Empire dans l'esprit du chef de notre Église. Un groupe de Juifs avait été obligé d'avouer sous la torture avoir commis ce crime. Leurs tortionnaires les avaient contraints de confesser que leur religion leur prescrivait de saigner à blanc les chrétiens, d'envoûter leurs victimes et d'exposer leur corps pour se moquer de la crucifixion du Christ. Notre Saint-Père s'est alors indigné du sort réservé à ces malheureux ; il a condamné les prélats et les seigneurs de la région qui s'étaient prêtés à cette persécution en rappelant que le Siège apostolique avait toujours pris les Juifs sous sa protection.

— Serait-ce une manœuvre pour embarrasser l'empereur ? demanda le roi.

— Sans doute ! La campagne de dénigrement menée par le Saint-Père contre l'empereur a trouvé là un terreau fertile.

— Il est vrai que cette persécution n'est pas admissible. Cela se passe en terre de Provence et mon frère Charles ne m'en a même pas dit un mot, déclara Louis, ulcéré.

— Pour les Talmud, proposa le légat, je vais immédiatement écrire au souverain pontife pour lui signifier que la décision de les brûler ne nous appartient plus, mais qu'elle est désormais du ressort des évêques. Ce que confirmera Albert le Grand qui assistait à la réunion.

Louis leva les yeux au ciel comme s'il souhaitait du Seigneur une explication sur le comportement pour le moins erratique de son vicaire.

64

La Sainte-Chapelle consacrée

Ce fut sans conviction que Richard de Cornouailles se présenta au Palais Royal à Paris, envoyé par son frère pour négocier la restitution des anciens territoires du royaume d'Angleterre. Louis le reçut comme un ami, un membre de sa famille, mais sa réponse fut sans détour :

— Ces terres, lui répondit-il, ont été acquises au royaume de France par défaut de votre père Jean sans Terre. Elles ne peuvent donc être restituées à la couronne d'Angleterre. Elles sont désormais françaises, leur population est française depuis maintenant un demi-siècle et elles sont sous l'administration du royaume de France.

— J'ai ouï dire, répliqua Richard de Cornouailles, que, naguère vous aviez été prêt à les restituer pour contribuer à la paix entre nos deux pays ?

— Peut-être l'aurais-je consenti, rappela le roi de France, mais votre frère a été tellement inconstant avec moi que j'ai dû y renoncer ; en outre, mon entourage, mes conseillers et mes barons y étaient farouchement hostiles.

— Je rapporterai votre réponse au roi Henri, se contenta de conclure Richard. Je doute qu'il s'en satisfasse.

— Je ne lui recommande pas d'agir en quelque façon contre le royaume de France pendant mon absence, reprit Louis. Ce serait une forfaiture. Je laisse, par ailleurs, assez de forces armées à la baillistre, ma mère, pour s'opposer à toute initiative de sa part.

— J'en prends acte, déclara le prince, et tenterai de le convaincre de n'en rien faire.

— Dites-lui aussi, ajouta le roi, que son histoire de Saint Sang n'est qu'une imposture. Notre enquêteur, le théologien Thomas d'Aquin, est formel sur ce point. Le patriarche de Jérusalem a abusé de la crédulité de votre frère. Celui-ci ne peut se targuer d'avoir reçu cette relique.

Pendant que dînaient le roi et le prince, Marguerite et Sancie, qui accompagnait son époux, étaient restées dans la chambre de la reine. Le nouveau-né, Jean, qui n'avait pas deux mois, leur fut apporté. Il était chétif et souffrant et les médecins ne donnaient pas cher de ses chances de survie.

— Trois garçons, s'exclama Sancie, ton époux doit être fier de toi.

— Mon époux est très amoureux de moi comme je le suis de lui, confia Marguerite. Sans doute Dieu nous récompense-t-il pour la pureté de nos sentiments.

— Alors, je n'aurai jamais de fils ! se lamenta Sancie.

— Pourquoi dis-tu cela ?

— Parce que Richard ne m'aime pas. Il veut bien m'honorer quand il est de passage ou quand il est las de ses maîtresses. De mon côté, je voudrais l'aimer, mais je n'y parviens pas car il ne m'y aide pas.

— Tu es si malheureuse, ma chère sœur ?

— Malheureuse ? Je ne sais pas. Mais je n'avais pas rêvé d'une telle vie... Elle est ennuyeuse, sans sentiment, dans un pays froid que j'exècre.

Sancie se jeta dans les bras de sa sœur et pleura longuement. Ses lourds sanglots racontaient toute sa détresse. Marguerite ne savait pas comment la consoler. Éléonore lui avait dit pis que pendre de Richard. Elle était convaincue qu'elle ne pourrait rien y changer.

« Sur toute l'étendue de vos domaines, Seigneur, des femmes font sécher et blanchir leurs draps au soleil, taxez le drap à douze deniers et vous verrez quelle recette vous ferez. »

Ce conseil donné par un bailli à un châtelain figurait parmi les milliers de doléances recueillies par les trente et un enquêteurs mandatés par Louis dans tout le royaume. Ils avaient fait remonter les requêtes depuis la Flandre, le Vermandois, la Champagne, le Maine, l'Anjou, l'Auvergne, le Languedoc, la Normandie, plus de dix mille au total. Ces enquêtes offraient au roi et à son gouvernement une image assez précise du fonctionnement de l'administration royale et de ses défauts sur les terres lointaines. Le souverain avait exigé que les plaintes de ses sujets puissent remonter à quarante années, une tâche redoutable pour les enquêteurs car souvent les traces, les preuves et les témoignages étaient contestés, approximatifs ou avaient disparu. Les sommes réclamées sur tout le territoire étaient considérables et se chiffraient en centaines de milliers de livres pour la Flandre et l'Artois, en dizaines de milliers pour la Normandie...

Le monarque convoqua plusieurs Conseils, non pour régler tous les litiges, il n'en avait ni le temps ni les moyens, mais pour avoir une idée de la nature des doléances et fixer quelques règles générales d'indemnisation.

Pour les régions du Nord, deux frères franciscains vinrent faire leur rapport. Rapport édifiant car, hormis les exactions des baillis et des prévôts, ils relevèrent aussi que les promesses des rois Philippe Auguste et Louis le Lion n'avaient pas été respectées ou que les exigences de la reine Blanche sur son douaire paraissaient injustifiées. Louis le savait. Il n'avait pas l'intention de cacher ces faits et avait même encouragé les frères à les énoncer.

— Vos sujets, Sire, parlent de 1214 comme de l'année de Bouvines, tant elle a marqué les esprits, déclara frère Égide. La grande majorité des demandes de réparations concernent des faits de guerre, de saisies, de rançons, d'achats de vivres, de chevaux ou d'équipements qui n'ont jamais été soldés.

— Elles le seront, déclara le roi, dès que vos enquêtes seront achevées et sur la base de demandes fondées.

— Cela pourra prendre encore plusieurs années, enchaîna frère Robert, car nous devons reconstituer l'historique de chaque affaire.

— Le royaume doit honorer ses dettes, il y va de son ordre, de sa justice et de sa paix, insista le souverain.

— Les plaintes concernant le Roi votre père, déclara frère Égide, sont importantes car elles portent sur des achats ou des locations de navires pour son expédition en Angleterre.

— Je sais, nous paierons. Et que reproche-t-on à ma mère ?

— À Lens, les cuisiniers de la Reine ont incendié une maison ; son propriétaire n'a reçu qu'une indemnité de dix livres quand son immeuble en valait trente. Le bailli de cette ville a extorqué trente-cinq livres à un couple sur une rente de cinquante. Une dame, Mathilde Deladerrière, a déclaré que ce même bailli s'était emparé d'une terre contre une rente de deux chapons et lui avait pris en outre dix sous tournois. Des gens d'Arras, deux héritiers, se sont plaints que votre mère et vous-même, Sire, ayez imposé leur succession de sept mille livres, somme qui avait réduit leur héritage à une misère.

— Si l'affaire est avérée, nous paierons, répéta le roi.

— La conquête de la Normandie, déclara un frère dominicain, a laissé beaucoup de blessures et de mauvais souvenirs. Nous avons déjà relevé plus de mille plaintes contre des baillis principalement pour captations indues de terres, pour saisies injustifiées de bétail ou pour des amendes relevant davantage de l'arbitraire que de la sanction d'une infraction. Par exemple à Bernay, les prêtres de la léproserie vous demandent de leur rendre le bénéfice dont ils disposaient du temps du roi Jean sans Terre. Vos agents, sans mandat réel pour se substituer aux gestionnaires du duché, n'ont eu de cesse de vouloir les éliminer par des méthodes indignes.

Un autre conseil fut spécialement consacré au Languedoc. Ce fut encore un dominicain qui rapporta les faits :

— Nous avons rencontré, en Languedoc, une double difficulté : nous avons eu, tout d'abord, beaucoup de mal à faire la lumière entre ceux qui prétendaient avoir été spoliés pour hérésie et ceux qui les accusaient d'être hérétiques et leur avaient pris leurs biens. Il nous faudra du temps pour découvrir la vérité. Sur cent quarante-cinq plaignants que nous avons reçus, nous pourrons peut-être rendre un jugement favorable pour soixante-quinze d'entre eux et défavorable pour trente autres ou bien trouver un compromis pour encore trente autres. Par ailleurs il est compliqué d'évaluer les indemnités quand les préjudices ont été causés dans des monnaies qui n'ont pas la même valeur que celles du royaume.

— Dès mon retour de croisade, annonça le roi, nous mettrons en place une monnaie unique pour tout le royaume, comme avait commencé à le faire le roi Philippe. Quant aux agents dont les comportements ne relèvent ni de la morale ni de la justice, nous les écarterons et les condamnerons. Nous voulons des rapports précis et circonstanciés sur leurs agissements.

Un autre dominicain demanda la parole. Le roi l'invita à s'exprimer.

— Je pense, Sire, que l'attitude souvent révoltante des baillis, leur tendance à s'approprier des rentes indûment, à fixer des amendes arbitraires, tient au fait qu'ils ne sont pas rémunérés et qu'ils se paient sur leurs actes, j'oserais dire même sur leurs exactions. Ils doivent prendre à ferme leur charge et leur décision dépend de l'enchère. Ce système est pervers car il oblige ses agents à recouvrir plus d'argent qu'ils n'en versent au Trésor royal. Tant que les agents royaux ne seront pas appointés, toutes les dérives seront à craindre. Ainsi certains baillis d'Anjou et du Maine ont-ils même confisqué des terres à des seigneurs partis en croisade pour la délivrance de la Ville sainte.

— C'est un comble ! tonna le roi. Il nous semble que cette suggestion mérite d'être étudiée. Il me faudrait un rapport sur le sujet afin que nous puissions, en effet, réformer le statut des baillis.

— Des seigneurs ont pu être spoliés, mais les plus nombreux sont les paysans qui n'ont pas les moyens de se défendre. L'un d'entre eux, par exemple, s'est vu confisquer son cheval pour avoir taillé une branche de baliveau pour le fouetter afin de le faire avancer.

Les enquêteurs révélèrent enfin que beaucoup de plaintes, peut-être les plus nombreuses dans certaines régions, ne venaient pas des défauts de l'administration royale, mais de conflits entre particuliers ou avec des ecclésiastiques qui, par leur statut, échappaient à l'intervention des agents du roi. Ainsi beaucoup d'affaires d'usure furent citées, certaines pratiquées par des Juifs, plus facilement stigmatisables que les autres, alors qu'en réalité l'usure était devenue une pratique courante chez les prêteurs chrétiens.

— Notre justice n'en sera pas moins lourde, déclara Louis, car si les Juifs ont l'autorisation de prêter, dans des limites que j'ai ordonnées, les chrétiens ne le peuvent, cela leur est interdit.

Louis se déclara satisfait de ce premier travail et demanda que les enquêtes soient poursuivies pendant son absence. Il avait une bonne raison d'être content : bien que les requêtes n'aient pas encore trouvé de réponses favorables, tous les habitants du royaume savaient maintenant que le roi de France avait souhaité les entendre et voulait leur rendre justice ; ce qui constituait une véritable révolution. Avait-on encore jamais vu un monarque redresser à ses frais les torts causés à ses sujets par ses aïeux, sa famille et ses agents ?

Pour autant, son souci de justice n'était pas exempt d'une volonté de mieux faire remonter les revenus vers le Trésor royal. Une meilleure administration devait à la fois répondre aux attentes des citoyens les plus humbles et taxer les plus fortunés.

La satisfaction d'avoir ordonné une bonne mesure pour le royaume fut vite contrariée par une triste nouvelle. Un écuyer vint prévenir le roi que son épouse l'attendait de toute urgence dans sa chambre. Le souverain s'y rendit sans poser de question. Il savait ce qui l'attendait. Leur fils Jean n'avait pas survécu après six mois de vie difficile.

— Dieu n'a pas voulu qu'il souffre davantage, dit-il à Marguerite, et a préféré le rappeler auprès de lui. Nous devons le remercier car Jean, désormais, est au Paradis, parmi les Bienheureux.

Même si la mort d'un enfant n'était pas une tragédie tant elle était courante et acceptée par avance, la douleur et le chagrin des parents n'étaient jamais vraiment étouffés. Louis et Marguerite, au contraire d'autres familles princières ou nobiliaires, nourrissaient un profond attachement pour leur progéniture.

— Nous irons à l'abbaye de Royaumont lui donner sa sépulture auprès de son oncle Philippe Dagobert et de sa sœur Blanche, proposa Louis.

Marguerite acquiesça en silence. Son statut de reine ne lui interdisait pas de s'épancher en public, mais elle préférait garder pour elle sa douleur afin de ne pas chagriner son entourage.

Ce deuil se produisit quelques jours avant la consécration officielle de la Sainte-Chapelle qui allait être l'événement le plus marquant du magistère de Louis de Poissy avant sa croisade.

Dans l'esprit du roi capétien, la Sainte-Chapelle n'était pas seulement un édifice prestigieux destiné à abriter les reliques de la passion du Christ. Il devait être aussi le symbole de la sacralisation de son pouvoir qui résidait ici à Paris. La consécration de ce chef-d'œuvre de l'art gothique fut fixée le 28 avril, six semaines avant son départ pour la croisade. Ainsi, le roi parti, sa présence symbolique se maintiendrait ici et maintenant, pour l'éternité. La couronne royale serait toujours présente dans cette chapelle, centre de célébration des deux couronnes, celle du Christ et celle du roi.

Cette volonté affirmée expliquait les dépenses impressionnantes consacrées à cette démarche mystique. Plus de cent cinquante mille livres tournois pour l'achat de la Couronne et des autres reliques de la Passion, quarante à cinquante mille livres pour la construction de la chapelle et cent mille livres encore pour la fabrication par le plus grand orfèvre de Paris de la châsse et du reliquaire de la Couronne d'épines, en or, en argent et en pierres précieuses. Un budget supérieur au revenu annuel du domaine royal et le sixième des ressources de l'Église de France qui pourtant ne dépensa pas un seul denier.

Pour animer le culte du reliquaire, Louis nomma un collège de chanoines issu principalement des ordres mendiants, à qui il octroya des rentes perpétuelles. Il fixa deux dates de célébration, le 26 août pour la Couronne d'épines et le 30 septembre pour les autres reliques. Il ordonna que ces fêtes aient lieu même en son absence et décida qu'à son retour, il enverrait des épines dans plusieurs lieux saints d'Europe, et notamment à la basilique Saint-François à Assise pour que cette célébration de la Couronne fût largement répandue.

L'inauguration de la Sainte-Chapelle fut présentée comme l'événement liturgique majeur de la chrétienté. Ce fut le légat du pape, Eudes de Châteauroux, qui officia. Il annonça fièrement au roi que le pape Innocent avait décidé d'accorder une indulgence d'un an à tous les fidèles qui visiteraient la chapelle le jour anniversaire de sa dédicace.

— C'est un rare privilège que le Saint-Père accorde à votre reliquaire, déclara le légat.

Ce à quoi le théologien Albert le Grand fit remarquer que le souverain pontife avait accordé, quelque temps plus tôt, une indulgence de dix mille ans pour la basilique romaine des Quatre-Saints-Couronnés, ainsi appelée en l'honneur de quatre martyrs qui avaient refusé de se soumettre à l'empereur Dioclétien au troisième siècle.

— Pourquoi une telle différence, puisqu'il s'agit de la couronne du Christ ? interrogea le roi.

— Le Saint-Père, expliqua le théologien, veut honorer la donation de l'empereur Constantin qui transféra son siège en Orient en accordant au pape le pouvoir temporel sur toutes les terres chrétiennes de l'Occident. Innocent entend, dans sa confrontation avec l'empereur, indiquer clairement que le pouvoir qu'il revendique est un acquis du premier empereur romain converti au christianisme.

— La véracité de cette donation n'était-elle pas contestée ? demanda le monarque.

— En effet, il n'y a pas de certitude sur la réalité de cette donation. Elle a cependant été reconnue par votre ancêtre Pépin le Bref.

— Ainsi sert-elle d'abord les intérêts du Saint-Père, remarqua le souverain.

Lorsque Louis et sa famille, tous les prélats et les nobles du royaume, pénétrèrent pour la première fois dans le reliquaire, ce fut pour chacun un véritable émerveillement. La chapelle, inondée de lumière, semblait n'avoir pour murs que des vitraux, ses voûtes étaient peintes en bleu azur, couleur de la royauté et revêtues de fleurs de lys dorées. La châsse, avec la Couronne d'épines, reposait sur un baldaquin, et les autres reliques étaient placées autour. Cette châsse était supposée représenter l'arche d'alliance pour laquelle le roi Salomon avait fait construire le Temple, comme Louis avait fait édifier la Sainte-Chapelle pour y abriter les reliques de la Passion.

Les vitraux, fabriqués dans les ateliers des artisans de Chartres, racontaient d'un côté l'histoire du peuple hébreu jusqu'à la conquête de la Terre promise et la mort de Josué. Autour de l'abside figurait le récit de la passion du Christ. Le récit de l'Ancien Testament se poursuivait pour se terminer par des scènes tirées du livre des Rois, puis par la réception de la Couronne d'épines par le roi de France. Ainsi la Sainte-Chapelle symbolisait-elle à la fois le caractère sacré de la maison royale, la filiation davidique des Capétiens et la relation mystique entre le Christ et le roi de France.

Cette symbolique n'avait pas échappé à Eudes de Châteauroux. Dans son sermon il tenta de corriger la propagande, initiée par l'archevêque Gautier Cornut, lors du passage de la Couronne à Sens. Ce dernier avait déclaré que le Christ avait choisi la Gaule comme deuxième Terre sainte. Le légat du pape, représentant le point de vue de la curie romaine plus que celui de l'Église de France, replaça la Couronne dans l'héritage de la chrétienté tout entière.

Ce prêche ne fut pas du goût du roi de France qui donna plus tard des indications aux chanoines dominicains pour en modifier l'esprit lors des futures fêtes afin de revenir aux intentions premières exprimées par l'archevêque de Sens, celles qui faisaient réellement de la France la deuxième Terre sainte.

La volonté du souverain français d'établir le royaume comme centre spirituel de la chrétienté s'exprimait ainsi par de nombreuses actions : l'affirmation du rôle à la fois historique, généalogique et mystique de la Sainte-Chapelle et sa vocation apocalyptique, traduite aussi dans ses vitraux ; le renforcement à l'Université de l'enseignement de la théologie dont nul ne contestait désormais la prééminence ; l'efflorescence inégalée des édifices religieux, cathédrales, basiliques, églises ; la multiplication des abbayes et des couvents cisterciens, bénédictins, dominicains, franciscains ; enfin, pour donner à cet élan religieux sa traduction populaire, l'édification d'hôpitaux, d'hospices, de maisons pour aveugles, lépreux, paralytiques, prostituées, traduction de la résolution royale de mêler son engagement spirituel à sa compassion temporelle.

65

Un regard angélique

Quelques jours avant de partir pour la croisade, un matin de bonne heure, le roi, sortant de la messe, aperçut le prévôt de Paris et ses agents tirant une charrette dans laquelle gisaient les cadavres de trois sergents. Un clerc était attaché à la carriole.

— Que venez-vous faire dans la cour de mon palais ? interrogea le roi, étonné.

— Sire, déclara le prévôt, je viens demander justice pour mes sergents. Ce clerc que vous voyez là les a occis tous les trois !

— Pour quelle raison ? demanda le monarque en s'adressant au tueur.

— Parce que..., intervint le prévôt.

— Laissez répondre le prisonnier, coupa le roi.

— Au Châtelet, où je loge avec d'autres de ma condition, déclara le clerc, ces trois sergents passaient leur temps à détrousser les promeneurs, surtout ceux qui étaient en visite et ne connaissaient pas tous les dangers de votre bonne ville, Sire !

— Ensuite ? s'enquit le souverain.

— Ils se sont attaqués à ma personne et m'ont volé tous mes habits. C'était la troisième fois. Alors, je suis allé chez moi chercher une arbalète et un fauchon. J'ai atteint le premier en plein cœur et les deux autres se sont enfuis. Je les ai poursuivis.

Il indiqua du doigt les deux sergents dans la charrette.

— Avec mon fauchon, j'ai coupé une jambe à celui-ci qui a perdu tout son sang et fendu le crâne de celui-là qui était allé se réfugier chez des bonnes gens.

Le souverain se tourna vers le prévôt et lui demanda son avis. Ce dernier hésita, puis se résolut à reconnaître :

— Il est vrai que ces sergents n'avaient pas une bonne réputation... Et ce clerc est venu se rendre spontanément.

— Il faudra mettre bon ordre à tout cela, ordonna le roi. Nos habitants doivent se sentir protégés et non pas détroussés par les gens d'armes. Ils sont la honte du royaume. Et je ne soutiendrai mes gens dans aucun de leurs méfaits. Quant à vous, jeune clerc, vous me paraissez bien vaillant et intrépide. Votre prouesse vous sera pardonnée, mais vous devrez abandonner la prêtrise et m'accompagner à la croisade. Je vous prends à mes gages.

Les témoins qui assistaient à la scène furent impressionnés par la mansuétude royale. Cette décision fut vite connue dans Paris et ailleurs et les gens d'armes hésitèrent désormais à trucider le bon peuple.

De la fenêtre de sa chambre, Marguerite, en compagnie de sa sœur Béatrice et de ses deux belles-sœurs, Jeanne de Toulouse et Mathilde de Hainaut, avait assisté à la scène, mais n'en connaissait pas l'issue. Elle s'étonna que son époux ait passé autant de temps à régler ce différend.

L'épouse de Charles d'Anjou et les femmes d'Alphonse de Poitiers et de Robert d'Artois avaient décidé de se retrouver pour préparer ensemble leur voyage en croisade. Trois d'entre elles allaient accompagner leurs maris, à l'exception de Mathilde, enceinte de son premier enfant.

Louis et Marguerite laissaient leurs trois enfants à la reine mère. Connaissant les relations tendues entre les deux reines, Jeanne de Toulouse s'en étonna :

— Tu abandonnes tes enfants à la Castillane ?

— Oui, répondit Marguerite, je suis sûr qu'au moins elle leur donnera une bonne éducation. Nous n'imaginions pas emmener avec nous les deux héritiers de la Couronne.

— Au fait, demanda Mathilde, pourquoi Louis ne t'a-t-il pas laissé la régence ?

— Je ne la lui ai pas demandée, reprit Marguerite, car il aurait refusé – il préfère m'avoir auprès de lui – et puis je n'imaginais pas partager le pouvoir avec notre belle-mère. Elle est si difficile !

— Difficile ! reprit Jeanne. Le mot est faible, n'est-ce pas, Béatrice ?

— Je crains que Charles ait hérité de son caractère, répliqua la jeune comtesse. Elle a tendance à se mêler de tout !

— Et même à vouloir tenir la chandelle, enchaîna Marguerite, en éclatant de rire. Dès qu'elle nous savait ensemble, en toute intimité, elle s'arrangeait pour appeler Louis auprès d'elle. Nous avons dû partir, de plus en plus souvent, dans nos demeures autour de Paris pour avoir la paix.

— Au moins, grâce à la croisade, nous pourrons folâtrer sans être dérangées, ajouta Béatrice.

Les quatre femmes riaient de bon cœur quand le roi se fit annoncer. Il ne put cacher sa surprise en les voyant toutes les quatre. Mais il se ressaisit et se déclara heureux qu'elles se trouvassent réunies pour la première fois.

— Notre croisade nous offrira le plaisir d'être ensemble, en famille, je m'en réjouis déjà, dit-il. Puis il ajouta en plaisantant : À moins que vous ne complotiez une autre aventure ?

— Absolument ! déclara Marguerite sur le même ton. Nous allions vous demander de nous loger sur la même nef afin que nous ne nous quittions pas.

— Je crains, répondit-il, très sérieux, qu'avec nos suites et les vôtres, même réduites comme je l'ai ordonné, nous ne puissions être ensemble sur un seul navire.

— Qu'à cela ne tienne, releva la reine, nos époux iront sur leurs nefs et nous sur la nôtre.

— Alors ce n'est pas un complot, enchaîna Louis, c'est une rébellion !

Ils rirent. Avant de les quitter, Louis, à la demande de son épouse, raconta la scène de la charrette qu'elles avaient aperçue quelques instants plus tôt. Puis il s'adressa à Jeanne de Toulouse :

— Mon frère Alphonse m'a prévenu qu'il nous rejoindrait plus tard. Je lui ai demandé d'aider notre mère à reprendre la régence. Vous allez beaucoup nous manquer, dit-il, en lui baisant la main.

Ce geste ne lui était pas coutumier. Marguerite pensa qu'il avait pour but de faire comprendre à la jeune femme qu'elle devait se sentir membre à part entière de la famille capétienne, à moins qu'en galant homme, il ait tenu à honorer ainsi la moins jolie des quatre femmes.

Le 12 juin 1248, le roi de France quitta Paris pour Saint-Denis afin d'y recevoir du cardinal légat, Eudes de Châteauroux, l'oriflamme, l'écharpe et le bâton, les emblèmes du pèlerin partant pour la croisade. À la surprise générale, le roi était vêtu simplement d'une tunique bleue portant l'insigne rouge du croisé sur l'épaule droite. Il montait son cheval, également mis à la diète des habits d'apparat. Le souverain entendait ainsi donner un signal fort, celui d'un monarque partant délivrer le tombeau du Christ, revêtu comme lui d'une simple tunique.

Puis, après un bref retour au Palais, il se rendit pieds nus en procession, avec le peuple de Paris et tous ses chevaliers, à l'abbaye cistercienne Saint-Antoine-des-Champs, sise sur la Marne, fondée par l'abbé Foulques de Neuilly qui avait prêché la quatrième croisade.

Puis il gagna Corbeil à cheval, dans le douaire de sa mère à laquelle il remit officiellement les « clés » du gouvernement. Le souverain gardait le sceau royal par lequel il authentifiait et validait les actes officiels. Ainsi la régente ne pouvait-elle décider d'aucune disposition nouvelle sans son aval. Elle accepta volontiers car elle ne partageait pas toujours la volonté de réforme de son fils. Elle faisait partie d'une génération qui se méfiait des transformations trop rapides de la société. Gérer les affaires courantes, telle serait sa mission. Elle put d'ailleurs choisir ses proches conseillers, à commencer par son confesseur, Guillaume d'Auvergne, mais aussi Henri Cornut, archevêque de Sens, frère du regretté Gautier, ou des laïcs comme le grand panetier de France, Geoffroy de la Chapelle ou encore le bouteiller, Étienne de Sancerre. Le roi avait également laissé deux de ses plus proches collaborateurs – en appoint ou en surveillance ? –, Pierre de Fontaine et Eudes Rigaud. L'écrit qui authentifiait la transmission des pouvoirs était ambiguë : « À notre très chère dame et mère la Reine, nous concédons et voulons qu'en notre absence à la croisade, elle ait pleins pouvoirs d'être saisie des affaires du royaume et de s'en saisir comme il lui plaira. »

La reine pouvait, selon cette lettre, nommer ou destituer les agents royaux, attribuer les dignités et les bénéfices ecclésiastiques vacants... Mais elle ne pouvait le faire qu'en agissant dans la conformité avec le bien. Ainsi, à chacune de ses décisions devrait-elle être confrontée à cette exigence : le bien du royaume et de ses sujets. Trop bouleversée par le départ de son fils, Blanche de Castille avait accepté sans discuter. Habituellement si réservée, elle ne put s'empêcher de pleurer à chaudes larmes quand Louis lui fit ses adieux.

— Belle, très douce Mère, déclara-t-il le visage radieux, par cette foi que vous me devez, retournez maintenant. Je vous laisse mes trois enfants, Isabelle, Louis et Philippe, et je sais qu'ils seront bien gardés ; je vous laisse gouverner le royaume de France et je sais qu'il sera bien tenu.

Marguerite qui assistait à cet échange prit la main de sa belle-mère et la remercia :

— Comme Louis, je suis heureuse et confiante de savoir nos enfants sous votre bienveillante sollicitude. Je sais combien, auprès de vous, ils apprendront à grandir en bons chrétiens.

Tout, dans le regard du roi vers son épouse, témoignait de son émotion et de sa reconnaissance pour avoir manifesté sa gratitude à sa mère, avec tant de grâce.

Blanche, la voix brisée, répondit alors :

— Beau, très doux fils, comment mon cœur pourra-t-il supporter une telle séparation ? Il ne sera plus dur que pierre s'il se sépare en deux moitiés... Je ne vous verrai plus, mon cœur me le dit !

Elle s'évanouit sous le coup de l'émotion et du chagrin. Marguerite se serra contre son époux. Qu'avait voulu dire sa belle-mère ? Qu'elle ne survivrait pas à cette séparation ? Ou craignait-elle que son fils ne revînt pas vivant de sa croisade ?

La mère et le fils s'étreignirent, puis se quittèrent en larmes.

L'armée royale se rendit ensuite à Sens. Les habitants qui avaient vu le roi, neuf ans plus tôt, à l'occasion du passage de la Couronne d'épines, ne le reconnurent pas. Sa maladie et le régime frugal qu'il s'imposait l'avaient beaucoup amaigri, cependant, il leur sembla plus grand, plus altier, plus élancé, plus majestueux. L'aigle aux yeux de colombe en imposait par sa grâce et son regard angélique. En outre, il était vêtu si simplement : « Comme un manant », disaient certains, « Comme un moine », commentaient d'autres. Il marchait pieds nus, comme autrefois. Il se rendit au couvent des franciscains, en prière, suivi de ses frères et de quelques barons qui s'étaient imposé la même humilité.

Il fut reçu par son ami et conseiller, le franciscain Eudes Rigaud, accompagné d'un frère venu de Parme, Fra Salimbene.

— Ce roi n'est pas comme les autres, déclara le conseiller au frère italien. Il règne mais en pécheur, il agit mais en juste, il combat mais en pacifiste, il est en majesté dans son humilité et semble, par sa piété, vouloir racheter les péchés de tous les sujets de son royaume.

À la sortie de l'église, un frère offrit au roi un brochet vivant, le plus prisé des poissons d'eau douce, baignant dans une cuvette en bois de sapin dans laquelle étaient lavés les bébés. Puis l'on entendit Jean de Parme, ministre général des franciscains, faire son éloge :

— Par votre générosité et votre humilité, vous êtes, Sire, à la fois notre roi, notre père, notre seigneur et notre bienfaiteur. Vous n'êtes venu nous demander ni or ni argent, mais seulement nos prières. L'ordre des Franciscains sait ce qu'il doit au soutien indéfectible de Votre Majesté. Il vous promet des messes pour votre vie et au-delà et ne cessera de chanter vos louanges.

Bien que touché dans sa modestie par ces paroles, Louis souhaita les voir écrites et marquées de son sceau.

Le repas qui suivit dans le réfectoire du couvent ne fut pas frugal, le souverain y avait tenu : la table fut couverte de poissons, d'écrevisses et d'anguilles rôties, de riz au lait d'amande, de fèves nouvelles cuites au lait, de gâteaux à la crème, de fruits et de bons vins.

Fra Salimbene, après avoir été présenté au monarque, lui demanda l'autorisation de l'accompagner jusqu'en Provence.

— Bien sûr, accorda Louis, mais qui vous y invite ?

— Je veux témoigner de ce que je vois, déclara le franciscain. Je veux dire partout que j'ai rencontré un roi qui a fait de la parole et de l'exemple du Christ sa mission et qui est cependant à la tête d'un royaume qui est de ce monde.

Louis sourit et fit asseoir le frère à sa droite, entre lui et le cardinal légat qui, bien que surpris de cette entorse au protocole, s'abstint de s'en formaliser.

À l'étape suivante, à Vézelay, dans la basilique Sainte-Marie-Madeleine d'où saint Bernard avait lancé la deuxième croisade, le roi refusa les sièges de fortune que lui offraient les franciscains et préféra s'asseoir sur le sol en terre battue avec sa suite.

Enfin l'ost arriva à Lyon où, pour la deuxième fois, Louis et le pape Innocent allaient se rencontrer. Comme à Cluny, le dialogue fut houleux.

— Je souhaite, mon fils, déclara le pape, que vous retardiez votre départ pour la croisade afin de m'aider à éliminer définitivement le Souabe Frédéric, ce Lucifer. Votre soutien est nécessaire et sera de courte durée car cet empereur est désormais abandonné par les siens.

— Je sais, Saint-Père, que vous avez fomenté partout des révoltes contre l'empereur, instillé des complots et que vous soudoyez largement des traîtres à Frédéric qui avait pourtant fait leur fortune.

— Il le fallait ! s'insurgea le souverain pontife. Ce démon voulait me supprimer, créer une nouvelle Église, nommer son propre pape, comme il l'avait déjà fait avec moi, mais cela ne lui a pas réussi.

— Peut-être le fallait-il, mais je n'en suis pas convaincu, répliqua Louis. L'empereur était prêt à faire la paix avec vous, il me l'avait promis. Vous devez, Saint-Père, pardonner à celui qui demande pardon, lui accorder la faveur de la réconciliation et ouvrir à un pécheur repentant le sein de la piété paternelle afin que, du moins, la route s'ouvre plus sûrement devant les pèlerins. J'espère, en tout cas, que toutes vos dépenses n'ont pas été réalisées avec l'argent de notre croisade.

— Votre croisade ! Votre croisade, reprit le pape. Vous n'en avez pas l'exclusivité...

Le roi ne le laissa pas terminer.

— Vous le savez, je suis le seul souverain à l'assumer. Je n'ai pas pu compter sur votre appui pour en convaincre d'autres, trop occupé que vous étiez à vous débarrasser de l'empereur !

— Allez-vous m'aider ? redemanda le chef de l'Église.

— Sûrement pas ! répliqua Louis. La délivrance du Saint-Sépulcre m'importe plus que vos préoccupations matérielles. Et, je vous le dis, je crains qu'après mon départ, des embûches hostiles ne soient préparées contre le royaume de France à cause de votre fermeté impitoyable. Si l'affaire de la Terre sainte connaît des embarras, c'est sur vous qu'en retombera la faute. La France, la France ! Gardez-la comme la pupille de vos yeux, car de son état dépend votre prospérité, et celle de toute la chrétienté !

— Tant que je vivrai, je tiendrai ferme avec la France contre le schismatique Frédéric, répondit le pape. Bien plus, contre mon vassal le roi d'Angleterre lui-même s'il osait se soulever contre votre royaume ou contre ses dépendances. Et je m'opposerai à tous ses adversaires.

Le roi de France affecta d'être apaisé, mais il restait incrédule. Impressionné par la détermination et l'inflexibilité de Louis, Innocent consentit à lui donner une absolution plénière et lui promit de mettre à sa disposition tous les fonds que recueilleraient ses évêques pour mener à bien la croisade.

66

Christianiser les musulmans

— Sire, je vais devoir vous abandonner pour rejoindre mon maître Hugues de Digne en Provence.

Le franciscain Fra Salimbene prenait ainsi congé du roi après avoir compris que celui-ci n'entendait pas retarder la croisade.

— Qui est vraiment ce frère dont la réputation de sainteté est remontée jusqu'à moi ? interrogea le souverain.

— Un frère mineur, comme moi, répondit Eudes Rigaud, mais surtout le plus célèbre prédicateur de Provence.

— Que prêche-t-il de si important ?

— C'est un fervent admirateur et disciple du cistercien Joachim de Flore.

— Ah oui ! Ce moine qui fut souvent traité d'hérétique !

— Le pape Honorius a condamné ceux qui le qualifiaient ainsi, fit remarquer le moine.

— Et que dit ce théologien ?

— Il ne se prétend pas théologien, bien que ses écrits démontrent le contraire. Il affirme que l'Homme, pour être parfait, doit posséder un corps doté de cinq sens et une âme de sept vertus. S'il lui manque une seule vertu, ou un seul sens, il est incomplet, imparfait.

— C'est bien pensé, commenta le monarque. Que dit-il encore ?

— Que celui qui n'a pas l'Amour n'a pas l'Esprit.

Emporté par son admiration pour celui qui se faisait appeler le grand prophète, le jeune franciscain ajouta aussi, imaginant que cela plairait à son interlocuteur :

— Dans un écrit appelé « Babylone », il fustige les prélats qui, pour plaire aux hommes, méprisent les ordres de Dieu. Il a prédit que l'Église charnelle, cette nouvelle Babylone, serait frappée de trois fléaux, dans ses biens temporels par la perte de l'empire d'Allemagne, dans sa doctrine qui sera corrompue par les hérétiques, et par le glaive des Infidèles, les musulmans.

Louis approuva d'un signe de tête, salua le franciscain et poursuivit sa marche en descendant le Rhône vers Avignon. Au sud de Tournon, un seigneur local, Roger de Clérieu, du château de La Roche-de-Glun, bâti sur une île du fleuve, exigeait un droit de péage pour les pèlerins qui passaient au pied de sa forteresse. Manifestement peu impressionné par la transhumance de milliers de gens d'armes de l'ost royal, il exigea son dû. Le roi le lui refusa. Le seigneur prit des otages.

— Comment ! s'insurgea le souverain, ce brigand veut rançonner les croisés ? Au nom de Moi, j'ordonne que ce château soit rasé.

Ce qui fut fait en moins d'une journée.

Lorsque l'armée parvint en Avignon, certains habitants effrayés, sachant qu'elle était conduite par le fils de Louis le Lion, mort après avoir fait le siège de leur ville, et d'autres, indignés d'être encore poursuivis pour hérésie, décidèrent de s'attaquer à des pèlerins qui accompagnaient l'armée, les dépouillant et en tuant quelques-uns. Des chevaliers de l'entourage du roi lui demandèrent d'attaquer la ville pour venger cette forfaiture. Le souverain leur déclara pour les calmer :

— Je ne quitte pas la France pour venger les injures faites à mon père, à ma mère ou à moi-même, mais bien celle faite à Notre-Seigneur Jésus-Christ. Le temps de passage est proche. Faut-il donc que Satan prenne le dessus, lui qui se lamente de nous voir en marche et qui cherche à nous arrêter ?...

Marguerite éprouva une vive joie en retrouvant le pays de son enfance. Elle demanda à son époux si elle pouvait l'abandonner quelques jours pour aller à Forcalquier retrouver le soleil, les senteurs de thym et de lavande, le chant des grillons...

— Je crains que vous ne le regrettiez, répondit Louis. Vous irez nourrir votre nostalgie et elle vous empoisonnera durant le reste de notre voyage.

— Peut-être avez-vous raison !

Elle n'était plus sûre de vouloir revoir une terre qui avait été soustraite à son héritage. Ses regrets n'en auraient été que plus douloureux. Elle se contenta de quelques heures passées avec sa mère, qui les avait retrouvés avec Béatrice et son époux Charles d'Anjou. Marguerite apprécia que le couple vînt se joindre à la croisade. La chaleur de leurs retrouvailles sembla effacer leurs différends.

Hormis les péripéties de Tournon et d'Avignon, le roi fut ovationné tout le long de son voyage, où qu'il cheminât, où qu'il s'arrêtât. Il avait d'ailleurs décidé de ne pas forcer l'allure pour aller à la rencontre de ses sujets, les écouter, les rassurer et leur promettre un prompt retour.

Son arrivée à Aigues-Mortes, sous un soleil de plomb, les bannières claquant au vent et au son des tambours, enthousiasma les habitants des villages alentour, venus en grand nombre voir leur souverain, alors qu'ils n'étaient sujets du royaume de France que depuis deux décennies à peine. Ils découvrirent un grand échalas blond, âgé de trente-trois ans, « l'âge du Christ à sa mort », souligna un abbé, le visage pâle mais lumineux, dépourvu de barbe, les cheveux coupés court et toujours souriant. Il était revêtu d'une tunique noire de camelot et d'un surcot de lin bleu imprimé de fleurs de lys, frappé d'une croix rouge. Ses bottes noires aux éperons d'acier n'étaient pas d'or ou d'argent, comme il seyait aux grands chevaliers. Ils virent aussi une grande jeune femme brune, coiffée d'un turban que surmontait une couronne de fleurs de lys d'or, vêtue d'une robe rouge écarlate sous son manteau bleu azur, au regard vif et gracieux. « C'est la Reine, la Provençale, cria un habitant. Regardez comme elle est belle, elle est bien païs ! »

Une multitude de villages étaient déjà occupés depuis plusieurs semaines par les troupes des seigneurs qui allaient accompagner le roi à la croisade : Hugues de Lusignan, comte de la Marche, Mauclerc, comte de Bretagne, Guillaume de Dampierre, comte de Flandre, Pierre de Vendôme, Gautier et Henri de Brienne, les chambellans Philippe de Nemours, le grand chambrier Jean de Nanteuil, Jean de Beaumont qui allait être nommé maréchal de France, Pierre de Courtenay, les comtes d'Eu et de Bar, le connétable de France, Humbert de Beaujeu, Trencavel, vicomte de Béziers, un faitdit repenti, Boson de Talleyrand, le vicomte de Polignac et tant d'autres. Pour accompagner le roi à la croisade, tous ou presque avaient dû s'endetter pour leur équipage, vendre des châtellenies ou aliéner des droits seigneuriaux. Outre le légat Eudes de Châteauroux qui conduisait la croisade au nom du pape, ainsi garant de son financement sur lequel comptaient beaucoup de seigneurs pour être dédommagés, étaient présents les évêques de Laon, de Soissons, d'Orléans, de Beauvais, l'archevêque de Tours, Guillaume de Chartres, le chapelain du roi, son confesseur Geoffroy de Beaulieu ainsi que celui de la reine, Guillaume de Saint-Pathus.

Installé dans une simple maison, qu'on dénomma « le palais », pour se reposer autant que pour organiser la traversée, Louis reçut une délégation d'habitants porteuse d'un cahier de doléances qui n'était rien d'autre que l'exigence de privilèges exorbitants. Ils demandèrent même que le nom d'Aigues-Mortes qui leur paraissait sinistre fût transformé en « Bonne par Force ». Le roi refusa tout net. Il trouvait ces requêtes injustifiées et ne souhaitait pas nuire à la ville de Montpellier qui aurait été désavantagée par une ville concurrente bénéficiant de recettes et d'affranchissements extraordinaires. En compensation, le souverain promit de financer un couvent de franciscains, un hôpital pour les pèlerins et un phare.

Raymond de Toulouse vint rendre hommage au roi afin de signer avec lui la restitution du duché de Narbonne.

— Je suis heureux de votre décision de nous accompagner, lui déclara Louis.

Le comte de Toulouse toussota, embarrassé :

— C'est-à-dire que, Sire, mon navire commandé en Bretagne n'est toujours pas prêt. Je vous rejoindrai donc plus tard avec votre frère Alphonse.

Louis ne fut pas dupe. Il comprit que le comte essayait, une fois de plus, de se défiler.

Trois semaines plus tard, le 25 août, l'ordre de départ vers Chypre fut donné. Le roi s'était rallié au conseil de certains de ses barons qui jugeaient prématuré d'aller aborder directement les côtes d'Égypte en suggérant de faire une halte à Chypre pour y passer l'hiver. Ainsi auraient-ils la garantie que tous les approvisionnements nécessaires seraient assurés, que les flottes venant d'autres ports, de Marseille et d'Italie, d'Angleterre sous le commandement de Guillaume Longue Épée et de quelques rares seigneurs allemands, seraient au rendez-vous car les longues traversées de la Méditerranée n'étaient jamais à l'abri d'une mer tempétueuse et imprévisible.

Plusieurs milliers de vaisseaux avaient été loués ou achetés pour emporter quelque trente-cinq mille hommes, neuf mille chevaux et les équipements de siège.

Quel spectacle ! Tous ces navires flamboyants, leurs mâts battus par les étendards des duchés et des comtés, toutes ces armures étincelantes, tous ces uniformes chamarrés. Jamais population ne vit un tel déploiement de forces et ne connut une telle ferveur collective en regardant le départ de cette impressionnante armada.

Les évêques et les prêtres placés sur les châteaux entendirent l'ordre des amiraux : « Chantez de par Dieu, nous allons appareiller ! » Ils entonnèrent le *Veni Creator Spiritus* que tous les chevaliers et les gens d'armes reprirent à leur tour. Dans un vibrant élan, la foule massée sur le port, poursuivit l'hymne comme se serait levée une tempête de dévotions. Malheureusement, les vents ne furent pas favorables et la flotte dut attendre deux jours avant d'appareiller. Le 28 août, les maîtres nautoniers annoncèrent que le ciel était limpide et le vent poussant ; les matelots hissèrent la voile et la flotte, en silence, véritable contraste avec la joie et le tumulte du faux départ, glissa sur les eaux au clapot scintillant. Il fallut vingt jours pour atteindre l'île de Chypre avec des fortunes diverses.

Durant la traversée, de longs moments furent consacrés aux prières et aux offices religieux. Le roi avait obtenu une autorisation spéciale du souverain pontife pour embarquer à son bord le Saint Sacrement. Un privilège exceptionnel qui impressionna toutes les troupes. Outre sa piété profonde, Louis avait le sens du symbole et savait s'en servir pour accomplir son grand dessein.

Marguerite regardait évoluer son époux avec un mélange d'étonnement, d'inquiétude et d'admiration. Certes, il restait un compagnon ardent, attentif, amoureux, bien que souvent irritable et cassant. Elle avait souvent du mal à le comprendre et ne savait pas toujours comment l'aborder. Un soir, alors que la mer était calme et la traversée paisible, se trouvant seuls dans leur chambre, ce qui était rare, elle l'interrogea sur les raisons qui l'incitaient à se rendre en Égypte au lieu d'aller directement en Terre sainte.

— Je vous répondrai, ma Mie, que plusieurs croisades ont choisi cet itinéraire avant moi, celle de Baudouin en 1118, celle d'Amaury en 1163 et celle plus récente de Jean de Brienne, qui aurait pu réussir sans l'obstination insensée du légat Pélage. Prendre l'Égypte à revers et la soumettre, c'est assurer pour longtemps la paix en Terre sainte. Tel avait été également l'intention de mon grand-père Philippe Auguste.

— Mais les Turcs qui ont pris Jérusalem ne venaient pas d'Égypte, fit remarquer la reine, montrant ainsi qu'elle n'était pas dupe.

— Certes, mais sans l'aval du sultan d'Égypte ils n'y seraient pas parvenus. Cependant mon ambition n'est pas seulement de neutraliser l'Égypte, mais encore de convertir le sultan et son peuple et d'en faire une terre chrétienne.

— Vous voulez christianiser les musulmans ? s'étonna Marguerite. Ne sont-ils pas d'irréductibles infidèles ?

— Ils ont été aveuglés par un faux prophète, Mahomet, qui prescrit et permet tant de choses si malhonnêtes et dont la parole, son Coran, est pleine d'ordures ! Faire revenir l'Égypte dans le sein de notre Église, c'est rendre à la chrétienté cette terre, celle de saint Augustin, que les Infidèles ont conquise par la force en la soumettant à leurs lois impies !

Marguerite se fit raconter l'histoire récente de Chypre par le comte Hugues de Lusignan qui, après toutes ses trahisons à l'égard du roi de France, s'était vu obligé de se croiser avec celui qui l'avait tant de fois défait. Le roi de Chypre, Henri de Lusignan, qui devait accueillir le roi de France et son armée, était un cousin. Hugues crut bon de faire un peu d'humour. Il raconta que Chypre, selon la mythologie grecque, vit naître Aphrodite de l'écume de la mer.

— Mais encore ? interrompit Marguerite, sur un ton badin.

— Cette grande île, reprit le comte de la Marche, fut successivement occupée par les Égyptiens au temps des pharaons, puis par les Romains, et au siècle dernier par un membre de la famille Comnène, Isaac, qui eut l'imprudence de s'emparer de trois vaisseaux de Richard Cœur de Lion, échoués par la tempête. Sur l'un des trois navires se trouvaient la sœur et la fiancée du roi d'Angleterre qui se rendaient avec lui en croisade.

— Quelle erreur !

— Un forfait que le roi d'Angleterre ne pardonna pas. À son retour, il mit en pièces l'armée d'Isaac, l'emprisonna en lui faisant mettre des chaînes d'argent et le dépouilla de toutes ses richesses.

— Des fers d'argent ? s'étonna Marguerite.

— Le roi d'Angleterre eut bien tort ! Car Isaac s'en servit pour acheter ses geôliers. Mais sa fuite fut brève car il mourut empoisonné en Orient, où il était allé se réfugier.

— Dieu l'a puni pour s'en être pris à un croisé. Et ensuite ?

— Richard ne voulut pas de l'île. Il la laissa aux templiers qui régnèrent avec tant de cruauté que la population les exécra. Aussi le roi d'Angleterre la céda-t-il à Guy de Lusignan qui avait perdu le royaume de Jérusalem.

— N'était-ce pas lui qui était responsable de la défaite de Hattin contre Saladin ? demanda-t-elle.

Hugues se gratta à la gorge. Il ne voulait pas insulter la mémoire de son cousin. Il se contenta de répondre qu'il y avait effectivement participé.

— Nous lui devons tout de même d'avoir repeuplé Chypre de chrétiens au détriment des musulmans et de vous permettre, Madame, d'être bientôt accueillie par son descendant, Henri, son petit-neveu, comme si vous étiez en terre française.

— Henri est bien le fils d'Alix de Champagne, n'est-ce pas ?

— Absolument, Madame. Il a bien travaillé pour notre roi en organisant depuis plus de deux ans maintenant la réception sur les côtes de tous les matériels et de tous les vivres nécessaires à la croisade.

En arrivant sur l'île, Marguerite put apercevoir, en effet, des montagnes de provisions, des îlots d'orge et de froment, des tonneaux de vin, des granges d'avoine et de fourrage, des bois pour les armes de siège...

Henri, qui n'avait pas la réputation d'être un brillant monarque, se montra, en revanche, un remarquable organisateur et un hôte dévoué. Des emplacements pour les troupes et les marins avaient été aménagés tout le long de la côte et la flotte placée dans des baies abritées.

À peine débarqués, Louis, ses frères, leurs épouses et les principaux barons furent conduits à Nicosie et reçus avec faste. Le roi de France laissa faire, jugeant que l'expédition passée et celle à venir méritaient bien de se délasser. La beauté de l'île et son délicieux climat invitaient à l'indolence et aux plaisirs. Le roi jugea pourtant qu'il ne devait pas permettre à ses chevaliers et à ses soldats de s'habituer à une vie facile, ce qui pourrait les démobiliser. Il s'en ouvrit à ses deux frères, Robert et Charles.

— Nous devons être patients et attendre que toutes nos forces nous rejoignent, surtout celle d'Alphonse, plaida Charles d'Anjou, le plus rusé et le plus prudent des deux frères.

Tel n'était pas l'avis de Robert d'Artois, qui, lui, rêvait d'en découdre. Le souverain décida d'attendre la fin de l'hiver pour prendre sa décision.

Deux mois plus tard, une grande nouvelle parvint d'Espagne. Ferdinand, roi de Castille, venait de prendre la ville de Séville aux Arabes, mettant ainsi presque fin à cinq siècles et demi d'occupation musulmane. Il ne lui restait plus qu'à reconquérir Cadix et Malaga. Le roi de Castille avait donné l'ordre de vider la ville de tous les musulmans. Il leur avait offert des bateaux pour gagner leurs refuges côtiers et proposé des terres, des moreiras, où ils purent s'installer et s'administrer eux-mêmes, hors des villes conquises. Enfin, le roi avait ordonné que la Grande Mosquée fût transformée en cathédrale, comme à Cordoue ou à Valence.

Louis adressa une lettre de félicitations à sa mère pour cette victoire qui honorait le nom de sa famille.

— Cette reconquête, lui écrivit-il, va jeter le désarroi dans l'ensemble de la communauté musulmane et je suis sûr que notre croisade se déroulera plus aisément avec l'aide et l'attentive compassion de Notre-Seigneur Jésus-Christ.

Il en profita pour la rassurer sur son sort et celui de ses deux frères.

En revanche, les nouvelles en provenance d'Allemagne et d'Italie étaient toujours aussi alarmantes. Poursuivant sa politique de harcèlement, le pape Innocent avait fait nommer Guillaume de Hollande, le fameux empereur qualifié d'« épouvantail à moineaux », roi des Romains, lequel avait commis, de surcroît, le sacrilège de s'emparer d'Aix-la-Chapelle.

Frédéric, qui ignorait tout de la teneur des échanges à Lyon entre le roi et le pape, avait eu vent de l'importance de l'armada du roi de France. Il s'en était inquiété car celle-ci devait passer au large de la Sicile. Quand il se rendit compte que le souverain français n'avait aucune intention belliqueuse et qu'il rejoignait Chypre directement, il s'empressa d'honorer sa promesse en lui fournissant tous les vivres dont il avait besoin.

67

Une alliance avec les Mongols ?

Était-ce l'éloignement de son royaume ? La douceur du climat ? L'exaltation de sa mission ? Toujours est-il que Louis était devenu plus alerte, de bien meilleure humeur, plus à l'écoute de son entourage et surtout plus attentionné envers Marguerite. Au point qu'il l'informait de tout et l'invitait même à participer aux réunions les plus importantes.

— Serais-je devenue reine ? demanda-t-elle, sur un ton espiègle.

— Vous l'avez toujours été. Nous dirons que vous l'êtes désormais à part entière.

De fait, le roi avait maintenant besoin de son épouse dans la représentation officielle de sa fonction. Il n'avait plus à redouter les observations de sa mère. Par ailleurs, Marguerite avait atteint un niveau élevé d'implication dans les affaires du royaume et leur relation étroite invitait Louis à se confier davantage et à lui soumettre ses réflexions.

Marguerite fut ravie de n'être plus seulement l'instrument de la pérennité capétienne, mais l'associée et la complice de son époux dans le gouvernement du royaume. Elle fut ainsi témoin des intentions politiques du roi à l'égard des Mongols. Ce n'était pas par hasard si le souverain français avait invité André de Longjumeau à l'accompagner. Ce dominicain, qui avait négocié le transfert de la Couronne d'épines, était aussi un diplomate avisé. Parlant l'arabe et le syriaque, il avait été missionné par le pape Innocent pour négocier un traité de paix avec le Grand Khan Güyük. Il avait appris à connaître cette peuplade, ses mœurs et sa manière de penser.

Louis fut informé que deux émissaires mongols allaient prochainement arriver à Chypre, porteurs d'un message de leur maître. Il fit venir le moine et lui demanda de l'éclairer sur le sens de cette visite. Marguerite et le légat Eudes de Châteauroux assistèrent à l'entretien.

Le dominicain rappela que le Saint-Père avait déjà envoyé trois missions vers le Grand Khan en 1245.

— Ma grande surprise, au cours de mon voyage, raconta le dominicain, fut ma rencontre avec un moine chaldéen, Siméon, qui avait été chargé par le Grand Mongol de la protection des églises chrétiennes dans les pays soumis par ses forces.

— Quelle est donc leur religion ? interrogea le roi.

— La réponse n'est pas simple, Sire. Certains prétendent qu'ils seraient chrétiens nestoriens, d'autres bouddhistes...

— Musulmans ? interrogea le légat.

— À ma connaissance, pas encore, déclara André de Longjumeau. Ils semblent tolérants à l'égard des croyances des peuples qu'ils envahissent car ils ne leur interdisent pas de pratiquer leur culte.

— Ils ont tout de même des mœurs épouvantables, intervint Marguerite. Un seigneur du Grand Khan, Badou, n'a-t-il pas exigé du prince d'Antioche de démanteler ses forteresses, de lui donner toutes ses richesses et de lui livrer en plus trois mille jeunes vierges pour en faire ses esclaves !

— En vérité, enchaîna le roi, ils veulent que nous nous soumettions, sinon ils nous combattront.

— C'est précisément le message qu'a récemment laissé le Grand Khan Güyük à l'adresse du Saint-Père. Toutefois, ce chef mongol serait peut-être mort l'été dernier...

— Alors au nom de qui ces émissaires viennent-ils me voir ? demanda le souverain.

— Peut-être au nom de sa veuve, Oghül-Qämich, qui assurerait la régence. Cependant, ajouta le moine, les commissaires mongols ont une certaine autonomie d'action sur les terres conquises. Il n'est pas impossible que ces ambassadeurs soient envoyés par l'un d'eux.

Quelques jours plus tard, le roi reçut en son palais deux diplomates accompagnés d'une garde chamarrée, composée d'une quarantaine de guerriers.

— Je les reconnais pour les avoir rencontrés il y a deux ans, déclara André de Longjumeau. Ils s'appellent David et Marc, des chrétiens nestoriens attachés à la cour du khan.

Le dominicain se dirigea vers eux et leur donna l'accolade. Dans leur langue, il s'enquit de la nature de leur mission. La réception eut lieu, avec tout le faste et le protocole requis, dans la salle d'audience du Palais, afin de bien marquer le respect dû au souverain qui les avait envoyés. Marguerite, les frères du roi, quelques évêques et un jeune chevalier, le seigneur de Joinville, les rejoignirent.

— Ils représentent le khan d'Iran, Eljigidei, déclara frère André. Il vous écrit, Majesté, au nom de Güyük, mais il aurait pu le faire au nom d'Ögödei ou même de Gengis Khan. Le message aurait été le même. D'un khan à un autre, leur politique est identique.

— Et que veut-il ? interrogea le roi.

Le dominicain lut le message : « Dans la force du ciel éternel, dans la forteresse du khan, Eljigidei, notre parole au roi de France, ce roi magnifique qui a débarqué. Que le créateur suprême facilite notre rencontre dans l'amour réciproque... Qu'il approuve que nous ne proposons rien d'autre que l'utilité des chrétiens, et si Dieu le veut, le renforcement de la puissance de leurs rois. »

— Par notre soumission ! glissa Charles d'Anjou à l'oreille de son frère.

Louis resta imperturbable. Le moine poursuivit sa lecture : « Et que Dieu leur accorde la victoire sur leurs ennemis qui méprisent la Croix. »

— La Croix ? intervint le prélat, ils vénèrent donc la croix du Christ ?

André de Longjumeau fit comprendre qu'il ne fallait pas prendre ces écrits au pied de la lettre. C'était pour le Mongol une manière d'amadouer son destinataire. Puis il en arriva au cœur de la proposition :

— Le khan ou son représentant propose une union pour combattre les musulmans. Les Mongols attaqueraient Damas et s'en rendraient maîtres pendant que, Sire, vous prendriez possession de l'Égypte.

— Une alliance des chrétiens et des Mongols contre les musulmans ? Est-ce bien cela qui est proposé ?

— Il semble que ce soit ainsi, déclara le dominicain, qui traduisit aux ambassadeurs, lesquels approuvèrent d'un signe de tête.

— Nous allons y réfléchir, déclara le roi. Dites à ces ambassadeurs que je vais écrire une lettre à Eljigidei pour répondre à sa proposition. Ce sera vous, frère André, qui irez en personne la leur apporter. En attendant, que le meilleur confort soit offert à nos invités !

Un mois plus tard, le dominicain repartait avec les moines nestoriens, porteurs de somptueux présents pour le khan, dont des fragments de la croix du Christ et une très belle tente de soie, qui devait servir de chapelle, sur laquelle avaient été brodés des panneaux représentant l'histoire du Christ. Dans l'esprit du roi, cette réponse ne représentait pas un accord militaire, mais une ouverture à des négociations.

— Nous devons y aller à pas mesurés, fit-il comprendre à Marguerite. Ces gens sont frustes mais ouverts à Dieu ; avec de la patience, nous parviendrons peut-être à les convertir mieux que nous ne pourrions le faire avec les musulmans. Si je pouvais convaincre les uns et les autres de rejoindre la chrétienté sans être obligé d'utiliser les armes et la violence, j'aurais servi Notre-Seigneur à la hauteur de ma foi et de mon espérance.

Le séjour de l'armée se prolongeait et l'hiver ne fut pas aussi clément que l'on aurait pu l'espérer. Plusieurs seigneurs moururent de malaria, parmi lesquels le comte de Vendôme, le sire de Bourbon, Jean de Montfort, plusieurs dizaines de chevaliers et un grand nombre de gens d'armes.

Un matin, Marguerite vit arriver dans ses appartements une femme trempée jusqu'aux os, l'impératrice Marie de Constantinople, dont le navire s'était échoué dans le port de Limassol. La reine lui fit confectionner une nouvelle garde-robe et passa plusieurs semaines en sa compagnie, s'informant des us et coutumes et du mode de vie de ce qui restait de l'Empire byzantin. L'impératrice Marie, fille de Jean de Brienne, épouse du falot empereur Baudouin, lui en fit une description digne des *Mille et Une Nuits,* mais qui était très loin de la réalité. Sa venue à Chypre n'avait d'autre but que de demander l'aide du roi pour survivre. Ce à quoi Louis avait répondu :

— Je leur ai déjà donné beaucoup pour lever une armée. Il est hors de question que je les finance encore. Que Baudouin s'adresse au Saint-Père, peut-être aura-t-il une oreille plus attentive !

Marguerite eut la délicate mission de faire comprendre à Marie qu'elle ne devait rien attendre de son époux pour qui la croisade passait avant toute autre considération. La reine était devenue à la fois le bureau des pleurs, la messagère du roi auprès des barons, mais aussi celle qui pouvait l'informer de ce qui se tramait dans son entourage, chez les siens, tant elle attirait la confiance et la confidence. Elle assumait pleinement son rôle d'intermédiaire et elle seule pouvait faire comprendre et admettre les « extravagances du roi », son étrange piété, son extrême rigueur, son caractère dévot, sa passion mystique et ses sautes d'humeur.

C'est aussi dans ses bras que Béatrice venait se consoler de l'indifférence de son époux Charles d'Anjou. Et lorsque, avant de partir pour l'Égypte, sa sœur dut abandonner à une nourrice l'enfant qu'elle avait mis au monde à Chypre, ce fut encore Marguerite qui la prit sous son aile et l'empêcha de s'abîmer dans le chagrin.

Alors que Louis hésitait encore sur la date du départ et tenait toujours secrète la destination de la flotte, le conflit entre l'empereur et le pape tournait maintenant à la tragédie. Aux abois, malade, Frédéric écrivit, en désespoir de cause, une lettre à tous les princes de la chrétienté pour dénoncer l'infamie du pape Innocent.

Louis tint conseil avec Marguerite, le légat, ses frères et les principaux barons. Il demanda au sénéchal de Joinville de lire la missive de l'empereur :

> « Écoutez, ô peuples, la terrible dépravation, inouïe dans le monde entier. Ouvrez les yeux et voyez comment, en ces jours récents, l'ordre des choses est aboli, la bonne foi abusée, et sa fonction de Berger profanée, car de là procèdent le mensonge et l'outrage, l'injustice abominable et l'exemple destructeur, là où on attendait le salut des âmes et la santé des corps ! Récemment, en effet, ce Prêtre, non satisfait de ses innombrables attaques et de ses infâmes provocations, a tenté, par des coups secrets, de détruire notre vie. De connivence avec notre médecin, qui était emprisonné naguère dans la ville ennemie de Parme et sur l'instigation de son Légat, qui a accepté de jouer le rôle d'intermédiaire dans cette misérable transaction, et qui l'a poussé, d'une façon inhumaine et

impie, à son retour à nous persuader d'avaler du poison en guise de remède. Cela a été prouvé d'une façon irréfutable non seulement par ses aveux, mais par les lettres saisies qui se réfèrent ouvertement à cette action, en sorte que beaucoup de Grands, présents à notre cour, en ont été clairement convaincus. Voyez par là de quelle façon notre Père, qui nous est très cher, nous aimait. Voyez par là le zèle louable du Pasteur des âmes et du Prince des prêtres ! Par Dieu, quel mal avons-nous pu commettre à son encontre pour amener son esprit à s'incliner si bas devant le crime ? C'est donc avec raison que nous nous adressons à vous et aux autres croyants pour que vous rappeliez à l'ordre ceux qui peuvent se rendre coupables d'un pareil forfait, pour que vous demeuriez vigilants à l'égard de la dépravation et l'orgueil des Prélats qui, non contents d'exercer leur suprématie sur le spirituel, s'efforcent par leur malice d'appliquer leur hégémonie au temporel et se préparent à déshériter tous les Princes à l'exception des tout petits. Ne croyez pas que ce pape soit Jésus, le médiateur entre Dieu et les hommes, le Maître des apôtres, mais le Prince des ténèbres, le Père du mensonge, Satan qui siège au milieu des cardinaux. Par suite de leurs dissensions, l'Église est en désordre, la foi est ébranlée. Résistez donc au désir effréné de ces Prélats, résistez-leur, de peur qu'ils ne tirent profit de leur méchanceté ! Tenez-vous à nos côtés, avec des bras forts et des pensées courageuses. Car pour écraser complètement et à jamais leur orgueil, nous voulons renforcer la Sainte Église, notre Mère, en plaçant à sa tête des guides plus dignes d'elle, ainsi qu'il appartient à notre fonction de le faire, car nous projetons de la transformer en toute sincérité pour le plus grand bien et l'honneur de Dieu. »

L'auditoire avait écouté la lecture de cette violente missive dans un silence absolu. Avant de recueillir les commentaires, le roi fit savoir qu'un messager de Frédéric était venu confirmer que son médecin avait tenté de l'empoisonner. Il avait aussi raconté que le plus proche ami et conseiller de l'empereur depuis plus de trente-six ans, Pietro Della Vigna, en était le complice. Mais l'empereur était méfiant. Il avait d'abord fait avaler la potion à des prisonniers qui étaient morts sur-le-champ. Le médecin avait été pendu et Pietro Della Vigna avait eu les yeux crevés bien qu'il se fût défendu d'être l'instigateur ou le complice de ce forfait. Et le messager avait ajouté que l'empereur se trouvait de plus en plus seul, abandonné par ses plus fidèles conseillers.

Louis se tourna vers le légat, Eudes de Châteauroux :

— Monseigneur, croyez-vous que le Saint-Père puisse être l'instigateur d'un tel forfait ?

— Je l'ignore, Sire, répondit l'évêque embarrassé.

Manifestement, le prélat n'avait pas l'intention de condamner publiquement le chef de l'Église, même s'il le savait capable d'une telle action.

— La chrétienté s'affaiblit de jour en jour de ces conflits entre souverains, déclara le roi. La tâche du chef de l'Église n'est pas de souffler sur les braises mais de les éteindre !

Dès les premiers jours d'avril, le roi demanda à Jean d'Ibelin, très informé de la situation au Proche-Orient, de lui parler d'Al-Salih Ayyoub, sultan d'Égypte depuis 1240, dont la mère était une concubine nubienne du sultan Al-Kâmil, l'ami de l'empereur Frédéric.

— Ayyoub n'a pas, loin s'en faut, les qualités de son père, un homme qui préférait négocier plutôt que faire la guerre, ni le courage de son grand-oncle Saladin, déclara le seigneur d'Ibelin.

— Quel a été son rôle dans la prise sauvage de Jérusalem ? demanda le roi.

— Déterminant, Sire. Il a facilité le massacre des chrétiens par les Turcs avant de s'emparer de Damas quelques mois plus tard. C'est un homme cupide, cruel, qui tue pour le plaisir et n'aime qu'à conquérir terres, richesses et femmes avec sa garde mamelouk. On le dit très malade, atteint de phtisie.

Quelques jours plus tard, une représentation de barons syriens demanda audience au roi pour évoquer les conditions de leur engagement dans la croisade.

— Vous verrez, prévint le seigneur d'Ibelin, ils vont vous demander de choisir la négociation plutôt que l'affrontement. Ces Poulains, dont je suis, ne sont pas de vrais chrétiens. La délivrance du Saint-Sépulcre est très loin de leurs préoccupations.

— Vous en êtes peut-être, reprit le roi, mais vous ne leur ressemblez en rien !

Le roi de France reçut donc les barons avec beaucoup de simplicité et d'attention. Il les écouta d'abord :

— Nous vous recommandons, Majesté, d'engager des négociations avec le sultan Ayyoub qui a été informé par l'empereur Frédéric de votre venue et en est très irrité.

— Irrité ? Vraiment ? Et moi ? Croyez-vous que je ne sois pas irrité par cet homme qui est responsable du pillage de la Ville sainte et du massacre de ses habitants chrétiens ? Cet homme qui n'a pas respecté le traité que son père avait signé avec l'empereur ? Et vous me demandez de négocier avec ce bandit ? Il n'en est pas question. Il devra rendre des comptes quand je le retrouverai en Égypte.

Les barons français qui assistaient à la scène approuvèrent cette réponse.

Il fallut aussi convaincre les armateurs vénitiens, qui craignaient qu'un conflit avec le sultan d'Égypte n'entraînât un arrêt du commerce avec l'Orient, source principale de leur enrichissement.

— Tous ces hommes ne vivent que pour l'argent, s'insurgea Louis. Rien d'autre ne les intéresse. Et qu'en feront-ils dans l'au-delà ? Mais y croient-ils seulement ?

Enfin, le jour du départ fut arrêté : le 31 mai. Ce jour dit, nul ne savait où la flotte devait se rendre. Avant qu'ils ne rejoignent leurs navires de commandement, les amiraux et les commandants furent convoqués par le souverain français. Il leur remit une lettre à n'ouvrir qu'après avoir appareillé. La destination y figurait : Damiette. Louis avait, une nouvelle fois, retenu la leçon de son grand-père ; la stratégie devait rester secrète jusqu'au dernier moment.

Marguerite s'étonna de ce débarquement dans cette cité qui n'avait pas porté chance à la croisade de Jean de Brienne.

— Damiette, lui expliqua son époux, commande la route du Caire, et Brienne l'avait conquise. Rappelez-vous qu'elle aurait pu servir de monnaie d'échange contre Jérusalem si le légat Pélage ne s'y était opposé.

— Mais n'est-elle pas une forteresse difficile à prendre ?

— Rien n'est difficile à prendre avec une telle armée et l'aide de Dieu, reprit Louis en souriant.

La reine ne fut pas rassurée pour autant.

68

La chute de Damiette

Avant d'embarquer, le roi de France, comme c'était la règle avant les combats, avait fait parvenir au sultan d'Égypte Ayyoub une missive qui valait déclaration de guerre : « Tu n'ignores pas que je suis le prince de ceux qui suivent la religion de Jésus-Christ comme tu l'es de ceux qui obéissent à la loi de Mahomet. Je t'ai ordonné de te soumettre et de te convertir à la religion du Christ mais tu ne m'as pas répondu. Désormais ma décision est prise : je vais attaquer ton pays et même si tu faisais acte d'allégeance à la Croix, je ne changerais pas d'avis. Mes armées sont aussi nombreuses que les cailloux de la terre et elles marchent vers toi avec les épées du destin. Ton pouvoir ne m'inspire aucune terreur. Rappelle-toi qu'en Espagne nous avons chassé les tiens comme des troupeaux de moutons, nous avons tué les hommes et capturé les femmes et les enfants. Cela ne te sert-il pas de leçon ? Dieu décidera qui, de toi ou de moi, doit être le maître de l'Égypte. »

Le sultan ne se laissa pas impressionner. Son caractère sauvage et belliqueux ne l'y conviait pas. Il répliqua : « Au nom de Dieu tout-puissant et miséricordieux, le salut soit sur notre prophète Mahomet et sur ses amis... As-tu oublié, roi insensé, que nous vous avons chassés des terres que vous occupiez ? Ignores-tu que nous savons manier les armes et que nous avons hérité de la valeur de nos ancêtres ? Le Coran, notre livre sacré, dit : "Que de fois une petite troupe en a vaincu une grande avec la permission de Dieu, car Dieu est avec les braves." Ta défaite est inéluctable et tu vas regretter de nous avoir attaqués. »

Poussée par un vent léger, la flotte glissa lentement vers la sortie de la baie de Limassol le matin du 31 mai 1249.

La traversée jusqu'aux côtes de l'Égypte devait durer quatre jours. Le roi fit multiplier les messes et les prières pour que celle-ci se déroulât sous les meilleurs vents. Il fustigea les marins qui ne voulaient pas assister aux offices. Il savait qu'ils étaient sans foi ni loi, prêts à tous les crimes et toutes les trahisons. Il avait demandé à ses chevaliers de ne pas hésiter à sanctionner sévèrement les comportements indignes. D'ailleurs les matelots, pour la plupart mercenaires, avaient feint de se soumettre et s'étaient pliés aux exercices spirituels qui leur étaient imposés.

Cependant, malgré les prières, les vents tournèrent et une tempête se leva... Terrible ! Plus de la moitié de la flotte fut séparée, emportée par les courants vers Acre et, avec elle, près de mille huit cents chevaliers. En arrivant au large de l'Égypte, le roi de France n'en disposait plus que de sept cents. Il réunit les principaux barons sur sa nef pour recueillir leur avis. Fallait-il ou non débarquer avec des effectifs aussi réduits ? Pierre Mauclerc recommanda d'attendre que le reste de la flotte, dispersée par la tempête, les ait rejoints.

— Il serait juste, déclara-t-il, que tous les croisés puissent avoir la part de la gloire qu'ils ont tant attendue !

La plupart des seigneurs partagèrent son avis. Tel ne fut pas le cas de Robert d'Artois, qui plaida pour un débarquement immédiat :

— La surprise de notre arrivée à Damiette, martela le frère du roi, n'aura plus aucun effet si nous attendons. Le sultan aura le temps de regrouper ses forces. De plus, les Arabes vont croire que nous avons peur et cela renforcera leur combativité.

Louis se rangea à l'argument de Robert :

— Mon frère a raison. Nous ne sommes pas venus pour entendre les menaces de nos ennemis ni pour assister, immobiles, à leurs préparatifs. Attendre, c'est leur donner du courage et diminuer l'ardeur de nos combattants. Dieu nous envoie la victoire, ne le décevons pas. Je vous commande de ne pas tuer les femmes et les enfants des Sarrasins. Nous les garderons et les convertirons pour les soustraire au Malin.

Louis ordonna donc le débarquement sur la berge occidentale du Nil. Au-dessus, les soldats pouvaient apercevoir les murailles crénelées de la forteresse de Damiette et entendre les sons des cors, des cymbales et des tambours de l'armée d'Ayyoub.

Sur les rives du Nil, entre la mer et le bras du fleuve, la ville de Damiette était reliée à l'autre rive par un pont de bateaux.

Les troupes du sultan étaient rassemblées des deux côtés. Il semblait que le secret auquel avait tenu le roi de France sur le lieu du débarquement ait été mal gardé ou encore que le sultan ait eu l'intuition que la flotte royale l'attaquerait à cet endroit, car il avait rassemblé des forces impressionnantes pour attendre les croisés. Le bruit comme le scintillement des armes des adversaires indiquait une forte présence. Mais la décision du roi était prise. Le débarquement et l'attaque de la ville auraient lieu en ce jour du 5 juin 1249.

Les galées, canots sans quille, quittèrent les nefs avec chacune vingt hommes à bord et se dirigèrent à coups de pagaie vers les rives. Une nuée de centaines de petites embarcations couvrit soudain le littoral. Le roi se trouvait sur le pont de la nef avec le légat qui portait l'image de la Vraie Croix, selon le rite des rois de Jérusalem, pendant qu'un autre prélat portait l'oriflamme de saint Denis.

Soudain, n'y tenant plus, Louis descendit dans une galée pour rejoindre son armée, alors qu'il avait promis à ses barons de ne se rendre à terre que lorsque la chevalerie aurait fait son ouvrage. En cas d'échec, il pourrait toujours ainsi commander les troupes restantes. Mais le souverain voulait se battre, montrer l'exemple, galvaniser ses soldats, gagner ou mourir avec eux. Était-il imprudent, insensé ? Sans doute jugea-t-il que sa présence impressionnerait l'ennemi, plus soucieux du symbole qu'il représentait que du sort de sa personne.

Quand il parvint sur la terre ferme, Jean d'Ibelin, comte de Jaffa, Robert d'Artois, Charles d'Anjou, les sires de Joinville et de Brienne, à la tête de trois cents sergents, avaient déjà effectué une percée décisive et mis en fuite les cavaliers sarrasins, appuyés pourtant par six mille fantassins. Alors qu'ils allaient être submergés, les chevaliers ordonnèrent aux combattants de planter leurs lances en oblique dans le sable. Les ennemis, déboulant à vive allure, s'empalèrent dans les pointes et, désemparés, repartirent vers l'arrière. Le roi débarqua à ce moment. Impatient, ne voulant attendre que la galée ait atteint la rive, il sauta dans l'eau qu'il eut jusqu'aux épaules, son heaume sur la tête, son haubert au corps et son épée au poing. Tout semblait concourir à la victoire des croisés et à la débandade des Sarrasins : l'arrivée d'une armada impressionnante bien que diminuée, l'intrépidité des croisés et leur expérience du combat au corps à corps, l'engagement du roi au milieu d'eux, mais aussi la mauvaise coordination des adversaires commandés pourtant par de célèbres émirs, notamment par le général Fakhreddin. Peu de croisés périrent ; point de chevaliers excepté Hugues de Lusignan dont Louis dira : « Il est mort en héros, là même où trente ans plus tôt périt son père sous les lances des Sarrasins. Paix à leurs âmes ! »

En revanche, les Égyptiens laissèrent sur la plage plus de cinq cents tués dont quatre de leurs émirs.

À la fin de la journée, les troupes égyptiennes s'enfuirent en désordre vers le sud au lieu de défendre la forteresse. Se voyant abandonnés, les habitants de Damiette quittèrent la ville en grand nombre.

Le lendemain, un dimanche, le roi de France entra pieds nus dans la cité désertée. Il se rendit à l'ancienne église Notre-Dame, transformée en mosquée, où le légat célébra la messe devant une foule de croisés qui entonnèrent le *Te Deum*, émus par une victoire si prompte et certains d'y voir la main de Dieu. Une centaine de chrétiens syriens, emprisonnés depuis la quatrième croisade dans le sous-sol de la mosquée, furent libérés de leurs fers.

— J'ordonne, déclara le souverain français, que toutes les mosquées de cette ville soient consacrées en églises.

La chaleur était déjà étouffante en cette fin de printemps. La reine, sa sœur et leur suite furent placées dans un palais que des murs épais et de petites ouvertures protégeaient de la canicule, ainsi que le jardin ombragé et fleuri, rempli de bassins et de fontaines, qui rafraîchissait l'atmosphère.

— Nous passerons ici des journées agréables, déclara Marguerite.

Des espions sarrasins à la solde des Francs de Syrie vinrent informer le roi de ce qui se tramait au Caire.

— Quand le sultan Ayyoub a appris la déroute de son armée, il est entré dans une colère terrible qui lui a fait cracher du sang. Il est très malade, Sire.

— Il a fait condamner cinquante officiers à la pendaison, poursuivit un autre informateur.

— Puis le sultan a insulté l'émir Fakhreddin, qui, avec ses mamelouks, était prêt à occire Ayyoub, enchaîna le premier. Mais le général leur a ordonné d'attendre car le maître de l'Égypte n'en avait plus pour longtemps et succomberait bientôt à sa maladie.

— Ayyoub, informa l'autre espion, a décidé de renforcer la défense de la Mansourah. Il pense que vous n'allez pas tarder à l'attaquer.

De fait, Ayyoub provoqua le roi de France et le défia de venir l'affronter. Louis n'avait pas encore pris de décision. Il pesait le pour et le contre. Le Nil était en crue et les marais qui séparaient Damiette de la Mansourah étaient, en cette période, dangereux et pratiquement infranchissables. Cette fois, il n'écouta pas son frère Robert qui avait des fourmis au bout de son épée, mais Pierre Mauclerc qui, s'il avait été jadis un félon patenté, tenait manifestement à se racheter pendant cette croisade.

— Je pense que nous devons attendre que la partie de notre armée qui s'est égarée vers Acre nous ait rejoints, mais aussi les troupes de votre frère Alphonse, suggéra le comte de Bretagne.

Jean d'Ibelin, qui connaissait bien la région, ajouta :

— Il serait sage, Sire, d'attendre la fin de l'automne avant d'attaquer la Mansourah et Le Caire. Tirons la leçon de l'échec de Jean de Brienne dont les troupes avaient été prises entre deux eaux.

Le roi hésitait encore. Il craignait surtout qu'avec cette chaleur les soldats ne perdent de leur ardeur au combat et ne s'amollissent dans une vie facile et de luxure. De nombreuses prostituées sarrasines hantaient les rues de la ville pour le plus grand plaisir des combattants. Le souverain en était informé et craignait cette dérive qui, déjà à Chypre, avait été source de nombreux crimes et désertions.

Le monarque dut aussi mettre fin à une vive altercation entre le patriarche de Jérusalem, le légat du pape et ses barons, sur le partage du butin. Dans toute conquête, singulièrement en Orient, la tradition était de le partager entre tous les combattants, seigneurs, chevaliers, soldats. C'était souvent pour le seigneur un moyen de rentrer dans ses frais et de récompenser ses troupes. Mais le patriarche avait recommandé au roi de tout garder, principalement les vivres, pour assurer plus tard la conquête du Caire. La part qui revenait au monarque représentait le tiers des captures. Louis ne l'entendit pas ainsi. Sans respecter cette tradition, sans donner tort aux barons ni au légat voulant s'en approprier la plus grande part, il déclara :

— J'ai ouï dire que mes prédécesseurs pendant les croisades avaient consenti au partage des butins. Je ne ferai pas comme eux. Les deux tiers seront attribués au roi et le tiers aux croisés.

Les barons ne purent qu'accepter, ils n'avaient pas le choix, d'autant que le tiers du butin représentait une somme considérable compte tenu des richesses laissées par les Sarrasins. La décision royale était habile. Le souverain ne voulait pas s'aliéner ses seigneurs ni les combattants dans un moment aussi difficile, mais il entendait aussi préserver l'avenir.

Ce que le monarque craignait survint : les croisés, du plus grand seigneur au plus simple soldat, se mirent à festoyer, manger et boire à l'excès, s'enivrer avec des Bédouines et des Sarrasines peu farouches. Pour exercer un certain contrôle, Louis consentit à l'installation de « bourdeaux[1] » sous des tentes, des lupanars de campagne. Tel était le prix à payer pour tenir ses troupes aux aguets.

Au fil des semaines, la vigilance déclinait et des soldats sarrasins parvenaient à s'infiltrer dans la cité, égorgeant de plus en plus de soldats. Les sentinelles qui avaient l'imprudence de s'endormir étaient retrouvées décapitées, car le sultan offrait une belle prime à qui rapporterait une tête de chrétien.

Des tensions qui existaient au sein de la coalition des croisés provoquèrent un autre conflit. Il mit en relief l'animosité permanente qui existait entre soldats français et anglais, sans cesse alimentée par des rancœurs ancestrales. Au point que le roi de France dut rappeler ses croisés à l'ordre pour défendre Guillaume Longue Épée, le comte de Salisbury.

Il advint, une nuit, que ce comte attaqua un convoi de marchands sarrasins et le délesta de toutes ses richesses, or, argent, vivres et animaux. Ce butin rendit jaloux Robert d'Artois qui, à la suite de ses dépenses inconsidérées, se trouvait démuni. Il attaqua donc le camp des Anglais et les détroussa d'une grande partie de leurs captures.

— Quelle fureur vous transporte, ô Français ? tonna le roi. Pourquoi persécutez-vous ce guerrier qui est accouru à mon secours et au vôtre et qui, pèlerin comme vous, combat fidèlement pour le service de Dieu ?

Robert répondit à son frère :

1. Bordels.

— Que veut dire cela, Seigneur Roi ! Avez-vous la prétention de défendre cet Anglais et de léser les Français qui sont vos féaux ? Il est indigne de notre armée.

Le roi reçut le comte de Salisbury et tenta de l'apaiser en lui déclarant :

— Vous savez que, dans les circonstances périlleuses où je suis placé, il serait fâcheux pour moi de troubler et d'offenser mes seigneurs !

Louis se pencha à l'oreille de Guillaume et lui confia :

— Vous pouvez l'entendre vous-même, mon ami, cela pourrait donner lieu à un schisme, ce dont Dieu garde l'armée !

Le comte de Salisbury rétorqua, indigné :

— Vous n'êtes donc pas roi puisque que vous ne pouvez tirer justice des vôtres et punir les délinquants... À l'avenir je ne servirai plus un tel souverain !

Guillaume partit furieux, fit remonter ses troupes sur ses bateaux et se rendit à Acre. Il ne revint qu'à la fin d'octobre parce que Louis lui avait fait des excuses et promis des compensations.

En France, Blanche de Castille reçut enfin de bonnes nouvelles. Louis lui avait raconté la prise de Damiette et son fils Robert l'avait rassurée sur sa famille. Il l'avait informée que la comtesse Béatrice avait eu un fils à Chypre et que la reine Marguerite était prise de nouveau. Charles avait eu une forte fièvre, mais il s'était définitivement rétabli. Tous ses enfants étaient donc en bonne santé.

Quant au comte de Toulouse, il rendit l'âme inopinément. Comme Louis l'avait pressenti, Raymond de Toulouse n'avait pas embarqué avec Alphonse et Jeanne, prétextant une grande fatigue. Pour une fois, le prétexte était fondé. Il mourut un mois après avoir accompagné ses enfants à Aigues-Mortes.

Sans coup férir, Blanche de Castille s'était occupée de la succession du comte. En application du traité de Paris de 1229, elle contraignit l'exécuteur testamentaire du comte, Sicard Alaman, l'un de ses grands vassaux, à reconnaître que le comté de Toulouse devenait partie intégrante du royaume de France. Les citoyens de Toulouse assurèrent la reine de leur fidélité comme le firent, un par un, tous les seigneurs du Languedoc. Seuls les Agenais tentèrent une manœuvre de résistance, mais ils rentrèrent très vite dans le rang.

69

Les cinquante-cinq jours de la Mansourah

Enfin, Alphonse de Poitiers parvint, avec sa flotte, sur les côtes de l'Égypte. Il était accompagné par deux cents chevaliers et quatre mille soldats. Un renfort indispensable pour la future conquête du Caire[1].

Les fêtes des retrouvailles passées, Louis tint un conseil de guerre.

Le comte de Bretagne proposa une stratégie de contournement :

— L'attaque par les marais du Nil est risquée, déclara-t-il. Je propose que nous changions d'objectif pour tromper la vigilance du sultan et d'aller prendre Alexandrie. Ainsi priverons-nous l'Égypte de ses deux yeux et pourrons-nous marcher sur Babylone avant les nouvelles crues.

La plupart des combattants présents optèrent pour cette proposition qui aurait pour effet de paralyser le commerce du pays et d'obliger le sultan à capituler.

— Ce n'est reculer que pour mieux sauter, lança Robert d'Artois. Marchons directement sur Babylone pour écraser la tête du serpent. La Mansourah n'est qu'à seize lieues alors qu'Alexandrie est à plus de quarante !

Le roi demanda à réfléchir. Il s'en ouvrit à Marguerite, non pas tant pour lui demander conseil que pour l'informer qu'elle devrait rester à Damiette dont il lui confierait la garde avec quelques chevaliers expérimentés et trois mille soldats.

— Vous avez raison, Louis, je ne suis pas en état de vous accompagner. L'enfant que je porte n'y résisterait sans doute pas. Quant à vous représenter à Damiette, en aurais-je la légitimité ?

1. Également appelée par tous, à l'époque, Babylone.

— Vous êtes la reine, rétorqua Louis et votre légitimité n'est ni contestable ni négociable.

— Quant à votre décision d'aller soit à Alexandrie, soit directement à Babylone, je n'ai pas d'avis. Mon intuition me conduirait à suivre les conseils de Robert, qui vous est fidèle et s'est toujours conduit comme un combattant valeureux, alors que Mauclerc...

Cette intervention de Marguerite fut-elle décisive dans le choix de Louis de suivre le conseil de son frère ? Il estimait avoir trop attendu, observant que ses troupes commençaient à se démobiliser ; les conduire au pas de charge, d'abord à Alexandrie, puis au Caire pouvait être une mauvaise décision.

Il fallut encore trois semaines pour ébranler l'imposante armée de trente mille hommes, les uns à pied, les autres à cheval, beaucoup sur des navires, et quatre semaines encore pour atteindre les abords de la Mansourah.

Le sultan Ayyoub avait mis en place des systèmes de défense protégés par les bras du fleuve et par des canaux, gardés par des bataillons de cavaliers mamelouks, ses miliciens, célèbres pour leur intrépidité autant que pour leur férocité.

À peine l'armée royale avait-elle quitté Damiette que le sultan rendit l'âme. Il eut à peine le temps de désigner son fils, Touran Shah, comme successeur alors que celui-ci se trouvait à Damas. Cette mort fut tenue secrète pendant plusieurs semaines. Son épouse, la sultane Chadjar ed-Dorr[1], avait décidé de ne rien révéler tant que Touran Shah ne serait pas revenu. Elle fit venir le général Fakhreddin, le vaincu de Damiette, et lui fit jurer de cacher la disparition de son époux car cette nouvelle pourrait faire naître une révolution de palais et démobiliser les combattants. Chaque jour, la sultane agissait comme si son époux était encore en vie.

Cependant, les espions du roi de France, des Sarrasins généreusement soudoyés, vinrent l'informer de la mort du sultan. Louis invita l'armée des croisés à presser le pas.

Fakhreddin envoya alors des commandos de Bédouins harceler l'ost royal ; ils fondaient sur les croisés comme des nuées de moustiques, déclenchant la rage de certains chevaliers qui se lançaient à leur poursuite et dégarnissaient les rangs :

1. « Arbre de perles. »

— Aucun chevalier ne doit prendre l'initiative de répliquer sans mon ordre, déclara le roi. Toute dispersion nous affaiblit.

Il ne fut pas toujours obéi. Ainsi les templiers, redoutables guerriers, quittèrent-ils l'armée pour charger six cents cavaliers arabes qui menaçaient la cohorte. Certes la victoire leur revint, non sans quelque perte, et les Sarrasins furent tous tués.

— Sire, vous devriez destituer le grand maître de son commandement, suggéra Pierre Mauclerc. Ce qu'il a fait est un acte d'insubordination caractérisé.

— Je ne le peux, répondit le souverain. L'ordre des Templiers ne reconnaît aucune autorité supérieure. Ils sont mes alliés, pas mes sujets.

La troupe atteignit enfin le lieu du campement d'où pourraient être lancés les assauts. Il était situé sur un champ formé par le Nil et le canal Barh el-Seghir. Une guerre de siège allait s'installer.

— C'est exactement à cet endroit que s'est retrouvé Jean de Brienne il y a trente ans, déclara le seigneur d'Ibelin. Nous allons devoir être très prudents.

L'armée creusa des tranchées profondes tout autour du camp pour empêcher les cavaliers arabes d'attaquer. Comme le canal était infranchissable, un barrage fut édifié pour en détourner le cours. Le travail fut accompli dans des conditions exténuantes et meurtrières car, de l'autre côté des rives, les Sarrasins disposant de catapultes et de mangonneaux criblaient de pierres les terrassiers et les brûlaient en envoyant des jets de naphte enflammé, le fameux feu grégeois. Le projet de détournement dut être abandonné en dépit des catapultes françaises et des galeries mobiles couvertes sous lesquelles travaillaient les terrassiers. Les musulmans creusaient la rive de l'autre côté, élargissant ainsi le cours du canal à mesure que les Français gagnaient du terrain.

— Quel est cet homme qui porte la bannière de l'empereur Frédéric ? demanda un jour le roi en voyant au loin un général à la tête de ses troupes.

— C'est le général Fakhreddin, Sire, qui fut ami de l'empereur au temps du sultan Al-Kâmil. Frédéric l'a fait chevalier, ce qui l'autorise à porter la bannière des Hohenstaufen.

D'un signe de tête, le roi exprima à la fois son dépit et son exaspération. Décidément, son meilleur allié était bien déroutant.

Un mois passa. Un Bédouin chrétien vint donner une information capitale. Il connaissait un gué par où les cavaliers pourraient franchir le canal. Après avoir été copieusement rémunéré, l'homme, sans doute plus bédouin que chrétien, indiqua un passage. Un corps de chevaliers, à la tête duquel furent désignés Robert d'Artois, Guillaume Longue Épée et le grand maître des templiers, se lança dans la traversée du gué. Les ordres du roi avaient été impératifs : « Aucune colonne ne doit s'écarter de la suivante, les unités doivent se tenir proches les unes des autres, marcher au pas, et celle qui se trouvera sur la rive devra attendre la suivante. »

C'était sans compter sur la fougue, l'audace et la rage de vaincre de Robert :

— Sire, dit-il à Louis, pourquoi tardons-nous ? Laissez-moi prendre l'offensive avec les templiers et les hospitaliers et nous allons hacher menu les Sarrasins !...

— Écoutez, beau frère, répondit Louis. Nous allons nous attendre car les Sarrasins sont plus subtils et aguerris que vous ne le pensez !

— Si nous restons encore ici, martela le comte Robert, nous n'aurons ni honneur ni profit.

— Je redoute votre hardiesse, reprit Louis et je crains qu'une fois de l'autre côté, vous ne m'attendiez pas, moi et le reste de l'ost.

— Je vous jure, dit le comte d'Artois, que j'attendrai que vous et vos soldats soient passés.

Promesse de chevalier fou. Car à peine le gué franchi, le comte d'Artois, n'obéissant qu'à lui-même, détruisit les avant-postes de l'ennemi et, avec ses trois cents cavaliers, massacra tout ce qui bougeait. Mais au lieu d'attendre la suite des forces armées, il poursuivit sa chevauchée vers la Mansourah. Pour le protéger, les templiers le suivirent. La surprise fut si grande dans le camp adverse que le général Fakhreddin fut informé de l'attaque alors qu'il se trouvait dans son bain et se faisait teindre la barbe au henné. Il sauta sur son cheval, sans prendre le temps de mettre son armure et sa cotte de maille, et fut tué avant d'avoir pu lever son épée et avec lui des centaines de Sarrasins. Les troupes ennemies refluèrent vers la ville, en pleine débandade.

Robert d'Artois poursuivit sa percée, escorté par Érard de Brienne, Raoul de Coucy, Guillaume Longue Épée et les templiers :

— Comte, lui lança le grand maître, Guillaume de Sonnac, ce que vous faites est contraire aux ordres du roi !

— Vous n'êtes qu'un Poulain et un couard, lui répliqua le comte d'Artois.

— Les templiers ne connaissent pas la peur, répondit le vieux chef. Nous allons vous le montrer, mais nous périrons tous !

Ils pénétrèrent donc à l'intérieur de la Mansourah à la tête de six cents cavaliers.

En face, commandant les mamelouks, se trouvait un redoutable guerrier, le Turc Baïbars, plus connu sous le nom de l'Arbalétrier. Il rassembla ses hommes, regroupa les fuyards et, voyant l'erreur des croisés, pénétra derrière eux et fit fermer les portes de la cité. Les chevaliers furent pris dans une nasse. Ils se battirent avec courage, laissant dans les venelles de la ville la grande majorité d'entre eux. Baïbars saisit l'étendard à fleur de lys du comte d'Artois et hurla à ses troupes que le roi de France avait été tué.

Louis suivait avec ses chevaliers tout en attendant le centre de son armée. Le Turc lança une nouvelle attaque, frontale cette fois. Le monarque se trouva soudain isolé, démuni des troupes de son frère et coupé de son infanterie, qui n'avait pas encore franchi le canal. Jean de Nesle et Joinville étaient à ses côtés.

— Regardez, dit le sénéchal à Jean de Nesle, avez-vous déjà vu un tel héros, plus grand à lui seul que la bataille ? Avez-vous jamais vu un plus beau chevalier ?

Louis, plus grand que la plupart de ses hommes, avec son heaume doré sur la tête et sa large épée d'Allemagne, semblait sortir d'une légende. Il ordonna aux hommes de se regrouper et d'aller au corps à corps. Les mamelouks refluèrent, puis revinrent à la charge. Le corps d'armée du roi commençait à fléchir quand six mamelouks entourèrent le roi et prirent la bride de son cheval, mais à grands coups d'épée, le souverain se dégagea.

Au milieu de l'après-midi, sous une chaleur torride, tout semblait perdu au moment où la cavalerie du duc de Bourgogne et une nuée de fantassins francs, ayant franchi le canal, se mirent en ordre de bataille ; les arbalétriers arrosèrent les Sarrasins sans discontinuer pendant que les croisés les obligeaient à reculer. L'ennemi finit par battre en retraite. La victoire était acquise, mais chèrement, trop chèrement. Beaucoup étaient morts et de grands chevaliers blessés, dont Pierre Mauclerc.

Alors que les Francs dressaient leurs tentes au pied de la citadelle, le maître des hospitaliers, Henri de Ronay, vint annoncer au roi la mort de son frère et avec lui celle de tous les seigneurs qui l'avaient suivi, excepté le maître de l'ordre des Templiers qui avait réussi à s'échapper. À cette nouvelle, Louis s'effondra en larmes. Pour le consoler, l'hospitalier tenta de lui faire valoir la gloire de sa victoire :

— Jamais si grand honneur n'advint à un roi de France, lui dit-il. Vous avez combattu vos ennemis avec courage et détermination et vous pourrez dormir ce soir sur le champ de bataille...

— Rendons grâces à Dieu pour tout ce qu'il nous donne, se contenta de répondre Louis, la voix brisée par le chagrin.

La victoire fut de courte durée car, à peine la nuit tombée, des petits groupes de cavaliers mamelouks vinrent harceler le camp des croisés. Le sénéchal de Joinville, blessé, dut aller au secours de ses chevaliers, attaqués sans relâche.

Deux jours plus tard, le Turc Baïbars lançait un nouvel assaut. Les corps d'armée de Charles d'Anjou et d'Alphonse de Poitiers furent bousculés. La plupart des seigneurs avaient abandonné leurs chevaux et se battaient à terre. Au milieu d'eux, le roi, impassible, jouait de l'épée et galvanisait ses hommes par sa présence, sa combativité et ses ordres clairs. Là encore, l'affrontement fut terriblement meurtrier. Là aussi, la victoire fut acquise. Mais que fallait-il en faire ? La plupart des barons exhortèrent le roi à se replier sur Damiette pour reposer les troupes et reconstituer les forces. Ils crurent emporter son adhésion, d'autant plus que la disparition de Robert d'Artois, son mauvais génie, leur procurait désormais un meilleur ascendant et qu'ils étaient soutenus par ses deux frères, Charles et Alphonse. Mais Louis n'imaginait pas battre en retraite. Il s'adressa à ses seigneurs :

— Mes amis, vous qui participez à mes périls et qui êtes mes compagnons fidèles, que faut-il faire en cette funeste circonstance ? Si nous nous retirons sans faire aucune démonstration de pouvoir, nos ennemis se réjouiront comme s'ils avaient triomphé de nous. Ils s'enorgueilliront plus encore de notre fuite que du massacre de nos frères. Comme ils sont plus agiles que nous, ils nous poursuivront, nous combattront et nous feront disparaître de dessous le ciel, à la confusion de toute la chrétienté. Attaquons avec confiance nos ennemis et demandons compte du sang de nos frères ! Qui d'entre nous pourrait tolérer un si grand outrage fait au Christ ?

Tel était le sens qu'il donnait à l'honneur et à sa mission. Son aveuglement et son obstination, nourris par ses principes, eurent raison de sa croisade. Les cinquante-cinq jours que lui et son armée passèrent sur place, entre le 11 février et le 5 avril, furent sans doute les plus atroces que connurent les croisés de toutes les expéditions antérieures. L'armée française fut, en moins d'un mois, décimée par des épidémies de typhus, de scorbut, de dysenterie et par la famine. Des croisés voyaient leur chair se dénuder, leur peau se noircir « pareille à de vieilles bottes ».

Chaque jour, des centaines de soldats et de chevaliers étaient portés en terre. Une odeur fétide de putréfaction flottait dans tout le camp. À la fin du mois de mars, sur trente mille combattants, il n'en restait que douze mille en état de porter les armes. Les approvisionnements n'arrivaient plus car le sultan, Touran Shah, arrivé de Syrie, avait fait barrer l'accès au Nil, empêchant tout ravitaillement.

Le roi de France proposa alors au sultan d'échanger Damiette contre Jérusalem. Mais Touran Shah, voyant l'état de l'armée royale, fit traîner les négociations. Le souverain français, en désespoir de cause, décida de regagner Damiette. Trop tard ! Sur le chemin du retour, son armée de malades et de fantômes fut harcelée sans cesse par les mamelouks. Le monarque lui-même était à bout de force. La dysenterie l'avait tant amaigri qu'il n'était plus que l'ombre de lui-même et ne parvenait même plus à tenir à cheval. Ses médecins ne comprenaient pas comment il pouvait être encore en vie. Grâce à sa force spirituelle sans doute, cette force qui l'animait et maintenait son souffle. Parfois, il s'évanouissait et son entourage pensait que c'était la fin. Son frère, le comte d'Anjou, lui reprocha de retarder la retraite et lui ordonna de s'embarquer avec les malades.

— Charles, murmura Louis, si je vous suis à charge, débarrassez-vous de moi ! Mais je n'abandonnerai jamais mon peuple.

Le légat du pape, Eudes de Châteauroux, avait si peur pour sa vie qu'il abonda dans le sens du frère du roi :

— J'ai trouvé un moyen pour sauver votre auguste personne, regagnons tous deux le vaisseau qui me suit partout afin de retourner à Damiette. Une fois là, nous pourrons décider calmement de la manière dont nous pourrons sauver de ce danger le reste de votre compagnie.

Trop faible pour se mettre en colère, le souverain parvint à répondre très distinctement afin qu'il n'y ait pas d'ambiguïté :

— Comment pourrais-je abandonner ici en grande douleur et en grand péril ces troupes que j'ai levées en mon propre pays et que j'ai amenées ici avec moi ? Mon cœur ne le permettrait pas et je ne le ferai pas. Ainsi, j'attendrai de connaître la volonté de Dieu car je suis résolu à subir les mêmes souffrances que les autres et ne vous attendez pas à une autre conduite que celle-là !

Son écuyer, Geoffroy de Sergines, ne le quittait pas d'un pouce car les assaillants redoublaient leurs assauts, achevant sans scrupule tous les moribonds. Réfugié dans la maison d'un village, le roi fut repéré par des cavaliers mamelouks. Ils chargèrent avec l'ordre de le faire prisonnier. Un seigneur, Gaucher de Châtillon, et quelques hommes d'armes en défendaient l'accès. Ils barrèrent de leur corps l'accès au refuge. Une, deux, trois fois, Louis poursuivit les ennemis en hurlant :

— Châtillon, chevaliers, mes fidèles, à moi !

Quand l'entourage du roi vit revenir le cheval de Châtillon ensanglanté, il sut que le seigneur avait donné sa vie et toutes ses forces pour sauver le roi.

Peine perdue. Certains barons le croyaient mort. L'aigle était à terre et, dans les yeux de la colombe, tout espoir de victoire et de paix semblait évanoui. Il fallait négocier avec le sultan. Le roi de France lui missionna Philippe de Montfort, un des barons français d'outre-mer.

Entre-temps, un sergent français, prénommé Marcel, qu'on soupçonna d'avoir été acheté par l'ennemi, annonça aux croisés que le roi de France était à l'article de la mort et demandait à tous de se rendre :

— Seigneurs chevaliers, rendez-vous, la raison le demande. Ne faites pas tuer le roi, lança-t-il.

Quand le sultan apprit que l'armée royale rendait les armes, il interrompit les négociations avec Philippe de Montfort, jugeant qu'elle n'était plus nécessaire, puisque que la victoire lui était totalement acquise.

Ce fut peut-être à cause de cette trahison que le souverain français et son armée furent faits prisonniers le 7 avril 1250, deux jours après l'ordre de retour à Damiette.

70

Un irréductible prisonnier

Elle l'appela Jean Tristan. Jean pour effacer la disparition du petit Jean mort l'année du départ en croisade, Tristan pour marquer la tristesse de la défaite de la Mansourah qu'elle avait apprise quelques heures après son accouchement. Son père, le roi de France, n'en fut pas informé. Il était déjà prisonnier.

À peine remise, Marguerite eut à s'occuper du sort des soldats blessés ou malades qui affluaient à Damiette et de la protection de la cité qui subissait déjà les assauts meurtriers des redoutables turcs.

— Qu'allons-nous devenir ? pleurait Béatrice. Je n'ai même pas de nouvelles de Charles.

— Il va bien sûrement, rassure-toi. Il n'est pas souffrant comme mon époux. Il est robuste.

— Mais n'est-il pas prisonnier lui aussi ?

— S'il l'est, nous le délivrerons, promit Marguerite. Un tel prince vaut de l'or. Les Arabes le garderont vivant pour l'échanger.

Jeanne de Toulouse, qui assistait à cet échange, ne pipait mot. Non qu'elle n'aimât point Alphonse de Poitiers, mais elle cachait toujours ses sentiments. Elle redoutait surtout de devenir esclave des Sarrasins.

Telle était aussi la crainte de Marguerite. Aussi fit-elle venir auprès d'elle un vieux chevalier, celui qui chaque soir dormait, en armes, à la porte de sa chambre.

— Chevalier, lui dit-elle, je ne veux pas tomber aux mains de ces barbares infidèles. Je vous abjure de me promettre de me tuer avant qu'ils ne me prennent et de cacher mon fils Jean Tristan avec sa nourrice.

— Je vous le jure, ma Reine. Je vous exécuterai avant qu'ils ne vous prennent.

Marguerite lui adressa un large sourire autant pour lui exprimer sa reconnaissance que pour l'assurer qu'elle ne craignait pas ce trépas.

À cinq lieues de là, le sort en était jeté, le désastre consommé. Douze mille combattants francs furent faits prisonniers. Tous les malades ou les blessés qui n'avaient pu être acheminés à Damiette furent attrapés par les Sarrasins, décapités et jetés dans le fleuve qui charria, des jours durant, des milliers de cadavres.

Enchaîné, le roi de France fut emmené à la Mansourah sur les ordres du sultan Touran Shah. Les officiers qui l'accompagnaient se riaient de lui, l'insultaient, le menaçaient de mort. Louis ne se départit pas de son calme, conserva sa noblesse et sa sérénité. À ces menaces, il répondit simplement :

— Je suis votre prisonnier. Vous pouvez faire de moi ce que bon vous semblera. Mon sort vous importe plus qu'à moi-même !

Ses accompagnateurs restèrent muets devant tant de détachement. Un émir intervint pour les rappeler à l'ordre :

— C'est le roi de France, vous lui devez le respect, même s'il est notre ennemi !

Il le prit sous sa protection pour l'emmener chez le sultan. Sans doute l'émir était-il plus soucieux de la valeur marchande du prisonnier que de sa sacralité royale.

Le souverain français tenait à peine debout. Il était soutenu par son maître queux, Isambart, qui était aussi son infirmier, et accompagné par son médecin, Nicolas Germinet, qui s'occupaient de le soigner, de le nourrir et de lui faire sa toilette.

Les Sarrasins ne comprenaient pas comment un tel moribond pouvait avoir encore la force de les défier. Quand le sultan le vit, il craignit immédiatement de perdre sa rançon. Il le fit habiller et placer dans une maison confortable donnant sur le Nil. Mais sa compassion avait des limites. Il fit soumettre le roi à une véritable torture mentale par ses geôliers, le menaçant tout à la fois de mort et de tortures physiques comme celle de la bernicle[1].

1. Morceaux de bois dentelés et reliés par des courroies de cuir qui pénètrent dans la chair des jambes et du bassin.

Le souverain français souriait à ces intimidations et se contentait de répéter :

— Mon corps, vous pouvez l'occire, mais mon âme, vous ne l'aurez pas !

Touran Shah pensait que de telles humiliations forceraient le roi à négocier et à lui donner ce qu'il exigeait. Il comprit assez vite qu'il ne parviendrait pas à ses fins et, pour l'impressionner, il lui fit savoir que de nombreux chevaliers avaient été libérés après avoir renié leur foi.

— J'en serais étonné, répondit le monarque, convaincu qu'il lui mentait.

— Ceux qui ont refusé ont eu le cou tranché, ajouta le sultan.

— Ainsi rejoindront-ils plus vite le Seigneur, répliqua le roi.

Il apprit pourtant que Touran Shah disait la vérité et qu'il faisait bien exécuter, chaque jour, plusieurs centaines de prisonniers qui ne voulaient pas abjurer. Il apprit aussi que des centaines de croisés, malades et affamés, et d'autres craignant pour leur vie, avaient rejoint les rangs ennemis. Certains avaient accepté de renoncer à leur religion pour devenir musulmans, tandis que d'autres avaient pu conserver leur croyance.

Le sultan enfonça le clou en citant des chrétiens français qui après avoir abjuré auraient dit : « À quoi nous sert notre dévotion ? La loi de Mahomet n'est-elle pas meilleure que la loi du Christ ? »

De guerre lasse, Touran Shah finit par céder aux demandes du roi de France. Il accepta que des membres de sa suite vinssent le rejoindre, dont ses deux frères et son chapelain, Guillaume de Chartres. Bien que lui aussi très malade, le prélat dut prendre sur lui, car le roi exigeait que les offices et les prières fussent respectés chaque jour à leurs heures. Le sultan envoya également ses meilleurs médecins pour le soigner et hâter sa guérison. Ces derniers réussirent au-delà de leurs espérances tant l'état de santé du grand prisonnier leur était apparu préoccupant.

Le monarque reprit peu à peu des forces à la grande satisfaction du sultan qui voyait sa rançon « s'épanouir ». Il négocia d'abord avec les barons en imaginant qu'ils pourraient fléchir le souverain français plus facilement. Pour ce faire, il envoya des émirs discuter avec eux. De leur côté, les barons désignèrent

Pierre Mauclerc, encore mal remis de ses blessures de la bataille de la Mansourah, pour parler en leur nom. Un émir demanda :

— Voudriez-vous être libérés ?

Le comte de Bretagne répondit positivement.

— Et que donneriez-vous pour votre délivrance ?

— Ce que nous pourrions raisonnablement donner, répondit Mauclerc.

— Donneriez-vous les terres de Syrie, les forteresses des templiers et des hospitaliers ?

— Ce n'est pas possible, déclara le comte. Ces biens ne nous appartiennent pas, pas plus qu'au roi de France, aussi nous ne saurions les donner.

— Très bien, conclut l'émir, dans ces conditions, nous ne pouvons que constater que vous ne souhaitez pas être libérés, il ne nous reste plus qu'à vous passer au fil de l'épée.

— Ce n'est pas très noble d'occire des seigneurs que l'on tient en prison, rétorqua, du tac au tac, le comte de Bretagne.

L'émir se retira et, peu après, un groupe de jeunes Sarrasins pénétra dans la geôle des barons qui jugèrent leur dernière heure venue. En réalité, ces jeunes accompagnaient un vieillard qui voulait s'entretenir avec les chevaliers français de leur croyance dans l'histoire du Christ :

— Vous ne devez pas vous plaindre si vous avez été frappés à cause de lui, conclut le sage après les avoir entendus. Il l'a été pour vous, il est même mort pour vous. S'il a eu le pouvoir de mourir et de ressusciter, il aura bien le pouvoir de vous délivrer quand il lui plaira.

Ainsi les barons apprirent-ils que le roi avait réglé avec le sultan les conditions de leur liberté. Le souverain français estimait devoir payer leur rançon et ne souhaitait surtout pas qu'ils négocient en ordre dispersé. Pour autant, ils étaient toujours prisonniers.

Touran Shah fit assaut d'amabilité. Il offrit au roi des costumes somptueux que celui-ci refusa. Lorsqu'il l'invita à souper, le roi déclina. Une manière de protester contre le sort réservé à ses chevaliers et à ses soldats, mais aussi la volonté d'établir une distance pour que les négociations se poursuivent d'égal à égal et non de maître à prisonnier.

— Je suis, répondit-il à Touran Shah, souverain d'un royaume aussi prestigieux que l'Égypte, aussi ne puis-je accepter des offres qui ne seraient pas un exemple pour mes sujets mais la marque d'une faiblesse.

Le sultan, qui tenait de son père Ayyoub un caractère violent et imprévisible, resta impressionné par la dignité et l'inflexibilité de son prisonnier. Par l'intermédiaire de ses émirs, il entama alors une négociation sur les conditions de sa libération.

— Ces conditions, déclara le roi, ne peuvent qu'être assorties de la libération de tous les croisés, du plus grand prince au plus modeste soldat !

— Quelle somme allez-vous donner à notre Soudan[1] ? demanda l'un d'entre eux.

— Une somme raisonnable, avança le roi.

— Ainsi que la reddition de Damiette ? insista un autre.

— Pour la somme, comme pour Damiette, je dois demander à la Reine son avis !

— Vous ne pouvez donc pas décider vous-même ? s'étonna un troisième.

— Non ! Elle est la reine et je lui ai confié le pouvoir. C'est à elle de décider.

Cette réponse était dilatoire. Louis voulait gagner du temps pour laisser à Marguerite le soin d'organiser la reddition de Damiette et son embarquement pour Acre en évacuant le plus grand nombre de soldats et de blessés.

Sidérés, les émissaires retournèrent raconter au sultan la position du roi de France.

— Allez lui dire que je veux Damiette et un million de besants d'or[2].

Louis accepta la demande du monarque égyptien, ce qui étonna fort celui-ci.

— Comment ? Il n'a pas marchandé ? Il me fait injure ! Allez l'informer que je lui accorde une réduction de deux cent mille besants.

— Qu'aurai-je à ce prix ? demanda le roi.

— Dans sa grande générosité et pour honorer un monarque aussi noble que vous, annonça un émir, notre soudan libérera tous les prisonniers et tous les chrétiens captifs dans les contrées placées sous son autorité, et ceux de Damiette n'auront rien à

1. Nom donné au sultan.
2. Cinq cent mille livres, deux années des recettes du domaine royal.

craindre tant qu'ils n'auront pas été transportés en terre chrétienne. De votre côté, Majesté, vous libérerez tous les Sarrasins emprisonnés sur vos terres. Enfin une trêve de dix années sera conclue.

Quoique sévère, le traité avait le mérite de permettre la libération de tous les prisonniers et de préserver les positions franques en Syrie.

Louis accepta ces conditions et les fit connaître à Marguerite. À Damiette, celle-ci était confrontée à deux défis : réunir la somme au plus vite et calmer les craintes des habitants chrétiens. Le lendemain de son accouchement, la reine fut informée que les navigateurs et les commerçants génois et pisans, de même que les pilotes des navires, voulaient s'enfuir de la ville. Elle les convoqua et leur déclara :

— Seigneurs, comment pouvez-vous laisser cette ville ? Si elle est perdue à cause de vous, le Roi et ses soldats le seront aussi. Et moi ? Me laisserez-vous seule avec cet enfant que je viens de mettre au monde ?

— Que croyez-vous ? déclara un Génois, nous mourrons de faim dans cette ville !

— Vous ne mourrez pas de faim, j'en fais le serment, et le Roi, quand il sera libéré, vous dédommagera largement.

La reine fit alors acheter tous les vivres de la ville et finit par convaincre les commerçants et les marins de rester.

Louis fut conduit au campement du sultan où d'immenses tentes se trouvaient dressées au bord du Nil. Accompagné par deux émirs, il traversa une série de chapiteaux avant de parvenir à celui de Touran Shah, au milieu d'un grand jardin. Le sultan était entouré de trois oulémas à qui il avait confié la tâche d'engager une discussion avec le roi des chrétiens qui manifestait tant d'adoration pour son prophète, le Nazaréen Jésus.

— Al-salâm aläkoum[1], lança le sultan en accueillant le roi.

— C'est la paix que je te laisse, c'est la paix que je te donne[2] ! répondit le souverain français, qui ajouta : Ainsi le disait Notre-Seigneur Jésus-Christ.

Le sultan sourit. Son prisonnier engageait déjà le débat. Il voulut d'abord s'enquérir de sa santé :

— Comment vous portez-vous, Seigneur Roi ?

1. « Que la paix soit sur vous. »
2. Exode, XXIII.

— Ma santé m'importe moins que celle de tous mes soldats que vous retenez dans vos prisons et que vous jetez dans le fleuve, répliqua le monarque, sur un ton neutre qui ne se voulait ni ironique ni furieux.

Il gardait sa colère pour lui.

— On me dit, enchaîna Touran Shah, que sur votre religion vous êtes plus savant que vos prêtres. Moi-même et les théologiens qui m'accompagnent ici serions heureux d'en parler avec vous.

— Vous avez vos théologiens et je n'ai pas les miens, nous ne sommes pas à égalité.

— Le roi des chrétiens, n'est-ce pas ainsi qu'on vous nomme, doit pouvoir discuter sans ses prélats, déclara le sultan.

— Vous m'avez accueilli par votre célèbre *Al-salâm aläkoum,* enchaîna le roi de France, mais depuis que votre prophète Mahomet a lancé la guerre sainte, vous n'avez cessé de nous combattre jusque dans nos terres. Est-ce cela votre message de paix ?

— L'islam, répliqua le sultan, est une religion pacifique, tolérante et qui respecte toutes les religions suivant les principes de notre Coran...

— Mais votre prétendu prophète, enchaîna Louis, a prescrit tant de choses malhonnêtes !

— Par exemple ? s'enquit un ouléma.

— Il a nié la nature divine du Christ, nié sa crucifixion, nié le dogme de la Sainte-Trinité.

— Nous respectons et admirons Jésus qui est un grand prophète, il est une parole de Dieu et un esprit venant de lui, répondit le religieux. Mais vous devez reconnaître, Seigneur Roi, que le dogme de la Trinité est une invention née trois siècles après Jésus, au concile de Nicée... Votre Jésus n'est en rien responsable de cette idée !

— De qui tenez-vous cette parole absurde ? s'étonna le roi de France. Et comment pouvez-vous croire qu'un prophète puisse accepter d'être crucifié pour racheter tous nos péchés ?

— S'il est Dieu..., reprit l'ouléma.

— Dieu et fils de Dieu, précisa le roi.

— S'il est fils de Dieu, il ne peut être incarné, donc il ne peut être crucifié. Et s'il n'a pas été crucifié, les Juifs ne l'ont pas tué. D'ailleurs n'est-il pas né, selon votre Livre, d'une femme qui n'a pas été ensemencée ?

— Vous voyez bien que la parole de votre prophète est blasphématoire, répondit le roi qui essayait de maîtriser son irritation. Mais pourquoi refusez-vous de croire en sa nature divine ? Connaissez-vous un seul homme dont la parole a été celle de l'amour, de la miséricorde et du rachat de nos péchés ? « Si vous m'aimez, a-t-il dit, vous serez dans la joie. »

— Nous avons, vous et nous, la même vénération pour Dieu, intervint le sultan, mais nous ne pouvons comprendre qu'il y en ait trois car Mahomet, notre prophète, est venu à l'appel d'Allah pour détourner les hommes de tous ces dieux païens qui n'étaient que le fruit de leur imagination et l'aliment de leurs superstitions.

— D'ailleurs, précisa un autre ouléma, dans notre Livre commun, puisque nous sommes, vous et nous, les descendants d'Abraham, il est dit : « C'est lui, Dieu, hors lui il n'y a pas de Dieu, le Souverain, le Saint, la Paix[1]. » Abraham nous a appelés à la méditation, Moïse nous a enseigné les lois, Jésus a exalté les vertus et Mahomet a été le traducteur pour les hommes de toutes ces valeurs. Dans la sourate « Le rang », verset 6, il est précisé : « Jésus, fils de Marie, avait dit : "Ô fils d'Israël, je suis le messager de Dieu auprès de vous, je viens confirmer la loi qui m'a précédé, et vous annoncer l'avènement d'un messager du nom d'Ahmed." »

— Votre Trinité, intervint un autre ouléma, reste incompréhensible pour tout le monde, y compris parmi les chrétiens. Combien de schismes ne sont-ils pas nés de cette conception ? N'avez-vous pas eu à combattre vous-même des hérétiques dans votre propre royaume ?

Louis marqua un instant de réflexion. Il trouva la critique singulière et répliqua :

— « Ne regardez pas la paille de mon œil mais la poutre qui se trouve dans le vôtre » ! Votre religion ne souffre-t-elle pas aussi des divisions de courants divers ? Depuis sa naissance, combien de querelles, combien de guerres n'avez-vous pas eues entre vous, chacun voulant imposer sa vérité ? Votre religion est essentiellement belliqueuse, porteuse d'injustice et de haine. Je prie chaque jour pour vous en détourner, lâcha le souverain français, qui devait argumenter pied à pied contre les trois oulémas.

1. Exode, XXIII.

— Il est écrit dans vos Évangiles, intervint d'une voix doucereuse le plus âgé : « Celui qui prie pour ceux qui l'ont maltraité est victorieux de Satan. »

— Il est aussi écrit dans notre Livre commun : « Tu ne tueras point ! » rétorqua le roi.

— Mais qu'êtes-vous donc venu faire sur nos terres avec votre armée ? questionna Touran Shah.

— Mes intentions étaient pacifiques, plaida Louis. J'en avais prévenu votre père. Si vous nous aviez rendu Jérusalem et nos Lieux saints, nous n'aurions pas eu de raison de vous attaquer. Car notre guerre est juste !

— Une guerre juste ? s'étonna le sultan.

— Jésus a dit, rapporte l'évangile de saint Luc : « Quant à mes ennemis, ceux qui n'ont pas voulu que je règne sur eux, amenez-les ici et égorgez-les en ma présence ! »

— Il a dit aussi, ajouta le plus vindicatif des oulémas : « Je ne suis pas venu apporter la paix sur la terre, mais l'épée ! »

— Il s'agit de l'épée pour percer le flanc de l'esprit malin, précisa Louis.

Le sultan éclata de rire. Il était enchanté. Il ne s'était pas trompé. Le roi chrétien était vraiment savant, un homme à part, dont il avait déjà mesuré la force d'âme. Il voulut se faire plus conciliant :

— Pourquoi nous battons-nous, Seigneur Roi ? Nos deux prophètes étaient annoncés. Ils ont l'un et l'autre fait passer le message de notre Dieu, Allah. Vous comme nous, nous voulons porter ce message qui doit vivre jusqu'à la fin des temps. Nous savons votre piété, nous admirons votre foi, nous connaissons votre esprit de justice et votre action charitable. Nous avons les mêmes principes et nous respectons Jésus et sa mère Marie. D'ailleurs, quand le prophète Mahomet est entré dans La Mecque et qu'il a ordonné la destruction de toutes les idoles, il a empêché que soit supprimée une statue représentant Marie et son enfant Jésus. Puis il a protégé les Juifs et les chrétiens qui étaient comme lui des enfants d'Allah, des gens du Livre.

— En les brimant, en les excluant, en les martyrisant ! Ne sommes-nous pas pour vous ce que vous appelez des dhimmis, c'est-à-dire des sous-hommes ? rétorqua le roi.

— Les dhimmis, expliqua un ouléma, étaient exonérés de certaines règles comme celle de l'aumône ou l'entrée dans l'armée, mais vous n'aviez pas plus le droit de construire de nouveaux lieux de culte ou de faire du prosélytisme...

— Sinon vous nous coupiez la tête, c'est cela ? riposta le roi, imperturbable.

Le sultan sourit et demanda au souverain français, à brûle-pourpoint, pourquoi son visage était si triste ?

— C'est parce que je n'ai pas gagné ce que je désirais le plus, la chose pour laquelle j'ai laissé mon royaume et ma mère, pour laquelle je me suis exposé, moi, mon épouse, mes frères et mes sujets au péril de la mer et de la guerre !

— Et que désirez-vous aussi ardemment ? demanda Touran Shah, intrigué.

— Votre âme, que le diable se promet de précipiter dans le gouffre. Mais jamais, grâce à Jésus-Christ qui veut que toutes les âmes soient sauvées, il n'arrivera que Satan puisse se glorifier d'une si belle proie ! Le Très-Haut le sait, lui qui n'ignore rien : si tout ce monde visible était à moi, je le donnerais tout entier en échange du salut des âmes !

Le sultan se caressa la barbe, stupéfait et perplexe :

— Eh quoi, bon Roi ! Vous avez pris tous ces risques pour mon âme ? Nous pensions tous en Orient que vous étiez venus pour nous soumettre et pour prendre nos terres !

Le roi se leva, et l'index en l'air, levant les yeux au ciel, déclara :

— Je prends à témoin le Tout-Puissant. Je préfère gagner votre âme et celle de tous les Infidèles plutôt que de retourner dans mon royaume !

Touran Shah se leva à son tour, s'approcha de Louis, lui prit les épaules dans ses mains et déclara à son tour :

— Nous espérons, en suivant la loi du très bénin Mahomet, arriver à jouir des plus grands délices dans l'avenir. Je ne sais pas si je vous livrerai mon âme car elle est déjà dans la main d'Allah. Mais je me réjouis de cette trêve que nous avons signée pour dix années et je souhaite qu'elle soit écrite pour l'éternité. À vous entendre, beau Sire, je comprends pourquoi mon grand-père, Al-Kâmil, s'était aussi bien arrangé avec l'empereur Frédéric.

Cette sollicitude du sultan, ce geste d'amitié, intrigua, offusqua même, le plus vieux des trois oulémas, le seul issu de l'entourage de son père, Ayyoub. En arrivant au Caire, Touran

Shah avait écarté la plupart des conseillers de son père, dont des émirs mamelouks et plusieurs religieux. Deux jours après cet entretien, une révolution de palais se produisit. Les mamelouks, furieux d'avoir été éloignés du pouvoir que leur avait concédé Ayyoub, assassinèrent son fils dans d'atroces conditions. Puis ils dénoncèrent le traité passé entre Touran Shah et Louis de France, mettant même en question sa libération et celle de tous les croisés.

71

« J'ai vaincu la mort une nouvelle fois »

— Que s'est-il passé ? demanda le roi en apprenant l'assassinat de Touran Shah.

— C'est encore un coup de Baïbars, Sire, raconta un émir, proche du sultan. Au cours du banquet qu'avait donné notre soudan pour fêter notre victoire sur votre armée, le chef des officiers mamelouks a pris son épée et la lui a enfoncée dans le flanc. Notre soudan est parvenu à se réfugier dans une tour, d'où il a promis de leur laisser le pouvoir. Mais les mercenaires ont alors mis le feu à la tour. Notre soudan s'est vu contraint de plonger dans le fleuve où il a été criblé de flèches avant d'être tiré sur la rive et laissé à l'agonie sur le sable. Je suis sûr, ajouta l'émir, que c'est la favorite de l'ex-sultan Ayyoub, Chadjar ed-Dorr, qui est l'instigatrice de ce coup d'État. Elle voulait être reine et sultane. Elle va le devenir. Les mamelouks lui sont tous dévoués et l'un de leurs chefs, Aïbeg, est son favori.

— Respectera-t-elle le traité que nous avons conclu avec Touran Shah ? s'inquiéta le roi de France.

— Rien n'est moins sûr, répondit l'émir. C'est une femme cupide, ambitieuse et très féroce. Nous sommes tous consternés, ajouta-t-il. Une femme à la tête du sultanat d'Égypte est une insulte à l'islam. Cela ne s'est jamais vu depuis notre prophète Mahomet. C'est la fin de la dynastie des Ayyoubides.

L'émir se retira à la hâte. Il avait entendu les mamelouks s'approcher de la maison où le roi de France était encore retenu. Baïbars entra quelques instants plus tard, encore taché du sang du sultan. Il déclara, menaçant :

— Que me donneras-tu à moi qui viens de tuer ton ennemi ?

— Rien de plus que ce que j'avais conclu avec le soudan, répondit Louis, imperturbable.

Le Turc leva son épée et fit mine de le frapper. Louis ne cilla pas et regarda son adversaire avec un air de compassion qui le désarma. Baïbars savait que le monarque français ne cédait à aucune menace et n'avait jamais peur.

— Si tu me tues, lui dit le roi, tu n'auras pas de rançon. Ce serait dommage pour toi car tu pourrais devenir riche.

À ces mots, l'émir se radoucit et se déclara prêt à entamer une négociation. Il fut acquis que les mamelouks recevraient les deux cent mille premières livres avant le départ du roi et à nouveau deux cent mille livres une fois qu'il serait rendu à Acre et que tous les prisonniers chrétiens auraient été libérés. Le roi exigea que cet accord fût mis par écrit. Il était stipulé que si les émirs ne respectaient pas leur serment, ils se trouveraient aussi déshonorés que des pèlerins se rendant à La Mecque tête nue ou que s'ils mangeaient de la viande de porc. Quant au roi, s'il se parjurait, il serait aussi déshonoré qu'un chrétien qui renierait Dieu et sa loi ou qui cracherait sur la Croix et marcherait dessus. Quand le souverain français refusa de prononcer ce serment, les émirs se fâchèrent. L'interprète, un certain maître Nicole, lui déclara que s'il ne voulait pas jurer, il aurait la tête coupée. Louis répondit :

— Ils peuvent faire ce qu'ils veulent. Je préfère mourir en bon chrétien plutôt que de vivre sous la colère de Dieu !

Le patriarche de Jérusalem, un vieillard âgé de quatre-vingts ans, qui avait été le négociateur entre le roi et le sultan Touran Shah, participait à cette discussion. Les Turcs l'avaient attrapé et pendu par les mains à une perche. La torture était telle que le vieil homme implora le roi :

— Sire, pour Dieu, jurez sans crainte car je prends sur mon âme tout le péché du serment que vous ferez.

Charles d'Anjou et plusieurs chevaliers présents suppliaient le roi d'accepter la clause.

Le souverain français resta inflexible. Les émirs en furent stupéfaits ; l'un d'eux, nommé Haisan al-Din, décontenancé, voulut tout de même donner le change. Il déclara au monarque français qu'il était fou.

— Fou ? fit mine de s'étonner Louis.

— Oui ! Un homme qui traverse la mer pour combattre le peuple musulman si habile aux armes ne peut témoigner en justice !

— Et pourquoi cela ? demanda le monarque.

— Parce qu'il n'est pas sain d'esprit, lança l'émir, certain d'avoir humilié son interlocuteur.

— Personne ne possède vraiment toutes ses facultés, fit remarquer le roi en le regardant droit dans les yeux et arborant un large sourire.

L'émir ne put que détourner son regard.

Comme ils tenaient plus à la rançon qu'à toute autre chose, les émirs ordonnèrent que le roi fût conduit sur son navire ; dès que l'argent serait arrivé de Damiette, Louis pourrait appareiller pour Acre.

Le samedi 7 mai, au matin, le paiement commença à être opéré. Il devait durer toute la journée car il fallait compter les pièces une par une ; chaque balance valait dix mille livres. Le dimanche matin, il en manquait encore trente mille. Joinville, qui assistait au règlement, suggéra au souverain d'aller les emprunter au maréchal du Temple, qui gardait le trésor de l'ordre sur son navire. Louis donna son accord. Le maréchal refusa, prétextant que cet argent ne lui appartenait pas, mais aux chevaliers croisés qui lui en avaient confié en garde. Hors de lui, le sénéchal se rendit sur le bateau des templiers où il fut confronté au nouveau refus d'un moine chevalier. Après s'être saisi d'une hache et avoir menacé de briser le coffre, il revint finalement avec la somme et la déposa dans la balance.

Certains conseillers dirent au roi qu'ils n'avaient pas confiance dans les émirs. Ils craignaient qu'une fois la rançon remise, ceux-ci ne tiennent pas parole et ne libèrent pas son frère Alphonse de Poitiers, retenu en gage.

— Je me suis engagé, répondit le roi, je paierai.

Sur ces entrefaites, un chevalier, Philippe de Nemours, qui avait participé au comptage, révéla, très content de lui, qu'il avait soustrait dix mille livres au nez et à la barbe des Turcs.

— Je ne veux pas de ça ! s'insurgea Louis. Remettez-les dans les comptes.

— Sire, je plaisantais, déclara le chevalier.

— Je ne trouve votre plaisanterie ni drôle ni opportune, répliqua le souverain.

Le comte de Poitiers fut bien libéré, et le roi et sa suite purent enfin regagner leur nef.

Plusieurs barons vinrent alors prendre congé du souverain. La croisade étant compromise, ils entendaient regagner leurs terres. Parmi eux, le comte de Flandre, le comte de Soissons et Pierre Mauclerc, dont l'état de santé donnait de grandes inquiétudes car il ne se remettait pas de ses blessures.

Un émissaire vint rassurer le monarque. La reine et leur fils Jean Tristan avaient bien embarqué et voguaient vers Saint-Jean-d'Acre. Malheureusement, les soldats blessés restés à Damiette avaient tous été égorgés, jetés dans une fosse et brûlés avec les viandes salées qui constituaient les stocks de nourriture de la troupe franque.

La traversée dura cinq jours pendant lesquels le roi de France tenta de se remettre de sa dysenterie ; plus humiliant, il se trouvait obligé de porter les vêtements que le sultan lui avait donnés, deux tuniques de soie noire à boutons d'or. Enfin, il restait meurtri par la défaite qu'il avait subie. La mort de son frère Robert le hantait et celle de vingt mille croisés ne laissait aucun répit à son sentiment de culpabilité. Il errait parfois sur le pont de la nef, perdu dans ses pensées, murmurant prière sur prière. Sa tristesse faisait peine à voir. Son frère Alphonse se résolut à venir lui parler :

— Louis, votre désarroi nous attriste tous. Nous avons bien failli l'emporter, mais le sort ne nous a pas été favorable...

— Pourquoi Dieu, pour qui nous allions combattre, nous a-t-il abandonnés ? murmura Louis.

C'était la première fois qu'il émettait une telle pensée ouvertement. Alphonse, son plus proche frère, ne put cacher sa surprise :

— Quoi, mon frère ? vous accusez Dieu de...

— Non ! répliqua le souverain, oubliez ce que je viens de dire. La faiblesse de mon corps altère mon esprit. Dieu n'y est pour rien. Je n'ai pas su conduire le début de cette croisade, mais je promets à Dieu de l'achever et de délivrer le Saint-Sépulcre de ces Turcs féroces. Mais où donc est Charles ? demanda-t-il, voici deux jours que je ne l'ai pas vu ?

— Il réconforte ses chevaliers, répondit Alphonse.

— Allons le voir !

Les trois frères se retrouvèrent sur le pont. Charles d'Anjou jouait aux dés avec le seigneur Gautier de Nemours.

— Que faites-vous, Charles ? interpella Louis.
— Vous le voyez, nous jouons aux dés pour passer le temps agréablement...
— Vous feriez mieux de le passer en prières pour votre frère Robert et tous nos frères tombés dans la bataille, tonna le roi.
Puis il s'empara des dés, les jeta à la mer et regagna sa chambre, furieux.
— Il est très fâché de cette expédition. Il en porte tout le fardeau, expliqua Alphonse. Un rien l'irrite. Pardonnez-lui, Messires !
— Dites plutôt, reprit Charles, qu'il déteste le jeu et particulièrement les jeux de hasard. Notre frère devient trop intransigeant. Il se prend sans doute pour le Christ chassant les marchands du Temple.
— N'oubliez jamais que Jésus est notre parent, reprit Alphonse.
Pendant cette courte traversée, le roi se prit d'amitié pour le chevalier Joinville, qui lui aussi se remettait lentement de ses blessures ; il avait admiré le courage et le dévouement de son sénéchal dans ces moments d'infortune vécus depuis six mois. Louis lui raconta ses négociations avec le sultan :
— Je crois avoir réussi à faire d'un tigre un agneau, confia-t-il. S'il n'avait pas été assassiné peut-être se serait-il converti.
Joinville n'en était pas aussi sûr. Il avait mesuré combien les Sarrasins étaient sournois, versatiles et sans parole.

Enfin, sous un ciel radieux, la flotte du roi aborda Saint-Jean-d'Acre. Une foule immense, que la défaite de la Mansourah avait bouleversée, ne put cacher sa joie en le voyant arriver. Sur le quai, entourée de ses deux belles-sœurs et de quelques chevaliers, Marguerite, tenant son bébé d'un mois dans les bras, fut saisie d'inquiétude en apercevant son époux dont la prestance et la dignité ne pouvaient cacher la pâleur et l'extrême maigreur. Elle revit les images de décembre 1244, ce jour où il était revenu à la vie après avoir promis de se croiser.
Louis s'avança vers la reine, prit l'enfant dans ses mains et lui glissa à l'oreille :
— Pendant que vous donniez la vie, j'ai une nouvelle fois vaincu la mort.
Puis il fendit la foule d'outre-mer, souriant et levant la main avec peine. Il fut conduit au château où il put enfin se reposer et reprendre des forces.

— Pourquoi Dieu m'a-t-il abandonné ? répétait le roi comme une litanie.

Il ne pouvait s'épancher ainsi que devant son épouse. Celle-ci prit une bible posée à la tête de son lit et lui déclara :

— Vous n'êtes pas le seul à vous interroger sur les intentions de Dieu, écoutez ce qui est écrit dans le psaume 44 : « Tu nous as rejetés et couverts de honte », et encore : « Tout cela est arrivé sans que nous t'ayons oublié, sans que nous ayons trahi ton alliance... » Vous n'êtes pas le premier et vous ne serez pas le dernier à vous interroger sur les impénétrables intentions du Seigneur !

— Certes ! Mais, je n'ai pas adoré le Veau d'or, moi !

— Alors qu'avez-vous décidé de faire ? lui demanda Marguerite quand elle jugea qu'elle pouvait interroger son époux sur ses desseins.

— Les Turcs n'ont pas tenu parole et se sont comportés sauvagement avec nos blessés et nos malades. Je crains maintenant qu'ils ne nous rendent pas nos frères encore prisonniers chez eux. Ils sont désormais maîtres de l'Égypte et de Jérusalem. Ils pourraient demain, si nous ne faisons rien, envahir toutes les terres chrétiennes et en prendre possession. Je ne peux laisser faire cela. Je dois renforcer les positions des Francs et délivrer le Saint-Sépulcre.

— Cela veut-il dire que vous comptez rester en Terre sainte ? s'inquiéta Marguerite.

— Je n'ai pas encore pris de décision. Je dois d'abord consulter mes barons, enfin ceux qui me restent, tant ont disparu de seigneurs...

— Puis-je donner mon avis ?

— Si votre avis va dans le sens du souhait de Notre-Seigneur Jésus-Christ, je le prendrais volontiers.

Une manière gracieuse de lui faire savoir que son opinion n'était pas déterminante.

— Dans ces conditions..., marmonna Marguerite.

En France, en dépit du temps nécessaire pour que les messages venant d'Orient soient acheminés, la reine Blanche de Castille, le gouvernement et toute la population étaient maintenant informés de la tragédie égyptienne. L'annonce de cette cuisante défaite consterna le pays. Beaucoup de familles étaient endeuillées ; beaucoup de seigneuries avaient perdu leurs chefs.

Le tocsin sonna partout jusque dans les villages les plus reculés du royaume. L'ensemble de la population se rassembla sur les places et dans les églises, les uns incrédules, les autres attristés, d'autres encore terrorisés à l'idée qu'un tel roi ait pu être abandonné par Dieu, et d'autres encore craignant que les Mongols d'un côté, les musulmans d'un autre, ne vinssent envahir le royaume.

— C'est trop injuste ! disait-on dans les rues. Comment Dieu a-t-il pu laisser faire cela à un roi si pieux ?

Blanche avait alerté le ban et l'arrière-ban pour venir au secours de son fils, sans succès. Le pape Innocent avait une fois de plus tergiversé. Il avait d'abord enjoint les souverains chrétiens, en particulier le roi d'Angleterre et le roi de Suède, de se croiser pour aller appuyer les troupes franques. Puis, apprenant la déroute du roi de France, il s'était ravisé, arguant qu'il ne fallait pas disperser les secours. Un prétexte qu'avait saisi Henri d'Angleterre pour ne pas bouger. Comme il n'ignorait pas qu'il restait le vassal du souverain pontife, il avait tout de même renoncé à envahir la France pour récupérer les anciennes possessions anglaises comme il en nourrissait toujours l'intention.

La reine mère écrivit à Louis pour le supplier de revenir le plus vite possible. Elle se méfiait du roi d'Angleterre. Elle était sûre qu'il préparait encore un mauvais coup. Elle estimait que le royaume était en péril, car la trêve entre l'Angleterre et la France s'achevait le 24 juin 1250.

Louis décida de convoquer son Conseil, ses frères, les principaux barons et seigneurs, dont Joinville, et leur tint ce propos :

— Seigneurs, il nous faut prendre une décision. Choisir entre ma mère qui me demande de revenir au plus tôt au royaume et tous ceux qui, ici, en Terre sainte, craignent pour leur vie, l'avenir des chrétiens dans cette région, le salut de la Ville sainte et nous supplient de les protéger.

Le roi demanda au légat de résumer la situation dans la région.

— Les barons chrétiens, souligna Eudes de Châteauroux, tiennent encore Saint-Jean-d'Acre, Beyrouth, Césarée, Jaffa, Toron et Tyr, Antioche et Tripoli sans compter les citadelles dispersées des templiers, hospitaliers et chevaliers teutoniques.

— C'est-à-dire, rien ! résuma Charles d'Anjou, qui ajouta, méprisant : Sans compter que tous ces Poulains ne s'entendent pas entre eux et ne cessent de s'affronter pour des peccadilles.

Le roi lui demanda de se calmer et redonna la parole au légat :

— Vous connaissez la situation en Égypte, qui est désormais dans la main des Turcs et avec qui toute négociation devient désormais sans objet. Les princes musulmans ont reconnu l'autorité du sultan d'Alep, Al-Nasir. Son ambition est sans limite, il envisage de reconquérir l'Égypte pour y installer sa propre dynastie ; sans oublier le Vieux de la Montagne qui ne cesse de menacer les musulmans comme les chrétiens pour imposer son hérésie.

— Qu'avons-nous à faire de la situation des Poulains ? interrogea Gautier de Nemours.

— Les protéger et les renforcer, c'est établir à jamais la terre chrétienne en cette région, répondit le roi, qui conclut : Retrouvons-nous dans huit jours, le temps de vos réflexions, et nous prendrons alors la décision de rester ou de partir.

72

« Le soleil du monde s'est couché qui éclairait les peuples »

Ce fut avec plus d'un mois de retard que des messagers vinrent apporter à la reine Blanche de Castille une lettre de son fils Louis. Il lui demandait d'intervenir auprès du pape afin de dégager de nouveaux fonds pour la croisade et de mobiliser les autres princes de la chrétienté. Mais la régente n'avait qu'une idée en tête, faire revenir tous ceux qui étaient encore vivants dans leurs foyers. Elle avait tout fait pour empêcher cette croisade et n'avait aucun scrupule à vouloir y mettre fin. La mort de son fils Robert d'Artois la rendait encore plus déterminée.

Telle n'était pas l'intention de son fils, s'opposant à l'avis de nombreux seigneurs, à commencer par le légat du pape qui jugeait plus raisonnable de regagner le continent. Il s'en ouvrit à Joinville dont il avait pu mesurer la proximité avec le souverain :

— Sénéchal, dites à notre roi que Sa Sainteté Innocent et la sagesse lui commandent de quitter l'Orient et de rejoindre son royaume.

Sur les deux mille huit cents chevaliers engagés dans cette croisade, il n'en restait guère plus de trois cents vaillants. Le légat lui proposa de l'embarquer sur son propre vaisseau. Joinville refusa, non seulement pour ne pas déplaire au roi, mais parce qu'il avait gardé en mémoire cet avertissement d'un chevalier de retour de la précédente croisade :

— Prenez garde, car nul chevalier, riche ou pauvre, ne peut revenir sans être honni s'il laisse aux Sarrasins le menu peuple de Notre-Seigneur en compagnie duquel il partit.

Peu après, Joinville fut interrogé par Louis :

— Quel est votre conseil, Sénéchal, partir ou rester ?

— Rester, sinon il n'y aura plus ici de terre chrétienne.

— Comment pouvez-vous me conseiller cela, quand tous mes barons et mes frères me suggèrent de partir ? Ferais-je une mauvaise action en m'en allant ?

— Que Dieu me soit en aide, Sire, je dirais oui !

— Si je demeure, resterez-vous ?

— Oui, Sire, si je le puis à mes frais ou aux frais d'autrui.

— Ne vous tracassez pas pour vos frais et ne dites rien à personne de votre conseil.

Joinville avait évoqué ses frais car il avait perdu tous ses biens en mer, son or, ses armes, ses habits et il n'avait plus un sou pour entretenir ses hommes.

Huit jours plus tard, Louis tint conseil pour recueillir les derniers avis. Le principe du retour obtint une forte majorité. À commencer par la voix du maréchal Jean de Beaumont dont le neveu, Guillaume de Beaumont, était, lui, d'un autre avis. Si bien que son oncle, devant le roi, n'hésita pas à lui lancer : « Sale ordure, fermez-la ! » Quant à Joinville, il fut qualifié de Poulain, ce qui, dans la bouche d'un Franc, n'était pas moins insultant. Ce à quoi le sénéchal répondit :

— J'aime mieux être un Poulain qu'un roussin[1].

Le monarque, qui avait retrouvé sa superbe, son allant et son sourire, déclara alors :

— Seigneurs, je remercie tous ceux qui m'ont conseillé de retourner en France et je rends grâces à ceux qui m'ont proposé de demeurer. Voici ma décision. Si je demeure ici, mon royaume ne court pas grand risque car Madame la Reine a assez de gens pour le défendre. Si je m'en vais, le royaume de Jérusalem sera perdu et personne n'osera y rester après mon départ. Je reste donc. Je vous dis à tous, hommes riches qui sont ici et à tous les chevaliers qui voudront rester avec moi, que je vous récompenserai tant, que ce ne sera pas ma faute mais la vôtre si vous ne voulez pas rester.

Peu de chevaliers mordirent à l'hameçon. Ils préférèrent retourner au pays. Un mois plus tard, voyant tant de défections, Louis se fâcha :

---

1. Cheval fourbu.

— Quoi ! lança-t-il aux principaux barons, ni la sauvegarde des Lieux saints ni l'argent ne peuvent convaincre vos chevaliers ?

— Ils demandent trop, répliquèrent les seigneurs.

— Comment cela ?

— Ils demandent ce que réclame pour ses chevaliers le seigneur de Joinville, et pour nous c'est beaucoup trop !

— Eh bien, donnez-leur ce qu'ils désirent, répliqua le roi, après avoir été informé des besoins de son sénéchal.

Par cette promesse, le roi de France, une fois de plus, n'engageait pas les fonds du royaume, mais les dîmes prélevées sur l'Église ; il comptait bien ponctionner encore les évêchés dont il estimait, à juste titre, que les revenus étaient excessifs.

— Alors c'est décidé, en dépit des conseils de vos principaux seigneurs et de vos frères, vous restez ! lança Marguerite, informée de la résolution de son mari.

Le ton était acide, presque cassant. Louis s'en indigna. Il pensait que son épouse avait pris la mesure de l'enjeu. Il répliqua sèchement :

— Mais, Madame, je ne vous retiens pas. Vous pouvez partir si vous le désirez !

— Je ne le désire pas, Louis. Je veux rester avec vous. Pardonnez ma mauvaise humeur... Mes trois enfants restés en France me manquent tant.

— Ils me manquent aussi, ma Mie, mais tel est notre fardeau. Nous devons nous y conformer. Le service de Dieu et du royaume doit souvent faire taire nos sentiments.

Bien qu'il ait toute confiance dans les capacités de sa mère à assurer la gestion du royaume, Louis la savait fatiguée et peu apte à mener un combat contre une agression, notamment celle du roi d'Angleterre. Il demanda à ses deux frères de retourner en France pour l'aider à gouverner le royaume. S'adressant à Alphonse de Poitiers, il ajouta :

— La disparition du comte de Toulouse vous permet de prendre possession de vos terres. Votre épouse, Jeanne, sera sûrement ravie de les revoir.

Puis à Charles d'Anjou :

— Il est temps, Charles, que vous alliez faire montre d'autorité en Provence, d'autant plus que j'ai appris que l'empereur n'était plus très ardent.

Le monarque leur confia une lettre qu'il adressait à tous les Français : « Louis, par la grâce de Dieu, roi des Français, à ses chers et fidèles prélats, barons, guerriers, citoyens, bourgeois et à tous les autres habitants de son royaume à qui cette lettre parviendra, salut... »

Le souverain fit un récit fidèle de sa mésaventure égyptienne, relatant aussi bien ses victoires que ses défaites et l'épisode pendant lequel il avait été fait prisonnier. Il évoqua la rançon qu'il avait dû payer en précisant qu'il n'en avait versé que la moitié et que l'autre moitié serait donnée contre la libération de douze mille prisonniers comme le prévoyait le traité : « Arrivés à Acre, nous avons envoyé en Égypte des vaisseaux et des commissaires pour en ramener les prisonniers et d'autres choses que nous y avions laissées, mais les émirs n'ont finalement remis que quatre cents prisonniers sur douze mille. Ce qui est plus odieux, après la trêve conclue et jurée, c'est qu'ils ont choisi, parmi leurs prisonniers, des jeunes gens qu'ils ont forcés, l'épée levée sur leur tête, d'abjurer la foi catholique et d'embrasser la loi de Mahomet, ce que plusieurs ont eu faiblesse de faire ; les autres, comme des athlètes courageux, enracinés dans leur foi, qui n'ont pas été ébranlés par les menaces ou par les coups des ennemis, ont reçu la couronne du martyre. Leur sang, nous n'en doutons pas, crie au Seigneur pour le peuple chrétien ; ils seront plus utiles dans cette patrie que si nous les eussions conservés sur la terre. »

Face au parjure des Turcs, le roi confirma à ses sujets qu'un accord avec ses barons et les moines chevaliers l'incitait à rester en Terre sainte, à la fois pour espérer délivrer les captifs, mais aussi pour garder et renforcer le royaume de Jérusalem.

Enfin, depuis Acre, il exhortait son peuple à se croiser pour l'aider à délivrer les Lieux saints.

La lettre de Louis à ses sujets, datée du mois d'août 1250, croisa celle que lui avait envoyée le pape, dans laquelle il interrogeait Dieu sur les raisons qui l'avaient fait abandonner le roi de France.

— Un chef-d'œuvre d'hypocrisie, commenta un baron.

« Seigneur Jésus, écrivait le pontife, permettez, je vous prie, au Serviteur de vos serviteurs de vous demander pourquoi vous avez soumis à de si cruelles épreuves le plus chrétien des princes, qui dévouait à votre service tous les siens, et s'y dévouait lui-même, dans la plénitude de sa ferveur ; pourquoi vous êtes-vous montré si sévère avec le plus pieux de tous les peuples qui, pour vos intérêts, marchait avec tant d'élan à la suite de son chef ? Révélez-nous vos pensées, Père clément, de peur que la foi de vos peuples, scandalisée, ne chancelle et ne tombe... Mais laissons là de curieuses recherches qui pourraient n'être pas exemptes de fautes ; contentons-nous de bénir Dieu dans l'humilité du cœur et chantons au seigneur le cantique du prophète : "Tout ce que vous avez fait, ô mon Dieu, vous l'avez fait avec sagesse." »

Ce fut ce même pontife qui rencontra, à Lyon, Alphonse de Poitiers et Charles d'Anjou, missionnés par Louis, au cours de leur retour sur le sol français.

— L'Église n'a pas les moyens de continuer à financer la croisade, déclara le pape aux deux princes.

— L'Église a pourtant beaucoup contribué à aider votre guerre contre l'empereur, rétorqua Charles d'Anjou.

— L'Église devait se battre contre l'Antéchrist, rétorqua le pape. C'était aussi une croisade !

Les deux frères quittèrent la salle de réunion sans saluer le vicaire du Christ, sans un mot, impatients d'aller exprimer leur colère hors les murs.

— Ce pape n'est pas digne de son trône, il est une insulte à la chrétienté, tonna Charles.

— Vous blasphémez, mon frère, vous ne devriez pas, reprit Alphonse calmement, qui ajouta cependant : Mais je n'en pense pas moins.

— Il ne l'emportera pas au Paradis, conclut Charles d'Anjou.

Le pape prit-il connaissance de l'indignation que sa fin de non-recevoir suscita dans tout le royaume de France, puis quelques semaines plus tard chez les croisés ? Toujours est-il qu'il fit parvenir une lettre aux évêques de France, d'Angleterre, d'Allemagne et de Norvège, leur demandant de « faire partir au plus tôt les croisés de ces pays qui n'auraient pas accompli leurs vœux, et de les contraindre au besoin par les censures ecclésiastiques ».

Innocent ne parlait pas d'argent. C'était un ordre a minima qui ne l'engageait à rien. Quand le roi de France fut informé de cette manœuvre, il ne voulut pas la commenter publiquement, mais il s'en ouvrit à Marguerite :

— Je ne comprends pas les intentions du Saint-Père ! Est-il vraiment le successeur de Pierre ? A-t-il vraiment été élu selon la volonté de Dieu ?

Marguerite leva les yeux au ciel. Elle crut bon de ne pas en rajouter. Les doutes de son époux étaient assez profonds pour ne pas envenimer davantage cette blessure.

Une éclaircie vint à propos réchauffer les cœurs et les esprits au cours de cette sombre épopée. On apprit que le roi Alphonse du Portugal venait de chasser les musulmans de l'Algarve, ajoutant ainsi une nouvelle pierre à la grande reconquête de la péninsule Ibérique.

La fin de l'année approchait, annonçant un profond bouleversement dans l'histoire du siècle et dans l'ordre des pouvoirs qui dominaient alors.

En Orient, les Mongols s'approchaient de plus en plus dangereusement de Bagdad.

En Occident, la mort de Frédéric, l'empereur du Saint-Empire romain germanique, une mort inattendue, survenue le 13 décembre 1250, donna le frisson à toute l'Europe. Six mois plus tôt, Frédéric avait retourné la situation en sa faveur. La plupart des villes d'Italie, excepté Florence, s'étaient ralliées aux gibelins. En Allemagne, son fils Conrad avait vaincu son adversaire Guillaume de Hollande, nommé par le pape, et les évêques de Cologne et de Mayence l'avaient rejoint. Au point que le souverain pontife, terrifié, avait demandé au roi d'Angleterre de lui donner asile à Bordeaux.

— Je vais enfin pouvoir instaurer la paix dans mon empire, le rêve de tout mon règne, avait déclaré Frédéric.

Un rêve qui devint vite un cauchemar. À la fin de l'été, l'empereur tomba malade. Une vieille dysenterie se raviva. Au cours d'une chasse au faucon dans les Pouilles, il tomba en syncope. Il ne fut pas ramené dans son château de Castel Fiorentino qu'il avait fait construire sans l'avoir jamais occupé. Et pour cause ! C'était là qu'une prophétie avait situé le lieu de sa mort. L'un de ses astrologues avait prédit : « Tu mourras au pied d'une porte en fer dans un lieu dont le nom sera celui de "fleur". »

Dans la chambre où il fut placé, il y avait, en effet, une lourde porte en fer qui ne donnait sur rien d'autre qu'une seconde porte en fer.

Un chevalier de l'ordre Teutonique vint annoncer la nouvelle au roi de France quelque temps plus tard.

— L'empereur est mort en chrétien, déclara le chevalier.

— Je n'en doute pas, lâcha Louis sur un ton incrédule.

— Il va être enterré à Palerme, précisa le messager.

— A-t-il eu le temps de faire un testament ? s'enquit le souverain.

— Son fils Manfred...

— Son fils illégitime, il n'était pas marié à Bianca Lancia, n'est-ce pas ?

— Tout à fait, Majesté, mais c'est Manfred qui a recueilli ses dernières volontés et son dernier soupir. Voici ce qu'il a écrit à son frère Conrad, qui se trouvait en Allemagne : « Le soleil du monde s'est couché qui éclairait les peuples. Le soleil de la justice s'est éteint. L'Initiateur de la paix n'est plus. »

— Les mots ne se refusent jamais à être écrits, commenta le roi en guise d'oraison funèbre.

— Vous êtes sévère, Sire, Frédéric était un grand monarque.

— C'est vrai ! C'était un esprit brillant, curieux de tout et visionnaire. Je regrette infiniment sa disparition. Elle risque d'engendrer le chaos dans cette partie de l'Occident chrétien. D'autant que ses fils ne sont pas à sa hauteur !

Le monarque se tut un instant, puis reprit :

— Frédéric était tout de même un mécréant, sa vie était dissolue et son attitude à l'égard du chef de l'Église, inadmissible. Paix à son âme. Je crains que le Seigneur ne lui fasse quelques reproches.

— Dans son testament, poursuivit le chevalier, l'empereur s'est beaucoup racheté...

— Dites-moi ?

— Il a restitué tous leurs droits aux abbayes et aux églises, il a largement doté les trois ordres des moines-soldats et attribué une somme de cent mille onces d'or pour les habitants de la Terre sainte. Tous les prisonniers, excepté les traîtres, seront libérés et amnistiés et tous les ressortissants de l'empire devront devenir des hommes libres.

— Fort bien, apprécia le roi, cent mille onces d'or pour la Terre sainte, c'est peu pour racheter tous ses péchés, mais c'est bienvenu. Et qui va lui succéder ?

— Son fils Conrad se voit attribuer l'empire et le royaume de Sicile, Manfred sera vicaire général en Italie impériale et prince de Tarente. Charles-Otton, le fils qu'il eut d'Isabelle d'Angleterre, pourrait être nommé roi d'Arles ou roi de Jérusalem ; et son petit-fils Frédéric recevra les duchés d'Autriche et de Styrie.

— Le royaume de Jérusalem au neveu d'Henri d'Angleterre, lui qui s'est abstenu de nous rejoindre, voilà une curieuse idée, souligna le roi qui, perfidement, demanda encore : combien a-t-il d'héritiers légitimes et illégitimes ?

Le chevalier compta sur ses doigts et déclara qu'il avait encore cinq enfants légitimes vivants dont trois garçons Conrad, Charles-Otton et Frédéric, et quatre illégitimes connus, Manfred, Richard, Enzio, emprisonné à Bologne, et Frédéric d'Antioche, le fils qu'il aurait eu avec la sœur d'Al-Kâmil.

— Mais je n'ai pas en mémoire toutes les filles...

— Voilà qui va rendre sa succession difficile !

— Nul ne pourra jamais vraiment succéder à l'empereur, reprit le chevalier.

— Je vous le concède. La disparition de Frédéric pourrait bien entraîner la chute de sa dynastie.

Louis remercia le moine, puis regagna la salle de son palais où il avait convoqué ses barons aux fins de définir les plans de consolidation des villes et des forteresses de la Terre sainte.

73

La folle révolte des pastoureaux

Pour assurer sa mission en Terre sainte, il ne restait plus au roi de France que deux cents chevaliers, hormis les Poulains, et moins de cinq mille soldats. Une armée bien maigre face aux cent mille cavaliers et fantassins que pouvait mobiliser le nouveau sultan d'Égypte, Aïbeg, et face à une puissance équivalente, celle du sultan d'Alep, Al-Nasir.

En Conseil, le roi dévoila sa stratégie :

— Nous allons mener deux actions de front. D'abord renforcer les forteresses d'Acre, de Jaffa, de Césarée et de Sayette[1]. Puis nous passerons des accords de paix avec les sultans d'Alep et de Babylone.

— Mais, Majesté, nous avons déjà un traité avec Aïbeg, déclara Eudes de Châteauroux.

— Qu'il n'a pas respecté ! rétorqua le souverain.

— Certes, mais si vous négociez avec lui, vous serez en position de faiblesse, démontra le légat.

Louis leur apprit que le sultan d'Alep lui avait proposé un accord de paix pour lui permettre d'attaquer le mamelouk d'Égypte, afin de rétablir la dynastie Ayyoubide sur le trône du Caire.

— Nous allons accepter, annonça le roi. Dans le même temps, le seigneur Jean de Valenciennes ira expliquer à Aïbeg que, s'il ne relâche pas ses prisonniers, nous signerons avec Al-Nasir.

La manœuvre réussit. Au terme de quelques semaines et malgré de nombreuses tergiversations, l'essentiel des prisonniers croisés, de même que les soldats qui avaient abjuré, furent

1. Sidon.

libérés. Le sultan abandonna même deux mille livres que le roi devait encore sur la rançon. Les deux parties discutèrent aussi de la remise au roi de France de Jérusalem, Bethléem, Hébron, Naplouse et de la Galilée. Les négociations durèrent plusieurs mois. Elles furent tenues secrètes pour ne pas alerter le sultan d'Alep. Les conseillers du roi, qui avaient approuvé cette manœuvre diplomatique, jugèrent que le souverain avait acquis en Orient le sens alambiqué et byzantin de la négociation. Louis savait aussi jouer de sa réputation de roi des chrétiens, puissant et inflexible. Il le montra, peu de temps après, en recevant deux émirs envoyés par le Vieux de la Montagne, le cheikh Al-Chabal, chef des Haschischins.

— Je connais ces gens, déclara le roi. Mon grand-père avait eu maille à partir avec eux, ils avaient en outre envisagé de m'empoisonner, il y a de cela dix ans.

Les émirs n'étaient pas pétris de bonnes intentions. Le cheikh, ayant appris la défaite du roi, entendait l'intimider et lui extorquer un tribut annuel, comme son père avait tenté de le faire, en son temps, avec l'empereur Frédéric ou avec le sultan du Caire. Il ordonnait aussi au roi de France de supprimer le tribut que le Vieux de la Montagne devait payer aux ordres du Temple et de l'Hôpital. Pour impressionner le monarque, les émirs sortirent trois couteaux, symbole de leur intention criminelle, et un linceul pour l'ensevelir s'il n'obtempérait pas.

— Non seulement je ne paierai pas, s'indigna le roi, mais j'attends, dans les quinze jours, des excuses du cheikh et son gage d'amitié. Qu'il sache que je suis bien miséricordieux de ne pas jeter ses émissaires à la mer pour leurs menaces insolentes !

La fermeté paya. Quinze jours plus tard, les mêmes émissaires revenaient chargés de cadeaux, dont l'anneau de leur maître, en or fin, sur lequel était écrit son nom car, par cet anneau, « Il épousait le roi voulant désormais qu'ils fussent tout un ». Il lui offrait aussi sa chemise car « la chemise est ce qu'il y a de plus près du corps, donc plus près du roi que nul autre ».

Le roi exprima sa satisfaction et s'abstint de rire de ces singularités pour ne pas offenser ses visiteurs. Pour sceller cette curieuse alliance, il offrit des joyaux et des tissus précieux.

Quand Louis raconta cette anecdote à son épouse, Marguerite regretta de ne pas avoir assisté à la rencontre.

— Ce sont des gens imprévisibles et dangereux, déclara-t-il, je ne vous aurais conviée en aucun cas !

— Vous me donnez l'impression de vous plaire en Orient, mon Roi ?

— Je m'y plais auprès de vous, répliqua-t-il en la prenant dans ses bras et l'entraînant vers le lit.

— Holà, fit Marguerite, tout doux, Monseigneur, votre Reine est bien prise comme vous le voyez !

Louis posa sa main sur le ventre bien arrondi de son épouse et demanda :

— Serait-ce encore un fils ?

— Si Dieu et le Roi le souhaitent, minauda Marguerite.

Louis lâcha son épouse et marcha de long en large dans la chambre avec l'air de celui qui prépare une bonne farce. Il était de très bonne humeur, ce qui était de plus en plus rare et déclara, très enjoué :

— Marguerite, vous devez tenir ici votre rôle de reine devant tous ces Orientaux. Je veux que vous vous offriez de beaux atours, de beaux joyaux, que votre table soit riche, fournie et célèbre pour tous vos invités, seigneurs, Poulains et musulmans...

— Musulmans ? s'étonna la reine. Vous tenez à les inviter à notre table ?

— Ces gens sont des Infidèles, certes, mais ils respectent Notre-Seigneur, ils assurent qu'Allah n'est que le nom qu'ils donnent à notre Dieu. Si nous les traitons bien, nous parviendrons peut-être à les convertir. Et puis, j'ai besoin de les rassurer et qu'ils rapportent au sultan de Babylone, comme à celui de Damas, que nous n'avons à leur égard que des intentions pacifiques.

— Et vous, Louis, avez-vous l'intention de vous habiller comme un roi à nouveau ?

— Ma fonction m'y oblige, Madame. Je dois, en effet, exprimer, par mon apparence, la richesse et la puissance du royaume de France et de la chrétienté. C'est une manifestation à laquelle les Sarrasins sont sensibles.

— Je suis heureuse que vous vous rendiez à cette raison.

— Ne vous méprenez pas, il ne s'agit que de marques extérieures, propres à influencer nos hôtes. Pour ma vie quotidienne, je poursuivrai mon chemin dans la prière, la sobriété et l'humilité !

— Vous êtes le maître de vous-même, Louis, mais de grâce, ne m'imposez jamais vos règles, elles ne conviennent pas à la reine de France !

Le roi se le tint pour dit. Il ordonna à ses financiers de procurer à la reine tout ce qu'elle exigerait pour son train de vie.

Quelques semaines plus tard, Marguerite accouchait d'un nouveau garçon qu'ils prénommèrent Pierre. Le roi, se trouvant à Jaffa pour surveiller les travaux de protection de la ville, ne manifesta aucune joie particulière, comme si la naissance d'un nouvel héritier, le quatrième garçon en vie, n'était plus un événement. Marguerite fut très affectée par cette indifférence.

À la fin de l'été, le souverain français reçut plusieurs messages, en provenance de France, relatant une étrange révolte de paysans qui avait mis le royaume sens dessus dessous. L'un émanait de Pierre de Fontaine, conseiller de la reine Blanche de Castille, l'autre du franciscain Fra Salimbene, qui avait accompagné le roi de Lyon en Provence. L'un et l'autre lui firent un récit détaillé de ce qu'ils appelaient « la croisade des pastoureaux ». Si le conseiller exonérait la responsabilité de la régente dans les ravages causés par cette horde composée de milliers d'hommes, de femmes et d'enfants, le moine, témoin extérieur de cet événement, en donnait une version plus objective. Pour lui, tout avait commencé à l'hiver 1251, six mois après l'appel du roi à ses sujets dans sa lettre envoyée depuis Acre. Les Français, surtout des paysans mais aussi des ouvriers des villes, souvent sans travail, venant de Flandre et de Lorraine, avaient voulu répondre à l'exhortation du souverain français à se croiser pour aller secourir la Terre sainte.

« La plupart étaient sincères, écrivait le moine, mais ce mouvement était animé par un étrange personnage, un moine apostat, parlant plusieurs langues, un vieillard noué et étique, à la longue barbe blanche qui se faisait appeler le “maître de Hongrie”. En quelques semaines, il réussit à galvaniser les foules par des harangues dans lesquelles il accusait principalement le clergé de s'enrichir au détriment des pauvres, les ordres mendiants de détourner à leur profit l'argent de la croisade et le pape d'avoir dépensé l'argent de la croisade pour sa guerre contre l'empereur. »

À Pâques, ils étaient trente mille. Parmi eux, précisa Fra Salimbene, « se trouvaient des repris de justice, des prostituées, des gens de sacs et de cordes. Ils allaient d'église en église, de couvent en couvent, rançonnant les clercs et tuant ceux qui leur résistaient ».

À mesure qu'il se faisait lire ces messages, Louis prenait conscience de l'ampleur de cette révolte dont la croisade ne semblait être qu'un prétexte. Il ne soupçonnait pas encore ce qu'il allait apprendre.

« Arrivé à Paris, le chef de cette horde de prétendus bergers fut reçu par Madame la Reine en son abbaye de Maubuisson. Non seulement elle le félicita pour son initiative, mais elle lui offrit de nombreux présents. »

Dans sa relation des faits, Pierre de Fontaine expliquait que le mouvement avait pris une telle ampleur, en quelques semaines, que la régente avait jugé habile d'amadouer le maître de Hongrie avant de l'éliminer, car elle voulait éviter de noyer cette révolte dans un bain de sang, tant il y avait de sujets qui croyaient vraiment aller secourir leur roi.

« La Reine, poursuivait Fra Salimbene, autorisa le chef des pastoureaux à entrer dans Paris avec ses troupes armées de couteaux, de haches et de fourches. Ils étaient déjà plus de cinquante mille volontaires. Le maître, revêtu d'habits d'évêque, entra dans l'église Saint-Eustache et, au cours d'un violent sermon, lança l'anathème contre tous les clercs en ordonnant de les trucider. Il proféra même des menaces contre les barons qui n'étaient pas restés en Terre sainte, contre les bourgeois qui s'enrichissaient et contre les étudiants. Ces derniers se réfugièrent dans l'Université. Votre capitale, Sire, fut mise à sac et de nombreux clercs, dont des frères prêcheurs, furent assassinés »

« Le maître de Hongrie dispersa ensuite ses troupes afin de poursuivre ses exactions dans l'Orléanais, la Bretagne, la Normandie, le Berry. À Rouen, l'évêque fut chassé de sa cathédrale et toutes les églises pillées. À Orléans, des heurts violents avaient opposé les étudiants aux pastoureaux, qui firent des dizaines de morts de part et d'autre. À Bourges, le maître de Hongrie s'en prit aux Juifs et aux bourgeois. Partout les populations citadines, les prélats et les clercs avaient pris peur et s'étaient enfuis à leur arrivée. »

« C'est alors que la Reine, précisait Pierre de Fontaine, jugeant que leur dispersion les avait affaiblis, ordonna aux baillis d'arrêter tous les chefs et de les pendre sans autre forme de procès. Ce qui fut fait. À la fin du mois de juin, le maître de Hongrie et ses vicaires furent tous arrêtés et pendus. Les fidèles dispersés retournèrent chez eux et quelques-uns animés par leur foi et l'esprit de croisade gagnèrent Aigues-Mortes, d'où ils vous rejoindront sûrement bientôt. »

Le roi se montra inquiet. Sa mère avait-elle bien pris la mesure de la révolte ? N'avait-elle pas agi trop tard ? Il s'en ouvrit à son confesseur, Geoffroy de Beaulieu :

— Je ne croyais pas mes sujets si prompts à se révolter...

— Majesté, ce mouvement n'était pas dirigé contre vous mais pour vous, rappela le confesseur.

— Il n'empêche que cette rébellion témoigne d'un profond ressentiment de la population à l'égard de l'Église. J'ai maintes fois alerté les prélats sur l'inconvenance de leur fortune et l'injustice de leurs dîmes. Pour autant, cela n'excuse pas tous ces désordres.

— Votre présence en France devient de plus en plus nécessaire, lui recommanda Geoffroy de Beaulieu.

— Je vais y réfléchir, car je n'ai pas achevé ma tâche ici. Je me demande ce que font mes frères à qui j'ai confié le soin d'aider ma mère ?

— D'autant plus que nous avons appris que votre mère avait été très malade !

— Pourquoi m'a-t-on dissimulé cette nouvelle ? s'étonna Louis.

— Car elle est maintenant rétablie et nous ne voulions pas vous alarmer inutilement.

— Je ne vous approuve pas ! se contenta de conclure le souverain.

Il quitta sa chambre, l'air désemparé. Tout ce qui concernait sa mère le touchait profondément.

En sortant, il croisa Joinville qui lui raconta qu'un moine chevalier du Temple avait été surpris sortant d'un bourdeau en compagnie d'une ribaude. Le sang du roi ne fit qu'un tour. Le comportement moral qu'il imposait aux chevaliers ne pouvait souffrir une telle marque de débauche, surtout venant de moines. Il fit venir le coupable, le sermonna et lui proposa, en guise de pénitence, l'alternative suivante : soit la prostituée le mènerait nu, par une corde attachée à ses parties génitales au milieu de l'armée, soit il laisserait son destrier, son armure et ses armes et s'en retournerait en France. Le moine chevalier préféra la seconde option. Dès qu'il fut sorti, Louis éclata de rire, en dépit de son regret de laisser partir un combattant si utile.

Le lendemain, il reçut à Jaffa le dominicain André de Longjumeau qu'il avait missionné quatre ans plus tôt pour aller traiter avec le khan Güyük.

Devant le roi, la reine, le légat et une assemblée de seigneurs, le moine fit le récit de son voyage :

— Il nous a fallu près d'un an pour découvrir, au-delà d'immenses montagnes, l'antre de l'ours mongol. Quand nous sommes arrivés, le khan Güyük était mort. Nous fûmes reçus par sa veuve, Oghül-Qãmish, la régente. Elle a beaucoup apprécié vos cadeaux, Sire.

— Fort bien, dit le roi, qui rêvait toujours d'une alliance avec cette peuplade menaçante.

— À notre grande surprise, déclara le dominicain, elle était entourée de chrétiens...

— De chrétiens ?

— Oui, des nestoriens !

— Comment pouvez-vous dire des nestoriens qu'ils sont chrétiens, reprit le roi. Ils prétendent que le Christ est à la fois homme et Dieu, ce ne sont que des hérétiques.

— Certes, poursuivit le dominicain, il n'empêche qu'ils sont considérés comme chrétiens par les Mongols et que plusieurs princesses mongoles se sont converties à cette...

Le moine allait dire religion, mais il craignit la réplique du monarque.

— ... secte, enchaîna Louis, vous vouliez dire secte, n'est-ce pas ?

— Oui, Sire.

— Alors ? Que vous a dit la régente ?

Le moine sortit un parchemin et le lui tendit. Voici sa réponse, Majesté.

— Veuillez la lire, je vous prie !

André de Longjumeau regarda l'assemblée comme pour la prendre à témoin de son embarras. Il trouva dans le regard de la reine un éclair de sollicitude qui le réconforta. Il déplia le document et lut distinctement : « C'est une bonne chose que la paix. Car, en terre de paix, ceux qui vont à quatre pieds mangent en paissant l'herbe. Ceux qui vont à deux pieds travaillent paisiblement la terre d'où viennent tous les biens. »

Le roi se cala bien sur son trône. Le langage lui plaisait. Le dominicain s'arrêta un instant, soucieux de ne rien omettre. Il soupira et poursuivit : « Nous te faisons savoir cette chose pour t'avertir que tu ne peux avoir la paix si tu ne l'as pas avec nous car tous ceux qui se sont élevés contre nous, roi ou prêtre, nous les avons tous passés au fil de l'épée. Nous t'invitons donc à nous envoyer chaque année tant de ton or et de ton argent si tu veux que nous soyons tes amis. Et si tu ne le fais pas, nous te détruirons, toi et ton peuple, comme nous l'avons fait pour les autres... »

Le souverain se tut quelques instants. Puis, après avoir regardé la reine et ses conseillers, et sans laisser poindre son irritation, il commenta :

— Décidément, ces Tartares sont impossibles. Ils ne pensent qu'à soumettre. Je me repens de vous avoir envoyé, frère André, et je vous remercie de toute la peine que vous vous êtes donnée.

Après Jaffa, le roi se rendit à Césarée dont les défenses laissaient à désirer. Jean de Beaumont lui dressa un état de ses forces, maintenant que les prisonniers du sultan d'Égypte les avaient rejoints :

— Nous pouvons compter sur quatre cents chevaliers et quatorze mille gens d'armes, précisa-t-il.

Un émissaire vint porter un message du sultan de Damas. Ce dernier proposait de donner un sauf-conduit pour se rendre à Jérusalem. Louis demanda conseil, d'abord au légat, qui hésita à donner un avis favorable ; puis à Jean de Beaumont, qui jugea périlleux de traverser la Galilée sans troupes nombreuses et bien armées. Il lui rappela l'attitude de Richard Cœur de Lion, à qui Saladin avait fait une proposition analogue. Le roi d'Angleterre avait refusé car il ne voulait pas aller prier dans une cité sainte et chrétienne qui n'aurait pas été délivrée de ses ennemis. Son confesseur lui dit à son tour :

— Si vous, qui êtes le plus grand roi des chrétiens, faites ce pèlerinage sans délivrer la cité des ennemis de Dieu, tous les autres rois et les pèlerins se contenteront de faire comme Votre Majesté et ne s'inquiéteront plus de la délivrance de la Ville sainte.

Louis se rangea à cet argument et déclara qu'il se rendrait le jour de l'Annonciation à Nazareth où le Christ avait vécu une partie de son enfance.

74

Louis pleure sa mère

De sa visite à Nazareth, le roi de France revint transfiguré, plus assuré encore, si cela était possible, du bien-fondé de sa présence en Orient. Il en parla longuement avec Marguerite qui observait, mois après mois, la transformation de son époux vers plus de piété, d'exigence vis-à-vis de lui-même et des autres, et de mysticisme. Elle était partagée. Sa ferveur et son exaltation l'inquiétaient car elle craignait qu'elles n'altèrent sa raison et nuisent à ses responsabilités de souverain. En même temps, elle observait que Louis restait lucide, toujours très amoureux d'elle, même s'il s'absentait de plus en plus souvent pour suivre les travaux de défense des villes chrétiennes. Comme jadis, pour le chantier de Royaumont, il n'hésitait pas à transporter pierres et mortier pour faire accélérer les travaux, invitant ses chevaliers à en faire autant :

— Nous sommes ici pour guerroyer, non pour maçonner, bougonnaient certains.

Alors que le couple royal venait de passer une nuit où, pour une fois, le temps des prières ne l'avait pas emporté sur celui de la tendresse, il lui confia ses souhaits pour ses enfants, Jean Tristan, Pierre et celui ou celle qui viendrait à naître.

— Je souhaiterais, dit-il, que tous nos enfants nés sur cette terre consacrent leur vie à Dieu. Nous les confierons, dès qu'ils pourront étudier, aux frères prêcheurs et aux frères mineurs afin que de les mettre sur le chemin de la religion. Comme je l'envisage aussi pour notre fille Isabelle.

— Quatre de mes enfants dans les ordres mendiants ? s'étonna Marguerite. Ne trouvez-vous pas cette exigence excessive ?

— Pas du tout !

— Ne croyez-vous pas, reprit-elle, que les enfants du roi de France, si Dieu leur prête vie, auront mieux à faire pour le royaume et son peuple que de prier pour eux ?

— Je crois que la prière leur sera salutaire et pour eux-mêmes et pour la protection de la France.

— Comme il l'a fait pour votre croisade ! lâcha vertement Marguerite, qui ajouta : Mes enfants...

— Nos enfants !

— Nos enfants décideront eux-mêmes de leur destinée, j'en prends l'engagement !

Le ton de Marguerite n'appelait pas la discussion.

— Nous en reparlerons plus tard, se contenta-t-il de répondre.

Un écuyer lui annonça qu'un émir, envoyé par le sultan de Damas, venait demander au roi de France de signer un traité négocié par le maître des templiers pour le partage de certains territoires.

— Quelle est donc cette histoire ? Les templiers négocient dans mon dos maintenant ! s'indigna le roi.

Il convoqua le maréchal des templiers, Hugues de Jouy, et le grand maître, Renaud de Vichiers, et les fit comparaître aux côtés de l'envoyé du sultan :

— Vous allez dire au messager du soudan, ici présent, que vous regrettez d'avoir passé ce traité avec lui. Comme vous avez omis de m'en parler, vous déclarez ce pacte nul et non avenu !

Le roi exigea que le parchemin fût rendu au musulman. Le grand maître s'exécuta. Puis le souverain ordonna :

— Maintenant, agenouillez-vous et demandez-moi pardon !

Ainsi, l'un des hommes les plus puissants de la Terre sainte mit un genou en terre et se déclara prêt à accepter la pénitence que le roi lui infligerait.

— Je vous ordonne, frère Hugues, de quitter sans tarder le royaume de Jérusalem.

En dépit des supplications du grand maître, Louis resta inflexible. L'autorité du roi de France avait été bafouée. Par cet exemple, il entendait rétablir sa prééminence sur les ordres des moines chevaliers dont les actions et les intérêts se trouvaient de plus en plus éloignés de leur principale mission, la défense du royaume de Jérusalem. Les templiers privilégiaient leurs activités bancaires et leur fortune commençait à faire jaser.

Pendant ces Conseils de gouvernement, Louis, qui avait conservé avec lui le sceau royal, continuait de signer un certain nombre d'actes que la reine Blanche faisait appliquer à la lettre sur son territoire ; parmi ceux-ci figurait un renforcement du contrôle des activités financières des Juifs et des Normands. Il nomma Alphonse de Brienne, fils de feu l'empereur de Constantinople, à la tête de ses troupes, pour remplacer Jean de Beaumont qui venait de mourir.

Il apprit aussi que le pape Innocent avait publié une bulle sur l'Inquisition par laquelle il autorisait la torture comme moyen d'établir la vérité, à condition qu'elle ne conduise ni à la mort ni à la mutilation.

— Je ne comprends pas le Saint-Père, commenta le roi. La torture n'est pas conforme au message de Notre-Seigneur.

Plus tard, en tête à tête, la reine l'apostropha :

— N'est-ce pas vous, pourtant, qui avez ordonné la punition infligée à l'orfèvre de Césarée ?

— Il avait blasphémé ! protesta Louis. Et il n'a d'ailleurs pas été blessé, mais simplement réprimandé.

Marguerite rappela que l'orfèvre avait dû traverser la ville en caleçon avec les boyaux d'un porc autour du cou.

— L'humiliation qu'il a subie valait bien une torture !

— Vous m'ennuyez ! s'exaspéra Louis, vous savez bien que j'essaie d'être juste !

— Oui, et je sais que vous y parvenez souvent... mais pas toujours, répondit son épouse pour mettre un terme à leur affrontement.

Elle ne pouvait s'empêcher de penser que les accès de dévotion de son époux devenaient excessifs.

Au début de l'année 1253, ses conseillers ne savaient comment lui annoncer la mort de sa mère, disparue déjà depuis plus de douze semaines. Le courrier avait été acheminé en urgence, mais il fallait bien ce délai pour parcourir, à cheval et en bateau, la distance de plus de trois mille kilomètres qui séparait Paris de la Terre sainte. En outre, durant l'hiver, la navigation était souvent interrompue. Louis se trouvait à Sayette pour surveiller la construction des défenses de la cité. Le légat, Eudes de Châteauroux, et l'archevêque de Tyr vinrent lui en faire part. En apercevant leurs visages contrits, le roi imagina le pire. Ce fut bien le pire. Secoué par de profonds sanglots, il emmena les deux prélats dans sa chapelle, s'effondra à genoux et déclara :

— Seigneur, qu'il soit fait selon votre volonté...

Son chagrin fut tel qu'il s'enferma dans sa chambre pendant deux jours, en interdisant l'accès à quiconque. Le troisième jour, il n'appela pas son épouse mais le sénéchal Joinville, dans les bras duquel il s'effondra à nouveau en pleurs.

— Ah ! Sénéchal, j'ai perdu ma mère !...

Le chevalier fut surpris. Il n'était pas dans les habitudes de la noblesse de manifester ainsi ouvertement et bruyamment son deuil. De la part d'un monarque, c'était encore plus inattendu. Aussi le confident du roi, devenu son ami, n'hésitant pas à lui dire ses vérités – c'était sans doute pour cela que Louis lui avait accordé cette préférence – lui déclara-t-il, sans ambages :

— Enfin, Sire, votre mère devait mourir, je ne m'en étonne pas. Vous me surprenez, vous, un homme si sage. Comment pouvez-vous faire apparaître votre chagrin de cette façon ? Le sage, quel que soit l'infortune qu'il ait au cœur, ne doit pas le laisser paraître au visage ; celui qui le fait réjouit ses ennemis et attriste ses amis !

Le roi esquissa un triste sourire et cessa de sangloter.

En sortant de sa chambre, Joinville croisa la reine, que son époux avait fait appeler. Elle aussi pleurait à chaudes larmes. Le sénéchal l'interpella :

— Madame ! Vous pleurez donc cette reine qui vous a fait tant souffrir ?

Marguerite répondit avec sincérité :

— Oh ! Je ne pleure pas ma belle-mère, mais mon Roi qui m'afflige par tant de tristesse ! Et je crains aussi pour mes enfants qui, seuls désormais, sans la protection de leur grand-mère, ne sont plus à l'abri. Il faut que nous rentrions en France au plus vite !

— Je le conseillerai au Roi, promit le chevalier.

Les craintes de Marguerite étaient-elles fondées ? L'héritier du roi, son fils Louis, n'avait que neuf ans et aucun tuteur sur qui vraiment compter. Qui allait diriger le royaume ? Un Conseil du roi autoconstitué, composé des principaux conseillers de Blanche de Castille ? Serait-il à la hauteur ? Alphonse de Poitiers et Charles d'Anjou ? Ils étaient rentrés à Paris, mais seulement pour les obsèques de leur mère. Ils avaient porté son corps, revêtu de l'habit cistercien, placé sur une civière d'or, jusqu'à Saint-Denis pour aller l'enterrer ensuite à l'abbaye de Maubuisson. Et s'en étaient retournés dans leurs fiefs. Alphonse était malade et très occupé par les affaires de ses importantes provinces. Quant à Charles, il manigançait à l'insu de Louis la tutelle du Hainaut, remettant en question l'accord passé jadis entre le roi, les Dampierre et les Avesnes.

La menace d'une invasion par les Anglais restait toujours à redouter. Enfin, des rumeurs laissaient entendre que des barons français avaient sollicité Simon de Montfort, comte de Leicester, qui séjournait en Guyenne, pour qu'il acceptât la charge de sénéchal du jeune Louis.

Le roi de France, sous la pression de ses barons, décida de rejoindre le royaume non sans avoir au préalable achevé les travaux de défense des citadelles de la Terre sainte. Sage précaution. Car dans le même temps, il apprenait que les sultans de Damas et de Babylone avaient scellé un accord. Al-Nasir, qui redoutait l'invasion des Mongols, se gardait sur sa gauche en tentant de coaliser tous les princes musulmans contre le déferlement des hordes tartares, laissant au sultan d'Égypte la tutelle du sud de la Judée et de la Transjordanie, y compris Jérusalem, Gaza et Naplouse. Ainsi, l'alliance que le roi de France avait passée avec les deux parties devenait sans objet et, une fois de plus, le royaume de Jérusalem était en danger.

Quelques semaines plus tard, l'armée d'Al-Nasir menaçait Acre, puis mettait Sayette à sac. Le souverain français, qui se trouvait à Jaffa, se hâta de rentrer. Trop tard ! Il n'eut plus qu'à ensevelir les morts. L'été approchait et la chaleur était déjà suffocante. Les victimes, militaires comme civiles, étaient nombreuses. Une odeur épouvantable planait sur la ville. Le roi s'adressa à ses chevaliers :

— Mes amis, ces chrétiens ont besoin d'une sépulture. Nous allons les enterrer !

Les chevaliers répugnaient à accomplir cette tâche et ne donnaient pas l'exemple aux soldats. Louis descendit de cheval. À pied, il traça le périmètre d'un cimetière improvisé. Malgré ses ordres, personne ne voulait s'exécuter. Alors, il leur lança :

— Si j'enterre ces corps moi-même, m'aiderez-vous ? Allons ensevelir ces martyrs ! N'ayez pas ces corps en abomination car ils sont déjà au Paradis.

Les chevaliers restèrent transis, persuadés qu'il ne le ferait pas, tant la tâche s'avérait insupportable. Il le fit pourtant.

Il ramassa les corps, un à un, les tira vers des linceuls qu'il avait étendus et les recouvrit. Puis il ordonna qu'ils fussent placés sur des mulets ou des chameaux pour être transportés dans les fosses qu'il avait fait creuser dans le cimetière.

— Comment fait-il pour ne pas se boucher les narines ?

Humiliés et honteux, les chevaliers vinrent l'aider. Il y avait des milliers de cadavres, l'affaire prit plus de cinq jours.

Un mois plus tard, Marguerite accoucha d'une fille à Jaffa ; elle la prénomma Blanche, en souvenir de son premier enfant qui n'avait vécu que trois ans, et pour plaire à Louis en honorant le prénom de sa mère. Car Marguerite, en dépit des mauvais souvenirs, était dotée d'une réelle grandeur d'âme. Elle mesurait ce que le roi devait à sa mère : son éducation, sa spiritualité, son sens politique, son courage. Non seulement Blanche de Castille avait été une grande reine, en dépit de quelques erreurs d'appréciation comme lors de la révolte des étudiants ou lors de celle des pastoureaux, mais encore la Castillane avait défendu avec acharnement les intérêts du royaume de France.

Marguerite rejoignit son époux à Sayette avec ses trois enfants, Jean Tristan, Pierre et Blanche. Il ne vint pas l'accueillir et fit prendre de ses nouvelles par Joinville. Ce dernier s'en offusqua :

— C'est à moi, Sire, que vous demandez des nouvelles de votre famille que vous ne semblez pas pressé d'aller embrasser. Ignorez-vous que la Reine vous a honoré d'une nouvelle fille qu'elle a eu la grâce de prénommer Blanche ?

Louis ne répondit pas et se contenta de sourire. Il n'aimait pas qu'on lui parlât de sa vie intime. Surtout dans ces circonstances ; il avait mauvaise conscience à se trouver seul avec une épouse, alors que tout son entourage s'en trouvait privé. Pour cette raison, il était attentif à ce qu'on ne le vît pas trop souvent avec sa famille.

Le souverain français construisait, peu à peu, sa légende : ce qu'il faisait, ce qu'il décidait, était rarement conforme à ce qui était attendu.

Un franciscain flamand, Guillaume de Rubrouck, qui projetait de se rendre chez les Mongols, fut chargé par le roi de France de porter des cadeaux, une bible et un psautier enluminé, à Sartag, fils aîné de Batou, qui tenait sous sa férule l'est de l'Europe et la Russie. Un autre franciscain avait rapporté que Sartag s'était converti au christianisme. Une nouvelle évidemment extraordinaire pour le souverain français. La réalité était bien différente. Le Mongol se serait fait ordonner diacre pour recevoir des cadeaux des princes chrétiens dont il savait qu'ils étaient fortunés. Guillaume de Rubrouck rapporta néanmoins ce propos de Sartag sur le roi de France qui attestait que sa réputation avait franchi les continents. Le Mongol avait demandé au franciscain :

— Quel est le plus grand seigneur d'Occident ?

— L'empereur, assurément, avait répondu le moine.

— Non ! avait assuré le Mongol, c'est le roi de France. C'est lui le plus grand roi d'Occident et des chrétiens !

Sans doute avait-il appris que l'empereur Frédéric était sur le déclin et souhaitait-il flatter le roi de France pour obtenir davantage de présents...

Le 24 avril 1254, le roi embarqua à Saint-Jean-d'Acre pour la France. Quatorze nefs protégées par quatre galères armées emmenaient le souverain, sa famille, son entourage et ses principaux chevaliers. Une partie de l'armée avait été laissée sous le commandement de Geoffroy de Sergines. Le bateau du roi fut appelé la *Montjoie*.

Le temps était clair, la mer calme et les vents poussaient peu. La traversée s'annonçait longue mais paisible. Jusqu'à ce que la *Montjoie* connût trois incidents dont deux graves infortunes de mer qui faillirent faire disparaître la famille royale, alors que les prières n'avaient pas manqué.

D'abord, alors que Chypre était à quelques milles, les commandants des navires ne parvenaient pas à apercevoir l'île tant le brouillard était épais. Soudain une terrible secousse agita le navire et jeta sur les ponts la plupart des passagers : un banc de sable avait été heurté. Marguerite se précipita dans la chambre de ses enfants pour les consoler. Sur les ponts et dans les cales, les passagers comme les marins hurlaient, pleuraient, imploraient le Seigneur. Louis, imperturbable, demanda le calme et se mit à prier. Quand la brume fut levée, la nef, qui s'était dangereusement inclinée, apparut au milieu des rochers sans en avoir heurté aucun. Elle n'avait effleuré que le banc de sable. Des plongeurs allèrent constater les dégâts. Ils n'étaient pas trop importants, mais la quille était endommagée et la navigation allait être rendue difficile. Les commandants de la flotte conseillèrent au roi de changer de bateau. Marguerite, Joinville et quelques barons l'incitèrent à leur tour à faire ce transbordement.

— Pourquoi ? demanda le monarque.

— Nous craignons que la nef ne tienne la mer et ne puisse soutenir le choc des vagues, dit un nautonier.

S'adressant aux navigateurs, il demanda :

— Si ce bateau et les marchandises qu'il contient vous appartenaient, l'abandonneriez-vous ?

— Sûrement pas, rétorquèrent les marins, une nef de quatre mille livres, vous n'y pensez pas, Sire !

— Alors pourquoi devrais-je la quitter ?

— Parce que vous et votre famille valez plus que tout l'or du monde, répondirent-ils.

— Et les six cents croisés que je devrais faire débarquer à Chypre, ne valent-ils pas autant que la famille royale ? J'aime mieux mettre en la main de Dieu ma personne, la Reine et nos enfants que de causer un tel dommage à tant de gens !

La flotte fit le plein d'eau et de vivres à Chypre et la nef repartit avec sa quille réparée, vaille que vaille, pour une traversée qui allait encore durer près de deux mois tant les vents étaient contraires.

Après avoir quitté l'île de Chypre depuis Limassol, la nef royale fut prise dans la tempête. Le vent était si violent que les marins durent jeter cinq ancres à la mer. La chambre royale, en élévation sur le pont, donnait une telle prise au vent qu'il fallut en abattre les cloisons. Le jeune sénéchal Joinville et le connétable Gilles Lebrun, qui se trouvaient dans la chambre, virent entrer la reine.

— Madame, allez vous mettre à l'abri, cria le sénéchal. Cette chambre doit être démolie.

— Je cherche le Roi, répondit Marguerite, où est-il ?

— Il est avec les marins pour les encourager et les rassurer.

— Je veux lui demander, expliqua la reine, de promettre à Dieu ou à ses saints un pèlerinage s'il nous sauve de ce péril, nous et nos enfants.

— Dame, déclara Joinville, promettez à Monseigneur un pèlerinage à Varangéville[1], et je vous promets que Dieu vous ramènera en France.

1. Village de Lorraine où au VIIIe siècle Saint-Gorgon fit des miracles.

— Sénéchal, je le ferai volontiers, mais le Roi est si divers que s'il savait que j'ai fait cette promesse sans l'en avertir, il ne m'y laisserait jamais aller !

— Que voulez-vous dire ?

— Qu'il est contrariant, imprévisible et s'emporte parfois pour des peccadilles... Mais, ajouta la reine, quand il mesure son tort, il tente toujours de s'en faire pardonner.

Joinville lui conseilla alors de promettre à saint Nicolas une nef d'argent de cinq marcs s'ils réchappaient de cette tempête.

La reine partit à la recherche de son époux, puis revint peu après, alors que le vent s'était soudain calmé, et lança joyeuse :

— Saint Nicolas nous a sauvés.

Le roi vint les rejoindre et s'asseoir au milieu d'eux comme si rien ne s'était passé. Il commenta, serein et détaché :

— Dieu nous a montré sa grande puissance car ces vents ont bien failli noyer le roi de France, sa femme, ses enfants et toute sa compagnie. Nous devons lui rendre grâces de nous avoir tirés du danger. Dieu dit à ceux qui échappent à de graves maladies : « Comprenez bien que j'aurais pu vous faire mourir si je l'avais voulu. » Or nous devons nous assurer, ajouta Louis, qu'il n'y a rien en nous-mêmes qui lui déplaise. Et si nous trouvons quelque chose qui lui déplaît, nous devons l'extirper de nos cœurs car si nous agissons autrement, il nous frappera de mort ou de quelque autre calamité au détriment de notre corps ou de notre âme. Si nous agissons ainsi, Notre-Seigneur nous comblera en ce monde et dans l'autre de plus de biens que nous ne saurions en souhaiter.

Cette foi qui animait le souverain ne laissait pas de surprendre, voire d'inquiéter, mais également de susciter l'admiration de son entourage. Les plus circonspects devaient se rendre à l'évidence : le roi, en dépit de sa ferveur et de son obstination mystique, gardait sa raison et son calme en toutes circonstances. Il aimait aussi répéter dans les moments les plus douloureux : « Le Christ a souffert bien plus que cela pour notre rédemption. Alors ! »

Enfin, la traversée fut aussi perturbée par un événement de moindre importance. La flotte avait mouillé entre Malte et le cap Bon, près d'une île appelée Pantelleria, habitée par les Sarrasins. Marguerite demanda à son époux s'il était possible d'aller y cueillir des fruits frais pour leurs enfants. Trois chaloupes furent mises à la mer. La journée passa et on ne vit pas revenir les marins. Persuadé qu'ils avaient été faits prisonniers, on envisagea d'envoyer la troupe. À la tombée de la nuit, les embarcations apparurent. Les matelots firent savoir que leur absence était due à quelques jeunes bourgeois, qui avaient voulu se gaver de fruits ne se souciant pas qu'ils étaient attendus. En dépit de leurs excuses, le roi ne voulut pas pardonner. Il fit placer les jeunes insouciants dans une chaloupe attachée à un bout ; ils passèrent ainsi plusieurs jours dans la froidure et les embruns à ruminer les fruits de leur escapade.

75

Les Grandes Ordonnances

— Je veux que la flotte aborde les terres du royaume à Aigues-Mortes et non pas en Provence, qui est encore terre d'Empire.

Louis n'en voulait pas démordre, en dépit des conseils de ses navigateurs et des demandes insistantes de Marguerite. Les premiers l'avertissaient :

— Les vents ne sont pas favorables. Si nous ne débarquons pas à Hyères, la traversée durera deux semaines de plus, au moins.

La seconde avait un argument de poids :

— Je serais si heureuse de retrouver la terre de mon enfance que je n'ai pas revue depuis que je vous ai épousé. Ma mère et ma sœur Béatrice m'attendent. Enfin, je vous rappelle, Louis, que la Provence est maintenant la terre de votre frère Charles.

Le roi bougonna. Tous se liguaient donc contre lui. Il finit par céder et accepta de se rendre sur les terres de Provence.

À leur descente de la nef, la mère de Marguerite ne cessa de montrer son étonnement. Non seulement sa fille revenait saine et sauve de cette tragique croisade, mais elle mettait pied à terre, par ce beau matin d'été, flanquée de trois enfants nés en Orient et enceinte d'un quatrième. Quant au roi de France, il lui apparut transformé, presque irréel, d'autant plus qu'il n'avait revêtu aucun vêtement d'apparat et n'était couvert que d'une longue tunique noire. Béatrice de Savoie confia à Marguerite :

— Il n'est plus aussi beau, mais il est encore plus noble.

— Il a beaucoup souffert, lui confia Marguerite, et plusieurs fois j'ai bien cru le perdre. Sa foi et son esprit le maintenaient en vie.

Louis se souvenait que le moine Fra Salimbene lui avait parlé de frère Hugues, dit Hugues de Digne, un adepte des thèses de Joachim de Flore. Ce célèbre prophète, fondateur de l'ordre de Flore à la fin du douzième siècle, était un moine qui sentait le soufre. Philippe Auguste lui avait rendu visite. Joachim disait avoir trouvé la « clé de David » et être parvenu, par la grâce du Christ, à une compréhension des Écritures qui lui permettait de prévoir l'avenir, un temps où « l'eau de la lecture évangélique sera convertie en vin », ce temps que saint Jean, dans son Apocalypse, appelait « l'Évangile éternel ». Saint Jean était l'apôtre préféré de Louis, non point seulement pour sa vision eschatologique, mais parce qu'il avait l'aigle pour symbole et que cet oiseau majestueux était également celui du Christ et de la Résurrection. Quand Marguerite lui avait rapporté que Fantine, sa dame de compagnie, l'avait comparé à un aigle, il en avait été flatté. « L'aigle s'est élevé très haut dans la contemplation de la nature divine », lui avait-il déclaré et, citant Isaïe, il avait précisé que « comme l'aigle, ceux qui espèrent dans le Seigneur déploient leurs ailes pour renouveler leur force ».

Frère Hugues était un prédicateur très admiré en Provence. Le roi demanda à le rencontrer. Ce dernier fit savoir que si le roi souhaitait lui parler, il n'avait qu'à se déplacer. Le souverain y consentit. Il le retrouva au pied du château de Hyères, accompagné par une centaine de fidèles. Le moine ne garda pas la langue dans sa poche. Il commença par une violente diatribe contre les prélats qui se trouvaient avec le souverain :

— Je vois trop de gens de religion en votre compagnie, Sire. Moi le premier ! Que font-ils avec vous ? Est-ce comme cela qu'ils pensent se sauver ? Les Saintes Écritures disent que le moine ne doit pas vivre en dehors de son cloître sans péché mortel...

Puis il apostropha le monarque en l'avertissant :

— Si vous voulez conserver l'amour de Dieu et garder votre royaume, vous avez le devoir de rendre justice à votre peuple.

Louis sourit. Il n'avait pas envie de se fâcher, ni de polémiquer avec ce moine frondeur. Au contraire, il sembla apprécier qu'on lui assenât quelques vérités. Il proposa au moine de rester en sa compagnie et de l'accompagner à Paris. La réponse de frère Hugues fut cinglante :

— N'ai-je pas mieux à faire que de fréquenter la cour d'un roi ? J'irai plutôt dans un lieu où Dieu aimera mieux me voir !

Après avoir pris quelques jours de repos, le cortège royal partit pour Aix-en-Provence. Mais au lieu de remonter directement vers Paris, Louis voulut rencontrer ses sujets en Languedoc, en Auvergne et dans le Bourbonnais, où seule sa légende était passée.

Avant de partir, il avait fait une longue marche qui l'avait fatigué. Il voulut monter sur son cheval, mais son écuyer, Ponce, n'était pas à ses côtés et Joinville lui proposa son palefroi. Quand l'écuyer arriva enfin, Louis entra dans une violente colère, une irritation disproportionnée avec la faute commise. Le sénéchal le lui fit remarquer :

— Sire, vous devriez être plus indulgent avec Ponce ! Cet écuyer a servi votre grand-père et votre père...

— Justement, Sénéchal, il ne nous a pas servis, c'est nous qui l'avons servi quand nous l'avons souffert auprès de nous avec ses mauvaises qualités. Mon aïeul Philippe Auguste m'a toujours dit que l'on ne devait récompenser nos gens qu'en fonction de la qualité de leurs services et ne pas hésiter à les sanctionner en cas de faute.

Et il ajouta :

— Je vous apprends cela parce que les gens de notre époque sont trop prompts à demander, et parce qu'il y en a peu qui se soucient de sauver leur âme et de respecter leur corps ; ils aiment plutôt posséder le bien d'autrui, soit à tort, soit à raison.

Sur la route du retour, Louis fut acclamé par le peuple qui semblait ne lui tenir aucune rigueur de sa longue absence – six années – et de sa pitoyable expédition.

Durant le voyage, il prépara avec ses conseillers les grandes réformes qu'il voulait engager pour transformer son royaume, développer son économie, renforcer la justice, mettre en valeur son université, créer une nouvelle monnaie, développer et contrôler son administration, abolir progressivement le servage et, surtout, instaurer la paix.

— Mais Sire ! s'étonnaient ou s'inquiétaient ses conseillers.

— Il n'y a pas de mais, déclarait le roi en souriant. J'ai le devoir, devant Dieu et mon peuple, de faire de la France la plus grande, la plus dynamique, la plus morale et la plus chrétienne des nations du monde !

Il semblait que ses années passées en Orient, ses échecs et sa santé fragile lui imposaient de rattraper le temps perdu.

De nombreuses nouvelles affluèrent tout au long du retour. Celle de la disparition du chevalier et poète Thibaud de Champagne, roi de Navarre. La réaction du roi sidéra son entourage et d'abord Marguerite.

— C'est un grand seigneur qui s'en est allé, dit-il, nous allons l'honorer en offrant à son fils Thibaud de se marier avec notre fille Isabelle.

— Je croyais que vous vouliez en faire une nonne ! s'étonna la reine.

— J'avais compris, rétorqua Louis sur un ton badin, que sa mère n'était pas favorable à cette ambition...

Comme son grand-père et sa mère le lui avaient appris, Louis s'efforçait de consolider son royaume par des alliances puissantes et contrôlées. Ce mariage de leur fille Isabelle avec un contrat bien établi, comme celui qui avait été conclu avec le comte de Toulouse, pouvait faire tomber dans l'escarcelle de la France le fief de Champagne et le royaume de Navarre.

— Je préfère votre nouvelle solution. Thibaud est un joli garçon, il plaira sûrement à notre Isabelle. Je lui souhaite d'être aussi heureuse que je le suis avec vous !

Le roi parut étonné. Cette déclaration d'amour spontanée l'émut aux larmes. Il avait craint que tant d'aventures peu glorieuses, tant d'indifférence à l'égard de son épouse, au cours de ce long séjour, aient pu altérer les sentiments de Marguerite à son encontre. Il la prit dans ses bras et l'entraîna doucement vers la couche royale en lui glissant à l'oreille :

— Ne me dites pas que vous êtes prise encore, je le vois trop bien ! Si c'est une fille, avec votre permission, j'aimerais que nous l'appelions Marguerite.

L'autre disparition importante qui allait, à l'évidence, rebattre les cartes en Europe, fut celle de Conrad, le seul fils légitime de Frédéric de Hohenstaufen. Son père l'avait intronisé roi des Romains et roi de Sicile, mais le jeune homme avait dû batailler pour conquérir son titre. Après avoir pris Naples, Capoue, Aquino, il succomba à une forte fièvre au terme de cette campagne. Un messager vint annoncer qu'au cours de ses obsèques dans la cathédrale de Palerme, son cercueil avait pris feu et que son corps avait été consumé.

— La malédiction s'est abattue sur le Saint Empire romain germanique, commenta le roi de France. Nous n'avons pas fini d'en voir ses œuvres. Nous n'avons pas lieu de nous en réjouir. Son éclatement va relancer les ambitions des petits barons allemands, italiens et siciliens, l'animosité entre les guelfes et les gibelins, et je ne vois pas Manfred, le fils illégitime de Frédéric, capable de contenir ce péril.

— Ce n'est pas lui qui assurera la régence, informa le messager, mais un capitaine allemand, Berthold de Hohenbourg, car Conradin, l'héritier de Conrad, n'a que deux ans.

Le 7 septembre 1254, après avoir déposé à Saint-Denis l'oriflamme et la croix, le roi fit son entrée dans Paris. Bien que la foule l'accueillît avec joie et une authentique ferveur, le monarque ne parvint pas à cacher sa tristesse et le peuple pleura avec lui. À un évêque qui essayait de le consoler, il répondit :

— Si j'étais le seul à supporter la honte et l'adversité, et si mes péchés ne retombaient pas sur l'Église universelle, je les accepterais sereinement. Malheureusement, c'est toute la chrétienté qui a connu, à cause de moi, la confusion.

À peine installé dans son palais, il convoqua les principaux conseillers, les franciscains Eudes Rigaud et Geoffroy de Beaulieu, ainsi que deux grands juristes, Pierre de Fontaine et Guy Foulquois. Il leur demanda de se mettre immédiatement au travail. Il entendait faire connaître à ses sujets avant la fin de l'année les premières mesures qu'il voulait prendre. Elles porteraient sur la justice, la morale, l'économie et l'administration du territoire.

Puis il convoqua son frère, Charles d'Anjou, à propos du Hainaut :

— Ainsi, lui lança-t-il sèchement, vous avez profité de mon absence en Terre sainte pour briser le traité que j'avais fait signer entre les Avesnes et les Dampierre à propos du Hainaut ? Vous m'obligez à vous désavouer et à reprendre les négociations avec ces deux familles ennemies. Je ne veux plus vous voir paraître en Flandre.

— Pardonnez-moi, Majesté, mais je croyais bien faire dans les intérêts du royaume. Je vous propose une solution...

— Ah oui, laquelle ?

— Je rends le Hainaut à Jean d'Avesnes, en contrepartie il me prête serment de fidélité. Ainsi, notre influence s'accroîtra dans cette région.

— Je vais y réfléchir.

Le roi profita également de cet entretien pour le mettre en garde contre sa gestion de la Provence :

— Vous vous faites beaucoup d'ennemis dans cette province où les Français ne sont pas toujours les bienvenus, vous le savez. Certains nous redoutent et beaucoup nous haïssent.

— C'est bien pour cela que je veux les mettre au pas !

— La manière forte n'est pas une bonne méthode pour gouverner, reprit Louis. Il faut soutenir les faibles contre les forts, sans heurter de front ces derniers.

— Nous verrons ! Nous verrons ! lança son frère, visiblement agacé par la leçon du souverain.

Le soir, le roi se rendit auprès de son épouse, la prit dans ses bras, l'embrassa sur le front et la félicita pour son nouveau bébé.

— Je crains que Marguerite ne soit encore plus belle que vous, lui dit-il, nous devrons être encore plus exigeants sur le choix de son époux.

La reine remarqua que le visage du roi était plus serein et détendu. Elle ne l'avait pas vu aussi gai depuis bien longtemps. Elle le lui fit remarquer.

— C'est que j'ai une belle idée à vous soumettre, dit-il.

— J'ai hâte de l'entendre.

— Voilà, expliqua-t-il, vous savez que le roi Henri se trouve en Anjou pour se recueillir sur la tombe de sa mère, Isabelle, à l'abbaye de Fontevraud. Je veux l'inviter pour Noël avec vos quatre sœurs et votre mère.

— Quelle magnifique intention, Louis ! Je vais leur écrire séance tenante.

— Ainsi, ajouta le roi, dont la démarche n'était pas innocente, les quatre sœurs de Provence nous permettront de resserrer nos liens familiaux et d'établir, s'il plaît à Dieu, une paix fraternelle et durable entre la France et l'Angleterre.

Marguerite esquissa un léger sourire. Le roi lui faisait une belle faveur, mais elle n'était pas dépourvue d'arrière-pensées. Elle savait, et elle en avait pris son parti, qu'elle n'aurait toujours que la troisième place dans le cœur et les pensées de son époux, après Dieu et le royaume.

Les conseillers avaient bien travaillé. Ils proposèrent une trentaine d'ordonnances, les premières concernaient l'administration du territoire et le champ des prérogatives des baillis, vicomtes, prévôts, maires, sergents, forestiers et de tous les autres agents du royaume. Elles stipulaient que tous ceux qui manqueraient à leur serment vis-à-vis des sujets du roi seraient sévèrement punis. Ils devraient jurer de n'accepter ni dons ni prébendes dans l'exercice de leurs fonctions, ni d'en offrir aux juges pour acheter leur soutien, ou aux enquêteurs royaux chargés de surveiller leurs actions, et de n'aliéner à leur profit aucun bien du royaume. Les baillis, les maires et les prévôts ne pourraient contraindre, publiquement ou secrètement, par menace, par peur ou par chicane, les sujets à payer une amende. Il serait aussi défendu aux représentants du royaume que les sujets soient contraints d'abandonner leurs plaintes parce que les juridictions seraient tenues trop éloignées d'eux et qu'il leur serait impossible de s'y rendre. Enfin, il leur serait interdit de les grever de nouvelles exactions, tailles ou impositions.

— Ces mesures, commenta le monarque, ont pour but de purifier le royaume des vices de ses serviteurs ; qu'on le fasse savoir !

Ces ordonnances retentirent comme une salve de pierres dans les administrations territoriales car elles officialisaient ce que nul n'ignorait, à savoir que les représentants du roi étaient souvent cupides, corrompus, violents et sans scrupule. Leurs abus avaient été maintes fois mis en évidence par les enquêtes que le monarque avait diligentées avant son départ pour la croisade.

La justice était au cœur de la Grande Ordonnance qui plaçait au premier plan la présomption d'innocence. D'autres ordonnances visaient les hérétiques, même ceux qui avaient renoncé, qui ne pourraient prétendre à des fonctions publiques. D'autres textes touchaient à la morale du royaume. Nul représentant du roi ne devait blasphémer, ni jouer aux jeux d'argent ; chacun d'entre eux devait combattre l'ivrognerie, la débauche et l'irréligion. Ces actes s'appliquaient à tous les sujets :

« On ne fera de dés ni d'échecs dans tout le royaume et ceux qui seraient en réputation d'y jouer, de fréquenter les tavernes et les mauvais lieux seraient infâmes et ne pourraient porter témoignage. » Par ailleurs, « les folles femmes et ribaudes communes » (autrement dit les prostituées) seraient chassées des centres des villes, reléguées hors les murs, loin des églises et des cimetières.

Une série d'ordonnances visaient encore l'usure pratiquée par les Juifs. Elles renforçaient les textes répressifs de 1230, contraignant les Juifs à ne plus prêter à intérêt et à vivre du travail de marchands ou d'artisans.

Cette dernière mesure ne fit pas l'unanimité parmi les conseillers du roi pour qui, en interdisant complètement l'activité du prêt, proscrite également aux chrétiens par l'Église, l'économie du royaume se priverait de son sang et serait paralysée. Le souverain resta inflexible. Il n'aimait pas l'argent, il n'aimait pas les riches, surtout ceux qui, « séduits par le diable, gardent par-devers eux de la richesse mal acquise. »

76

La réconciliation avec Henri d'Angleterre

— Ainsi remettez-vous vos habits royaux ! ironisa Marguerite en observant son époux revêtu de ses habits d'apparat, une somptueuse parure de satin recouverte de fourrures d'hermine et de vair et ornée de colliers d'or.

— Pour accueillir noblement votre sœur Éléonore et le roi d'Angleterre, répondit Louis, qui, cette fois, avait décidé de ne pas se départir de sa bonne humeur.

En grande pompe, le couple royal accueillit à Chartres le souverain anglais venant de Fontevraud. En se rejoignant, les deux rois, qui s'étaient toujours combattus sans s'être jamais rencontrés, tombèrent dans les bras l'un de l'autre. Louis proposa à Henri de visiter la cathédrale. Elle n'était pas entièrement achevée, mais sa flèche dominait déjà la plaine de la Beauce et symbolisait à elle seule la quintessence de l'art gothique et la magnificence des monuments d'art sacré édifiés au cours de ce siècle. Le roi de France ne fut pas peu fier de faire connaître à son beau-frère l'importance de son action pour faire de la France la terre sacrée des chrétiens, celle qui rendait partout hommage à la Vierge à laquelle la plupart des cathédrales étaient consacrées.

— Sais-tu, lui apprit-il, que notre cathédrale garde ici précieusement la tunique de la Vierge Marie, une relique que les pèlerins de toute l'Europe viennent honorer. Cette église a connu trois incendies et miraculeusement la tunique a été chaque fois mise à l'abri. Ce vitrail, au centre, qui montre la Vierge et l'Enfant, a été le seul à ne pas avoir été détruit.

Ils entrèrent dans l'édifice dont tous les murs extérieurs étaient revêtus de peinture polychrome. Il régnait à l'intérieur une atmosphère de foi et un certain désordre car les pèlerins, malgré les travaux, avaient l'autorisation de venir s'y recueillir et s'y reposer de leur voyage.

Henri se déclara fasciné par la beauté des vitraux, la tonalité du bleu en particulier.

— Nous les devons aux ateliers créés par l'évêque Fulbert il y a deux siècles, expliqua le franciscain Geoffroy de Beaulieu. La cathédrale compte ainsi quatre-vingt-quatre baies vitrées, sans compter la rosace principale.

— C'est ici que j'ai fait fabriquer certains vitraux de la Sainte-Chapelle que tu pourras visiter à Paris, ajouta Louis. Tu pourras y vénérer la Couronne d'épines et plusieurs autres reliques de la passion de Notre-Seigneur Jésus-Christ.

— J'ai hâte de m'y rendre, déclara Henri.

L'arrivée des deux souverains dans Paris, chevauchant côte à côte, saluant la foule avec la même joie apparente, fut un choc pour la population. Le roi d'Angleterre accueilli comme un frère dans la capitale d'un pays hostile qui avait supporté des décennies durant la tutelle, voire la férule de ses ancêtres Plantagenêts, voilà qui avait de quoi surprendre. Le roi de France avait organisé cette mise en scène historique où le faste se mêlait à une affectueuse simplicité.

Quand les quatre sœurs de Provence apparurent, descendant de leurs charrois, les clameurs se firent encore plus vives et plus chaleureuses. Le peuple semblait comprendre l'importance de ce moment unique de réconciliation entre les deux pays, rendu possible grâce à l'union de leurs seigneurs avec les quatre filles du comte de Provence. Les Parisiens, et avant eux tous les sujets qui avaient vu passer le cortège, avaient pris conscience de la dimension politique de l'événement et de la grandeur de celui qui l'avait initié : leur roi. En une seule journée, la maudite croisade et son cortège de malheurs étaient oubliés.

Louis proposa à Henri de s'installer soit dans le palais du Temple, soit au Palais Royal. Son invité préféra le Temple. Le lendemain, un banquet y fut offert par le roi de France dans la grande salle. Jamais de mémoire de prince plus grand festin ne fut donné. Des chroniqueurs enthousiastes écrivirent que ni Charlemagne ni le grand Frédéric n'avaient atteint cette opulence. Princes, ducs, évêques, barons, dix-huit comtesses, deux reines, trois rois, tout ce que les deux royaumes comptaient d'importants seigneurs, semblaient réunis autour de cette prodigieuse tablée. Louis offrit la place d'honneur à Henri, qui la refusa :

— Non, Monseigneur Roi, tu dois être plus décemment et dignement assis au milieu car tu es et seras mon Seigneur.

Louis prit donc le roi d'Angleterre à sa droite et le jeune Thibaud de Champagne, roi de Navarre et son futur gendre, à sa gauche.

Marguerite se réjouissait de voir son époux métamorphosé. Il était gai, plaisantait, levait son verre à tout propos. Elle savait qu'il jouait ce soir-là l'une des plus importantes parties diplomatiques de son magistère, celle qui pouvait aboutir à une paix durable entre les deux royaumes, une paix qui pourrait irriguer toute l'Europe. Elle remarqua qu'il était même capable de transgresser certaines règles en offrant, ce vendredi, jour de jeûne et de poisson, les plus riches plats de viande et les vins les plus renommés.

Le repas achevé, Louis proposa une nouvelle fois au monarque anglais de venir s'installer au palais royal. Henri hésita. Alors le roi de France lui lança sur un ton malicieux :

— Je suis seigneur et roi dans mon royaume et j'entends que tout le monde m'obéisse !

Henri, conquis par l'allégresse et l'affabilité de son beau-frère, ne put qu'accepter.

Dans les jours qui suivirent, les deux souverains eurent plusieurs entretiens en tête à tête. Le roi d'Angleterre réitéra son exigence de récupérer les territoires qui avaient été enlevés à son père, Jean sans Terre, par Philippe Auguste, la Normandie, l'Anjou, le Maine, la Saintonge et le Poitou. Louis se déclara ouvert à cette requête si elle permettait d'aboutir à une paix éternelle entre les deux nations.

— N'avons-nous pas épousé les deux sœurs et nos frères les deux autres ? déclara-t-il. Tous les enfants, filles ou garçons qui sont nés ou naîtront de ces unions seront comme frères et sœurs. S'il y avait entre pauvres une telle affinité, combien ils seraient unis du fond du cœur. Aussi, ajouta le roi de France, je serais prêt à te rendre ces territoires, mais plût à Dieu que les pairs de France et le baronnage consentissent à mon désir.

Quand il alla visiter la Sainte-Chapelle, Henri s'agenouilla longuement devant les reliques, puis il se leva, les larmes aux yeux et murmura :

— Comme j'aurais aimé accomplir un tel hommage pour la gloire de Notre-Seigneur !

Louis comprit qu'il l'avait touché au cœur et que son ambition de paix était en bonne voie. Le roi d'Angleterre l'interrogea, plus tard, sur sa croisade, cherchant à comprendre, lui aussi, pourquoi le Seigneur ne l'avait pas soutenu. Louis, s'efforçant de ne pas paraître chagriné, déclara :

— Mon ami Roi, il n'est pas facile de te démontrer quelle grande et douloureuse amertume de corps et d'âme j'ai éprouvé par amour pour le Christ dans mon pèlerinage. Quoique tout ait tourné contre moi, je n'en rends pas moins grâces au Très-Haut. Car je me réjouis plus de la patience que le Seigneur m'a donnée que s'il m'avait offert le monde entier.

Pendant ce temps, les quatre sœurs ne se quittaient plus. Éléonore évoqua ses relations avec Henri.

— Il est très amoureux de moi et cède à tous mes caprices ! confia-t-elle.

— Et toi, l'aimes-tu ? interrogea Marguerite.

— Aimer Henri ? Oui je l'aime, pourtant il est très ennuyeux.

Béatrice et Sancie firent, à leur tour, part de leur déception. La comtesse d'Anjou trouvait son mari distant, mal aimable et souvent absent. Quant à Sancie, elle était reléguée dans son château, à Wallingford, Richard de Cornouailles préférant les couches de ses maîtresses à la sienne. En outre, il lui avait confié la garde des quatre enfants que lui avait donnés sa première femme, Isabelle Marchal. Maintenant qu'ils étaient adultes, elle se trouvait bien seule et malheureuse.

Quant à Marguerite, qui mesurait son privilège d'être l'épouse d'un roi aussi prestigieux, elle ne se livra à aucune confidence, se contentant de raconter ses années en Terre sainte, la naissance de ses trois enfants et ses fortunes de mer.

Au terme de huit jours passés à Paris, Henri regagna l'Angleterre avec Éléonore et sa suite. Le roi de France l'accompagna pendant la première journée et lui promit de lui faire envoyer l'éléphant que lui avait offert le sultan d'Égypte.

— Pourra-t-il supporter le climat de notre île ? s'inquiéta le souverain anglais. En éclatant de rire, il ajouta : Si tu ne me rends pas la Normandie, au moins aurai-je gagné un pachyderme et fait l'étonnement de mes sujets.

— L'opiniâtreté de mes barons ne se soumet pas à ma volonté, expliqua Louis. Ils disent que vous, les Normands, ne sauriez pas observer pacifiquement leurs bornes sans les violer, c'est pourquoi tu ne peux pas recouvrer tes droits.

— Je compte sur ta force de persuasion et ne doute pas que tu les feras changer d'avis, conclut le roi d'Angleterre.

Ils s'embrassèrent et se quittèrent comme s'ils avaient toujours été les meilleurs amis du monde.

En ce début d'année 1255, l'hiver était glacial et suivait un mauvais été pluvieux qui avait compromis les récoltes. Le roi donna des ordres pour approvisionner les régions sinistrées, notamment la Normandie et l'Orléanais, car la famine se faisait déjà sentir. Des stocks, il y en avait dans les granges dîmières, plus que jadis, car les méthodes agricoles s'étaient considérablement améliorées, en particulier grâce à de nouveaux socs de charrues tirées par des chevaux, des percherons plus rapides que les bœufs, grâce aussi à l'assolement triennal qui favorisait la richesse des terres et la productivité des cultures.

La population de Paris avait été multipliée par deux depuis le début du règne, atteignant aujourd'hui plus de cent mille habitants. Celle du royaume dépassait maintenant dix millions, la plus importante de toute l'Europe. L'industrie, notamment textile, se modernisait ; le bâtiment, favorisé par les constructions d'édifices religieux, d'hospices, de maisons des pauvres et de luxueuses résidences des bourgeois des villes, connaissait un essor sans précédent ; l'artisanat prospérait, à commencer par celui des maîtres verriers et des enlumineurs dont les ateliers se multipliaient dans la capitale ; le commerce lui-même atteignait un volume d'échanges inconnu jusqu'alors et se trouvait plus largement ouvert vers l'Europe et l'Orient.

Cependant, cette vitalité économique se réalisait dans le désordre. Les villes maîtrisaient difficilement leur expansion et si les riches se multipliaient, les pauvres proliféraient aussi.

Pierre de Fontaine dressa ce constat devant le Conseil. Le souverain déclara qu'il importait de réguler cette effervescence en apportant plus de contrôle dans les administrations afin d'améliorer les rentrées fiscales et en introduisant davantage de justice. Telle fut l'orientation des actes du Parlement de Paris, dont la publication de la Grande Ordonnance de 1254 ne constituait qu'une première étape. D'autres mesures allaient suivre.

Alors que son royaume devenait plus riche, plus puissant et plus flamboyant, le souverain décida d'opérer une véritable rupture personnelle ; il opta pour plus d'austérité, d'ascétisme, d'humilité et de pauvreté apparente. Changement d'habits d'abord : les fourrures précieuses furent remplacées par des vêtements de drap ordinaire, le camelin ou le pers. Quand il sortait du Palais, il revêtait une cotte de camelot en poil de chèvre, un surcot de tiretaine et se coiffait d'un simple chapeau de paon blanc. Ainsi était-il vêtu comme ses sujets. Les chambellans, chargés de l'habiller, n'avaient plus pour tâche que de lui préparer ses vêtements du lendemain. Un soir, après avoir passé une journée à Vincennes, il décida d'y rester pour le souper. Catastrophe pour le chambellan de service, Pierre de Laon : le surcot que le roi devait revêtir se trouvait dans un coffre dont l'homme qui détenait la clé s'était absenté. Le chambellan voulut défoncer le coffre. Le souverain s'y opposa. Il pouvait fort bien dîner avec la chape à manches qu'il portait. Il déclara, hilare :

— N'ai-je point bon air dans ce vêtement ?

Il prenait désormais ses repas avec des religieux, principalement des franciscains, placés sur une estrade au-dessus de lui, entouré de pauvres à sa table, à qui il lavait les pieds et distribuait moult deniers avant de les quitter. Sa nourriture était frugale ; il prenait ce que son cuisinier lui préparait sans jamais regimber. Un jour, son maître queux, Roger de Soisy, le voyant mettre de l'eau dans la sauce de son plat de viande, l'apostropha :

— Sire, vous ruinez la saveur de votre plat en faisant cela !

— Cela ne vous regarde pas, moi je trouve que la sauce est meilleure ainsi !

À Joinville qui ne coupait pas son vin, il déclara que plus tard « la goutte et les maladies d'estomac » le prendraient, si bien qu'il n'aurait jamais de santé ; et que s'il buvait le vin tout pur, en sa vieillesse, il s'enivrerait tous les soirs et que « c'est trop laide chose à un vaillant guerrier ».

Il pratiquait l'abstinence, ne jeûnant plus seulement pendant le carême mais quinze jours avant la Pentecôte et pendant la semaine, les lundis, mercredis et vendredis. Il faisait des entorses à ce régime sévère lorsqu'il recevait des seigneurs, des ambassadeurs ou de riches bourgeois, exception faite pour les prélats dont il estimait, compte tenu de leur appartenance à l'Église, qu'ils devaient se conformer à ses préceptes de sobriété, ce qui était rarement à leur goût.

Puis le monarque fit installer, à côté du lit conjugal, un lit en bois surmonté d'un matelas de coton sur lequel il dormirait. Un sommeil toujours entrecoupé de prières et d'offices religieux. Louis entendait chaque jour la messe du saint, une messe de requiem, puis avec ses chapelains les actions de grâces après le dîner, et plus tard avec son confesseur, l'office des morts, les vêpres et les complies avant le coucher du soleil ; une messe encore au milieu de la nuit, enfin les laudes et les primes à l'aurore. Ainsi les pratiques liturgiques du roi étaient-elles supérieures à celles des clercs et du même ordre que celles pratiquées par les moines dans leur couvent.

Pour se vouloir moine, Louis n'en restait pas moins roi. Il était sur tous les fronts et ne ménageait pas sa peine pour renforcer son royaume et lui assurer toujours de meilleures alliances. Comme il avait organisé le mariage de sa fille Isabelle avec le jeune roi de Navarre, il annonça à Marguerite sa nouvelle résolution :

— Que penseriez-vous d'une union entre notre fils Louis qui va avoir douze ans avec Bérengère... ?

— La fille d'Alphonse de Castille ?

— Tout à fait !

— Elle est votre nièce !

— Ma nièce ? C'est beaucoup dire. Nous n'avons en commun qu'Alphonse de Castille, le père de ma mère, au quatrième degré.

— Il faudra tout de même une dispense de Sa Sainteté...

— J'en fais mon affaire !

— Cette Bérengère est-elle... ?

— On la dit parfaite, enchaîna Louis. Vous savez que le roi Henri entend marier son fils Édouard avec la sœur de Bérengère. Il faut absolument contrebalancer cette alliance entre la Castille et le Plantagenêt.

— Ah ! Je comprends mieux, intervint Marguerite sur un ton mutin. Vous avez raison, Sire, dans ces conditions Bérengère est parfaite et je n'ai rien à redire. Louis est-il dans la confidence ?

— Pas encore, mais je compte sur vous...

— Et le mariage d'Isabelle ? demanda-t-elle.

— Le roi de Navarre nous presse. Mais tant qu'il n'aura pas réglé son différend avec le comte de Bretagne, il n'aura pas Isabelle ! Je ne veux pas qu'on dise que je marie mes enfants en déshéritant mes barons. Et puis notre fille est encore bien jeune.

— Treize ans, n'avais-je pas cet âge quand vous m'avez épousée ?

Louis esquissa un sourire entendu. Aujourd'hui, elle était d'humeur taquine, il devait s'en accommoder.

— Bien, ma Mie, je dois vous quitter. J'ai à régler une vilaine querelle entre les séculiers et les réguliers. Les premiers veulent écarter les ordres prêcheurs et mineurs de l'enseignement à l'Université. Et c'est l'évêque Guillaume de Saint-Amour, que je viens de convoquer, qui mène la danse. Je vais lui rappeler qui commande ! S'il le faut, j'en appellerai au Saint-Père !

— À vous entendre, déclara Marguerite, il est périlleux de toucher à vos frères mendiants !

— En effet, conclut le roi en quittant la chambre.

Il rejoignit la salle du Conseil où vinrent le rejoindre le franciscain Geoffroy de Beaulieu et le maître régent du couvent des Cordeliers, Eudes Rigaud, en passe de devenir son plus proche conseiller. L'évêque Guillaume de Saint-Amour, régent de la faculté de théologie, attendait debout, regardant les jardins du Palais, quand le roi entra et l'interpella :

— Alors, Monseigneur, vous écrivez désormais des pamphlets contre les ordres mendiants ?

Surpris, l'évêque bafouilla :

— Un pamphlet, Sire ? Non, une mise au point théologique.

— Venez vous asseoir et nous raconter cela !

Le prélat lança un regard courroucé aux deux franciscains. La partie était inégale. Il allait devoir batailler.

— Je crains fort, Majesté, que les thèses de Joachim de Flore qui, n'en doutons pas, sont fondatrices des ordres prêcheurs et mineurs, soient en train de ruiner la chrétienté.

— Vraiment ? interrompit le roi.

— Absolument ! Cette histoire de l'Évangile éternel est une imposture. C'est sur elle que l'empereur Frédéric s'est appuyé pour se déclarer le « vicaire du Christ » et elle fait souffler sur les peuples un dangereux et violent vent d'apocalypse.

— Pensez-vous réellement, Monseigneur, que mes frères, qui sont ici auprès de moi, pensez-vous que frère Thomas d'Aquin, dont la réflexion théologique est si féconde, que frère Bonaventure sont des ennemis de la chrétienté ? Et pensez-vous que notre Saint-Père Grégoire qui autorisa leurs ordres était un danger pour notre Sainte Église ?

L'évêque ne pouvait cacher son embarras.

— C'est-à-dire, Sire...

Le roi le coupa :

— Je me suis laissé dire qu'en fait de querelles théologiques, vous seriez davantage préoccupé par la gêne que les frères mendiants vous occasionnent dans la collation des oblations, cens et portion canonique...

— Sire ! s'indigna le prélat, vous m'outragez !

— Telle n'est pas mon intention, reprit le roi, très calme. Mon intention est de vous empêcher de dénigrer publiquement les ordres qui ont fait souffler sur notre Église un vent nouveau et restitué pour tous les chrétiens le vrai message de Notre-Seigneur Jésus-Christ, celui de l'amour, de l'humilité et de la pauvreté. Je ne vous retiens pas, Monseigneur !

Les deux conseillers n'avaient pas ouvert la bouche. Ils savaient que le roi, à lui seul, pouvait tenir une controverse théologique. Mais ils furent surpris par la dureté de son intervention, humiliante pour le prélat. Ils en conclurent que le souverain était bien leur meilleur allié, dans ces temps difficiles.

77

La présomption d'innocence

Le roi, s'il ne savait compter que sur ses doigts, avait en revanche une idée bien précise de la conduite des finances de son pays. Elle reposait sur deux principes moraux : son pouvoir devait se limiter aux droits et aux devoirs réciproques entre lui et ses sujets, et il devait être juste en respectant les droits acquis. Cela n'empêchait pas de donner son aval à une multitude de taxes, prélèvements et redevances qui visaient à la fois les hommes, libres ou serfs, les animaux, les maisons, les terres, les marchandises, les ventes, les donations, les successions, les biens vacants, les bois, les pâturages, les eaux, les péages sur les ponts, les foires et les marchés. Tout était bon pour financer les dépenses courantes qui se montaient, bon an mal an, à un peu plus de soixante-dix mille livres. Comme les recettes excédaient deux cent cinquante mille livres, l'excédent annuel était important et abondait les charges exceptionnelles comme les guerres, l'achat des reliques, les constructions de Royaumont ou de la Sainte-Chapelle, lesquelles étaient également alimentées par de nombreuses donations. Pour des charges comme celles de la croisade ou du paiement de sa rançon, ou encore les adoubements de ses frères, le monarque faisait appel aux ressources de l'Église, à celle des villes et de ses vassaux. Encore que, pour ces derniers, il entendait s'en affranchir afin que le royaume ne fût plus leur débiteur.

Deux fois l'an, le souverain dirigeait une réunion avec ses financiers et les baillis. L'un d'eux annonça une nouvelle importante qui indiquait une mutation profonde de la société :

— Pour la première fois l'an passé, Sire, les recettes en provenance des villes ont été supérieures à celles des campagnes.

Cette évolution s'est produite depuis les levées de fonds pour la croisade. Ainsi les recettes extraordinaires l'emportent-elles désormais sur les ordinaires.

— Cela se fait-il dans les règles de droit et de justice ? interrogea le roi.

— Oui, Sire, nous répartissons au mieux les charges entre les riches, qui s'affranchissaient naguère de beaucoup de redevances et les pauvres, qui étaient surchargés de taxes.

— Fort bien ! approuva le souverain. Continuez à pressurer les riches, surtout les gens d'Église qui n'en ont pas tant besoin, mais en respectant leurs droits. Je sais des villes où l'administration est confisquée par les grandes familles, les petits et les moyens en étant exclus. Le seigneur et le bailli doivent exiger d'eux des comptes publics en présence des délégués du Commun.

— Votre Grande Ordonnance y contribuera fortement, assura Pierre de Fontaine. Votre ordre de mettre la gestion des communes sous le contrôle des baillis commence à porter ses fruits. Depuis que vous avez ordonné de tout écrire en français et non plus en latin, les comptes sont désormais plus clairs.

— Je veux que, dorénavant, tous les écrits, tous ! soient rédigés en français et que notre langue s'impose aussi dans nos échanges commerciaux, dans les écoles, à l'Université, excepté pour la théologie qui doit conserver le latin.

Le souverain fit part également de sa volonté de s'affranchir en partie de la gestion des fonds du royaume par les templiers. À cette fin, il nomma un clerc royal, Raoul de Chambly, pour surveiller, contrôler et soustraire une grande partie des recettes qui relevaient jusqu'alors des attributions du Temple.

— Par ailleurs, insista-t-il, nos recettes exceptionnelles étant bonnes, nous allons en consacrer une partie pour bâtir des hospices. Je veux qu'à Paris soit édifiée une grande maison pour trois cents aveugles qui sera dédiée à saint Rémi.

Cet hospice fut appelé les Quinze-Vingts car il comptait trois cents lits[1]. Louis avait, en effet, été bouleversé par le nombre de croisés qui avaient eu les yeux crevés par l'ennemi ou qui avaient contracté des maladies les ayant rendus aveugles.

— Vous ferez aussi construire des hôtels-Dieu à Vernon, Pontoise, Compiègne, Orléans et agrandir celui de Paris ; et

1. 15×20 dans le système de numération vicésimal.

vous ferez édifier, comme l'ordonna ma mère, une nouvelle maison pour les Filles-Dieu afin de donner un abri à ces pauvres femmes que la misère a fait tomber dans l'inconduite. Vous n'oublierez pas de recueillir tous les dons nécessaires à ces constructions.

Les conseillers se regardaient interloqués. Si le roi comptait sur les ressources du royaume pour ces constructions, il entendait également faire appel aux donateurs. Une contradiction apparente. Le souverain souhaitait que les efforts pour le bien-être du peuple ne fussent pas seulement l'apanage de l'initiative royale, mais participent aussi du soutien des sujets les plus fortunés. Au cours de cette réunion, le monarque informa également ses conseillers qu'il avait demandé à l'un de ses confesseurs, Robert de Sorbon, de faire bâtir un collège pour les étudiants en théologie qui ne pouvaient financer leurs études[1].

— Robert de Sorbon, qui est fils de vilain et de vilaine, a pu devenir maître en théologie de l'Université par son travail, son assiduité, ses capacités, mais aussi une bourse. Son exemple doit indiquer à nos sujets que le mérite doit être aidé.

— Les Juifs pourront-ils être admis dans cette école ? interrogea Geoffroy de Beaulieu.

La question n'était pas innocente. Les dominicains avaient exclu les Juifs de l'Université. Ces derniers s'en étaient plaints auprès du pape qui avait rappelé les frères prêcheurs à l'ordre en ces termes : « Non seulement les hommes vertueux et religieux mais aussi les Juifs et les autres non chrétiens peuvent être librement admis dans les écoles qui enseignent la loi divine et appelés à recevoir la lumière de la foi et la discipline des mœurs. »

Le rappel du souverain pontife n'était pas sans arrière-pensée.

Le roi hésita à répondre, puis déclara :

— Nous devons suivre les recommandations du Saint-Père.

Il entendait évidemment que l'Université devînt aussi un lieu de conversion.

À la suite de ce Conseil, Louis apprit la naissance d'un nouveau garçon. Pour se faire pardonner son apparente indifférence pendant la croisade, quand étaient nés Pierre, Blanche,

1. Collège qui deviendra la Sorbonne.

et plus tard Marguerite, il se précipita dans la chambre de son épouse pour la féliciter.

— Nous l'appellerons Robert, lui annonça la reine, en souvenir de votre frère, qui fut mon préféré.

Louis ne put s'empêcher de manifester son émotion à l'évocation de Robert d'Artois, tué à la Mansourah. Pour donner le change, il ironisa :

— Je croyais que votre préféré était Charles !

— Charles était, après vous, le préféré de votre mère, moi je n'ai fait que jouer avec lui quand il était enfant...

— Je plaisantais...

— Je souhaiterais, reprit-elle, que vous vous occupiez davantage de vos enfants. Les trois premiers ont grandi pendant votre pèlerinage et vous connaissent à peine. Isabelle m'interroge souvent sur vous, Louis est maintenant âgé de douze ans et doit être formé à son futur métier de roi, Jean Tristan, Pierre et Blanche vous ont à peine vu en Terre sainte...

— J'en suis conscient, Marguerite. J'y pensais aussi. Je vais leur réserver désormais une ou deux heures par jour car je dois en faire de bons chrétiens. Je vais d'ailleurs, avec votre permission, demander à frère Vincent de Beauvais, un dominicain, de m'aider dans cette tâche.

— Vous avez ma permission, lâcha la reine, avec un petit sourire en coin.

Elle leva les yeux au ciel. Le roi n'aurait pu dire si c'était pour accompagner son vœu ou pour marquer son agacement pour cette monomanie religieuse.

En réalité, la véritable obsession du monarque était la justice : « Rendre bonne justice à son peuple qu'on en garde l'amour de Dieu... », comme le lui avait rappelé Hugues de Digne.

Il prit, en 1256, de nouvelles ordonnances qui accroissaient ses prérogatives dans ce domaine. Désormais, toute la hiérarchie administrative, du bailli au sergent, ne pourrait juger que par délégation et devrait appliquer le principe que « nul ne doit être privé de son droit sans faute reconnue et sans procès ». La présomption d'innocence était ainsi affirmée. Par ailleurs, les vassaux ou les seigneurs ne pourraient plus régler leurs litiges entre eux, mais devraient se soumettre à la justice royale, le roi en devenant le suprême détenteur et le recours pour les justiciables qui pourraient s'adresser directement à lui.

Le souverain inaugura ainsi un nouveau style de plaid[1], les tenant dans sa chambre ou, aux beaux jours, sur des tapis, soit dans les jardins du Palais Royal, soit dans le parc du château de Vincennes, au pied d'un grand chêne. Vêtu très simplement, comme il le faisait désormais chaque jour, il s'asseyait, assisté généralement de ses trois principaux conseillers en la matière, Simon de Nesle, Pierre de Fontaine et Geoffroy de Villette. Le souverain ouvrait la séance en demandant :

— Y a-t-il ici quelqu'un qui ait sa partie ?

Plusieurs justiciables se levaient alors bruyamment.

— Taisez-vous, avait coutume de lancer le monarque, on vous expédiera l'un après l'autre !

Et, se tournant vers ses conseillers, il leur ordonnait :

— Expédiez cette partie.

Les affaires traitées et les cas présentés étaient très variés. Louis écoutait, intervenait parfois, mais ne jugeait pas, sauf exception, quand, par exemple, le litige nécessitait un arbitrage moral ou que la culpabilité du prévenu n'était pas assez prouvée. Tel fut le cas d'un cordonnier qui avait été accusé d'homicide. Il prétendait qu'il n'avait pas eu l'intention de tuer.

— Qu'il ait la vie sauve, décida le souverain. Mais comme il a occis un sujet du Roi, qu'il s'engage pour combattre en Terre sainte.

Une autre affaire concernait une noble dame qui avait été condamnée à mort pour avoir fait tuer son mari. De fortes pressions avaient été exercées par Marguerite, par sa belle-sœur Jeanne de Toulouse et même par certains frères franciscains, afin d'obtenir sa grâce, ce dont Louis avait eu connaissance.

— N'a-t-elle pas tué son époux pour vivre avec son amant ? demanda-t-il.

Les réponses furent embarrassées car telle était la raison de son crime, bien que le mari fût un odieux personnage, volage de surcroît.

Louis s'était alors tourné vers Simon de Nesle :

— La condamnation à mort est-elle régulière ?

— Elle est régulière, Sire, il convient de ne pas la soustraire à un châtiment exemplaire.

— Dans ces conditions, que la justice passe. Qu'elle soit

1. Cour de justice médiévale où l'on plaide son droit contre un tiers, sous l'égide du roi, d'un seigneur ou d'un évêque.

pendue, mais par égard pour l'honneur des siens, qu'elle le soit hors de Pontoise.

Chaque jour, le roi se rendait à la Sainte-Chapelle pour y prier les reliques. Il lui revint en mémoire que, durant son long séjour dans le royaume de Jérusalem, son confesseur Geoffroy de Beaulieu lui avait raconté son émerveillement en visitant la bibliothèque du sultan du Caire. Ce dernier faisait rechercher, au-delà des frontières, les livres qui détenaient tout le savoir du monde. Louis avait alors émis cette réflexion :

— Ainsi les Fils des ténèbres sont-ils plus sages que les Fils de la lumière et de plus grands zélateurs que ne le sont les Fils de l'Église.

Cette découverte l'incita à vouloir imiter le sultan. Il fit appeler l'architecte Pierre de Montreuil et lui demanda de concevoir dans la Sainte-Chapelle une belle bibliothèque pour y accueillir les ouvrages des pères de l'Église, saint Augustin, saint Ambroise, saint Jérôme et saint Grégoire, ainsi que ceux de tous les théologiens, afin que tous les hommes de lettres, les religieux et lui-même puissent venir librement les étudier.

En sortant ce jour-là de la bibliothèque, le roi croisa son épouse, l'air fâché.

— Louis, j'ai à vous parler, dit-elle, abruptement.

— Je suis à votre disposition, sourit le roi, qui redoutait de contrarier son épouse quand elle manifestait, si ouvertement, sa mauvaise humeur.

Ils allèrent dans sa chambre.

— On raconte partout, dit-elle, que vous envisagez, quand notre fils Louis sera en âge de gouverner, de rentrer dans les ordres pour devenir cordelier.

Louis prit un air mutin.

— Cela ne semble pas avoir l'heur de vous plaire, Madame !

— Que ça me plaise ou non n'est pas l'affaire ! Je vous rappelle que vous êtes le roi de France, l'époux de la reine Marguerite et le père de huit enfants. Cette décision m'apparaîtrait comme une démission !

Louis s'approcha de son épouse et l'enveloppa dans ses bras.

— Ce qui est vrai, dit-il, c'est que si je n'avais pas été roi, époux et père, je serais sûrement devenu cordelier, si telle avait été la volonté de Dieu. Ce n'est pas parce que Notre-Seigneur

Jésus-Christ et saint François sont mes modèles que je m'affranchirai de mes responsabilités. Tant que vous vivrez et tant que je serai roi, vous n'aurez pas à redouter une telle retraite.

— Me le jurez-vous ?

— Ai-je besoin de blasphémer pour vous dire la vérité ? s'irrita-t-il.

— Non, je vous crois, conclut Marguerite. Mais je serais bien aise que vous démentiez cette rumeur auprès de votre entourage si disert.

— Mon entourage est humain, reprit Louis, il a besoin de cancaner.

Les affaires extérieures du royaume l'occupèrent beaucoup cette année-là. Il régla d'abord par le « dit de Péronne » le conflit entre les Dampierre et les Avesnes, en attribuant définitivement le Hainaut à ces derniers.

Puis, apprenant la mort de Guillaume de Hollande, roi des Romains, il jugea que le trône était à prendre et convoqua son Conseil. Charles d'Anjou y participait pour revendiquer le titre que jadis le pape lui avait proposé.

— Pas question, tonna le roi. Tu as mieux à faire avec la Provence.

Puis il ajouta, à la surprise générale :

— Mon candidat sera Alphonse de Castille, le père de ma future belle-fille.

— Richard de Cornouailles est sur les rangs, intervint Pierre de Fontaine.

Le roi était embarrassé. Il connaissait l'ambition du frère d'Henri d'Angleterre et savait que Marguerite ne serait pas fâchée de voir sa petite sœur Sancie devenir reine.

— Poussons nos pions auprès du Saint-Père et nous verrons, déclara-t-il.

Le conseiller Raoul Grosparmi, qui avait suivi le roi en Terre sainte et gardait un œil sur l'évolution de la situation en Orient, annonça une série de nouvelles alarmantes. Il déclara d'abord que les chrétiens se livraient entre eux à une bataille sans merci pour la conquête du monastère de Saint-Sabas.

— Comment osent-ils ? Racontez-nous ! demanda le souverain.

— C'est un affrontement entre les Génois, soutenus par les hospitaliers et Philippe de Montfort, et les Vénitiens, appuyés par les templiers et le comte de Jaffa. Ils se livrent depuis quelques semaines à de véritables et meurtrières batailles navales.

— Pitoyable ! Ces Poulains et ces moines-soldats ne sont vraiment pas dignes de se trouver en Terre sainte.

Du côté des Mongols, Grosparmi relata qu'ils avaient conquis la Perse en début d'année et se trouvaient désormais aux portes de la Syrie. Leur seigneur, Hülegü, avait même pris le fort d'Alamut où résidait le Vieux de la Montagne.

— Qu'est-il devenu ?

— Il a été occis et sa secte dispersée. Ses membres auraient adopté un autre nom que celui de « hachichins » ; ils seraient revenus à l'appellation d'ismaéliens.

Guy Foulquois fit ensuite un point sur le conflit qui opposait depuis des lustres le royaume de France et celui d'Aragon, qui revendiquaient tous deux la souveraineté de Montpellier, mais aussi celle de Millau, de Foix et de Carcassonne.

— Le roi Jacques a été sensible à votre proposition de désigner deux arbitres pour régler cet interminable différend, Sire. Il a suggéré pour sa part le prieur de Gérone, et de notre côté je propose Herbert, le doyen de Bayeux.

— Vous avez mon accord, dit le roi. Je suis heureux que la sagesse l'emporte et que nous n'ayons pas eu à prendre les armes pour faire valoir nos droits.

Le souverain se retira ensuite pour rencontrer ce fameux dominicain italien qui régnait sur l'université de Paris, Thomas d'Aquin, un frère prêcheur qui, comme saint François, était devenu moine mendiant alors qu'il était issu d'une riche famille.

— Enfin, frère Thomas, vous voilà ! s'exclama-t-il, en voyant arriver son invité, qui venait d'être nommé maître théologien de l'université de Paris par le pape Alexandre en même temps qu'un autre dominicain, frère Bonaventure.

— Je suis heureux, Sire, de rencontrer le souverain qui nous a tant soutenus dans notre querelle avec les séculiers.

— J'ai dit à monseigneur Saint-Amour ma façon de penser, et comme il ne semblait pas en tenir compte, j'ai écris au Saint-Père pour lui faire part de notre irritation. Votre nomination me réjouit donc.

Louis convia son invité à passer à table en se doutant qu'un homme d'une taille si grande et imposante, tout moine qu'il était, ne se montrerait pas indifférent aux plaisirs des mets. Il pensa, en le voyant pour la première fois, que le sobriquet dont ses élèves l'affublaient de « bœuf muet » lui allait bien. Il avait choisi de le voir en tête à tête pour s'affranchir de ses conseillers religieux dont il n'ignorait rien de la pensée.

— On vous dit peu causant mon frère, lui déclara-t-il, en plaisantant.

— On n'a pas tort car je ne parle jamais pour ne rien dire, répliqua Thomas d'Aquin.

— Je ne vous ai pas convié pour vous taire, ni pour m'écouter, mais pour vous consulter sur certains sujets sur lesquels je voudrais que vous m'éclairiez.

— N'avez-vous pas de grands théologiens auprès de vous ? interrogea le moine.

— C'est exact, des prélats brillants et très instruits des choses de la théologie, mais qui s'inscrivent dans un courant traditionnel. Or, on me dit que votre réflexion sort souvent des sentiers battus.

— Ce sont peut-être des chemins plus escarpés, reprit le dominicain, car pour accéder à la connaissance de Dieu il ne suffit pas seulement de se confier à la foi. L'existence de Dieu n'est pas une évidence !

Le visage du roi ne cacha pas sa surprise.

— Qu'entendez-vous par là ?

— Vous n'ignorez pas, Sire, que l'enseignement d'Aristote fait l'objet de polémiques et de réticences affirmées parmi les théologiens, certains chefs de notre Église y furent même très opposés. Or, si je réhabilite Aristote dans mon magistère, c'est pour aider à mieux cheminer vers Dieu et mieux le comprendre. La foi chrétienne n'est pas incompatible avec la raison. Les deux sont nécessaires à la compréhension de Dieu pour mieux accéder à la Révélation.

— Ainsi, la raison ne serait pas un obstacle à la foi ?

— Non, elles sont solidaires, car elles émanent de Dieu toutes les deux. Mais il ne faut pas tout attendre de la foi. Je dirais comme mon maître, Albert le Grand, qu'en matière de foi et de mœurs, je crois saint Augustin plus que les philosophes, mais qu'en médecine, je m'en remets à Hippocrate.

— Peut-on perdre la foi ?

— Oui, si elle n'est pas ancrée dans une démarche de compréhension du monde, de l'univers, de l'Homme, des causes et des effets des choses, elle peut être ébranlée. Avez-vous ressenti, Sire, que vous pouviez perdre la foi ?

— Jamais ! Cependant, il m'est arrivé, notamment après ma désastreuse croisade, où le Seigneur m'a tant manqué, de ne pas comprendre ses intentions...

— Et vous êtes revenu à la raison ?

— En quelque sorte. Mais une question me hante encore.

— Dites, Majesté.

— Les Infidèles ou les païens, faut-il les combattre ou tenter de les convertir ?

— Vous pourriez ajouter les hérétiques...

— Non, ceux-là sont différents, ils ont été des nôtres et se sont écartés de notre Sainte Église. Il faut les faire revenir dans son sein en les persuadant ou en les châtiant s'ils ne veulent pas renoncer.

— Je ne mettrais pas les musulmans et les païens dans la même réflexion, reprit le théologien. Les incroyants, nous devons les raisonner, même si l'arme de la raison n'est pas la plus définitive. Les Infidèles, nous ne devons pas les combattre par les armes mais par l'exemple d'une vie simple, humble, charitable, consacrée à la recherche de la connaissance de Dieu et à l'application des préceptes de l'Évangile.

— Certes, mais cela ne les empêche pas de nous imposer leurs lois depuis six siècles...

— Comme ils nous ont fait découvrir Aristote, peut être pourrions-nous, maintenant que leur influence diminue, les conduire sur les vrais chemins de la vérité ?

— Qu'est-ce alors que la vérité ? demanda Louis.

— Isaac a dit : « La vérité est l'adéquation entre la réalité et l'intelligence. » Ainsi sommes-nous dirigés vers la connaissance de l'Ultime.

— Quelles sont les responsabilités d'un roi vis-à-vis de ses sujets et devant Dieu... ?

Thomas réfléchit un instant, puis proposa une parabole de l'Évangile :

— Le pasteur doit rechercher le bien du troupeau et le chef le bien de la multitude qui lui est soumise.

— Une dernière question, frère Thomas, au sujet de l'argent dont l'Église proscrit le commerce et qui me fait tant horreur, quelle est votre opinion ?

— Aristote n'est pas étranger non plus à cette conception de notre Sainte Église. Il estimait que la monnaie n'ajoutait pas de valeur, qu'elle était stérile et immuable, et que ces deux caractéristiques étaient incompatibles avec le concept d'intérêt. Par ailleurs, dans l'Évangile de saint Luc, il est dit qu'il est interdit que l'argent soit prêté avec intérêt et qu'il ne faut pas importuner le débiteur même en vue du remboursement.

— Et les Juifs ?

— Il leur est interdit de prêter à usure à leurs coreligionnaires. D'ailleurs, les rabbins rappellent souvent les inconvénients du prêt qui les rend impopulaires tant auprès des souverains que de leurs peuples.

Le roi se déclara ravi par cette conversation et pria le théologien de lui faire désormais l'honneur de sa table. Il l'assura de son soutien indéfectible pour développer son enseignement à l'abri des menaces. Il avait dû, en effet, quelques mois plus tôt, faire envoyer des gardes pour protéger les frères mendiants contre les agressions de nombreux clercs séculiers.

78

« Ce que je lui donne, en réalité je le garde ! »

Louis se rendait à l'abbaye de Royaumont plusieurs fois par mois. Il y passait une journée en prière avec les moines, dormant dans la chambre qui lui était réservée dans l'aile droite du dortoir.

Il commençait toujours par rendre visite aux malades, les interrogeait sur leurs affections, les touchait, les embrassait, peu soucieux de savoir s'ils étaient ou non contagieux.

Puis il allait s'occuper du convers Léger, qui vivait dans une maison isolée dans le parc de l'abbaye. Léger était très handicapé, il ne voyait plus, n'avait plus de nez, ses lèvres étaient boursouflées et fendues, ses yeux rouges de sang et il avait des difficultés à se mouvoir. Le souverain commençait par l'embrasser, puis le lavait, enfin lui donnait à manger.

— Ah, mon bon Léger, Dieu ne t'épargne aucune souffrance ! Mais au royaume des cieux ta place sera à sa droite, au milieu de tous les saints.

Le convers grommelait, aucun son intelligible ne pouvait plus sortir de sa bouche. Le roi lui disait en le caressant :

— Vois-tu, le sacre m'a donné le pouvoir de guérir certaines maladies, comme les écrouelles, mais pour la lèpre je suis impuissant. Je ne peux que t'apporter mon réconfort.

Le souverain lui demanda un jour :

— Es-tu bien nourri au moins ?

D'un signe de tête, Léger sembla acquiescer.

— Veux-tu manger de la poule ou de la perdrix ?

Le malade tenta d'esquisser un sourire. On lui en apporta. Il fit comprendre que ce n'était pas assez salé. Louis mit du sel sur la viande, un peu trop, elle lui brûla les lèvres. Alors, le souverain trempa les morceaux salés dans l'eau avant de les lui faire avaler.

Peu de témoins assistaient à cet échange. Tous les chevaliers qui accompagnaient le monarque à Royaumont refusaient de s'approcher du malade de peur d'être contaminés. À d'autres occasions, Louis affichait sa compassion d'une manière plus ostentatoire. Il lui fallait mettre en scène son pouvoir sacré de thaumaturge qui légitimait sa fonction de roi chrétien et montrait au peuple sa capacité de miséricorde. Il assimilait la lèpre au péché mortel, comme il le confia un jour à Joinville.

— Il n'y a pas de lèpre aussi laide que d'être en grand péché mortel. Quand l'homme meurt, il est guéri de la lèpre de son corps, mais quand il est en état de péché mortel mourant, il n'est pas sûr que Dieu lui pardonne un jour...

Il en parlait souvent à ses enfants à qui, tous les soirs, il prodiguait ses préceptes. Il leur racontait aussi l'histoire de leurs ancêtres, ne négligeant jamais d'évoquer les bons et les mauvais princes afin de leur inculquer les notions du Bien et du Mal qui étaient au cœur de son enseignement :

— Je vous rappelle ces choses mauvaises des méchants princes, leur disait-il, pour que vous vous en gardiez, afin que Dieu ne se courrouce par contre vous.

Un soir, après qu'il eut attendu qu'ils se soient tous endormis, il alla rejoindre Marguerite qui, à son arrivée, se mit ostensiblement à genoux et pria à haute voix :

— Seigneur, octroyez au roi de France un peu de tolérance à l'égard des Juifs qui sont tourmentés...

— Que signifie ?

La reine se leva et se dirigea vers lui, l'air effronté.

— Je vous en ai déjà parlé, Louis, je trouve vos mesures contre les Juifs excessives et injustes.

— Il faut lutter contre l'usure, elle crée des injustices insupportables !

— Certes, mais ils ne sont pas les seuls, il y a aussi les Lombards, les Cahorsins, et beaucoup de vos sujets, seigneurs ou bourgeois, l'utilisent en secret. Et pourquoi spolier ceux qui ne la pratiquent pas ?

— Je sais, nos officiers royaux ont parfois la main un peu lourde. Nous allons corriger cela.

Marguerite vint lui poser un baiser sur le front, satisfaite d'avoir été entendue. Le souverain désigna trois ecclésiastiques pour faire le recensement des familles juives spoliées injustement afin que leurs biens leur soient restitués, de même que les objets de culte des synagogues qui avaient été dérobés. Une ordonnance fut publiée pour officialiser cette mesure de réparation.

Dans le même train de mesures, une autre ordonnance interdit dans tout le royaume les tournois et les duels. En outre, sur les conseils de Guy Foulquois, qui venait d'être élu évêque du Puy, le roi fit aussi interdire les guerres privées dans le royaume, sous peine de châtiment. Cette ordonnance fut mal acceptée, ces pratiques étant ancrées dans les coutumes depuis des siècles et tous les sujets, du seigneur au paysan, ayant pour habitude de régler leurs comptes en bataillant. Beaucoup refusaient de se soumettre à cette interdiction royale. Mais dès que les conflits remontaient aux oreilles du roi, les sanctions pouvaient être très lourdes. Les plus mécontents étaient les membres de la noblesse, qui se voyaient ainsi privés de leur pouvoir de répression.

Soucieux enfin de la situation d'injustice, de pauvreté et d'anarchie qui régnait dans sa capitale, au pied de son palais, le monarque décida de frapper fortement et promptement. Il supprima la charge de la prévôté qui, jusqu'ici, pouvait être vendue à l'encan et se trouvait ainsi contrôlée par les nobles et les bourgeois au détriment du reste de la population et fit appel à un homme qui avait une grande réputation d'intégrité, Étienne Boileau.

— Je vous nomme prévôt de Paris, lui dit-il. Vous devrez nettoyer cette ville de toutes les injustices qui s'y sont établies, des impôts qui grèvent notre peuple au profit des plus riches et de tous les malfaiteurs et les larrons qui y font leur loi. La plupart des honnêtes sujets, nos meilleurs artisans, nos plus habiles ouvriers, ne veulent plus rester en ville, tant ils sont rançonnés. Vous avez tout mon soutien pour accomplir cette noble tâche.

Évidemment, cette décision n'eut pas l'heur de plaire aux notables de la ville, mais ils durent s'y résoudre. Le choix d'Étienne Boileau fut le bon. En quelques mois, la situation fut retournée et de nombreux sujets, exilés dans d'autres prévôtés, revinrent s'installer dans la capitale.

C'était l'été. En sortant de sa réunion, Louis aperçut son épouse et sa sœur Isabelle se promener dans les jardins. Il alla les rejoindre. Il éprouvait pour Isabelle une réelle et tendre affection. Comme lui, elle était très pieuse. Elle avait fait vœu de chasteté et refusé, en son temps, la main de Conrad de Hohenstaufen, qui aurait permis d'établir une alliance puissante entre le royaume de France et le Saint Empire romain germanique. Louis avait alors approuvé le choix de sa sœur ; il lui avait même donné l'argent nécessaire pour créer à Longchamp, près de Paris, le couvent des Clarisses, en hommage à Claire[1], qui avait été amie de saint François d'Assise.

En rejoignant les deux femmes, Louis se réjouissait d'annoncer à Marguerite une bonne nouvelle :

— Savez-vous, lui apprit-il, que nous allons signer un traité de paix avec le roi d'Aragon ? Je lui laisse la Marche d'Espagne et le Roussillon et il abandonne tous ses droits sur le Languedoc et le Toulousain. Pour consacrer cette nouvelle alliance, nous allons marier notre fils Philippe à sa fille Isabelle. Ainsi aurons-nous dans notre famille notre fille Isabelle, future reine de Navarre, et une belle-fille qui pourrait aussi devenir reine.

— À ce propos, intervint Marguerite, la date du mariage avec Thibaud n'a toujours pas été fixée ?

— Ce sera pendant l'été. Je veux que ce soit une grande et belle cérémonie où tous les barons et les chevaliers seront invités pour honorer les nouveaux souverains de Navarre.

La sœur du roi se retira, laissant le couple seul. Marguerite apprit à son époux la teneur d'une lettre qu'elle venait de recevoir de sa sœur Éléonore :

— Elle m'écrit qu'Henri est sous le contrôle de ses barons qui veulent lui imposer une nouvelle constitution, appelée Provisions d'Oxford ; elle pourrait lui faire perdre beaucoup de son pouvoir.

Le roi réfléchit. Il n'ignorait pas les difficultés de son beau-frère et se doutait que cette nouvelle réforme ne tournerait pas à son avantage :

— J'aime Henri par certains côtés, pourtant il me déçoit souvent. C'est un homme sincère mais inconstant, influençable, imprévisible. Il n'a pas été correct avec moi pour la candidature au poste de roi des Romains. Il savait que je souhaitais que ce fût Alphonse de Castille et il s'est obstiné à pousser son fils Édouard ; il a réussi à convaincre le pape. C'est absurde ! Un

1. Canonisée par le pape Alexandre, sainte Claire avait fondé l'ordre des Pauvres Dames, appelé plus tard ordre des Clarisses.

Anglais, empereur d'Allemagne et d'Italie... L'Italie est en mer Méditerranée, cette couronne devait revenir naturellement au Castillan...

— D'autant plus que cela vous arrangeait, nota la reine.

Louis ne releva pas et poursuivit :

— Je suis tout de même parvenu à le convaincre d'accepter un traité de paix que nous signerons l'an prochain.

— C'est justement ce traité qui a mis ses seigneurs en colère, comme beaucoup de vos barons également, souligna Marguerite.

Le traité de Paris, qui mettait fin à quarante années d'hostilités entre la France et l'Angleterre, comprenait, en effet, de part et d'autre, des renoncements qui avaient irrité les féodaux des deux pays. Le roi de France restituait au trône d'Angleterre les fiefs et les domaines de Limoges, Cahors et Périgueux. Une cession plus apparente que réelle, puisque les seigneurs gardaient le droit de « s'immédiatiser », en conservant le roi de France comme suzerain sans prêter hommage au Plantagenêt. Ce dernier recevait, en outre, la partie sud de la Saintonge, dont la ville de La Rochelle, mais seulement à la mort d'Alphonse de Poitiers et de son épouse. De son côté, Henri d'Angleterre renonçait définitivement à la Normandie, à l'Anjou, à la Touraine, au Maine et au comté de Poitiers. En outre, il devait hommage au roi de France, non seulement pour les terres qu'il ne revendiquait plus, mais aussi pour la Guyenne. En somme, le roi d'Angleterre percevait les revenus de ces fiefs sans en être propriétaire. Il restait seulement duc d'Aquitaine et vassal de Louis.

— Je peux imaginer la fureur des barons anglais, déclara Marguerite, vous avez roulé votre beau-frère dans le froment.

— Ce n'est pas ce que pensent mes barons et mes conseillers. Il y a ceux qui protestent parce qu'ils ne pourront plus guerroyer, se retrouveront oisifs et dont on me dit qu'il vaudrait mieux qu'ils consacrassent leur talent de chevaliers à affronter l'ennemi anglais plutôt que de se rebeller contre le roi de France, et il y a ceux qui ne veulent pas se trouver sous la tutelle de l'Anglais, comme les Rochelais. Mais les critiques principales portent sur un principe : ces fiefs ont été conquis par le roi Philippe Auguste et soustraits à Jean sans Terre par une décision des pairs de France. Dans ces conditions, je n'aurais rien dû céder ; pour eux, c'est un abandon injustifié. Je leur ai répondu que j'avais bien sûr le droit de tout garder, mais que je voulais établir des relations d'amour et d'affection entre mes enfants et ceux du roi d'Angleterre, qui sont cousins germains. Il me semble, en outre, que ce que je lui donne, en réalité, je le garde. Enfin, Marguerite ! Aurions-nous épousé les deux sœurs de Provence pour nous batailler ?

Marguerite prit le bras de son époux qu'elle emmena faire quelques pas dans le jardin. Elle lui confia alors :

— Vos barons, vous en ferez votre affaire. Mais ceux du roi d'Angleterre, et notamment son beau-frère, Simon de Leicester, qui commande en Guyenne, vous devrez vous en méfier. Il veut être calife à la place du calife.

— Oui, je sais ; c'est lui qui conduit la rébellion des seigneurs contre leur roi.

— Alors qu'il a épousé sa sœur.

— Certes, mais en Angleterre, la famille royale n'est ni un gage d'entente ni un gage d'unité.

Un écuyer apporta une lettre en provenance de Rome. Louis la décacheta et eut l'air satisfait :

— Une bonne nouvelle, devina son épouse.

— Oui, Monseigneur, Guillaume de Saint-Amour a été condamné, lui et ses écrits, par le Saint-Père pour ses attaques contre nos frères franciscains et dominicains. Il m'autorise à l'expulser du royaume. Ce que je vais faire céans.

Le souverain pontife faisait état également, dans sa lettre, de l'avancée spectaculaire des Mongols à l'est, à l'ouest et au sud de l'Europe. Louis décida de convoquer la Curie pour examiner la situation. Guy Foulquois avait appris qu'en Asie lointaine, les troupes du Grand Khan, Möngke, avaient envahi la province chinoise du Sichuan et démis l'empereur Song. Un général tartare avait, dans le même temps, vaincu le roi d'Annam. Un autre général mongol, du nom de Koutikaï, avait soumis la totalité de la Corée.

— Ce n'est plus une invasion, c'est un raz-de-marée, commenta le roi. Mais le plus grave est à nos portes, d'après ce que m'écrit le Saint-Père.

— Bagdad, poursuivit le conseiller, a été pillé et rasé par les troupes de Hülegü et des centaines de milliers d'habitants auraient péri.

— Je doute que cette ville ait été aussi peuplée, intervint Pierre de Fontaine.

— Sans doute l'effet des mirages, dit en souriant le souverain.

— Un fait intéressant à signaler, reprit Guy Foulquois, les chrétiens de cette ville auraient été épargnés à la demande de l'épouse du khan, une nestorienne.

— S'il faut compter sur les hérétiques pour nous sauver, il y a de quoi s'inquiéter davantage encore ! souligna Louis.

Poursuivant son exposé, le conseiller expliqua que Hülegü était allé s'établir à Tabriz en Azerbaïdjan, non sans avoir pris le soin, avant de partir, de faire étouffer le dernier calife de Bagdad, le prince des croyants, Musta'Sim Al-Lalh.

— Prince des croyants ? interrogea Pierre de Fontaine.

— C'est ainsi que s'appelait en 750 le sultan islamique Abul al-Abbas, dit le Sanguinaire, expliqua Eudes Rigaud, très au fait de l'histoire des Arabes. Il prétendait descendre de l'oncle du prophète Al-Abbas. C'est lui qui a créé la dynastie des Abbassides qui a succédé à celle des Omeyyades.

— C'est donc la fin de la dynastie abbasside, conclut le roi, une double menace pour les croyants, chrétiens ou infidèles !

Le conseiller pour les affaires extérieures mentionna également la disparition de Manfred, le fils bâtard de l'empereur Frédéric, roi de Sicile, et la victoire à Acre des Vénitiens sur les Génois, qui attira un soupir désabusé du monarque.

— J'ai gardé pour la fin une information concernant une femme qui faillit vous être fatale, Sire, rapporta Joinville, qui assistait régulièrement à ces réunions.

— Dites-nous, Sénéchal ? demanda Louis, intrigué.

— La sultane, Chadjar ed-Dorr, qui fit assassiner, vous vous en souvenez, son beau-fils, Touran Shah avec qui vous aviez négocié votre libération...

— Alors ? s'impatienta le roi qui gardait un odieux souvenir de cette période.

— Elle a fait occire Aïbeg, le chef des mamelouks, qu'elle avait épousé après qu'il eut exécuté Touran...

Joinville marqua une pause pour ménager son effet :

— Trois jours plus tard, elle a été tuée à son tour par la garde mamelouk.

— Paix à son âme, déclara le souverain, mais je doute qu'elle ne la trouve jamais. Infidèle et deux fois meurtrière pour des ambitions personnelles, Dieu ne lui pardonnera pas.

La messe était dite.

79

Le crime d'Enguerrand de Coucy

Alors que le roi tenait un plaid de justice en son palais, un chevalier vint lui annoncer que deux personnages, l'abbé de la paroisse Saint-Nicolas-des-Bois, près de Laon et le connétable Gilles le Brun voulaient être entendus au sujet de l'assassinat par un baron de trois adolescents, surpris chassant sur ses terres. Le roi les fit entrer :

— Sire, déclara Gilles le Brun, l'affaire est épouvantable. Trois jeunes nobliaux venant de Flandre, dont l'un est de ma famille et qui se trouvaient en pension pour apprendre le français chez l'abbé, ont été surpris chassant le lapin avec leurs arcs et leurs flèches par des gardes forestiers. Ils se trouvaient sur les terres du seigneur Enguerrand de Coucy. Celui-ci est alors entré dans une vive colère et a fait pendre les trois jeunes... ils n'avaient pas douze ans, Sire !

Le roi se tourna vers Simon de Nesle :

— Enquêtez sur cette affaire et convoquez le seigneur de Coucy.

Ce baron était l'un des plus hauts du royaume. Quelques jours plus tard, Simon de Nesle rapporta que ce seigneur avait déclaré qu'il n'avait pas à répondre au roi d'une affaire de justice qui le concernait lui seul.

— Allez lui dire que seule la justice royale est désormais en cours et que s'il ne se présente pas devant moi dans les meilleurs délais, je le ferai pendre à son tour.

Le seigneur de Coucy exigea de pouvoir s'expliquer en présence de ses pairs. Ce n'était pas la règle, mais le monarque accepta. Ainsi se présenta-t-il accompagné du roi de Navarre,

Thibaud de Champagne, gendre du roi, du comte de Bar, des comtes de Soissons, de Blois et de Bretagne, ainsi que de l'archevêque de Reims.

Le roi avait à ses côtés ses conseillers et faisait face aux barons. Enguerrand de Coucy plaida :

— Il s'agit donc d'un procès où ma vie, mon honneur et mes biens sont en jeu. J'exige de ne pas être soumis à enquête, mais que mon cas soit réglé par un duel.

— L'homme qui a assassiné sans jugement trois jeunes, sur une terre qui ne se trouve même pas en sa baronnie, n'a rien à exiger, lâcha le roi d'une voix lourde.

— Mais la coutume... ! intervint le duc de Bretagne.

Louis l'interrompit :

— Une coutume de barbares, et vous êtes mal placé pour l'évoquer, Duc, car récemment, lorsque vos propres barons ont porté plainte contre vous, demandant la justice de leur cause par la bataille, vous avez répondu que vous deviez procéder par l'enquête car la bataille, disiez-vous alors, n'aidait pas à déterminer la justice d'une cause.

Simon de Nesle rappela le fondement de l'ordonnance de 1257. Toutes les batailles étaient proscrites dans le royaume et remplacées par les preuves et par les témoignages.

— Le droit désormais prime sur la force, renchérit le souverain.

À ce moment, Enguerrand enjoignit les barons de se retirer pour définir une position commune, laissant là le monarque, seul avec ses conseillers.

— Allez faire savoir à ces seigneurs, ordonna le roi à Simon de Nesle, que je demanderai à la Curie de requérir la peine de mort par pendaison pour le forfait du seigneur Enguerrand de Coucy.

Cette annonce était habile, car elle leur coupait l'herbe sous le pied et les obligeait à demander au roi sa miséricorde. Les barons revinrent dans la salle et sollicitèrent, en effet, son indulgence. Le souverain décida alors de faire arrêter le seigneur Enguerrand non par des chevaliers mais par des gens d'armes, ce qui indiquait que dorénavant tout justiciable, aussi noble fût-il, serait traité comme les autres, même les plus humbles. Coucy fut condamné à verser douze mille livres au roi, à financer deux chapelles où chaque jour des prières seraient chantées pour les âmes des trois enfants, tout droit de haute justice lui était retiré, enfin il devrait aller combattre trois années en Terre sainte.

Le jour des aumônes, le roi se rendait dans différentes rues de Paris, autour du parvis de Notre-Dame, là où gîtaient le plus grand nombre de gueux. Comme à l'habitude, son entourage immédiat était composé de frères mendiants qui précédaient les écuyers, les chevaliers et les gens d'armes. Sur le chemin, une femme l'apostropha :

— C'est bien dommage que tu sois roi de France et qu'on ne t'ait bouté hors du royaume !

— Et quel est donc ton reproche ? demanda le monarque.

— Tu n'es que le roi des frères mineurs et des frères prêcheurs, des prêtres et des clercs, pas celui du peuple.

— Comment t'appelles-tu ?

— Dame Sarriette, déclara la femme, dont le courage n'avait d'égal que son insolence.

Les gardes se saisirent d'elle, mais le souverain leur demanda de la laisser tranquille. Il lui répondit :

— Tu as raison, je ne suis pas digne d'être roi. S'il avait plû à Notre-Seigneur, il eût mieux valu qu'un autre eût été roi à ma place, s'il avait mieux su gouverner le royaume.

Puis, s'adressant à l'un de ses écuyers, il lui ordonna de donner quarante sous à son accusatrice et poursuivit sa tournée.

Dès son retour, Marguerite, informée de cette anecdote, voulut une explication :

— Comment, Louis, vous vous laissez insulter publiquement par une maraude !

— Ce n'était pas une maraude mais une femme du peuple, et son opinion était tout à fait respectable. Suis-je vraiment le roi qu'il faut à la France ? Chaque jour, je me pose la question. Pourquoi pas elle ?

— Je vous trouve bien indulgent, tout à coup !

— J'ai toujours voulu essayer de l'être, notamment avec les femmes qui sont des êtres faibles, comme le sont les enfants et les pauvres. J'ai d'ailleurs demandé à mes baillis d'être plus indulgents avec les femmes qui commettent des méfaits qu'avec les hommes.

Marguerite prolongea l'échange par une question plus perfide :

— Votre indulgence pour les femmes ne serait donc que de la commisération ?

— Que voulez-vous dire ?

— Qu'elle ne s'accompagne pas de considérations pour des qualités qui ne leur sont pas toujours reconnues.

— Par exemple, s'inquiéta Louis qui ne voyait toujours pas où son épouse voulait en venir.

— Leur capacité à juger, à décider, à gouverner...

— L'exemple de ma mère n'est-elle pas une réponse à votre interrogation ?

— Je pourrais donc m'inspirer de l'exemple de votre mère...

— Je ne peux que vous y encourager, Madame, mais il me semble que vous avez vous aussi montré, à Damiette par exemple, votre aptitude à affronter les défis et les périls les plus difficiles.

— Je prends acte de votre encouragement, conclut la reine, qui ne voulut pas dévoiler davantage ce qu'elle avait en tête.

Louis savait que son épouse tenait un salon avec des artistes et des intellectuels, et que celui-ci était apprécié et couru. Il pensa que cette activité lui donnait peut-être le goût de la controverse. Il en était plutôt ravi. L'effervescence intellectuelle du royaume ne le laissait pas indifférent, pourvu que les idées qui couraient ne fussent pas subversives et ne détournassent pas les sujets de leur dévotion au Seigneur. Il faisait sienne cette remarque d'Eudes de Châteauroux, le légat qui l'avait accompagné en croisade : « La France est le four où cuit le pain intellectuel du monde. »

Sa volonté de répandre dans le royaume l'usage du français fit ainsi que, par capillarité, l'ensemble des provinces et des cours d'Europe adoptèrent peu à peu cette langue déjà parlée, depuis le siècle précédent, en Angleterre et à la cour de l'empereur.

Alors qu'il était allé se reposer à Fontainebleau avec son épouse et ses enfants, Louis tomba gravement malade. Les médecins Hersant et Le Nain de Tillemont, qui accompagnaient toujours le couple royal, ne parvenaient pas à établir un diagnostic. Il avait une forte fièvre, ce qui pouvait indiquer une crise de paludisme, mais il présentait en même temps des signes de dysenterie. Ces affections se rappelaient à lui deux ou trois fois par an. En ce mois de novembre 1259, elles paraissaient plus virulentes et l'on craignit pour sa vie. Il s'en rendit compte et fit appeler son confident, le chancelier Eudes Rigaud.

— Je veux pour mon royaume la justice et la paix, lui souffla-t-il. Je devrais recevoir dans quelques jours le roi Henri pour signer avec lui notre traité. Je crois lui avoir rendu justice par cet acte. Vous en avez été l'artisan avec l'archevêque de Westminster. Je compte sur vous pour le faire appliquer. Si Dieu me rappelle à lui, vous le ferez signer par mon fils Louis.

— Oui, Sire, acquiesça le franciscain. Souhaitez-vous que je prie pour votre âme ?

— Ah, mon âme ! Est-elle en état d'être bien reçue par le Seigneur ?

— Si le Seigneur ne vous reçoit pas avec les honneurs, aucun être sur cette terre ne le sera.

Sur ces mots, le roi s'endormit si profondément que l'évêque s'apprêtait à lui donner sa dernière absolution ; mais le lendemain, par un soleil d'automne radieux, il se réveilla et déclara avoir faim.

Il fut sur pied pour recevoir le roi d'Angleterre et alla l'accueillir le 25 novembre à Saint-Denis.

Une difficulté de taille se présentait pour signer le traité. Henri s'en expliqua :

— Ma sœur Éléonore et son mari Simon de Leicester, qui me mènent rude vie depuis que nous avons conclu notre accord, refusent de le signer, alors que j'ai réussi à convaincre la plupart de mes barons. Ma propre sœur... Te rends-tu compte ?

Quelques jours plus tard, le 3 décembre, le couple rebelle se résolut enfin à signer. Le lendemain, dans les jardins du Palais, en présence des barons français, des évêques et du peuple de Paris, après une lecture du traité par Eudes Rigaud, le roi d'Angleterre vint mettre un genou en terre, ses mains dans celles du roi de France, et lui prêta hommage solennellement. Donné pour mort quelques jours plus tôt, le roi revivait, radieux. Sa maigreur et la pâleur de son teint ne faisaient que renforcer sa noblesse.

— La paix, ah la paix ! répétait-il. Rien au monde ne peut me donner tant de joie.

Une joie qui fut malheureusement de courte durée. À peine les deux familles royales avaient-elles fêté Noël ensemble que le jeune Louis tombait malade : un méchant coup de froid attrapé au cours d'une promenade en forêt avec son cousin Edmond, le dernier fils d'Henri et d'Éléonore.

— Une pneumonie, Sire, déclara le docteur Hersant, pendant que d'autres médecins lui faisaient des saignées.

La fièvre était trop intense. Au terme d'une semaine de souffrance, le prince Louis de France perdit connaissance et s'éteignit. Il allait avoir seize ans. Le roi devint fou de chagrin. Il ne se contenait pas. Le prince Louis était un fils exceptionnel. Il l'avait déjà associé aux affaires du royaume et il avait assisté à toutes les discussions sur le traité de Paris. Son intelligence, sa vivacité d'esprit, son sens politique, toutes ces qualités étaient connues et vantées. Aussi le roi de France reçut-il des cours de l'Europe entière et du pape lui-même de chaleureux messages de consolation.

Sur le chemin du retour vers l'Angleterre, Henri, apprenant la triste nouvelle, décida de rebrousser chemin et sollicita l'honneur de porter le cercueil.

Louis de France fut enterré à Royaumont, la nouvelle nécropole des enfants royaux. Ainsi se trouvait réaffirmé la décision de Louis de réserver la nécropole royale de Saint-Denis aux rois et aux reines. Le souverain conçut d'ailleurs de la transformer en inhumant la lignée des rois capétiens et leurs successeurs dans des sarcophages surmontés de gisants en pierre dont les visages rajeunis symboliseraient leur image pour l'éternité.

Lors de la messe funèbre, le dominicain Vincent de Beauvais lut une épître de consolation qui bouleversa l'assemblée. Le roi confia à Eudes Rigaud que la mort de son fils chéri était un avertissement de Dieu :

— Je n'ai pas accompli ma mission sur terre avec assez de ferveur et n'ai pas servi le Seigneur comme je l'aurais dû. Il me reste donc encore à parcourir mon chemin de croix jusqu'au bout.

L'évêque de Rouen voulut le détromper, mais rien n'y fit. Le monarque avait accepté cette leçon divine et en tirait les conséquences. Marguerite elle-même ne put le consoler. Qu'elle lui annonçât être à nouveau enceinte ne constitua plus pour lui, comme naguère, une nouvelle raison de se réjouir. Cet événement tragique, déterminant, conduisit Louis davantage encore vers les chemins de l'austérité, de la piété et de la dévotion. Il devint plus « divers » que jamais, même avec son épouse qu'il ne traitait plus avec la même affection. Un conflit majeur devait naître entre eux et briser le fil de la confiance par lequel ils avaient toujours été liés.

La reine n'éprouvait pas pour son fils Philippe, nouvel héritier du trône, la même admiration et ne nourrissait pas pour lui les mêmes espérances que pour son fils aîné, Louis. Elle le trouvait moins tempéré, plus insouciant, prodigue, peu doué pour la politique, cherchant davantage à se divertir qu'à étudier et n'ayant pas comme son frère l'envergure d'un monarque. Elle ne le voyait pas à son âge – il n'avait que quinze ans – succéder à son père dont la santé l'inquiétait de plus en plus ; elle était convaincue qu'il ne survivrait pas longtemps au prince Louis. Aussi, sans en parler à son époux, fit-elle signer à Philippe un serment par lequel il s'engageait à lui laisser la régence jusqu'à ce qu'il ait trente ans et à ne passer aucune alliance avec son oncle Charles d'Anjou. Il promettait de garder cet acte secret ; il le resta quelque temps.

Le doyen des cardinaux, Eudes de Châteauroux, vint faire part au roi d'un phénomène inquiétant sur lequel le pape Alexandre voulait retenir son attention. Il s'agissait des agissements d'un dominicain que le Saint-Père réprouvait :

— De quoi s'agit-il ?

— Ce moine, appelé Reigneiri, inquiet de la propagation de la peste en Italie, a lancé le mouvement des flagellants afin de calmer la colère de Dieu. Il redoute aussi les dégâts causés par l'antagonisme entre les guelfes et les gibelins qu'il relie à la prédiction de Joachim de Flore de l'arrivée de l'apocalypse en cette année 1260...

— Des flagellants ?

— Oui, il a organisé, à Pérouse d'abord, puis dans d'autres villes, des processions au cours desquelles des hommes, torse nu, la tête recouverte d'un capuchon pointu, portant une croix d'une main et un fouet clouté de l'autre, se mutilent et font couler leur sang pour faire pénitence.

— Et alors ? Le Saint-Père serait opposé à ces manifestations d'humilité, je ne le comprends pas !

— Ces processions, déclara le cardinal, durent trente-trois jours, pour rappeler l'âge du Christ à sa mort. Cette parodie se substitue aux rites de notre Sainte Église et relève de la superstition. Le souverain pontife vous demande, si cela venait à se produire dans votre royaume, de les interdire, car ce mouvement des flagellants s'est déjà répandu en Allemagne et en Pologne...

— Je comprends, répondit le roi. Je les ferai interdire. Ces processions peuvent, en effet, nuire à la santé spirituelle de nos sujets.

— Le Saint-Père vous informe également que le Grand Khan Möngke serait mort pendant son offensive contre les Song. Il aurait été remplacé par Kubilaï, le petit-fils de Gengis Khan. Ce dernier aurait chargé un bouddhiste, le dalaï-lama Phags-Pa, de diriger les communautés religieuses de tout leur empire.

— Oui, je l'ai appris. Je sais aussi que Hülegü est maintenant en Syrie, qu'il a soumis Alep, Édesse et brûlé Sidon. Le plus invraisemblable semble qu'il soit appuyé dans sa conquête par des troupes chrétiennes venues d'Arménie et de Géorgie.

— Le monde musulman en appelle à la guerre sainte, reprit le cardinal. Elle est conduite par un certain Qutuz, un ancien esclave, devenu sultan d'Égypte après une révolte. Les Mongols ont aussi envahi la Lituanie et la Pologne. Quand je pense que nous n'avons plus de chef à la tête du Saint Empire romain germanique ! Comment allons-nous empêcher ces barbares d'envahir nos terres ?

— Je vais alerter mes barons. Je crains qu'une nouvelle croisade ne s'impose à nous. Cette fois, il ne s'agit pas de libérer le Saint-Sépulcre mais d'assurer notre propre liberté. La nuit tombe, conclut le roi, il me faut rejoindre mes enfants pour leur raconter la vie du Seigneur.

Le cardinal le regarda partir, sa démarche l'inquiéta. Il avait remarqué que, pendant leur entretien, le monarque semblait souffrir, bien qu'il fît des efforts pour ne pas le laisser paraître. Il avait observé son regard fiévreux. Le sort de l'Europe était ainsi lié à celui que la communauté chrétienne tout entière considérait comme le seul souverain digne de ce nom. Serait-il en état de la sauver ?

Quelques jours plus tard, les princes et les chevaliers du royaume décidèrent que, pour parer à la menace tartare, il fallait d'abord apaiser le courroux divin. Aucune décision militaire ne fut prise, mais un rappel au peuple de France au devoir d'humilité et de contrition fut prescrit. Il fut ordonné que, dans toutes les églises de France, des prières spéciales fussent dites, suivies de processions et de jeûnes, que les blasphémateurs fussent plus sévèrement punis, que les choses superflues, vêtements de luxe, bonne chère, qui pourraient offenser Dieu, fussent évités, enfin que les tournois festifs et tous les jeux fussent proscrits.

— C'est ainsi que vous comptez arrêter les hordes tartares ? interrogea Marguerite, interloquée par ces décisions.

— C'est Dieu qui nous les envoie, car nous ne sommes pas assez purs, répliqua le roi. Il importe d'abord de lui prouver notre amour et notre dévotion !

80

Le nouvel écu d'or

À mesure que les mois passaient, l'ascétisme du roi se renforçait. Il avait décidé de porter un cilice à même la peau tous les vendredis, pendant le carême et l'avent.

Les flagellants avaient-ils imprégné son esprit ? Il portait maintenant une petite boîte en ivoire à la ceinture, dans laquelle il enfermait cinq chaînettes de fer avec lesquelles il se faisait fouetter par ses chapelains après chaque confession.

Son conseiller et confesseur, Geoffroy de Beaulieu, tenta de l'en dissuader, en vain.

— Sire, vous jeûnez souvent, vous meurtrissez votre corps, vous menacez votre santé déjà fragile, votre fonction de roi devrait vous en dissuader.

Le souverain souriait, mais ne l'écoutait pas. La reine s'en inquiétait et s'en irritait. Elle découvrit un jour des blessures sur son dos. La flagellation avait été très brutale, à sa demande.

— Louis, je n'approuve pas du tout cet excès de piété ! Nul ne vous oblige à vous meurtrir à ce point, et sûrement pas le Seigneur qui ne peut que vous être reconnaissant de tout que vous faites pour sa gloire.

— Le Seigneur a souffert plus que je ne souffrirai jamais !

— Sans doute, mais il voulait racheter les péchés des hommes...

— Moi, je dois racheter mes péchés et ceux de mes sujets.

— Et vous finirez par en mourir alors que votre peuple a tant besoin de vous encore. Ce genre de pénitence ne convient pas à un roi, encore moins au roi de France, celui que tous désignent désormais comme le roi des chrétiens.

Louis s'agaça de ces remontrances et le montra en tournant le dos à son épouse. Mais celle-ci n'avait pas l'intention d'en rester là. Elle poursuivit :

— Vous savez ce qu'on dit à la Cour et hors du Palais ?

— Que dit-on ? interrogea-t-il sur un ton ironique.

— Que vous passez trop de temps dans vos prières et à vos pieux exercices, et que vous êtes sous l'influence néfaste des frères mendiants.

— Balivernes ! Vous savez bien, vous, que je consacre l'essentiel de mon temps aux affaires du royaume.

— Je le sais, répondit Marguerite, mais vivez, agissez, montrez-vous comme un roi et pas comme un moine ermite, grand Dieu !

— Madame, vous blasphémez !

La reine haussa les épaules. Puis elle explosa :

— Vous m'agacez, Louis, à la fin, avec votre obsession pour le blasphème, et vous agacez aussi votre peuple. Le poète Rutebeuf se moque des mesures excessives que vous avez prises pour interdire les blasphèmes, et surtout des sanctions que vous voulez appliquer.

Après la Grande Ordonnance de 1254 qui visait le blasphème, le monarque avait réitéré en 1261. Les blasphémateurs pouvaient être condamnés au fouet ou au pilori.

— Je comprends, ajouta la reine, que vous soyez fou de Dieu, mais de grâce, n'obligez pas votre entourage et vos sujets à rechercher une telle exigence, ils n'ont pas votre foi.

— La foi n'est pas insurmontable, répondit Louis tranquillement, il suffit de croire, même si notre certitude ne repose que sur un dire.

À bout d'arguments, Marguerite quitta sa chambre au moment où Joinville y entrait. Il vit que Marguerite était furieuse et s'en inquiéta auprès du souverain. Celui-ci, imperturbable, lui fit un signe agacé de la main, indiquant qu'il ne devait pas s'en émouvoir. Puis il l'interrogea :

— Dites-moi, Sénéchal, qu'est-ce que Dieu ?

— La meilleure chose qui puisse être, Sire.

— Fort bien ! Alors que préféreriez-vous, être lépreux ou commettre un péché mortel ?

Joinville répondit sans hésiter :

— J'aimerais mieux en avoir commis trente que d'être lépreux !

— Comment pouvez-vous dire cela ! Vous n'êtes qu'un étourdi, un hâtif musard. Je vous prie d'avoir cœur, pour l'amour de Dieu et de moi, d'aimer mieux la lèpre ou toute autre maladie de votre corps plutôt que le péché mortel advienne à votre âme.

L'allusion de Marguerite aux critiques du poète Rutebeuf incita le roi à en savoir davantage. Il n'ignorait pas que les poètes et les troubadours traduisaient toujours l'humeur et les sentiments du peuple.

Après les mesures qui avaient restreint les droits féodaux dans les domaines de la justice, de la fiscalité, des jeux, des tournois et des duels, Rutebeuf avait écrit la complainte de Constantinople :

Loyauté est morte et périe...
Le Roi ne fait droit ni justice,
À Chevalier ainsi les déprise !

Le poète se faisait aussi le porte-voix de ceux qui accusaient les frères mendiants d'être trop influents et de diriger le pays :

Le Roi tient une gente doublière
Vêtue de robe blanche et grise...

Le souverain ne s'étonna pas d'autant d'animosité de la part de ces amuseurs, puisqu'il avait ordonné sur tout le territoire du royaume, à cause du péril tartare, la suppression de l'ensemble des fêtes et des festins qui étaient le gagne-pain des ménestrels et des trouvères. Il savait que sa politique d'austérité lui attirait beaucoup de reproches et d'attitudes hostiles. Mais il n'avait pas l'intention d'en changer. Lorsqu'il était vivement interpellé, il se contentait de sourire et de manifester son indulgence. Un soir, alors qu'il se trouvait à table, en visite au château de Noyon, un chambellan, qui avait dû boire un peu trop de cervoise, l'apostropha :

— Vous avez beau faire, vous êtes peut-être roi, mais vous êtes un homme comme les autres.

Louis éclata de rire et leva son verre à la santé de son serviteur qui, vexé, quitta à la pièce. Alors, le roi fit ce commentaire aux convives présents :

— Ne faites pas attention à ce que disent les imbéciles. Parfois quand je suis seul, j'entends les cris : « Frère Louis », et des injures à mon encontre. Je me demande si je ne devrais pas punir les auteurs de ces quolibets, mais je me rends compte que c'est un profit pour moi si je les supporte pour l'amour de Dieu. Et pour vous parler sincèrement, je ne les regrette pas.

Puis il invita les ménestrels à chanter, même à se moquer de lui, mais en leur ordonnant de réciter des chants religieux plutôt que profanes. Il fut, ce soir-là, de fort bonne humeur, surprenant son entourage, heureux de le retrouver tel qu'il était et non pas tel qu'il était devenu.

Contre vents et marées, sûr de lui-même et de son action menée grâce aux bienfaits de l'inspiration divine, le monarque menait son train de réformes tambour battant. De mémoire de chroniqueur, aucun souverain avant lui, même Philippe Auguste, n'avait autant légiféré. Ses ordonnances étaient cinq fois plus nombreuses. La leçon de son grand-père avait été retenue au-delà de ce qu'il aurait espéré.

Louis précisa son interdiction sur les « gages de bataille ». Ils étaient remplacés par la procédure de l'enquête et la preuve par témoins pour tous les conflits – meurtre, trahison, héritage ou dette. Les enquêtes étaient confiées à des gens loyaux, choisis par serment. Pour les villes, il resserra la surveillance royale en les soumettant davantage à son contrôle, mais en associant leurs représentants au conseil féodal, alors que seuls les barons avaient été jusqu'alors consultés. Ainsi poursuivait-il l'œuvre que Philippe Auguste avait commencée : l'élimination progressive de la féodalité au profit de la bourgeoisie. Certains maires se plaignirent d'être trop endettés et de ne pouvoir verser leurs impôts au royaume. Le souverain fit alors examiner leurs comptes. Les enquêteurs constatèrent que, dans la plupart des communes, la gestion était très approximative et souffrait d'une gabegie manifeste. Aussi Louis favorisa-t-il à la fois l'autonomie administrative des villes et l'autorité des magistrats municipaux, tout en les plaçant sous la tutelle du pouvoir central. Les maires seraient élus mais leur mandat n'excéderait pas un an.

En quelques années, les grandes et « bonnes villes », celles qui s'étaient soumises, connurent une expansion notable, qui renforça la richesse et la puissance du royaume.

Il restait un pilier défaillant dans cette remise en ordre, celui de la monnaie. Là aussi, l'anarchie régnait. Un certain nombre d'évêques et de barons détenaient toujours, malgré les réformes de Philippe Auguste, le privilège de frapper leur propre monnaie, ce qui compliquait les échanges commerciaux et autorisait tous les camouflages sur les comptes. Le roi fit frapper l'écu d'or, une pièce de quatre grammes sur laquelle était gravée une croix, quatre fleurs de lys et l'inscription *Ludovicus : Dei Gratia Francorum Rex*[1]. Il fit également émettre des monnaies d'argent et limita l'usage d'autres monnaies aux frontières des fiefs, ce qui eut pour effet de les dévaloriser rapidement.

Si le monarque français transformait à marche forcée l'administration de son royaume, il n'était pas à l'abri des réticences, voire des insubordinations. Celles-ci venaient souvent de son entourage. Le plus rebelle de tous restait Charles d'Anjou. Marguerite elle-même devait s'en plaindre.

— Louis, votre frère est odieux. Ma sœur Éléonore et moi-même sommes indignées par son comportement. Non seulement il martyrise notre peuple...

— Votre peuple ?

— Oui, nous sommes des Provençales, un vrai peuple respectable et fier de l'être...

— Donc ?

— Il a mis la main sur tout l'héritage de notre père, il n'a honoré aucun de ses engagements, je n'ai toujours pas reçu le solde de ma dot. En outre, il n'aime pas Béatrice et il ne l'honore que pour assurer sa descendance.

— Je le sais, répondit le roi. Vous savez que nous avons un nouveau pontife, Jacques Pantaléon, originaire de Troyes, qui se fait appeler Urbain. Je ne suis pas étranger à son élection, je le connais bien, c'est un ami. Il vient de proposer à Charles la couronne de Sicile.

— Cela veut-il dire qu'Edmond Plantagenêt est déposé ?

— Absolument, le fils de votre sœur Éléonore est un incapable !

— Comme tous les Plantagenêts, interrompit Marguerite, sur un ton acide. Éléonore ne va pas s'en réjouir, il s'agit de son fils bien-aimé !...

— Elle en connaît sûrement les limites ! Charles m'a demandé son accord pour devenir roi de Sicile.

— Au moins, vous, il vous craint !

---

1. Louis : par la grâce de Dieu, roi des Français.

— Certes ! J'ai demandé au Saint-Père de ne lui accorder cette faveur qu'à condition que Charles règle au préalable le différend qu'il a avec vous et votre sœur.

— Merci, Louis, j'y suis très sensible.

Charles d'Anjou fut satisfait de pouvoir passer en Italie ; il se rendit aussitôt à Rome accompagné de Béatrice qui attendait son quatrième enfant.

Louis et Marguerite évoquèrent ensuite le mariage de leur fils Philippe avec Isabelle d'Aragon :

— Le roi Jacques m'inquiète, déclara Louis. J'ai appris qu'il voulait marier son fils aîné Pierre avec la fille de Manfred, le bâtard de Frédéric. Cela pourrait remettre en question notre traité.

Pour autoriser le mariage de Philippe, Louis demanda des assurances au roi d'Aragon. La noce fut célébrée à mi-chemin de deux royaumes, à Clermont en Auvergne, le jour de la Pentecôte. Là encore, puisqu'il s'agissait de gloire, de pouvoir, d'honneur, le monarque ne lésina pas sur la dépense et invita le ban et l'arrière-ban de la chevalerie. Comme cette débauche et cet étalage de richesses et de festins lui étaient lourds à porter, il corrigea immédiatement cette image en laissant libre cours à sa générosité pour les pauvres. Il leur offrit des milliers de livres de harengs, des dizaines de muids de blé[1], distribua des cottes et des souliers et remplit les bourses. Une charité qui allait se répéter chaque année dans tout le royaume pendant tout le temps du carême.

Un soir, à l'issue de la prière avec ses enfants, à laquelle Marguerite n'avait pas assisté, il proposa à Blanche, qui venait d'avoir neuf ans, d'entrer chez les sœurs bénédictines, à Jean Tristan, qui en avait douze, de devenir franciscain et à Pierre, âgé de dix ans, de rejoindre les dominicains. Il revenait ainsi sur le souhait qu'il avait formulé à Saint-Jean-d'Acre auprès de son épouse. Les enfants, surpris, ne surent que répondre. Louis insista. D'une voix tremblante, ils demandèrent s'ils pourraient y réfléchir. Leur père leur accorda cette permission. Le lendemain, ils en parlèrent à leur mère, qui sollicita leur avis. Tous trois répondirent qu'ils ne désiraient pas entrer dans les ordres.

1. Le muid de blé représentait 1,824 m^3.

— Alors, allez dire au roi que vous ne le souhaitez pas, il n'insistera pas, conseilla Marguerite.

— Mais il sera très déçu, déclara Blanche.

— Il serait encore plus déçu si vous agissiez à contrecœur ! reprit leur mère.

— Pourrais-je, demanda Blanche, écrire au Saint-Père pour solliciter son avis ?

— Certes, vous en avez le droit et je vous y aiderai si vous le souhaitez.

Les enfants partirent rassurés. Ils allèrent trouver leur père pour lui faire part de leur décision. Louis resta impassible, ne souhaitant manifester ni dépit ni satisfaction. Il leur déclara simplement :

— J'accepte votre décision à condition que vous n'oubliez jamais Dieu de toute votre vie, dans toutes vos pensées, que vous le serviez de tout votre cœur et de toute votre âme.

Les trois enfants le promirent. Quelques mois plus tard, le pape Urbain répondit à Blanche dans une belle lettre : « Plus préoccupé des biens du ciel que des biens de la terre, votre saint et illustre père désire ardemment vous offrir à Dieu afin que vous lui soyez consacrée sous l'habit des religieuses de Cîteaux. Mais nous savons que vous n'avez pas encore l'âge de la puberté et qu'un enfant risque de s'engager témérairement en une voie où l'inconstance la pourrait retirer... Ainsi donc nous permettons que parvenue à cet âge vous puissiez, sans encourir aucun déshonneur, quitter l'habit des cisterciennes, soit que vous le portiez déjà, soit que vous le revêtiez plus tard, quand même vous auriez fait vos vœux... »

Blanche sollicita l'avis de sa mère.

— Le Saint-Père vous rend libre de votre choix, vous pouvez décider aujourd'hui, demain, plus tard quand vous voudrez, répondre ou non au souhait de votre père.

Sans doute, Louis avait-il écrit au pape pour solliciter une telle réponse. Toutefois, l'intervention de la reine avait été déterminante dans cette relation entre le roi et ses enfants. Elle marquait l'empreinte de plus en plus forte de Marguerite dans les décisions relatives à sa famille, mais aussi dans le domaine de la politique étrangère. Avec l'Angleterre, elle fut choisie comme arbitre entre le duc de Bourgogne d'un côté, le roi Henri et le comte de Leicester, d'un autre. De même fut-elle dépositaire des joyaux de la couronne d'Angleterre en gage du paiement d'une flotte réunie par Alphonse de Poitiers pour débarquer sur l'île afin de procurer au souverain anglais les forces nécessaires pour affronter ses barons. C'était désormais par elle qu'Henri passait pour échanger ou établir un contact avec le roi de France. Ce fut elle encore qui organisa une nouvelle rencontre à Paris, quelque temps après la mort de sa sœur Sancie, disparue dans l'indifférence générale, dont celle de son époux, Richard de Cornouailles.

Toutefois, sur l'assiduité religieuse de son époux, Marguerite s'avouait de plus en plus impuissante. Elle en eut une nouvelle confirmation un soir, quand Louis arriva dans sa chambre, le visage radieux, presque exalté, pour lui annoncer que le pape avait pris une « merveilleuse décision » :

— Le Saint-Père vient d'ordonner une nouvelle croisade. Il a confié au frère dominicain Humbert de Romans le soin de la prêcher et à Jean de Valenciennes celui de relever le centième des revenus du clergé qui, bien entendu, se fait déjà tirer l'oreille. Je vais déployer toute mon énergie pour la faire aboutir dans les meilleures conditions.

— Vous ne comptez tout de même pas vous y rendre vous-même ?

— Si Dieu me prête vie, nous en déciderons le moment venu.

Marguerite se rendit compte qu'elle n'avait plus son mot à dire, si elle l'eut jamais sur ce chapitre. Le remords de Louis d'avoir tant échoué au cours de sa première croisade lui avait ôté toute raison. Il devait expier.

Les nouvelles venant de l'étranger furent contrastées pendant ces premières années de la décennie.

La prise de Cadix par le roi de Castille marquait la fin de la Reconquista.

À Constantinople, la conquête de la ville par les Grecs avait signé l'arrêt de mort de l'Empire latin de Byzance.

À Jérusalem, depuis l'assassinat de Qutuz, le sultan d'Égypte, son successeur le très féroce émir Baïbars ne respectait plus les accords avec les chrétiens, et les pèlerins étaient molestés, rançonnés, voire assassinés. La nouvelle la plus surprenante vint des Mongols. Une ambassade composée par vingt-quatre Tartares de haut rang, conduite par Jean de Hongrie, envoyé par le chef de l'armée mongole, Hülegü, se présenta au Palais. L'ambassadeur remit une lettre au roi qui marquait la volonté du Grand

Khan Möngke de modifier profondément ses relations avec le monde chrétien. Le traducteur dominicain en donna lecture : « Le ciel éternel par la voix de Teb-Tengri a donné à Gengis Khan la mission de gouverner toute la terre et de faire disparaître tous ceux qui ne se soumettraient pas à lui. »

— Il n'y a rien de nouveau vers le soleil de l'Est, commenta Joinville.

— Laissez le frère terminer ! coupa le roi.

— Le Grand Khan remercie le roi de France, « le plus puissant des rois chrétiens » pour le cadeau de la tente écarlate qu'il lui a offerte. Il propose une alliance contre les musulmans. Les Mongols fourniraient les troupes, le roi de France, la flotte.

— Après la défaite que Hülegü a subie contre les mamelouks, nous comprenons mieux cette proposition, déclara Guy Foulquois.

Le monarque imposa le silence. Il voulait entendre la proposition jusqu'au bout. Le dominicain traduisit que la promesse de Hülegü de restituer Jérusalem et les Lieux saints aux États latins était confirmée. Le souverain apprécia le contenu de la lettre sans manifester d'enthousiasme. Il fit savoir à la délégation qu'il réunirait son parlement pour décider de la réponse à donner. Cela ne manqua pas de surprendre les Mongols qui imaginaient qu'un tel monarque n'avait besoin d'aucun conseil et pouvait décider seul. Le roi de France leur recommanda d'aller à Rome pour rencontrer le chef spirituel de la chrétienté.

La réunion qui suivit cette entrevue fut animée. Certains, comme Eudes Rigaud, se réjouissaient de ce renversement de politique, d'autres, comme Joinville, ou Guy Foulquois prônaient la méfiance car le préambule de la lettre était clair : alliance ou pas, il faudrait tôt ou tard se soumettre !

— Attendons l'avis du Saint-Père, conclut le roi. Puis nous aviserons.

81

Philippe relevé de son serment

Au cours d'une conversation sur l'éducation de leurs enfants, Louis fit à son épouse le reproche de ne pas les entraîner davantage dans l'amour du Seigneur. Marguerite lui répondit, cinglante, qu'elle ne tenait pas à ce qu'ils deviennent des bigots, mais de bons chrétiens car en toute chose il fallait de la mesure.

Le roi, ayant appris l'accord secret qu'elle avait imposé à leur fils Philippe, et résolu à ne pas lui en parler afin d'éviter tout esclandre, fut piqué au vif et ne put s'empêcher de lui répliquer :

— Je viens de recevoir une bulle du Saint-Père qui relève Philippe du serment qu'il vous a fait.

Marguerite resta sans voix. Qui avait pu l'informer ? Elle jugea bon de ne pas relever et quitta la chambre sans un mot.

Louis la laissa partir, doublement attristé, par cette offense faite à leur relation de confiance et par la punition qu'il venait d'infliger à son épouse en la démasquant ; il en était d'autant plus affecté qu'il lui donnait raison. Philippe n'était pas apte à gouverner. Mais il n'imaginait pas laisser la régence à son épouse. Non qu'elle ne fût pas capable de l'assumer, mais parce que ce n'était plus conforme à l'idée qu'il se faisait de la continuité de l'État. Il avait mis en place une administration d'officiers royaux compétents, des conseillers de toute confiance, un Parlement représentatif et efficace, qui pouvaient conduire le royaume sans lui. L'État devait pouvoir être géré sans guide puisqu'il avait établi toutes les règles qui le permettaient. Dans son esprit, le souverain du royaume ne devait être que le garant de la justice, de la morale, de la miséricorde et de la paix et devait s'impliquer le moins possible dans les affaires courantes.

Par ailleurs, les mauvaises relations que Marguerite entretenait avec son frère, Charles d'Anjou, en qui il avait une confiance limitée, et la santé fragile d'Alphonse de Poitiers, la mettraient dans une situation difficile pour lui succéder. Enfin, bien qu'il ne se soit pas confié sur ce sujet, la tradition capétienne n'avait pas, jusqu'alors, placé une femme à la tête du royaume ; sa mère n'avait été que régente. Il ne pouvait y avoir de reine que capétienne. Marguerite ne l'était pas et, depuis sa création, la dynastie avait toujours eu un homme au pouvoir pour reprendre la bannière.

Son ambition était maintenant de devenir l'arbitre de l'Europe, puisque aucun monarque n'en avait plus ni la légitimité ni la hauteur après la disparition de Frédéric. Le traité avec l'Angleterre n'était que la première marche de cette ascension. Ses regards se tournaient maintenant vers la Méditerranée, qu'il rêvait de dominer. Du côté de l'Espagne, sa descendance castillane et son alliance avec Jacques d'Aragon assuraient la maîtrise du sud de la France. Du côté de l'Italie, la désignation de Charles d'Anjou comme sénateur à vie de Rome et peut-être roi de Sicile marquait son emprise au-delà des Alpes et jusqu'à la botte. Pas à pas, le royaume de France allait se substituer au moribond Saint Empire romain germanique.

En laissant son frère Charles gagner l'Italie, il le dédommageait de la perte du Hainaut et l'éloignait de la Provence où il n'était pas apprécié. Ainsi l'ensemble des rivages de la Méditerranée, au nord, à l'ouest et à l'est, lui devenait-il favorable. Il ne manquait plus que la façade africaine. Il pouvait maintenant y consacrer ses réflexions et échafauder son plan action. Le lancement d'une nouvelle croisade par le pape Urbain, après que le sultan Baïbars se fut établi avec son armée en Galilée, lui donna un prétexte pour nourrir ses ambitions.

— Un des émirs de Baïbars a détruit Nazareth et l'église de la Nativité, annonça Eudes Rigaud. Le sultan de Babylone menace désormais les grandes villes des états latins dont Saint-Jean-d'Acre !

— Aidons l'envoyé du Saint-Père à réunir les fonds nécessaires pour cette croisade, ordonna le roi de France.

Louis ne ménageait pas sa peine afin d'achever l'entreprise d'unification de son royaume. Il se rendit compte assez vite cependant que les habitudes et les intérêts en freinaient l'achèvement. Même son frère, Alphonse de Poitiers, avec lequel il n'avait jamais eu aucun différend, se montrait réticent à l'égard de la réforme du système monétaire. Il frappait toujours ses propres monnaies à Poitiers comme à Toulouse, des deniers qui ressemblaient à s'y méprendre aux tournois royaux.

— Même toi, mon frère, tu ne m'aides pas à rendre notre royaume plus ordonné ! lui déclara le roi.

— Nos marchands et nos banquiers craignent que leurs affaires n'en pâtissent !

— Depuis quand les banquiers et les marchands sont-ils habilités à transgresser la loi ? Le royaume de France ne leur appartient pas et ils ne peuvent continuer à le mettre en coupe réglée !

— Je te promets de mettre un terme rapidement à ces fabrications, assura Alphonse.

La mise sous tutelle des villes suscita aussi des conflits qui se traduisaient par des manifestations populaires de plus en plus violentes, attisées par les édiles eux-mêmes furieux d'avoir été dépossédés de leurs prérogatives. Cependant, les révoltes les plus dures visaient les autorités épiscopales. Les populations ne supportaient plus leur tutelle oppressante, morale, spirituelle et financière. Elle entraînait une montée de l'anticléricalisme qui inquiéta le monarque.

À Reims, un ménestrel se répandait en libelles vengeurs contre l'évêque. Dans la ville de Laon, les procès contre les citadins pour blasphèmes ou défauts de paiement des impôts au clergé – les deux étant souvent mêlés – se multipliaient et les excommunications se comptaient par dizaines. Pire, des chanoines étaient molestés dans les rues et des soldats du roi, chargés de maintenir l'ordre, étaient blessés, voire tués. À Noyon, à Beauvais, les bourgeois, qui devaient se saigner aux quatre veines pour assurer la construction des fortifications des cités, s'indignaient que l'évêché en fût exonéré. Les protestations du même ordre se répandaient aussi dans le Midi.

Louis s'en ouvrit à Guy Foulquois.

— Vous devriez, Monseigneur, faire comprendre à tous les prélats que leur arrogance, leur luxe ostentatoire, l'oppression qu'ils exercent sur nos sujets va de plus en plus se retourner contre eux et rendre leurs privilèges insupportables.

Le conseiller entreprit une tournée des évêchés, convaincu qu'il y avait péril à ne pas écouter les revendications populaires. Mais son action fut stoppée par le décès du pape Urbain et la décision du roi de France de le faire élire à sa place. Le poids et l'influence du souverain furent décisifs : son plus proche conseiller devint donc le pape Clément, le quatrième du nom.

L'une des premières décisions du nouveau pontife fut de confirmer la volonté d'Urbain d'investir Charles d'Anjou roi de Naples et de Sicile à la place de l'Allemand Manfred. Ainsi le pape Clément poursuivait-il la politique de ses prédécesseurs en vue d'éliminer le Saint Empire romain germanique. Cela faisait bien l'affaire du roi de France. Sa volonté hégémonique sur le sud-est de l'Europe avait trouvé là un allié efficace et fidèle.

À Saint-Denis, la mise en place de la nécropole royale et de ses gisants allait s'achever. Louis organisa, avec le bénédictin Mathieu de Vendôme, abbé de Saint-Denis, la mise en place des nouvelles sépultures. Il fit placer à droite, en allant de la nef vers le cœur, les corps sculptés de Charles Martel, Clovis, fils de Dagobert, Pépin le Bref et son épouse Berthe, Ermentrude, la femme de Charles le Chauve et Carloman, le frère de Charlemagne, Louis, roi des Francs. À gauche, il demanda que fussent alignés les corps d'Eudes, Robert le Pieux et de son père Hugues Capet avec sa troisième femme Constance d'Arles, Henri, Louis le Gros et Constance de Castille, l'épouse de Louis le Jeune. Dagobert conservait son mausolée plus près du chœur.

— Que signifie cette soudaine vénération pour les corps royaux ? lui demanda Eudes Rigaud. N'est-ce pas contraire à l'enseignement de saint Paul qui a écrit dans l'épître aux Romains : « Si vous vivez selon la chair, vous mourrez, mais si par l'esprit vous faites mourir les œuvres du corps, vous vivrez. »

— Le culte des saints n'est-il pas un culte des morts ? demanda Louis.

— Certes, mais tous ces rois et toutes ces reines n'étaient pas des saints !

— Depuis Clovis, ils ont été sacrés par le Saint Chrême, reprit le roi. Ils requièrent une sépulture qui perpétue leur mémoire et leur gloire. Cette nécropole a pour but d'ancrer nos dynasties, depuis Dagobert et Charlemagne, dans l'histoire de la construction du royaume de France et de sa fidélité à Notre-Seigneur et à la Vierge Marie.

Si Louis avait réussi à faire la paix avec le roi d'Angleterre, ce dernier restait pieds et poings liés avec ses barons, qui lui reprochaient l'abandon des fiefs situés en France, l'acceptation de la suzeraineté du souverain français qui faisait d'eux ses vassaux, enfin l'annulation par le Saint-Siège des Provisions d'Oxford, votées en 1258, qui avaient amputé une large part des prérogatives royales. Simon de Leicester avait pris la tête de la révolte et fait prisonnier Édouard, le fils du roi.

Éléonore vint trouver Marguerite pour obtenir le soutien de son beau-frère. La reine se fit son interprète auprès de son époux :

— Louis, vous ne pouvez laisser un roi, un allié et un membre de votre famille voir bafouée son autorité par ses vassaux !

Le roi de France mobilisa des troupes en Normandie, envoya le comte de Saint-Pol avec quelques dizaines de chevaliers en Angleterre, indiqua enfin aux seigneurs anglais sa ferme résolution de soutenir Henri d'Angleterre. Les deux parties lui demandèrent alors d'arbitrer leur conflit. Le roi de France répondit qu'il voulait l'assurance que son jugement – et non son arbitrage car il était leur suzerain – fût accepté tel qu'il le dirait. Il se déplaça à Amiens pour entendre les deux parties. Le roi Henri comparut seul, Simon de Montfort, s'étant cassé la jambe en tombant de cheval, s'était fait représenter par des procureurs. Après avoir entendu les différents points de vue, le souverain français décida :

— Nous constatons qu'à cause des Provisions d'Oxford et de ce qui en est résulté, il y a grand dommage pour le droit et l'honneur du Roi. Cet accord sème des troubles dans le royaume, engendre oppressions, pillages des églises et graves pertes pour les sujets du royaume. Nous cassons et déclarons nulles ces Provisions et décidons que le roi d'Angleterre, les barons et tous ceux qui ont donné leur accord à ce jugement en sont entièrement libérés.

Henri d'Angleterre recouvrait ainsi ses droits et tous les châteaux que ses barons lui avaient confisqués. Il pouvait à nouveau choisir ses officiers et se trouvait restauré dans la plénitude de son autorité. Pour convaincre Simon de Montfort du bien-fondé de son jugement, le roi de France lui envoya un ami commun, Jean de Valenciennes. Peine perdue. Le comte de Leicester refusa cette « Mise d'Amiens » et décida de prendre les armes.

Éléonore remercia chaleureusement son beau-frère pour son intervention. Ce à quoi il lui répondit :

— Vous me remercierez, chère belle-sœur, quand la paix sera revenue en votre royaume. Simon de Montfort est un ambitieux sans parole. Je crains la guerre civile pour votre pays.

— Pourrons-nous compter encore sur votre soutien ? demanda la sœur de Marguerite.

— Nous verrons à rétablir votre mari dans l'intégralité de ses droits, assura le roi de France.

Il savait que ce ne serait pas une chose simple, car Henri d'Angleterre n'était pas un monarque capable de surmonter de telles difficultés.

82

Renart le Bestourné

Marguerite apostropha son époux après que celui-ci eut achevé ses longues prières.

— Louis, avez-vous lu Renart le Bestourné ?

— Je ne lis guère que les textes sacrés, vous le savez, Madame !

— Vous devriez lire celui-ci, car il vous vise !

— Écrit par qui ?

— Par le poète Rutebeuf. C'est un libelle, riche de sous-entendus, qui laisse comprendre que le Lion noble, vous en l'occurrence, est circonvenu par Renart le goupil, Ysengrin le loup, Roënel le chien et l'âne Bernard, votre entourage de frères mendiants en quelque sorte.

— Laissez dire ! Il faut bien un exutoire pour le peuple, sinon il croit n'être pas écouté ; les poètes sont là pour cela.

Marguerite ne fut pas convaincue. Elle se fit plus précise :

— Je vous lis : « Pendant qu'ils chevauchaient, le roi dit à maître Renart qu'il était amoureux d'une belle dame qu'il aimait par amour. J'aimerais mieux mourir que ma femme le sût, dit le roi. Ainsi sont plusieurs qui craignent plus leurs femmes que Dieu ! »

— De quel roi parle-t-il ? Je ne peux imaginer que vous pensiez à moi !

— Je ne l'imagine pas non plus, reprit Marguerite.

La reine reprit :

— Écoutez cela aussi : « Renart est vil, Renart règne, Renart a moult règne, règne... »

— Il n'y a rien de bien nouveau, lâcha-t-il, tranquillement.

L'échange sur ce sujet s'arrêta là. Marguerite avait planté son épingle ; elle trouvait aussi que l'influence des frères mendiants devenait par trop pesante. Puis elle changea de sujet et lâcha de but en blanc :

— Louis, votre maigreur m'inquiète. Vous devriez vous reprendre.

Louis répondit du tac au tac :

— Madame, votre coquetterie m'agace, vous dépensez trop pour votre apparence ! Je vous appelle à plus de réserve...

— Je suis reine, et dois tenir mon rang ! Je n'ai pas fait vœu de me meurtrir pour l'amour de Dieu, moi ! J'aime Dieu, je le vénère, mais je doute qu'il attende de moi ce que vous pensez qu'il attend de vous !

— Cessons de nous taquiner, termina le roi, nous avons mieux à faire.

Le couple se mit ensuite d'accord sur l'organisation des prochaines cérémonies :

— Nous devons marier Jean Tristan à Yolande de Nevers, annonça Louis. Voilà maintenant six ans que nous les avons fiancés et notre fils va avoir seize ans. Peut-être devrions-nous attendre que son père, Eudes de Nevers, revienne de Terre sainte. N'oublions pas qu'il est aussi l'héritier du duc de Bourgogne.

— Vous aviez également envisagé de marier Pierre à Jeanne de Châtillon. N'est-ce pas encore un peu tôt, ils ne sont fiancés que depuis trois ans ?

— Je partage votre avis. Ils peuvent attendre. Nous ne sommes nullement pressés de voir s'adjoindre les comtés de Chartres, de Blois et du Dunois au domaine royal.

— Vous n'avez toujours pas attribué leurs apanages à vos fils, reprit Marguerite.

— J'y songe, j'y songe...

Il tenta de ne pas s'agacer de cette réflexion. L'empressement de son épouse à voir régler sa succession ne révélait-il pas sa crainte de le voir disparaître bientôt ?

Après avoir été couronné roi de Naples et de Sicile, Charles d'Anjou, à la tête de huit mille chevaliers, partit combattre Manfred. Le pape Clément lui avait donné toutes ses terres, situées au sud de la frontière méridionale des États pontificaux, en échange de l'éradication de ce dernier chef du Saint Empire romain germanique. Celui-ci, se sachant traqué, avait décidé de contre-attaquer avec son armée de valeureux combattants arabes. Les batailles furent violentes et acharnées autour du Garigliano et du Monte Cassino. Trahi par les siens, Manfred fut tué à Bénévent.

Charles d'Anjou revint pour quelques jours à Paris et fit à son frère le récit de ses exploits. Lui, généralement peu loquace, rarement souriant, plutôt grave, se montra cette fois-ci enjoué et volubile.

— Figure-toi, dit-il à son frère, que nous avons mis trois jours avant de trouver son corps. Il gisait dans un endroit appelé « le chant des roses ». Trop beau pour lui, n'est-ce pas ? Alors, je l'ai fait verser dans un dépôt d'immondices, et chacun de mes soldats a jeté une pierre pour recouvrir son corps... Sur les ordres du pape, l'évêque de Costenza l'a fait déterrer et jeter dans le Rio Verde afin qu'il ne repose pas en terre chrétienne.

Louis écouta, silencieux. Manifestement il ne partageait pas le plaisir sadique de son frère. Il se contenta de commenter :

— Quoi qu'il ait fait, quels qu'aient été ses liens avec les musulmans, son corps ne méritait pas un tel déshonneur.

La joie de Charles était d'autant plus intense qu'il éprouvait rarement ce sentiment.

— Mes victoires ont conduit les Florentins à me demander de gouverner leur seigneurie pendant dix ans. J'en ai profité pour mettre les gibelins dehors.

— Je croyais pourtant que le Saint-Père t'avait fait promettre de ne jamais accepter ni la couronne du Saint Empire, ni celles de Lombardie et de Toscane.

— Pour me remercier de l'avoir débarrassé de Manfred, le souverain pontife m'a nommé « vicaire pontifical pour la Toscane ».

Louis resta songeur. Il croyait connaître son frère. Il le savait combatif et avide. Il n'imaginait pas qu'il serait dévoré par l'ambition au point d'en être exalté. Il jugea que cela pourrait nuire à l'image de la France.

— En toute situation, Charles, tu dois faire preuve de tempérance et de miséricorde. Un souverain digne de ce nom doit d'abord être un prud'homme.

Charles marcha de long en large dans la chambre du roi, tournant comme un lion en cage.

— Bien ! dit-il, feignant ne pas avoir entendu. J'ai maintenant à régler le sort de Conradin. Sa légitimité lui donne des ailes.

Il entend reprendre le flambeau et la bannière de son grand-père Frédéric et ses laudateurs le comparent à cet empereur. Je dois tuer l'enfant dans l'œuf. Je repars derechef pour éliminer cette vermine avant qu'il ne mette les pieds chez moi !

— Vermine ? répéta Louis.

— Le Saint-Père a dit de cette engeance : « C'est la semence du dragon qui engendre le basilic, c'est la race des vipères, la race d'Hérode. »

Louis comprit que Guy Foulquois, nouveau pape Clément, avait endossé l'animosité et la haine du Saint-Siège pour la dynastie des Hohenstaufen et qu'il entendait mettre tout en œuvre pour l'éliminer définitivement.

Marguerite entra lorsque Charles quittait la pièce.

— Bonjour, Charles, comment va ma petite sœur ?

— Très bien, vous n'imaginez pas à quel point elle est heureuse d'être reine.

En réalité, dans sa dernière correspondance à Marguerite, Béatrice laissait entendre qu'elle s'ennuyait à la cour de Naples et que sa santé s'altérait.

— Mais elle ne se console pas de la disparition de notre fils Robert !

— Quel âge avait-il ? demanda la reine.

— Sept ans. Il était si enjoué, si doux, si malin... Pour elle... Pour moi aussi, c'est une grande perte !

Tout le contraire de son père, songea Louis, qui n'eut pas la méchanceté d'exprimer à haute voix ses pensées.

— Et Blanche ? Tu as fini par la marier au comte de Flandre, déclara Louis. Toi, on te chasse par la porte, tu reviens par la fenêtre !...

— C'est ta faute, tu m'as appris combien les alliances étaient utiles pour notre royaume. Allez ! Je me sauve. Conradin ne m'attendra pas.

Louis et Marguerite restèrent seuls. La reine évoqua la mort de Simon de Montfort au cours d'une bataille à Evesham.

— Éléonore m'a raconté que tout le mérite en revient à Édouard. Il s'est échappé de Windsor où il était emprisonné, a pris la tête d'une armée de chevaliers loyalistes et a défait Simon, qui a été abandonné par les grands barons.

— Il était temps ! Le comte de Leicester avait vraiment l'intention de déposer Henri, souligna Louis.

— Aurait-il dénoncé le traité de Paris ?

— Je ne le crois pas. Il était plus hostile au roi d'Angleterre qu'au roi de France.

Henri, conforté par la victoire de son fils, avait fait saisir les biens des barons félons et dénoncé les provisions d'Oxford. Toutefois, il avait eu la sagesse de ne pas toucher à la Grande Charte de 1215, pour ne pas s'aliéner les seigneurs qui l'avaient rejoint, mais aussi parce qu'elle marquait une avancée notable du point de vue de l'équilibre des pouvoirs comme de celui de l'établissement des libertés. Le roi de France lui avait d'ailleurs conseillé de ne surtout pas l'abroger.

Assuré, avec Charles d'Anjou, de la maîtrise d'une partie stratégique de la péninsule italienne, Louis se trouva de nouveau confronté au péril arabe. Le sultan Baïbars, s'il avait les qualités de chef de guerre d'un Saladin, n'en avait pas la noblesse. C'était un redoutable prédateur. En moins de trois ans, il fit mettre à genoux les États latins non sans avoir, au préalable, bouté les Mongols hors de la Syrie.

La description que fit, en cette fin d'année 1266, le chambellan Philippe de Villebéon fut proprement consternante. Il commença par raconter la chute de Césarée, l'une des places fortes de la côte, celle que le roi de France avait le mieux consolidée pendant sa croisade ; elle était pourtant tombée en moins d'une semaine :

— Il nous faut rendre hommage à la valeureuse résistance des croisés et particulièrement au comte Eudes de Nevers.

Ce seigneur avait péri quelques jours avant le mariage de sa fille Yolande avec Jean Tristan, lequel devenait alors comte de Nevers.

— Les forteresses et les villes de Château Pèlerin, Beaufort, Cayphas, Arsur, Safet, Toron sont tombées les unes après les autres. À Saint-Jean-d'Acre, la population des faubourgs a été massacrée. Et maintenant, Jaffa et Antioche sont menacées. Les Lieux saints sont désormais interdits aux pèlerins, ce qui ne s'était pas produit depuis fort longtemps. Un seul seigneur a pu composer avec le sultan, Philippe de Montfort, auquel l'Arabe a laissé Tyr et une dizaine de villages alentour.

— Que nous reste-t-il ? interrogea le roi.

— Une peau de chagrin, Sire. Les forteresses des templiers, des hospitaliers et des chevaliers teutoniques : Chastel-Blanc, le Krak des Chevaliers et Montfort.

Le pape fut horrifié en apprenant ce désastre. Il décida d'assurer un financement plus important de la nouvelle croisade en prélevant non plus le centième mais le dixième des revenus ecclésiastiques. « Il faut répondre aux attaques de la bête sanguinaire et horrible venue d'Égypte », écrivit-il au roi de France.

Le monarque français était son seul véritable interlocuteur. Sans lui demander officiellement, il lui faisait comprendre que lui seul pouvait prendre la tête de la croisade. Ses liens avec le souverain donnaient encore plus de poids à sa requête.

Louis, en plein carême 1267, le jour de l'Annonciation, convoqua tous les barons, ses frères et ses fils. La réunion n'avait pas d'ordre du jour, mais chacun pressentait ce qui allait se décider. Un seigneur confia même, avant d'entrer dans la salle de Conseil du Palais : « Si le Roi se croise, ce sera l'une des douloureuses journées qui jamais fut en France. Car si nous ne nous croisons pas, nous perdrons son affection, et si nous nous croisons, nous perdrons celle de Dieu car ce ne sera pas pour lui que nous nous croiserons. » Ce seigneur avait été informé que, la veille, Louis était allé dans la Sainte-Chapelle pour y descendre la relique de la Vraie Croix qu'il allait chaque jour vénérer.

Lorsqu'il annonça à l'assemblée qu'il allait prendre la croix, la plupart des seigneurs présents décidèrent de l'accompagner, à commencer par ses trois fils, Philippe, Jean Tristan et Pierre. Comme se joignirent Robert, son neveu, comte d'Artois, qui avait perdu son père à la Mansourah, son gendre Thibaud de Champagne, son frère Alphonse de Poitiers, le comte de Flandre, Guy de Dampierre, Jean le Roux, duc de Bretagne, les comtes de Dreux, de la Marche, de Saint-Pol, de Soissons et, plus tard, Charles d'Anjou. Toute la haute noblesse de France se déclarait prête à suivre le souverain. Excepté son plus fidèle compagnon, Joinville, qui, subodorant ce qui allait se tramer, avait prétexté une fièvre quarte avant de se résoudre à assister à la cérémonie. Après un déjeuner solennel et copieusement garni, Louis prit Joinville à part et lui demanda :

— Que me dit-on, Sénéchal, vous hésitez à nous accompagner ?

— Je n'hésite nullement, Sire, répondit Joinville, avec sa franchise habituelle, je ne vous accompagne pas !

— Je ne comprends pas.

— C'est en restant ici que je puis œuvrer pour Dieu car ainsi je peux aider mon peuple et le défendre...

— Contre qui ?

— Contre vos officiers royaux et vos sergents qui, en mon absence pendant la précédente croisade, ont brimé mes vassaux et appauvri mes gens !

L'argument traduisait aussi les craintes de nombreux seigneurs, même après les réformes engagées par le roi. En outre, Joinville avait trop souffert pendant la précédente croisade et n'avait pas envie d'y retourner. Il n'était ni assez courageux ni assez pieux pour s'y résoudre.

Le peuple français semblait d'un avis contraire à celui du sénéchal. L'annonce d'une nouvelle croisade menée par le roi, vingt ans après la sixième, semblait le mobiliser. L'assentiment majoritaire des barons l'attestait. Le poète Rutebeuf lui-même soutint ce nouveau pèlerinage. Dans sa « complainte d'outremer », il chanterait :

> Ha, Roi de France, Roi de France,
> La loi, la foi et la croyance
> Vont presque toutes chancelantes
> Que ferai-je vous le celant, secourez-les, il en est temps,
> Et vous, et le comte de Poitiers et les autres barons ensemble,
> On convient que vous y alliez ou que vous envoyiez vos gens,
> Sans épargner or ou argent.

Rutebeuf fut-il payé pour écrire cet appel, comme certains le raillèrent, ou fut-il comme beaucoup porté par l'enthousiasme général ? Il traduisait, en tout cas, le sentiment populaire.

Louis réunit ses conseillers pour évaluer le temps nécessaire aux préparatifs. Il fallait mobiliser les troupes, fabriquer les armes, acheter les vivres, construire une nouvelle flotte. Trois ans au moins seraient nécessaires. Cela ne convenait pas au pape qui voulait envoyer une armée immédiatement. Louis fit comprendre à son ami que cela n'était pas raisonnable. Sans le roi de France, le chef de l'Église était impuissant.

Pendant cette préparation, le souverain poursuivit la mise en ordre du royaume. Malgré les enquêtes de 1247, les ordonnances de 1254, la réorganisation de l'administration, les réformes pénétraient lentement et les abus comme les injustices subsistaient encore partout. Les protestations populaires prenaient de plus en plus d'ampleur ; les espérances suscitées par les mesures royales tardaient à être satisfaites. Les manifestations tournaient à l'émeute, comme à Pontoise où le maire fut occis parce que les impôts étaient devenus insupportables. Le peuple s'en prenait aux bourgeois, comme à Cahors où toute une famille avait été assassinée. Les Juifs étaient aussi pris à partie. Dans les villes textiles du Nord, la concurrence italienne mettait les travailleurs au chômage, et les grèves se multipliaient à Douai, Arras ou Rouen.

Le roi convoqua Étienne Boileau et lui demanda d'établir des règles pour protéger les artisans et les ouvriers de tous les métiers. Ces mesures, déjà décidées pour Paris, devant désormais s'appliquer dans tout le royaume.

Ce furent aussi trois années difficiles pour le couple royal. Quand Louis avait annoncé à ses barons qu'il allait se croiser, il s'était bien gardé d'en informer Marguerite. Il savait qu'elle y serait hostile. L'apprenant, elle contint sa colère tant elle trouva cette initiative aussi insensée qu'irréalisable.

— Enfin, Louis, lui dit-elle, vous êtes désormais incapable de monter à cheval, vous n'y pensez pas !

— Je vais m'entraîner, répondit-il.

— Vous entraîner ! Vous entraîner, pourquoi ? Pour aller à la mort ? Croyez-vous que ce soit le souhait du Seigneur ? En outre, vous emmenez nos fils avec vous ! Qui m'aidera à tenir les rênes du royaume ?

— Qui a dit que je vous les confierai ? répliqua Louis.

Marguerite lui lança un regard furieux tourna les talons et quitta la chambre. Louis ne voulut pas la retenir. Il l'avait blessée, mais les enjeux de la chrétienté comptaient maintenant davantage que la félicité conjugale.

83

La rouelle pour les Juifs

La reine se trouvait en compagnie de dames, d'artistes et d'intellectuels qu'elle réunissait régulièrement dans un salon du Palais. Joinville avait été convié à cette réunion, pour lire l'une des dernières ordonnances du roi :

— Nous vous écoutons, Sénéchal, déclara Marguerite.

Joinville ouvrit le parchemin et commença à lire : « Louis, roi de France, aux baillis, comtes, sénéchaux, prévôts, et à tous autres tenant de nous pouvoir, salut. Du fait que nous voulons que les Juifs puissent être distingués et reconnus des chrétiens, nous vous ordonnons – sur la requête à nous présentée dans notre frère en Christ, Paul Chrétien, de l'ordre des Frères prêcheurs – que vous imposiez à tous et chaque Juif des deux sexes, des insignes. C'est à savoir une roue de feutre ou de drap écarlate cousue sur la partie supérieure du vêtement, sur la poitrine et dans le dos, qui les fasse connaître, que, de la roue, la largeur soit en circonférence de quatre doigts et que la concavité contienne une paume. Que si, dans la suite, un Juif était trouvé sans ce signal, son vêtement supérieur appartiendrait au dénonciateur. Que le Juif, trouvé sans signal, soit frappé d'amende jusqu'à la somme de dix livres ; que l'amende de cette somme soit inscrite au compte, par nous, et convertie en usage pieux. »

La reine demanda leur avis à ses invités. Ceux-ci furent partagés. Les uns approuvèrent, arguant que ce signe distinctif n'était pas nouveau : cinq siècles plus tôt, les musulmans avaient obligé les chrétiens à porter une étoffe bleue et les Juifs une étoffe jaune cousue sur leurs vêtements.

— En Angleterre, rappela l'un d'eux, les Juifs doivent porter un cercle jaune et un chapeau pointu, en Allemagne également.

— C'est un écusson distinctif, pas un signe infamant, rappela Joinville.

Il expliqua que le roi avait pris cette mesure à la suite des recommandations insistantes d'un dominicain, juif converti, Paul Chrétien. Celui-ci lui avait rappelé l'obligation faite aux souverains par le concile de Latran de 1215 de faire porter la rouelle à tous les Juifs vivant dans des nations chrétiennes. Il aurait prétexté aussi qu'il serait salutaire, pour le respect du Seigneur, d'établir cette mesure avant la croisade. Un célèbre théologien, ministre général des cordeliers, frère Bonaventure, avait rappelé que la rouelle jaune-orange était le signe de la félonie et symbolisait la trahison de Judas, qui avait donné Jésus pour trente deniers.

— Mais, intervint Marguerite, les positions des papes n'ont-elles pas varié avec le temps ? Pendant le règne de Philippe Auguste, le pape Alexandre n'avait-il pas un administrateur juif, du nom de Yéhiel ben Abraham ? Et n'avait-il pas stigmatisé les violences faites aux Juifs, notamment au cours des premières croisades ? Et Sa Sainteté Grégoire n'avait-il pas condamné tout acte hostile aux Juifs ?

Les participants furent surpris par cette intervention de la reine et de sa bonne connaissance des avis de la papauté.

— Les souverains pontifes, reprit un théologien, ont toujours considéré les Juifs comme les dépositaires de la Révélation de la religion des Prophètes.

Marguerite soupçonna que son intervention ait pu apparaître comme une critique implicite de la mesure prise par son époux, même si elle ne l'avait pas fait innocemment.

— Ne vous y trompez pas, leur déclara-t-elle, il ne s'agit pas de mettre en question la décision du roi de France, mais d'essayer de l'expliquer dans le contexte de la politique qui est la sienne pour rendre son royaume plus pur, car il doit assumer son rôle de chef temporel de la chrétienté.

Joinville vint la soutenir en rappelant que, sous le règne de Louis, aucune mesure de maltraitance n'avait été prise contre les Juifs et qu'il avait ordonné de ne jamais les violenter.

— Ils n'ont pas été persécutés comme en Angleterre, à Lincoln, par exemple, où six Juifs ont été pendus injustement, soupçonnés de meurtres rituels, à Trèves en Allemagne, à

Worms et Cologne où des suicides collectifs succédant à des injustices ont été observés.

Marguerite remercia ses invités pour leurs explications. Sans doute avait-elle besoin d'être rassurée, car cette ordonnance l'avait mise mal à l'aise. Le roi n'en fut pas quitte pour autant. Un soir, avant que Louis ne se rende à sa chapelle, elle lui déclara :

— Louis, j'ai pris connaissance de votre ordonnance sur le port de la rouelle par les Juifs. Ne trouvez-vous pas ces brimades excessives ?

— Ce n'est pas une brimade, c'est une mesure d'assainissement. Le peuple doit savoir qui est qui ! Les Juifs ne doivent pas avoir honte de ce qu'ils sont, pas plus que de porter un signe distinctif. Et si cela les gêne, qu'ils se convertissent. Ils savent combien je le souhaite. Vous n'ignorez pas non plus que je protège leurs orphelins, que je les dote pour qu'ils puissent être instruits et que je les fais baptiser.

— Pourquoi voulez-vous qu'ils renient leur religion ?

— Parce qu'ils sont dans l'erreur ; ils nient que le Seigneur Jésus est le prophète qu'ils attendaient et ils doivent se faire pardonner de l'avoir crucifié.

Marguerite ne sembla pas vouloir se ranger à cet argument. Elle décida de pousser son époux dans ses retranchements :

— Le Christ n'a-t-il pas dit : « Aimez vos ennemis, bénissez tous ceux qui vous maudissent, faites du bien à ceux qui vous haïssent » ?

Louis resta silencieux, puis s'expliqua :

— Les chefs de l'Église sont les représentants du Christ sur terre. Ils ont décrété que les Juifs devaient porter la rouelle, ils ne peuvent se tromper. Je dois appliquer cette règle, surtout avant de partir pour la croisade. Mon royaume doit se laver de cette tache !

— Vous ne pouvez donc les laisser libres ? grommela la reine.

— L'Homme libre, a écrit saint Paul aux Corinthiens, est un danger constant de tout corrompre.

— Vous écoutez trop vos frères prêcheurs, lâcha Marguerite, excédée.

Sur un ton glacial qui ne cachait pas une colère rentrée, Louis répliqua :

— Je n'écoute que ma conscience de chrétien !

La reine renonça à obtenir des explications sur les autres mesures prises par son époux : la captation des biens juifs pour financer la croisade, le renforcement des sanctions contre tous les blasphèmes, l'interdiction du port d'armes et l'expulsion des usuriers cahorsins et lombards ; en revanche, paradoxalement, les prêteurs chrétiens n'étaient pas visés.

Ces mesures étaient exorbitantes, au point que le pape Clément écrivit au roi de France pour l'enjoindre de « ne pas imiter la rigueur de Nabuchodonosor, qui détruisit deux fois Jérusalem et déporta les Juifs à Babylone, et de Justinien, qui se disait l'élu de Dieu et persécutait les Juifs ».

Le Saint-Père mourut quelques semaines plus tard dans le palais des Papes de Viterbe. Un décès qui allait laisser à nouveau le trône pontifical vacant pendant plusieurs années.

Le confesseur du roi, Geoffroy de Beaulieu, avait entendu dire que l'émir de Tunis, Al-Mustansir, serait prêt à se convertir à la religion chrétienne à condition qu'une armée vînt le protéger contre les représailles de ses frères musulmans. La Tunisie pourrait ainsi devenir le rivage d'accueil de la croisade. Le roi de France décida d'entreprendre une démarche pour assurer à l'émir qu'il était prêt à l'aider. Il invita ses ambassadeurs à Saint-Denis à l'occasion du baptême d'un Juif qui avait demandé au souverain d'être son parrain. Après la cérémonie, Louis se dirigea vers les émissaires et leur déclara :

— Dites à votre maître que je désire tant le salut de son âme que je veux bien passer le reste de ma vie dans les prisons des Sarrasins sans jamais revoir la lumière du jour, pourvu que votre roi et son peuple se fassent chrétiens d'un cœur sincère. Ah, si je pouvais être le parrain d'un si noble filleul !

À quoi jouaient donc les deux monarques ? L'émir, qui s'était intitulé « commandeur des croyants », irritant fort le sultan d'Égypte, cherchait en réalité une armée qui l'aiderait à conquérir les terres de son voisin. Sa volonté de conversion n'était sans doute qu'un leurre. Le roi de France y croyait-il ? Prendre Tunis lui ouvrirait la porte vers l'Égypte et lui offrirait une revanche sur Baïbars. Sa naïveté pouvait être feinte.

En tout cas, la croisade ne s'annonçait pas sous les meilleurs auspices. Les premières difficultés furent liées à son financement. Les évêques et les villes refusaient de payer. Une délégation de prélats avait tenté naguère de convaincre le pape de s'affranchir de cet impôt, mais ce dernier les renvoya dans leurs évêchés avec la seule promesse que le décime prélevé ne le serait que pendant trois ans.

Le poète Rutebeuf, qui avait définitivement pris fait et cause pour la croisade, ne manqua pas d'épingler le clergé :

> Laisse donc ces clercs et les prélats
> Et regarde le Roi de France
> Si pour conquérir paradis
> Veut mettre son corps en péril
> Et ses enfants à Dieu prêtés.

De son côté, le roi avait engagé un programme d'économies draconiennes sur son train de vie et celui de la reine et avait commandé les bateaux nécessaires pour transporter quarante mille croisés. Il avait d'abord fait appel aux Vénitiens, qui demandaient une somme exorbitante et exigeaient, en plus, que les navires appareillent depuis Venise.

— J'ai fait édifier Aigues-Mortes, nous partirons de ce port. Allons trouver les Génois et les Marseillais, ils ne poseront pas les mêmes conditions, ordonna le monarque.

Gênes construisit une vingtaine de nefs et Marseille autant. Chaque navire devait pouvoir embarquer mille personnes. Le roi disposait aussi d'une escadre qu'il avait fait construire à Bordeaux quelques années plus tôt. L'importance de la flotte paraissait justifiée. Les nouvelles de Terre sainte étaient de plus en plus alarmantes. Jaffa et Antioche étaient tombées sous les coups de Baïbars, leurs populations avaient été massacrées ou réduites en esclavage. Et si le sultan avait proposé une trêve aux croisés, c'était seulement dans le but d'avoir les mains libres pour attaquer La Mecque.

Dans le même temps, Charles d'Anjou continuait à guerroyer en Italie. Il se trouva face à Conradin qui venait d'avoir quatorze ans. Il le poursuivit jusqu'au sud de la péninsule. Trahi par des seigneurs gibelins, le jeune prince lui fut livré ; après un simulacre de procès, Charles le fit décapiter à Naples sur la place publique. Ce ne fut pas son seul acte de cruauté : il fit également prisonnière l'épouse de Manfred, Hélène d'Épire, qu'il sépara de ses quatre enfants en les enfermant après leur avoir fait crever les yeux dans les cachots de Castel del Monte, la célèbre forteresse bâtie par l'empereur Frédéric.

Marguerite apprit ces faits par Béatrice et s'en indigna auprès de son époux. Quatre ans plus tôt, elle avait été également choquée par la répression que Charles avait exercée en Provence à l'encontre des seigneurs qui avaient conspiré contre lui. Douze têtes étaient tombées. À peine installé en Sicile, il convoitait désormais Constantinople. Dans ce but, il passa un accord avec l'empereur déchu Beaudoin, qui lui promit, en cas de victoire, une partie de la Grèce.

Peu de temps après, Béatrice disparaissait, seule, accablée de tristesse et de chagrin.

84

L'ancêtre de tous les rois de France

Ce fut aussi par une lettre de sa sœur Éléonore que Marguerite fit connaître à Louis l'intention d'Henri d'Angleterre et de son fils Édouard de se croiser.

— Qui vivra verra ! fit le roi.

Pour que tout fût également bien en ordre dans sa famille avant son départ, Louis maria deux de ses enfants, Blanche avec Ferdinand de Castille et Marguerite avec Jean, duc de Brabant. Des mariages moins somptueux que ceux de ses fils en dépit de la qualité des gendres, mais croisade obligeant, il fallait faire montre d'austérité et les filles n'eurent pas droit à autant de magnificence. Par toutes ces alliances, le roi de France allait ainsi devenir, sans le savoir, l'ancêtre de tous les rois de France.

Le souverain distribua les terres à ceux qui n'avaient pas encore d'apanages : à Jean Tristan, le Valois ; à Pierre, le Perche et Alençon ; à Robert, le fief de Beauvais. Par leurs épouses, ils deviendraient successivement : Jean, comte de Nevers, Pierre de Blois, Robert, seigneur de Bourbon.

Il restait à régler le sort du prince héritier Philippe, dont il avait la certitude qu'il lui succéderait après la croisade. Il était important d'encadrer ce fils encore trop puéril. Il nomma pour tuteur un homme de confiance, son grand chambellan Pierre de Brosse, intrigant et ambitieux, contre l'avis de son épouse, qui s'en méfiait désormais. Elle le soupçonnait d'avoir incité Philippe à avouer à son père le serment qu'elle lui avait fait signer. Mais il faisait partie du clan des Tourangeaux, la garde rapprochée du roi, et il l'avait souvent défendue face aux conseillers qui contestaient son influence, notamment dans ses relations avec l'Angleterre. Marguerite s'en accommoda donc.

Louis persistait à ne pas vouloir lui confier la régence. Elle lui posa une dernière fois la question et reçut en réponse :

— Le royaume a besoin de bons connaisseurs de son fonctionnement, d'hommes expérimentés et dévoués. J'ai désigné, pour assurer le gouvernement du pays, Mathieu de Vendôme, abbé de Saint-Denis, Simon de Nesle, Philippe, évêque de Tours, et Jean, comte de Ponthieu.

Marguerite enregistra sans mot dire, bien qu'elle eût noté que son époux n'avait nommé que des conseillers qui lui étaient hostiles.

Pour Paris, le souverain confia la gestion municipale à un prévôt des marchands et à un groupe d'échevins. Les bourgeois accédaient ainsi officiellement au pouvoir. Quant à Étienne Boileau, garde de la prévôté, véritable maître de la ville, il organisa l'ensemble des métiers de la ville. Toutes les professions furent réglementées : l'apprentissage, les droits des travailleurs, les statuts d'une centaine de métiers, les prix des marchandises fabriquées ou vendues. Cette réforme fut contenue dans le *Livre des métiers* que Boileau remit au monarque.

Alors qu'il sortait d'un déjeuner hebdomadaire avec ses pauvres et ses frères religieux et revenait dans sa chambre, Louis croisa son épouse en pleurs. Elle n'était pas coutumière de ces effusions publiques.

— Isabelle, lâcha Marguerite entre deux sanglots.

— La reine de Navarre, notre fille ? s'inquiéta le souverain.

— Votre sœur, ma sœur, mon amie...

Louis perdait avec Isabelle la personne qu'il affectionnait le plus après Marguerite. Il prit son épouse dans ses bras et l'entraîna dans sa chapelle.

— Allons prier pour le repos de son âme, dit-il.

— Oh ! Je ne suis pas inquiète, déclara Marguerite, Isabelle était une sainte.

La sœur du roi n'avait pas revêtu l'habit de nonne mais, en 1263, elle s'était retirée au couvent des Pauvres Dames, où elle s'était éteinte à force de privations.

Le couple trouva là un motif de réconciliation. Leur affection pour Isabelle semblait les lier à nouveau.

85

« Père, je remets mon âme entre vos mains »

Avant de partir pour la croisade, le roi de France voulut visiter certains fiefs qu'il avait délaissés durant son règne. Il se rendit à Tours, Vendôme, Blois, Rouen et Clermont. Malgré son extrême fatigue, il tenait à rassurer ses sujets, les écouter, vérifier si les préjudices dont ils s'étaient plaints avaient bien été réparés. Il prit soin également d'exonérer de leurs dettes les institutions religieuses qui lui tenaient à cœur, telles que celles de Maubuisson ou de Royaumont.

À son retour, il confirma dans leurs fonctions de régence les conseillers dont il avait parlé à Marguerite. Il emmenait avec lui ceux qui l'avaient secondé pendant près de vingt ans, l'archevêque Eudes Rigaud, le chambellan Pierre de Villebéon et Geoffroy de Beaulieu, son confesseur.

Au cours d'un conseil qui vit la désignation des futurs membres du gouvernement, il fit un exposé sur l'état du royaume :

— À l'intérieur, beaucoup reste encore à faire pour corriger les injustices et purifier le royaume des blasphémateurs, des usuriers, des prostituées, des malfaiteurs et autres scélérats. Il faut aussi poursuivre la mise en ordre de l'administration royale, dont je vous donne la garde et la défense, et vous aurez le pouvoir d'ordonner, de juger et contraindre, de nommer et révoquer les baillis, les prévôts... À l'extérieur, la chrétienté est en paix, hormis en Terre sainte, poursuivit-il. Je peux donc partir en croisade sans crainte, avec la majorité de mes barons et de ma chevalerie. Nulle menace ne pèse sur le royaume. Je sais qu'en Angleterre, Henri ne nous rejoindra pas, il se dit fatigué, mais son fils Édouard sera des nôtres avec son cousin

Henri, le fils de Richard de Cornouailles, qui nous ralliera avec des croisés allemands. L'Italie est sous le contrôle de mon frère Charles. L'Espagne est dans notre famille. Il nous reste maintenant, avec l'aide de Dieu, à nous associer à l'émir de Tunis pour combattre le mamelouk Baïbars qui a tant ravagé la Terre sainte.

Les conseillers écoutaient en silence, émus autant qu'inquiets. Le ton du roi, son assurance, sa sérénité semblaient entachés d'un certain abandon. Comme s'il dictait son testament. Ils ne se trompaient pas. En effet, Louis avait fait son testament et distribué tout ce qu'il pouvait distribuer, à sa femme qu'il dota largement, à ses enfants et à de nombreuses institutions religieuses ou sociales, dont un legs très important à plus de huit cents léproseries. Le vendredi saint qui précéda son départ, alors qu'il se trouvait à Compiègne, il quitta son château nu-pieds et se rendit d'une église à une autre, distribua des deniers aux pauvres sans compter. Il entendit sonner la clochette d'un lépreux. Il alla à sa rencontre, traversa une rue boueuse, alla le saluer, lui baisa la main, pendant que son entourage se bouchait la vue et se signait ostensiblement.

Puis il rédigea des lettres pour ses enfants. À Philippe d'abord, qui pourrait lui succéder. Il lui adressa une longue missive, composée de trente-trois recommandations dans lesquelles il décrivait sa conception de la mission royale, de la justice et de la vie d'un chrétien. Dans les quinze premières, il lui enseignait d'aimer et de révérer le Seigneur et d'être un chrétien irréprochable.

« Je t'enseigne que tu aies le cœur compatissant avec les pauvres... Soulage-les volontiers ou du soutien moral ou d'aumônes. Aime le Bien en autrui et hais le Mal. S'il advient que tu deviennes roi, prends soin d'avoir les qualités qui appartiennent au roi, c'est-à-dire que tu sois si juste et que, quoi qu'il arrive, tu ne t'écartes de la justice. Et s'il advient qu'il y ait querelle entre un pauvre et un riche, soutiens de préférence le pauvre jusqu'à ce que tu saches la vérité et quand tu la connaîtras, fais justice. Si tu apprends que tu possèdes quelque chose à tort, soit de ton temps, soit de celui de tes ancêtres, rends-la tout de suite, toute grande que soit la chose. Sois bien diligent de protéger dans tes domaines toutes sortes de gens, surtout les gens de la Sainte Église. »

« Cher fils, je t'enseigne que tu aimes et honores ta mère et que tu retiennes volontiers et observes ses bons enseignements et sois enclin à suivre ses bons conseils. »

Le roi lui recommanda également : « de n'avoir jamais de guerre en chrétienté... D'apaiser toutes les guerres et luttes qui seront en ta terre ou entre tes hommes... Que les deniers que tu dépenseras le soient en bon usage et qu'ils soient levés justement. Et s'il plaît à Notre-Seigneur que je trépasse avant toi, que tu me fasses aider par messes et autres oraisons... »

À sa fille Isabelle, il écrivit des enseignements analogues pour sa vie de chrétienne et lui recommanda : « Obéissez humblement à votre mari, à votre père et à votre mère selon les commandements de Dieu. Prenez grande peur à ce que vous soyez parfaite en toutes choses... Il est bon que vous n'ayez grand surcoût de robes à la fois, ni de joyaux, selon l'état où vous êtes. Inclinez-vous toujours vers le moins plutôt que vers le plus. »

Le roi avait tenu à ce que son épouse restât première, après Dieu, dans son cœur et ses pensées, c'est pourquoi il avait tenu à recommander à ses enfants de toujours l'écouter.

— Tout est en ordre, déclara-t-il à Marguerite, nous allons pouvoir nous mettre en route comme nous l'avions prévu.

Sa voix était faible. Il tenait à peine debout. Il lui fallait s'asseoir souvent et lorsqu'il priait à genoux, sur le sol, son chapelain devait l'aider à se relever.

— Tout est en ordre, en effet, répéta Marguerite, d'une voix d'outre-tombe.

Elle ne voulut rien ajouter. Louis lui avait échappé. Il ne l'écoutait plus. De leur passion amoureuse, naguère si forte encore, il ne restait plus que des souvenirs contrastés, huit enfants vivants et le sentiment d'avoir vécu la plus noble des alliances. Pour toute la chrétienté et la postérité, ils avaient offert un modèle de couple.

Pourtant, ce soir-là, au château de Vincennes, où Louis avait voulu faire ses adieux à sa reine, celle-ci ne put contenir son désarroi :

— Vous me laissez seule, sans vous, sans mes fils, prisonnière de vos conseillers, qu'ai-je donc fait pour tant de mésestime ?

Louis la dévisagea, surpris par ce cri de détresse, elle qui s'était toujours montrée inaltérable. Il ne sut que répondre :

— Madame, je vous laisse encore Robert et nos trois filles. J'aurai auprès de moi notre fille Isabelle, la reine de Navarre, dont le doux regard me rappellera le vôtre. Quant à notre séparation, elle n'est que le fruit de la volonté de Dieu.

— Je voudrais être sûre que c'est bien la volonté de Dieu, murmura Marguerite.

— Comment ? Madame ! Vous osez la mettre en doute ?

— Ce n'est pas elle que je mets en doute, mais l'interprétation que vous en faites !

À cet instant, Marguerite se reprocha d'avoir tenu un tel propos. Il était inapproprié. Évidemment, Louis n'allait pas changer d'avis. Mais elle ne pouvait maîtriser son émotion. Elle essuya une larme. Le roi s'approcha d'elle, lui baisa le front, lui prit les mains et les baisa aussi. Ils ne s'étreignirent pas. Ce fut leur dernier contact. Ils étaient déjà séparés. Marguerite se rappela ce que Blanche de Castille avait dit à son fils partant pour sa première croisade : « Je ne vous reverrai donc plus. » Elle n'osa pas formuler la même phrase, mais elle en fut hantée.

Louis la quitta sans se retourner. En voyant sa silhouette si grande, si squelettique, Marguerite ne put s'empêcher de penser à sa mort. Elle se doutait qu'il allait la rejoindre d'un cœur léger et l'âme en paix.

Dans la cour du château, Joinville vint assister au départ des croisés et saluer son ami le roi. Il le vit sortir, titubant. Il courut vers lui pour l'aider à marcher. Le souverain avait décidé de se rendre à Saint-Denis à pied pour prendre le bourdon de pèlerin et l'oriflamme. Joinville le prit dans ses bras et le porta jusqu'à son charroi. Puis il interpella les barons, les chevaliers et les conseillers qui composaient le cortège :

— C'est un grand péché que vous commettez en laissant aller le Roi dans la grande faiblesse où est son corps... Il ne peut souffrir ni d'aller en charrette, ni à cheval et je dois, comme vous le voyez, le porter dans mes bras.

Le roi souriait. Son corps n'était rien qu'une carcasse qui devait se soumettre à sa volonté et à sa mission : aller combattre les Infidèles et délivrer les Lieux saints coûte que coûte. Sa vie n'était rien. Seules sa foi et son espérance l'animaient.

À ce moment, aucun des hommes présents n'aurait voulu se trouver ailleurs, n'accomplir d'autres tâches que celles d'accompagner ce grand souverain sur ce nouveau chemin de croix.

Avant que le monarque ne quittât la basilique de Saint-Denis pour prendre la route d'Aigues-Mortes, un cardinal, représentant le Sacré Collège des cardinaux, se présenta à lui :

— Sire, nous vous demandons d'intervenir auprès de l'empereur de Constantinople pour que soit rétablie enfin l'union entre l'Église grecque et l'Église romaine.

Louis posa la main sur le bras du prélat et lui déclara avec un demi-sourire :

— Avant de vous préoccuper de cette réconciliation, faites en sorte, cardinal, que le siège de saint Pierre ait enfin un nouveau pape. Depuis la mort de Sa Sainteté Clément, voici maintenant plus de deux ans que nous attendons. La mésentente au sein du Sacré Collège est une offense faite au Seigneur.

Le cardinal ne demanda pas son reste et partit en se faufilant dans la foule[1].

En mai 1270, l'armée des croisés quitta Paris pour Aigues-Mortes. En arrivant, les amiraux et les maréchaux constatèrent que les nefs génoises n'avaient pas encore été livrées. Il fallut attendre leur arrivée un mois de plus. Les troupes se languissaient, s'échauffaient, se disputaient. Il y eut des morts par dizaines et des agitateurs furent pendus. Enfin, le 1er juillet 1270, la flotte appareilla : quarante gros navires pour transporter près de quarante mille hommes, une impressionnante armada.

— Direction la Sardaigne, ordonna le roi à l'amiral Florent de Varennes.

Cette fois, le commandant de la flotte était un Français, celui qui avait conduit la nef *Montjoie* au retour de Terre sainte, seize ans plus tôt. La nef fit escale à Cagliari, puis elle appareilla vers l'Afrique. À ce moment, le monarque surprit son état-major, convoqué sur sa nef :

— Direction Tunis, ordonna-t-il, alors que les amiraux et les officiers royaux pensaient se rendre directement en Égypte.

Jean Tristan, né à Damiette, le plus joyeux et le plus vif de ses fils, l'interrogea :

— Nous ne retournons donc pas sur le lieu de ma naissance ?

Son père lui expliqua que la Tunisie était plus proche et plus facile à maîtriser.

---

1. Il faudra encore plus d'un an avant qu'un nouveau pontife, Grégoire X, soit élu. Ce sera le plus long interrègne de l'histoire de la papauté.

— En outre, je ne désespère pas de convaincre l'émir de se convertir. Il semblait disposé à être baptisé.

— Méfions-nous des musulmans, déclara Amaury de La Roche, le commandeur du Temple.

— Oui, répondit le souverain. Le roi de Sicile, mon frère Charles, m'a aussi mis en garde. L'émir ne lui a pas payé ses dettes pour les livraisons de blé, c'est un homme sans parole. Nous avons deux hypothèses, soit il est sincère et nous nous en apercevrons très vite, soit il cherche à nous tromper et nous le combattrons. D'après nos informations, nos forces sont très supérieures aux siennes.

— Mais pourquoi ne pas aller directement en Égypte ? interrogea le duc de Bretagne.

— Baïbars nous y attend, expliqua le souverain, il sera surpris de ne pas nous voir. Si nous occupons la Tunisie, il ne pourra bénéficier des forces de l'émir et nous rendra la conquête de l'Égypte plus aisée.

L'assemblée des barons et des officiers se rangea à cette stratégie.

— Charles d'Anjou nous rejoindra-t-il bientôt ? demanda Thibaud de Navarre.

— Il me l'a promis. Nous aurons besoin de ses forces si l'émir nous résiste.

— J'ai entendu dire que mon oncle tournait plutôt ses regards vers Constantinople, intervint Philippe.

— C'est vrai, il veut aller combattre Michel Paléologue et s'emparer de l'Empire byzantin. Je lui ai fait comprendre qu'il n'y avait ni urgence ni nécessité et qu'il s'était croisé pour défendre la Terre sainte, non pour assouvir ses ambitions territoriales.

Le 17 juillet, la flotte se présentait devant le port de Tunis. Aucun ennemi à l'horizon. L'ost débarqua le lendemain sans qu'aucune résistance ne se manifestât.

— J'attendais de l'émir un accueil plus solennel, déclara le roi. Ce silence et cette absence ne sont pas de bon augure.

Assurément l'émir, réfugié dans Tunis avec sa troupe, attendait que l'armée des croisés fût à découvert pour l'attaquer. Sans plus attendre, celle-ci s'empara de la forteresse de Carthage au terme de quelques combats sporadiques. Elle déplora un mort contre des centaines chez les Sarrasins, dont beaucoup furent enfumés dans la forteresse.

Le roi installa son camp dans la plaine de Carthage. Et ce qui était redouté survint. Les Arabes vinrent harceler les croisés, les obligeant à creuser des tranchées pour se protéger. La chaleur, le manque d'eau et l'eau frelatée, comme à la Mansourah, firent leur œuvre. La dysenterie et le typhus ravagèrent les troupes du haut en bas. Les morts étaient si nombreux que les survivants n'avaient pas le temps de les enterrer, l'air devenait irrespirable. Sous les coups de boutoir et les attaques incessantes des Sarrasins, le roi, à nouveau malade, devait revêtir son armure plusieurs fois par jour pour montrer qu'il était toujours à la tête des combattants.

Deux de ses fils, Philippe et Jean Tristan, tombèrent malades à leur tour. Jean trépassa. Il était né en Afrique, il y mourut vingt ans plus tard. Personne n'osa le dire au souverain. Geoffroy de Beaulieu, qui le veillait en permanence, l'avait interdit. Au terme d'une semaine, il fallut bien le lui avouer car, s'inquiétant de ne plus voir son fils, Louis se leva et tenta de rejoindre la tente de Jean. Quand il apprit la vérité, il resta impassible et déclara : « Comme Job, je dis : "Le Seigneur me l'a donné. Le Seigneur me l'a ôté, que le Seigneur soit béni." » Il apprit aussi que la maladie avait emporté de nombreux croisés parmi lesquels le légat, les comtes de la Marche, d'Eu, de Vienne, le sire de Montmorency, le maréchal Gautier de Nemours, le chambellan Pierre de Villebéon. Le commandement de l'armée fut alors confié au comte de Soissons, qui avait déjà combattu à la précédente croisade.

L'état du roi empira. Le dimanche 24 août, Geoffroy de Beaulieu vint lui donner la communion. Il le trouva à genoux, au pied de son lit, en prière.

— Sire, vous n'êtes pas raisonnable, vous allez vous épuiser.

Il l'aida à se recoucher. Louis demanda à son confesseur de s'approcher et lui murmura :

— Il faut prêcher ici la foi chrétienne. Désignez-moi celui qui sera le plus ardent pour accomplir cette tâche.

Un dominicain qui connaissait bien l'émir fut désigné. Puis il continua à prier :

— Seigneur accorde-nous de mépriser la prospérité de ce monde et de ne redouter aucune adversité.

Dans la nuit qui suivit, il répéta plusieurs fois :

— Jérusalem, ah Jérusalem ! Nous irons à Jérusalem !

Le lendemain, 25 août, à trois heures de l'après-midi, il prononça cette dernière parole du Christ sur la Croix : « Père, je remets mon âme entre vos mains. »

Et il expira. L'aigle avait définitivement fermé ses yeux de colombe.

Au loin on entendit des voix crier le « Anjou, Anjou fait voile vers nous ! ». Des messagers annonçaient que la flotte de Charles d'Anjou approchait du rivage.

Le frère du roi apprit sa mort en débarquant sur le sol tunisien. Il courut à sa tente, baisa les pieds du souverain et s'effondra en larmes. Puis il se rendit à la tente de Philippe pour rendre hommage au nouveau roi. Ce dernier était alité. Ils convinrent que Charles prendrait toutes les décisions qui s'imposeraient tant que ce dernier ne serait pas rétabli. Charles prit son neveu Pierre à ses côtés et organisa l'attaque contre les Sarrasins. En moins de deux semaines, il les défit et obligea l'émir à se soumettre.

Mais l'armée des croisés, affaiblie par les combats et les nombreuses pertes, n'était plus en mesure de poursuivre la croisade et d'aller attaquer le sultan d'Égypte. Un accord fut donc passé avec l'émir qui rendit les prisonniers, s'engagea à laisser se bâtir dans son pays des églises et des couvents, à laisser libre le commerce pour les marchands chrétiens, à payer deux cent mille onces d'or, une fortune, sur laquelle Charles d'Anjou préleva un tiers pour lui. Ce qui ne fut pas du goût d'Édouard d'Angleterre qui venait de rejoindre les croisés à la tête d'une belle armée. Apprenant que la croisade était abandonnée et qu'il ne toucherait pas un sou du tribut donné à Charles, il accusa ce dernier de détournement, repartit furieux et décida de poursuivre son pèlerinage sans les Français.

En novembre, Philippe emportait dans un coffret précieux les os et le cœur de son père, tandis que Charles repartait avec ses chairs pour les inhumer dans la cathédrale de Palerme.

Mais la tragédie n'allait pas s'arrêter là. En arrivant en Sicile, Thibaud de Champagne décéda, puis son épouse Isabelle, reine de Navarre, fille de Louis et Marguerite, puis l'autre Isabelle, la nouvelle reine de France, l'épouse de Philippe, qui mourut à la suite d'une chute de cheval alors qu'elle était enceinte ; l'enfant ne survécut pas. Quelques mois plus tard, Alphonse de Poitiers s'éteignit en Italie et son épouse, Jeanne, mourut le lendemain.

Peu avant Noël, Marguerite apprit qu'elle avait perdu son époux, son beau-frère Alphonse qu'elle aimait tendrement, sa belle-sœur Jeanne de Toulouse, son fils Jean Tristan, sa fille Isabelle et son gendre Thibaud, enfin sa brue Isabelle Aragon. Elle avait bien des raisons de maudire cette expédition et de s'en prendre à Dieu. Elle n'en fit rien. Elle accepta sans mot dire ce que Dieu, ou le destin, ou la foi aveugle de son époux avait engendré.

Ce fut un roi meurtri, fou de chagrin, qui entra dans Paris le 2 mai 1271. Pendant le parcours qui le conduisit d'Italie à Paris avec les dépouilles de son père, de son frère et de son épouse, un peuple ému et silencieux se pressa tout le long du cortège sur des centaines de kilomètres.

Pourquoi Marguerite ne voulut-elle pas participer à la veillée funèbre à Notre-Dame ? Entendait-elle faire connaître sa protestation ou sa résignation ? Le lendemain, cependant, elle accompagna son fils et les chevaliers du royaume qui portèrent à pied sur leurs épaules les cercueils de Louis, du prince Jean et de la reine Isabelle pour les inhumer à Saint-Denis. Les restes de Louis, le neuvième du nom, furent déposés auprès des sépultures de son père et de son grand-père devant l'autel de la Trinité. Quelque temps après, Marguerite perdit sa fille Marguerite et apprit que les Plantagenêts, à leur tour, étaient décimés. Sa sœur Éléonore devenait veuve d'Henri d'Angleterre, et son beau-frère Richard de Cornouailles comme son neveu Henri d'Allemagne, assassiné par le fils de Simon de Montfort, disparaissaient à leur tour.

La malédiction s'était ainsi abattue sur les familles de France et d'Angleterre qui étaient en paix entre elles. Les deux reines s'attachèrent à conserver ces liens par-delà les querelles et les ambitions, par fidélité pour les serments de leurs époux et pour le bien de leur peuple.

Elles ne cessèrent jamais de s'interroger sur le sens de leur destinée, mêlée à celle d'une religion qui exigeait tant et récompensait si peu.

Épilogue

La reine Marguerite fit venir Joinville et Guillaume de Saint-Pathus. Elle leur demanda d'écrire la vie de son époux, le roi de France, qui fit tant pour le bien de son peuple, fut si dévoué au Seigneur, et marqua de son empreinte la gloire de la chrétienté.

Vingt-sept ans plus tard, alors que de nombreux miracles avaient été reconnus après sa mort – plus de quarante, prétendit-on –, le roi Louis fut canonisé et devint saint Louis.

Bibliographie

Ce roman est fondé sur des faits réels, relevés chez les auteurs dont j'ai consulté les ouvrages de la liste qui suit :

Les Paroles du roi Saint Louis, recueillies par les chroniqueurs, L'Orante, 1941.

Archives générales de France, *Saint Louis à la Sainte-Chapelle*, 1960.

Abitbol, Michel, *Le Passé d'une discorde*, Perrin, 2003.

Absire, Alain, *Le Pauvre d'Orient*, Presses de la Renaissance, 1994.

Albaret, Layrent, *L'Inquisition, rempart de la foi ?*, Gallimard, 2003.

Aubarbier, Jean-Luc et Binet, Michel, *Le Pays cathare*, Ouest-France, 2008.

Aurell, Martin, *Le Chevalier lettré*, Fayard, 2011.

— *Des chrétiens contre les croisades*, Fayard, 2013.

Baldwin, John W., *Paris 1200*, Aubier/Flammarion, 2006.

— *Philippe Auguste*, Fayard, 2008.

Baudis, Dominique, *Raimond « le Cathare »*, Michel Lafon, 1996.

Bayard, Jean-Pierre, *La Tradition cachée des cathédrales*, Dangles, Ramonville, 1999.

Beffeyte, Renaud, *L'Art de la guerre au Moyen Âge*, Ouest-France, 2010.

Benoist-Méchin, Jacques, *Frédéric de Hohenstaufen*, Perrin, 2008.

Bénouville, Guillain de, *Saint Louis ou le Printemps de la France*, Didier, 1943.

Berthelot, Anne, *Arthur et la Table ronde*, Gallimard, 2001.
Bilimoff, Michelle, *Les Remèdes du Moyen Âge*, Ouest-France, 2011.
Birlouez, Éric, *À la table des seigneurs du Moyen Âge*, Ouest-France, 2011.
Boiry, Philippe, *Le Mystère du cœur de Saint Louis*, DIE, 2008.
Bordeaux, Henry, *Saint Louis*, Plon, 1949.
Bordonove, Georges, *Les Croisades*, Pygmalion, 1992.
— *Saint Louis*, Pygmalion, 1984.
— *Philippe Auguste*, Pygmalion, 2009.
Bourdrel, Philippe, *Histoire des Juifs de France*, Albin Michel, 2004.
Bourin, Jeanne, *La Cuisine médiévale*, Flammarion, 2010.
Bozoki, Edina, *La Politique des reliques de Constantin à Saint Louis*, Beauchêne, 2007.
Brenon, Anne et Tonnac, Jean-Philippe de, *Cathares : la contre-enquête*, Albin Michel, 2008.
Brion, Marcel, *Frédéric II de Hohenstaufen*, Tallandier, 2011.
Bur, Michel, *Suger, abbé de Saint-Denis*, Perrin, 1991.
Calimani, Riccardo, *L'Errance juive*, Denoël, 2003.
Carbone, Geneviève, *La Peur du loup*, Gallimard, 1991.
Carolis, Patrick de, *Les Demoiselles de Provence*, Plon, 2005.
Carolus-Barré, Louis, *Louis, le procès de canonisation de Saint Louis*, collection de l'École française de Rome, 1994.
Cassagnes-Brouquet, Sophie, *La Vie des femmes au Moyen Âge*, Ouest-France, 2010.
— *Les Métiers du Moyen Âge*, Ouest-France, 2010.
Choffel, Jacques, *Louis VIII le Lion*, Fernand Lanore, 1983.
Chenu, Marie-Dominique, *Saint Thomas d'Aquin et la théologie*, Seuil, 2005.
Clairvaux, Bernard de, *Éloge de la nouvelle chevalerie*, Éditions du Cerf, 1990.
Cros, Léonard Joseph Marie, *Vie intime de Saint Louis*, Enault & Mas, 1872.
Delorme, Philippe, *Blanche de Castille*, Pygmalion, 2002.
Demouy, Patrick, *Reims*, La Nuée Bleue, 2010.
Di Pietro, F. Em., *Histoire d'Aigues-Mortes*, Lacour, 1995.
Duby, Georges, *Le Dimanche de Bouvines*, Gallimard, 1973.
— *L'Europe au Moyen Âge*, Flammarion, 1984.
— *Le Moyen Âge*, Skira, 1984.
— *L'Art et la Société*, Gallimard, 2002

Duvernoy, Jean, *Inquisition en terre cathare*, Privat, 1998.

Eddé, Anne-Marie et Micheau, Françoise, *L'Orient au temps des croisades*, Flammarion, 2002.

Erlande-Brandenburg, Alain, *Notre-Dame de Paris*, Éditions de la Martinière, 1997.

Faral, Edmond, *La Vie quotidienne au temps de Saint Louis*, Hachette, 1956.

Favier, Jean, *Les Plantagenêts*, Fayard, 2004.

Fletcher, Richard, *La Croix et le Croissant*, Audibert, 2003.

Flori, Jean, *Philippe Auguste*, Tallandier, 2007.

Ganshof, François Louis, *Le Moyen Âge*, Hachette, 1953.

Gil, Christiane, *Marguerite de Provence*, Pygmalion, 2006.

Gougaud, Henri, *L'Inquisiteur*, Seuil, 1984.

Grousset, René, *L'Épopée des croisades*, Perrin, 2002.

Heers, Jacques, *De Saint Louis à Louis XI*, Bartillat, 1998.

Huchet, Patrick, *Les Templiers, de la gloire à la tragédie*, Ouest-France, 2010.

Huscenot, Jean, *Saint Louis IX, roi de France*, Pierre Tequi, 1990.

Husson, Michel, *Ports, flottes et périples maritimes de Saint Louis*, Point-Virgule, 2011.

Jacq, Christian, *Le Message des constructeurs de cathédrales*, Éditions du Rocher, 1980.

Jeandet, Yette, *Blanche de Castille : reine de l'unité française*, Rencontre, 1965.

Joinville, *Vie de Saint Louis*.

Lacour-Gayet, Robert, *Les Renaissances financières de la France*, Hachette, 1959.

Le Goff, Jacques, *La Naissance du purgatoire*, Gallimard, 1981.

— *Saint Louis*, Gallimard, 1996.

— *Le Dieu du Moyen Âge*, Bayard, 2003.

— *Héros du Moyen Âge, le Saint et le Roi*, Gallimard, 2004.

Leroy, Béatrice, *L'Espagne au Moyen Âge*, Albin Michel, 1988.

— *En Espagne chrétienne : La Reconquista*, Cairn, 2006.

Lévis Mirepoix, Antoine de, *Saint Louis, roi de France*, Albin Michel, 1970.

Levron, Jacques, *Saint Louis*, Perrin, 1976.

Lorris, Guillaume de, *Le Roman de la Rose*.

Maalouf, Amin, *Les Croisades vues par les Arabes*, J.-C. Lattès, 1983.

Masson, Georgina, *Fréderic II de Hohenstaufen*, Albin Michel, 1963.

Mercuri, Chiara, *Saint Louis et la couronne d'épines*, Riveneuve, 2011.

Michelet, Jules, *Les Croisades, Saint Louis*, Éditions des Équateurs, 2007.

Müller, Fabian, *Les Jeux au Moyen Âge*, Éditions de la Muse, 2010.

Nangis, Guillaume de, *Chroniques capétiennes*, Paleo, 2002.

Oldenbourg, Zoé, *Le Bûcher de Montségur*, Gallimard, 1989.

Pernoud, Régine, *Louis et le crépuscule de la féodalité*, Albin Michel, 1985.

— *Les Templiers : chevaliers du Christ*, Gallimard, 1995.

Régnier-Bohler, Danielle (dir.), *Croisades et Pèlerinages*, Robert Laffont, 1999.

Rémond, René, *Les Grandes Inventions du christianisme*, Bayard, 1999.

Richard, Jean, *Saint Louis*, Fayard, 1983.

— *L'Esprit de la croisade*, Éditions du Cerf, 2000.

Roquebert, Michel, *Histoire des Cathares*, Perrin, 1999.

— *Saint Dominique, la légende noire*, Perrin, 2003.

Rowley, Anthony, *À table ! La fête gastronomique*, Gallimard, 1994.

— *Une histoire mondiale de la table*, Odile Jacob, 2006.

Sadaune, Samuel, *Le Fantastique au Moyen Âge*, Ouest-France, 2012.

Saint-Denis, Alain, *Le Siècle de Saint Louis*, PUF, 1996.

Sévillia, Jean, *Historiquement correct*, Perrin, 2003.

Sienkiewicz, Henryk, *Les Chevaliers teutoniques*, Parangon, 2002.

Sivéry, Gérard, *Marguerite de Provence*, Fayard, 1987.

— *Blanche de Castille*, Fayard, 1990.

— *Les Capétiens et l'argent au siècle de Saint Louis*, Presses universitaires du Septentrion, 1995.

— *Saint Louis*, Tallandier, 1998.

Tirtiaux, Bernard, *Le Passeur de lumière*, Denoël, 1993.

Vallet, Odon, *Petit Lexique des guerres de religion d'hier et d'aujourd'hui*, Albin Michel, 2004.

Verdon, Jean, *Voyager au Moyen Âge*, Perrin, 2007.

— *Le Plaisir au Moyen Âge*, Perrin, 2011.

Yver, Colette, *La Bourgeoise et le Croisé*, Alsatia, 1943.

Zink, Michel, *Littérature française du Moyen Âge*, PUF, 1992 et 2001.

Table

Achevé d'imprimer
à Noyelles sous Lens
pour le compte de France Loisirs,
123, bd de Grenelle
75015 PARIS

Imprimé en France
Dépôt légal : février 2015
N° d'édition : 80635